Elogios Recebidos por este Livro

"Com este livro, Vaughn fez uma contribuição importante não apenas para a literatura da comunidade do projeto orientado a domínio, mas também para a literatura do campo mais amplo da arquitetura das aplicações corporativas. Nos capítulos-chave sobre arquitetura e repositórios, por exemplo, Vaughn mostra como o DDD se encaixa em uma variedade cada vez maior de estilos de arquitetura e tecnologias de persistência para aplicações corporativas — incluindo SOA e REST, NoSQL e grades de dados — que surgiram na década desde que o livro seminal de Eric Evans foi originalmente publicado. E, de forma apropriada, Vaughn ilumina a defesa e o ataque do DDD — a implementação de entidades, objetos de valor, agregados, serviços, eventos, fábricas e repositórios — com exemplos abundantes e insights valiosos extraídos de décadas de experiência prática. Em uma palavra, eu descreveria este livro como *completo*. Para desenvolvedores de softwares de todos os níveis de experiência que procuram melhorar seus resultados, e projetar e implementar de forma consistente aplicações corporativas orientadas a domínio com o melhor da prática profissional atual, este livro oferece um rico conhecimento duramente conquistado com as comunidades de DDD e arquitetura de aplicações corporativas ao longo das duas últimas décadas."

—Randy Stafford, arquiteto, departamento de desenvolvimento de produtos
Coherence da Oracle

"Este livro é um poderoso conjunto de ferramentas elaboradas que pode ter um impacto profundo sobre a eficácia de uma equipe ao construir sistemas intensivos de software. A questão é que muitos desenvolvedores às vezes se perdem ao aplicar essas ferramentas elaboradas e realmente precisavam de orientação mais concreta. Neste livro, Vaughn fornece os elos perdidos entre a teoria e a prática. Além de lançar luz sobre muitos dos elementos incompreendidos do DDD, Vaughn também conecta novos conceitos, como comando/segregação da responsabilidade de consulta e prospecção de eventos que muitos profissionais avançados de DDD utilizaram com grande sucesso. Este livro é uma leitura obrigatória para qualquer um que queira colocar o DDD em prática."

—Udi Dahan, fundador da NServiceBus

"Durante anos, desenvolvedores lutando para praticar o projeto orientado a domínio buscaram ajuda mais prática sobre como realmente implementar o DDD. Vaughn fez um excelente trabalho ao fechar a lacuna entre teoria e prática com uma referência completa de implementação. Ele pinta um retrato vívido sobre o que fazer com o DDD em um projeto contemporâneo, e fornece muitas recomendações práticas sobre como abordar e resolver os desafios típicos que ocorrem no ciclo de vida de um projeto."

—Alberto Brandolini, professor de DDD, certificado por Eric Evans and Domain Language, Inc.

"Este livro faz uma coisa notável: adota uma área de temas sofisticados e substanciais em DDD e a apresenta de forma clara com nuance, diversão e finesse. É escrito em um estilo envolvente e amigável, como uma autoridade confiável lhe dando conselhos sobre como

alcançar o que é mais importante. Depois de terminar de ler o livro, você será capaz de começar a aplicar todos os conceitos importantes do DDD e muito mais. Enquanto lia, eu fui destacando muitas seções. . . Irei usá-lo como referência, e recomendá-lo com frequência.

—Paul Rayner, consultor e proprietário da Owner, Virtual Genius, LLC., professor de DDD, certificado por Eric Evans and Domain Language, Inc., fundador e líder da DDD Denver

"Uma parte importante das aulas de DDD que ministro é discutir como agrupar todas as ideias e partes em uma implementação de trabalho completa. Com este livro, a comunidade de DDD agora tem uma referência abrangente que aborda isso em detalhes. Este livro lida com todos os aspectos de como construir um sistema utilizando DDD, desde acertar os detalhes até controlar o quadro geral. É uma ótima referência e um excelente livro de acompanhamento para o livro seminal sobre DDD de Eric Evans."

— Patrik Fredriksson, Instrutor de DDD , Certificado por Eric Evans e Domain Language, Inc.

"Se você se preocupa com a criação de softwares — e você deve —, então o *Domain-Driven Design* é uma habilidade crucial que deve ser dominada, e este livro é o caminho rápido para o sucesso. *IDDD* oferece uma discussão altamente legível, mas rigorosa, dos padrões estratégicos e táticos do DDD que permitem que os desenvolvedores passem imediatamente da compreensão para a ação. Softwares corporativos de amanhã serão beneficiados com a orientação clara fornecida por este livro."

—Dave Muirhead, consultor chefe, Blue River Systems Group

"Há teoria e prática em torno do DDD que todo desenvolvedor precisa conhecer, e esta é a peça que faltava para completar o quebra-cabeça. Altamente recomendado!"

—Rickard Öberg, Java Champion e desenvolvedor na Neo Technology

"Neste livro, Vaughn opta por uma abordagem de cima para baixo para o DDD, trazendo padrões estratégicos como contexto delimitado e Mapas de Contexto para a frente, com os padrões dos blocos de construção de Entidades, valores e serviços abordados posteriormente. Seu livro usa um estudo de caso o tempo todo e, para tirar o máximo proveito dele, você precisa investir tempo para entender esse estudo de caso. Mas se fizer isso, você será capaz de ver o valor da aplicação do DDD a um domínio complexo; frequentes notas explicativas, diagramas, tabelas e código, todos ajudam a ilustrar os pontos principais. Assim, se você quiser construir um sistema DDD sólido empregando os estilos arquitetônicos mais comumente em uso hoje, o livro de Vaughn é recomendado."

—Dan Haywood, autor do *Domain-Driven Design with Naked Objects*

"Este livro utiliza uma abordagem de cima para baixo para compreender o DDD de uma forma que conecta fluentemente os padrões estratégicos a restrições táticas de nível mais baixo. A teoria é complementada com abordagens orientadas à implementação dentro de estilos arquitetônicos modernos. Ao longo do livro, Vaughn destaca a importância e o valor de focalizar o domínio de negócios e, ao mesmo tempo, equilibrar considerações técnicas. Como resultado, o papel do DDD, bem como o que ele faz e talvez mais importante, aquilo que ele não implica, torna-se ostensivamente claro. Muitas vezes, minha equipe e eu estávamos em desacordo com o atrito encontrado na aplicação do DDD. Com este livro como nosso guia, fomos capazes de superar esses desafios e converter nossos esforços em valor de negócios imediato."

—Lev Gorodinski, Arquiteto Principal, DrillSpot.com

Implementando o
Domain-Driven Design

Implementando o Domain-Driven Design

Vaughn Vernon

ALTA BOOKS
EDITORA
Rio de Janeiro, 2016

Produção Editorial	Supervisão Editorial	Design Editorial	Captação e Contratação de Obras	Vendas Atacado e Varejo
Editora Alta Books	Sergio Luiz de Souza	Aurélio Corrêa	J. A. Rugeri	Daniele Fonseca
Gerência Editorial	**Produtor Editorial**	**Marketing e Promoção**	Marco Pace	Viviane Paiva
Anderson Vieira	Claudia Braga	marketing@altabooks.com.br	autoria@altabooks.com.br	comercial@altabooks.com.br
Assistente Editorial	Thiê Alves			**Ouvidoria**
Carolina Giannini				ouvidoria@altabooks.com.br
Equipe Editorial	Bianca Teodoro	Jessica Carvalho	Juliana de Oliveira	Silas Amaro
	Christian Danniel	Izabelli Carvalho	Renan Castro	

Tradução, Revisão Gramatical e Diagramação	2ª Revisão Gramatical
Edson Furmankiewicz	Alessandro Thomé
Docware Assessoria Editorial	

Dados Internacionais de Catalogação na Publicação (CIP)

V234i Vernon, Vaughn.
   Implementando o Domain-Driven Design / Vaughn Vernon. –
Rio de Janeiro, RJ : Alta Books, 2016.
   672 p. : il. ; 24 cm.

   Inclui bibliografia, índice e apêndice.
   Tradução de: Implementing Domain-Driven Design.
   ISBN 978-85-7608-952-0

   1. Programação orientada a objetos (Computação). 2.
Software - Desenvolvimento. 3. Domain-Driven Design. I. Título.

           CDU 004.415.2.045
           CDD 005.117

Índice para catálogo sistemático:
1. Programação orientada a objetos (Computação) 004.415.2.045

(Bibliotecária responsável: Sabrina Leal Araujo – CRB 10/1507)

Rua Viúva Cláudio, 291 – Bairro Industrial do Jacaré
CEP: 20970-031 – Rio de Janeiro – Tels.: (21) 3278-8069/8419
www.altabooks.com.br – e-mail: altabooks@altabooks.com.br
www.facebook.com/altabooks – www.twitter.com/alta_books

ALTA BOOKS
E D I T O R A

*Este livro é dedicado aos meus queridos Nicole e Tristan.
Obrigado pelo seu amor, seu apoio e sua paciência.*

Sumário

Apresentação xvii

Prefácio... xix

Agradecimentos xxix

Sobre o Autor xxxiii

Guia Para Este Livro.. xxxv

Capítulo 1:   Introdução ao DDD.. 1
   Posso Usar DDD? 2
   Por Que Você Deve Utilizar o DDD 6
   Como Fazer DDD.. 20
   O Valor de Negócio Proporcionado pelo Uso do DDD 25
      1. A Organização Ganha um Modelo Útil de
         Seu Domínio.. 26
      2. Uma Definição e um Entendimento Precisos e
         Refinados do Negócio São Desenvolvidos 27
      3. Especialistas em Domínio Contribuem para o
         Projeto de Software 27
      4. Uma Melhor Experiência do Usuário É Alcançada 27
      5. Limites Claros São Colocados em Torno de
         Modelos Puros 28
      6. A Arquitetura Corporativa É Mais Bem Organizada............ 28
      7. Modelagem Ágil, Iterativa e Contínua É Utilizada 28
      8. Novas Ferramentas, Tanto Estratégicas como Táticas,
         São Empregadas 28
   Os Desafios da Aplicação do DDD.. 29
   Ficção, com Baldes Cheios de Realidade 38
   RESUMO 41

Capítulo 2:   Domínios, Subdomínios e Contextos Delimitados 43
   Quadro Geral 43
      Subdomínios e Contextos Delimitados em Ação............................ 44
      Focalize o Domínio Básico... 50

Por Que o Projeto Estratégico É Tão Incrivelmente Essencial 53
Domínios e Subdomínios do Mundo Real 56
Dando Sentido aos Contextos Delimitados 62
Espaço para Mais que o Modelo 66
Tamanho dos Contextos Delimitados 68
Alinhando com Componentes Técnicos 71
Contextos de Exemplo 72
Contexto de Colaboração 73
Contexto de Identidade e Acesso 80
Contexto de Gerenciamento Ágil de Projetos 82
Resumo 84

Capítulo 3: Mapas de Contexto 87
Por Que Mapas de Contexto São Tão Essenciais 87
Desenhando Mapas de Contexto 89
Projetos e Relações Organizacionais 91
Mapeando os Três Contextos 95
Resumo 111

Capítulo 4: Arquitetura 113
Entrevistando o Bem-sucedido Cio 114
Camadas 119
Princípio da Inversão de Dependência 123
Arquitetura Hexagonal ou Portas e Adaptadores 125
Arquitetura Orientada a Serviços 130
Representational State Transfer — REST 133
REST como um Estilo Arquitetônico 133
Aspectos-chave de um Servidor HTTP RESTful 135
Aspectos-chave de um Cliente HTTP RESTful 136
RESTe DDD 136
Por Que REST? 138
Command-query Responsibility Segregation (CQRS) 138
Examinando as Áreas do CQRS 140
Lidando com um Modelo de Consultas
Futuramente Consistente 146
Arquitetura Orientada a Eventos 147
Pipes e Filtros 149
Processos de Longa Duração, Conhecidos como Sagas 153
Prospecção de Eventos 160

Fábrica de Dados e Computação Distribuída Baseada em Grade....163
    Contribuição de Wes Williams................................163
    Replicação de Dados...164
    Estrutura Orientada a Eventos e Eventos de Domínio.............165
    Consultas Contínuas..166
    Processamento Distribuído...167
  Resumo..**168**

Capítulo 5: Entidades..**171**
  Por Que Utilizamos Entidades..**171**
  Identidade Única..**173**
    O Usuário Fornece a Identidade................................174
    A Aplicação Gera a Identidade..................................175
    O Mecanismo de Persistência Gera a Identidade.............179
    Outro Contexto Delimitado Atribui a Identidade............182
    Quando o Timing da Geração de Identidade É Importante......184
    Identidade Substituta...186
    Estabilidade da Identidade.......................................188
  Descobrindo Entidades e suas Características Intrínsecas............**191**
    Revelando Entidades e Propriedades...........................192
    Entendendo o Comportamento Essencial......................196
    Papéis e Responsabilidades......................................200
    Construção...205
    Validação...208
    Monitoramento de Alterações....................................216
  Resumo..**217**

Capítulo 6: Objetos de Valor...**219**
  Características do Valor..**221**
    Mede, Quantifica ou Descreve...................................221
    Imutável..221
    O Todo Conceitual..223
    Substitubilidade..226
    Igualdade de Valor..227
    Comportamento Livre de Efeitos Colaterais..................228
  Integre com Minimalismo...**232**
  Tipos Padrão Expressos como Valores...............................**234**
  Testando Objetos de Valor...**239**
  Implementação...**243**

Persistindo Objetos de Valor **248**

    Evitar Influência Indevida do Vazamento de Dados
    do Modelo 249

    ORM e Objetos de Valor Únicos..251

    ORM e Muitos Valores Serializados em uma
    Única Coluna 253

    ORM e Muitos Valores Suportados por uma Entidade de
    Banco de Dados...255

    ORM e Muitos Valores Suportados por uma
    Tabela de *Join*..**260**

    ORM e Objetos de Estado como Enumeração 261

Resumo...**263**

Capítulo 7:   Serviços **265**

    O Que um Serviço de Domínio É (mas Antes, o
    Que Ele Não É)...**267**

    Certifique-se de Que Você Precisa de um Serviço.....................**268**

    Modelando um Serviço no Domínio **272**

        Uma Interface Separada É uma Necessidade? 275

        Um Processo de Cálculo..277

        Serviços de Transformação 280

        Usando uma Minicamada dos Serviços de Domínio.................281

    Testando Serviços..**281**

    Resumo..**284**

Capítulo 8:   Eventos de Domínio **285**

    O quando e o Porquê dos Eventos de Domínio........................**285**

    Modelando Eventos **288**

        Com Características de Agregado 294

        Identidade 295

    Publicando Eventos a partir do Modelo de Domínio................**296**

        Publicador...297

        Assinantes...300

    Espalhando a Novidade para Contextos
    Delimitados Remotos **303**

        Consistência da Infraestrutura de Mensagens.........................303

        Serviços e Sistemas Autônomos..305

        Tolerâncias à Latência..306

    Armazenamento de Eventos **307**

    Estilos Arquitetônicos para Encaminhar
    Eventos Armazenados...**312**

Publicando Notificações como Recursos Restful 312

Publicando Notificações por Meio de Middleware
de Mensagens 317

Implementação 318

Publicando o `Notificationlog` 319

Publicando Notificações Baseadas em Mensagens 324

Resumo 331

Capítulo 9:   Módulos 333

Projetando com Módulos 333

Convenções Básicas de Nomeação de Módulos 336

Convenções de Nomeação de Módulos para o Modelo 337

Módulos do Contexto de Gerenciamento Ágil de Projetos 340

Módulos em Outras Camadas 343

Módulo Antes do Contexto Delimitado 344

Resumo 345

Capítulo 10:   Agregados 347

Usando Agregados no Domínio Básico Scrum 348

Primeira Tentativa: Agregado de Grandes Grupos 349

Segunda Tentativa: Múltiplos Agregados 351

**Regra: Invariantes Reais do Modelo nos
Limites da Consistência** 353

Regra: Projete Pequenos Agregados 355

Não Confie em Cada Caso de Uso 358

Regra: Referencie Outros Agregados por Identidade 359

Fazendo Agregados Funcionar Juntos com Referências
de Identidade 361

Navegação pelo Modelo 362

Escalabilidade e Distribuição 363

Regra: Use Consistência Futura Fora do Limite 364

Pergunte de Quem É o Trabalho 366

Razões para Quebrar as Regras 367

Primeira Razão: Conveniência da Interface do Usuário 367

Segunda Razão: a Falta de Mecanismos Técnicos 368

Terceira Razão: Transações Globais 369

Quarta Razão: Desempenho das Consultas 369

Seguindo as Regras 370

Ganhar Visões por Meio de Descoberta 370

Repensando o Projeto, Mais uma Vez......................................370

Estimando o Custo do Agregado 372

Cenários de Uso Comum 373

Consumo de Memória 374

Explorando Outro Projeto Alternativo......................................375

Implementando a Consistência Futura.......................................376

Isso É Tarefa dos Membros da Equipe?......................................378

Hora de Tomar Decisões...379

Implementação 380

Crie uma Entidade Raiz com uma Identidade Única...............380

Prefira Partes do Objeto de Valor..382

Usando a Lei de Demeter e "Diga, Não Pergunte"..................382

Concorrência Otimista 385

Evite Injeção de Dependência..387

Resumo...388

Capítulo 11: Fábricas 389

Fábricas no Modelo de Domínio 389

Método de Fábrica na Raiz do Agregado 391

Criando Instâncias de `Calendarentry` 392

Criando Instâncias de `Discussion` 395

Fábrica no Serviço 397

Resumo...400

Capítulo 12: Repositórios 401

Repositórios Orientados a Coleções...402

Implementação com o Hibernate 407

Considerações sobre a Implementação do Toplink...................416

Repositórios Orientados a Persistência......................................418

Implementação do Coherence 420

Implementação do Mongodb 425

Comportamento Adicional..430

Gerenciando Transações 432

Um Alerta 437

Hierarquias de Tipo 437

Repositório *Versus* Objeto de Acesso a Dados...........................440

Testando Repositórios...441

Testando com Implementações na Memória 445

Resumo...448

Capítulo 13:   Integrando Contextos Delimitados..**449**

Princípios Básicos da Integração **450**

Sistemas Distribuídos São Fundamentalmente Diferentes 451

Trocando Informações através dos Limites do Sistema.............452

Integração Usando Recursos RESTful.....................................**458**

Implementando o Recurso RESTful...459

Implementação do Cliente REST Usando uma Camada
Anticorrupção 463

Integração Usando um Mecanismo de Mensagens **469**

Mantendo-se Informado sobre Proprietários do Produto e
Membros da Equipe 469

Você Pode Lidar com a Responsabilidade? 476

Processos de Longa Duração e Evitando Responsabilidade 481

Máquinas de Estado de Processo e Monitores de
Tempo Limite 493

Projetando um Processo Mais Sofisticado.................................503

Quando o Mecanismo de Mensagens ou o Sistema Não
Está Disponível..507

Resumo..**508**

Capítulo 14:   Aplicação..**509**

Interface com o Usuário **512**

Renderizando Objetos de Domínio...512

Renderizando Objetos de Transferência de Dados
a partir de Instâncias de Agregado 513

Use um Mediador para Publicar o Estado Interno
dos Agregados 514

Renderizando Instâncias de Agregado a partir de
um Objeto Payload de Domínio 515

Representações de Estado das Instâncias de Agregado 516

Consultas Ótimas de Repositório de Caso de Uso 517

Lidando com Múltiplos Clientes Díspares.................................517

Adaptadores de Renderização e Tratando
Edições de Usuário 518

Serviços de Aplicação **521**

Serviço de Aplicação de Exemplo...522

Saída de Serviço Desacoplada 528

Compondo Múltiplos Contextos Delimitados **531**

Infraestrutura..**532**

Contêineres de Componentes Corporativos..534

Resumo...537

Apêndice A: Agregados e Prospecção de Evento: A+PE.............................539

Dentro de um Serviço de Aplicação..541

Rotinas de Tratamento de Comando..549

Sintaxe Lambda...553

Controle de Concorrência 554

Liberdade Estrutural com A+PE 558

Desempenho 558

Implementando um Armazenamento de Eventos..561

Persistência Relacional 565

Persistência BLOB 568

Agregados Focalizados 569

Projeções de Modelo de Leitura..570

Use com o Projeto de Agregados 573

Enriquecimento de Eventos..573

Padrões e Ferramentas de Suporte 576

Serializadores de Evento...576

Imutabilidade dos Eventos 577

Objetos de Valor 577

Geração de Contrato 580

Especificações e Testes de Unidade..582

Prospecção de Eventos nas Linguagens Funcionais......................................583

Bibliografia..585

Índice..591

Apresentação

Neste novo livro, Vaughn Vernon aborda o Domain-Driven Design (DDD) de uma forma diferente, com novas explicações sobre os conceitos, novos exemplos e uma organização original dos temas. Acredito que essa nova abordagem alternativa ajudará as pessoas a compreender as sutilezas do DDD, especialmente aquelas mais abstratas, como Agregados e Contextos Delimitados. Pessoas diferentes preferem estilos diferentes, e abstrações sutis são difíceis de absorver sem várias explicações.

Além disso, o livro traz à luz algumas ideias dos últimos nove anos que foram descritas em *papers* e apresentações, mas ainda não haviam aparecido em um livro. O texto coloca os Eventos de Domínio junto com Entidades e Objetos de Valor como os blocos de construção de um modelo. Ele discute a grande bola de lama e coloca-a no mapa de contexto. Ele explica a arquitetura Hexagonal, que emergiu como uma descrição do que fazemos que é melhor do que a Arquitetura em Camadas.

Meu primeiro contato com o material deste livro surgiu há quase dois anos (embora Vaughn já estivesse trabalhando em seu livro por algum tempo à época). Na primeira DDD Summit, vários de nós assumimos o compromisso de escrever sobre determinados temas sobre os quais achamos que havia coisas novas a dizer ou havia uma particular necessidade de conselhos mais específicos na comunidade. Vaughn aceitou o desafio de escrever sobre Agregados, e ele avançou com uma série de excelentes artigos sobre isso (que se tornaram um capítulo deste livro).

Houve também consenso na cúpula de que muitos profissionais se beneficiariam de um tratamento mais prescritivo de alguns dos padrões DDD. A resposta honesta a quase qualquer pergunta no desenvolvimento de softwares é "depende". Mas isso não é muito útil para pessoas que querem aprender a aplicar a técnica. Uma pessoa que está assimilando um novo assunto precisa de orientação concreta. As regras gerais não precisam estar certas na maioria dos casos. Elas são o que normalmente funcionam bem ou a primeira ação a ter uma tentativa. Por meio de sua determinação, elas transmitem a filosofia da abordagem para resolver o problema. O livro de Vaughn tem uma boa combinação entre conselhos simples e equilibrados e uma discussão sobre as alternativas que evitam que ele seja simplista.

Não apenas padrões adicionais, como Eventos de Domínio, tornaram-se parte predominante do DDD — as pessoas na área avançaram ao aprender como aplicar esses padrões, sem mencionar como adaptá-los a arquiteturas e tecnologias mais recentes. Nove anos após meu livro, *Domain-Driven Design: Tackling Complexity in the Heart of Software,* ter sido publicado, há na verdade muito a dizer sobre DDD que é novo, e existem novas formas de falar sobre os princípios fundamentais. O livro de Vaughn é a explicação mais completa desses novos insights sobre praticar DDD.

—Eric Evans
Domain Language, Inc.

Prefácio

Todos os cálculos mostram que isso pode não funcionar. Só há uma
coisa a fazer: fazer funcionar.

—Pierre-Georges Latécoère, empresário pioneiro na aviação francesa

E devemos fazer isso funcionar. A abordagem Domain-Driven Design para o desenvolvimento de softwares é muito importante, portanto não se deve deixar qualquer desenvolvedor capaz sem orientações claras de como implementá-la com sucesso.

Pousos e Decolagens

Quando eu era criança, meu pai aprendeu a pilotar pequenos aviões. Muitas vezes, toda a família voava. Às vezes voávamos até outro aeroporto para o almoço, e então retornávamos. Quando meu pai tinha menos tempo, mas desejava estar no ar, saíamos, só nós dois, e fazíamos círculos em torno do aeroporto "pousando e decolando rapidamente".

Também fizemos algumas viagens longas. Para essas viagens, sempre tínhamos um mapa da rota que papai estabelecia antes. Nosso trabalho como crianças era ajudar a navegar observando pontos de referência abaixo para que pudéssemos ter certeza de que permanecíamos no curso. Isso era muito divertido para nós porque era um desafio reconhecer os objetos lá em abaixo que não exibiam nada que permitisse identificá-los. Na verdade, tenho certeza de que papai sempre sabia onde estávamos. Ele tinha todos os instrumentos no painel, e tinha licença para voos por instrumentos.

A vista aérea realmente mudava minha perspectiva. De vez em quando, papai e eu voávamos sobre nossa casa no campo. A algumas centenas de pés no ar, isso me dava um contexto familiar que eu não tinha antes. À medida que papai voava sobre nossa casa, a mamãe e minhas irmãs corriam até o quintal a fim de acenar para nós. Eu sabia que eram elas, embora não conseguisse olhar nos seus olhos.

Nós não conseguíamos conversar. Se gritasse da janela do avião, elas nunca me ouviriam. Podia ver a cerca de ripas na frente separando nossa propriedade da estrada. Quando aterrissávamos, eu pulava sobre ela como se a cerca fosse uma trave olímpica. Do ar, a cerca se parecia com ramos cuidadosamente entrelaça-dos. E lá estava o enorme quintal onde eu dava voltas com o cortador de grama todo verão. Do ar, via apenas um mar de verde, não a vegetação.

Eu adorava esses momentos no ar. Eles estão gravados na minha memória como se papai e eu estivéssemos taxiando depois de aterrissar para guardar o avião durante a noite. Por mais que adorasse esses voos, com certeza eles não eram um substituto a estar no solo. E tão frios como eram, os pousos e decola-gens eram muito breves para que eu me sentisse em terra firme.

Pousando com o Domain-Driven Design

Entrar em contato com o Domain-Driven Design (DDD) pode ser como um voo para uma criança. A vista aérea é impressionante, mas às vezes as coisas pare-cem tão desconhecidas que impedem que saibamos exatamente onde estamos. Ir do ponto A ao ponto B parece longe de ser realista. Adultos trabalhando com o DDD sempre parecem saber onde eles estão. Eles traçaram um curso há muito tempo, e estão completamente em sintonia com seus instrumentos navegacio-nais. Um grande número de outras pessoas não se sente em terra. O que é neces-sário é a capacidade de "pousar e ancorar". Em seguida, é necessário um mapa para orientar o caminho de onde estamos para onde precisamos estar.

No livro *Domain-Driven Design: Tackling Complexity in the Heart of Soft-ware* [Evans], Eric Evans viabilizou o que é uma obra atemporal. Minha firme convicção é de que o trabalho de Eric orientará os desenvolvedores de maneiras práticas pelas próximas décadas. Como outras obras sobre padrões, ele estabe-lece um voo muito acima da superfície para dar uma visão ampla. No entanto, pode ser um pouco mais desafiador quando precisamos entender as bases envol-vidas na implementação do DDD, e geralmente queremos exemplos mais deta-lhados. Se apenas conseguíssemos pousar e permanecer na superfície um pouco mais, e até mesmo chegar em casa ou dirigir para algum outro lugar familiar.

Parte do meu objetivo é levá-lo a uma aterrissagem suave, manter a aero-nave segura e ajudá-lo a chegar em casa por meio de uma bem conhecida rota de superfície. Isso vai ajudá-lo a ter uma noção de como implementar o DDD, fornecendo exemplos que usam ferramentas e tecnologias conhecidas. E como nenhum de nós consegue ficar em casa o tempo todo, também irei ajudá-lo a se aventurar por outros caminhos para explorar um novo terreno, levando-o a lugares em que você talvez nunca tenha estado antes. Às vezes, o caminho será íngreme, mas, dada a tática certa, é possível uma subida segura, porém desa-fiadora. Nessa viagem você aprenderá sobre padrões e arquiteturas alternati-vos para integrar vários modelos de domínio. Isso pode expô-lo a um território ainda não explorado. Você encontrará cobertura detalhada da modelagem estratégica com múltiplas integrações, e até mesmo aprenderá a desenvolver serviços autônomos.

Meu objetivo é fornecer um mapa para ajudá-lo a empreender tanto viagens curtas como viagens longas e complicadas, apreciando o detalhe circundante, sem se perder ou se ferir ao longo do caminho.

Mapeando o Terreno e Estabelecendo o Plano de Voo

Parece que no desenvolvimento de softwares sempre estamos mapeando entre uma coisa e outra. Mapeamos nossos objetos para bancos de dados. Mapeamos nossos objetos para a interface do usuário e vice-versa. Mapeamos nossos objetos para e a partir de várias representações de aplicações, incluindo aqueles que podem ser consumidos por outros sistemas e aplicações. Com todo esse mapeamento, é natural querer um mapa a partir dos padrões superiores de Evans até a implementação.

Mesmo que você já tenha pousado algumas vezes com o DDD, provavelmente há muito mais com o que se beneficiar. Às vezes o DDD é inicialmente adotado como um conjunto de ferramentas técnicas. Alguns se referem a essa abordagem ao DDD como *DDD-Lite*. Podemos nos voltar para Entidades, Serviços, fizemos possivelmente uma tentativa corajosa de projetar Agregados e tentamos gerenciar sua persistência usando Repositórios. Esses padrões são quase como um terreno familiar, assim, os colocamos em uso. Podemos até ter encontrado algum uso para Objetos de Valor ao longo do caminho. Todos esses se inserem no catálogo dos padrões de *projeto tático,* que são mais técnicos. Eles nos ajudam a enfrentar um problema sério de software com a habilidade de um cirurgião com um bisturi. Contudo, também há muito a aprender sobre esses e outros lugares para começar a trabalhar com projeto tático. Eu os mapeio para a implementação.

Você já foi além da modelagem tática? Você já conhece ou estudou o que alguns chamam da "outra metade" do DDD, os padrões de *projeto estratégico?* Se você deixou de fora o uso do contexto delimitado e dos Mapas de Contexto, provavelmente também perdeu a oportunidade de usar a Linguagem Ubíqua.

Se há uma única "invenção" que Evans oferece para a comunidade de desenvolvimento de softwares, essa é a Linguagem Ubíqua. No mínimo, ele tirou a Linguagem Ubíqua dos arquivos empoeirados da sabedoria do projeto. É um padrão de equipe utilizado para capturar os conceitos e os termos de um domínio de negócio básico específico no próprio modelo de software. O modelo de software incorpora substantivos, adjetivos, verbos e expressões mais ricas formalmente faladas pela equipe de desenvolvimento, uma equipe que inclui um ou mais especialistas em domínio de negócio. Seria um erro, no entanto, concluir que a linguagem limita-se a meras palavras. Assim como qualquer idioma humano reflete a mente daqueles que o falam, a Linguagem Ubíqua reflete o modelo mental dos especialistas no domínio de negócio em que você trabalha. Assim, o software e os testes que verificam a fidelidade do modelo aos princípios do domínio capturam e seguem essa linguagem, a mesma concebida e falada pela equipe. A linguagem é tão valiosa quanto os vários padrões estratégicos e táticos de modelagem e, em alguns casos, tem uma qualidade mais duradoura.

Dito de forma mais simples, praticar DDD-Lite leva à construção de modelos de domínio inferiores. É por isso que Linguagem Ubíqua, Contexto Delimitado e Mapeamento de Contexto têm muito a oferecer. Você vai além do jargão de equipe. A linguagem de uma equipe em um contexto delimitado explícito expresso como um modelo de domínio agrega valor real de negócio e nos dá a certeza de que estamos implementando o software correto. Mesmo do ponto de vista técnico, ela nos ajuda a criar modelos melhores, aqueles com comportamentos mais potentes, que são puros e menos propensos a erros. Portanto, eu mapeio os padrões de projeto estratégico para implementações com exemplos compreensíveis.

Este livro mapeia o terreno do DDD de uma forma que permite experimentar os benefícios do projeto tanto estratégico como tático. O valor do livro e suas forças técnicas estão no exame dos detalhes.

Seria uma decepção se tudo que fizéssemos com o DDD fosse permanecer no solo. Prendendo-nos aos detalhes, também nos esqueceríamos de que a vista do voo nos ensina muito. Não se limite a viagens em terrenos acidentados. Enfrente o desafio de se colocar no assento do piloto e ver a partir de uma altura significativa. Com voos de treinamento sobre o projeto estratégico, aliados a seus Contextos Delimitados e Mapas de Contexto, você estará preparado para ganhar uma melhor perspectiva sobre como implementá-lo inteiramente. Quando você completar seu primeiro voo com o DDD, terei alcançado meu objetivo.

Resumo dos Capítulos

Aqui resumimos os capítulos deste livro e como você pode tirar proveito de cada um.

Capítulo 1: Introdução ao DDD

Este capítulo apresenta os benefícios do uso do DDD e como aproveitar o máximo dele. Você aprenderá o que DDD pode fazer para seus projetos e suas equipes à medida que lida com complexidades. Descobrirá como classificar seu projeto para ver se ele merece o investimento em DDD. São consideradas as alternativas comuns ao DDD e por que elas muitas vezes resultam em problemas. O capítulo estabelece as bases do DDD à medida que você aprende a dar os primeiros passos em seu projeto, e até fornece algumas maneiras de vender o

DDD para a gerência, especialistas em domínio e membros da equipe técnica. Isso permitirá que você enfrente os desafios do uso do DDD munido do conhecimento de como ser bem-sucedido.

Veremos um estudo de caso de projeto que envolve uma empresa e uma equipe fictícias, mas com um pouco mais de desafios de DDD do mundo real. A empresa, autorizada a criar produtos inovadores baseados em SaaS em um ambiente multi-inquilino (ou "multitenente"), apresenta muitos dos erros comuns à adoção do DDD, mas faz descobertas vitais que ajudam as equipes a resolver seus problemas e manter o projeto no rumo certo. É um projeto com que a maioria dos desenvolvedores pode se relacionar, pois envolve o desenvolvimento de uma aplicação de gerenciamento de projeto baseado em Scrum. Essa introdução ao estudo de caso prepara o palco para os capítulos seguintes. Cada padrão estratégico e tático é ensinado pelos olhos da equipe, tanto à medida que ela erra como à medida que avança em direção à maturidade para implementar o DDD com sucesso.

Capítulo 2: Domínios, Subdomínios e Contextos Limitados

O que é um Domínio, um Subdomínio e um Domínio Básico? O que são Contextos Delimitados, e por que e como você deve usá-los? Essas perguntas são respondidas à luz dos erros cometidos pela equipe do projeto no nosso estudo de caso. Logo no início de seu primeiro projeto DDD, a equipe não conseguiu entender o subdomínio em que trabalhava, seu contexto delimitado e uma Linguagem Ubíqua concisa. De fato, a equipe estava completamente familiarizada com o projeto estratégico, apenas aproveitando os benefícios técnicos dos padrões táticos. Isso resultou em problemas no projeto inicial do modelo de domínio. Felizmente, a equipe reconheceu o que aconteceu antes que se tornasse um problema desesperador.

Uma mensagem vital é transmitida: aplicar Contextos Delimitados para distinguir e separar modelos corretamente. São abordadas aplicações errôneas comuns do padrão junto com eficientes conselhos de implementação. O texto, em seguida, o conduz pelos passos corretivos que a equipe adotou e como isso resultou na criação de dois Contextos Delimitados distintos. Isso levou à separação adequada dos conceitos de modelagem no terceiro contexto delimitado, ao novo domínio básico e ao principal exemplo utilizado no livro.

Este capítulo repercutirá fortemente nos leitores que sentiram a dificuldade da aplicação do DDD apenas de forma técnica. Se você for novato em projeto estratégico, indicaremos a direção certa para começar uma viagem bem-sucedida.

Capítulo 3: Mapas de Contexto

Mapas de Contexto são uma ferramenta poderosa para ajudar a equipe a entender o domínio de negócio, as fronteiras entre modelos distintos e como eles atualmente são ou podem ser integrados. Essa técnica não se limita ao esboço de um diagrama da arquitetura de seu sistema. Trata-se de compreender as relações entre os diversos Contextos Delimitados em uma empresa e os padrões usados para mapear objetos de um modelo para outro de forma limpa. O uso dessa ferramenta é importante para ser bem-sucedido com os Contextos Delimitados em um ambiente corporativo complexo. Este capítulo analisa o processo utilizado pela equipe de projeto depois que o Mapeamento de Contexto foi aplicado para entender os problemas que ela criou no primeiro Contexto Delimitado (Capítulo 2). Em seguida, mostra como os dois Contextos Delimitados limpos resultantes foram aproveitados pela equipe responsável por projetar e implementar o novo domínio básico.

Capítulo 4: Arquitetura

Quase todo mundo conhece a Arquitetura em Camadas. Camadas são a única maneira de hospedar uma aplicação DDD, ou outras arquiteturas diversas podem ser usadas? Aqui consideramos como usar o DDD dentro de arquiteturas como Hexagonal (Portas e Adaptadores), Orientado a Serviço, REST, CQRS, Orientado a Eventos (Pipes e Filtros, Processos de Longa Duração ou Sagas, Prospecção de Eventos) e Fábrica de Dados/Baseado em Grade. Vários desses estilos arquitetônicos foram colocados em uso pela equipe de projeto.

Capítulo 5: Entidades

O primeiro dos padrões táticos DDD tratados são as Entidades. A equipe de projeto se baseou demais no primeiro desses, menosprezando a importância de projetar com Objetos de Valor quando apropriado. Isso levou a uma discussão sobre como evitar o uso excessivo das Entidades devido à influência indevida dos bancos de dados e estruturas de persistência.

Depois de aprender a distinguir seu uso adequado, você verá muitos exemplos de como projetar bem Entidades. Como podemos expressar a Linguagem Ubíqua com uma Entidade? Como as Entidades são testadas, implementadas e persistidas? Você seguiu corretamente a orientação para a criação de cada uma delas.

Capítulo 6: Objetos de Valor

Logo no início a equipe de projeto não percebeu as importantes oportunidades da modelagem com Objetos de Valor. Eles se concentraram muito nos atributos individuais das Entidades, quando deveriam ter tido uma consideração cuidadosa de como múltiplos atributos relacionados são devidamente coletados como um todo imutável. Este capítulo analisa o projeto dos Objetos de Valor a partir de vários ângulos, discutindo como identificar as características especiais no modelo como um meio de determinar quando usar um valor em vez de uma Entidade. Outros temas importantes são abordados, como o papel dos valores na integração e modelagem dos tipos padrão. O capítulo então mostra como projetar testes centralizados em domínios, como implementar tipos de valor e como evitar a influência ruim que os mecanismos de persistência podem ter sobre nossa necessidade de armazená-los como parte de um Agregado.

Capítulo 7: Serviços

Este capítulo mostra como determinar quando modelar um conceito como um Serviço sem estado minucioso que reside no modelo de domínio. Mostramos quando você deve criar um Serviço em vez de uma Entidade ou Valor de Objeto e como os Serviços de Domínio podem ser implementados para lidar com a lógica do domínio de negócio, bem como para propósitos de integração técnica. As decisões da equipe de projeto são usadas para exemplificar quando usar os Serviços e como eles são projetados.

Capítulo 8: Eventos de Domínio

Eventos de Domínio só foram formalmente introduzidos por Eric Evans como parte do DDD depois que seu livro foi publicado. Você aprenderá por que Eventos de Domínio publicados pelo modelo são tão poderosos, e as diversas maneiras como eles podem ser usados, mesmo para suportar a integração e serviços de autônomos de negócio. Embora vários tipos de eventos técnicos sejam enviados e processados pelas aplicações, destacamos as características distintas dos Eventos de Domínio. Fornecemos orientação ao projeto e à implementação, instruindo-o sobre as opções disponíveis e alternativas. O capítulo então ensina como criar um mecanismo de publicação/assinatura, como os Eventos de Domínio são publicados para os assinantes integrados por toda a empresa, formas de criar e gerenciar um armazenamento de evento e como lidar adequadamente com os desafios comuns enfrentados na transmissão de mensagens. Cada uma dessas áreas é discutida à luz dos esforços da equipe de projeto para usá-las corretamente e da melhor maneira possível.

Capítulo 9: Módulos

Como organizamos objetos do modelo em contêineres do tamanho certo com acoplamento limitado aos objetos que estão em diferentes contêineres? Como podemos nomear esses contêineres para que eles reflitam a Linguagem Ubíqua? Além de pacotes e namespaces, como podemos usar as instalações de modularização mais modernas, como OSGi e Jigsaw, fornecidas pelas linguagens e frameworks? Aqui você verá como Módulos foram colocados em uso pela equipe de projeto ao longo de alguns dos seus projetos.

Capítulo 10: Agregados

Agregados são provavelmente as menos compreendidas entre as ferramentas táticas do DDD. Contudo, se aplicarmos algumas regras de ouro, a implementação dos Agregados pode tornar-se mais simples e rápida. Você aprenderá a atravessar a barreira da complexidade para utilizar Agregados que criam limites de consistência em torno de pequenos grupos de objetos. Por causa da ênfase excessiva sobre os aspectos menos importantes dos Agregados, a equipe de projeto no nosso estudo de caso fracassou de algumas diferentes maneiras. Passamos pelas iterações da equipe com alguns desafios de modelagem e analisamos o que deu errado e o que ela fez sobre isso. O resultado dos seus esforços levou a uma compreensão mais profunda do Domínio Básico. Examinamos como a equipe corrigiu seus erros por meio da aplicação correta da consistência transacional e futura, e como isso os levou a projetar um modelo mais escalonável e de alto desempenho em um ambiente de processamento distribuído.

Capítulo 11: Fábricas

[Gamma *et al.*] têm muito a dizer sobre Fábricas, então por que se preocupar em tratá-las neste livro? Este é um capítulo simples que não tenta reinventar a roda. Em vez disso, seu foco é entender *onde* Fábricas deveriam existir. Há, naturalmente, algumas boas dicas a compartilhar sobre como projetar uma fábrica digna em um cenário DDD. Veja como a equipe de projeto criou Fábricas no domínio básico como uma forma de simplificar a interface do cliente e proteger os consumidores do modelo contra a introdução de erros desastrosos no ambiente multiproprietário.

Capítulo 12: Repositórios

Um Repositório não é apenas um simples Data Access Object (DAO)? Se não for, qual é a diferença? Por que devemos pensar em projetar Repositórios para simular coleções em vez de bancos de dados? Aprenda a criar um Repositório que é usado com um ORM, um que suporta o Cache Distribuído Baseado em Grade de coerência, e um que usa um armazenamento de chave/valor NoSQL. Cada um desses mecanismos opcionais de persistência foi disponibilizado para a equipe de projeto por causa do poder e da versatilidade por trás do padrão do bloco de construção do Repositório.

Capítulo 13: Integrando Contextos Delimitados

Agora que você compreende as técnicas de alto nível do Mapeamento de Contexto e tem os padrões táticos ao seu lado, o que está envolvido na implementação das integrações entre os modelos? Quais opções de integração são suportadas pelo DDD? Este capítulo revela algumas maneiras diferentes de implementar integrações de modelo utilizando o Mapeamento de Contexto. Instruções são dadas com base em como a equipe de projeto integrou o domínio básico a outros Contextos Delimitados de suporte introduzidos nos capítulos iniciais.

Capítulo 14: Aplicação

Você projetou um modelo por meio da Linguagem Ubíqua de seu domínio básico. Você desenvolveu testes suficientes em torno de seu uso e exatidão, e ele funciona. Mas como outros membros de sua equipe projetam as áreas da aplicação que circundam o modelo? Eles devem usar DTOs para transferir dados entre o modelo e a interface do usuário? Ou existem outras opções para transmitir o estado do modelo até os componentes de apresentação? Como os Serviços de aplicação e infraestrutura funcionam? Este capítulo aborda essas preocupações usando o projeto agora familiar para transmitir as opções disponíveis.

Apêndice A: Agregados e Prospecção de Evento: A+ES

A Prospecção de Evento é uma abordagem técnica importante para os Agregados persistentes que também fornece a base para desenvolver uma Arquitetura Orientada a Eventos. A Prospecção de Evento pode ser usada para representar todo o estado de um Agregado como uma sequência de Eventos que ocorreram desde que ele foi criado. Os Eventos são usados para reconstruir o estado do Agregado substituindo-os na mesma ordem em que eles ocorreram. A premissa é de que essa abordagem simplifica a persistência e permite capturar conceitos com propriedades comportamentais complexas, além da influência de grande alcance que os próprios Eventos podem ter sobre os sistemas internos e externos.

Java e Ferramentas de Desenvolvimento

A maioria dos exemplos neste livro usa a linguagem de programação Java. Eu poderia ter fornecido os exemplos em C#, mas em vez disso tomei a decisão consciente de usar o Java.

Antes de tudo, e é triste dizer, acho que houve um abandono geral das boas práticas de projeto e desenvolvimento na comunidade Java. Nos dias de hoje, pode ser difícil encontrar um modelo de domínio limpo e explícito na maioria dos projetos baseados em Java. Parece que o Scrum e outras técnicas ágeis são usados como substitutos à modelagem cuidadosa, em que um backlog de produto é empurrado para os desenvolvedores como se ele servisse como um conjunto de projetos. A maioria dos profissionais ágeis deixará suas reuniões diárias de trabalho sem pensar duas vezes sobre como suas tarefas de backlog afetarão o modelo subjacente do negócio. Embora ache desnecessário dizer, o Scrum, por exemplo, nunca foi feito para substituir o projeto. Independentemente de quantos gerentes de projeto e produto gostariam de manter você marchando por um caminho inexorável de entrega contínua, o Scrum não foi concebido apenas como um meio de manter felizes os entusiastas dos gráficos de Gantt. Ainda assim, foi isso o que ele acabou virando em muitos casos.

Considero isso um grande problema, e um dos principais temas que tenho é inspirar a comunidade Java a retornar à modelagem de domínio fornecendo uma quantidade razoável de ideias de como as técnicas de projeto sólidas, porém ágeis e rápidas, podem beneficiar o trabalho deles.

Além disso, já há bons recursos para usar DDD em um ambiente .NET, sendo um deles o *Applying Domain-Driven Design and Patterns: With Examples in C# and .NET*, de Jimmy Nilsson [Nilsson]. Devido ao bom trabalho de Jimmy e aquele de outros que promovem a mentalidade Alt.NET, há uma tendência em alta de boas práticas de projeto e desenvolvimento acontecendo na comunidade .NET. Desenvolvedores Java precisam observá-las.

Segundo, estou bem ciente de que a comunidade C#.NET não terá nenhum problema em compreender o código Java. Devido ao fato de que grande parte da comunidade DDD usa C#.NET, a maioria dos primeiros revisores do meu livro são desenvolvedores C#, e jamais recebi uma reclamação quanto a ter de ler código Java. Assim, não acho que usar Java possa de algum modo afastar os desenvolvedores C#, e isso não me preocupa.

Devo acrescentar que, à época em que este livro era escrito, havia uma mudança significativa na preferência pelo sistema de armazenamento, com documentos e pares chave/valor tomando o lugar de bancos de dados relacionais. Isso vem ocorrendo por uma boa razão, fazendo com que Martin Fowler os apelidasse apropriadamente de "armazenamento orientado a agregados". É um nome adequado e descreve bem as vantagens do uso do armazenamento NoSQL em um cenário DDD.

No entanto, no meu trabalho de consultoria acho que muitos ainda estão casados com bancos de dados relacionais e mapeamento objetorrelacional. Portanto, acho que em termos práticos não houve um desserviço à comunidade dos entusiastas NoSQL por eu ter incluído a orientação sobre como usar técnicas de mapeamento objetorrelacional para os modelos de domínio. Reconheço, porém, que isso pode me render alguma crítica por parte daqueles que acham que a incompatibilidade de impedância dos objetos relacionais os torna indignos de consideração. Isso é bom, e aceito as críticas, porque há uma grande maioria que ainda deve conviver com as dificuldades dessa incompatibilidade de impedância diariamente, por mais não esclarecidas que possam parecer para a minoria.

Claro, também forneço orientações no Capítulo 12, "Repositórios", sobre o uso de armazenamentos de dados baseados em documentos, pares valor/chave e fábricas de dados/grades. Também discuto, em vários lugares, onde o uso de um armazenamento NoSQL tenderia a influenciar um projeto alternativo dos Agregados e de suas partes contidas. É bem provável que a tendência dos armazenamentos NoSQL continue a impulsionar o crescimento nesse setor, portanto, nesse caso, desenvolvedores de objeto relacional precisam tomar conhecimento. Como você pode ver, entendo os dois lados do argumento, e concordo com ambos. Tudo é parte do atrito constante criado pelas tendências tecnológicas, e o atrito precisa acontecer para que uma mudança positiva ocorra.

Agradecimentos

Sou grato à dedicada equipe da Addison-Wesley por me dar a oportunidade de publicar sob esse selo altamente respeitado. Como já afirmei antes em minhas aulas e apresentações, vejo a Addison-Wesley como uma editora que entende o valor do DDD. Tanto Christopher Guzikowski como Chris Zahn (Dr. Z) apoiaram meus esforços ao longo do processo editorial. Não esqueço o dia em que Christopher Guzikowski telefonou para compartilhar a notícia de que ele queria me contratar como um dos seus autores. Lembro de como ele me incentivou a persistir e superar as dúvidas que a maioria dos autores têm, até a publicação começar a se configurar no horizonte. É claro, foi o Dr. Z quem assegurou que o texto fosse colocado em um estado publicável. Agradeço à minha editora de produção, Elizabeth Ryan, por coordenar os detalhes da publicação do livro. E agradeço à minha intrépida editora de texto, Barbara Wood.

Voltando no tempo, foi Eric Evans quem dedicou a maior parte dos cinco anos de sua carreira a escrever a primeira obra definitiva sobre DDD. Sem seu empenho, a sabedoria que surgiu das comunidades Smalltalk e sobre padrões, e que o próprio Eric refinou, muitos desenvolvedores simplesmente não teriam uma direção clara e forneceriam softwares ruins. Infelizmente, esse problema é mais comum do que deveria ser. Como Eric diz, a má qualidade do desenvolvimento de softwares e a falta de alegria criativa das equipes que produzem softwares quase o levaram a abandonar a indústria de software para sempre. Devemos a Eric sinceros agradecimentos por concentrar sua energia em atividades educacionais, em vez de na mudança de carreira.

No final da primeira cúpula DDD, em 2011, que Eric me convidou para participar, determinou-se que a liderança deveria produzir um conjunto de diretrizes pelas quais mais desenvolvedores poderiam ter sucesso com DDD. A redação deste livro já estava bem adiantada e eu entendia muito bem o que os desenvolvedores não percebiam. Eu me ofereci a escrever um ensaio a fim de fornecer as "regras de ouro" para os Agregados. Determinei que essa série de três partes intitulada "Projeto Eficaz de Agregados" formaria a base do Capítulo 10 deste livro. Depois que foi lançada na dddcommunity.org, tornou-se muito claro que essa orientação minuciosa era bastante necessária. Graças a outras pessoas na liderança do DDD que revisaram esse ensaio e, assim, forneceram feedback valioso para este livro. Eric Evans e Paul Rayner fizeram vários comentários detalhados sobre o ensaio. Também recebi feedback de Udi Dahan, Greg Young, Jimmy Nilsson, Niclas Hedhman e Rickard Öberg.

Dedico um especial obrigado a Randy Stafford, um membro de longa data da comunidade DDD. Depois de assistir a uma palestra DDD que ministrei vários anos atrás em Denver, Randy me incentivou a me envolver mais na comunidade DDD maior. Algum tempo depois, Randy me apresentou a Eric Evans para que eu pudesse promover minhas ideias sobre como unir a comunidade DDD. Embora minhas ideias fossem um pouco grandiosas e, possivelmente, menos alcançáveis, Eric nos convenceu de que formar uma equipe menor composta por uma liderança DDD clara seria mais importante no curto prazo. A partir dessas discussões, foi formada a DDD Summit de 2011. Obviamente, sem que Randy me persuadisse a levar em frente meus pontos de vista do DDD, este livro não existiria, e talvez nem mesmo uma Cúpula DDD. Embora Randy estivesse muito ocupado com o trabalho no Oracle Coherence para que pudesse contribuir neste livro, talvez tenhamos a oportunidade de escrever algo no futuro em um esforço combinado.

Agradeço imensamente a Rinat Abdullin, Stefan Tilkov e Wes Williams por contribuírem nas seções sobre os temas especializados do livro. É quase impossível entender tudo sobre todas as coisas relacionadas a DDD, e é absolutamente impossível ser um especialista em todas as áreas do desenvolvimento de software. É por isso que recorri a especialistas nas áreas específicas para que escrevessem algumas seções do Capítulo 4 e do Apêndice A. Obrigado a Stefan Tilkov por seu conhecimento incomum de REST, a Wes Williams por sua experiência em GemFire e a Rinat Abdullin por compartilhar sua sempre crescente experiência em Prospecção de Eventos para a implementação de Agregados.

Um dos meus primeiros revisores foi Leo Gorodinsk, e ele abraçou o projeto. Conheci Leo na reunião sobre DDD em Denver. Ele forneceu uma grande quantidade de feedback para este livro com base nas suas próprias dificuldades diárias na implementação do DDD com sua equipe em Boulder, Colorado. Espero que meu livro tenha ajudado Leo tanto quanto seus comentários críticos me ajudaram. Vejo Leo como parte do futuro do DDD.

Muitos outros forneceram feedback em pelo menos um dos capítulos do livro, e alguns em vários capítulos. Alguns dos feedbacks mais críticos foram fornecidos por Gojko Adzic, Alberto Brandolini, Udi Dahan, Dan Haywood, Dave Muirhead e Stefan Tilkov. Especificamente, Dan Haywood e Gojko Adzic forneceram a maior parte do feedback inicial, que baseou-se no conteúdo mais difícil de ler que eu produzi. Sou feliz por eles terem persistido e me corrigirem. As sugestões de Alberto Brandolini sobre projeto estratégico em geral e, especificamente, Mapeamento de Contexto, me ajudaram a focalizar a essência desse material vital. Dave Muirhead, com muita experiência em projeto orientado a objetos, modelagem de domínio, bem como persistência de objetos e grades de dados na memória — incluindo GemFire e Coherence —, influenciou o livro em relação a um pouco da história e dos detalhes mais refinados da persistência de objetos. Além de sua contribuição quanto ao REST, Stefan Tilkov fez sugestões adicionais sobre a arquitetura em geral e, especificamente, sobre SOA e pipes e filtros. Por fim, Udi Dahan validou e me ajudou a esclarecer alguns dos conceitos do CQRS, Processos de Longa Duração (conhecidos como Sagas) e transmissão de mensagens com o NServiceBus. Outros revisores que forneceram feedback valioso foram Rinat Abdullin, Svein Arne Ackenhausen, Javier Ruiz Aranguren, William Doman, Chuck Durfee, Craig Hoff, Aeden Jameson, Jiwei Wu, Josh Maletz, Tom Marrs, Michael McCarthy, Rob Meidal, Jon Slenk, Aaron Stockton, Tom Stockton, Chris Sutton e Wes Williams.

Scorpio Steele produziu as fantásticas ilustrações para o livro. Scorpio transformou todos na equipe deste livro nos super-heróis que eles realmente são. No outro extremo do espectro estava a equipe editorial de revisão não técnica composta pelo meu bom amigo Kerry Gilbert. Enquanto todo mundo fez com que eu permanecesse tecnicamente correto, Kerry me colocou "sob o martelo da gramática".

Meu pai e minha mãe forneceram excelente inspiração e apoio durante toda a minha vida. Meu pai — AJ na humorada "Lógica caubói" ao longo deste livro — não é *apenas* um caubói. Não me interpretem mal. Ser um grande caubói seria suficiente. Além de adorar voar e pilotar aviões, meu pai foi um exímio engenheiro civil e agrimensor, e um talentoso negociador. Ele ainda gosta de matemática e de estudar as galáxias. Entre muitas outras coisas que me ensinou, meu pai transmitiu a maneira de resolver um triângulo retângulo quando eu tinha cerca de dez anos de idade. Obrigado, papai, por me dar uma inclinação técnica em uma idade jovem. Agradeço também a minha mãe, uma das pessoas mais legais que você poderia conhecer. Ela sempre incentivou e me apoiou ao longo dos meus desafios pessoais. Além disso, o vigor que tenho vem dela. Poderia continuar, mas nunca conseguiria dizer o suficiente sobre suas qualidades.

Embora este livro seja dedicado à minha querida esposa, Nicole, e ao nosso filho maravilhoso, Tristan, meus agradecimentos não estariam completos sem uma menção especial aqui. Foram eles que me permitiram trabalhar e concluir o livro. Sem seu apoio e encorajamento minha tarefa não teria sido possível. Muito obrigado, minha adorável família.

Sobre o Autor

Vaughn Vernon é um especialista veterano em softwares com mais de 25 anos de experiência em projeto, desenvolvimento e arquitetura de softwares. Ele é uma autoridade na simplificação do projeto e na implementação de softwares utilizando métodos inovadores. Ele trabalha em programação com linguagens orientadas a objetos desde a década de 80 e aplica os princípios do Domain-Driven Design desde sua comunidade Smalltalk de modelagem de domínio no início dos anos 1990. Sua experiência abrange uma ampla variedade de domínios de negócios, incluindo os setores aeroespaciais, ambientais, geoespaciais, de seguros, assistência médica e telecomunicações. Ele também foi bem-sucedido nos esforços técnicos criando estruturas reutilizáveis, bibliotecas e ferramentas de aceleração de implementação, e dá consultoria e palestras internacionalmente e cursos sobre como implementar o Domain-Driven Design em vários continentes. Você pode ler mais sobre suas iniciativas mais recentes em www.VaughnVernon. co (conteúdo em inglês) e segui-lo no Twitter aqui: @VaughnVernon.

Guia Para Este Livro

O livro *Domain-Driven Design*, de Eric Evans, apresenta o que é essencialmente uma ampla *linguagem de padrões*. Uma linguagem de padrões é um conjunto de padrões de software que estão interligados porque são mutuamente dependentes. Um padrão qualquer faz referência a um ou mais outros padrões dos quais ele depende, ou que dependem dele. O que isso significa para você?

Isso significa que, ao ler um dado capítulo deste livro, você pode se deparar com um padrão DDD que não é discutido nesse capítulo e que você ainda não conhece. Não entre em pânico e, por favor, não pare de ler por causa da frustração. É muito provável que o padrão referenciado seja explicado em detalhes em outro capítulo do livro.

Para ajudar a desvendar a linguagem padrão, usei a sintaxe mostrada na Tabela G.1 do livro.

Tabela G.1 Sintaxe Utilizada neste Livro

Quando você vir isto ...	Significa isto ...
Nome do padrão (#)	1. É a primeira vez que o padrão é referenciado no capítulo que você está lendo, ou
	2. é uma referência adicional importante a um padrão que já foi mencionado no capítulo, mas é essencial entender onde encontrar mais informações sobre ele nesse ponto do livro.
Contexto Delimitado (2)	O capítulo que você está lendo faz referência ao Capítulo 2 para que você descubra mais detalhes sobre os Contextos Delimitados.
Contexto Delimitado	Essa é a maneira como faço referência a um padrão já mencionado no mesmo capítulo. Não quero irritá-lo formatando todas as referências em um determinado padrão em negrito, com um número de capítulo.
[REFERÊNCIA]	É uma referência bibliográfica a outro trabalho.

continua

Tabela G.1 Sintaxe Utilizada neste Livro *(continuação)*

Quando você vir isto ...	Significa isto ...
[Evans] ou [Evans, Ref.]	Não discuto o padrão DDD específico referenciado extensivamente e, se quiser saber mais, você precisa ler essas obras de Eric Evans. (A leitura delas sempre é recomendável!)
	[Evans] significa seu livro clássico, *Domain-Driven Design*.
	[Evans, Ref.] significa uma segunda publicação que é uma referência condensada e separada aos padrões em [Evans] que foram atualizados e ampliados.
[Gamma *et al.*] e [Fowler, P of EAA]	[Gamma *et al.*] significa o livro clássico *Design Patterns*.
	[Fowler, P of EAA] significa *Patterns of Enterprise Application Architecture*, de Martin Fowler.
	Faço referência a essas obras com frequência. Embora também faça referência a vários outros trabalhos, você tenderá a ver essas um pouco mais do que outras. Examine na bibliografia completa mais detalhes.

Se você começar a ler no meio de um capítulo e vir uma referência como Contexto Delimitado, lembre-se de que você provavelmente encontrará um capítulo neste livro que aborda o padrão. Basta verificar no índice um conjunto mais rico de referências.

Se você já leu [Evans] e de alguma forma conhece os padrões, você provavelmente tenderá a usar este livro como uma maneira de esclarecer seu entendimento do DDD e obter ideias de como melhorar seus projetos de modelos existentes. Nesse caso, exatamente agora talvez você não precise de uma visão abrangente. Mas, se você for relativamente iniciante ao DDD, a seção a seguir irá ajudá-lo a ver como os padrões se encaixam, e como este livro pode ser usado para que você comece a trabalhar rapidamente. Assim, continue lendo.

Visão Geral do DDD

Logo no início mostro um dos pilares do DDD, a **Linguagem Ubíqua (1)**. A Linguagem Ubíqua é aplicável dentro de um único **Contexto Delimitado (2)**. Imediatamente você precisa se familiarizar com essa mentalidade crítica da modelagem de domínio. Basta lembrar que, independentemente da forma como seus modelos de software são projetados *taticamente, estrategicamente* você vai querer que eles reflitam o seguinte: uma Linguagem Ubíqua clara modelada em um contexto explicitamente delimitado.

Modelagem Estratégica

Um Contexto Delimitado é um limite conceitual em que um modelo de domínio é aplicável. Ele fornece um contexto para a Linguagem Ubíqua que é falada pela equipe e expressa no modelo de softwares cuidadosamente projetado, como mostrado na Figura G.1.

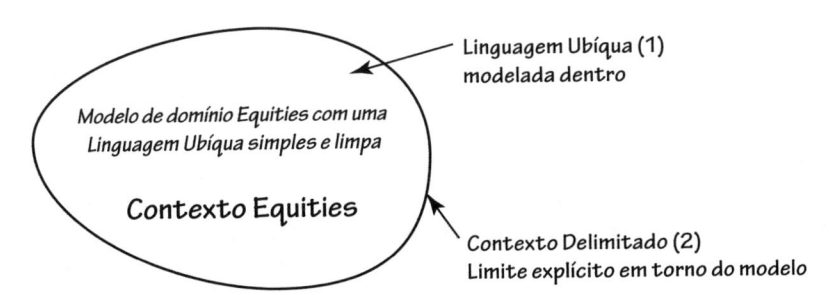

Figura G.1   Um diagrama que ilustra um Contexto Delimitado e a Linguagem Ubíqua relevante

À medida que pratica o projeto estratégico, você descobrirá que os padrões do **Mapeamento de Contexto (3)** vistos na Figura G.2 funcionam em harmonia. Sua equipe utilizará os Mapas de Contexto para compreender o terreno do projeto.

Acabamos de considerar o quadro geral do projeto estratégico do DDD. É fundamental entendê-lo.

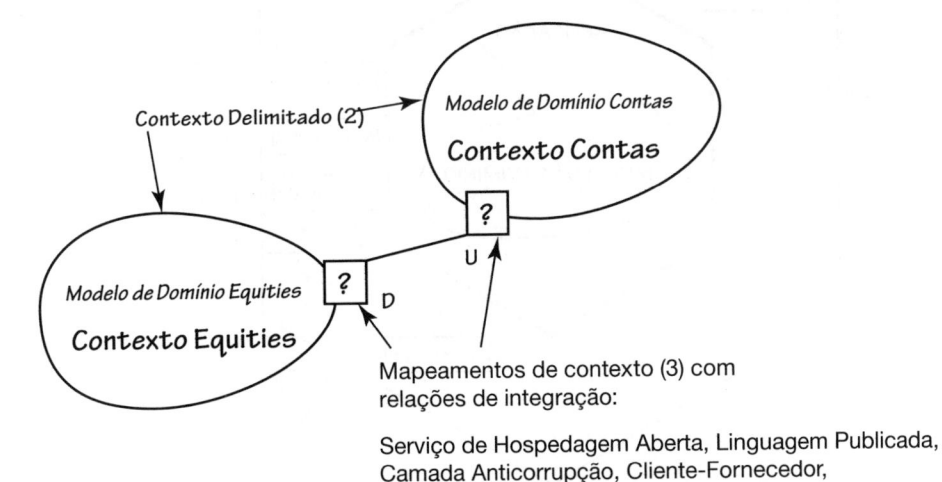

Figura G.2   Mapas de Contexto mostram as relações entre Contextos Delimitados

Arquitetura

Às vezes, um novo Contexto Delimitado ou aqueles existentes que interagem por meio do Mapeamento de Contexto terá de assumir um novo estilo de **Arquitetura (4)**. É importante ter em mente que seus modelos de domínio projetados estratégica e taticamente devem ser arquitetonicamente neutros. Mas terá de existir uma arquitetura em torno e entre cada modelo. Um estilo arquitetônico poderoso para hospedar um Contexto Delimitado é o Hexagonal, o qual pode ser utilizado para facilitar outros estilos, como o **Orientado a Serviços**, o **REST** e o **Orientado a Eventos**, entre outros. A Figura G.3 descreve uma Arquitetura Hexagonal e, embora possa parecer um pouco cheia de detalhes, é um estilo relativamente simples de empregar.

Às vezes podemos ser tentados a colocar muita ênfase na arquitetura, em vez de focalizar a importância de criar cuidadosamente um modelo baseado no DDD. A arquitetura é importante, mas as influências arquitetônicas vão e vêm. Lembre-se de priorizar corretamente, colocando mais ênfase no modelo de domínio, o que agrega mais valor de negócio e será mais duradouro.

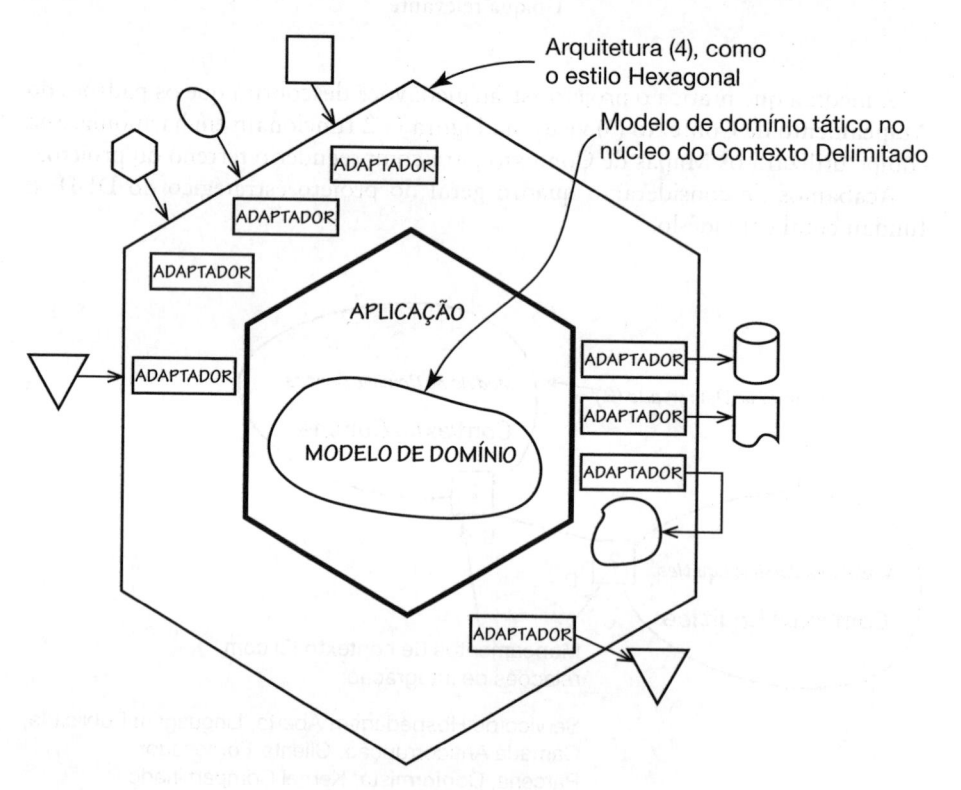

Figura G.3 A Arquitetura Hexagonal com o modelo de domínio no núcleo do software

Modelagem Tática

Modelamos taticamente dentro de um Contexto Delimitado usando os padrões dos blocos de construção do DDD. Um dos padrões mais importantes do projeto tático é o **Agregado (10)**, como ilustrado na Figura G.4.

Um Agregado é composto por uma única Entidade **(5)** ou um conjunto de Entidades e **Objetos de Valor (6)** que devem permanecer consistentes transacionalmente ao longo de toda a vida do Agregado. É muito importante compreender como modelar Agregados de maneira eficaz e é uma das técnicas menos entendidas entre os blocos de construção do DDD. Se eles são muito importantes, talvez você esteja se perguntando por que Agregados são colocados mais adiante no livro. Antes de tudo, o posicionamento dos padrões táticos neste livro segue a mesma ordem que a encontrada em [Evans]. Além disso, como Agregados baseiam-se em outros padrões táticos, abrangemos os blocos de construção básicos — como Entidades e Objetos de Valor — antes do padrão Agregado mais complexo.

Um exemplo de um Agregado é persistido usando seu **Repositório (12)** e é, posteriormente, pesquisado dentro e recuperado a partir dele. Você pode ver uma indicação disso na Figura G.4.

Use **Serviços (7)** sem estado, como visto na Figura G.5, dentro do modelo de domínio para executar operações de negócio que não se encaixam naturalmente como uma operação em uma Entidade ou Objeto de Valor.

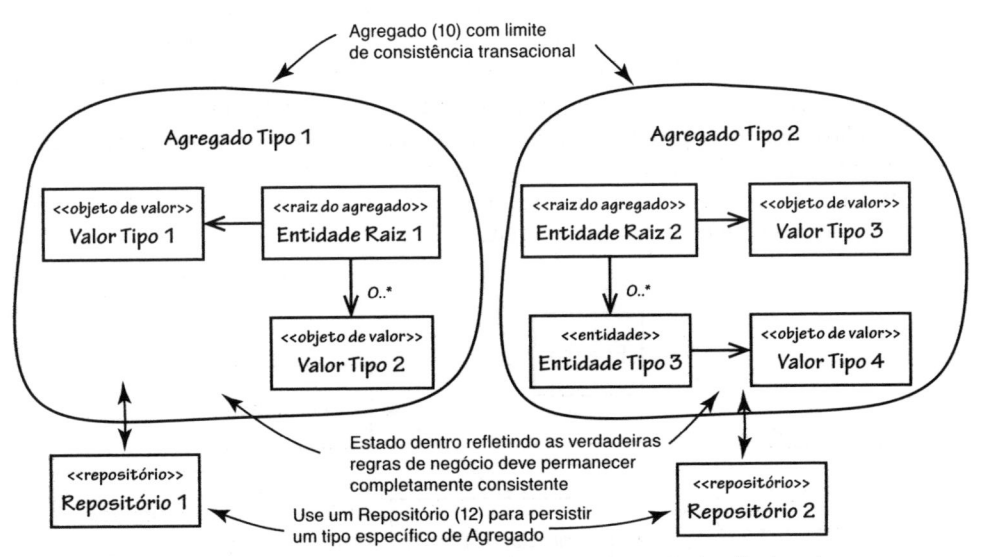

Figura G.4   Dois tipos de Agregados com seus próprios limites de consistência transacional

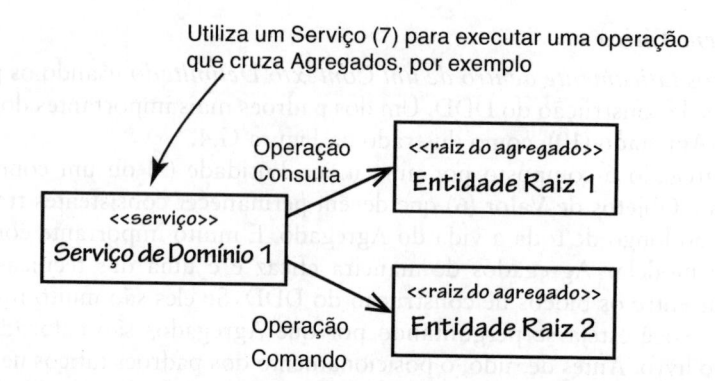

Figura G.5   Serviços de Domínio realizam operações específicas de domínio, que podem envolver vários objetos de domínio

Use **Eventos de Domínio (8)** para indicar a ocorrência de acontecimentos significativos no domínio. Eventos de Domínio podem ser modelados de algumas maneiras diferentes. Quando eles capturam as ocorrências que são resultado de alguma operação de comando de Agregado, o próprio Agregado publica o evento, como mostrado na Figura G.6.

Embora muitas vezes receba pouca atenção, é muito importante projetar **Módulos (9)** corretamente. Na sua forma mais simples, pense em um Módulo como um pacote em Java ou um *namespace* em C#. Lembre-se de que se você projetar seus Módulos mecanicamente, em vez de acordo com a Linguagem Ubíqua, é provável que eles façam mais mal do que bem. A Figura G.7 ilustra como Módulos devem conter um conjunto limitado de objetos de domínio coesos.

É claro que há muito mais para implementar o DDD, e eu não tentarei abranger tudo aqui. Há todo um livro à sua frente que faz exatamente isso. Acho que este Guia faz com que você inicie sua jornada com o pé direito por toda a implementação do DDD. Portanto, aproveite a viagem!

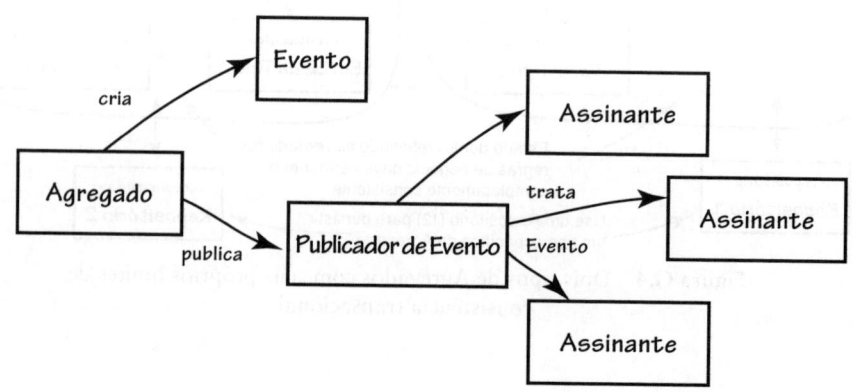

Figura G.6   Eventos de Domínio podem ser publicados por Agregados.

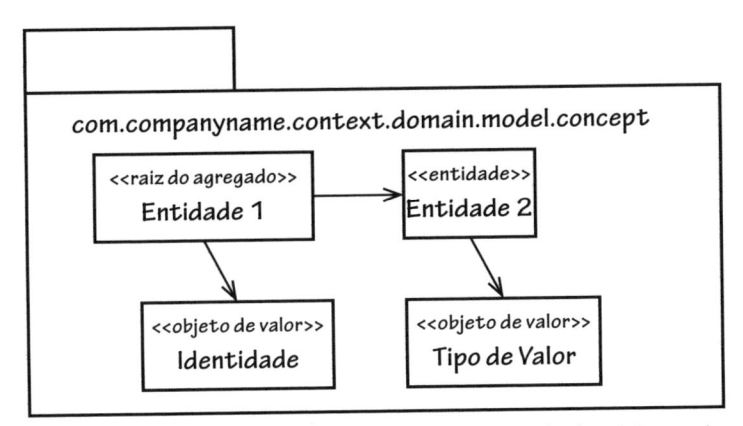

Figura G.7 Um módulo contém e organiza objetos de domínio coesivos.

Ah, e apenas para que você se familiarize com a lógica caubói, eis uma pista:

Lógica caubói

AJ: "Não leve à boca mais do que você pode mastigar. Sua boca é provavelmente muito maior do que você imagina." ;-)

LB: "Você quis dizer 'mente', J. Sua mente é maior do que você imagina!"

Capítulo 1

Introdução ao DDD

Design não é apenas aparência.
Design é como algo funciona.
—*Steve Jobs*

Nós nos esforçamos para produzir qualidade nos softwares que desenvolvemos. Alcançamos alguma qualidade por meio de testes para nos ajudar a evitar fornecer software com um número fatal de erros. Mas mesmo que pudéssemos produzir um software completamente livre de erros, isso por si só não necessariamente significaria que projetamos um modelo de software de qualidade. O modelo de software — a *maneira* como o software expressa a solução para o objetivo de negócio buscado — ainda poderia sofrer significativamente. Fornecer software com poucos defeitos é obviamente bom. Mas se alcançarmos um nível mais alto para um modelo de software bem projetado que reflita explicitamente o objetivo pretendido do negócio, nosso trabalho pode até alcançar o nível *ótimo*.

A abordagem de desenvolvimento de software chamada *Domain-Driven Design*, ou *DDD*, existe para nos ajudar a obter rapidamente projetos de modelo de software de alta qualidade. Quando implementado corretamente, o DDD nos ajuda a alcançar o nível em que *nosso projeto é exatamente como o software funciona*. Este livro é sobre como ajudá-lo a implementar o DDD corretamente.

Você pode ser completamente iniciante em DDD, pode tê-lo experimentado e encontrado dificuldades ou talvez já o tenha aplicado com sucesso. Qualquer que seja sua experiência, você sem dúvida está lendo este livro porque quer melhorar sua capacidade de implementar o DDD, e você pode. O roteiro do capítulo ajuda a direcionar suas necessidades específicas.

Roteiro do Capítulo

- Descubra o que o DDD pode fazer para seus projetos e suas equipes à medida que você lida com a complexidade.
- Saiba como classificar seu projeto para ver se ele merece o investimento em DDD.
- Considere as alternativas comuns ao DDD e por que elas muitas vezes levam a problemas.
- Entenda as bases do DDD à medida que aprende a dar os primeiros passos em seu projeto.
- Aprenda a vender o DDD para a gerência, os especialistas em domínio e os membros da equipe técnica.

continua

- Enfrente os desafios do uso do DDD munido do conhecimento de como ser bem-sucedido.
- Analise uma equipe que está aprendendo a implementar o DDD.

O que você deve esperar do DDD? Não é um processo denso, pesado e cerimonial que bloqueia seu caminho para o progresso. Em vez disso, espere usar as técnicas de desenvolvimento ágil em que você provavelmente já confia. Além do desenvolvimento ágil, antecipe a aquisição dos métodos que o ajudem a ter uma visão profunda do domínio de seu negócio, com a perspectiva de produzir modelos de software testáveis, maleáveis, organizados, cuidadosamente elaborados e de alta qualidade.

O DDD oferece as *ferramentas de modelagem estratégicas e táticas* necessárias para projetar softwares de alta qualidade que atendam aos objetivos básicos do negócio.

Posso Usar DDD?

Você pode implementar DDD se tiver:

- Paixão por criar excelentes software todos os dias, e a tenacidade para alcançar esse objetivo

- A vontade de aprender e melhorar, e a coragem de admitir que você precisa

- A aptidão para compreender padrões de software e aplicá-los corretamente

- A habilidade e paciência para explorar alternativas de projeto usando métodos ágeis comprovados

- A coragem de desafiar o *status quo*

- O desejo e a capacidade de prestar atenção aos detalhes, experimentar e descobrir

- Ímpeto para procurar maneiras de codificar de forma mais inteligente e melhor

Não vou dizer que não há uma curva de aprendizagem. Para ser franco, a curva de aprendizagem pode ser íngreme. Mas este livro foi elaborado para ajudar a nivelar a curva o máximo possível. Meu objetivo é ajudar você e sua equipe a implementar o DDD com o maior potencial de sucesso.

DDD não é apenas tecnologia. Em seus princípios mais centrais, DDD envolve discutir, ouvir, compreender, descobrir e agregar valor ao negócio, tudo em um esforço para centralizar o conhecimento. Se você for capaz de *entender o negócio* em que sua empresa trabalha, no mínimo você poderá participar do processo de descoberta de modelos de software para produzir uma Linguagem Ubíqua. Claro, você terá que entender mais o negócio, muito mais. Mas você já está no caminho certo para ser bem-sucedido com DDD porque pode compreender os conceitos do negócio, pode deleitar-se com o desenvolvimento de um excelente software, e isso lhe dá a base adequada para levar o DDD até o fim.

Experiência de anos, ou mesmo de uma ou duas décadas, no desenvolvimento de software ajuda? Talvez. Mas experiência no desenvolvimento de software não lhe dá a capacidade de ouvir e aprender com *especialistas no domínio do negócio,* as pessoas que conhecem muito sobre alguma área de alta prioridade da empresa. Você estará em melhor situação se puder se envolver com aqueles que raramente, ou nunca, se expressam usando jargões técnicos. Você terá de ouvir e ouvir atentamente. Você terá de respeitar os pontos de vista deles e confiar no fato de que eles conhecem muito mais que você.

Há Grandes Vantagens em se Envolver Com Especialistas no Domínio

Você estará em melhor situação se puder se envolver com aqueles que raramente, ou nunca, se expressam usando jargões técnicos. Assim como você aprenderá com eles, há uma alta probabilidade de que eles também aprendam com você.

Talvez aquilo que você mais aprecie no DDD é que os especialistas no domínio também *terão de ouvir você.* Vocês fazem parte da mesma equipe. Por mais estranho que possa parecer, os especialistas no domínio não conhecem tudo sobre o negócio, e também aprenderão mais sobre ele. Assim como você aprenderá com eles, há uma alta probabilidade de que eles também aprendam com você. Suas perguntas sobre o que eles conhecem provavelmente também irão revelar o que eles não conhecem. Você estará diretamente envolvido em ajudar todos na equipe a descobrir um entendimento mais profundo do negócio, e *até modelar o negócio.*

É ótimo quando a equipe aprende e cresce junto. Se você der uma chance, o DDD torna isso possível.

Mas *Não Temos* Especialistas em Domínio

Um especialista em domínio não é um título dado pelo cargo. São as pessoas que conhecem muito bem a linha do negócio em que você trabalha. Eles provavelmente têm muito conhecimento sobre o domínio do negócio, e podem ser projetistas de produto ou até mesmo seu pessoal de vendas.

Olhe além do cargo. As pessoas que você está procurando entendem mais sobre aquilo em que você está trabalhando do que ninguém, e com certeza muito mais do que você. *Encontre-as. Ouça. Aprenda. Adote a abordagem de criar o projeto no código.*

Até agora estamos a caminho de um início bastante animador. Mas também não vou lhe dizer que a capacidade técnica não é importante, ou que de alguma forma você possa dispensá-la. Você terá de entender alguns conceitos avançados da *modelagem de domínio*. Mesmo assim, isso não significa necessariamente que você vai estar em uma situação complicada. Se você tiver habilidades em algum lugar entre um entendimento básico de um livro introdutório como *Use a Cabeça! Padrões de Projetos* [Freeman *et al.* Rio de Janeiro, Alta Books, 2007] e um entendimento quase intuitivo do livro original *Padrões de Projeto* [Gamma *et al.* Porto Alegre, Bookman, 2005], ou mesmo padrões mais avançados, você tem uma boa chance de ser bem-sucedido com o DDD. Você pode contar com isto: farei tudo o que puder para que isso aconteça, reduzindo os obstáculos, independentemente de seu nível de experiência.

O Que É Um Modelo de Domínio?

É um modelo de software do domínio do negócio muito específico em que você está tra-balhando. Costuma ser implementado como um modelo de objeto, quando esses objetos têm dados e comportamentos com um significado literal e preciso de negócio.

Criar um modelo de domínio único cuidadosamente elaborado no centro de um subsistema ou de uma aplicação estratégica básica é essencial para praticar o DDD. Com o DDD, seus modelos de domínio tenderão a ser menores e muito focados. Usando o DDD, você nunca modela todos o negócios da empresa com um único grande modelo de domínio. Uau, isso é bom!

Considere as seguintes perspectivas das pessoas que podem se beneficiar do DDD. Sei que você se encaixa aqui em algum lugar:

- *Iniciante, desenvolvedor júnior*: "Sou jovem, com novas ideias, tenho ener-gia reprimida para codificar e quero causar impacto. Mas a primeira itera-ção de um dos projetos me irritou profundamente. Não esperava que meu primeiro trabalho fora da universidade significaria mover dados de um lado para outro com uma pá usando uma grande quantidade de 'objetos' quase idênticos e redundantes. Por que essa arquitetura é tão complexa se isso é tudo o que acontece? O que há de tão especial nela? O código que-bra várias vezes quando tento alterá-lo. Alguém sabe para que isso serve? Agora há alguns novos recursos complexos que preciso adicionar. Insisto regularmente em um *adaptador* em torno das classes legadas para me pro-teger contra porcarias. Não há nenhum prazer nisso. Tenho certeza de que há algo que posso fazer além de codificar e depurar dia e noite só para terminar as iterações. Seja o que for, vou descobrir e dominar o assunto. Ouvi algumas pessoas falando sobre DDD. *Soa como o Gang of Four, mas adaptado para o modelo de domínio.* Parece legal."

Informe-se melhor. Aqui você terá uma boa introdução.

- *Desenvolvedor de nível médio*: "Ao longo dos últimos meses, participei do projeto de um novo sistema. É minha vez de fazer a diferença. Eu entendo o assunto de maneira geral, mas sinto falta de uma visão profunda quando me reúno com os desenvolvedores seniores. Às vezes, as coisas parecem esquisitas, mas não sei direito por quê. Vou ajudar a mudar a maneira como as coisas são feitas aqui. Sei que simplesmente adicionar tecnologia a um problema não leva muito longe, o que basicamente não é longe o suficiente. Preciso é de *uma técnica de desenvolvimento de software sólida* que me ajudará a me tornar um profissional hábil e experiente em software. Um dos arquitetos seniores, o novo bambambã, promoveu algo chamado DDD. Sou todo ouvidos."

Você já parece um desenvolvedor sênior. Continue lendo. Sua atitude voltada para o futuro será recompensada.

• *Desenvolvedor sênior, arquiteto*: "Usei DDD em alguns projetos, mas não desde que alcancei esse novo cargo. Gosto do poder dos *padrões táticos*, mas há muito mais que eu poderia aplicar, sendo o *projeto estratégico* um deles. O que achei mais perspicaz ao ler [Evans] foi a Linguagem Ubíqua. Isso é algo poderoso. Tive discussões com alguns de meus colegas de equipe e com a gerência, tentando influenciar a adoção do DDD aqui. Um dos garotos e alguns desenvolvedores de nível médio e sênior ficaram impressionados com as perspectivas. A gerência não está tão entusiasmada. Entrei recentemente nessa empresa e, embora tenha conseguido levá-la à liderança, parece que a organização está menos interessada em avanços disruptivos do que eu imaginava. Seja o que for, não vou desistir. Com outros desenvolvedores entusiasmados com o assunto, *sei que podemos fazer acontecer.* As recompensas serão bem maiores do que o previsto. Aproximaremos as pessoas puramente de negócios — os especialistas em domínio — de nossas equipes técnicas e *investiremos em nossas soluções,* sem apenas resmungá-las iteração após iteração".

É *isso* o que um líder faz. Este livro apresenta muitas orientações que mostram como ser bem-sucedido no *projeto estratégico.*

• *Especialista no domínio*: "Tenho participado da especificação das soluções de TI para os desafios de nosso negócio há já bastante tempo. Talvez seja muito a esperar, mas queria que os desenvolvedores entendessem melhor o que fazemos aqui. Eles sempre falam conosco como se fôssemos estúpidos. O que eles não entendem é que, se não fosse por nós, não haveria empregos aqui para eles mexerem com computadores. Os desenvolvedores sempre têm uma maneira estranha de falar sobre o que nosso software faz. Se falamos A, eles dizem que na verdade ele chama-se B. *É como se fosse necessário ter algum tipo de dicionário ou guia disponível toda vez que tentamos comunicar o que queremos.* Se não deixarmos que eles chamem de B o que entendemos por A, eles não vão cooperar. Desse modo, perdemos muito tempo. *Por que o software simplesmente não pode funcionar da maneira como especialistas reais pensam sobre o negócio?*"

Você entendeu bem. Um dos maiores problemas é a falsa necessidade de tradução entre o pessoal técnico e os demais funcionários da empresa. Este capítulo é para você. Como veremos, o *DDD coloca você e os desenvolvedores no mesmo nível*. E, surpresa! Você já tem alguns desenvolvedores de seu lado. Ajude-os aqui.

- *Gerente*: "Estamos enviando o software. Nem sempre obtemos os melhores resultados, e as mudanças parecem levar mais tempo do que deveriam. Os desenvolvedores continuam falando sobre esse ou aquele domínio. Não tenho certeza se precisamos nos concentrar em mais uma técnica ou metodologia, como se fosse algum tipo de bala de prata. Ouvi tudo isso mil vezes antes. Tentamos, a moda desaparece, e voltamos à mesma velha maneira de fazer as coisas. Insisto em dizer que precisamos nos manter no curso e parar de sonhar, mas a equipe continua me perturbando com essa história. Eles trabalham com afinco e, portanto, merecem ser ouvidos. *São pessoas inteligentes e todas merecem uma chance de melhorar as coisas* antes de ganharem impulso e seguirem em frente. Poderia lhes dar algum tempo para que aprendam e se ajustem se houver suporte da alta gerência. Acho que conseguiria essa aprovação se pudesse convencer meu chefe das reivindicações da equipe para fazer *um investimento crítico em software e uma centralização do conhecimento do negócio*. A verdade é que isso tornará meu trabalho mais fácil se *eu* puder *fazer algo para inspirar confiança e cooperação entre minhas equipes e os especialistas em negócio*. De qualquer forma, é isso o que ouço que posso fazer."

Bom gerente!

Seja você quem for, eis uma recomendação importante. Para ser bem-sucedido com o DDD, *você terá de aprender alguma coisa,* na verdade, várias coisas. Mas isso não deve ser difícil. Você é inteligente e precisa aprender o tempo todo. Entretanto, todos nós enfrentamos este desafio:

Pessoalmente, sempre estou pronto para aprender, embora nem sempre goste de ser ensinado.

—Sir Winston Churchill

É aqui que este livro entra. Tentei tornar o ensino o mais agradável possível e, ao mesmo tempo, fornecer a compreensão vital necessária para implementar o DDD com sucesso.

Sua pergunta, porém, é: "Por que devo utilizar o DDD?". Isso é justo.

Por Que Você Deve Utilizar o DDD

Na verdade, já lhe dei algumas boas razões por que o DDD faz muito sentido prático. Correndo o risco de quebrar o princípio DRY (*don't repeat yourself,* "não se repita"), reitero-o aqui e também o acrescento às razões anteriores. Alguém ouve um eco?

- Coloque os especialistas de domínio e desenvolvedores em condições de igualdade, o que produz softwares que fazem todo o sentido para o negócio, não apenas para os codificadores. Isso não significa simplesmente tolerar o grupo oposto. Isso significa tornar-se uma equipa coesa e unida.

- A frase "faz sentido para o negócio" significa investir no negócio criando softwares que sejam o mais próximo possível daquilo que os líderes e especialistas em negócio criariam se fossem os codificadores.

- Na verdade, você pode ensinar ao negócio mais sobre ele próprio. Nenhum especialista em domínio, nenhum gerente, por mais alto que seja seu nível hierárquico, conhece tudo sobre o negócio. É um processo de descoberta constante que se torna mais criterioso ao longo do tempo. Com o DDD, todo mundo aprende porque todo mundo contribui para discussões de descoberta.

- A centralização do conhecimento é fundamental porque com ela a empresa é capaz de garantir que a compreensão do software não fique presa ao "conhecimento tribal", disponível apenas para um grupo seleto, que geralmente são apenas os desenvolvedores.

- Há zero traduções entre os especialistas em domínio, os desenvolvedores de software e o software. Isso não significa talvez algumas poucas traduções. Significa zero traduções, porque sua equipe desenvolve uma linguagem comum e compartilhada que todos na equipe falam.

- O projeto é o código, e o código é o projeto. O projeto é como ele funciona. O melhor conhecimento do projeto de código se desenvolve a partir de modelos experimentais rápidos usando um processo ágil de descoberta.

- O DDD fornece técnicas sólidas de desenvolvimento de software que abordam tanto o projeto estratégico como o tático. O projeto estratégico nos ajuda a entender quais são os investimentos em software mais importantes a fazer, quais recursos existentes de software alavancar a fim de chegar lá de uma maneira mais rápida e segura, e quem deve estar envolvido. O projeto tático nos ajuda a criar o único modelo elegante de uma solução usando blocos de construção de software comprovados e testados pelo tempo.

Como qualquer bom investimento de alto rendimento, o DDD tem algum custo inicial de tempo e esforço para a equipe. Considerar os desafios típicos encontrados por todos os esforços de desenvolvimento de software reforçará a necessidade de investir em uma abordagem sólida de desenvolvimento de software.

Entregar Valor de Negócio Pode Ser Algo Enganoso

Desenvolver software que agrega valor real ao negócio não é a mesma coisa que desenvolver software corporativo comum. Softwares que agregam verdadeiro valor de negócio se alinham com as iniciativas estratégicas do negócio e suportam soluções com uma vantagem competitiva — claramente identificável, — um software cujo foco não é a tecnologia, mas o próprio negócio.

O conhecimento do negócio nunca é centralizado. As equipes de desenvolvimento têm de equilibrar e priorizar as necessidades e solicitações das várias partes interessadas e se envolver com muitas pessoas que têm conjuntos diversificados de habilidades, tudo com o objetivo de revelar os requisitos funcionais e não funcionais do software. Depois de coletar todas essas informações, como as equipes podem ter certeza de que um dado requisito agrega um real valor de negócio? Na verdade, quais são os valores de negócio sendo procurados, e como você os revela, os prioriza e os realiza?

Uma das piores discrepâncias de um esforço de desenvolvimento de software de negócio é vista na lacuna entre especialistas em domínio e desenvolvedores de software. De modo geral, os reais especialistas em domínio concentram-se em gerar valor de negócio. Por outro lado, os desenvolvedores de software geralmente são atraídos para a tecnologia e soluções técnicas aos problemas de negócio. O fato não é que os desenvolvedores de software têm motivações erradas; é apenas o que tende a prender sua atenção. Mesmo quando desenvolvedores de software se envolvem com especialistas em domínio, a colaboração em grande parte ocorre em um nível superficial, e o software que é desenvolvido muitas vezes resulta em uma tradução/mapeamento entre a forma como a empresa pensa e funciona e como o desenvolvedor de software interpreta isso. O software resultante geralmente não reflete uma concretização reconhecível do modelo mental dos especialistas em domínio, ou talvez ele só faça isso parcialmente. Com o passar do tempo, essa discrepância torna-se cara. A conversão do conhecimento de domínio em software é perdida à medida que os desenvolvedores passam para outros projetos ou saem da empresa.

Um problema diferente, mas relacionado, é quando um ou mais especialistas em domínio não concorda com o outro. Isso tende a acontecer porque cada especialista tem mais ou menos experiência no domínio específico que está sendo modelado, ou eles simplesmente são especialistas em áreas relacionadas, mas diferentes. Também é comum que múltiplos "especialistas em domínio" não tenham experiência em um determinado domínio, em que eles são mais um analista de negócio, mas espera-se que forneçam uma direção perspicaz para as discussões. Quando essa situação não é controlada, ela resulta em modelos mentais mais indistintos do que nítidos, o que leva a modelos de software conflitantes.

Pior ainda é quando a abordagem técnica do desenvolvimento de software na verdade altera equivocadamente a forma como o negócio funciona. Embora seja um cenário diferente, é bem conhecido que o software de planejamento de recursos empresariais (ERP) muitas vezes altera as operações gerais do negócios de uma organização para que se ajustem à maneira como o ERP funciona. O custo total de possuir o ERP não pode ser totalmente calculado em termos de taxas de licença e manutenção. A reorganização e interrupção para o negócio podem ser muito mais caras que qualquer um desses dois fatores tangíveis. Uma dinâmica similar está em jogo à medida que as equipes de desenvolvimento de software interpretam o que a empresa precisa naquilo que o software recém- desenvolvido realmente faz. Isso pode ser caro e disruptivo para o negócio, seus clientes e seus parceiros. Além disso, essa interpretação técnica é desnecessária e evitável com o uso de técnicas de desenvolvimento de software comprovadas. A solução é um investimento fundamental.

Como o DDD Ajuda

O DDD é uma abordagem ao desenvolvimento de software que focaliza estes três aspectos principais:

1. O DDD aproxima desenvolvedores de software e especialistas em domínio para desenvolver um software que reflete o modelo mental dos especialistas no negócio. Isso não significa que o esforço é gasto na modelagem do "mundo real". Em vez disso, o DDD oferece um modelo que é o mais útil para o negócio. Às vezes modelos úteis e realistas se interseccionam, mas quando divergem, a escolha pelo DDD é útil.

   Com esse aspecto, os esforços dos especialistas em domínio e desenvolvedores de software são dedicados a desenvolver em conjunto uma Linguagem Ubíqua das áreas do negócio cuja modelagem eles focalizam. A Linguagem Ubíqua é desenvolvida com total acordo da equipe, é falada e é diretamente capturada no modelo do software. Vale reiterar que a equipe é composta tanto por especialistas em domínio como por desenvolvedores de software. Nunca é "nós e eles". É sempre *nós*. Isso é um valor-chave de negócio que permite que o *know-how* da empresa sobreviva aos esforços iniciais e relativamente curtos de desenvolvimento que fornecem as primeiras poucas versões do software e das equipes que o produzem. A questão é que o custo do desenvolvimento de software é um investimento corporativo justificável, não apenas um centro de custos.

   Todo esse esforço une especialistas em domínio que inicialmente discordam entre si, ou que simplesmente não têm conhecimento básico do domínio. Além disso, ele reforça a união da equipe difundindo conhecimento profundo do domínio entre todos os membros da equipe, incluindo desenvolvedores de software. Considere isso o treinamento prático que cada empresa deve investir em seus trabalhadores do conhecimento.

2. O DDD aborda as iniciativas estratégicas do negócio. Embora essa abordagem ao projeto estratégico inclua naturalmente a análise técnica, ela está mais preocupada com a direção estratégica do negócio. Ela ajuda a definir as melhores relações organizacionais entre equipes e fornece sistemas de alerta precoce para reconhecer quando uma dada relação poderia causar um fracasso do software e até mesmo do projeto. Os aspectos técnicos do projeto estratégico têm o objetivo de limitar claramente sistemas e preocupações do negócio, o que protege cada *serviço no nível do negócio*. Isso

fornece motivações significativas para se saber como uma *arquitetura geral orientada a serviços* ou *arquitetura orientada a negócio* é alcançada.

3. O DDD atende às exigências técnicas reais do software usando ferramentas de modelagem de projeto tático para analisar e desenvolver os "entregáveis", isto é, o produto final na forma de softwares executáveis. Essas ferramentas de projeto tático permitem que os desenvolvedores produzam softwares que são uma codificação correta do modelo mental dos especialistas em domínio, são altamente testáveis, menos propensos a erros (uma afirmação demonstrável), são executados em relação aos acordos de nível de serviço (ANSs), são escaláveis e permitem computação distribuída. As melhores práticas de DDD geralmente abordam uma dúzia ou mais de preocupações arquitetônicas de nível mais alto, bem como preocupações de projeto de software de nível mais baixo, com foco no reconhecimento das reais regras e invariantes de dados do negócio e na proteção dessas regras contra situações de erro.

Usando essa abordagem ao desenvolvimento de software, você e sua equipe podem ser bem-sucedidos em entregar valor de negócio real.

Lidando com a Complexidade de seu Domínio

Queremos usar o DDD principalmente nas áreas que são mais importantes para o negócio. Você não investe no que pode ser facilmente substituído. *Você investe no material não trivial mais complexo, o material mais valioso e importante que promete retornar os maiores dividendos.* É por isso que chamamos esse modelo de **Domínio Básico (2)**. São esses, e como segunda prioridade os **Subdomínios de Suporte (2)** *significativos*, que merecem e recebem o maior investimento. Justamente, então, precisamos entender o que *complexo* significa.

> **Use o DDD Para Simplificar, Não para Complicar**
> Use o DDD para modelar um domínio complexo da forma mais simples possível. Nunca use o DDD para tornar sua solução mais complexa.

O que é qualificado como complexo será diferente entre uma empresa e outra. Diferentes empresas têm diferentes desafios, diferentes níveis de maturidade e diferentes capacidades de desenvolvimento de software. Assim, em vez de determinar o que é *complexo*, pode ser mais fácil determinar o que *não é trivial*. Portanto, *sua equipe e gerência terão de determinar se um sistema em que você planeja trabalhar merece o custo de um investimento em DDD.*

Scorecard do DDD: Use a Tabela 1.1 para determinar se o projeto se qualifica para um investimento em DDD. Se uma linha do *scorecard* descrever seu projeto, coloque o número correspondente de pontos na coluna à direita. Totalize todos os pontos de seu projeto. Se for 7 ou mais, pense seriamente em usar DDD.

Tabela 1.1 O Scorecard do DDD

Seu projeto tem uma pontuação total de 7 pontos ou mais?

Se Seu Projeto ...	Pontos	Concepções de Suporte	Seu Escore
Se sua aplicação for completamente centrada em dados e se qualificar verdadeiramente para uma solução CRUD pura, em que cada operação é basicamente uma consulta simples de banco de dados para criar, ler, atualizar ou excluir, você não precisa do DDD. Sua equipe só precisa colocar um rosto bonito em um editor de tabelas de banco de dados. Em outras palavras, se você puder confiar no fato de que os usuários irão inserir os dados diretamente em uma tabela, atualizá-los e, às vezes, excluí-los, você nem mesmo precisará de uma interface do usuário. Isso não é realista, mas é conceitualmente relevante. Se pudesse usar uma ferramenta simples de desenvolvimento de banco de dados para criar uma solução, você não desperdiçaria o tempo e dinheiro de sua empresa no DDD.	0	Isso parece óbvio, mas normalmente não é fácil determinar simples *versus* complexo. Não é como se todas as aplicações que não são CRUD puras merecem o tempo e o esforço do uso do DDD. Assim, talvez possamos sugerir outros indicadores para nos ajudar a traçar uma linha entre o que é complexo e o que não é ...	
Se seu sistema exigir apenas 30 ou menos operações de negócio, ele provavelmente é bem simples. Isso significaria que a aplicação não teria um total de mais de 30 histórias de usuário ou fluxos de caso de uso, com cada um desses fluxos tendo apenas uma lógica mínima de negócio. Se você puder desenvolver rápida e facilmente esse tipo de aplicação usando o Ruby on Rails ou o Groovy and Grails e não se importar com a falta de poder e controle em relação à complexidade e alteração, o sistema provavelmente não precisará usar o DDD.	1	Para ser claro, estou falando de 25 a 30 únicos métodos de negócio, não de 25 a 30 interfaces de serviço completas, cada uma com vários métodos. O último pode ser complexo.	
Assim, digamos que, em algum lugar no intervalo entre 30 e 40 histórias de usuário ou fluxos de caso de uso, a complexidade poderia ser pior. Seu sistema pode estar entrando no território do DDD.	2	O risco é do comprador: Bem frequentemente a complexidade não é reconhecida rapidamente. *Nós, desenvolvedores de software, somos realmente muito bons para subestimar a complexidade e o nível de esforços.* Só porque talvez queiramos codificar uma aplicação no Rails ou Grails não significa que devemos. No longo prazo, essas aplicações poderiam prejudicar mais do que ajudar.	

continua

Tabela 1.1 O Scorecard do DDD (*continuação*)

Seu projeto tem uma pontuação total de 7 pontos ou mais?

Se Seu Projeto ...	Pontos	Concepções de Suporte	Seu Escore
Mesmo que a aplicação não seja complexa agora, a complexidade dela aumentará? Você só pode saber isso ao certo depois que os usuários reais começam a trabalhar com ela, mas há um passo na coluna "Pensamentos de suporte" que pode ajudar a revelar a situação real. Tenha cuidado aqui. Se houver absolutamente qualquer indício de que a aplicação tem complexidade mesmo moderada — este é um bom momento para ser paranoico —, isso pode ser uma indicação suficiente de que ela na verdade será mais do que moderadamente complexa. Incline-se em direção ao DDD.	3	Aqui vale a pena analisar os cenários de uso mais complexos com especialistas em domínio e ver aonde eles levam. Os especialistas em domínio ... 1... . já estão solicitando recursos mais complexos? Se sim, isso provavelmente é uma indicação de que a aplicação já é ou em breve se tornará excessivamente complexa para usar uma abordagem CRUD. 2... .estão entediado com os recursos ao ponto em que dificilmente vale a pena discuti-los? Provavelmente não é complexa.	
Os recursos da aplicação serão alterados com frequência ao longo de alguns anos, e você não pode antecipar que as alterações serão simples.	4	O DDD pode ajudá-lo a gerenciar a complexidade da refatoração de seu modelo ao longo do tempo.	
Você não entende o **Domínio (2)** porque ele é novo. Na medida em que você e sua equipe sabem, ninguém fez isso antes. Isso provavelmente significa que ele é complexo ou, pelo menos, merece a devida diligência com análise analítica para determinar o nível de complexidade.	5	Você precisará trabalhar com especialistas em domínio e testar os modelos para fazer a coisa certa. Você certamente também pontuou em um ou mais dos critérios anteriores, portanto, use o DDD.	

Esse exercício de pontuação pode levar sua equipe a estas conclusões:

Ele é tão ruim que não podemos fazer mudanças fácil e rapidamente quando descobrimos que estamos no lado errado da complexidade, não importa se o lado errado é mais ou menos complexo do que pensávamos.

Claro, mas isso só significa que precisamos nos tornar muito melhores para determinar a simplicidade *versus* complexidade no início de nosso planejamento do projeto. Isso poupa bastante tempo, despesas e problemas.

Depois de tomar uma decisão arquitetônica importante e envolver vários casos de uso profundamente no desenvolvimento, geralmente ficamos preso a ela. É melhor escolher sabiamente.

Se qualquer uma dessas observações repercutir em sua equipe, você está fazendo bom uso do pensamento crítico.

Anemia e Perda de Memória

A anemia pode ser uma doença grave com efeitos secundários perigosos. Quando o nome **Modelo de Domínio Anêmico** [Fowler, Anemic] foi cunhado pela primeira vez, sua intenção *não era ser um termo complementar,* como se quiséssemos dizer que um modelo de Domínio que é fraco, sem o poder das qualidades comportamentais inerentes, poderia ser uma coisa boa. Estranhamente, modelos de Domínio anêmicos surgiram por todo lado em nosso setor. O problema é que a maioria dos desenvolvedores parece achar que isso é completamente normal e nem sequer reconhece que existe uma condição séria quando empregado em seus sistemas. É um problema real.

Você se pergunta se seu modelo parece desgastado, apático, esquecido, desajeitado, precisando de vitamina? Se de repente você experimentar hipocondria técnica, eis uma boa maneira de realizar um autoexame. Você vai ficar à vontade ou confirmar seus piores medos. Use os passos na Tabela 1.2 para fazer seu *check-up.*

Tabela 1.2 Determine o Histórico de Saúde de Seu Modelo de Domínio

	Sim / Não
O software que você chama "modelo de domínio" tem principalmente *getters* e *setters* públicos, e nenhuma ou quase lógica de negócio — você sabe, objetos que são predominantemente contêineres de valor de atributo?	
Os componentes de software que utilizam frequentemente seu "modelo de domínio" são aqueles que hospedam a maior parte da lógica de negócio de seu sistema, e estes invocam fortemente os *getters* e *setters* públicos no "modelo de domínio"? Você provavelmente chama essa camada particular do cliente "modelo de domínio", uma **Camada de Serviço ou Camada de Aplicação (4, 14)**. Se, do contrário, isso descrever a interface do usuário, responda "Sim" à pergunta e escreva mil vezes em um quadro branco que você nunca, nunca fará isso novamente.	
Dica: As respostas corretas são "Sim" para ambas ou "Não" para ambas as questões.	

Qual foi seu desempenho?

Se respondeu "não" a ambas as perguntas, seu domínio está indo bem.

Se respondeu "sim" a ambas as perguntas, seu "modelo de domínio" está muito doente. Está anêmico. A boa notícia é que você pode obter ajuda continuando a ler.

Se você respondeu "sim" a uma das perguntas e "não" à outra, você está em um estado de negação, sofrendo delírios ou apresenta outro problema neurológico que pode ser causado pela anemia. O que você deve fazer se tiver respostas conflitantes? Volte para a primeira pergunta e faça o autoexame novamente. Leve o tempo que precisar, mas lembre-se de que sua resposta às duas perguntas deve ser um enfático "Sim!"

Como [Fowler, Anemic] diz, um Modelo de Domínio Anêmico é uma coisa ruim porque você paga a maior parte do alto custo de desenvolver um modelo de domínio, mas você obtém pouco ou nenhum benefício. Por exemplo, por causa da incompatibilidade de impedância dos objetos relacionais, os desenvolvedores desse tipo de "modelo de domínio" gastam muito tempo e esforço mapeando objetos para e a partir do armazenamento de persistência. Isso é um preço alto a pagar para obter pouco ou nenhum benefício em troca. Vou adicionar que o que você tem não é absolutamente um modelo de domínio, mas apenas um modelo de dados projetado a partir de um modelo relacional (ou outro banco de dados) e transformado em objetos. Ele é um impostor que na verdade pode estar mais perto da definição de **Registro Ativo** [Fowler, P of EAA]. Provavelmente você pode simplificar sua arquitetura não sendo pretensioso e apenas admitindo que você está usando uma forma do **Script de Transação** [Fowler, P of EAA].

Razões Por Que a Anemia Acontece

Portanto, se um Modelo de Domínio Anêmico é resultado doentio de um esforço de projeto mal executado, por que tantos o usam ao pensar que o modelo deles tem saúde perfeita? Certamente ele não reflete uma mentalidade de programação procedural, mas não acho que isso seja a principal razão. Boa parte de nosso setor é composta por seguidores de código de amostra, o que não é ruim desde que as amostras sejam de qualidade. Muitas vezes, porém, o código de amostra focaliza propositadamente a demonstração de algum conceito ou recurso da interface de programação de aplicação (API) da forma mais simples possível, sem se preocupar com os bons princípios de projeto. Entretanto, código de amostra excessivamente simplificado, que geralmente demonstra vários *getters* e *setters*, é copiado todos os dias sem que se pense duas vezes no projeto.

Há outra influência mais antiga. A história do Visual Basic da Microsoft tem muito a ver com onde estamos hoje. Não estou dizendo que o Visual Basic era uma linguagem e um ambiente de desenvolvimento integrado (IDE) ruim, porque ele sempre foi um ambiente altamente produtivo e, de certa forma, influenciou positivamente a indústria. Claro, alguns poderiam ter evitado completamente sua influência direta, mas com o tempo o Visual Basic alcançou indiretamente quase todos os desenvolvedores de software. Observe a linha do tempo mostrada na Tabela 1.3.

Tabela 1.3 A Linha do Tempo entre Comportamento Rico e Anemia Infame

Anos 1980	1991	1992–1995	1996	1997	1998–
Objetos provocam um impacto por causa do Smalltalk e C++	Propriedades e folhas de propriedades do Visual Basic	Ferramentas visuais e IDEs tornam-se prolíficos	Java JDK 1.0 lançado	Especificação JavaBean	Explosão das ferramentas baseadas em reflexão para as plataformas Java e .NET com base em propriedades

Estou falando da influência das propriedades e folhas de propriedades, ambas suportadas por propriedade *getters* e *setters* que se tornaram tão populares devido ao designer de formulários do Visual Basic original. Tudo o que você tinha de fazer era inserir algumas instâncias de controle personalizado em um formulário, preencher suas folhas de propriedades, e *voilà!* Você tinha uma aplicação Windows totalmente funcional. Levava apenas alguns minutos para fazer isso, em comparação com alguns dias necessários para programar uma aplicação semelhante diretamente contra a API do Windows usando C.

Assim, o que tudo isso tem a ver com os Modelos Anêmicos de Domínio? O *padrão JavaBean foi originalmente especificado para ajudar a criar ferramentas de programação visual para o Java. Sua motivação era levar as capacidades do Microsoft ActiveX para a plataforma Java.* Oferecia-se a esperança de criar um mercado cheio de vários tipos de controles personalizados de terceiros, quase como os do Visual Basic. Rapidamente quase todas as estruturas e bibliotecas entraram na onda do JavaBean. Isso incluía a maior parte do Java SDK/JDK, bem como bibliotecas como o popular Hibernate. Específico para nossas preocupações de DDD, o *Hibernate foi introduzido para persistir modelos de domínio.* A tendência continuou quando a plataforma .NET foi lançada.

Curiosamente, nos primeiros dias, qualquer modelo de domínio que fosse persistido usando o Hibernate precisava expor *getters* e *setters* públicos para cada atributo simples persistente e cada associação complexa em cada objeto de domínio. Isso significa que, mesmo se você quisesse projetar seu POJO (Plain Old Java Object, objeto Java simples) com uma interface rica em comportamento, você tinha de expor publicamente as funcionalidades internas para que o Hibernate pudesse persistir e reconstituir os objetos de seu domínio. Obviamente, você poderia fazer coisas para ocultar a interface JavaBean pública, mas, de modo geral, a maioria dos desenvolvedores não se incomodava e nem mesmo entendia por que deveria fazer isso.

Devo Me Preocupar com o Uso de Mapeadores Objetorrelacionais com o DDD?

A crítica anterior ao Hibernate é feita a partir de uma perspectiva histórica. Há já um bom tempo o Hibernate suporta o uso de *getters* e *setters* ocultos, e até mesmo acesso direto a campos. Demonstro nos próximos capítulos como evitar a anemia em seus modelos ao usar o Hibernate e outros mecanismos de persistência. Portanto, não se preocupe.

A maioria dos frameworks Web, se não todos, também funciona exclusivamente sob o padrão JavaBean. Se você quiser que seus objetos Java sejam capazes de preencher suas páginas Web, os objetos Java devem suportar a especificação JavaBean. Se você quiser que seus formulários HTML preencham um objeto Java quando seus dados forem submetidos ao servidor, seu objeto de formulário Java deve suportar a especificação JavaBean.

Hoje, quase todos os frameworks no mercado exigem e, portanto, promovem o uso de propriedades públicas em objetos simples. A maioria dos desenvolvedores não pode fazer nada, senão ser influenciada por todas as classes anêmicas em todas as empresas. Admita. Isso o incomodou, não? Como resultado, temos uma situação que poderia ser mais bem rotulada como *anemia em todos os lugares*.

Veja o Que a Anemia Faz para Seu Modelo

Tudo bem, assim vamos dizer que podemos concordar com o fato de que isso é verdadeiro e incômodo para nós. O que *anemia em todos os lugares* tem a ver com *perda de memória?* Quando analisamos o código cliente de um Modelo de Domínio Anêmico (por exemplo, o **Serviço de Aplicação (4, 14)** impostor, *a la* script de transação), o que normalmente vemos? Eis um exemplo rudimentar:

```
@Transactional
public void saveCustomer(
    String customerId,
    String customerFirstName, String customerLastName,
    String streetAddress1, String streetAddress2,
    String city, String stateOrProvince,
    String postalCode, String country,
    String homePhone, String mobilePhone,
    String primaryEmailAddress, String secondaryEmailAddress) {

    Customer customer = customerDao.readCustomer(customerId);

    if (customer == null) {
        customer = new Customer();
        customer.setCustomerId(customerId);
    }

    customer.setCustomerFirstName(customerFirstName);
    customer.setCustomerLastName(customerLastName);
    customer.setStreetAddress1(streetAddress1);
    customer.setStreetAddress2(streetAddress2);
    customer.setCity(city);
    customer.setStateOrProvince(stateOrProvince);
    customer.setPostalCode(postalCode);
    customer.setCountry(country);
    customer.setHomePhone(homePhone);
    customer.setMobilePhone(mobilePhone);
```

```
customer.setPrimaryEmailAddress(primaryEmailAddress);
customer.setSecondaryEmailAddress (secondaryEmailAddress);

customerDao.saveCustomer(customer);
}
```

Exemplo Propositadamente Mantido Simples

É certo que esse exemplo não é de um domínio muito interessante, mas nos ajuda a examinar um projeto menos que ideal e determinar como podemos refatorá-lo para um muito melhor. É bom deixar claro que esse exercício não resulta em uma melhor maneira de salvar dados. O exercício é criar um modelo de software que agrega valor ao negócio, embora esse exemplo talvez não pareça valioso.

O que esse código acabou de fazer? De fato, é um código muito versátil. Ele salva um `Customer`, não importa se é novo ou preexistente. Ele salva um `Customer`, não importa se o sobrenome mudou ou se a pessoa mudou de endereço. Ele salva um `Customer` independentemente de a pessoa ter um novo número de telefone residencial ou ter interrompido o serviço telefônico residencial, ou se ela tem um celular pela primeira vez, ou ambos. Ele até mesmo salva um `Customer` que parou de usar o Juno e começou a usar o Gmail, ou que mudou de emprego e agora tem um novo endereço de e-mail de trabalho. Uau, esse método é incrível!

Ou não? De fato, não fazemos ideia das situações de negócio em que esse método `saveCustomer()` é usado — não exatamente, de qualquer maneira. Por que, em primeiro lugar, esse método foi criado? Alguém se lembra da intenção inicial e de todas as motivações para alterá-lo a fim de suportar uma ampla variedade de objetivos de negócio? É bem provável que essas lembranças tenham se perdido apenas algumas semanas ou meses depois de se criar e modificar o método. E a coisa fica ainda pior. Você não acredita em mim? Analise a próxima versão desse mesmo método:

```
@Transactional
public void saveCustomer(
    String customerId,
    String customerFirstName, String customerLastName,
    String streetAddress1, String streetAddress2,
    String city, String stateOrProvince,
    String postalCode, String country,
    String homePhone, String mobilePhone,
    String primaryEmailAddress, String secondaryEmailAddress) {

    Customer customer = customerDao.readCustomer(customerId);

    if (customer == null) {
        customer = new Customer();
        customer.setCustomerId(customerId);
    }
```

```
if (customerFirstName != null) {
   customer.setCustomerFirstName(customerFirstName);
}
if (customerLastName != null) {
   customer.setCustomerLastName(customerLastName);
}
if (streetAddress1 != null) {
   customer.setStreetAddress1(streetAddress1);
}
if (streetAddress2 != null) {
   customer.setStreetAddress2(streetAddress2);
}
if (city != null) {
   customer.setCity(city);
}
if (stateOrProvince != null) {
   customer.setStateOrProvince(stateOrProvince);
}
if (postalCode != null) {
   customer.setPostalCode(postalCode);
}
if (country != null) {
   customer.setCountry(country);
}
if (homePhone != null) {
   customer.setHomePhone(homePhone);
}
if (mobilePhone != null) {
   customer.setMobilePhone(mobilePhone);
}
if (primaryEmailAddress != null) {
   customer.setPrimaryEmailAddress(primaryEmailAddress);
}
if (secondaryEmailAddress != null) {
   customer.setSecondaryEmailAddress (secondaryEmailAddress);
}

customerDao.saveCustomer(customer);
}
```

Tenho de apontar aqui que esse exemplo não é tão ruim quanto parece. Muitas vezes o código de mapeamento de dados torna-se bastante complexo, e uma grande quantidade da lógica de negócio é empacotada nele. Estou lhe poupando o pior nesse exemplo, mas você já deve tê-lo visto por conta própria.

Cada um dos outros parâmetros além do `customerId` é opcional. Agora podemos usar esse método para salvar um `Customer` sob pelo menos dezenas de situações de negócio, e muito mais! Mas isso é realmente uma coisa boa? Como poderíamos testar esse método para garantir que ele não salve um `Customer` sob situações erradas?

Sem entrar em muitos detalhes, esse método poderia funcionar incorretamente de mais maneiras do que corretamente. Talvez haja restrições de banco de dados que impeçam que um estado completamente inválido seja persistido, mas agora você precisa analisar o banco de dados para se certificar. É quase certo que levará tempo para você mapear mentalmente as relações entre atributos Java e nomes de coluna. Depois de entender essa parte, você descobre que não há restrições de banco de dados ou que elas são incompletas.

Você pode analisar os possivelmente muitos clientes (sem contar aqueles acrescentados depois que a interface do usuário foi concluída para gerenciar automaticamente clientes remotos) e comparar as revisões do código-fonte para ter alguma noção da razão por que ele foi implementado da maneira como está agora. Ao buscar respostas, você aprende que ninguém pode explicar por que esse método funciona da maneira como funciona, ou quantos usos corretos existem. Talvez você precise de várias horas ou dias para entendê-lo completamente.

Lógica Caubói

AJ: "Esse cara é muito confuso, ele não sabe se está ensacando batatas ou andando de *skate* no meio de um rebanho de búfalos."

Especialistas em Domínio não podem ajudar aqui porque teriam de ser programadores para entender o código. Mesmo se um ou dois especialistas em domínio conhecessem programação o suficiente ou pelo menos conseguissem ler o código, é provável que, no mínimo, eles ficariam tão confusos como um desenvolvedor em relação a tudo que o código deve suportar. Com todas essas preocupações em mente, ousaríamos alterar esse código de alguma forma, e se alterássemos, como faríamos?

Há pelo menos três grandes problemas aqui:

1. Há pouca intenção revelada pela interface `saveCustomer()`.

2. A própria implementação de `saveCustomer()` adiciona complexidade oculta.

3. O "objeto de domínio" `Customer` não é absolutamente um objeto. De fato, é apenas um contêiner de dados burro.

Vamos chamar essa situação não invejável de *perda de memória induzida por anemia*. Isso acontece o tempo todo em projetos que produzem esse tipo implícito, completamente subjetivo de "projeto" de código.

> **Espere um Minuto!**
>
> Neste ponto, alguns de vocês podem estar pensando: "Nossos projetos nunca realmente saem do rascunho. Simplesmente desenhamos parte da estrutura, e depois que alcançamos um acordo sobre ela estamos livres para implementar. Assustador".
>
> Se sim, tente não distinguir entre projeto e implementação. Lembre-se de que, ao praticar DDD, *o projeto é o código e o código é o projeto*. Em outras palavras, diagramas de quadro branco não são o projeto, apenas uma maneira de discutir os desafios do modelo.
>
> Fique atento, uma vez que você aprenderá a tirar as ideias do quadro branco e a fazê-las funcionar para você.

Nesse momento, você deve estar preocupado com esse tipo de código e como você pode criar um projeto melhor. A boa notícia é que você pode ser bem-sucedido ao produzir um projeto explícito, cuidadosamente criado em seu código.

Como Fazer DDD

Vamos por um momento deixar de lado as discussões sobre implementação pesada e considerar uma das características mais potentes do DDD, a Linguagem Ubíqua. Ela é um dos dois pilares primários dos pontos fortes do DDD, sendo o segundo o **Contexto Delimitado (2)**, e não é possível que um permaneça apropriadamente em pé sem o outro.

> **Termos em um Contexto**
>
> Por enquanto pense em um Contexto Delimitado como um limite conceitual em torno de toda uma aplicação ou sistema finito. A razão desse limite é destacar que todo uso de um dado termo, frase, sentença de domínio — a Linguagem Ubíqua — dentro do limite tem um significado contextual específico. Qualquer uso do termo fora desse limite poderia significar, e provavelmente significa, algo diferente. O Capítulo 2 explica o Contexto Delimitado em profundidade.

Linguagem Ubíqua

A Linguagem Ubíqua é uma Linguagem compartilhada pela equipe. Ela é compartilhada por desenvolvedores e especialistas em domínio. Na verdade, é compartilhada por todos na equipe de projeto. Independentemente de seu papel na equipe, como você está nela, você usa a Linguagem Ubíqua do projeto.

> **Então Você Acha Que Sabe o Que É uma Linguagem Ubíqua**
>
> *Obviamente ela é a linguagem do negócio.*
>
> Bem, não.
>
> *Certamente ela deve adotar a terminologia padrão da indústria.*
>
> Não, não adota.

É claro que ela é a linguagem usada pelos especialistas em domínio.

Desculpe, mas não é.

A Linguagem Ubíqua é uma Linguagem compartilhada desenvolvida pela equipe composta tanto por especialistas em domínio como por desenvolvedores de software.

É isso. Agora você entendeu!

Naturalmente, os especialistas em domínio têm uma forte influência sobre a Linguagem porque conhecem melhor parte do negócio e podem ser influenciados pelos padrões da indústria. Entretanto, a Linguagem é *mais centrada em como o próprio negócio pensa e opera.* Além disso, muitas vezes dois ou mais especialistas em domínio discordam sobre os conceitos e termos, e na verdade eles estão errados sobre alguns porque não pensaram em todos os casos antes. Assim, à medida que os especialistas e desenvolvedores trabalham juntos para criar um modelo do domínio, eles usam discussão tanto como um consenso como um comprometimento para alcançar a *melhor Linguagem possível para o projeto.* A equipe nunca abre mão da qualidade da Linguagem, apenas dos melhores conceitos, termos e significados. Mas o consenso inicial não é o fim. A Linguagem cresce e muda ao longo do tempo à medida que pequenos e grandes avanços são alcançados, quase como qualquer outra Linguagem viva.

Isso não é um artifício para que os desenvolvedores estejam em sintonia com os especialistas em domínio. Não é simplesmente um monte de jargões de negócio sendo impostos aos desenvolvedores. É uma linguagem real que é criada por toda a equipe — especialistas em domínio, desenvolvedores, analistas de negócio, todos os envolvidos na produção do sistema. A Linguagem pode começar com termos que são o dialeto natural dos especialistas em domínio, mas não se limita a isso porque a Linguagem deve crescer ao longo do tempo. Basta dizer que, quando vários especialistas em domínio estão envolvidos na criação da Linguagem, muitas vezes eles discordam muito sobre os termos e significados do que achavam que já era ubíquo.

Na Tabela 1.4 não apenas recomendamos administrar vacinas contra a gripe no código, mas também que a equipe fale a Linguagem abertamente. Quando a equipe discute esse aspecto do modelo, eles literalmente falam frases como "enfermeiros administram vacinas contra a gripe em doses padrão para pacientes".

Haverá alguma barganha e discordância em relação à Linguagem que existe na mente dos especialistas e que evolui a partir daí. Tudo isso faz parte da evolução natural do desenvolvimento da melhor Linguagem, que será muito importante por um longo período de tempo. Isso acontece por meio de uma discussão aberta, análise dos documentos existentes, conhecimento tribal do negócio que por fim emerge, bem como referências a padrões, dicionários e enciclopédias. Também há um ponto alcançado em que concordamos com o fato de que algumas palavras e frases simplesmente não se encaixam de uma maneira adequada no contexto do negócio da mesma maneira como pensávamos antes, e percebemos que outras se encaixam muito melhor.

Tabela 1.4 Analisando o Melhor Modelo para o Negócio

O que é melhor para a empresa?
Embora a segunda e terceira afirmação sejam similares, como o código deve ser projetado?

Possíveis Pontos de Vista	Código Resultante

"Quem se importa? Apenas o codifique."
Hum, não chega nem perto.
	`patient.setShotType(ShotTypes.TYPE _ FLU);`
	`patient.setDose(dose);`
	`patient.setNurse(nurse);`

"Damos vacinas contra a gripe aos pacientes." Melhor, mas não percebe alguns conceitos importantes.	`patient.giveFluShot();`

"Enfermeiras administram vacinas contra gripe em doses padrão para pacientes."
Isso parece ser o que gostaríamos de executar neste momento, pelo menos até aprendermos mais.
	`Vaccine vaccine = vaccines.`
	`standardAdultFluDose();`
	
	`nurse.administerFluVaccine(patient, vaccine);`

Assim, como você captura essa Linguagem Ubíqua tão importante? Eis algumas maneiras que funcionam como experimentação que levam ao avanço:

- Desenhe imagens do domínio físico e conceptual e rotule-as com nomes e ações. Esses desenhos são principalmente informais, mas podem conter alguns aspectos da modelagem formal de software. Mesmo se sua equipe fizer alguma modelagem com a Unified Modeling Language (UML), você quer evitar qualquer tipo de cerimônia que restringirá as discussões e sufocará a criatividade da Linguagem final que buscamos.

- Crie um glossário dos termos com definições simples. Liste os termos alternativos, incluindo aqueles que mostram a promessa e aqueles que não funcionaram, e por quê. Ao incluir definições, você não pode deixar de desenvolver frases reutilizáveis para a Linguagem porque você é forçado a escrever na Linguagem do domínio.

- Se você não gostar da ideia de um glossário, continue a criar algum tipo de documentação que inclua os desenhos informais dos conceitos importantes de software. Mais uma vez, o objetivo aqui é forçar o surgimento de termos e frases adicionais da Linguagem.

- Como apenas um ou alguns membros da equipe podem coligir o glossário ou outros documentos escritos, reúna-se com o restante da equipe para revisar as frases resultantes. Nem sempre se chega a um acordo sobre toda a linguística capturada; portanto, seja ágil e esteja pronto para editar pesadamente.

Esses são alguns primeiros passos ideais para cunhar uma Linguagem Ubíqua que se encaixe em seu domínio específico. Mas isso não é absolutamente o modelo que você desenvolve. É apenas a gênese da Linguagem Ubíqua que muito em breve será expressa no código-fonte de seu sistema. Estamos falando de Java, C#, Scala ou alguma outra linguagem de programação preferida. Esses desenhos e documentos também não abordam o fato de que a Linguagem Ubíqua continuará a se expandir e se transformar ao longo do tempo. Os artefatos que inicialmente nos levaram por um caminho inspirador para desenvolver uma Linguagem Ubíqua útil que era correta para nosso domínio especializado muito provavelmente se tornarão obsoletos ao longo do tempo. *É por isso que no final é o discurso da equipe e o modelo no código que são as denotações atuais mais duradouras e garantidas da Linguagem Ubíqua.*

Como o discurso da equipe e o código serão a expressão duradoura da Linguagem Ubíqua, esteja preparado para abandonar os desenhos, glossário e outra documentação que serão difíceis de manter atualizados com a Linguagem Ubíqua falada e com o código-fonte à medida que eles são rapidamente reforçados. Essa não é uma exigência do uso do DDD, mas é pragmático, porque se torna impraticável manter toda a documentação em sincronia com o sistema.

Com esse conhecimento podemos redesenhar o exemplo do `saveCustomer()`. E se optássemos por fazer o `Customer` refletir cada um dos possíveis objetivos do negócio que ele deve suportar?

```
public interface Customer {
    public void changePersonalName(
        String firstName, String lastName);
    public void postalAddress(PostalAddress postalAddress);
    public void relocateTo(PostalAddress changedPostalAddress);
    public void changeHomeTelephone(Telephone telephone);
    public void disconnectHomeTelephone();
    public void changeMobileTelephone(Telephone telephone);
    public void disconnectMobileTelephone();
    public void primaryEmailAddress(EmailAddress emailAddress);
    public void secondaryEmailAddress(EmailAddress emailAddress);
}
```

Podemos argumentar que esse não é o melhor modelo para um `Customer`, mas, ao implementar o DDD, o questionamento do projeto é esperado. Como uma equipe, temos a liberdade de barganhar sobre qual é o melhor modelo e só decidir depois que descobrimos que concordamos com a Linguagem Ubíqua. Contudo, a interface anterior não reflete explicitamente os diversos objetivos de negócio que um `Customer` tem de suportar, mesmo se a Linguagem pudesse ser melhorada por meio de refinamentos repetidos.

É importante entender que o Serviço de Aplicação também seria reformulado para refletir as intenções explícitas dos objetivos dos negócios em mãos. Cada método do Serviço de Aplicação seria modificado para lidar com um único fluxo de casos de uso ou histórias de usuário:

```
@Transactional
public void changeCustomerPersonalName(
    String customerId,
    String customerFirstName,
    String customerLastName) {

    Customer customer = customerRepository.customerOfId(customerId);

    if (customer == null) {
        throw new IllegalStateException("Customer does not exist.");
    }

    customer.changePersonalName(customerFirstName, customerLastName);
}
```

Isso é diferente do exemplo original, porque naquele código um único método foi utilizado para lidar com muitos diferentes fluxos de casos de uso ou histórias de usuário. No novo exemplo, limitamos um único método de Serviço de Aplicação para lidar com a mudança no nome do Customer, e nada mais. Assim, ao usar o DDD, nosso trabalho é refinar os Serviços de Aplicação correspondentemente. Isso implica que a interface do usuário também reflete um objetivo mais estreito do usuário, que pode ter sido previamente verdadeiro. Agora, no entanto, esse método específico de Serviço de Aplicação não requer que o cliente passe dez nulos depois dos parâmetros nome e sobrenome.

Esse novo projeto deixa sua mente à vontade? Você pode ler o código e compreendê-lo facilmente. Você também pode testá-lo e confirmar que ele faz exatamente o que deve fazer, e que não faz nada que não deveria.

Assim, a Linguagem Ubíqua é um padrão de equipe utilizado para capturar os conceitos e termos de um domínio de negócio básico específico no próprio modelo de software. O modelo de software incorpora os substantivos, adjetivos, verbos e expressões mais ricos que são formalmente formulados e falados pela equipe coesa. Tanto o software como os testes que verificam a fidelidade do modelo aos princípios do domínio capturam e seguem essa Linguagem, a mesma falada pela equipe.

Ubíqua, mas Não Universal

Alguns esclarecimentos adicionais sobre o alcance de uma Linguagem Ubíqua são adequados. Há alguns conceitos básicos que precisamos manter cuidadosamente em mente:

- *Ubíqua* significa "generalizada", ou "encontrada em todos os lugares", como *falada entre a equipe e expressa pelo modelo de domínio único* que a equipe desenvolve.

- O uso da palavra *ubíqua* não é uma tentativa de descrever algum tipo de linguagem de domínio universal por toda a empresa ou em todo o mundo.

- Há uma Linguagem Ubíqua por Contexto Delimitado.

- Contextos Delimitados são relativamente pequenos, menores do que poderíamos inicialmente imaginar. Um Contexto Delimitado é grande o suficiente apenas para capturar a Linguagem Ubíqua completa do domínio de negócio isolado, não maior.

- A Linguagem só é ubíqua dentro da equipe que trabalha no projeto que se desenvolve em um Contexto Delimitado isolado.

- Em um único projeto que desenvolve um único Contexto Delimitado, sempre há um ou mais Contextos Delimitados adicionais com os quais ele se integra usando **Mapas de Contexto** (3). Cada um dos múltiplos Contextos Delimitados que se integram tem sua própria Linguagem Ubíqua, embora alguns termos de cada um possam se sobrepor.

- Se você tentar aplicar uma única Linguagem Ubíqua a uma empresa inteira, ou pior, universalmente entre muitas empresas, você irá falhar.

Ao começar um novo projeto no qual você usa adequadamente o DDD, identifique o Contexto Delimitado isolado que está sendo desenvolvido. Isso coloca um limite explícito em torno de seu modelo de domínio. Discuta, pesquise, conceitue, desenvolva e fale a Linguagem Ubíqua do modelo de domínio isolado dentro do Contexto Delimitado explícito. Rejeite todos os conceitos que não fazem parte da Linguagem Ubíqua acordada de seu contexto isolado.

O Valor de Negócio Proporcionado pelo Uso do DDD

Se tiver qualquer experiência parecida com a minha, você sabe que os desenvolvedores de software não podem mais buscar tecnologias e técnicas apenas porque estas soam interessantes ou intrigantes. Precisamos justificar tudo o que fazemos. Acho que isso nem sempre foi verdade, mas é uma coisa boa que agora é verdadeira. Acho que a melhor justificativa para o uso de qualquer tecnologia ou técnica é agregar valor ao negócio. Se pudermos estabelecer valor de negócio real e tangível, por que o negócio se recusaria a usar o que recomendamos?

O caso de negócio é especialmente reforçado se pudermos demonstrar que os valores de negócio são mais altos com nossa abordagem recomendada do que com outras opções.

O Valor De Negócio Não É o Mais Importante?

Claro, e talvez eu devesse ter colocado o subtítulo "O Valor De Negócio Utilizando o DDD" no início do livro. Mas agora já foi feito. De fato, esse subtítulo poderia ser "Como Você Pode Vender o DDD Para Seu Chefe". Até que você esteja convencido de que há uma chance real de que pode implementar o DDD em sua empresa, este livro é apenas hipotético. E não quero que você o leia apenas como um exercício teórico. Leia-o como uma realidade concreta para sua empresa. Então você pode tornar-se mais estimulado sobre como sua empresa pode realmente se beneficiar. Assim, continue lendo.

Vamos considerar o valor de negócio muito realista do emprego do DDD. Certifique-se de compartilhar isso abertamente com a gerência, os especialistas em domínio e os membros da equipe técnica. O valor e os benefícios estão resumidos aqui, depois explicamos melhor. Começo com os benefícios menos técnicos.

1. A organização ganha um modelo útil de seu domínio.

2. Uma definição e um entendimento precisos e refinados do negócio são desenvolvidos.

3. Os especialistas em Domínio contribuem para o projeto de software.

4. Uma melhor experiência do usuário é alcançada.

5. Limites claros são colocados em torno de modelos puros.

6. A arquitetura corporativa é mais bem organizada.

7. Modelagem ágil, iterativa e contínua é usada.

8. Novas ferramentas, tanto estratégicas como táticas, são empregadas.

1. A Organização Ganha um Modelo Útil de Seu Domínio

A ênfase do DDD é investir nossos esforços no que é mais importante para o negócio. Nós não modelamos excessivamente. Focalizamos o Domínio Básico. Há outros modelos para suportar o Domínio Básico e eles também são importantes. Mas os modelos de suporte talvez não recebam a prioridade e o esforço do Domínio Básico.

Quando nosso foco é o que distingue nosso negócio de todos os outros, nossa missão é bem compreendida e temos os parâmetros de que precisamos para nos manter no rumo certo. Forneceremos exatamente o que é necessário para alcançar uma vantagem competitiva.

2. Uma Definição e um Entendimento Precisos e Refinados do Negócio São Desenvolvidos

Na verdade, a empresa pode vir a compreender a ela mesma e sua missão melhor que antes. Já ouvi outros afirmarem que a Linguagem Ubíqua desenvolvida para o Domínio Básico do negócio encontrou seu caminho em materiais de marketing. Certamente ela deve ser incorporada aos documentos de visão e às declarações da missão.

À medida que o modelo é refinado ao longo do tempo, a empresa desenvolve um entendimento profundo que pode servir como uma ferramenta de análise. Aparecem detalhes da mente dos especialistas em Domínio quando você é desafiado por outro e modelado pelos parceiros da equipe técnica. Esses detalhes podem ajudar sua empresa a analisar o valor da direção atual e futura, tanto estratégica como tática.

3. Especialistas em Domínio Contribuem para o Projeto de Software

Há valor de negócio quando a empresa desenvolve uma compreensão mais profunda do negócio básico. Os especialistas em Domínio nem sempre concordam quanto aos conceitos e à terminologia. Às vezes as diferenças são promovidas por diferentes experiências externas antes de entrar para a organização. Às vezes isso acontece por causa dos caminhos divergentes seguidos por todo especialista dentro da mesma organização. Mas quando reunidos para um esforço de DDD, os especialistas em Domínio obtêm consenso entre si. Isso fortalece o esforço e a organização como um todo.

Agora os desenvolvedores compartilham uma Linguagem comum como uma equipe unificada, juntamente com os especialistas em domínio. Eles se beneficiam mais da transferência de conhecimento dos especialistas em Domínio com quem eles trabalham. À medida que os desenvolvedores inevitavelmente seguem em frente, seja para um novo Domínio Básico ou para fora da organização, o treinamento e as transferências de tarefa tornam-se mais fáceis. As chances de desenvolver "conhecimento tribal", em que somente um seleto grupo entende o modelo, são menores. Os especialistas, desenvolvedores remanescentes e os novos continuam a compartilhar um conhecimento comum que está disponível para qualquer pessoa da organização que precise dele. Essa vantagem existe porque continua a haver um objetivo expresso para aderir à Linguagem do domínio.

4. Uma Melhor Experiência do Usuário É Alcançada

Muitas vezes, a experiência do usuário final pode ser sintonizada para refletir melhor o modelo do domínio. O modelo orientado a Domínio é formalmente desenvolvido, influenciando o uso humano do software.

Quando o software deixa muito para a compreensão dos usuários, eles devem ser treinados para tomar um grande número de decisões. Em essência, os usuários estão apenas transferindo o conhecimento em sua mente para dados que eles inserem nos formulários. Os dados são então salvos em um arquivo de dados. Se os usuários não entenderem exatamente o que é necessário, os resultados estarão incorretos. Frequentemente isso leva a conjecturas sobre queda da produtividade até que os usuários possam entender o software.

Quando a experiência do usuário é projetada para seguir os contornos do modelo especialista subjacente, os usuários são levados a corrigir as conclusões. De fato, o software treina os usuários, o que reduz os custos de treinamento para a empresa. Maior produtividade com menos treinamento — isso é valor de negócio.

A seguir passaremos para os benefícios mais tecnicamente orientados para o negócio.

5. Limites Claros São Colocados em Torno de Modelos Puros

A equipe técnica é desencorajada a fazer o que pode parecer mais importante para os interesses algorítmicos e de programação alinhando as expectativas com a vantagem no negócio. A pureza da direção permite focalizar a potência da solução, com os esforços direcionados para onde são mais relevantes. Alcançar isso está bem intimamente conectado ao entendimento do Contexto Delimitado do projeto.

6. A Arquitetura Corporativa É Mais Bem Organizada

Quando Contextos Delimitados são bem compreendidos e cuidadosamente divididos, todas as equipes na empresa desenvolvem uma compreensão precisa de onde e por que as integrações são necessárias. Os limites são explícitos, assim como as relações entre eles. As equipes que têm modelos que se interseccionam pela dependência de uso empregam Mapas de Contexto para estabelecer relações formais e modos de integração. De fato, isso pode resultar em um entendimento muito profundo de toda a arquitetura corporativa.

7. Modelagem Ágil, Iterativa e Contínua É Utilizada

A palavra *projeto* pode evocar pensamentos negativos nas mentes da gerência da empresa. Mas o DDD não é um processo de projeto e desenvolvimento de peso pesado e altamente formal. DDD não é desenhar diagramas. É como refinar cuidadosamente o modelo mental dos especialistas em domínio para um modelo útil ao negócio. Não é criar um modelo do mundo real, como na tentativa de simular a realidade.

Os esforços da equipe seguem uma abordagem ágil, que é iterativa e incremental. Qualquer processo ágil com o qual a equipe se sente à vontade pode ser usado com sucesso em um projeto DDD. O modelo que é produzido é o software de trabalho. Ele é continuamente refinado até que não mais seja necessário para o negócio.

8. Novas Ferramentas, Tanto Estratégicas como Táticas, São Empregadas

Um Contexto Delimitado dá à equipe um limite de modelagem no qual criar uma solução para um domínio de problema de negócio específico. Dentro de um

Contexto Delimitado único há uma Linguagem Ubíqua formulada pela equipe. Ela é falada entre a equipe e no modelo de software. Diferentes equipes, às vezes cada uma responsável por um determinado Contexto Delimitado, utilizam Mapas de Contexto para segregar estrategicamente os Contextos Delimitados e entender suas integrações. Dentro de um único limite de modelagem, a equipe pode empregar qualquer número de ferramentas úteis de modelagem tática: **Agregados (10)**, **Entidades (5)**, **Objetos de Valor (6)**, **Serviços (7)**, **Eventos de Domínio (8)** e outros.

Os Desafios da Aplicação do DDD

À medida que implementar o DDD, você encontrará desafios. Assim como todo mundo que teve sucesso em sua implementação. Quais são os desafios comuns e como podemos justificar o uso do DDD à medida que nós os enfrentamos? Discutiremos os mais comuns:

- Levar em conta o tempo e esforço necessários para criar uma Linguagem Ubíqua

- Envolver especialistas em domínio desde o início e de forma contínua no projeto

- Mudar a forma como os desenvolvedores pensam em soluções em seus domínios

Um dos maiores desafios ao usar o DDD pode ser o tempo e esforço necessários para pensar sobre o domínio do negócio, conceitos e terminologia de pesquisa e conversar com os especialistas de domínio a fim de descobrir, capturar e aprimorar a Linguagem Ubíqua, em vez de codificar em jargões tecnológicos. Se você quiser aplicar completamente o DDD, com o melhor valor para o negócio, isso exigirá mais atenção, esforço e levará mais tempo. É assim que é, ponto final.

Também pode ser um desafio solicitar o envolvimento necessário dos especialistas em domínio. Por mais difícil que seja, não deixe de solicitar esse envolvimento. Se você não obtiver o comprometimento de pelo menos um especialista real, você não conhecerá profundamente o domínio. Depois de obter o envolvimento dos especialistas em domínio, o ônus recai sobre os desenvolvedores. Os desenvolvedores devem conversar e ouvir atentamente os especialistas reais, transformando a linguagem falada em software que reflete seus modelos mentais do domínio.

Se o domínio em que você trabalha for verdadeiramente distintivo para seu negócio, o conhecimento avançado dos especialistas em Domínio ficará trancado na mente deles, e você precisará extraí-lo. Trabalhei em projetos em que os especialistas reais em Domínio dificilmente estão disponíveis. Às vezes eles viajam muito, e pode demorar semanas entre as reuniões de uma hora com eles. Em uma pequena empresa, o especialista pode ser o CEO ou um dos vice-presidentes, e eles têm várias outras coisas para fazer que podem parecer mais importantes.

Lógica Caubói

AJ: "Se não conseguir laçar o gado, você vai passar fome."

Obter envolvimento de especialistas em domínio pode exigir criatividade...

Como Envolver Especialistas em Domínio em Seu Projeto

Café. Use esta Linguagem Ubíqua:

"Oi, Sally, peguei um café especial para você. Você tem alguns minutos para conversar ...?"

Aprenda a usar a Linguagem Ubíqua da alta gerência: "...lucros ...receitas ...vantagem competitiva ...domínio de mercado" . Sério.

Ingressos para o jogo de futebol.

A maioria dos desenvolvedores precisou *mudar a maneira de pensar* a fim de aplicar o DDD corretamente. Nós, desenvolvedores, somos pessoas com um pensamento técnico. Soluções técnicas nos ocorrem facilmente. Não é que o pensamento técnico seja ruim. Só que há momentos em que pensar menos é tecnicamente melhor. Se nosso hábito for praticar o desenvolvimento de software apenas de uma maneira técnica durante anos, talvez agora seja um bom momento para considerar uma nova forma de pensar. Desenvolver a Linguagem Ubíqua de seu domínio é o melhor lugar para começar.

Lógica Caubói

LB: "As botas daquele sujeito são muito pequenas. Se ele não encontrar outro par, seus dedos vão doer."

AJ: "Sim. Se você não ouve, acaba sentindo."

Há outro nível de pensamento que é necessário com o DDD que vai além da nomeação de conceitos. Quando modelamos um domínio por meio de

software, devemos pensar cuidadosamente sobre o que os objetos do modelo fazem. Trata-se de *projetar os comportamentos dos objetos*. Sim, queremos que os comportamentos sejam nomeados corretamente para transmitir a essência da Linguagem Ubíqua. Mas o que um objeto faz por meio de um comportamento específico deve ser considerado. Isso é um nível de esforço que vai além de criar atributos em uma classe e expor *getters* e *setters* publicamente aos clientes do modelo.

Vamos agora examinar um domínio mais interessante, que é mais desafiador que o domínio rudimentar considerado anteriormente. Repito propositadamente minha orientação anterior aqui para reforçar as ideias.

Mais uma vez, o que acontece se simplesmente fornecêssemos métodos de acesso a dados para nosso modelo? Para enfatizar novamente, se só expusermos os métodos de acesso de dados para os objetos do nosso modelo, os resultados serão muito semelhantes a um modelo de dados. Considere os dois exemplos a seguir e decida por você mesmo qual dos dois requer mais concepção minuciosa de projeto e qual produz o melhor benefício para os clientes. O requisito está em um modelo Scrum, onde precisamos alocar um item de backlog em um sprint. Você talvez faça isso o tempo todo, assim, provavelmente, é um domínio familiar.

O primeiro exemplo, como é comumente feito hoje, usa métodos de acesso a atributos:

```
public class BacklogItem extends Entity {
    private SprintId sprintId;
    private BacklogItemStatusType status;
    ...
    public void setSprintId(SprintId sprintId) {
        this.sprintId = sprintId;
    }

    public void setStatus(BacklogItemStatusType status) {
        this.status = status;
    }
    ...
}
```

Quanto ao cliente desse modelo:

```
// o cliente aloca um item de backlog em um sprint
// configurando seu sprintId e status

backlogItem.setSprintId(sprintId);
backlogItem.setStatus(BacklogItemStatusType.COMMITTED);
```

O segundo exemplo usa um comportamento de objeto de domínio que expressa a Linguagem Ubíqua do domínio:

```
public class BacklogItem extends Entity {
    private SprintId sprintId;
    private BacklogItemStatusType status;
    ...

    public void commitTo(Sprint aSprint) {
        if (!this.isScheduledForRelease()) {
            throw new IllegalStateException(
                "Must be scheduled for release to commit to sprint.");
        }

        if (this.isCommittedToSprint()) {
            if (!aSprint.sprintId().equals(this.sprintId())) {
                this.uncommitFromSprint();
            }
        }

        this.elevateStatusWith(BacklogItemStatus.COMMITTED);

        this.setSprintId(aSprint.sprintId());

        DomainEventPublisher
            .instance()
            .publish(new BacklogItemCommitted(
                    this.tenant(),
                    this.backlogItemId(),
                    this.sprintId()));
    }
    ...
}
```

O cliente desse modelo explícito parece operar em um terreno mais seguro:

```
// o cliente aloca o item de backlog em um sprint
// usando um comportamento específico do domínio

backlogItem.commitTo(sprint);
```

O primeiro exemplo usa uma abordagem muito centrada em dados. O ônus é inteiramente do cliente para saber como alocar corretamente o item de backlog para um sprint. O modelo, que não é realmente um modelo de domínio, absolutamente não ajuda. E se o cliente alterar erroneamente apenas o `sprintId`, mas não o `status`, ou o contrário? Ou: e se no futuro outro atributo precisar ser definido? O código do cliente deve ser analisado quanto ao mapeamento correto dos valores de dados para os atributos adequados no `BacklogItem`.

Essa abordagem também expõe a forma do objeto `BacklogItem` e focaliza claramente a atenção em seus atributos de dados, e não em seus comportamentos.

Mesmo se você argumentar que `setSprintId()` e `setStatus()` são comportamentos, a questão é que esses "comportamentos" não têm valor real de domínio para o negócio. Esses "comportamentos" não indicam explicitamente as intenções dos cenários que o software de domínio supostamente deve modelar, que é alocar um item de backlog para um sprint. Eles geram sobrecarga cognitiva quando o desenvolvedor do cliente tenta selecionar mentalmente um dos atributos `BacklogItem` necessários para alocar um item de backlog para um sprint. Poderia haver muitos, porque ele é um modelo centrado em dados.

Agora considere o segundo exemplo. Em vez de expor os atributos de dados aos clientes, ele expõe um comportamento que explícita e claramente indica que um cliente pode alocar um item de backlog para um sprint. Especialistas nesse domínio particular discutem o seguinte requisito do modelo:

Permita que cada item de backlog seja alocado para um sprint. Ele só pode ser alocado se já estiver agendado para o lançamento. Se ele já foi alocado para um sprint diferente, primeiro ele deverá ser desalocado. Depois que a alocação estiver concluída, notifique as partes interessadas.

Assim, o método no segundo exemplo captura a Linguagem Ubíqua do modelo no contexto, isto é, o Contexto Delimitado em que o tipo `BacklogItem` é isolado. E à medida que analisamos esse cenário, descobrimos que a primeira solução está incompleta e contém erros.

Com a segunda implementação, os clientes não precisam saber o que é necessário para executar a alocação, seja ela simples ou complexa. A implementação desse método tem muito ou pouco lógica como necessário. Adicionamos facilmente um controlador para proteger contra a alocação de um item de backlog que ainda não está agendado para lançamento. De fato, você também pode inserir controladores dentro dos *setters* da primeira implementação, mas o *setter* agora se torna responsável por compreender o contexto total do estado do objeto, em vez de apenas os requisitos para `sprintId` e `status`.

Há também outra diferença sutil aqui. Observe que, se o item de backlog já foi alocado para outro sprint, ele primeiro será desalocado do sprint atual. Isso é um detalhe importante, porque, quando um item de backlog é desalocado de um sprint, um evento de Domínio deve ser publicado para os clientes:

Permita que cada item de backlog seja desalocado de um sprint. Quando o item de backlog é desalocado, notifique as partes interessadas.

A publicação da notificação de desalocação é obtida gratuitamente usando apenas o comportamento de domínio `uncommitFrom()`. O método `commitTo()` nem mesmo precisa saber que ele notifica. Tudo o que ele precisa saber é que deve desalocar qualquer sprint atual antes de alocar um novo sprint. Além disso, o comportamento de domínio `commitTo()` também notifica as partes interessadas com um evento como seu passo final. Sem inserir esse comportamento rico no `BacklogItem`, teríamos de publicar Eventos a partir do cliente. Isso certamente faria a lógica de domínio vazar do modelo. Ruim.

Claramente, para criar o `BacklogItem` do segundo exemplo, é necessária mais consideração que o do primeiro. Entretanto, a consideração necessária não é muito maior, e os benefícios são muito maiores. Quanto mais aprendemos a projetar dessa forma, mais fácil ele se torna. No final, certamente é necessário mais concepção, mais esforço, mais colaboração e orquestração dos esforços da equipe, mas não a ponto de o DDD tornar-se pesado. Novas considerações compensam o esforço.

Hora do Quadro Branco

- Usando o domínio específico em que você trabalha atualmente, pense nos termos e ações comuns do modelo.

- Escreva os termos no quadro.

- Em seguida, escreva frases que devem ser usadas pela equipe quando você fala sobre o projeto.

- Discuta-as com um especialista real em domínio para ver como elas poderiam ser refinadas (lembre-se de trazer o café).

Justificação para Modelagem de Domínio

A *modelagem tática* geralmente é mais complexa do que *a modelagem estratégica*. Assim, se você pretende desenvolver um modelo de domínio usando os padrões táticos do DDD (Agregados, Serviços, Objetos de Valor, Eventos etc.), fazer isso exigirá uma reflexão mais cuidadosa e mais investimentos. Sendo assim, como uma organização justifica a modelagem tática de domínio? Quais critérios podem ser utilizados para qualificar um determinado projeto para o investimento extra necessário a fim de aplicar corretamente o DDD de cima para baixo?

Imagine-se liderando uma expedição em um território desconhecido. Você iria procurar entender as massas de terra e as fronteiras adjacentes. Sua equipe estudaria os mapas, talvez até mesmo desenhando seus próprios, e determinaria a abordagem estratégica. Você pensaria nos aspectos do terreno e como eles poderiam ser usados em seu benefício. Não importa quanto planejamento seja feito, alguns aspectos desse esforço serão realmente difíceis.

Se sua estratégia indicasse que você teria de escalar a face vertical de uma rocha, você precisaria de algumas ferramentas táticas adequadas e manobras para essa subida. Permanecendo em pé na parte inferior e olhando para cima, você poderia ver alguma indicação dos desafios específicos e das áreas perigosas.

Mas você só veria todos os detalhes depois que estivesse na face da rocha. Talvez você precisasse fixar pinos na rocha lisa, mas poderia usar entaladores de vários tamanhos para fixar a corda nas fendas naturais. Para agarrar-se a essas proteções de escalada, você utiliza mosquetões. Você tentaria seguir um caminho o mais reto possível, mas teria de fazer determinações específicas ponto a ponto. Às vezes, você poderia até precisar voltar atrás e refazer a rota dependendo do que a rocha determinasse. Muitas pessoas pensam na escalada como um esporte emocionante e perigoso, mas aqueles que realmente fazem uma escalada dirão que é mais seguro do que dirigir um carro ou pilotar um avião. Claramente, para que isso seja verdade, os escaladores precisam entender as ferramentas e técnicas e como avaliar a rocha.

Se desenvolver um determinado **Subdomínio (2)** exigir uma subida difícil e até mesmo perigosa, levaremos os padrões táticos do DDD para a escalada. Uma iniciativa corporativa que corresponde aos critérios do Domínio Básico não deve descartar rapidamente o uso dos padrões táticos. O Domínio Básico é uma área desconhecida e complexa. A equipe está mais bem protegida contra uma queda desastrosa no meio do caminho se utilizar a tática correta.

Eis algumas orientações práticas. Começo com aquelas de nível mais alto e avanço para mais detalhes:

- Se um Contexto Delimitado for desenvolvido como o Domínio Básico, ele será estrategicamente vital para o sucesso do negócio. O modelo básico não é bem compreendido e exigirá muita experimentação e refatoração. Provavelmente exigirá comprometimento para alcançar a longevidade com melhorias contínuas. Nem sempre poderá ser seu Domínio Básico. Todavia, se o Contexto Delimitado for complexo, inovador e precisar durar muito tempo à medida que passa por mudanças, considere fortemente o uso dos padrões táticos como um investimento no futuro de seu negócio. Isso pressupõe que seu Domínio Básico merece os melhores recursos de desenvolvedores com um nível alto de habilidade.

- Um Domínio que pode tornar-se um **Subdomínio Genérico (2)** ou Subdomínio de Suporte para os consumidores na verdade pode ser um Domínio Básico para seu negócio. Nem sempre você julga um domínio a partir do ponto de vista dos consumidores finais. Se você estiver desenvolvendo um Contexto Delimitado como sua principal iniciativa de negócio, ele será o Domínio Básico, independentemente de como é visto pelos clientes fora de sua empresa. Considere fortemente o uso dos padrões táticos.

- Se você estiver desenvolvendo um subdomínio de suporte que, por várias razões, não pode ser adquirido como um subdomínio genérico de terceiros, é possível que os padrões táticos beneficiem seus esforços. Nesse caso, considere o nível de habilidade da equipe e se o modelo é ou não novo e inovador. Ele é inovador se agregar valor específico ao negócio, capturar conhecimento especial e se não for apenas tecnicamente intrigante. Se a equipe for capaz de aplicar corretamente o projeto tático, e se o subdomínio de suporte for inovador e precisar durar por anos no futuro, essa é uma boa oportunidade para investir em seu software usando desenho tático. Mas isso não transforma o modelo no Domínio Básico, uma vez que aos olhos do negócio ele é meramente de suporte.

Essas diretrizes podem ser um pouco limitantes se seu negócio empregar um bom número de desenvolvedores com vasta experiência e alto nível de conforto com a modelagem de domínio. Quando a experiência é muito alta, e os próprios engenheiros acreditam que os padrões táticos seriam a melhor escolha, faz sentido confiar na opinião deles. Desenvolvedores honestos, independentemente de sua experiência, indicarão em um caso específico se o desenvolvimento de um modelo de domínio é ou não a melhor escolha.

O tipo do próprio domínio de negócio não é automaticamente o fator determinante para escolher uma abordagem de desenvolvimento. Sua equipe deve considerar questões importantes para ajudá-lo a tomar a decisão final. Considere a breve lista a seguir dos parâmetros de decisão mais detalhados, que está mais ou menos alinhada e se expande em relação às diretrizes de nível mais alto anteriores:

- Há especialistas em domínio disponíveis e você está comprometido com a formação de uma equipe em torno deles?

- Embora o domínio específico de negócio seja um pouco simples agora, sua complexidade aumentará ao longo do tempo? Há riscos em usar o Script de Transação[1] para aplicações complexas. Se você usar o Script de Transação agora, o potencial de refatoração para um modelo de domínio comportamental mais tarde será prático se/quando o Contexto tornar-se complexo?

- O uso dos padrões táticos do DDD tornará mais fácil e mais prática a integração com outros Contextos Delimitados, seja de terceiros ou desenvolvidos de forma personalizada?

- O desenvolvimento será mais simples e exigirá menos código se você usar o Script de Transação? (Testar as duas abordagens comprova que muitas vezes o script de transação requer tanto ou mais código. Isso provavelmente ocorre porque a complexidade do domínio e a inovação do modelo não foram bem compreendidas durante o planejamento do projeto. Subestimar a inovação e a complexidade do domínio envolvidas acontece com frequência.)

- O caminho crítico e a linha do tempo permitem a sobrecarga necessária para o investimento tático?

---

1. Aqui estou generalizando os termos. Nessa lista, uso o Script de Transação para representar várias abordagens a outros modelos que não de domínio.

- O investimento tático em um Domínio Básico protegerá o sistema contra influências arquitetônicas em constante transformação? O Script de Transação pode deixá-lo exposto. (Modelos de Domínio são muitas vezes duradouros, enquanto as influências arquitetônicas tendem a ser mais disruptivas para outras camadas.)

- Os clientes se beneficiarão de uma abordagem de projeto e desenvolvimento mais limpa e duradoura, ou a aplicação deles poderia ser substituída por uma solução pronta amanhã? Em outras palavras, por que, acima de tudo, desenvolveríamos isso como uma aplicação/serviço personalizado?

- O desenvolvimento de uma aplicação/serviço usando o DDD tático será mais difícil do que usar outras abordagens, como o Script de Transação? (O nível de habilidade e a disponibilidade dos especialistas em Domínio são vitais para responder a essa pergunta.)

- Se o kit de ferramentas da equipe estiver completo com facilitadores de DDD, optaríamos conscientemente por utilizar outra abordagem em vez disso? (Alguns facilitadores tornam prático o modelo de persistência, como o uso de mapeamento objetorrelacional, serialização e persistência completas de Agregados, um Armazenamento de Eventos ou uma estrutura que suporta o DDD tático. Também pode haver outros facilitadores.)

Essa lista não está priorizada para seu domínio, e você provavelmente pode agrupar critérios adicionais. Você entende as razões irrefutáveis para utilizar os melhores e mais poderosos métodos possíveis para sua vantagem. Você também conhece seu negócio e o cenário tecnológico. No final, são os clientes do negócio, não os profissionais e tecnólogos de objetos, que devem ficar felizes. Escolha sabiamente.

O DDD Não É Pesado

De nenhuma maneira quero sugerir que praticar o DDD adequadamente leva a um processo pesado e cerimonioso e a todos os complexos artefatos de documentação que devem ser suportados. DDD não é isso. O DDD foi criado para se encaixar bem em qualquer estrutura de projeto ágil, como o Scrum, que a equipe deseja usar. Seus princípios de projeto inclinam-se em direção a refinamentos rápidos do tipo testar primeiro um modelo real de software. Se houvesse a necessidade de desenvolver um novo objeto de domínio, como uma Entidade ou um Objeto de Valor, a abordagem primeiro testar funcionaria assim:

1. Escreva um teste que demonstre como o novo objeto de domínio deve ser usado por um cliente do modelo de domínio.

2. Crie o novo objeto de domínio com código suficiente para fazer a compilação de teste.

3. Refatore ambos até que o teste represente adequadamente a forma como um cliente usaria o objeto de domínio, e o objeto de domínio tem assinaturas apropriadas de métodos comportamentais.

4. Implemente cada comportamento do objeto de domínio até que ele passe no teste, refatorando o objeto de domínio até que não existam duplicações inadequadas no código.

5. Demonstre o código para os membros da equipe, incluindo especialistas em Domínio, para garantir que o teste utilize o objeto de domínio de acordo com o significado atual da Linguagem Ubíqua.

Você pode concluir que isso não é diferente da abordagem "testar primeiro" que você já pratica. Bem, pode ser um pouco diferente, mas a questão é que ela é basicamente a mesma. Essa fase de teste não tenta provar com certeza absoluta que o modelo é à prova de balas. Mais adiante adicionaremos os testes para fazer isso. Primeiro queremos focalizar como o modelo será usado pelos clientes, e esses testes impulsionam o projeto do modelo. A boa notícia é que ele é uma abordagem ágil. O DDD promove desenvolvimento leve, não um projeto baseado em um planejamento inicial pesado e cerimonioso. A partir desse ponto de vista, ele não é realmente diferente do desenvolvimento ágil comum. Assim, embora os passos anteriores talvez não esclareçam sobre o desenvolvimento ágil, acho que esclarecem a posição do DDD, que deve ser utilizado de forma ágil.

Mais adiante também adicionaremos testes que verificam a exatidão do novo objeto de domínio a partir de todos os ângulos possíveis (e práticos). Nesse ponto você está interessado na exatidão da expressão de um conceito de domínio que está personificado no novo objeto de domínio. Ler o código de teste demonstrativo destinado ao cliente deve revelar a expressividade adequada utilizando a Linguagem Ubíqua. Especialistas em Domínio que não são técnicos devem ser capazes, com a ajuda de um desenvolvedor, de ler o código suficientemente bem para obter uma impressão clara de que o modelo alcançou o objetivo da equipe. Isso implica que os dados de teste devem ser realistas, suportar e reforçar a expressividade desejada. Caso contrário, os especialistas em Domínio não poderão fazer um julgamento completo sobre a implementação.

Essa metodologia ágil do tipo testar primeiro é repetida até que você tenha um modelo que funciona de acordo com as tarefas definidas para a iteração atual. As etapas descritas anteriormente são ágeis e representam o que a programação extrema promoveu originalmente. Usar o desenvolvimento ágil não elimina nenhum dos padrões e práticas DDD essenciais. Eles andam juntos muito bem. Claro, você pode optar por usar o DDD completo sem fazer o desenvolvimento do tipo testar primeiro. Você sempre pode desenvolver testes contra os objetos de modelo existentes. Mas o projeto do ponto de vista do cliente modelo adiciona uma dimensão muito desejável.

Ficção, com Baldes Cheios de Realidade

À medida que contemplava como melhor apresentar a orientação de implementação para o uso contemporâneo do DDD, quis apresentar uma justificativa para tudo o que digo que deve ser feito. Isso significou fornecer não apenas o como, mas por quê. Ocorreu-me que analisar alguns projetos como estudos de caso ilustraria de forma apropriada por que fiz certa sugestão e demonstraria como o uso adequado do DDD resolverá os desafios comuns enfrentados.

Às vezes é mais fácil analisar os problemas enfrentados por outras equipes de projeto e aprender com o uso indevido do DDD do que ficar remoendo seus próprios problemas. Certamente, depois que você reconhecer as falhas do trabalho dos outros, será capaz de avaliar se está ou não indo na mesma direção perigosa, ou até mesmo entrando no mesmo atoleiro. Então, sabendo para onde vai ou onde já está, você pode fazer os ajustes precisos para corrigir os problemas e evitar a mesma situação no futuro.

Em vez de apresentar uma série de projetos reais em que trabalhei — aqueles que de qualquer maneira não poderia discutir abertamente —, decidi usar um pouco de ficção baseada em situações do mundo real que eu e outras pessoas experimentamos. Dessa forma, consegui criar o estado perfeito das coisas para demonstrar as razões por que uma abordagem específica de implementação é a que melhor funciona, ou simplesmente é melhor, ao lidar com os desafios no DDD.

Portanto, ao criar os estudos de caso não estou interessado apenas em ficção. Uso uma empresa fictícia com um tipo de negócio do mundo real, equipes fictícias na empresa com um software do mundo real a ser construído e implementado, desafios DDD do mundo real e problemas resultantes com soluções reais para eles. É o que eu chamo "ficção com baldes cheios de realidade". Achei bastante eficaz escrever nesse estilo. Espero que você se beneficie dele.

Ao apresentar qualquer conjunto de exemplos, temos de limitar o escopo para torná-los práticos. Do contrário, o volume sufocará os esforços de ensino e aprendizagem. Os exemplos também não podem ser excessivamente simplistas, ou perderíamos as lições vitais. Para equilibrar esse esforço, a situação de negócio que escolhi baseia-se predominantemente em desenvolvimento inteiramente novo.

À medida que examinarmos os projetos em vários pontos no tempo, veremos diferentes problemas e sucessos que as equipes experimentam. O Domínio Básico que é o foco dos exemplos é suficientemente complexo para examinar o DDD partir de várias perspectivas. Nossos Contextos Delimitados utilizam um ou mais exemplos, o que nos permite investigar a integração com o DDD. Mesmo assim, os três modelos de exemplo não podem demonstrar todos os aspectos do projeto estratégico, como ocorre em um ambiente "antigo" comum em que existem muitos sistemas herdados. Não me esquivo completamente dessas regiões menos atraentes, como se elas fossem irrelevantes. Sempre que aconselhável, iremos nos afastar dos exemplos principais e estudaremos as áreas em que a orientação do DDD pode ser utilizada de outras maneiras vantajosas.

Agora permita-me apresentá-lo à empresa e contar um pouco sobre as equipes e os projetos em que elas estão trabalhando.

SaaSOvation, Seus Produtos e Seu Uso do DDD

A empresa é a SaaSOvation. Como o próprio nome indica, a Saa-
SOvation foi contratada para desenvolver uma série de produtos
SaaS (*software as a service*). Os produtos SaaS são hospedados
pela SaaSOvation, acessados e utilizados pelas organizações
assinantes do serviço. O plano de negócio da empresa inclui dois
produtos planejados, um para preceder o outro.

O produto principal é chamado CollabOvation. Ele é uma
suíte de colaboração corporativa, que oferece os recursos das
principais redes sociais. Esses recursos incluem fóruns, calendários compartilhados, blogs, mensagens instantâneas, wiki,
quadros de mensagens, gestão de documentos, anúncios e
alertas, monitoramento de atividade e feeds RSS. Todas as ferramentas colaborativas focalizam
as necessidades dos negócios da empresa, ajudando-os a aumentar a produtividade em projetos menores, em programas maiores e nas unidades de negócio. A colaboração corporativa
é importante para criar e facilitar um ambiente sinérgico na atual economia em transformação
acelerada, mas às vezes incerta. Qualquer coisa que possa ajudar a impulsionar a produtividade, transferir conhecimento, promover a troca de ideias e gerenciar associativamente o processo criativo de modo que os resultados não serão inapropriados será uma vantagem para a
equação do sucesso corporativo. O Colaborativo fornece uma proposição de alto valor para os
clientes, e o desafio também irá agradar os desenvolvedores.

O segundo produto, chamado ProjectOvation, é o Domínio Básico do foco primário. A ferramenta focaliza o gerenciamento de projetos ágeis, utilizando o Scrum como a estrutura de
gerenciamento de projetos iterativa e incremental. O ProjectOvation segue o modelo tradicional de gerenciamento de projetos Scrum, completo com produtos, proprietários de produto,
equipe, itens de backlog, lançamentos planejados e sprints. A estimativa do item de backlog é
fornecida por meio de calculadores de valor de negócio que usam a análise de custo-benefício.
Se você pensar no Scrum em sua forma mais rica, é para onde o ProjectOvation se encaminha.
Mas a SaaSOvation planeja obter mais do retorno financeiro.

CollabOvation e ProjectOvation não seguiriam caminhos completamente diferentes. A Saa-
SOvation e o comitê de consultores imaginaram uma inovação em torno do entrelaçamento das
ferramentas de colaboração com desenvolvimento ágil de software. Assim, os recursos do CollabOvation serão oferecidos como um suplemento opcional para o ProjectOvation. Sem dúvida,
fornecer ferramentas de colaboração para o planejamento de projetos, discussões sobre recursos e histórias, discussão em grupo com a equipe e interequipe e o suporte será uma opção
popular. A SaaSOvation prevê que mais de 60% dos assinantes do ProjectOvation adicionarão
recursos do CollabOvation. E esse tipo de vendas de suplementos muitas vezes acaba levando
a novas vendas completas do próprio produto suplementar. Depois que um canal de vendas é
estabelecido e as equipes de desenvolvimento de software veem o poder da colaboração na
suíte de gerenciamento de projetos, seu entusiasmo influenciará toda a adoção corporativa da
suíte de colaboração completa. Por causa dessa abordagem de vendas viral, a SaaSOvation
também prevê que no mínimo 35% de todas as vendas do ProjectOvation resultarão na adoção
corporativa completa do CollabOvation. Ela considera isso uma estimativa conservadora, mas
uma que tornará o produto extremamente bem-sucedido.

Primeiro o pessoal para a equipe de desenvolvimento do produto CollabOvation é alocado.
Há alguns veteranos experientes na equipe, mas um número maior de desenvolvedores de nível

médio. As reuniões iniciais apontaram para o Domain-Driven Design como o projeto e abordagem de desenvolvimento favorecidos. Um dos dois desenvolvedores seniores utilizou um conjunto mínimo de padrões DDD em um projeto anterior na empresa em que trabalhara antes. À medida que ele descreveu sua experiência para a equipe, teria ficado mais claro para um profissional de DDD mais experiente que isso não era o uso total do DDD. O que ele fez é às vezes chamado de DDD-Lite.

O DDD-Lite é um meio de capturar e selecionar um subconjunto dos padrões táticos do DDD, mas sem dar total atenção à descoberta, captura e aprimoramento da Linguagem Ubíqua. Essa técnica geralmente também ignora o uso de Contextos Delimitados e Mapeamento de Contexto. Seu foco é muito mais técnico, com o desejo de resolver problemas técnicos. Essa técnica pode ter benefícios, mas geralmente não com recompensas tão altas como incluir a modelagem estratégica junto com ela. A SaaSOvation aceitou isso. No caso dela, fazer isso resultou rapidamente em problemas, porque a equipe não entendia os Subdomínios e o poder e a segurança dos Contextos Delimitados explícitos.

As coisas poderiam ter sido piores. Na verdade, a SaaSOvation evitou algumas das principais armadilhas do uso do DDD-Lite só porque seus dois principais produtos formavam um conjunto natural de Contextos Delimitados. Isso tendeu a manter o modelo do CollabOvation e o modelo do ProjectOvation formalmente segregados. Mas isso ocorreu por acaso. Isso não significou que a equipe entendeu o Contexto Delimitado, razão pela qual os problemas que ela experimentou ocorreram. Bem, você aprende ou você falha.

É bom que possamos nos beneficiar do exame do uso incompleto do DDD pela SaaSOvation. A equipe, com o tempo, aprendeu com seus erros, adquirindo uma melhor compreensão do projeto estratégico. Você também aprenderá com os ajustes que a equipe do CollabOvation fez, uma vez que a equipe final se beneficiou das retrospectivas das condições iniciais do projeto parceiro e irmão. Ver em **Subdomínios (2)**, **Contextos Delimitados (2)**, bem como em **Mapas de Contexto (3)** a história completa.

Resumo

Bem, isso já é um bom começo em DDD. Acho que agora você já deve ter uma boa ideia de que você e sua equipe podem realmente ser bem-sucedidos com uma técnica avançada de desenvolvimento de software. Concordo.

É claro que não vamos simplificar demais as coisas. A implementação do DDD exige esforço real coordenado. Se fosse fácil, todo mundo escreveria códigos excelentes, e nós sabemos que isso simplesmente não acontece. Então se prepare. Vai valer a pena, porque seu projeto será exatamente como o software funciona.

Eis o que você aprendeu até agora:

- Você descobriu o que DDD pode fazer para seus projetos e suas equipes a fim de ajudá-lo a lidar com a complexidade do domínio.

- Você descobriu como classificar seu projeto para ver se ele merece o investimento em DDD.

- Você considerou as alternativas comuns ao DDD e por que o uso dessas abordagens muitas vezes leva a problemas.

- Você compreendeu as fundações do DDD e está preparado para dar os primeiros passos em seu projeto.

- Você descobriu como vender o DDD para a gerência, especialistas em domínio e membros da equipe técnica.

- Você agora está munido com o conhecimento de como ser bem-sucedido e ao mesmo tempo enfrentar os desafios do DDD.

Eis para onde estamos indo em seguida: os dois próximos capítulos são sobre o extremamente importante projeto estratégico, seguidos por um capítulo sobre arquiteturas de software com o DDD. Isso é material realmente importante a ser entendido antes de passar para os capítulos subsequentes sobre modelagem tática.

Capítulo 2

Domínios, Subdomínios e Contextos Delimitados

Há somente as notas de que eu preciso, nem mais nem menos.
— *Mozart no filme* Amadeus *(Orion Pictures, Warner Brothers, 1984)*

Há três coisas que você terá de entender muito claramente:

- Qual é seu **Domínio**
- Quais são seus **Subdomínios**
- Quais são seus **Contextos Delimitados**

Só porque todos esses conceitos foram discutidos em detalhes na segunda parte de [Evans] não significa que eles têm importância secundária. Para ser bem-sucedido ao implementar o DDD, você precisa compreender bem o seguinte.

Roteiro do Capítulo

- Conhecer o quadro geral do DDD compreendendo Domínios, Subdomínios e Contextos Delimitados.
- Aprender por que o projeto estratégico é tão essencial e por que é difícil projetar sem ele.
- Considerar um Domínio prático do mundo real com vários Subdomínios.
- Entender os Contextos Delimitados, tanto conceitualmente como tecnicamente.
- Ver os momentos triunfantes da SaaSOvation à medida que ela descobre o projeto estratégico.

Quadro Geral

Um Domínio, em sentido amplo, é o que a organização faz e o mundo que ela cria. As empresas identificam um mercado e vendem produtos e serviços. Cada tipo de organização tem seu próprio âmbito exclusivo de *know-how* e uma maneira de fazer as coisas. Esse âmbito da compreensão e os métodos para realizar suas operações é o Domínio. Ao desenvolver softwares para uma organização, você trabalha no Domínio dela. Deve ser bem óbvio para você qual é seu Domínio. Você trabalha nele.

Uma coisa a ter em mente é que o termo *Domínio* pode ser um pouco sobrecarregado. Domínio pode referir-se tanto à totalidade do Domínio do negócio, bem como apenas a uma área básica ou de suporte dele. Farei meu melhor para distinguir cada uso do termo. Ao referir-se apenas a uma área da empresa, geralmente a qualifico de acordo com a utilização do **Domínio Básico, Subdomínio** e afins.

Como o termo *modelo de domínio* inclui a palavra *domínio*, podemos achar que devemos criar um único modelo coeso com tudo incluso de todo o domínio de negócios da organização — você sabe, como um modelo corporativo. Mas ao utilizar o DDD, esse não é nosso objetivo. O DDD enfatiza exatamente o oposto. Todo o Domínio da organização é composto por Subdomínios. Usando o DDD, desenvolvemos modelos nos Contextos Delimitados. Na verdade, desenvolver um modelo de Domínio é uma das maneiras de focalizar uma única área específica de todo o Domínio do negócio. Qualquer tentativa de definir o negócio de uma organização até mesmo moderadamente complexa em um único modelo que abrange tudo será, na melhor das hipóteses, extremamente difícil e geralmente irá falhar. Como fica claro neste capítulo, separar resolutamente áreas distintas de todo o domínio do negócio nos ajudará a ser bem-sucedidos.

Assim, se um modelo de domínio não deve abranger tudo o que a organização faz e como ela faz isso, o que ele deve exatamente ser?

Quase todos os Domínios de software têm múltiplos Subdomínios. Na verdade, não importa se a organização é enorme e extremamente complexa ou consiste em apenas algumas pessoas e no software que ela utiliza. Há diferentes funções que tornam qualquer empresa bem-sucedida, assim, é vantajoso pensar sobre cada uma dessas funções de negócios separadamente.

Subdomínios e Contextos Delimitados em Ação

Eis um exemplo bastante simples para introduzir a maneira como Subdomínios podem ser usados. Pense em uma empresa de varejo que vende produtos online. Os produtos que ela vende poderiam ser qualquer coisa, portanto não vamos pensar muito cuidadosamente neles. Para fazer negócios nesse Domínio, a empresa deve apresentar um catálogo dos produtos para os compradores, deve permitir que sejam feitos pedidos, deve coletar o pagamento pelos produtos vendidos e deve enviar os produtos para os compradores. O Domínio desse varejista online parece ser composto por esses quatro Subdomínios primários: *Catálogo de Produtos, Pedidos, Faturamento* e *Expedição*. A parte superior da Figura 2.1 mostra o *Sistema de e-Commerce*.

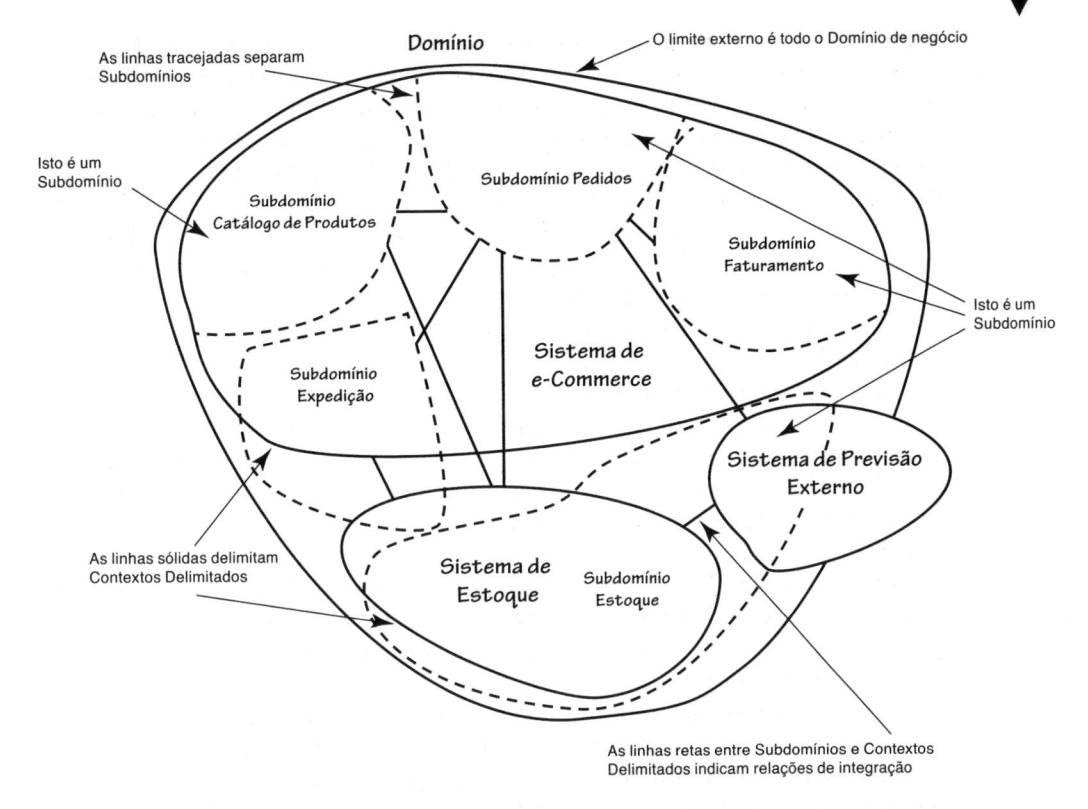

As linhas tracejadas separam Subdomínios

Domínio

O limite externo é todo o Domínio de negócio

Isto é um Subdomínio

Subdomínio Catálogo de Produtos

Subdomínio Pedidos

Subdomínio Faturamento

Isto é um Subdomínio

Subdomínio Expedição

Sistema de e-Commerce

Sistema de Previsão Externo

As linhas sólidas delimitam Contextos Delimitados

Sistema de Estoque

Subdomínio Estoque

As linhas retas entre Subdomínios e Contextos Delimitados indicam relações de integração

Figure 2.1 Um Domínio com Subdomínios e Contextos Delimitados

Isso tudo parece muito simples, e até certo ponto é. Mas se introduzirmos um único detalhe adicional, tornaremos nosso exemplo mais complexo. Considere por um momento como pode ser difícil lidar com o *Estoque,* um sistema e um Subdomínio adicional vistos na Figura 2.1. Vamos voltar à complexidade maior mais adiante. Primeiro vamos examinar os subsistemas físicos e os Subdomínios lógicos no diagrama.

Observe que, neste momento, existem apenas três sistemas físicos para concretizar o Domínio desse varejista, dos quais apenas dois são hospedados internamente. Esses dois sistemas internos representam o que poderíamos pensar como dois Contextos Delimitados. Como, infelizmente, a maioria dos sistemas de hoje não é criada empregando uma abordagem DDD, isso acaba sendo uma situação relativamente típica, com menos subsistemas responsáveis por muitas funções de negócios.

Dentro do *Contexto de Delimitado de e-Commerce,* na verdade há vários modelos de domínio implícitos em jogo, embora eles não estejam claramente separados dessa maneira. Esses modelos de domínio normalmente separados são incorporados a um modelo de software, e isso é bem lamentável. Pode ser um problema menor para o varejista se ele tiver comprado esse Contexto Delimitado de um terceiro, em vez de construí-lo, mas quem quer que seja que mantém esse sistema sofreu as consequências negativas da complexidade cada vez maior que resulta da mistura dos modelos *Catálogo de Produtos, Pedidos, Faturamento* e *Expedição* em um único grande modelo de e-commerce. Como os vários modelos lógicos precisam crescer para facilitar novos recursos, cada uma das preocupações conflitantes impedirá o progresso de cada um dos outros. Esse será o cenário se o outro modelo lógico — um importante novo conjunto de recursos — precisar ser adicionado. É exatamente isso o que acontece quando as preocupações de software não estão claramente separadas.

Isso é particularmente lamentável porque vários desenvolvedores de software acham que é inteligente incorporar qualquer coisa possível em um único sistema. É seu sistema básico de e-commerce que sabe tudo e faz tudo e, portanto, ele certamente atenderá às necessidades de todo mundo. Mas isso é enganador porque, independentemente de quantas preocupações possam ser empilhadas em um subsistema, ele nunca atenderá às necessidades de todos os potenciais consumidores. Nunca. Acrescente a isso o fato de que não dividir os normalmente distintos modelos de domínio de software por subdomínio tornará as alterações permanentes muito mais complicadas, uma vez que tudo tenderá a estar conectado e depender de tudo mais.

Mas usando uma das ferramentas de projeto estratégico do DDD podemos, até certo ponto, reduzir a complexidade dissecando externamente esses modelos entrelaçados em Subdomínios logicamente separados de acordo com a funcionalidade real. As separações lógicas por subdomínio são indicadas pelas linhas tracejadas na Figura 2.1. Não é que nós de alguma forma transformamos os modelos de terceiros em modelos claramente separados. Acabamos de indicar quais modelos separados devem existir, pelo menos como eles se aplicam às operações de negócios do nosso varejista específico. Também estabelecemos algumas conexões entre Subdomínios lógicos e até mesmo Contextos Delimitados físicos para mostrar as integrações.

Agora vamos mudar das complexidades técnicas e focar as complexidades do negócio enfrentadas por nossa pequena empresa. Ela tem recursos financeiros limitados e espaço de armazenagem limitado. Há um ato de malabarismo constante acontecendo. A empresa não deve gastar demais nos produtos que não vendem bem, e alguns produtos vendem melhor em determinados momentos do que em outros. Obviamente, se alguns produtos não vendem de acordo com os planos, os recursos financeiros da empresa serão investidos em produtos que os clientes não querem, ou pelo menos não agora. O dinheiro permanece congelado. Como resultado, a empresa tem espaço limitado para estocar os produtos que vendem bem em um dado momento qualquer.

Isso não é tudo. Acaba havendo outro problema. Se alguns produtos vendem mais rapidamente do que o previsto, a empresa não será capaz de estocar um número suficiente deles para atender à demanda dos clientes. Esse desafio de estoque insuficiente pode fazer com que clientes comprem os mesmos produtos urgentemente necessários em outros lugares. Claro, alguns atacadistas de produtos estão dispostos a utilizar a opção *drop-shipping* em nome do varejista, mas essa opção custa mais e introduz outras consequências indesejáveis. Há também estratégias de redução de custos para estocar alguns produtos nas proximidades para consumo local e a opção *drop-shipping* para outros que vendem bem em regiões distantes. Portanto, a opção *drop-shipping* deve ser alavancada para que o varejista tenha vantagem, e não como uma tática de última hora empregada para resgatar uma venda que deu errado. Afinal de contas, não é que os produtos que vendem melhor são escassos. É que eles não estão prontamente disponíveis a partir da pequena empresa de varejo porque ela não os estocou de forma otimizada. Se os clientes experimentarem atrasos continuamente, é provável que isso faça com que a empresa de vendas online pelo menos perca uma parte significativa de qualquer vantagem competitiva que ela ganhou anteriormente. Esse exemplo inspira-se em problemas dos clientes comumente resolvidos por Lokad.[1]

Para ser claro, não investigamos os limites dos desafios enfrentados com estoques, e essas situações indesejáveis não se limitam a pequenos varejistas. Varejistas em toda parte desejam comprar e estocar precisamente de acordo com suas necessidades exatas, minimizar os custos e otimizar o desempenho de vendas de acordo com a demanda. Entretanto, o pequeno varejista tende a sofrer as penalidades do desempenho abaixo do ideal mais rapidamente do que os grandes varejistas.

O que ajudaria tremendamente qualquer varejista online é uma forma de basear estoques futuros e demandas de vendas em tendências passadas. Se o varejista pudesse usar um mecanismo de previsão, fornecendo para ele dados sobre estoques e histórico de vendas, ele poderia obter previsões de demanda com base em números específicos para otimizar o estoque — quando fazer novos pedidos e quanto de cada produto obter.

Para que o pequeno varejista adicione essas capacidades de previsão provavelmente seria necessário um novo **Domínio Básico**, porque é um problema simples a resolver, e ser bem-sucedido ajudaria a empresa a estabelecer uma nova vantagem competitiva. Na realidade, o terceiro Contexto Delimitado físico na Figura 2.1 é um *Sistema de Previsão Externo*. O subdomínio *Pedidos* e o Contexto Delimitado de *Estoque* se integram com a *Previsão* para fornecer um histórico das vendas de produtos e retornar informações. Além disso, também deve haver o subdomínio *Catálogo* para fornecer códigos de barras reconhecidos mundialmente dos produtos, o que permite que *Previsão* compare as linhas de produtos do pequeno varejista com as tendências de vendas relacionadas e similares em todo o mundo, resultando em uma perspectiva mais ampla. Isso faz com que o mecanismo *Previsão* tenha os meios para calcular os números mais precisos necessários pelo pequeno varejista para estocar corretamente os produtos.

Se essa nova solução fosse um Domínio Básico, e é muito provável que seja, a equipe que a desenvolve se beneficiaria muito do fato de entender o terreno subjacente do negócio composto por Subdomínios lógicos e as integrações

---

1. www.lokad.com (em inglês).

necessárias. Assim, destacar as integrações preexistentes indicadas no diagrama na Figura 2.1 é fundamental para entender a situação do projeto no momento do seu início.

Nem sempre o caso é que Subdomínios apresentam esses modelos distintos de tamanho e funcionalidade significativos. Às vezes, um Subdomínio pode ser tão simples quanto um conjunto de algoritmos que, embora essencial para a solução do negócio, não faz parte do Domínio Básico distinto. Aplicando boas técnicas DDD, esses Subdomínios simples podem ser separados do Domínio Básico utilizando **Módulos (9)** e não precisam ser hospedados em um componente pesado do subsistema arquiteturalmente significativo.

Ao empregar o DDD, nós nos esforçamos por todo Contexto Delimitado para marcar onde o significado de cada termo usado pelo modelo do domínio é bem compreendido, ou pelo menos deveria ser se fizéssemos um bom trabalho de modelagem de software. É principalmente um limite *linguístico*. Esses limites contextuais são fundamentais para implementar o DDD.

Lógica caubói

LB: "Nós nos damos muito bem com os vizinhos, enquanto as cercas estiverem de pé."

AJ: "É isso aí. Mantenha as cercas altas o suficiente."

Observe que um único Contexto Delimitado não necessariamente abrange um único subdomínio, mas poderia. Na Figura 2.1, um único Contexto Delimitado, *Estoque,* abrange apenas um Subdomínio.[2] Isso torna bastante evidente que o DDD adequado não estava em uso quando o *Sistema de e-Commerce* foi desenvolvido. Nesse sistema identificamos quatro Subdomínios, e há provavelmente mais. Por outro lado, o *Sistema de Estoque* parece estar alinhado como um subdomínio por Contexto Delimitado, limitando seu modelo de domínio aos produtos em estoque. O modelo aparentemente limpo do *Sistema de Estoque* pode ocorrer por causa do emprego do DDD, ou pode ser mera coincidência. Teríamos de olhar sob o capô para ter certeza. Independentemente disso, ainda podemos fazer uso prático do Estoque para desenvolver o novo Domínio Básico.

Linguisticamente, qual dos Contextos Delimitados na Figura 2.1 tem um projeto melhor? Em outras palavras, qual tem um conjunto inequívoco de termos específicos do domínio? Quando consideramos que há pelo menos quatro Subdomínios no *Sistema de e-Commerce,* é quase certo que os termos e significados entram em conflito aí. Por exemplo, o termo *Cliente* deve ter vários significados. Quando um usuário navega pelo Catálogo, Cliente significa uma coisa, mas

---

2. Fato, o Subdomínio *Expedição* usa *Estoque,* mas isso não torna *Estoque* parte do *Sistema de e-Commerce* em que *Expedição* tem um Contexto.

quando um usuário faz um *Pedido*, o significado é outro. Eis por quê. Ao navegar pelo Catálogo, Cliente é utilizado no Contexto das compras anteriores, fidelidade, produtos disponíveis, descontos e opções de envio. No próprio Pedido, porém, Cliente tem um significado limitado. Entre os poucos detalhes há um nome com um endereço de entrega, endereço da fatura, um total devido e condições de pagamento. Com base nesse raciocínio básico, vemos que no *Sistema de e-Commerce* não há um significado claro para Cliente. Dada essa situação, ao olhar todo esse sistema esperaríamos encontrar vários outros termos que têm múltiplos significados. Não é um Contexto Delimitado claro com um significado explícito para cada termo que nomeia um conceito de domínio.

Entretanto, também não há nenhuma garantia de que o *Sistema de Estoque* tenha um modelo completamente claro, possuindo linguística inteiramente clara do domínio. Mesmo nesse Contexto aparentemente focado, podemos nos deparar com as diferenças nos significados entre as coisas que são controladas no estoque. Isso ocorre porque existem diferentes maneiras como *Itens* em estoque são utilizados. Existe uma distinção clara entre um Item sendo pedido, um sendo recebido, um em estoque e um saindo do estoque? Um Item no pedido que ainda não está disponível para venda é chamado Item de Pedido Pendente. Um item que é recebido normalmente é chamado Produtos Recebidos. Um Item em estoque pode ser chamado Item de Estoque. Um Item que é consumido muitas vezes é referido como Item Deixando o Estoque. Um Item inventariado que se torna estragado ou quebrado é muitas vezes chamado Item de Estoque Desperdiçado.

Examinando a Figura 2.1, não sabemos se a variedade dos conceitos de estoque e a linguística concomitante foram bem modeladas. Ao usar o DDD, não haveria conjecturas. Teríamos a certeza de que cada um desses conceitos é bem entendido, falado explicitamente e modelado como tal. A maneira como especialistas em domínio descrevem cada um desses conceitos pode levar à separação de alguns deles em diferentes Contextos Delimitados.

A partir das aparências externas concluímos que o *Sistema de Estoque* tem melhor saúde DDD do que o *Sistema de e-Commerce*. Talvez a equipe que elaborou o modelo não tenha tentado fazer com que um Item represente todas as situações dos itens inventariados. Embora incerto, é possível que seja mais fácil de integrar o modelo do *Sistema de Estoque* do que o do *Sistema de e-Commerce*.

Falando de integração, a Figura 2.1 também mostra que os Contextos Delimitados em uma empresa raramente, ou nunca, permanecem isolados. Mesmo quando o *Sistema de e-Commerce* de terceiros tenta fornecer um modelo abrangente e amplo, ele não pode fazer tudo o que o varejista precisa. As linhas retas sólidas entre e conectando os vários Subdomínios no *Sistema de e-Commerce*, *Sistema de Estoque* e *Sistema De Previsão Externo* mostram as relações de integração necessárias, o que comprova que diferentes modelos devem funcionar em conjunto. Sempre há tipos específicos de relações envolvidos na integração, e você aprenderá mais sobre as possíveis opções de integração em **Mapas de Contexto (3)**.

Isso é o resumo de alto nível de um ponto de vista de um domínio de negócios simples. Encontramos brevemente um Domínio básico e tivemos a noção de que ele é uma parte importante do DDD. Agora precisamos compreendê-lo melhor.

Focalize o Domínio Básico

Com o entendimento dos Subdomínios e Contextos Delimitados, considere uma visão abstrata de um Domínio diferente encontrado na Figura 2.2. Ele poderia representar qualquer domínio, talvez até mesmo aquele em que você trabalha. Removi os nomes explícitos de modo que você possa mentalmente preencher os espaços em branco. Naturalmente, nossos objetivos de negócios estão no cami nho do refinamento e expansão contínuos refletidos pelos Subdomínios em cons-

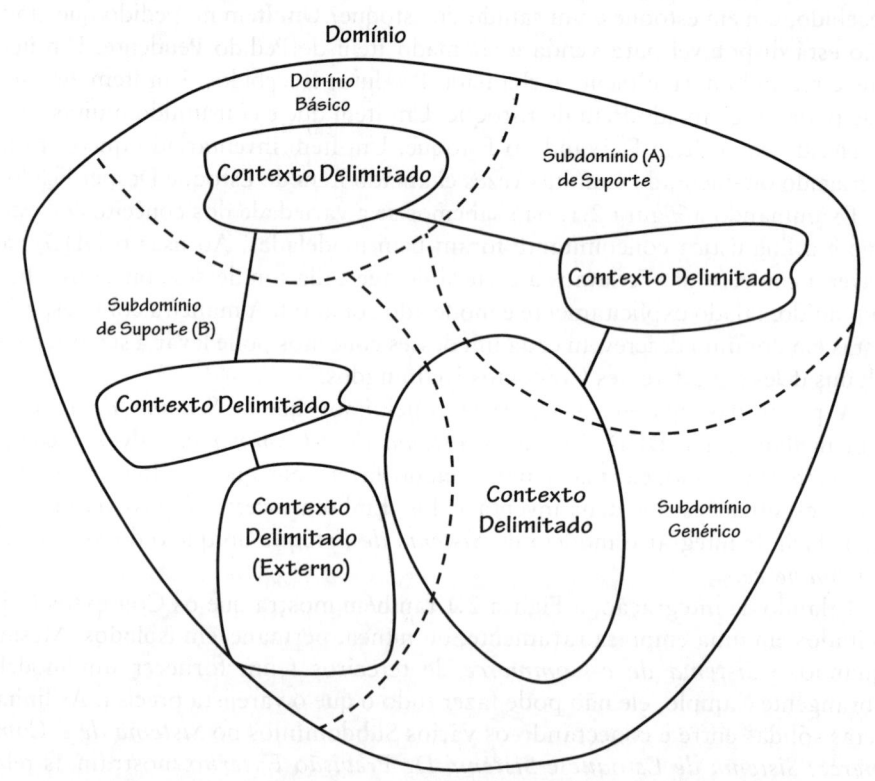

Figure 2.2 Um Domínio de negócio abstrato que inclui Subdomínios e Contextos Delimitados

tante mudança e os modelos dentro dele. Esse diagrama captura todo o Domínio do negócio somente em um momento no tempo, com uma perspectiva específica, e uma que poderia ter vida relativamente curta.

Hora do Quadro Branco

- Em uma coluna, crie uma lista de todos os Subdomínios dos quais você está ciente em seu trabalho diário. Em outra coluna, liste os Contextos Delimitados. Os Subdomínios se interseccionam com múltiplos Contextos Delimitados? Se sim, isso não necessariamente é uma coisa ruim, apenas um fato do software corporativo.

- Agora, usando o modelo na Figura 2.2, escreva alguns dos nomes do software em execução na empresa com os Subdomínios, Contextos Delimitados e as relações de integração entre eles.

Foi difícil? Provavelmente, porque é possível que o modelo na Figura 2.2 não reflita de perto os limites existentes em seu Domínio.

- Comece de novo. Desta vez você deve desenhar um diagrama que se alinha com *seu* Domínio, Subdomínios e Contextos Delimitados. Use as técnicas mostradas na Figura 2.2, mas vá em frente e adapte-as ao seu mundo.

Claro, talvez você não conheça cada um dos Subdomínios e Contextos Delimitados em toda a empresa, especialmente se o Domínio for muito grande e complexo. Mas você pode ser capaz de entender aqueles com os quais você lida diariamente. De qualquer forma, dê uma chance. Não tenha medo de estar errado. Você obterá boa prática no Mapeamento de Contexto, que será refinado no próximo capítulo. Se você quiser passar para esse capítulo brevemente para obter mais informações, sem problemas. Contudo, não se preocupe em ser perfeito agora. Primeiro entenda as ideias básicas.

Agora analise a parte superior do limite do Domínio na Figura 2.2 e você verá o Subdomínio rotulado *Domínio Básico*. Introduzido anteriormente, esse é outro aspecto de suma importância do DDD. Um **Domínio Básico** é uma parte do Domínio do negócio que tem importância fundamental para o sucesso da organização. Estrategicamente falando, a empresa deve *destacar-se* com seu Domínio Básico. Isso é de extrema importância para o sucesso contínuo do negócio. Esse projeto tem a prioridade mais alta, um ou mais especialistas em Domínio com conhecimento profundo desse subdomínio, os melhores desenvolvedores e o máximo possível de margem de manobra e alavancagem para dar à equipe unida um caminho desimpedido para o sucesso. A maioria dos seus esforços no projeto DDD focalizará o Domínio Básico.

Dois outros tipos de Subdomínios são mostrados na Figura 2.2, *Subdomínio de Suporte* e *Subdomínio de Genérico*. Às vezes, um Contexto Delimitado é criado ou adquirido para suportar o negócio. Se ele modelar alguns aspectos do negócio que são essenciais, mas não básicos, ele será um **Subdomínio de Suporte**. A empresa cria um Subdomínio de Suporte porque ele é relativamente especializado. Do contrário, se ele não capturar algo especial para o negócio, mas não for necessário para a solução geral do negócio, ele será um **Subdomínio Genérico**. Ser um Domínio de Suporte ou Genérico não significa ser desimportante. Esses tipos de Subdomínios são importantes para o sucesso do negócio, mas não há nenhuma necessidade de a empresa destacar-se nessas áreas. É o Domínio Básico que exige excelência na implementação, uma vez que ele fornecerá vantagens distintas para o negócio.

Hora do Quadro Branco

- Para se certificar de que você compreende o significado dos conceitos do Domínio Básico, o que você deve fazer agora é voltar ao novo desenho no quadro branco e ver se você pode identificar onde um Domínio Básico é desenvolvido em sua organização.

- Em seguida, verifique se você pode identificar os Subdomínios de Suporte e os Subdomínios Genéricos em seu Domínio.

Lembre-se: Pergunte aos Especialistas em Domínio!

Mesmo se você não entendê-lo na primeira vez, esse exercício o ajudará a pensar cuidadosamente sobre qual software mais distingue seu negócio, qual suporta o software distinto e qual absolutamente não distingue o sucesso de seu negócio. Continue trabalhando nele de modo que você se sinta mais à vontade com os processos e técnicas de pensamento.

Discuta cada subdomínio e Contexto Delimitado em seu desenho com alguns especialistas em Domínio que são exímios em diferentes áreas.

Você não apenas aprenderá muito com eles, mas também ganhará experiência valiosa *ouvindo-os*. Isso é uma característica da boa implementação do DDD.

O que você acabou de aprender é a base do quadro geral do projeto estratégico.

Por Que o Projeto Estratégico É Tão Incrivelmente Essencial

OK, você aprendeu parte da terminologia do DDD e o significado por trás dela, mas não foi dito muito da razão *por que* isso é tão importante. Acabei de afirmar que ele é muito importante e espero que você acredite em mim. Mas como a maioria das declarações sobre o "fato", agora é melhor rever minha afirmação. Vamos analisar nosso exemplo em andamento, aquele dos projetos acontecendo na SaaSOvation. Eles conseguiram confundir tudo.

Logo no início de seu primeiro esforço com DDD, a equipe de colaboração de projeto começou a se desviar do caminho para desenvolver um modelo claro. Isso aconteceu porque eles não entendiam o projeto estratégico, nem mesmo no nível mais básico. Como acontece com a maioria dos desenvolvedores, o  foco deles era os detalhes das **Entidades (5)** e **Objetos de Valor (6)**, o que obscureceu sua visão do quadro maior. *Eles misturam os conceitos básicos com aqueles genéricos, levando à criação de dois modelos em um único.* Em pouco tempo eles começaram a experimentar o problema do projeto refletido na Figura 2.3. O ponto principal? Eles não alcançaram totalmente o objetivo da implementação do DDD.

Poucos na equipe da SaaSOvation afirmaram: "Então, e se os conceitos de colaboração estiverem fortemente associados a usuários e permissões? Devemos monitorar quem fez o quê!". O desenvolvedor sênior assinalou que, na verdade, não é apenas com a associação que

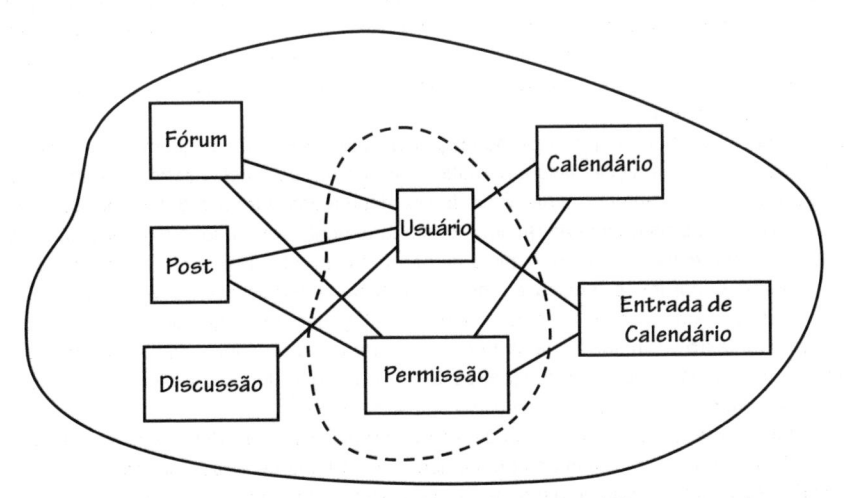

Figura 2.3 A equipe não entendia projeto estratégico de base, o que levou a conceitos não correspondentes no modelo de colaboração. Os traços indicam os elementos problemáticos.

a equipe deve se preocupar. "No fim das contas, um fórum, uma postagem, uma discussão, um calendário e uma entrada de calendário serão todos associados a algum tipo de objeto *colaborador* humano. *E é justamente isso.* A linguística está errada aqui." À medida que ele detalhava, ele mostrou que fórum, postagem, discussão e afins, todos estavam *acoplados aos conceitos linguísticos errados.* Usuários e permissões *não têm nada a ver com colaboração e não se harmonizam na Linguagem Ubíqua da colaboração.* Usuários e Permissões são conceitos de identidade e acesso — preocupações de segurança. Todo conceito modelado no *Contexto de Colaboração* — como no Contexto Delimitado em torno do modelo de domínio de colaboração — deve ter uma associação linguística com colaboração, e agora eles não têm. "Devemos focalizar os conceitos da colaboração, como Autor e Moderador. Esses são os conceitos e termos linguísticos corretos em um ambiente de colaboração."

Nomeando um Contexto Delimitado

Você percebeu o nome *Contexto de Cooperação* usado aqui? É assim que nomeamos um Contexto Delimitado, o qual é na forma *Contexto de Nome-do-Modelo.* Nesse caso, usamos *Contexto de Colaboração* porque este é o Contexto Delimitado que contém o modelo de domínio do projeto Colaboração. Temos também *Contexto de Identidade e Acesso* para o Contexto Delimitado que contém o modelo do projeto Identidade e Acesso, e o *Contexto de Gerenciamento de Projetos (GP) Ágil* para o Contexto Delimitado que armazena o modelo do projeto Gerenciamento Ágil de Projetos.

Para reiterar, em um nível fundamental, inicialmente os desenvolvedores da SaaSOvation não entenderam que Usuários e Permissões não tinham nada a ver com as ferramentas de colaboração. Bem, claro, eles realmente tinham usuários do software da empresa, e esses usuários tinham de ser diferenciados uns dos outros para determinar as tarefas que cada um poderia realizar. Mas as ferramentas de colaboração devem estar interessadas nos papéis dos usuários, em vez de em quem eles especificamente são em cada pequena ação que eles têm permissão para realizar. Entretanto, no modelo de colaboração agora os detalhes sobre Usuário e Permissão estão completamente interligados. Se alguma coisa mudou quanto à maneira como os usuários e/ou permissões funcionavam, boa parte ou todo o modelo sofrerá com a propagação. Na verdade, esse problema estava exatamente no limiar. A equipe queria mudar de uma abordagem a permissões e, em vez disso, usar o gerenciamento de acesso baseado em papel. Quando eles decidiram fazer essa mudança, ela os tornou mais conscientes do problema da modelagem estratégica em mãos.

Eles agora perceberam que a preocupação de um fórum não é quem pode postar um assunto, ou em que condições isso é permitido. Um Fórum só precisa saber que um autor faz isso agora, ou fez isso anteriormente. A equipe começa a entender que determinar quem pode fazer alguma coisa é preocupação de um modelo totalmente separado, e o modelo de colaboração básico só precisava saber que qualquer pergunta em relação a quem pode fazer o que já foi respondida. O Fórum só precisava receber um Autor que quisesse postar em uma discussão. O Fórum e o Autor são claramente conceitos da Linguagem Ubíqua do modelo de colaboração, um Contexto Delimitado chamado *Contexto de Colaboração.* Usuário e Permissão, ou alguns conceitos similares como função, pertenciam a algum lugar completamente diferente. Esses precisavam ser isolados do *Contexto de Colaboração.*

Seria fácil que a equipe concluísse que eles só precisavam considerar o acoplamento forte para Usuário e Permissão. Afinal de contas, não haveria nada de errado em separar Usuário e Permissão/Papel em um módulo diferente. Isso poderia ajudá-los a colocar esses conceitos em um *Subdomínio de Segurança* lógico separado dentro do mesmo Contexto Delimitado. Mas o que fez com que a melhor escolha de modelagem se destacasse de forma ainda mais marcante foi a constatação de que o próximo projeto de Domínio Básico da equipe teria necessidades de acesso baseado em papel muito semelhante e dependia do uso das características do papel específicas para o domínio. Claramente, Usuários e Papéis eram verdadeiramente parte de um Subdomínio Genérico ou de suporte que tinha uma função a desempenhar por toda a empresa, e, no futuro, até mesmo voltada ao cliente.

Adotar uma abordagem mais robusta para uma modelagem clara os ajudaria a evitar um problema mais traiçoeiro. É provável que eles acabassem chegando a uma **Grande Bola de Lama (3)**. Não era apenas o fato de que os conceitos de Usuário e Permissão não estavam devidamente modularizados. Embora a modularização seja uma ferramenta essencial da modelagem DDD, ela não corrige o desalinhamento linguístico.

O desenvolvedor sênior estava muito preocupado com o fato de que, se não fosse controlada, essa situação poderia *facilmente levar a uma mentalidade indisciplinada que permitiria que mais confusão se infiltrasse sutilmente.* Com o tempo, à medida que a equipe enfrentava a modelagem de outro conjunto de conceitos não relacionados com colaboração, o Domínio Básico se tornaria ainda menos claro. O resultado poderia ser simplesmente um modelo implícito com o código-fonte não refletindo uma Linguagem Ubíqua expressiva da colaboração. O que a equipe realmente precisava entender era o Domínio do negócio, seus Subdomínios, bem como os Contextos Delimitados que eles desenvolviam. Fazer isso evitaria a entrada do inimigo vil do projeto estratégico, a sujeira da Grande Bola de Lama. Assim, *a equipe precisava conquistar uma mentalidade de modelagem estratégica.*

Oh, Não! Aí Está a Palavra *Projeto* Novamente!

Se você acha que *projeto* é uma palavra suja quando o desenvolvimento ágil é praticado, isso não tem nada a ver com DDD. Usar o DDD com desenvolvimento ágil é completamente natural. Mantenha sempre o projeto sob controle no desenvolvimento ágil. O projeto não precisa ser pesado.

Sim, essa foi uma lição importante a aprender. Eles conseguiram superar os obstáculos com muita pesquisa e, por fim, compreenderam seu Domínio e Subdomínios. Apresentamos mais adiante como eles fizeram isso.

Alinhamento com a Comunidade DDD

Os exemplos neste livro são fornecidos como três Contextos Delimitados. Esses Contextos Delimitados são provavelmente diferentes daqueles com os quais você trabalha. Os exemplos apresentam situações bastante típicas de modelagem. Mas nem todos concordariam que Usuários e Permissões devem ser separados de um dado Domínio Básico. Talvez em alguns casos faça sentido entrelaçá-los com seu modelo Básico. Como sempre, essa é a escolha de uma equipe específica. Na minha experiência, porém, essa escolha é um dos problemas básicos enfrentados por novatos no DDD, e um que corrompe os esforços de implementação levando a um resultado desnecessariamente confuso. Outro equívoco comum seria mesclar os modelos de colaboração e gerenciamento ágil de projetos em um único. Esses são apenas alguns dos problemas comuns. Outros erros de modelagem comuns são discutidos em cada capítulo.

No mínimo, os problemas enfrentados aqui, e aqueles que se seguem, são *representativos* dos tipos de erro de modelagem que ocorrem quando as equipes não conseguem entender a importância dos impulsionadores linguísticos e Contextos Delimitados. Assim, mesmo que você não concorde com os problemas específicos dos exemplos, tanto os problemas como as soluções continuam aplicáveis de forma geral a todos os projetos DDD, porque todos eles focalizam a linguística de um determinado Contexto Delimitado.

Meu objetivo é ensinar os princípios da implementação do DDD usando exemplos simples, mas não triviais. Não posso permitir que os exemplos atrapalhem meu modo de ensinar e sua aprendizagem. Se demonstrar que o gerenciamento de identidade e acesso, colaboração e gerenciamento ágil de projetos têm linguística separada, os leitores estarão bem servidos por aquilo que os exemplos enfatizam. Como é escolha de cada equipe descobrir os impulsionadores linguísticos que *eles* acham importantes, e que *os* ajudam a alcançar a visão dos especialistas em domínio, suponha que não há erros nas conclusões "corretas derradeiras" alcançadas pelos desenvolvedores da SaaSOvation e as escolhas de modelagem que eles fizeram na jornada de implementação do DDD.

Todas as minhas orientações sobre Subdomínios e Contextos Delimitados estão estreitamente alinhadas com aquelas da comunidade DDD mais ampla, uma vez que elas refletem minha própria experiência. Outros líderes em DDD podem ter um foco um pouco diferente. Mas minhas explicações certamente fornecem uma base sólida para qualquer equipe avançar sem ambiguidades. Limpar as áreas turvas do DDD é o serviço mais importante para a comunidade, e é meu principal objetivo. Deve ser seu objetivo colocar essas diretrizes em uso da maneira mais prática possível para que seu projeto se beneficie.

Domínios e Subdomínios do Mundo Real

Tenho algo mais a falar sobre domínios. Eles têm tanto um *espaço de problemas* como um *espaço de soluções*. O espaço de problemas permite que pensemos em um desafio estratégico do negócio a ser resolvido, enquanto o espaço de soluções focaliza como implementaremos o software para resolver o problema do desafio do negócio. Eis como isso se encaixa no que você já aprendeu:

- O espaço de problemas são as partes do Domínio que precisam ser desenvolvidas para fornecer um novo Domínio Básico. Avaliar o espaço de problemas envolve a análise dos Subdomínios que *já existem e aqueles que são necessários*. Assim, o espaço de problemas é a combinação do Domínio Básico com os Subdomínios que ele deve usar. Os Subdomínios no espaço de problemas geralmente são diferentes entre um projeto e outro, uma vez que são usados para explorar um problema de negócio estratégico atual. Isso torna os Subdomínios uma ferramenta muito útil para avaliar o espaço de problemas. Subdomínios permitem visualizar rapidamente diferentes partes do Domínio que são necessárias para resolver um problema específico.

- O espaço de soluções são um ou mais Contextos Delimitados, um conjunto de modelos de software específicos. Isso ocorre porque o Contexto Delimitado *é uma solução específica,* um ponto de vista *da realização,* depois de ser desenvolvida. O Contexto Delimitado é usado para entender uma solução como software.

É um objetivo desejável alinhar Subdomínios um a um com os Contextos Delimitados. Fazer isso segrega expressamente os modelos de domínio em áreas bem definidas do negócio por objetivo, mesclando o espaço de problemas com o espaço de soluções. Na prática, isso nem sempre é possível, mas pode funcionar em um esforço inteiramente novo. Mas considerando um sistema legado e, provavelmente, uma Grande Bola de Lama, Subdomínios muitas vezes se interseccionam com os Contextos Delimitados, semelhante àquilo que discutimos em relação à Figura 2.1. Em uma empresa grande e complexa podemos empregar um *ponto de vista* de *avaliação* para entender nosso espaço de problemas, o que pode evitar que cometamos erros caros. Podemos dividir conceitualmente um único grande Contexto Delimitado usando dois ou mais Subdomínios ou múltiplos Contextos Delimitados como parte de um único subdomínio. Considere um exemplo para ajudar a esclarecer a diferença entre o espaço de problemas e o espaço de soluções.

Imagine um sistema grande, monolítico, classificado como aplicação ERP. Estritamente falando, podemos pensar em um ERP como um único Contexto Delimitado. Mas, como sistemas ERP fornecem vários serviços modulares para o negócio, é importante pensar nos Módulos distintos como Subdomínios diferentes. Por exemplo, podemos dividir o módulo de estoque e o módulo de compras em Subdomínios lógicos separados. É verdade que esses módulos não estão disponíveis em sistemas completamente diferentes. Ambos fazem parte do mesmo ERP. Todavia, cada um fornece um conjunto muito diferente de serviços para o domínio do negócio. Para discussões analíticas vamos nomear estes como Subdomínios separados, o *Subdomínio de Estoque* e o *Subdomínio de Compras.* Continuando com o exemplo, veremos por que fazer isso é útil.

Como uma iniciativa básica de negócios, a organização cujo Domínio é representado na Figura 2.4 (um exemplo concreto usando o modelo da Figura 2.2) começa a planejar o projeto e o desenvolvimento de um modelo de Domínio especializado para reduzir o custo de fazer negócios. O modelo fornecerá as ferramentas para a tomada de decisão a serem utilizadas pelos agentes de compra. Algoritmos descobertos ao longo de anos do processo manual humano agora devem ser automatizados por softwares para garantir que eles sempre se-

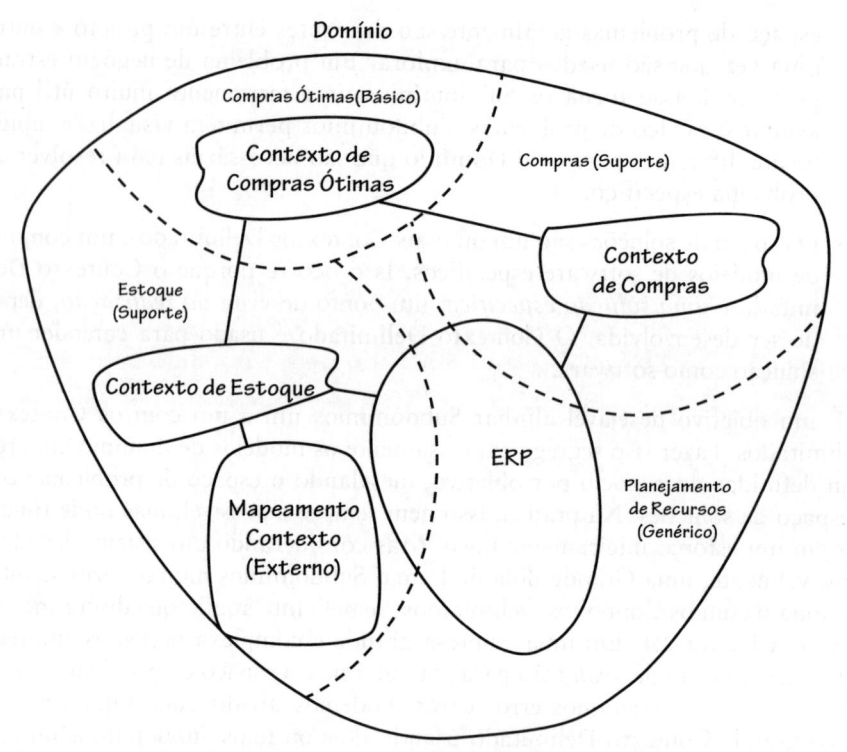

Figure 2.4   O Domínio Básico e os outros Subdomínios envolvidos em compras e estoque. Este ponto de vista é limitado a selecionar Subdomínios utilizados para análise do espaço de problemas específico, não todo o Domínio

rão utilizados por todos os agentes de compra sem erros. Esse novo Domínio Básico *tornará a organização mais competitiva,* identificando as melhoras oportunidades mais rapidamente, e então garantindo que os estoques necessários são atendidos. Para ter o nível de estoque preciso, o uso do *Sistema de Previsão* já analisado da Figura 2.1 também ajudaria aqui.

Antes que possamos executar uma solução específica, precisamos fazer uma avaliação do espaço de problemas e do espaço de soluções. Eis algumas perguntas que devem ser respondidas a fim de orientar o seu projeto na direção certa:

- Quais são o nome e a visão do Domínio Básico estratégico?
- Que conceitos devem ser considerados parte do Domínio Básico estratégico?
- Quais são os Subdomínios de Suporte e os Subdomínios genéricos necessários?
- Quem deve fazer o trabalho em cada área do domínio?
- Podemos montar as equipes certas?

Se não entendermos a visão e os objetivos do Domínio Básico e as áreas do Domínio que são necessárias para suportá-lo, não seremos capazes de estrategicamente tirar vantagem deles e evitar as armadilhas associadas. Mantenha uma avaliação de alto nível do espaço de problemas e uma que seja completa. Certifique-se de que todas as partes interessadas estão alinhadas e comprometidas para fornecer de maneira bem-sucedida a visão.

Hora do Quadro Branco

Pare por um momento para analisar seu trabalho no quadro branco e considere: Qual é seu espaço de problemas? Lembre-se de que ele é a combinação do Domínio Básico estratégico com os Subdomínios que o suportam.

Depois de entender bem o espaço de problemas, você então se volta para o espaço de soluções. A primeira avaliação contribuirá com o conhecimento para a segunda. O espaço de soluções será fortemente influenciado pelos sistemas e tecnologias existentes, e por aqueles que serão criados. Aqui precisamos pensar em termos de Contextos Delimitados separados de forma clara porque estamos analisando a Linguagem Ubíqua de cada um. Considere estas questões cruciais:

- Quais recursos de software já existem, e eles podem ser reutilizados?

- Quais recursos precisam ser adquiridos ou criados?

- Como tudo isso se conecta entre si, ou são integrados?

- Qual integração adicional será necessária?

- Dados os recursos existentes e aqueles que precisam ser criados, qual é o esforço necessário?

- A iniciativa estratégica e todos os projetos de suporte têm alta probabilidade de sucesso, ou algum deles fará com que o programa geral se atrase ou mesmo falhe?

- Onde estão os termos das linguagens ubíquas envolvidas de uma maneira completamente diferente?

- Onde há sobreposição e compartilhamento dos conceitos e dados entre Contextos Delimitados?

- Como os termos compartilhados e/ou conceitos sobrepostos são mapeados e traduzidos entre os Contextos Delimitados?

- Qual Contexto Delimitado contém os conceitos que abordam o Domínio básico e quais dos [Evans] padrões táticos serão utilizados para modelá-lo?

Lembre-se de que os esforços ao desenvolver soluções no Domínio Básico são um investimento fundamental do negócio!

O modelo de compras especializado descrito anteriormente e mostrado na Figura 2.4 — o único que captura as ferramentas de tomada de decisão e algoritmos — representa a solução para o Domínio Básico. O modelo de domínio será implementado em um Contexto Delimitado explícito: o Contexto de Compras Ótimas. Esse Contexto Delimitado se alinha um a um com o Subdomínio, o *Domínio Básico de Compras Ótimas*. Estar alinhado com um único Subdomínio, e o modelo de domínio cuidadosamente criado, irá torná-lo um dos melhores Contextos Delimitados nesse domínio do negócio.

Mas outro Contexto Delimitado, o *Contexto de Compras,* será desenvolvido a fim de refinar alguns aspectos técnicos do processo de compras como um auxiliar para o *Contexto de Compras Ótimas.* Esses refinamentos não revelam nenhum conhecimento especial sobre uma abordagem ideal para compras. Apenas facilitam que o *Contexto de Compras Ótimas* interaja com o ERP. É apenas um modelo conveniente que opera com a interface ERP publicada. O novo *Contexto de Compras* e o módulo de compras ERP preexistente abrangem o *Subdomínio de Compras (Suporte).*

O módulo de compras ERP como um todo é um Subdomínio Genérico. Isso ocorre porque você pode substituir esse subdomínio por qualquer sistema de compras pronto, desde que ele atenda a suas necessidades básicas de negócios. Mas sendo usado junto com o novo *Contexto de Compras* no *Subdomínio de Compras,* faz com que ele funcione como Suporte.

> **Você Não Pode Mudar o Mundo dos Projetos De Software Ruins**
>
> Em uma empresa antiga típica você teria situações indesejáveis como as ilustradas nas Figuras 2.1 e 2.4. Isso significa que Subdomínios em softwares mal projetados não se alinharão de forma ideal, um a um, com os Contextos Delimitados. Você não pode mudar o mundo dos projetos de software ruins. Você pode apenas esperar implementar o DDD adequado nos projetos em que você trabalha. No final, você terá de se integrar e até trabalhar em domínios antigos, assim, esteja preparado para exercitar as técnicas ensinadas no primeiro terço deste capítulo à medida que você analisa os múltiplos modelos implícitos encontrados em um único Contexto Delimitado antigo.

Persistindo com a Figura 2.4, o *Contexto de Aquisição Ótima* também deve interagir com o *Contexto de Estoque. Estoque* gerencia os itens de armazenagem. Ele usa o módulo de estoque ERP, que abrange o *Subdomínio de Estoque (Suporte).* Como uma conveniência para empresas de entrega, o *Contexto de Estoque* pode fornecer mapas e orientações para cada um dos armazéns a partir de um local de origem usando um serviço de mapeamento geográfico externo.

Do ponto de vista do *Contexto de Estoque*, não há nada de especial sobre o mapeamento. Há vários serviços de mapeamento geográfico a escolher, e pode haver vantagens em mudar o sistema de mapeamento escolhido ao longo do tempo. O serviço de mapeamento é por si só um Subdomínio Genérico, mas é consumido por um Subdomínio de Suporte.

Observe esses pontos-chave como vistos a partir da perspectiva da empresa que desenvolve o *Contexto de Compras Ótimas*. No espaço de soluções, o serviço de mapeamento geográfico não é parte do *Contexto de Estoque*, embora no espaço de problemas ele seja considerado parte do *Subdomínio de Estoque*. No espaço de soluções, mesmo que os serviços de mapeamento sejam fornecidos por uma API simples baseada em componentes, ele estará em um Contexto Delimitado diferente. As Linguagens Ubíquas do *Estoque* e *Mapeamento* são mutuamente exclusivas, o que significa que estão em Contextos Delimitados diferentes. Quando o *Contexto de Estoque* utiliza algo a partir do *Contexto de Mapeamento* externo, os dados podem passar, pelo menos, por alguma tradução mínima para que sejam consumidos adequadamente.

Por outro lado, do ponto de vista da organização corporativa externa que desenvolve e oferece o serviço de mapeamento por meio de assinaturas, o mapeamento é um Domínio Básico. Essa organização externa tem seu próprio domínio, ou âmbito das operações de negócios. Ela deve manter-se competitiva, refinar constantemente seu modelo de domínio, a fim de manter os assinantes e atrair novos. Se você fosse o CEO da organização de mapeamento, você se certificaria de dar aos clientes, incluindo o assinante em discussão, todas as razões para que permaneçam com seus serviços, em vez de buscá-los na concorrência. No entanto, isso não muda a perspectiva do assinante que está desenvolvendo o sistema de estoque. Para o sistema de estoque ele ainda é um Subdomínio Genérico. Ele poderia, se fosse vantajoso, assinar um serviço de mapeamento diferente.

Hora do Quadro Branco

Quais são os Contextos Delimitados em seu espaço de soluções? Nesse ponto, você deve ser capaz de recorrer ao seu diagrama para obter uma boa ideia. Mas talvez você se surpreenda um pouco à medida que entramos nos detalhes de como usar adequadamente Contextos Delimitados. Portanto, esteja preparado para possíveis refinamentos. Afinal de contas, fazemos desenvolvimento ágil.

Assim, para o equilíbrio deste capítulo, vamos trocar de marcha e considerar a importância dos Contextos Delimitados como uma ferramenta essencial de modelagem do espaço de soluções para o DDD. Em **Mapas de Contexto (3)** a discussão salienta principalmente como lidar com o mapeamento de diferentes linguagens ubíquas, mas relacionadas, integrando os Contextos Delimitados.

Dando Sentido aos Contextos Delimitados

Não se esqueça, um Contexto Delimitado é um limite explícito dentro do qual um modelo de domínio existe. O modelo de domínio expressa uma Linguagem Ubíqua como um modelo de software. O limite é criado porque cada um dos conceitos dentro do modelo, com suas propriedades e operações, tem um significado especial. Se você fosse membro de uma dessas equipes de modelagem, você saberia exatamente o significado de cada um dos conceitos em seu Contexto.

> ### Contexto Delimitado é Explícito e Linguístico
> Um Contexto Delimitado é um limite explícito dentro do qual um modelo de domínio existe. Dentro do limite, todos os termos e frases da Linguagem Ubíqua têm um significado específico, e o modelo reflete a Linguagem com exatidão.

Frequentemente é o caso de que em dois modelos explicitamente diferentes, os objetos com nomes iguais ou semelhantes têm significados diferentes. Quando um limite explícito é colocado em torno de cada um dos dois modelos individualmente, o significado de cada conceito em cada Contexto é certo. Assim, um Contexto Delimitado é principalmente um *limite linguístico*. Você deve usar esses pontos de raciocínio como um critério para determinar se você usa os Contextos Delimitados de forma correta.

Alguns projetos caem na armadilha de tentar criar um modelo que inclui tudo, um em que o objetivo é fazer com que toda a organização concorde com conceitos cujos nomes só têm um único significado global. Abordar um esforço de modelagem dessa maneira é uma armadilha. Primeiro, será quase impossível estabelecer um acordo entre todas as partes interessadas de que todos os conceitos têm um significado único, global, puro e distinto. Algumas organizações são tão grandes e complexas que você nunca será capaz de reunir todas as partes interessadas, muito menos estabelecer um acordo significativo total entre elas. Mesmo que você trabalhe em uma empresa menor com relativamente poucas partes interessadas, estabelecer uma definição permanente de um único conceito global continua improvável. Assim, a melhor decisão a tomar é aceitar o fato de que as diferenças sempre existirão e aplicar o Contexto Delimitado para delinear separadamente cada modelo do domínio em que as diferenças são explícitas e bem compreendidas.

Um Contexto Delimitado não dita a criação de um único tipo de artefato do projeto. Ele não é um componente, documento ou diagrama individual.[3] Portanto, não é um JAR ou DLL, mas estes podem ser usados para implantar um Contexto Delimitado, como descrito mais adiante neste capítulo.

Considere esse contraste acentuado entre uma conta em um *Contexto Bancário* e uma conta em um *Contexto Literário*, como apresentado na Tabela 2.1.

---

3. Você pode desenhar um diagrama de um ou mais Contextos Delimitados, como visto aqui e em Mapas de Contexto. Mas o diagrama não é o Contexto Delimitado.

Tabela 2.1 A Diversidade dos Significados Que o Termo Conta Pode Ter

Contexto	Significado	Exemplo
Contexto Bancário	Uma Conta mantém um registro das transações de débito e crédito indicando o estado financeiro atual de um cliente no banco.	Conta-corrente e conta poupança
Contexto Literário	Uma Conta é um conjunto de expressões literárias sobre um ou mais eventos relacionados ao longo de um período de tempo.	A Amazon.com vende o livro *Into Thin Air: A Personal Account of the Mt. Everest Disaster.*

Analisando a Figura 2.5, não há nada característico dos tipos de Conta diferenciados pelo nome. Somente analisando o nome de cada contêiner conceitual — o Contexto Delimitado — é que você entende as diferenças entre os dois.

Esses dois Contextos Delimitados provavelmente não estão no mesmo Domínio. O objetivo é demonstrar que o Contexto é o rei.

O Contexto É o Rei

O Contexto é o Rei, especialmente ao implementar o DDD.

No mundo financeiro de língua inglesa, a palavra *security* (*título*) é frequentemente usada. A Securities and Exchange Commission (SEC) restringe esse termo ao uso com ações. Agora considere isto: Os contratos futuros são commodities e não estão sob a jurisdição da SEC. Mas algumas empresas financeiras dão a Futuros o nome *security* como uma referência, mas os marcam com o **Tipo Padrão (6)** de `Futures`.

Essa é a melhor linguagem para Futuros? Depende do Domínio em que é usado. Alguns obviamente diriam que é, enquanto outros insitiriam no fato de que não. O Contexto também é *cultural*. Em uma dada empresa que comercializa Futuros, ela pode se alinhar melhor com a cultura e usar o termo *Security* em uma Linguagem Ubíqua específica.

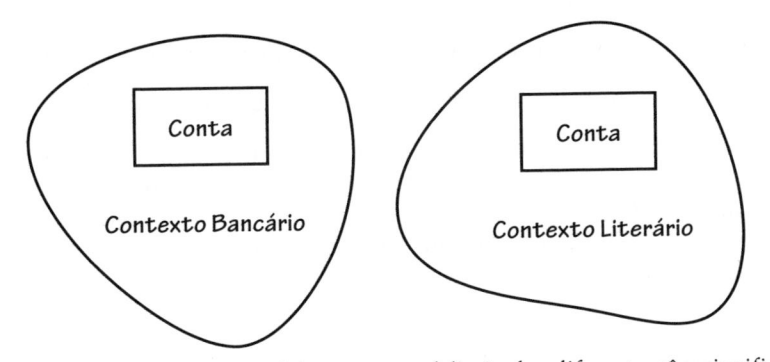

Figure 2.5 Objetos Conta em dois contextos delimitados diferentes têm significados completamente diferentes, mas você sabe isso apenas considerando o nome de cada contexto delimitado

Muitas vezes são significados sutis e diferentes que mais comumente você encontra em sua empresa. Eis por quê. O nome escolhido por cada equipe em cada Contexto sempre é composto tendo em mente a Linguagem Ubíqua. Você nunca nomeia um conceito de forma arbitrária de modo a distingui-lo propositadamente de um termo em um Contexto diferente. Considere dois contextos bancários, um para contas-correntes e outros para contas poupança.[4] Nós não precisamos dar o nome Conta-corrente ao objeto no *Contexto de Corrente ou* o nome Conta Poupança ao objeto no *Contexto de Poupança*. Ambos os conceitos podem ser seguramente nomeados Conta, porque cada Contexto Delimitado distingue os significados sutis. É claro que não existe uma regra que diz que mais significado não pode ser adicionado a esses nomes. Essa é a decisão de sua equipe.

Quando são necessárias integrações, o mapeamento deve ser feito entre os Contextos Delimitados. Isso pode ser um aspecto complexo do DDD e exige uma quantidade correspondente de cuidado. Normalmente não usamos uma instância de objeto fora de seu limite, mas os objetos relacionados em múltiplos contextos podem compartilhar algum subconjunto do estado comum.

Eis outro exemplo com um nome comum utilizado em múltiplos Contextos Delimitados, mas, dessa vez, dentro do mesmo Domínio. Considere os desafios de modelagem para uma editora que precisa lidar com as várias fases do ciclo de vida dos livros. Grosso modo, os editores lidam com fases semelhantes à medida que um livro avança por esses diferentes contextos:

- Conceitualizar e propor um livro

- Assinar um contrato com os autores

- Gerenciar o processo de autoria e editorial do livro

- Projetar o layout do livro, incluindo ilustrações

- Traduzir o livro para outros idiomas

- Produzir as edições impressas e/ou eletrônicas

- Comercializar o livro

- Vender o livro para revendedores e/ou diretamente para os consumidores

- Enviar um livro físico para os revendedores e consumidores

Ao longo de cada uma dessas fases, há uma única maneira de modelar adequadamente um Livro? Absolutamente não! Em cada uma dessas fases o Livro tem definições diferentes. Até que o contrato seja assinado, ele tem um título provisório, que pode mudar durante a edição. Durante as fases editoriais e de

---

4. Isso supõe um Domínio em que Contextos Delimitados separados são usados para contas-correntes e poupança.

autoria, o Livro tem uma coleção de esboços com comentários e correções, além de um rascunho final. Os designers gráficos criam layouts de página. A produção utiliza os layouts para criar fotolitos, as provas heliográficas e, por fim, as chapas de impressão. O marketing não precisa da maioria dos artefatos editoriais ou de produção, talvez apenas da arte da capa e das descrições de alto nível. Para a expedição, o Livro pode conter apenas uma identidade, localização no estoque, contagem de disponibilidade, tamanho e peso.

O que aconteceria se você tentasse criar um modelo central para livros que facilitasse todas as fases do ciclo de vida? Haveria muita confusão, desentendimento e discórdia e pouco software entregável. Mesmo que um modelo comum correto possa ser fornecido de vez em quando, é provável que ele só atenda às necessidades de todos os clientes ocasionalmente e muito brevemente.

Para opor-se a esse tipo de rotatividade indesejável, o editor modelando com DDD usaria Contextos Delimitados separados para cada uma das fases do ciclo de vida. Em cada um dos múltiplos Contextos Delimitados, há um tipo de livro. Os vários objetos Livro compartilhariam uma identidade em todos ou na maioria dos contextos, talvez primeiro estabelecido na fase de conceitualização. Mas o modelo de um livro em cada Contexto seria diferente de todos os outros. Isso é bom e, na verdade, a maneira como deve ser. Quando a equipe de um determinado Contexto Delimitado fala sobre um livro, isso significa exatamente o que eles exigem para seu Contexto. A organização abraça a necessidade natural das diferenças. Isso não significa que seja fácil alcançar resultados positivos. Entretanto, usando Contextos Delimitados explícitos, o software é entregue regularmente com melhorias incrementais que atendem às necessidades específicas do negócio.

Nesse ponto, vejamos a solução usada pela equipe de colaboração da SaaSOvation para resolver o desafio de modelagem como mostrado na Figura 2.3.

Como indicado anteriormente, em um *Contexto de Colaboração*, os especialistas em domínio não descrevem as pessoas que utilizam os recursos de colaboração como usuários com permissões. Em vez disso, eles falam desses colaboradores em termos dos papéis que eles desempenham no Contexto, como autores, proprietários, participantes e moderadores. Podem existir algumas informações de contato, mas não provavelmente todas elas. Por outro lado, é em um *Contexto de Identidade e Acesso* que falamos sobre usuários. Nesse Contexto, os objetos Usuário têm nomes de usuário e informações detalhadas sobre a pessoa específica, incluindo formas detalhadas de contatar a pessoa.

Mas nós não criamos um objeto Autor do nada. Todo colaborador deve ser pré-qualificado. Confirmamos a existência de um usuário que desempenha o papel adequado dentro do *Contexto de Identidade e Acesso*. Os atributos de um descritor de autenticação são passados com solicitações para o *Contexto de Identidade e Acesso*. Para criar um novo objeto colaborador, como um Moderador, usamos um subconjunto de atributos de Usuário e um nome de Papel. Os detalhes exatos de como obtemos o estado do objeto a partir de um Contexto Delimitado separado não é importante (embora mais tarde seja explicado exten-

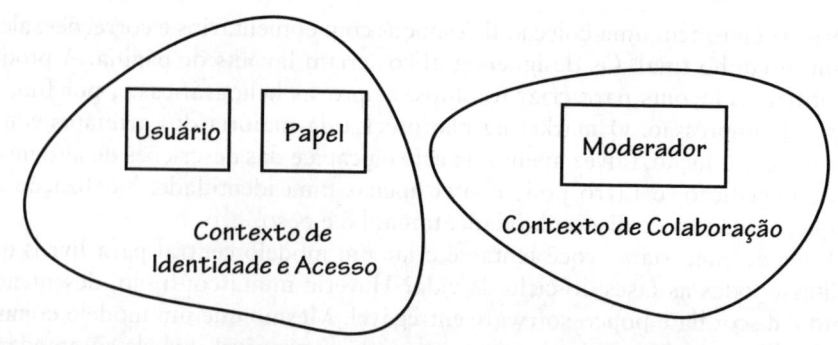

Figure 2.6   O objeto Moderador em seu Contexto é baseado em Usuário e Papel em um contexto diferente

sivamente). O que é importante agora é que esses dois conceitos são diferentes e semelhantes ao mesmo tempo, e que as diferenças são determinadas pelo Contexto Delimitado. A Figura 2.6 exemplifica usuário e papel em seu próprio Contexto que é usado para criar um Moderador em um Contexto diferente.

Hora do Quadro Branco

- Veja se você pode identificar alguns conceitos sutilmente diferentes que existem em múltiplos Contextos Delimitados em seu Domínio.

- Determine se os conceitos estão devidamente separados, ou se os desenvolvedores simplesmente copiaram o código para ambos.

> Geralmente você pode determinar uma separação adequada porque os objetos semelhantes têm diferentes propriedades e operações. Nesse caso, o limite separou os conceitos apropriadamente. Entretanto, se você vir os mesmos objetos exatos em múltiplos contextos, isso provavelmente significa que existe algum erro de modelagem, a menos que os dois Contextos Delimitados usem um **Kernel Compartilhado (3)**.

Espaço para Mais que o Modelo

Um Contexto Delimitado não necessariamente engloba somente o modelo de domínio. Na verdade, o modelo é o ocupante primário do contêiner conceitual. Mas um Contexto Delimitado não se limita apenas ao modelo. Ele geralmente marca um sistema, uma aplicação ou um serviço de negócios.[5] Às vezes, um Contexto Delimitado hospeda menos do que isso se, por exemplo, um Subdomínio Genérico puder

---

5.   É certo que nem sempre concordamos com os significados de *sistema, aplicação* e *serviços de negócio*. Mas, de modo geral, pretendo que estes signifiquem um conjunto complexo de componentes que interagem para concretizar um conjunto de casos de uso de significativos do negócio.

ser produzido sem muito mais do que um modelo de domínio. Considere as partes de um sistema que normalmente fazem parte de um Contexto Delimitado.

Quando o modelo impulsiona a criação de um esquema de banco de persistência, o esquema de banco de dados residirá dentro do limite. Esse é o caso por que o esquema é projetado, desenvolvido e mantido pela equipe de modelagem. Isso significa que os nomes das tabelas de banco de dados e nomes de coluna, por exemplo, refletirão diretamente os nomes utilizados no modelo, em vez dos nomes convertidos em outro estilo. Por exemplo, digamos que o nosso modelo tenha uma classe chamada `BacklogItem` e essa classe tem propriedades de Objeto de Valor chamadas `backlogItemId` e `businessPriority`:

```
public class BacklogItem extends Entity  {
    ...
    private BacklogItemId backlogItemId;
    private BusinessPriority businessPriority;
    ...
}
```

Esperaríamos ver estas mapeadas para o banco de dados da mesma maneira:

```
CREATE TABLE 'tbl_backlog_item' (
    ...
    'backlog_item_id_id' varchar(36) NOT NULL,
    'business_priority_ratings_benefit' int NOT NULL,
    'business_priority_ratings_cost' int NOT NULL,
    'business_priority_ratings_penalty' int NOT NULL,
    'business_priority_ratings_risk' int NOT NULL,
    ...
) ENGINE=InnoDB;
```

Por outro lado, se um esquema de banco de dados for preexistente ou se uma equipe diferente de modeladores dos dados forçar projetos contraditórios no esquema de banco de dados, o esquema não residirá no Contexto Delimitado ocupado pelo modelo de domínio.

Quando há visualizações da **Interface do Usuário (14)** que exibem o modelo e impulsionam a execução de seu comportamento, estas também estão dentro do Contexto Delimitado. Mas isso não significa que modelamos o Domínio na interface do usuário, causando anemia no modelo de Domínio. Queremos rejeitar o **Anti-Pattern Smart UI** [Evans] e qualquer tentação de arrastar conceitos de domínio que pertencem ao modelo para outras áreas do sistema.

Os usuários do sistema/aplicação nem sempre se limitam a seres humanos e podem incluir outros sistemas de informática. Podem existir componentes como serviços Web. Podemos usar os recursos RESTful para fornecer interação com o modelo como um **Serviço de Hospedagem Aberta (3, 13)**. Ou talvez implantar Simple Object Access Protocol (SOAP) ou, em vez disso, extremidades do serviço de mensagens. Em todos esses casos, os componentes orientados a serviços estão dentro do limite.

Tanto os componentes da interface do usuário como extremidades orientadas a serviços são delegados aos **Serviços de Aplicação (14)**. Esses são tipos diferentes de serviços, em geral fornecendo gerenciamento de segurança e transações, e agindo como uma **Fachada** [Gamma *et al.*] para o modelo. Eles são gerenciadores de tarefas, transformando solicitações de fluxo de caso de uso na execução da lógica do domínio. Serviços de Aplicação também estão dentro do limite.

> **Mais sobre Preocupações Relacionadas com Arquitetura e Aplicações**
>
> Se você quiser considerar como o DDD se encaixa em vários estilos arquitetônicos, veja **Arquitetura (4)**. Além disso, Serviços de Aplicação são especialmente tratados em **Aplicação (14)**. Há diagramas úteis e trechos de código em ambos os capítulos.

O Contexto Delimitado encapsula principalmente a Linguagem Ubíqua e seu modelo de domínio, mas inclui o que existe para fornecer suporte e interação com o modelo de domínio. Preste atenção e mantenha os aspectos de cada preocupação Arquitetônica no local adequado.

Hora do Quadro Branco

- Analise cada um dos Contextos Delimitados que você identificou em seu diagrama de quadro branco. Ao pensar neles, você imagina que os componentes além do modelo de domínio estão dentro do limite?

- Se houver uma interface do usuário e um conjunto de Serviços de Aplicação, certifique-se de que eles estão dentro do limite. (Você tem flexibilidade quanto à maneira como os representa. Veja nas Figuras 2.8, 2.9 e 2.10 algumas ideias para representar vários componentes).

- Se seu esquema de banco de dados ou outro armazenamento de persistência foi desenvolvido para seu modelo, certifique-se também de que ele está dentro do limite. (As Figuras 2.8, 2.9 e 2.10 fornecem uma maneira de representar um esquema de banco de dados.)

Tamanho dos Contextos Delimitados

Quantos **Módulos (9)**, **Agregados (10)**, **Eventos (8)** e **Serviços (7)** — os principais blocos de construção de um modelo de domínio criado com DDD — um Contexto Delimitado deve conter? Isso é quase como perguntar: "Qual é o comprimento de um pedaço de corda?". Um Contexto Delimitado deve ter o tamanho suficiente para expressar totalmente sua Linguagem Ubíqua.

Conceitos extrínsecos que não são verdadeiramente parte do Domínio Básico devem ser incluídos como fatores. Se um conceito não estiver na Linguagem Ubíqua, ele, acima de tudo, não deverá ser introduzido no modelo. Mas, se um ou mais conceitos extrínsecos infiltrarem-se, livre-se deles. Eles provavelmente pertencem a um Subdomínio Genérico ou de suporte separado, ou absolutamente a nenhum modelo.

Tenha cuidado para não inserir erroneamente conceitos que realmente pertencem ao Domínio Básico. Seu modelo deve exibir completamente a riqueza da Linguagem Ubíqua no Contexto, não deixando de fora nada essencial. Obviamente, é necessário bom senso. Ferramentas como **Mapas de Contexto (3)** podem ajudar a moldar o bom senso da equipe.

No filme *Amadeus*[6] há uma cena em que o imperador austríaco José II comunica a Mozart que a composição musical que ele tinha acabado de apresentar era uma peça de qualidade, mas uma que simplesmente continha "muitas notas". Mozart responde apropriadamente ao imperador: "Há somente as notas que eu preciso, nem mais nem menos". Essa resposta ilustra bem uma mentalidade essencial a adotar ao analisar os limites contextuais em torno dos nossos modelos. Há um número muito apropriado de conceitos de domínio a modelar em um dado Contexto Delimitado, nem mais nem menos.

É claro que isso nunca é tão fácil de ser alcançado como no momento em que Mozart comporia uma sinfonia com a mesma facilidade com que escreveria uma carta para um amigo. Em algum momento, podemos ter perdido uma oportunidade de refinar um pouco o modelo de domínio. Durante cada iteração desafiamos nossas suposições sobre o modelo, o que nos obriga a adicionar ou remover um conceito ou mudar a forma como os conceitos se comportam e colaboram. Mas a questão é que *enfrentamos esse desafio repetidas vezes* e, utilizando os princípios do DDD, *consideramos seriamente a que pertence e a que não pertence*. Usamos Contexto Delimitado e ferramentas como Mapas de Contexto para ajudar a analisar o que é verdadeiramente parte de um Domínio Básico. Não recorremos à aplicação de regras de segregação arbitrárias baseadas em princípios não DDD.

O Belo Som dos Modelos de Domínio

Se nossos modelos fossem música, eles teriam o som inconfundível de completude, pureza, força e, possivelmente, até mesmo elegância e beleza.

Se restringirmos um dado Contexto Delimitado de uma maneira excessivamente rigorosa, o resultado serão lacunas nos conceitos contextuais ausentes, mas vitais. E se continuamente empilharmos conceitos no modelo que não expressam a essência do problema do negócio que está sendo resolvido, vamos turvar as águas tanto que deixaremos de observar e entender o que é essencial. Nosso objetivo? Se nossos modelos fossem música, eles teriam o som inconfundível de completude, pureza, força e, possivelmente, até mesmo elegância e

---

6. Orion Pictures, Warner Brothers, 1984.

beleza. O número de notas — os Módulos, Agregados, Eventos e Serviços dentro — não seria nem mais nem menos do que o projeto correto requer. Aqueles que "ouvissem" o modelo nunca teriam de perguntar o que é aquele "som" estranho que está no meio de uma sinfonia de outra forma harmoniosa. Nem eles se distrairiam com momentos de total silêncio causado por uma ou duas partituras ausentes das notas musicais.

O que poderia nos levar a criar um Contexto Delimitado com tamanho errado? Podemos equivocadamente permitir que influências arquitetônicas, em vez da Linguagem Ubíqua, nos guiem. Talvez a maneira como uma plataforma, estrutura ou alguma infraestrutura é normalmente utilizada para empacotar e implantar componentes pudesse influenciar indevidamente a forma como pensamos sobre Contextos Delimitados, tratando-os como limites técnicos, em vez de limites linguísticos.

Outra armadilha seria dividir os Contextos Delimitados de modo a distribuir as tarefas aos recursos disponíveis para o desenvolvedor. Líderes técnicos e gerentes de projeto podem achar que é mais fácil que os desenvolvedores gerenciem tarefas menores. Embora isso possa ser o caso, impor limites por causa da distribuição de tarefas distorce as motivações linguísticas da modelagem contextual. De fato, não há necessidade de impor limites falsos para gerenciar os recursos técnicos.

A questão importante é, o que a linguagem dos especialistas em domínio indica sobre os limites contextuais reais?

Quando um Contexto falso é formulado a fim de abordar um componente arquitetônico ou recursos de desenvolvedor, a linguagem torna-se fragmentada e não tem expressividade. Consequentemente, focalize o Domínio Básico com os conceitos que naturalmente se encaixam em um único Contexto Delimitado, de acordo com a linguagem falada pelos especialistas em Domínio. Depois de fazer isso, você pode identificar os componentes que se encaixam naturalmente em um modelo único e coeso. Mantenha todos esses componentes no Contexto Delimitado.

Às vezes, o problema de criar Contextos Delimitados em miniatura pode ser evitado com a aplicação cuidadosa de Módulos. Dada uma análise de um conjunto de serviços que estão distribuídos por vários "Contextos Delimitados", você achará que o uso criterioso dos Módulos pode reduzir o número total dos contextos delimitados reais a apenas um. Módulos também podem ser utilizados como um meio de dividir as responsabilidades do desenvolvedor, gerenciando assim a distribuição de tarefas utilizando uma abordagem tática mais apropriada.

Hora do Quadro Branco

- Desenhe um Contexto Delimitado de seu modelo atual como uma grande elipse de forma irregular.

> Mesmo que você ainda não tenha um modelo explícito, continue a pensar na linguagem dentro dela.

- Na elipse, escreva os nomes dos principais conceitos que você tem certeza que o código implementa. Veja se você consegue identificar os conceitos que devem estar lá, mas estão ausentes, e aqueles que estão lá, mas não devem estar. O que você deve fazer em relação a cada um desses problemas?

> **Tenha Cuidado para Praticar o DDD Usando Impulsionadores Linguísticos**
>
> O ponto principal: Se você não segue os impulsionadores Linguísticos, você não ouve nem está trabalhando com os especialistas em domínio para criar o Contexto Delimitado. Pense cuidadosamente no tamanho dos seus Contextos Delimitados. Não seja muito rápido para miniaturizá-los.

Alinhando com Componentes Técnicos

Não faz mal pensar em um Contexto Delimitado em termos dos componentes técnicos que o abrigam. Basta ter em mente que os componentes técnicos não definem o Contexto. Vamos considerar algumas maneiras comuns como eles são compostos e implantados.

Ao usar um IDE como o Eclipse ou IntelliJ IDEA, um Contexto Delimitado é muitas vezes abrigado em um único projeto. Ao usar o Visual Studio e .NET, você pode optar por dividir a interface do usuário, Serviços de Aplicação e o modelo de domínio em projetos separados dentro da mesma solução, ou você pode pensar em outra divisão. A árvore do código-fonte do projeto pode se limitar ao próprio modelo de domínio, ou pode conter **Camadas (4)** ou áreas **Hexagonais (4)** adjacentes. Há muita flexibilidade aqui. Usando Java, o pacote de nível superior geralmente define o nome do módulo de nível mais alto para o Contexto Delimitado. Usando um dos exemplos anteriores, isso poderia ser feito desta maneira:

```
com.mycompany.optimalpurchasing
```

A árvore do código-fonte desse Contexto Delimitado seria dividida ainda mais de acordo com as responsabilidades arquitetônicas. Eis uma visualização dos possíveis nomes de pacotes de segundo nível do projeto:

```
com.mycompany.optimalpurchasing.presentation
com.mycompany.optimalpurchasing.application
com.mycompany.optimalpurchasing.domain.model
com.mycompany.optimalpurchasing.infrastructure
```

Mesmo com essas divisões modulares, apenas uma única equipe deve trabalhar em um único Contexto Delimitado.

> **Uma Única Equipe para Um Único Contexto Delimitado**
>
> Atribuir uma única equipe para trabalhar em um único Contexto Delimitado não é uma tentativa de limitar a flexibilidade da organização da equipe. Não é como se as equipes não pudessem ser organizadas conforme necessário, ou que membros individuais de uma equipe não pudessem ser utilizados em um ou mais outros projetos. A empresa deve usar as pessoas da maneira mais adequada para suas necessidades. Isso é simplesmente afirmar que é melhor uma única equipe coesa bem definida de desenvolvedores e especialistas em domínio focalize uma única Linguagem Ubíqua modelada em um Contexto Delimitado explícito. Se você atribuir duas ou mais equipes distintas a um Contexto Delimitado, cada equipe contribuirá para uma Linguagem Ubíqua divergente e mal definida.
>
> Há também a possibilidade de que duas equipes irão cooperar no projeto de um Kernel Compartilhado, que na verdade não é um Contexto Delimitado típico. Esse padrão de Mapeamento de Contexto forma uma relação íntima entre as duas equipes, o que exige consulta permanente quando mudanças no modelo são consideradas necessárias. Essa abordagem de modelagem é menos comum e, se possível, geralmente deve evitada.

Ao usar o Java, podemos hospedar tecnicamente um Contexto Delimitado em um ou mais arquivos JAR, incluindo arquivos WAR ou EAR. O desejo de modularização pode ter uma influência aqui. Partes fracamente acopladas do modelo de domínio podem ser hospedadas em arquivos JAR separados, permitindo que eles sejam implantados de forma independente por versão. Isso seria especialmente útil em modelos grandes. Criar múltiplos arquivos JAR de um único modelo daria a vantagem de gerenciar as versões dos seus elementos usando pacotes OSGi ou usando módulos Java 8 Jigsaw. Assim, vários módulos de alto nível, suas versões e suas dependências podem ser gerenciados como pacotes/módulos. Há pelo menos quatro desses pacotes/módulos representados pelos módulos anteriores de segundo de nível baseados em DDD, e possivelmente mais.

Para um Contexto Delimitado nativo do Windows, como para a plataforma .NET, a implantação seria feita usando conjuntos separados em arquivos DLL. Pense em uma DLL como tendo motivações de implantação semelhantes àquelas do JAR descrito anteriormente. O modelo pode ser particionado para a implantação de maneiras semelhantes. Toda a modularização da Common Language Runtime (CLR) é gerenciada por meio de conjuntos. A versão específica de um conjunto e as versões dos conjuntos dependentes são registradas no manifesto do conjunto. Ver [conjuntos MSDN].

Contextos de Exemplo

Como os exemplos representam um ambiente de desenvolvimento inteiramente novo, com o tempo, os três Contextos Delimitados escolhidos se alinham da forma mais desejável, um a um, com seus respectivos Subdomínios. A equipe não foi bem-sucedida em alinhá-los um a um desde o início, o que ensina uma lição crucial. O resultado final é mostrado na Figura 2.7.

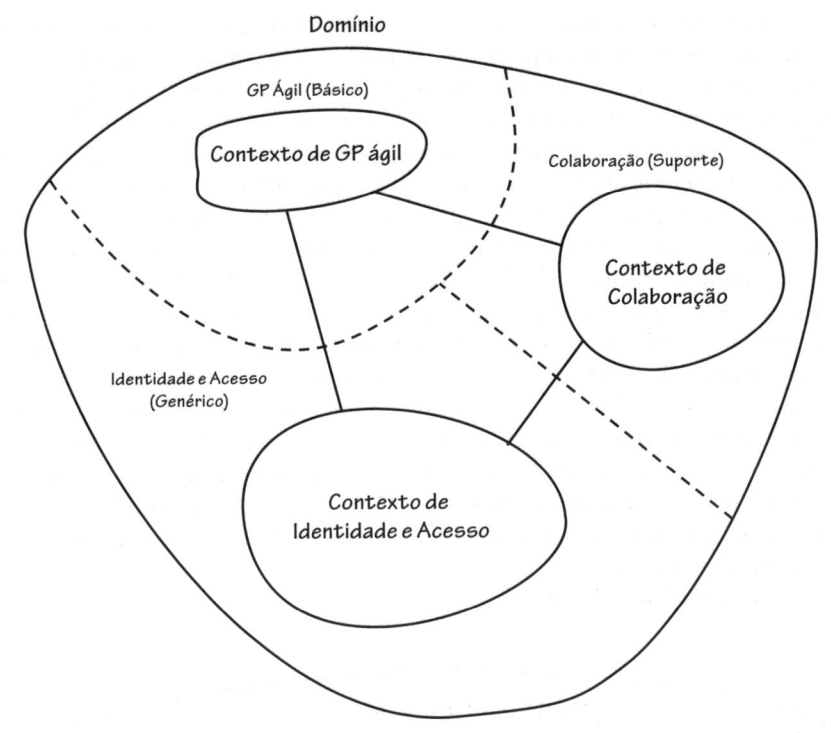

Figure 2.7 A visualização de avaliação dos Contextos Delimitados de exemplo em Subdomínios totalmente alinhados

O material a seguir demonstra como os três modelos formam uma solução corporativa realista e moderna. Sempre há múltiplos Contextos Delimitados em qualquer projeto do mundo real. A integração entre eles é um cenário importante na empresa de hoje em dia. Além do Contexto Delimitado e Subdomínios, devemos também entender o Mapeamento de Contexto com **Integração (13)**.

Analisaremos os três Contextos Delimitados fornecidos como implementações DDD de exemplo.[7] Eles são o *Contexto de Colaboração*, o *Contexto de Identidade e Acesso* e o *Contexto de Gerenciamento Ágil de Projetos*.

Contexto de Colaboração

Ferramentas de colaboração de negócios são uma das áreas mais importantes para criar e facilitar um local de trabalho sinérgico na economia em ritmo acelerado. Qualquer coisa que pode ajudar a aumentar a produtividade, transfe-

---

7. Observe que os Mapas do Contexto fornecem mais detalhes sobre os três Contextos Delimitados reais de exemplo, como eles se relacionam entre si e como são integrados. Contudo, mais profundidade se concentra no Domínio Básico.

rir conhecimento, promover a troca de ideias e gerenciar associativamente o processo criativo de modo que os resultados não sejam inapropriados é uma vantagem para a equação do sucesso corporativo. Quer as ferramentas de software ofereçam recursos para comunidades maiores ou para um público menor voltado para atividades e projetos diários, as empresas estão migrando para as melhores ferramentas online, e a SaaSOvation quer uma fatia desse mercado.

A equipe principal encarregada de projetar e implementar o *Contexto de Colaboração* recebeu uma instrução de primeira liberação para suportar o seguinte conjunto mínimo de ferramentas: fóruns, calendários compartilhados, blogs, mensagens instantâneas, wikis, fóruns de discussão, gerenciamento de documentos, anúncios e alertas, monitoramento de atividades e feeds RSS. Embora suporte uma ampla variedade de recursos, cada uma das ferramentas de colaboração individuais no conjunto também suporta ambientes de equipe estreitos e direcionados, mas eles permanecem no mesmo Contexto Delimitado porque todos eles são parte da colaboração. Infelizmente, este livro não pode fornecer todo o conjunto de colaboração. Mas exploramos partes do modelo de domínio das ferramentas representadas na Figura 2.8, ou seja, Fóruns e Calendários Compartilhados.

Agora, a experiência da equipe...

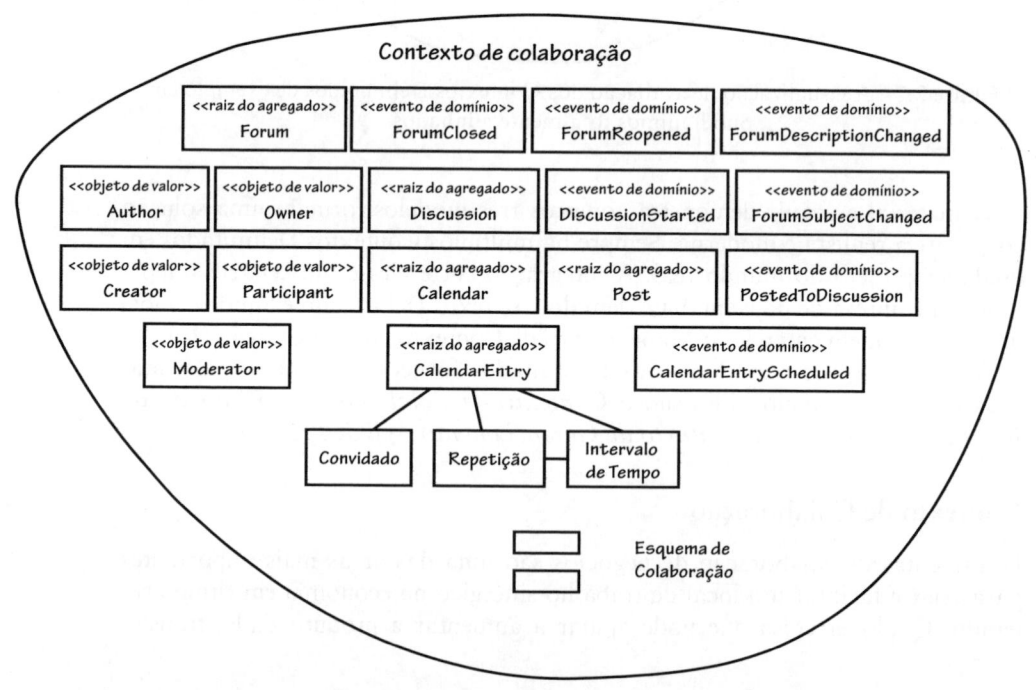

Figure 2.8   O *Contexto de Colaboração*. Sua Linguagem Ubíqua determina o que está dentro de seus limites. Para facilitar a leitura, alguns elementos do modelo não são mostrados. O mesmo vale para a interface do usuário (IU) e os componentes dos Serviços de Aplicação

O DDD tático foi utilizado desde o início do desenvolvimento do produto, mas a equipe ainda estava aprendendo alguns dos pontos mais delicados do DDD. Na verdade, eles utilizavam o que equivaleria ao DDD-Lite, empregando os padrões táticos principalmente como uma recompensa técnica. Claro, a equipe tentava capturar a Linguagem Ubíqua da colaboração, mas ela não entendia que o modelo tinha limites claros que não poderiam ser levados ao extremo. Como resultado, ela cometeu um erro inserindo segurança e permissões no modelo de colaboração. A equipe percebeu bem depois no projeto que projetar a segurança e as permissões como parte do modelo não era tão desejável quanto ela imaginava.

Logo no início eles não se preocuparam excessivamente com ou não estavam totalmente cientes do perigo de construir um silo de aplicações. Mas sem o uso de um provedor central de segurança, é exatamente isso o que aconteceria. Isso constituía a mistura de dois modelos em um único. Rapidamente eles entenderam que o emaranhamento confuso que resultou da mistura de preocupações de segurança no Domínio Básico foi um tiro pela culatra. Bem no meio da lógica básica do negócio, nos métodos comportamentais, os desenvolvedores verificariam se havia permissões de cliente para executar a solicitação:

```
public class Forum extends Entity {
    ...
    public Discussion startDiscussion(
            String aUsername, String aSubject) {
        if (this.isClosed()) {
            throw new IllegalStateException("Forum is closed.");
        }

        User user = userRepository.userFor(this.tenantId(), aUsername);

        if (!user.hasPermissionTo(Permission.Forum.StartDiscussion)) {
            throw new IllegalStateException(
                    "User may not start forum discussion.");
        }

        String authorUser = user.username();
        String authorName = user.person().name().asFormattedName();
        String authorEmailAddress = user.person().emailAddress();

        Discussion discussion = new Discussion(
                this.tenant(), this.forumId(),
                DomainRegistry.discussionRepository().nextIdentity(),
                authorUser, authorName, authorEmailAddress,
                aSubject);

        return discussion;
    }
    ...
}
```

Acabei de Ver uma Rota de Colisão?

Alguns desenvolvedores consideram o encadeamento de múltiplas expressões em uma linha, como `user.person().name().asFormattedName()`, uma "rota de colisão". Outros o consideram expressividade no código. Não abordo nenhum desses pontos de vista. Em vez disso, focalizo o modelo confuso. A "rota de colisão" é um assunto completamente diferente.

Esse era um projeto muito ruim. Os desenvolvedores não devem ter sido capazes de fazer referência a usuário aqui, muito menos consultar um em um **Repositório (12)**. Mesmo `Permission` deveriam estar fora de alcance. Isso foi possível porque elas foram erroneamente projetadas como parte do modelo de colaboração. Além disso, essa distorção fez com que eles menosprezassem um conceito que deveriam ter modelado, ou seja, o `Author`. Em vez de agrupar três atributos relacionados em um objeto explícito de valor, os desenvolvedores pareciam estar satisfeitos em lidar com os elementos de dados separadamente. Eles pensavam em segurança, em vez de em colaboração.

Esse não foi um caso isolado. Cada objeto de colaboração tinha problemas semelhantes. Como o risco de criar uma Grande Bola de Lama estava se tornando iminente, a equipe decidiu que o código tinha de mudar. Além disso, a equipe também queria passar de uma abordagem de permissões para uma de segurança e, em vez disso, usar o gerenciamento de acesso baseado em papéis. O que eles fariam?

Sendo usuários das metodologias ágeis de desenvolvimento e futuros construtores das ferramentas de gerenciamento ágil de projetos, a equipe não tinha medo de empregar esforços de refatoração na hora certa. Assim, ela iria refatorar iterativamente. Mesmo assim, a pergunta permaneceu: Quais eram os melhores padrões DDD para tirá-los dessa situação ruim, um lamaçal profundo de código mal localizado?

Como alguns poucos na equipe faziam horas extras debruçados sobre os padrões táticos dos blocos de construção [Evans], eles perceberam que estes não eram a resposta. Eles seguiram a orientação nesses padrões para criar Agregados compondo Entidades e Objetos de Valor de uma forma técnica. Eles também usaram Repositórios e **Serviços de Domínio (7)**. Contudo, não perceberam algo importante, e possivelmente isso apontava para a necessidade de prestar mais atenção à segunda metade de [Evans].

Por fim, fazendo isso, eles observaram algumas técnicas habilitadoras. À medida que eles se debruçaram na "Part III: Refactoring toward Deeper Insight" [Evans], ficou óbvio que o DDD oferecia muito mais do que a equipe tinha imaginado. Com as técnicas compiladas a partir dessa parte de [Evans], agora eles sabiam como poderiam melhorar o modelo atual prestando mais atenção à Linguagem Ubíqua. Passando mais tempo de qualidade com os especialistas em Domínio, eles poderiam produzir um modelo que era mais parecido com o modelo mental deles. Mas isso ainda não abordava o lamaçal da segurança que distorcia sua visão de um modelo de domínio de colaboração puro.

Mais adiante no livro havia "Part IV: Strategic Design" [Evans]. Um dos membros da equipe descobriu o que provou ser a orientação crucial que acabaria por levá-los a compreender um Domínio Básico. Uma das primeiras novas ferramentas empregadas foi Mapas de Contexto, o que levou a um melhor entendimento da situação atual do projeto. Embora seja um exercício simples, extrair o primeiro Mapa de Contexto e formular discussões sobre a situação desagradável foi um grande passo à frente. Isso resultou em uma análise produtiva para uma resolução, o que acabou desbloqueando a equipe.

Eles agora tinham algumas opções para fazer refinamentos intermediários, permitindo que estabilizassem o modelo cada vez mais frágil:

1. Eles poderiam refatorar o modelo em **Camadas de Responsabilidade** [Evans], dividindo os recursos de segurança e permissões inserindo-os em uma camada lógica mais baixa do modelo existente. Mas isso não parecia ser a melhor abordagem. O uso de Camadas de Responsabilidade visa abordar modelos em grande escala, ou planejar aqueles que com o tempo crescem até uma grande escala. Cada uma das camadas deve permanecer no modelo porque faz parte do Domínio Básico, embora as camadas devam ser cuidadosamente divididas. Por outro lado, aquilo com que a equipe lidava eram conceitos não apropriados — aqueles que não pertenciam ao Domínio Básico.

2. Alternativamente, eles poderiam trabalhar em direção a um **Núcleo Segregado** [Evans]. Isso poderia ser alcançado por meio de uma busca exaustiva de todas as preocupações de segurança e permissões no *Contexto de Colaboração,* seguido pela refatoração dos componentes de identidade e acesso em pacotes completamente separados no mesmo modelo. Ele não produziria o resultado final de criar um Contexto Delimitado completamente separado, mas aproximaria mais a equipe dele. Isso parecia ser exatamente o que era necessário, como o próprio padrão afirma: "O momento de cortar um Núcleo Segregado é quando você tem um grande Contexto Delimitado que é crucial para o sistema, mas em que a parte essencial do modelo é obscurecida por uma grande quantidade de capacidade de suporte". A capacidade de suporte era definitivamente segurança e permissões. A equipe então percebeu que um *Contexto de Identidade e Acesso* separado surgiria a partir desses esforços e serviria como um Subdomínio Genérico para o *Contexto de Colaboração.*

A iniciativa de criar um Núcleo Segregado não seria simples. Poderia exigir algumas semanas de trabalho não planejada. Mas se eles não tomassem rapidamente medidas corretivas e refatorassem, pagariam o preço de sua falta de ação corretiva com erros, juntamente com uma base de código frágil que não responderia bem a alterações. A liderança do negócio ajudou a confirmar a sabedoria dessa direção quando eles determinaram que uma separação bem-sucedida em um novo serviço de negócios poderia um dia levar a um novo produto SaaS.

É importante ressaltar que a equipe agora compreendeu o valor dos Contextos Delimitados e dos esforços árduos para manter um Domínio Básico coeso. Usando padrões adicionais do projeto estratégico, eles poderiam segregar modelos reutilizáveis em Contextos Delimitados separados e integrar conforme apropriado.

Provavelmente o futuro Contexto Delimitado de *Identidade e Acesso* pareceria diferente do projeto incorporado de segurança e permissões. Projetar para reutilização forçaria a equipe a se concentrar em um modelo mais de uso geral, um que poderia ser explorado por muitas aplicações como necessário. Essa equipe dedicada — diferente da nossa equipe do *Contexto de Colaboração,* mas formada com alguns membros a partir dela — também poderia introduzir várias estratégias de implementação. As estratégias poderiam incluir o uso de produtos de terceiros e integrações específicas para o cliente, o que estava fora de alcance devido ao emaranhado da segurança integrada.

Como o desenvolvimento do Núcleo Segregado tornou-se um passo intermediário, nós não focalizamos esses resultados aqui. Resumidamente, isso equivaleria a mover todas as classes de segurança e permissões para módulos segregados e exigir que os clientes dos Serviços de Aplicação verificassem a segurança e permissões usando esses objetos antes de chamar o Domínio Básico. Isso liberou o Domínio Básico para implementar apenas as composições e os comportamentos do objeto do modelo de colaboração. O Serviço de Aplicação cuidou da tradução da segurança e do objeto:

```java
public class ForumApplicationService ... {
    ...
    @Transactional
    public Discussion startDiscussion(
            String aTenantId, String aUsername,
            String aForumId, String aSubject) {
        Tenant tenant = new Tenant(aTenantId);
        ForumId forumId = new ForumId(aForumId);

        Forum forum = this.forum(tenant, forumId);

        if (forum == null) {
            throw new IllegalStateException("Forum does not exist.");
        }

        Author author =
                this.collaboratorService.authorFrom(
                        tenant,
                        anAuthorId);

        Discussion newDiscussion =
                forum.startDiscussion(
                        this.forumNavigationService(),
                        author,
                        aSubject);

        this.discussionRepository.add(newDiscussion);

        return newDiscussion;
    }
    ...
}
```

O resultado para o Forum ficou assim:

```java
public class Forum extends Entity {
    ...

    public Discussion startDiscussionFor(
        ForumNavigationService aForumNavigationService,
        Author anAuthor,
        String aSubject) {
        if (this.isClosed()) {
            throw new IllegalStateException("Forum is closed.");
        }

        Discussion discussion = new Discussion(
```

```
                    this.tenant(),
                    this.forumId(),
                    aForumNavigationService.nextDiscussionId(),
                    anAuthor,
                    aSubject);

            DomainEventPublisher
                .instance()
                .publish(new DiscussionStarted(
                        discussion.tenant(),
                        discussion.forumId(),
                        discussion.discussionId(),
                        discussion.subject()));

            return discussion;
        }
        ...
}
```

Isso eliminou o emaranhado de `User` e `Permission` e fez com que o modelo focalizasse estritamente a colaboração. Mais uma vez, não foi um resultado perfeito, mas preparou a equipe para as refatorações futuras a fim de separar e integrar os Contextos Delimitados. A equipe do *Contexto de Colaboração* por fim removeria todos os tipos e módulos de segurança e permissões do Contexto Delimitado e, de bom grado, empregaria o novo *Contexto de Identidade e Acesso*. O objetivo final de tornar a segurança central e reutilizável agora estava a seu alcance.

Embora a verdade seja que a equipe poderia ter inicialmente seguido na outra direção. Eles poderiam ter Contextos Delimitados miniaturizados criando alguns separados, totalizando dez ou mais — um para cada unidade de colaboração (por exemplo, Fórum e Calendário como modelos separados). O que poderia tê-los levado nessa direção? Como a maioria das unidades de colaboração não estava acoplada entre si, cada uma poderia ser implantada como um componente autônomo. Inserindo cada unidade em um Contexto Delimitado separado, a equipe poderia criar dez ou mais unidades naturais de implantação. De fato, mas produzir dez diferentes modelos de domínio era desnecessário para alcançar os objetivos de implantação e, provavelmente, só serviria para trabalhar contra os princípios de modelagem da Linguagem Ubíqua.

Em vez disso, a equipe manteve um único modelo, mas optou por criar um arquivo JAR separado para cada unidade de colaboração. Usando a modularização Jigsaw, eles criaram uma unidade de implantação baseada em versão para cada um. Além dos arquivos JAR para as divisões naturais de colaboração, eles também precisavam de um para objetos compartilhados do modelo, como `Tenant`, `Moderator`, `Author`, `Participant` e outros. Seguir essa rota suportou o desenvolvimento de uma Linguagem Ubíqua unificada e atendeu aos objetivos de implantação que tinham vantagens arquiteturais e de gerenciamento de aplicações.

Com esse entendimento podemos examinar como o *Contexto de Identidade e Acesso* foi viabilizado.

Contexto de Identidade e Acesso

A maioria das aplicações corporativas atuais precisa ter alguma forma dos componentes de segurança e permissões em funcionamento para garantir que as pessoas que tentem usar o sistema sejam usuários autênticos e tenham permissão para fazer o que tentam fazer. Como acabamos de analisar, uma abordagem ingênua à segurança de aplicações constrói usuários e permissões em cada sistema distinto, o que cria um efeito silo em cada aplicação.

Lógica Caubói

LB: "Você não tem cadeados nos celeiros e silos, mas ninguém rouba o milho?"

AJ: "Meu cachorro Tumbleweed cuida do gerenciamento de acesso. É meu próprio efeito silo."

LB: "Não acho que você realmente entende o livro."

Os usuários de um dos sistemas não podem ser facilmente associados com os usuários dos outros sistemas, embora muitas das pessoas que os utilizam sejam as mesmas. Para evitar que silos surjam por todo o cenário do negócio, os arquitetos devem centralizar a segurança e as permissões. Isso é feito comprando ou desenvolvendo um sistema de gerenciamento de identidade e acesso. A rota escolhida dependerá muito do nível de sofisticação necessário, do tempo disponível e do custo total da posse.

Corrigir o emaranhado da identidade e acesso no CollabOvation seria um processo de várias etapas. Primeiro, a equipe refatorou utilizando o Núcleo Segregado [Evans]; ver a seção "Contexto de Colaboração". Esse passo serviu ao propósito pretendido na época para garantir que o CollabOvation não tinha preocupações de segurança e permissões. Mas eles descobriram que o gerenciamento de identidade e acesso deveria com o tempo ocupar um limite de Contexto próprio. Isso exigiria um esforço ainda maior.

Isso constitui um novo Contexto Delimitado — o *Contexto de Identidade e Acesso* — e será usado por outros Contextos Delimitados por meio de técnicas padronizadas de integração DDD. Para os contextos de consumo, o *Contexto de Identidade e Acesso* é um Subdomínio Genérico. O produto será chamado IdOvation.

Como a Figura 2.9 mostra, o *Contexto de Identidade e Acesso* fornece suporte para assinantes multi-inquilino. Ao desenvolver um produto SaaS, isso fica evidente. Cada inquilino e todos os recursos de objeto possuídos por um de-

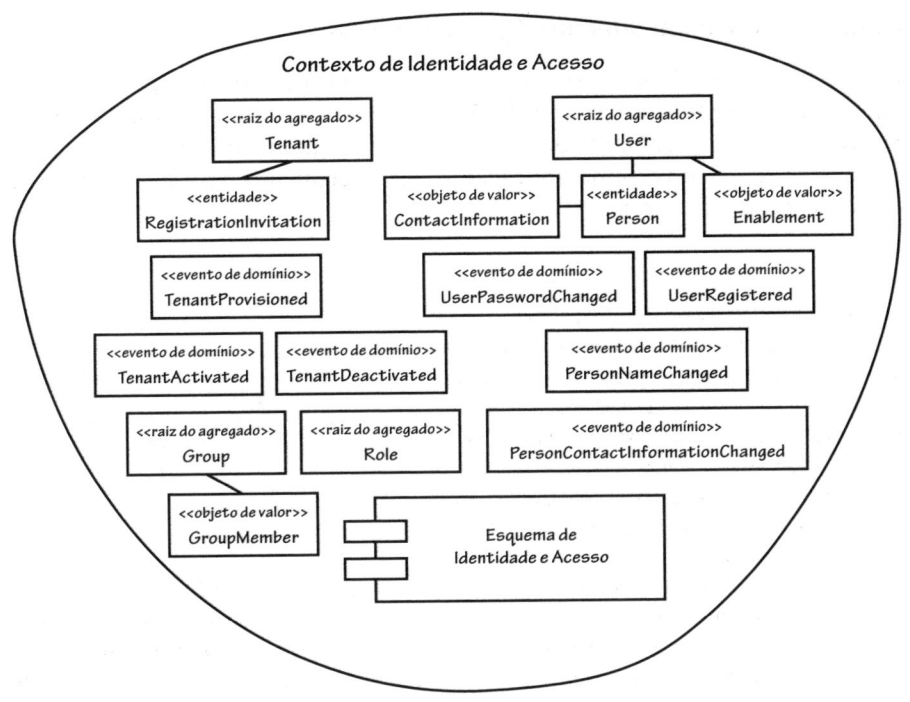

Figure 2.9 O *Contexto de Identidade e Acesso*. Tudo dentro do limite está no contexto pela Linguagem Ubíqua. Há outros componentes nesse Contexto Delimitado, alguns no modelo e alguns em outras camadas, mas eles não são mostrados aqui para facilitar a leitura. O mesmo vale para a IU e os componentes dos Serviços de Aplicação

terminado inquilino teriam uma identidade completamente única, isolando logicamente cada inquilino de todos os outros. Os usuários dos sistemas são inscritos via autosserviço somente por meio de convite. O acesso mantido seguro é tratado por meio de um serviço de autenticação, e as senhas sempre são altamente criptografadas. Grupos de usuários e grupos aninhados permitem o gerenciamento sofisticado das identidades por toda a organização e até as menores das equipes. O acesso aos recursos do sistema é gerenciado por meio de permissões baseadas em papéis simples, elegantes, mas poderosos.

Como um passo mais avançado, ao longo do modelo, os **Eventos de Domínio (8)** são publicados quando os comportamentos do modelo causam transformações de estado de especial interesse para os observadores dessas ocorrências. Esses Eventos geralmente são modelados como substantivos combinados com verbos no pretérito, como `TenantProvisioned`, `UserPasswordChanged`, `PersonNameChanged` e também outros.

O próximo capítulo, "Mapas de Contexto", mostra como o *Contexto de Identidade e Acesso* é usado pelos outros dois Contextos de exemplo utilizando padrões de integração DDD.

Contexto de Gerenciamento Ágil de Projetos

Os métodos leves do desenvolvimento ágil impulsionaram sua popularidade, especialmente depois da criação do Agile Manifesto, em 2001. Em sua declaração de visão, a SaaSOvation tem como sua segunda iniciativa primária e estratégica desenvolver uma aplicação de gerenciamento ágil de projetos. Eis como as coisas ocorreram...

Depois de três trimestres de vendas bem- sucedidas das assinaturas do CollabOvation, atualizações planejadas com melhorias incrementais por meio de feedback de cliente e receitas melhores que as esperadas, foram lançados os planos da empresa para o ProjectOvation. Esse é o novo Domínio Básico, e os melhores desenvolvedores do CollabOvation serão levados a alavancar o SaaS multi-inquilino e a experiência recente em DDD.

A ferramenta focaliza o gerenciamento de projetos ágeis, utilizando o Scrum como a estrutura de gerenciamento de projetos iterativa e incremental. O ProjectOvation segue o modelo tradicional de gerenciamento de projetos Scrum, completo com produtos, proprietários de produto, equipe, itens de backlog, lançamentos planejados e sprints. A estimativa do item de backlog é fornecida por meio de calculadores de valor de negócio que usam a análise de custo-benefício.

O plano de negócios começou com uma visão de duas direções. O CollabOvation e ProjectOvation não seguiriam caminhos completamente diferentes. A SaaSOvation e o conselho de administração previram inovação em torno do entrelaçamento das ferramentas de colaboração com desenvolvimento ágil de softwares. Assim, os recursos do CollabOvation serão oferecidos como um suplemento opcional para o ProjectOvation. Como ele fornece recursos complementares, o CollabOvation é um Subdomínio de Suporte para o ProjectOvation. Proprietários do produto e membros da equipe vão interagir nas discussões do produto, lançamento e planejamento do sprint e discussões de item de backlog, e compartilharão calendários etc. Há um plano futuro para incluir o planejamento de recursos corporativos com o ProjectOvation, mas os objetivos ágeis iniciais do produto devem ser primeiro cumpridos.

As partes técnicas interessadas inicialmente planejaram desenvolver os recursos do ProjectOvation como uma extensão do modelo CollabOvation usando uma ramificação do código-fonte do sistema de controle de revisão. Isso, na verdade, seria um erro enorme, embora típico, daqueles que não dão a devida atenção a Subdomínios no espaço de problemas e a Contextos Delimitados no espaço de soluções.

Felizmente a equipe técnica aprendeu com os problemas iniciais do *Contexto de Colaboração* confuso. A lição que eles aprenderam com essa experiência os convenceu de que mesmo que optassem por combinar o modelo de gerenciamento ágil de projetos com o modelo de colaboração, ainda assim seria um grande erro. Agora as equipes começavam a pensar com uma forte inclinação para o projeto estratégico DDD.

A Figura 2.10 mostra que como resultado da *adoção de uma mentalidade de projeto estratégico*, a equipe do ProjectOvation agora pensa apropriadamente nos consumidores como Pro-

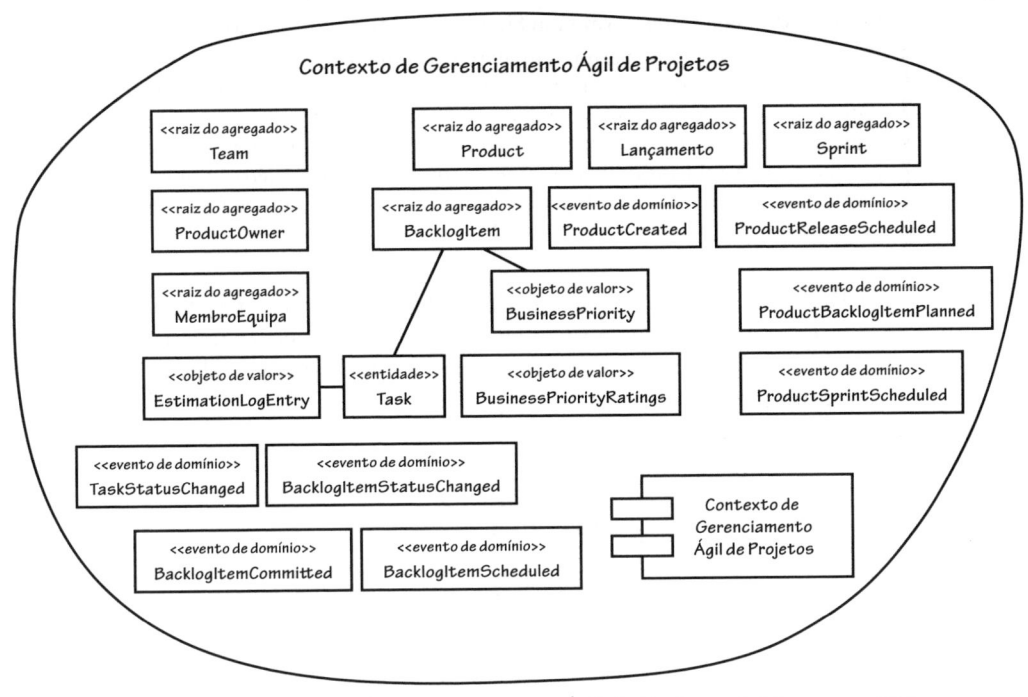

Figure 2.10 O *Contexto de Gerenciamento Ágil de Projetos*. A Linguagem Ubíqua deste Contexto Delimitado está preocupada com produtos Scrum ágeis, iterações e lançamentos. Para facilitar a leitura, alguns componentes, incluindo os da IU e dos Serviços de Aplicativos, não são mostrados aqui

prietários do Produto e Membros da Equipe. Afinal de contas, esses são os papéis dos membros do projeto desempenhados pelos profissionais Scrum. Os usuários e os papéis são gerenciados dentro do *Contexto de Identidade e Acesso* separado. Utilizando esse Contexto Delimitado, o autosserviço permite que os assinantes gerenciem suas próprias identidades pessoais. Os controles administrativos permitem que os gerentes, como os proprietários do produto, especifiquem os membros da equipe do produto. Com os papéis adequadamente gerenciados, os proprietários do produto e os membros da equipe podem ser criados no local apropriado, dentro do *Contexto de Gerenciamento Ágil de Projetos*. O restante do design do projeto se beneficiará à medida que a equipe se concentrar em captar a Linguagem Ubíqua do gerenciamento ágil de projetos em um modelo de domínio cuidadosamente criado.

Um requisito exige que o ProjectOvation opere como um conjunto de serviços autônomos de aplicação. A equipe deseja limitar a dependência do ProjectOvation em outros Contextos Delimitados a uma periodicidade razoável, ou, pelo menos, o quanto mais prático possível. De modo geral, o ProjectOvation será capaz de operar por conta própria, e, se por quaisquer razões o IdOvation ou o CollabOvation precisasse ser colocado offline, o ProjectOvation continuaria a funcionar de forma autônoma. É claro que, nesse caso, algumas coisas podem temporariamente sair de sincronia, mas provavelmente por bem pouco tempo, e o sistema continuaria a funcionar.

> **O Contexto Dá a Cada Termo um Significado Muito Específico**
>
> Um Produto baseado no Scrum tem qualquer número de instâncias de `BacklogItem` que descrevem o software que está sendo construído. Isso é muito diferente dos produtos em um site de e-commerce que você adiciona a um carrinho de compras. Como podemos saber? Por causa do Contexto. Entendemos o que nosso `Product` significa porque ele está no *Contexto de Gerenciamento Ágil de Projetos*. Em um *Contexto de Loja Online,* `Product` significa algo muito diferente. A equipe não precisa nomear o produto como `ScrumProduct` a fim de comunicar a diferença.

O Domínio Básico do Produto, Itens de Backlog, Tarefas, Sprints e Lançamentos já está mais bem posicionado dada, a experiência que a SaaSOvation ganha. Contudo, estamos interessados em examinar as grandes lições que eles aprenderam junto com a curva de aprendizagem íngreme da modelagem cuidadosa de **Agregados (10)**.

Resumo

Essa foi uma discussão séria e intensa sobre a importância do projeto estratégico DDD!

- Você examinou Domínios, Subdomínios e Contextos Delimitados.

- Você descobriu como avaliar estrategicamente a tendência atual do cenário corporativo usando tanto as avaliações do espaço de problemas como as do espaço de soluções.

- Você viu extensivamente os detalhes sobre como usar Contextos Delimitados para segregar explicitamente os modelos de uma maneira linguística.

- Você aprendeu o que incluímos nos Contextos Delimitados, como dimensioná-los corretamente e como eles podem ser construídos para a implantação.

- Você passou pelos problemas que a equipe da SaaSOvation experimentou no início do projeto do *Contexto de Colaboração* e viu como a equipe conseguiu sair dessa situação ruim.

- Você viu a formação do Domínio Básico atual, o *Contexto de Gerenciamento Ágil de Projetos,* que é o foco dos exemplos de projeto e implementação.

Como prometido, o próximo capítulo analisa em detalhes o Mapeamento de Contexto. Ele é uma ferramenta de modelagem estratégica essencial a utilizar nos projetos. Talvez você tenha percebido que já fizemos um pouco de Mapeamento de Contexto neste capítulo. Isso foi inevitável à medida que diferentes domínios foram avaliados. Mas vamos entrar em muito mais detalhes a seguir.

Capítulo 3

Mapas de Contexto

Qualquer que seja a direção que você decide seguir, sempre há alguém que diz que você está errado. Sempre surgem dificuldades que o levam a acreditar que seus críticos têm razão. Traçar um curso de ação e segui-lo até o fim requer coragem.
—Ralph Waldo Emerson

O **Mapa de Contexto** de um projeto pode ser expresso de duas maneiras. A maneira mais fácil é desenhar um diagrama simples que mostra os mapeamentos entre dois ou mais **Contextos Delimitados** existentes (2). Entenda, porém, que você está apenas desenhando um diagrama simples do que já existe. O desenho ilustra como os Contextos Delimitados do software real no espaço de soluções se relacionam entre si por meio da integração. Isso significa que a maneira mais detalhada de expressar Mapas de Contexto é por meio de implementações de código-fonte das integrações. Analisaremos as duas maneiras neste capítulo, mas para a maioria dos detalhes sobre implementação, consulte **Integrando Contextos Delimitados (13)**.

Em um nível alto, tenha em mente que este capítulo focaliza a *avaliação do espaço de soluções*, enquanto o capítulo anterior lidou bastante com a *avaliação do espaço de problemas*.

Roteiro do Capítulo

- Entenda por que desenhar um mapa de contexto é essencial para o sucesso de seu projeto.
- Veja como pode ser fácil desenhar um Mapa de Contexto significativo.
- Considere as relações organizacionais e sistêmicas comuns e como elas afetam seus projetos.
- Aprenda com as equipes da SaaSOvation à medida que eles produzem mapas para controlar os projetos.

Por Que Mapas de Contexto São Tão Essenciais

Ao dar início a um esforço DDD, primeiro desenhe um Mapa de Contexto visual da *situação atual de seu projeto*. Produza um Mapa de Contexto dos Contextos

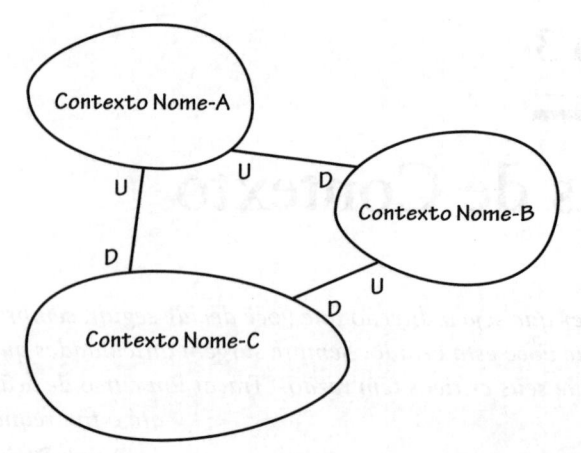

Figure 3.1 Um Mapa de Contexto de um Domínio abstrato. Três Contextos Delimitados e suas relações são desenhados. U significa Upstream, e D significa Downstream

Delimitados atuais envolvidos em seu projeto e as relações de integração entre eles. A Figura 3.1 mostra um resumo do Mapa de Contexto. Preencheremos os detalhes à medida que avançamos.

Esse desenho simples é o Mapa de sua equipe. Outras equipes de projeto podem se referir a ele, mas elas também devem criar seus próprios mapas se estiverem implementando o DDD. Seu Mapa é desenhado principalmente para dar à equipe a perspectiva do espaço de soluções de que ela precisa para ser bem-sucedida. Outras equipes talvez não estejam utilizando o DDD e/ou talvez não se preocupem com sua perspectiva.

Oh, Não! Há Terminologia Nova!

Aqui introduzimos a Grande Bola de Lama, Cliente-Fornecedor e conformista. Seja paciente; estes e outras relações de integração DDD da equipe observados aqui são discutidos em detalhes mais adiante neste capítulo.

Por exemplo, ao integrar Contextos Delimitados em uma grande empresa, você pode precisar fazer a interligação com uma Grande Bola de Lama. A equipe que mantém o monólito lamacento talvez não se importe com a direção que seu projeto segue desde, que você respeite a API deles. Assim, eles não vão ganhar nenhum insight a partir de seu Mapa ou daquilo que você faz com a API deles. Mas seu Mapa precisa refletir o tipo de relacionamento que você tem com eles, porque *ele dará à sua equipe o insight necessário e indicará as áreas em que a comunicação interequipe é imperativa*. Ter essa compreensão pode fazer muito para ajudar sua equipe a ser bem-sucedida.

Facilidade de Comunicação

Além de lhe dar um inventário dos sistemas com os quais você deve interagir, um Mapa de Contexto serve como um catalisador para a comunicação interequipe.

Imagine o que aconteceria se sua equipe supusesse que a equipe que mantém o monólito enlameado fornecerá novas APIs das quais você depende, mas eles não têm a intenção de fornecê-las, ou eles nem mesmo sabem o que você está pensando. Sua equipe depende de um relacionamento **Cliente-Fornecedor** com a lama. A equipe legada, porém, fornecendo apenas o que eles atualmente têm, força sua equipe a um relacionamento **Conformista** inesperado. Dependendo do momento no projeto em que você recebe a má notícia, esse relacionamento invisível, mas real, pode atrasar a entrega ou até mesmo causar o fracasso de seu projeto. Desenhando um Mapa de Contexto no início, você será forçado a pensar cuidadosamente sobre seus relacionamentos com todos os outros projetos dos quais você depende.

> Identifique cada modelo em jogo no projeto e defina o CONTEXTO DELIMITADO... Nomeie cada CONTEXTO DELIMITADO, e torne os nomes parte da LINGUAGEM UBÍQUA. Descreva os pontos de contato entre os modelos, delineando a tradução explícita para qualquer comunicação e destacando qualquer compartilhamento. [Evans, p. 345]

Quando a equipe da CollabOvation começou a desenvolver o modelo inteiramente novo, eles deveriam ter usado um Mapa de Contexto. Embora eles praticamente estivessem começando do zero, declarar suas suposições sobre o projeto na forma de um Mapa os levaria a pensar em Contextos Delimitados

separados. Eles ainda poderiam ter listado elementos de modelagem significativos em um quadro branco, e então os reunido em grupos de termos linguísticos relacionados. Isso teria forçado o reconhecimento dos limites linguísticos e resultaria em um Mapa de Contexto simples. Mas, na verdade, eles não entendiam a modelagem estratégica nem um pouco. Eles primeiro precisavam alcançar um grande avanço de modelagem estratégica. Mais tarde, eles fizeram a descoberta crucial dessa ferramenta de salvamento de projetos, aplicando-a ao seu benefício futuro. Quando o projeto subsequente do Domínio Básico teve início, ele mais uma vez valeu a pena substancialmente.

Vejamos como você pode produzir rapidamente um útil Mapa de Contexto.

Desenhando Mapas de Contexto

Um Mapa de Contexto captura o terreno *existente*. Primeiro, você deve mapear o presente, não o futuro imaginado. Se o cenário mudar à medida que seu projeto atual avança, você pode atualizar o Mapa nesse momento. Primeiro focalize a situação atual de modo que você possa formar uma compreensão de onde você está e determinar para onde ir em seguida.

Criar um Mapa gráfico de contexto não precisa ser complicado. Sua primeira opção sempre são diagramas desenhados à mão em que quadros brancos e marcadores do tipo secar e apagar são a regra. O estilo utilizado aqui é facilmente adaptado como mostrado por [Brandolini]. Se você decidir usar uma ferramenta para capturar o desenho, certifique-se de mantê-lo informal.

Voltando à Figura 3.1, os nomes dos Contextos Delimitados são apenas espaços reservados, assim como as relações de integração. Todos eles seriam nomes reais em um Mapa tangível. São mostradas as relações upstream e downstream, cujos significados explicaremos mais adiante no capítulo.

Hora do Quadro Branco

Desenhe um diagrama simples da situação atual de seu projeto que comunica em um nível alto onde os limites estão, as relações entre eles e as equipes, que tipos de integrações estão envolvidos e as traduções necessárias entre eles.

> Lembre-se de que o software implementa o que está no desenho. Se você precisar de informações adicionais sobre o que você deve desenhar, considere os sistemas com os quais seu Contexto Delimitado se integra.

Às vezes é recomendável ampliar e adicionar mais detalhes a uma determinada parte de um Mapa de Contexto. É apenas uma perspectiva diferente no(s) mesmo(s) contexto(s). Além de limites, relações e traduções, talvez queiramos incluir outros itens, como **Módulos (9)**, **Agregados** significativos (10), talvez como as equipes são alocadas e quaisquer outras informações relevantes para os Contextos. Essas técnicas são demonstradas mais adiante no capítulo.

Todos os desenhos e qualquer texto podem ser inseridos em um único documento de referência, se isso for importante para a equipe. Com esse tipo de esforço devemos evitar formalidades e permanecer simples e ágeis. Quanto mais você adicionar formalidades, menos pessoas vão querer usar o Mapa. Inserir muitos detalhes nos diagramas não ajudará a equipe. Comunicação aberta é o segredo. Como conversas desvendam o insight estratégico, adicione-as ao Mapa de Contexto.

> **Não, Não É do Tipo Corporativo**
> Um Mapa de Contexto *não* é uma Arquitetura Corporativa ou diagrama da topologia do sistema.

Um Mapa de Contexto *não* é uma Arquitetura Corporativa ou diagrama da topologia do sistema. As informações são transmitidas em relação aos modelos de interação e padrões DDD organizacionais. Contudo, Mapas de Contexto podem ser usados em investigações arquitetônicas de alto nível, fornecendo pontos de vista da empresa de outro modo não disponíveis. Eles podem detectar deficiências arquitetônicas como gargalos de integração. Como eles exibem uma dinâmica organizacional, Mapas de Contexto podem até mesmo ajudar a identificar as difíceis questões de governança que poderiam bloquear o progresso, e outros desafios da equipe e gerência que são mais difíceis de revelar utilizando outros métodos.

Lógica Caubói

AJ: "A patroa disse, 'Estava no pasto com as vacas; você não me viu?'. Respondi, 'Não'. Ela ficou sem falar comigo por uma semana."

Os diagramas merecem ser publicados de forma destacada em uma parede na área da equipe. Se a equipe frequenta um wiki, os diagramas também podem ser carregados aí. Se um wiki for amplamente ignorado, não se preocupe. Diz-se que um wiki pode ser um lugar onde as informações são postadas para morrer. Não importa onde eles são exibidos, Mapas de Contexto permanecerão ocultos da vista de todos, a menos que a equipe preste atenção regularmente a eles por meio de discussão significativa.

Projetos e Relações Organizacionais

Para reiterar brevemente, a SaaSOvation está em vias de desenvolver e refinar três produtos:

1. Um produto da suíte de colaboração social, CollabOvation, permite que os usuários inscritos publiquem conteúdo de valor do negócio utilizando ferramentas populares baseadas na Web, como fóruns, calendários compartilhados, blogs, wikis e afins. Esse é o produto mais importante da SaaSOvation e foi o primeiro **Domínio Básico (2)** da empresa (embora a equipe não conhecesse a terminologia DDD na época). É o contexto do qual (ponto 2) o modelo do IdOvation acabou por ser extraído. O CollabOvation agora usa o IdOvation como um **Subdomínio Genérico (2)**. O CollabOvation por si só será consumido como um **Subdomínio de Suporte (2)**, sendo um suplemento opcional para o ProjectOvation (ponto 3).

2. Um modelo reutilizável de gerenciamento de identidade e acesso, o IdOvation fornece gerenciamento de acesso seguro baseado em papéis para os usuários inscritos. Esses recursos foram primeiro combinados com o CollabOvation (ponto 1), mas essa implementação era limitada e não reutilizável. A SaaSOvation reformulou o CollabOvation, introduzindo um novo Contexto Delimitado claro. Um recurso-chave do produto é o suporte a múltiplos inquilinos, o que é vital para uma aplicação SaaS. O

IdOvation funciona como um subdomínio genérico para seus modelos de consumo.

3. Um produto de gerenciamento ágil de projetos, o ProjectOvation é nesse momento o novo Domínio Básico. O usuário do produto SaaS pode criar recursos de gerenciamento de projeto, bem como artefatos de análise e projeto, e monitorar o progresso usando uma estrutura de execução baseada em Scrum. Assim como acontece com o CollabOvation, o ProjectOvation utiliza o IdOvation como um subdomínio genérico. Um dos recursos inovadores adiciona colaboração de equipe (ponto 1) ao gerenciamento ágil de projetos, permitindo discussões sobre produtos Scrum, lançamentos, sprints e itens de backlog individuais.

Por Fim, as Definições!
São definidos os padrões organizacionais e de integração mencionados anteriormente...

Quais são os relacionamentos entre esses Contextos Delimitados e as equipes individuais do projeto? Há vários padrões organizacionais e de integração DDD, um dos quais existe comumente entre dois Contextos Delimitados quaisquer. Cada uma das seguintes definições é amplamente citada em [Evans, Ref]:

- **Parceria:** Quando as equipes em dois contextos são bem-sucedidas ou falham juntas, uma relação de cooperação deve surgir. As equipes instituem um processo para o planejamento coordenado do desenvolvimento e gerenciamento conjunto da integração. As equipes devem cooperar na evolução das suas interfaces para acomodar as necessidades de desenvolvimento de ambos os sistemas. Os recursos interdependentes devem ser agendados de modo que eles estejam concluídos para o mesmo lançamento.

- **Kernel Compartilhado:** Compartilhar parte do modelo e código associado forma uma interdependência muito íntima, que pode alavancar ou minar o trabalho de projeto. Especifique um limite explícito para parte do subconjunto do modelo de domínio que as equipes concordam em compartilhar. Mantenha o kernel pequeno. Esse material compartilhado explícito tem status especial e não deve ser alterado sem consulta com a outra equipe. Defina um processo contínuo de integração que manterá o modelo do kernel compacto e alinhe a **Linguagem Ubíqua (1)** das equipes.

- **Desenvolvimento Cliente-Fornecedor:** Quando duas equipes estão em um relacionamento upstream/downstream, em que a equipe upstream pode ser bem-sucedida de maneira interdependente do destino da equipe downstream, as necessidades da equipe downstream são atendidas de várias maneiras com uma ampla multiplicidade de consequências. Prioridades downstream entram no planejamento upstream. Negocie e especifique um orçamento das tarefas para os requisitos downstream de modo que todos compreendam o comprometimento e o cronograma.

- **Conformista:** Quando duas equipes de desenvolvimento têm um relacionamento upstream/downstream em que a equipe upstream não tem motivação para suprir as necessidades da equipe downstream, esta última fica impotente. Altruísmo pode motivar desenvolvedores upstream a fazer promessas, mas é provável que elas não sejam cumpridas. A equipe downstream elimina a complexidade da tradução entre Contextos Delimitados aderindo servilmente ao modelo da equipe upstream.

- **Camada Anticorrupção:** Camadas de tradução podem ser simples, mesmo elegantes, ao conectar Contextos Delimitados bem projetados com equipes cooperativas. Mas quando o controle ou a comunicação não é adequada para alcançar um relacionamento de kernel compartilhado, de parceiro ou de Cliente-Fornecedor, a tradução torna-se mais complexa. A camada de tradução assume um tom mais defensivo. Como um cliente downstream, crie uma camada isolante para fornecer ao sistema a funcionalidade do sistema upstream em termos de seu próprio modelo de domínio. Essa camada fala com o outro sistema por meio de sua interface existente, exigindo pouca ou nenhuma modificação no outro sistema. Internamente, a camada traduz em uma ou ambas as direções, conforme necessário entre os dois modelos.

- **Serviço de Hospedagem Aberta:** Defina um protocolo que dá acesso ao seu subsistema como um conjunto de serviços. Abra o protocolo de modo que todos aqueles que precisam integrar com você possam usá-lo. Melhore e expanda o protocolo para lidar com novas exigências de integração, exceto quando uma única equipe tem necessidades idiossincráticas. Então use um tradutor único para ampliar o protocolo para esse caso especial de modo que o protocolo compartilhado possa permanecer simples e coerente.

- **Linguagem Publicada:** A tradução entre os modelos de dois Contextos Delimitados requer uma linguagem comum. Use uma linguagem compartilhada bem documentada que possa expressar as informações de domínio necessárias como um meio comum de comunicação, traduzindo conforme necessário entre os dois lados dessa linguagem. A Linguagem Publicada é frequentemente combinada com o Serviço de Hospedagem Aberta.

- **Caminhos Separados:** Precisamos ser implacáveis quando se trata de definir os requisitos. Se dois conjuntos da funcionalidade não tiverem nenhum relacionamento significativo, eles poderão permanecer completamente dissociados um do outro. A integração sempre é cara e, às vezes, o benefício é baixo. Declare um Contexto Delimitado para que absolutamente não tenha nenhuma conexão com os outros, permitindo que os desenvolvedores encontrem soluções simples e especializadas dentro desse pequeno escopo.

- **Grande Bola de Lama:** Ao analisar os sistemas existentes, na verdade descobrimos que há partes dos sistemas, muitas vezes aquelas grandes, em que os modelos são misturados e os limites são inconsistentes. Desenhe um limite em torno de toda a confusão e especifique para ele uma Grande Bola de Lama. Não tente aplicar modelagem sofisticada nesse contexto. Esteja alerta quanto à tendência desses sistemas de se expandirem para outros contextos.

Integrando com o *Contexto de Identidade e Acesso*, tanto o *Contexto de Colaboração* como o *Contexto de Gerenciamento Ágil de Projetos* impedem seguir Caminhos Separados no que diz respeito à segurança e permissões. De fato, Caminhos Separados podem ser aplicados por todo o Contexto para um sistema específico, mas também podem ser utilizados caso a caso. Por exemplo, uma das equipes pode se recusar a usar um sistema de segurança centralizado, mas também pode optar por integrar-se com alguns outros recursos corporativos padrão.

As equipes vão cooperar com os papéis Cliente-Fornecedor. Não há como a gerência da SaaSOvation permitir que uma equipe force outras a serem conformistas. Não é que uma relação Conformista sempre seja negativa. Em vez disso, o Cliente-Fornecedor exige comprometimento por parte do fornecedor para dar suporte ao Cliente, o que promove o tipo de relacionamentos interequipe que a SaaSOvation acha que precisa para alcançar sucesso total. Claro, os Clientes nem sempre estão certos, assim, deve existir algum relacionamento do tido dar e receber. No geral, é a relação organizacional positiva que as equipes precisam manter.

As integrações das equipes farão uso do Serviço de Hospedagem Aberta e da Linguagem Publicada. Talvez surpreendentemente as equipes também empreguem uma Camada Anticorrupção. Isso não é uma contradição, embora elas estabeleçam padrões abertos entre seus Contextos Delimitados. Elas ainda podem perceber os benefícios da tradução isolada usando seus princípios fundamentais nos contextos downstream, mas com menos complexidade do que o necessário ao consumir uma Grande Bola de Lama. As camadas de tradução serão simples e elegantes.

Os desenhos do Mapa de Contexto que se seguem usam essas abreviações para indicar os padrões utilizados em cada extremidade de um relacionamento:

- ACL significa Anticorruption Layer (Camada Anticorrupção)

- OHS significa Open Host Service (Serviço de Hospedagem Aberta)

- PL significa Published Language (Linguagem Publicada)

À medida que você analisa os Mapas de Contexto e texto de suporte a seguir, pode ser útil dar uma olhada no Capítulo 2, "Domínios, Subdomínios e Contextos Delimitados". Os diagramas de cada um dos três Contextos Delimitados de exemplo também são úteis aqui. Como eles permanecem relativamente em um alto nível, esses diagramas podem ser incluídos como parte dos mapas para cada contexto, embora não sejam repetidos aqui.

Mapeando os Três Contextos

Agora vamos passar para a experiência da equipe de modo que possamos aprender com o que eles fizeram...

Quando a equipe do CollabOvation percebeu a confusão que ela criou, recorreu a [Evans] para ajudar a sair dessa situação. Entre outras descobertas de enorme valor nos padrões de projeto estratégico, eles encontraram uma ferramenta prática chamada Mapas de Contexto. Eles também descobriram um artigo útil online escrito por [Brandolini] ampliando essa técnica. Como a orientação da ferramenta indicava que eles deveriam mapear o terreno existente, esse é o primeiro passo que seguiram. A Figura 3.2 mostra os resultados.

O primeiro Mapa produzido pela equipe destaca o reconhecimento inicial da existência de um Contexto Delimitado que eles nomearam *Contexto de Colaboração*. Pela forma estranha do limite existente, eles transmitiram apropriadamente a provável existência de um segundo contexto, mas sem uma separação limpa e clara do Domínio Básico.

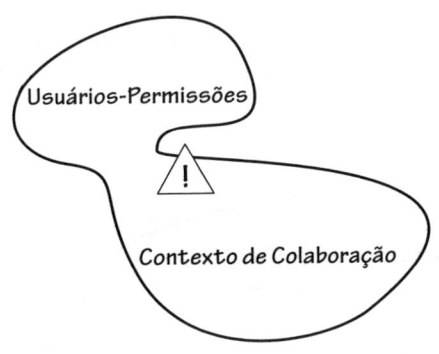

Figura 3.2 O emaranhado no *Contexto de Colaboração* causado por conceitos indesejáveis é exposto por este Mapa. O sinal de atenção indica a área de impureza

A passagem estreita perto do topo permite que conceitos externos migrem de um lado para outro sem quase nenhuma censura, como o sinal de alerta indica. O fato é que os limites de contexto não precisam ser completamente impenetráveis. Como acontece com qualquer limite, a equipe quer que o *Contexto de Colaboração* controle com todo o conhecimento o que atravessa suas fronteiras e com que finalidade. Caso contrário, o território é invadido por visitantes desconhecidos e possivelmente indesejáveis. No caso de um modelo, os visitantes indesejáveis geralmente causam confusão e erros. Modeladores devem ser cordiais e até mesmo acolhedores, mas sob condições que favoreçam a ordem e harmonia. Quaisquer conceitos externos que entram nos limites precisam demonstrar o direito de estar lá, até mesmo assumindo características compatíveis com o território.

Essa análise levou a uma melhor compreensão não apenas da condição atual do modelo, mas sobre qual direção o projeto precisava seguir. Depois que a equipe do projeto percebeu que conceitos como segurança, usuários e permissões não pertenciam ao *Contexto de Colaboração*, ela respondeu correspondentemente. A equipe teve de separá-los do Domínio Básico e permitir que eles entrassem apenas sob termos concordáveis.

Esse é um comprometimento vital ao projeto DDD. A linguagem de cada Contexto Delimitado deve ser honrada de modo que todos os modelos permaneçam puros. Segregação linguística e uma adesão estrita a ela ajudam cada equipe envolvida no projeto a focalizar seu próprio Contexto Delimitado e manter a visão corretamente focada no próprio trabalho dela.

A aplicação da análise de subdomínio, ou avaliação do espaço de problemas, levou a equipe ao diagrama mostrado na Figura 3.3. Dois Subdomínios foram extraídos de um único Contexto Delimitado. Como um bom objetivo é alinhar Subdomínios individualizados com os Contextos Delimitados, a análise mostrou a necessidade de separar o único Contexto Delimitado em dois.

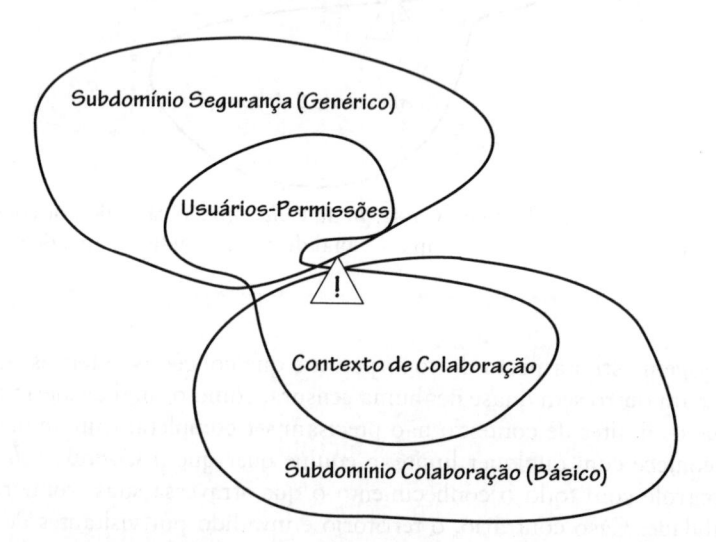

Figure 3.3 A análise do Subdomínio da equipe levou à descoberta de dois, um Domínio Básico de Colaboração e um Subdomínio Genérico de Segurança

A análise do subdomínio e do limite resultou em decisões. Quando usuários humanos do CollabOvation interagem com os recursos disponíveis, eles fazem isso como Participantes, Autores, Moderadores etc. Uma variedade de outras separações contextuais é discutida mais adiante, mas isso dá uma boa ideia das divisões necessárias que foram criadas. Com esse conhecimento, os limites limpos e nítidos indicados no Mapa de Contexto de alto nível mostrado na Figura 3.4 foram viabilizados. A equipe usou o **Núcleo Segregado** [Evans] para refatorar a fim de chegar a esse ponto de clareza. As formas reconhecíveis dos limites funcionam como ícones ou pistas visuais para cada contexto. Manter as mesmas formas relativas entre os diagramas pode ajudar na cognição.

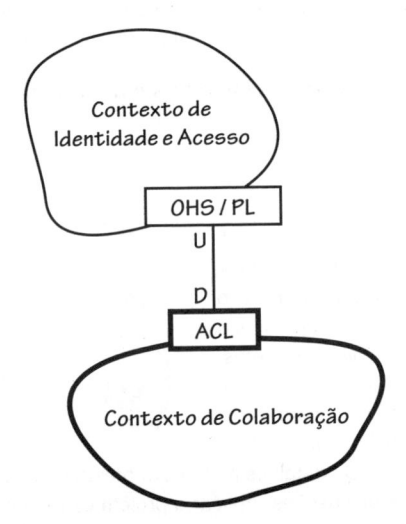

Figure 3.4   O Domínio Básico original está marcado com um limite escuro e pontos de integração. Aqui IdOvation serve como um Subdomínio Genérico para o CollabOvation downstream

Os Mapas de Contexto geralmente não aparecem todos de uma vez como os vários esboços podem levá-lo a acreditar, embora depois de finalmente entendidos, eles não sejam difíceis de produzir. Pensamento e discussão ajudam a refinar um Mapa por meio de iterações rápidas. Alguns dos refinamentos podem vir na forma de pontos de integração, que descrevem as relações entre os contextos.

Os dois primeiros mapas indicam os ganhos obtidos após a aplicação do projeto estratégico. Depois que o projeto CollabOvation original estava bem avançado, a equipe avaliou as preocupações de identidade e acesso. À medida que avançavam, eles produziram o Mapa de Contexto na Figura 3.4. A equipe só esboçou o Domínio Básico, o *Contexto de Colaboração*, juntamente com o novo Subdomínio Genérico e o *Contexto de Identidade e Acesso*. Eles não descreveram nenhum modelo futuro, como o *Contexto de Gerenciamento Ágil de Projetos*. Não ajudaria a equipe saltar muito à frente. Eles só precisavam corrigir as falhas com o que existia. Seriam rapidamente necessárias transformações de suporte para os próximos sistemas, e que a produção do Mapa caberia à equipe futura.

Hora do Quadro Branco

- Pensando em seu próprio Contexto Delimitado, você pode identificar os conceitos que não se encaixam? Se sim, desenhe um novo Mapa de Contexto que mostra os contextos e as relações desejadas entre eles.

- Qual das nove relações organizacionais e de integração DDD você escolheria e por quê?

Quando o próximo projeto envolvendo o ProjectOvation começava, era hora de ampliar o Mapa existente com o novo Domínio Básico, o *Contexto de Gerenciamento Ágil de Projetos*. Os resultados desse mapeamento são vistos na Figura 3.5. Não era prematuro capturar o que estava no planejamento, embora isso

ainda não estivesse no código. Os detalhes no novo contexto não foram totalmente compreendidos, mas isso viria com as discussões. Aplicar o projeto estratégico de alto nível nessa fase inicial ajudaria todas as equipes a entender onde suas responsabilidades residem. Como o terceiro dos três mapas de alto nível é apenas uma ampliação do anterior, vamos nos concentrar nele. É essa a direção da SaaSOvation. A empresa atribuiu importantes desenvolvedores experientes ao novo projeto. Sendo o mais rico dos três contextos e direção atual, o novo Domínio Básico é o onde os melhores desenvolvedores devem trabalhar.

Algumas separações essenciais já estão bem compreendidas. De forma semelhante ao *Contexto de Colaboração,* quando os usuários do ProjectOvation criam produtos, planejam lançamentos, agendam sprints e trabalham nas tarefas dos itens de backlog, eles fazem isso como proprietários do produto e membros da equipe. O *Contexto de Identidade e Acesso* permanece separado do Domínio Básico. O mesmo vale para o uso do *Contexto de Colaboração*. Agora ele é um subdomínio de suporte. Qualquer consumo pelo novo modelo será protegido por limites e traduções nos conceitos do Domínio Básico.

Considere os detalhes mais refinados desses diagramas. Eles não são diagramas da arquitetura do sistema. Se fossem, dado que o *Contexto de Gerenciamento Ágil de Projetos* é o nosso novo Domínio Básico, poderíamos esperar que eles residissem na parte superior ou no centro do diagrama. Aqui, porém, eles

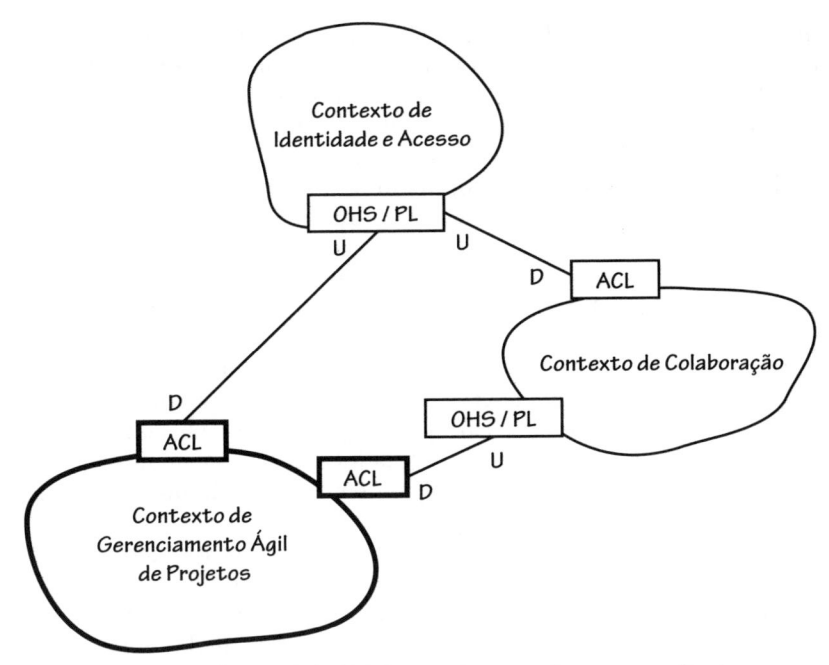

Figure 3.5   O atual Domínio Básico está marcado com um limite escuro e pontos de integração. O Subdomínio de Suporte CollabOvation e o Subdomínio Genérico IdOvation estão upstream

estão na parte inferior. Essa característica possivelmente curiosa indica visualmente que o modelo principal está downstream em relação aos outros.

Essa nuance funciona como outra indicação visual. Modelos upstream têm influências sobre os modelos downstream, como as atividades em um rio que ocorrem contra a corrente tendem a ter impactos sobre as populações rio abaixo, sejam eles positivos ou negativos. Considere os poluentes despejados em um rio por uma grande cidade. Esses poluentes podem ter pouco impacto sobre essa cidade, mas as cidades rio abaixo podem enfrentar consequências graves. A proximidade vertical dos modelos no diagrama ajuda a identificar as influências upstream nos modelos downstream. Os rótulos *U* e *D* evocam isso explicitamente entre cada modelo associado. Esses rótulos tornam o posicionamento vertical de cada contexto menos importante, mas empregá-los continua visualmente atraente.

Lógica Caubói

LB: "Quando você tem muita sede, sempre beba contra a corrente em relação ao rebanho."

A posição do *Contexto de Identidade e Acesso* é ainda mais upstream. Ele tem um impacto tanto sobre o *Contexto de Colaboração como* sobre o *Contexto de Gerenciamento Ágil de Projetos*. O nosso *Contexto de Colaboração* também está upstream em relação ao *Contexto de Gerenciamento Ágil de Projetos*, porque o modelo ágil depende dos serviços e do modelo de colaboração. Como observado em **Contextos Delimitados (2)**, o ProjectOvation irá operar de maneira autônoma, visto que é prático. A operação deve continuar predominantemente independente da disponibilidade dos sistemas adjacentes. Isso não significa que os serviços autônomos podem operar de forma totalmente independente dos modelos upstream. Devemos projetar de maneira que limite drasticamente as dependências em tempo real diretas. Embora autônomo, nosso *Contexto de Gerenciamento Ágil de Projetos* continua downstream em relação aos outros.

Equipar uma aplicação com serviços autônomos não significa que os bancos de dados dos contextos upstream são simplesmente replicados no contexto dependente. A replicação forçaria o sistema local a assumir muitas responsabilidades indesejáveis. Isso exigiria a criação de um Kernel Compartilhado, o que realmente não alcança a autonomia.

No Mapa mais recente, observe as caixas conectoras no lado upstream de cada conexão. Ambos os conectores são rotulados OHS/PL, uma abreviatura identificando o Serviço de Hospedagem Aberta e a Linguagem Publicada. Todas as três caixas conectoras downstream são rotuladas ACL, abreviação para Camada Anticorrupção. As implementações técnicas são abrangidas em Integrando Contextos Delimitados (13). Resumidamente, esses padrões de integração têm as seguintes características técnicas:

- **Serviço de Hospedagem Aberta:** Esse padrão pode ser implementado como recursos baseados em REST com os quais os Contextos Delimitados do cliente interagem. Geralmente pensamos no Serviço de Hospedagem Aberta como um API de chamada de procedimento remoto (RPC), mas ele pode ser implementado usando um sistema de troca de mensagens.

- **Linguagem Publicada:** Pode ser implementado de algumas maneiras diferentes, mas muitas vezes é feito como um esquema XML. Quando expressa com serviços baseados em REST, a Linguagem Publicada é renderizada como representações dos conceitos do domínio. As representações podem incluir tanto XML como JSON, por exemplo. Também é possível renderizar as representações como Google Protocol Buffers. Se você estiver publicando interfaces Web com o usuário, elas também podem incluir representações HTML. Uma vantagem ao usar o REST é que cada cliente pode especificar sua Linguagem Publicada preferida, e os recursos renderizam as representações no tipo de conteúdo solicitado. O REST também tem a vantagem de produzir representações de hipermídia, o que facilita o HATEOAS. A hipermídia torna uma Linguagem Publicada muito dinâmica e interativa, permitindo que os clientes naveguem por conjuntos de recursos vinculados. A Linguagem pode ser publicada utilizando tipos de mídia padrão e/ou personalizados. A Linguagem Publicada também é usada em uma **Arquitetura Orientada a Eventos (4)**, em que os **Eventos de Domínio (8)** são entregues como mensagens para as partes interessadas inscritas.

- **Camada Anticorrupção:** Um **Serviço de Domínio** (7) pode ser definido no contexto downstream para cada tipo de Camada Anticorrupção. Você pode também inserir uma Camada Anticorrupção atrás de uma interface com o **Repositório (12)**. Se utilizar o REST, uma implementação de Serviço de Domínio do cliente acessa um Serviço de hospedagem aberto remoto. As respostas do servidor produzem representações como uma Linguagem Publicada. A Camada Anticorrupção downstream converte as representações em objetos de domínio de seu contexto local. É aqui, por exemplo, que o *Contexto de Colaboração* solicita ao *Contexto de Identidade e Acesso* um recurso de papel Usuário-como-Moderador. Ele pode receber o recurso solicitado como XML ou JSON, e então é convertido em um `Moderator`, que é um Objeto de Valor. A nova instância `Moderator` reflete um conceito em termos do modelo downstream, não do modelo upstream.

Os padrões escolhidos são aqueles comuns. Restringir as escolhas ajuda a manter o escopo da integração discutida neste livro gerenciável. Veremos, mesmo entre esses poucos padrões selecionados, que não há diversidade quanto à maneira como eles podem ser aplicados.

A pergunta é: Isso é tudo o que há ao criar um Mapa de Contexto? Possivelmente. A visualização de alto nível fornece uma boa quantidade de conhecimento sobre o projeto como um todo. Contudo, podemos ficar curiosos sobre o que acontece dentro das conexões e das relações nomeadas em cada contexto. Curiosidade entre membros da equipe nos influencia a produzir um pouco mais de detalhes. Ao ampliá-la, a imagem um pouco desfocada dos três padrões de integração torna-se mais clara.

Vamos dar um modesto passo de volta no tempo. Como o *Contexto de Colaboração* foi o primeiro Domínio Básico, vamos olhar dentro dele. Primeiro vamos introduzir a técnica de zoom com as integrações mais simples, e então passar para as mais avançadas.

Contexto de Colaboração

Agora, de volta à experiência da equipe de colaboração...

O *Contexto de Colaboração* foi o primeiro modelo e sistema — o primeiro Domínio Básico —, e seu funcionamento agora é bem entendido. As integrações empregadas aqui são mais fáceis, mas menos robustas em termos de confiabilidade e autonomia. Criar um Mapa de Contexto ampliado é relativamente fácil.

Como um cliente dos serviços baseados em REST publicados pelo *Contexto de Identidade e Acesso*, o *Contexto de Colaboração* adota uma abordagem tradicional similar à do RPC para alcançar os recursos. Esse contexto não registra permanentemente nenhum dado do *Contexto de Identidade e Acesso* ao qual ele pode subsequentemente fazer referência para reutilização local. Em vez disso, ele entra em contato com o sistema remoto para solicitar informações sempre que precisar. Esse contexto é, obviamente, altamente dependente dos serviços remotos, não dos serviços autônomos. Isso é um fato que a SaaSOvation por enquanto está disposta a suportar. A integração com um subdomínio genérico foi completamente inesperada. Para atender o exigente cronograma de entrega, a equipe não poderia investir tempo em um projeto autônomo mais elaborado. Na época, o privilégio da facilidade do projeto inicial não poderia ser perdido. Após o lançamento do ProjectOvation e da experiência com a autonomia adquirida aí, técnicas similares podem ser empregadas para o CollabOvation.

Os objetos limites no Mapa ampliado capturado na Figura 3.6 solicitam um recurso de forma síncrona. Quando a representação do modelo remoto é recebida, os objetos limite capturam o conteúdo de interesse a partir da representação e o convertem, criando a instância apropriada do Objeto de Valor. Um Mapa de Tradução para transformar a representação em um Objeto de Valor é mostrado na Figura 3.7. Aqui um `User` no `Roler` de Moderador no *Contexto de Identidade e Acesso* é traduzido como um Objeto de Valor `Moderator` no *Contexto de Colaboração*.

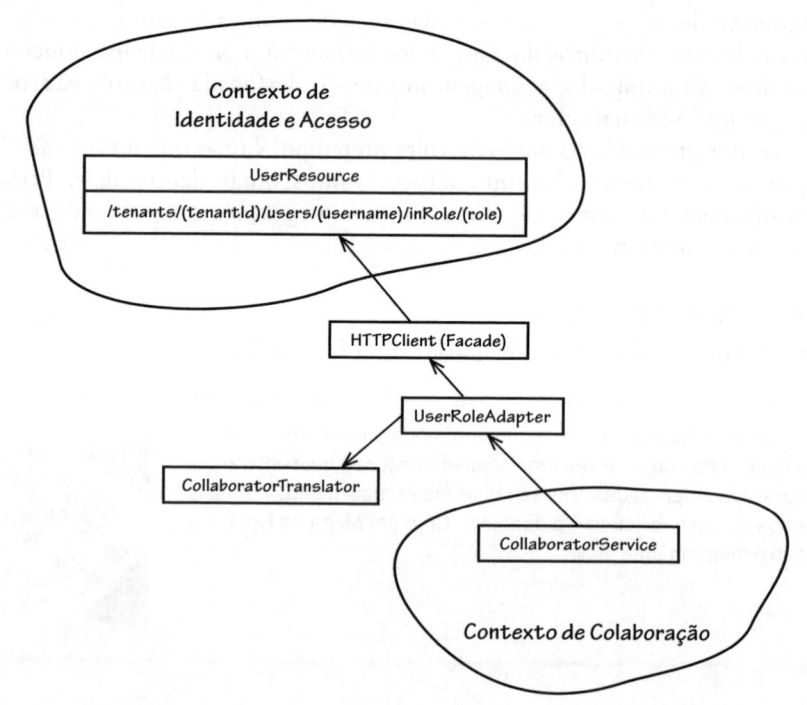

Figura 3.6   Uma ampliação da Camada Anticorrupção e do Serviço de Hospedagem Aberta a partir da integração entre o *Contexto de Colaboração* e o *Contexto de Identidade e Acesso*

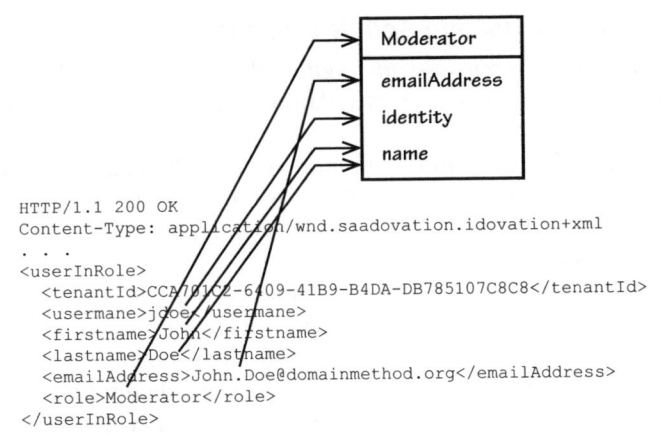

```
HTTP/1.1 200 OK
Content-Type: application/wnd.saadovation.idovation+xml
. . .
<userInRole>
    <tenantId>CCA701C2-6409-41B9-B4DA-DB785107C8C8</tenantId>
    <usermane>jdoe</usermane>
    <firstname>John</firstname>
    <lastname>Doe</lastname>
    <emailAddress>John.Doe@domainmethod.org</emailAddress>
    <role>Moderator</role>
</userInRole>
```

Figura 3.7   Um Mapa de Tradução lógico que mostra como um estado representacional (XML, neste caso) é mapeado para um Objeto de Valor no modelo local.

Hora do Quadro Branco

Crie um Mapa de Tradução de um dos aspectos interessantes da integração encontrada no Contexto Delimitado de seu projeto.

> E se você achar que as traduções são excessivamente complexas, exigindo muita cópia e sincronização de dados, fazendo com que seu objeto traduzido se pareça muito com o do outro modelo? Talvez você esteja usando excessivamente o Contexto Delimitado externo, adotando excessivamente esse modelo e, portanto, gerando conflito confuso em seu próprio modelo.

Infelizmente, se a solicitação síncrona falhar porque o sistema remoto não está disponível, toda a execução local deve falhar. O usuário será informado sobre o problema e solicitado a tentar novamente mais tarde.

Integrações dos sistemas comumente contam com o RPC. Em um nível alto, o RPC se parece muito com uma chamada de procedimento de programação regular. Bibliotecas e ferramentas o tornam atraente e fácil de usar. Mas diferentemente de chamar um procedimento que reside em seu próprio espaço de processo, uma chamada remota tem maior potencial de latência que degrada o desempenho ou falha totalmente. Carga de rede e sistema remoto podem atrasar o término do RPC. Quando o sistema RPC alvo não está disponível, a solicitação de um usuário para seu sistema não será concluída de maneira bem-sucedida.

Embora o uso de recursos baseados em REST não seja realmente RPC, ele ainda tem características semelhantes. Embora uma falha total de sistema seja relativamente rara, isso é uma limitação potencialmente irritante. A equipe espera melhorar essa situação o mais rápido possível.

Contexto de Gerenciamento Ágil de Projetos

Como o *Contexto de Gerenciamento Ágil de Projetos* é o novo Domínio Básico, vamos prestar bastante atenção a ele. Vamos ampliá-lo, e suas conexões, com outros modelos.

Para alcançar o maior grau de autonomia que o RPC suporta, a equipe do *Contexto de Gerenciamento Ágil de Projetos* terá de restringir cuidadosamente seu uso. O processamento de eventos fora da banda, ou assíncrono, é, portanto, estrategicamente preferível.

Maior grau de autonomia pode ser alcançado quando o estado dependente já está em funcionamento no nosso sistema local. Alguns podem pensar nisso como um cache de todos os objetos dependentes, mas normalmente não é o caso ao usar o DDD. Em vez disso, criamos objetos locais de domínio traduzidos do modelo externo, mantendo apenas a quantidade mínima necessária do estado pelo modelo local. Para obter inicialmente o estado talvez seja necessário fazer chamadas RPC limitadas, bem posicionadas, ou solicitações semelhantes por recursos baseados em REST. Mas qualquer sincronização necessária em relação a alterações no modelo remoto podem frequentemente ser mais bem alcançadas por meio de notificações orientadas a mensagens publicadas por sistemas remotos. As notificações podem ser enviadas para um barramento de serviço ou fila de mensagens, ou serem publicadas via REST.

> **Pense de Maneira Minimalista**
>
> O estado sincronizado são os atributos mínimos limitados dos modelos remotos que são necessários pelo modelo local. Isso não serve apenas para limitar nossa necessidade de sincronização de dados, é também uma questão de conceitos de modelagem adequados.

Vale a pena limitar o uso do estado remoto, mesmo ao considerar o projeto dos próprios elementos de modelagem locais. Na verdade, não queremos, por exemplo, que um `ProductOwner` e um `TeamMember` reflitam um `UserOwner` e um `UserMember`, porque eles assumem tantas características do objeto remoto do `User` que a hibridação acontece involuntariamente.

Integração com o *Contexto de Identidade e Acesso*

Analisando o Mapa ampliado na Figura 3.8, vemos que os URIs de recursos fornecem notificações sobre Eventos de Domínio significativos que ocorreram no *Contexto de Identidade e Acesso*. Esses recursos são disponibilizados por meio do provedor `NotificationResource`, que publica um recurso RESTful. Recursos de notificação são grupos dos Eventos de Domínio publicados. Cada evento alguma vez publicado sempre está disponível para consumo na ordem de ocorrência, mas cada cliente é responsável por evitar consumo duplicado.

Um tipo de mídia personalizado indica que dois recursos podem ser requeridos:

```
application/vnd.saasovation.idovation+json
//iam/notifications
//iam/notifications/{notificationId}
```

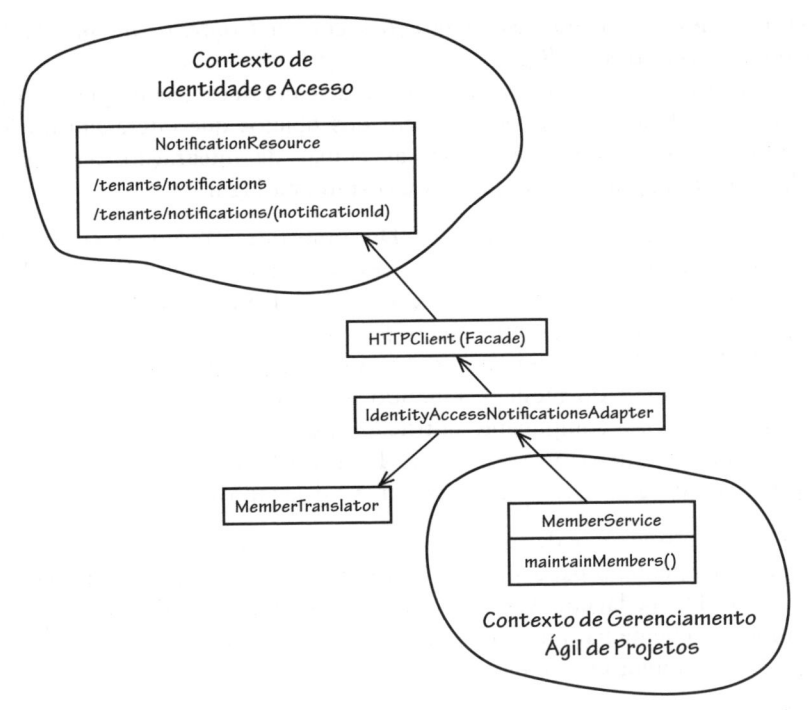

Figura 3.8 Um zoom na Camada Anticorrupção e Serviço de Hospedagem Aberta da integração entre o *Contexto de Gerenciamento Ágil de Projetos* e do *Contexto de Identidade e Acesso*

O primeiro URI de recurso permite que os clientes obtenham (literalmente HTTP GET) o log atual da notificação (um conjunto fixo de notificações individuais). Por meio do tipo de mídia personalizado documentado,

```
application/vnd.saasovation.idovation+json
```

o URI é considerado renovado e estável, porque ele nunca muda. Independentemente consiste de em que o log atual de notificações, esse URI o fornece. O log atual é um conjunto dos eventos mais recentes ocorridos no modelo de identidade e acesso. O segundo URI de recurso permite que os clientes obtenham e naveguem por uma cadeia de todas as notificações anteriores baseadas em eventos que foram arquivadas. Por que precisamos de um log atual e quaisquer logs de notificação distintos arquivados? Veja em **Eventos de Domínio** (8) e **Integrando Contextos Delimitados** (13) detalhes sobre como notificações baseadas em *feed* funcionam.

De fato, nesse momento a equipe do ProjectOvation não está empenhada em utilizar REST em todos os casos. Por exemplo, eles, em vez disso, estão atualmente negociando com a equipe do CollabOvation a possibilidade de utilizar uma infraestrutura de mensagens. O uso do RabbitMQ está sendo considerado.

Entretanto, nesse momento as integrações com o *Contexto de Identidade e Acesso* serão baseadas em REST.

Por enquanto vamos deixar a maioria dos detalhes tecnológicos fora do quadro e considerar o papel de cada um dos objetos que interagem no Mapa ampliado. Eis uma explicação sobre as etapas de integração demonstradas visualmente no diagrama de sequência mostrado na Figura 3.9:

- `MemberService` é um Serviço de Domínio que é responsável por fornecer os objetos `ProductOwner` e `TeamMember` para o modelo local. Ele é a interface da Camada Anticorrupção básica. Especificamente, `maintainMembers()` é usado periodicamente para verificar novas notificações a partir do *Contexto de Identidade e Acesso*. Esse método não é invocado por clientes normais do modelo. Quando um intervalo recorrente do timer é desencadeado, o componente notificado usa o `MemberService` invocando o método `maintainMembers()`. A Figura 3.9 mostra o destinatário do timer como `MemberSynchronizer`, que é delegado ao `MemberService`.

- O `MemberService` é delegado ao `IdentityAccessNotificationAdapter`, que desempenha o papel do adaptador entre o Serviço de Domínio e o Serviço de Hospedagem Aberta do sistema remoto. O adaptador funciona como um cliente para o sistema remoto. A interação com o `Notification-Resource` remoto não é mostrada.

- Depois que o adaptador recebe a resposta do Serviço de Hospedagem Aberta remoto, ele é delegado ao `MemberTranslator` para converter a mídia da Linguagem Publicada em conceitos do sistema local. Se a instância `Member` local já existe, a conversão atualiza o objeto existente do domínio. Isso é indicado pela autodelegação do `MemberService` ao seu `updateMember()` interno. As subclasses `Member` são `ProductOwner` e `TeamMember`, que refletem os conceitos contextuais locais.

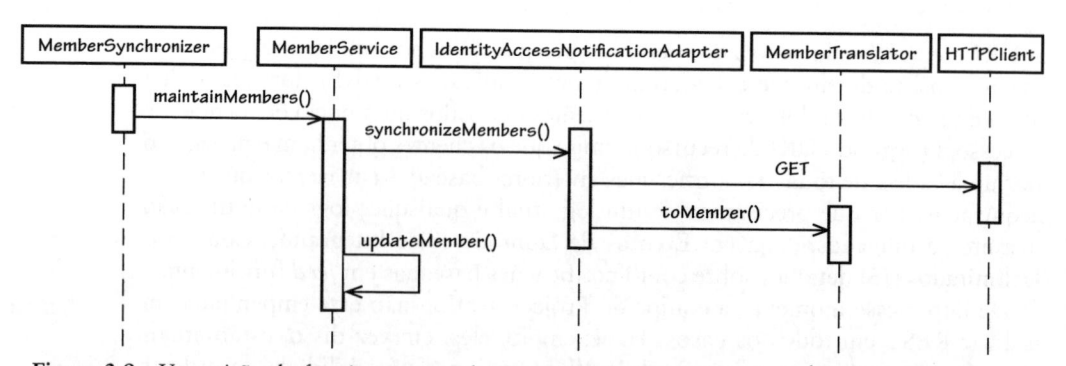

Figure 3.9   Uma visão do funcionamento do *Contexto de Gerenciamento Ágil de Projetos* com a *Camada Anticorrupção de Identidade e Acesso*

Não devemos focalizar as tecnologias ou os produtos de integração envolvidos. Em vez disso, separando claramente os Contextos Delimitados, somos capazes de manter cada contexto puro e aplicar dados de outros contextos para expressar nossos próprios conceitos.

Os diagramas e o texto de suporte exemplificam como podemos criar documentos do Mapa de Contexto. Eles não precisam ser extensos, mas devem fornecer informações e explicação suficientes para dar agilidade a um novo membro do projeto. Mas crie um documento somente se ele for útil para a equipe.

Integração com o *Contexto de Colaboração* Agora vamos considerar como o *Contexto de Gerenciamento Ágil de Projeto* interage com o *Contexto de Colaboração*. Aqui, também, buscamos autonomia, mas isso eleva o nível, colocando alguns desafios interessantes para alcançar o objetivo da independência do sistema.

O ProjectOvation tem recursos suplementares que são fornecidos pelo CollabOvation. Alguns incluem discussões de fórum baseadas em projeto e agendamento de calendário compartilhado. Os usuários não interagem diretamente com o CollabOvation. O ProjectOvation deve determinar se as opções estão disponíveis para um dado proprietário, e, se estiverem, ele próprio deve facilitar a criação de recursos no CollabOvation.

Considere uma seção desse caso de uso *Crie um Produto*:

Pré-requisito: O recurso de colaboração está ativado (a opção foi comprada).

1. O usuário fornece informações descritivas sobre o Produto.

2. O usuário indica um desejo de uma discussão em equipe.

3. O usuário solicita que o Produto definido seja criado.

4. O sistema cria o Produto com um Fórum e uma Discussão.

Um Fórum e uma Discussão devem ser criados no *Contexto de Colaboração* em nome do Produto. Em contraposição, isso é diferente do *Contexto de Identidade e Acesso,* em que um proprietário já foi provisionado e usuários, grupos e papéis foram definidos, e as notificações sobre esses eventos estão disponíveis. No primeiro caso, os objetos são preexistentes. No segundo caso, o *Contexto de Gerenciamento Ágil de Projetos* precisa dos objetos que ainda não existem e que só existirão depois que eles forem solicitados. Isso é um potencial obstáculo à autonomia porque dependemos da disponibilidade do *Contexto de Colaboração* para criar recursos remotamente. Com a autonomia desejada, isso coloca um desafio interessante.

Por que Discussão É Utilizada nos Dois Contextos?

Essa é uma situação interessante, porque é uma em que o nome do conceito, Discussão, é o mesmo nos dois Contextos Delimitados, mas eles são de diferentes tipos, diferentes objetos e, portanto, têm diferente estado e diferente comportamento.

No *Contexto de Colaboração*, uma Discussão é um Agregado, e ele gerencia um conjunto de postagens — filhos implícitos que são eles próprios Agregados. No *Contexto Do Gerenciamento Ágil De Projetos*, Discussão é um Objeto de Valor e só contém uma referência à discussão real com postagens no contexto externo. Observe, porém, que, no Capítulo 13, quando a equipe implementa as integrações, ela descobre que deve fazer uma tipagem forte dos diferentes tipos de Discussões no *Contexto de Gerenciamento Ágil de Projeto*.

Precisamos alavancar a consistência futura usando **Eventos de Domínio (8)** e uma **Arquitetura Orientada a Eventos (4)**. Não há nada que diga que apenas sistemas remotos podem consumir as notificações produzidas pelo nosso sistema local. Quando um Evento de Domínio ProductInitiated é publicado pelo nosso modelo, ele é tratado pelo nosso próprio sistema. Uma rotina de tratamento de evento local solicita que o Fórum e Discussão seja criado remotamente. Isso poderia ser feito via RPC ou transmissão de mensagens, dependendo do que o CollabOvation suporta. Se o uso de RPC e sistema de colaboração remoto não estivessem disponíveis nesse momento, a rotina de tratamento de evento local simplesmente continuaria a tentar em uma base periódica até que por fim fosse bem-sucedida. Se em vez de RPC a transmissão de mensagens for suportada, a rotina de tratamento de evento local enviaria uma mensagem ao sistema de colaboração. Por sua vez, a colaboração responderia com sua própria mensagem quando a criação de recursos estivesse concluída. Depois que a rotina de tratamento de evento no ProjectOvation recebesse essa notificação, ele atualizaria o Product com uma referência de identidade à discussão recém-criada.

O que acontece se o proprietário do produto ou membros da equipe tentarem usar a discussão antes de sua existência? A discussão não disponível é considerada um erro no modelo? Ela fará com que o sistema exiba uma condição não confiável? Considere o fato de que um dado assinante qualquer talvez não tenha pagado para usar o suplemento de colaboração. Essa é uma razão não técnica para projetar em termos da indisponibilidade de recursos. Contornar a consistência futura não é de modo nenhum uma correção temporária. É apenas outro estado válido que deve ser modelado.

Uma maneira elegante de lidar com todos os possíveis cenários de indisponibilidade é torná-los explícitos. Considere esse **Tipo Padrão** implementado como um Estado [Gamma *et al.*], como descrito em **Objetos de Valor (6)**:

```
public enum DiscussionAvailability {
    ADD_ON_NOT_ENABLED, NOT_REQUESTED, REQUESTED, READY;
}

public final class Discussion implements Serializable {
    private DiscussionAvailability availability;
    private DiscussionDescriptor descriptor;
    ...
}

public class Product extends Entity {
    ...
```

```
    private Discussion discussion;
    ...
}
```

Usando esse projeto, um Objeto de Valor `Discussion` está protegido contra uso indevido, porque o estado definido por `DiscussionAvailability` o protege. Quando alguém tenta participar de uma discussão sobre o `Product`, o Estado da `discussion` pode ser disponibilizado com segurança. Se não for `READY`, será exibida para o participante uma de três mensagens:

Para usar a colaboração da equipe, você precisa comprar a opção suplementar.

O proprietário do Produto não solicitou a criação de uma discussão sobre o Produto.

A configuração da discussão ainda não foi concluída; verifique novamente mais tarde.

Se a `DiscussionAvailability` for `READY`, permitiremos total participação dos membros da equipe.

Curiosamente, como sugerido pela primeira das mensagens de estado não disponível, existe a possibilidade de que a empresa opte por tornar as opções de colaboração selecionáveis mesmo se elas ainda não foram compradas. Deixar as opções da UI de colaboração ativadas pode ser um lembrete de marketing eficaz para incentivar o acompanhamento de compras. Quem melhor para importunar a gerência a fim de que ela compre uma opção suplementar do que aqueles que são diariamente lembrados de que eles poderiam usá-la, mas não podem? Claramente, as vantagens técnicas não são as únicas percebidas pela utilização do estado de disponibilidade.

Nesse momento, a equipe não está certa sobre qual será a integração real com a colaboração. Em consideração às discussões Cliente-Fornecedor, eles produziram o diagrama na Figura 3.10. O *Contexto de Gerenciamento Ágil de Projetos* pode usar uma segunda Camada Anticorrupção para gerenciar a integração entre ele mesmo e o *Contexto de Colaboração*. Seria como aquela utilizada para o *Contexto de Identidade e Acesso*. O diagrama mostra os objetos limite primários, que são semelhantes aos seus homólogos utilizados para a integração do gerenciamento de identidade e acesso. Na verdade, não há um `Collaboration-Adapter`. Trata-se apenas de um espaço reservado para os vários necessários, mas desconhecido no momento.

São exibidos dentro do contexto local `DiscussionService` e `Scheduling-Service`. Estes representam os Serviços de Domínio que podem ser usados para gerenciar discussões e entradas de calendário no sistema de colaboração. Os mecanismos reais serão determinados pelas negociações Cliente-Fornecedor entre as equipes, que são implementados em **Integrando Contextos Delimitados (13)**.

Agora a equipe pode compreender parte do modelo. O que acontece, por exemplo, quando uma discussão foi criada e o resultado é comunicado para o

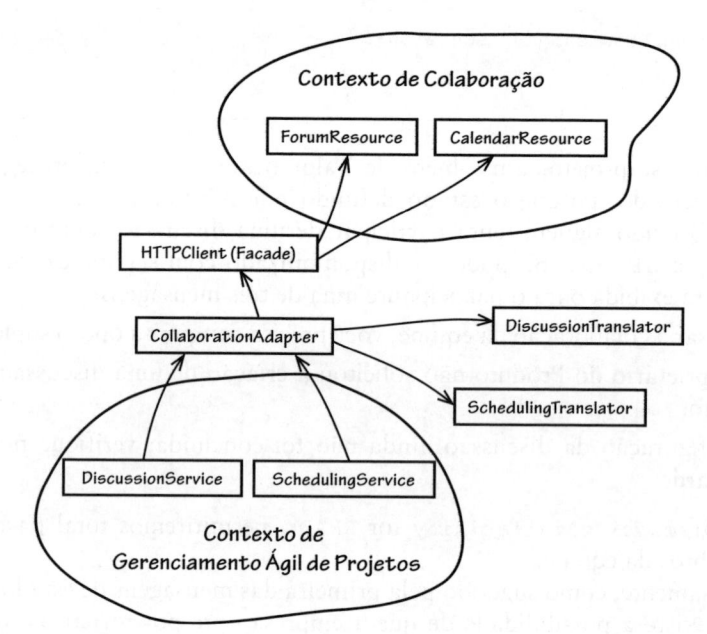

Figura 3.10   Ampliação de uma Camada Anticorrupção e um Serviço de Hospedagem Aberta dos possíveis componentes da integração entre o *Contexto de Gerenciamento Ágil de Projetos* e o *Contexto de Colaboração*

contexto local? O componente assíncrono — um cliente RPC ou rotina de tratamento de evento de mensagem — instrui o `Product` a anexar uma discussão `attachDiscussion()`, passando para ele uma nova instância do Valor de `Discussion`. Todos os Agregados locais com interesses pendentes de recursos remotos serão tratados dessa forma.

Esse exame entrou em alguns detalhes úteis sobre Mapas de Contexto. Precisamos exercer moderação, uma vez que podemos rapidamente chegar aos pontos de retornos decrescentes. Talvez fosse possível incluir **Módulos (9)**, mas esses estão em um capítulo próprio. Inclua todos os elementos relevantes de alto nível que levarão a comunicação vital da equipe. Por outro lado, recue quando os detalhes parecem cerimoniosos.

Produza Mapas de Contexto que você pode postar na parede. Você pode carregá-los para um wiki da equipe, desde que ele não seja o sótão do projeto que ninguém visita. Mantenha as discussões sobre o projeto fluindo de volta para seu Mapa a fim de estimular refinamentos úteis.

Resumo

Esta foi definitivamente uma sessão produtiva sobre Mapeamento de Contexto.

- Discutimos o que são Mapas de Contexto, o que eles ajudam a fornecer para a equipe e como você pode criá-los com facilidade.

- Fizemos uma análise detalhada dos três Contextos Delimitados e dos Mapas de Contexto de suporte da SaaSOvation.

- Usando o mapeamento, você ampliou as integrações entre cada um dos contextos.

- Você examinou os objetos limites que suportam a Camada Anticorrupção e suas interações.

- Você viu como produzir um Mapa de Tradução que mostra o mapeamento local entre recursos baseados em REST e o objeto correspondente no modelo de domínio de consumo.

Nem todo projeto terá o nível de detalhes demonstrado aqui. Outros podem exigir mais. O truque é equilibrar a necessidade de entender com a praticidade e não empilhar muitos detalhes nesse nível. Lembre-se de que provavelmente não manteremos um Mapa gráfico muito detalhado atualizado mais adiante no projeto. Vamos nos beneficiar mais do que pode ser postado em uma parede, permitindo que os membros da equipe apontem para eles durante as discussões. Se rejeitarmos a formalidade e abraçarmos a simplicidade e agilidade, produziremos Mapas de Contexto úteis que nos ajudam a seguir em frente, em vez de obstruir o projeto.

Capítulo 4

Arquitetura

A arquitetura deve falar de seu tempo e lugar,
mas buscar a atemporalidade.
—*Frank Gehry*

Uma das grandes vantagens do DDD é que ele não requer o uso de nenhuma arquitetura específica. Como nosso **Domínio Básico (2)** cuidadosamente criado está no cerne de um **Contexto Delimitado (2)**, ele permite que uma ou mais influências arquitetônicas desempenhem um papel por toda a aplicação ou todo o sistema.[1] Algumas influências arquitetônicas cercam o modelo de domínio e têm um efeito geral amplo, enquanto outras lidam com demandas específicas. O objetivo é *usar somente as escolhas e combinações corretas da arquitetura e dos padrões arquitetônicos.*

As demandas reais por qualidade específica de software devem orientar o uso dos estilos e padrões arquitetônicos. Aqueles escolhidos devem comprovar que atendem ou excedem as qualidades necessárias. Evitar o uso excessivo de estilos e padrões arquitetônicos é tão importante quanto usar aqueles corretos. Permitir que demandas genuínas e reais por qualidade orientem o que fazemos com a arquitetura é uma abordagem benéfica orientada a riscos [Fairbanks]. Dessa forma, usamos a arquitetura apenas para aliviar o risco de falhas, não para aumentar nosso risco de fracasso usando um estilo ou padrão arquitetônico que não pode ser justificado. Assim, devemos ser capazes de justificar cada influência arquitetônica em uso, ou eliminá-la do nosso sistema.

Nossa capacidade de justificar a seleção de quaisquer estilos e padrões arquitetônicos limita-se aos requisitos funcionais disponíveis, como casos de uso ou histórias de usuário, e até mesmo cenários específicos para o modelo de domínio. Em outras palavras, você não pode determinar as qualidades necessárias do software sem os requisitos funcionais. Se não houver essas informações, na verdade não podemos fazer escolhas arquitetônicas sólidas, o que implica que o emprego de uma abordagem arquitetônica orientada a casos de uso para o desenvolvimento de softwares continua aplicável hoje.

---

1. Este capítulo é sobre estilos arquitetônicos, arquiteturas de aplicação e padrões arquitetônicos. Um estilo descreve como implementar uma arquitetura específica, enquanto um padrão arquitetônico explica como lidar com uma preocupação específica dentro de uma arquitetura, mas é mais amplo do que um padrão de projeto. Sugiro que você não se preocupe muito com as diferenças, mas apenas entenda que o DDD pode estar no centro de numerosas influências arquitetônicas à sua volta.

Roteiro do Capítulo

- Ouça uma entrevista retrospectiva com o CIO da SaaSOvation.

- Aprenda como a **Arquitetura em Camadas** confiável foi aprimorada pelas arquiteturas **DIP** e **Hexagonal.**

- Veja como a Arquitetura Hexagonal pode suportar aplicações orientados a Serviços e REST.

- Ganhe uma perspectiva sobre os estilos **Fábrica de Dados** ou **Cache Distribuído Baseado em Grade** e **Orientado a Eventos.**

- Considere como um padrão arquitetônico mais recente chamado **CQRS** ajuda o DDD.

- Aprenda com as arquiteturas empregadas pelas equipes da SaaSOvation.

Arquitetura Não É um Fator de Frieza

Os seguintes estilos e padrões arquitetônicos não são um caixa de surpresas de ferramentas interessantes que devem ser aplicadas em todos os lugares possíveis. Em vez disso, use-os apenas quando aplicável, onde eles aliviam um risco específico que, de outra forma, aumentaria o potencial de falhas do projeto ou sistema.

[Evans] focalizou a Arquitetura em Camadas. Dessa forma, a SaaSOvation primeiro concluiu que o DDD só poderia ser eficaz usando esse padrão bem conhecido. Demorou um pouco para que as equipes entendessem que o DDD é consideravelmente mais adaptável do que isso, embora Camadas fossem mais populares na época em que [Evans] escreveu.

Os princípios de uma Arquitetura em Camadas ainda podem ser usados para regulamentar uma boa tomada de decisão. Mas não precisamos parar aí, uma vez que iremos considerar algumas das arquiteturas e padrões mais modernos que podem ser alavancados quando necessário. Isso comprovará a versatilidade e ampla aplicabilidade do DDD.

Com certeza, a SaaSOvation não precisava de cada influência arquitetônica de uma só vez, mas suas equipes precisavam escolher sabiamente entre as opções disponíveis para elas.

Entrevistando o Bem-sucedido Cio

Para dar um pouco de perspectiva sobre o porquê de cada uma das influências arquitetônicas discutidas no capítulo que podem ser usadas, vamos dar um salto de uma década para o futuro e falar com o diretor de informática da SaaSOvation. Embora o começo da empresa tivesse sido humilde, a decisão arquitetônica ajudou-a a ser bem-sucedida em cada passo do caminho. Vamos sintonizar o programa *TechMoney*, com a âncora Maria Finance-Ilmundo...

Maria: Esta noite, minha entrevista exclusiva é com Mitchell Williams, CIO da extremamente bem-sucedida SaaSOvation. Estamos continuando nossa série "Conheça seus estilos arquitetônicos". O foco desta noite é em como a seleção da arquitetura correta pode resultar em sucesso duradouro. Bem--vindo ao programa, Mitchell, e obrigado pela sua participação.

Mitchell: Estou feliz por estar aqui mais uma vez, Maria. Sempre é um prazer.

Maria: Você pode mostrar algumas das decisões arquitetônicas iniciais que você tomou, e por quê?

Mitchell: Claro. Acredite ou não, na verdade começamos a planejar nossos projetos em torno da implantação desktop. Nossa equipe projetou a aplicação desktop para persistir em um banco de dados central. Eles escolheram a Arquitetura em Camadas para essa abordagem.

Maria: Isso fez sentido?

Mitchell: Bem, achamos que sim, especialmente porque só estávamos lidando com uma única camada de aplicação, além do banco de dados central. Ela funcionaria bem para nós como um estilo de cliente-servidor simples.

Maria: Mas as coisas mudaram rapidamente, não?

Mitchell: Certamente elas mudaram. Na verdade, juntamos forças com um parceiro de negócios e decidimos seguir em frente com um modelo de assinatura SaaS. Buscamos algum financiamento significativo para apoiar nossos esforços e ele veio. Determinamos que nossa aplicação de gerenciamento ágil de projetos ficaria em banho-maria por um tempo até que primeiro desenvolvêssemos um conjunto de ferramentas de colaboração. Isso teve um benefício duplo. Primeiro, entramos no crescente mercado de colaboração, mas então também teríamos um suplemento natural de recursos para a aplicação de gerenciamento de projeto. Você sabe, colaborar nos entregáveis do projeto de desenvolvimento de softwares.

Maria: Interessante. Tudo soa bastante fundamental. Para onde essas decisões o levaram?

Mitchell: À medida que a complexidade do software aumentava, precisávamos gerenciar a qualidade introduzindo ferramentas de teste de recursos e unidades. Para fazer isso, quase viramos a Arquitetura em Camadas de cabeça para baixo com a introdução do Princípio da Inversão de Dependência, ou DIP. Isso foi importante uma vez que a equipe poderia facilmente testar sem se preocupar com a UI e as Camadas de Infraestrutura e, em vez disso, se concentrar no teste da Aplicação e Domínio. Na verdade, poderíamos desenvolver a UI isoladamente e adiar as decisões sobre a tecnologia de persistência por algum tempo. E isso não se distanciou muito das Camadas. A equipe tinha um alto nível de conforto.

Maria: Uau! Não precisar se preocupar com a UI *e* a persistência! Isso parece arriscado. Foi difícil?

Mitchell: Bem, na verdade não muito. Pelo que vimos, o fato de estarmos usando os padrões táticos do Domain-Driven Design absolutamente não nos prejudicou. Como usávamos Repositórios e padrão Agregado, pudemos desenvolver com base na persistência na memória por trás das interfaces do Repositório e inserir um mecanismo de persistência depois que tivéssemos tempo para considerar nossas opções.

Maria: Cara.

Mitchell: Perfeito.

Maria: E... ?

Mitchell: Foi perfeito! As coisas começaram a sair e funcionar. Entregamos o CollabOvation e ProjectOvation, com sucessivos trimestres rentáveis.

Maria: A música que todos querem ouvir.

Mitchell: Isso mesmo. Então decidimos que queríamos suportar dispositivos móveis, além de navegadores desktop, uma vez que havia uma explosão de dispositivos móveis e não poderíamos ficar fora disso. Para isso, usaríamos REST. Os assinantes começaram a solicitar coisas como identidade e segurança federadas, bem como ferramentas sofisticadas de gerenciamento de recursos de projeto e de tempo. E os novos investidores queriam ver relatórios sobre a abordagem preferida para a inteligência de negócios da empresa.

Maria: Maravilha. Então dispositivos móveis não eram a única coisa que estava explodindo. Fale como você lidou com tudo isso.

Mitchell: A equipe decidiu que migrar para uma Arquitetura Hexagonal era a escolha adequada para lidar com todas essas adições. Eles descobriram que a abordagem de portas e adaptadores lhes dava a capacidade de adicionar novos tipos de clientes quase *ad hoc*. O mesmo aconteceu com os novos tipos de porta de saída e também com os novos mecanismos inovadores de persistência, como o NoSQL e capacidades de transmissão de mensagens. E isso tudo baseado na nuvem.

Maria: Então você confiava nessas modificações?

Mitchell: Completamente.

Maria: Formidável. Se você não sucumbir a isso tudo, é provável que tenha feito ótimas escolhas que alavancaram sua capacidade de ir ainda mais longe.

Mitchell: Exatamente. A esta altura, todos os meses milhares de novos inquilinos se inscreviam. Na verdade, adicionamos um serviço para migrar os dados existentes das ferramentas de colaboração corporativa legadas para nossa nuvem. A equipe decidiu que um foco no SOA permitiria agregar perfeitamente esses dados utilizando o Mule's Collection Aggregator. Ele poderia residir no limite do serviço e, ao mesmo tempo, ainda usar a Arquitetura Hexagonal.

Maria: Ah, então você não introduziu o SOA porque parecia legal. Você utilizou o SOA quando ele fazia sentido. Perfeito. Não vimos uma tomada de decisão tão boa como essa em toda a indústria.

Mitchell: Sim, Maria, e essa foi a abordagem que adotamos o tempo todo. Foi nosso modelo para o sucesso. Por exemplo, no devido tempo adicionamos o TrackOvation, nosso software de monitoramento de defeitos, que se integrava ao ProjectOvation. E à medida que aumentava o número de recursos ao ProjectOvation, a interface do usuário tornou-se cada vez mais sofisticada. O painel do Proprietário do Produto de todos os produtos Scrum e defeitos nos sistemas deles era atualizado com cada comando de aplicação e evento correspondente. Como o painel do Proprietário do Produto abrangia diferentes visualizações em relação à preferência dos usuários inscritos, isso tornou os painéis ainda mais complexos. E, naturalmente, também tínhamos de suportar dispositivos móveis. A equipe considerou os méritos de incluir um padrão arquitetônico CQRS.

Maria: CQRS? Qual é, Mitch? Isso é muito ousado. Era uma daquelas incertezas que não sabemos como termina? Não pensou em uma retirada estratégica aí?

Mitchell: Não, não mesmo. Depois que a equipe encontrou uma razão válida para usar CQRS a fim de suavizar o atrito entre os universos de comando e consulta, a coisa toda deslanchou, e a equipe nunca olhou para trás.

Maria: Exatamente. Não foi mais ou menos nesse momento que os assinantes começaram a solicitar recursos que exigiam processamento distribuído?

Mitchell: Sim; aqui, se não fizéssemos a coisa certa, rapidamente a complexidade alcançaria um nível incontrolável. Alguns recursos exigiam execução via uma série de processos distribuídos antes de fornecer uma resposta. A equipe do ProjectOvation não queriam fazer os usuários esperarem essas tarefas potencialmente longas e tempos limite arriscados. Eles introduziram uma arquitetura totalmente orientada a eventos, empregando um padrão clássico de Pipes e Filtros para gerenciá-los.

Maria: Mas isso não foi o fim de sua jornada pela Via da Complexidade, foi? Foi difícil?

Mitchell: [Rindo alto]. Não, não foi! Parecia que isso nunca aconteceria. Mas quando você tem uma equipe inteligente, isso torna a complexidade um passeio no parque. Na verdade, a Arquitetura Orientada a Eventos simplificou muitas áreas do conjunto cada vez maior de sistemas.

Maria: Isso é verdade. Prossiga. Essa era uma oportunidade *óbvia*. Estávamos chegando à minha parte favorita da história. Você sabe... [Brilho nos olhos reluzindo $$$]

Mitchell: Nossa arquitetura permitiu dimensionar tão rapidamente e gerenciar as alterações tão bem que, por isso, a RoaringCloud adquiriu a SaaSOvation ... isso é tudo uma questão de domínio público.

Maria: Eu diria, e *muito* público. US$ 50 por ação ordinária significaram cerca de US$ 3 bilhões no valor do domínio público.

Mitchell: Boa memória para fatos financeiros! E isso era um ótimo incentivo para fazer a integração da forma certa. Eles trouxeram um grande número de novos assinantes, e a base de usuários na verdade começou a pressionar a infraestrutura do ProjectOvation. Agora era hora de distribuir e paralelizar os Pipes e Filtros. Isso exigia a adição de Processos de Longa Duração, às vezes chamados Sagas.

Maria: Interessante. Você pode afirmar categoricamente que isso foi divertido?

Mitchell: Divertido, de fato, mas, sobretudo, necessário.

Maria: E parece que a diversão nunca terminaria. Provavelmente um dos capítulos menos esperados e até mesmo chocantes em sua longa história de sucesso veio em seguida.

Mitchell: Isso mesmo. Agora que a RoaringCloud tinha o monopólio no mercado devido ao grande número de pedidos de assinaturas e milhões de usuários, o governo tomou conhecimento e começou a regulamentar o setor. Uma nova lei foi aprovada para exigir que a RoaringCloud monitorasse cada alteração em um projeto. Na verdade, a melhor maneira de lidar com essa situação de conformidade como parte natural do modelo de domínio foi utilizar a Prospecção de Eventos.

Maria: Cara, você estava pronto para a ação. Isso é loucura. Quero dizer, realmente uma loucura.

Mitchell: É bom ter um problema louco como esse, sério.

Maria: O que me surpreende mais é o fato de que ao longo de todos esses anos, a essência das suas aplicações baseava-se em modelos de software DDD. Entretanto, obviamente o DDD não o prejudicou. Você parecia não sentir dificuldades por causa dele.

Mitchell: Na verdade, foi exatamente o oposto. Acreditamos firmemente que o fato de termos escolhido o DDD logo no início, e termos dedicado tempo para compreendê-lo minuciosamente, é que fez com que as situações de negócios não saíssem de controle — o que não queríamos, porque foram tratadas sem perder o equilíbrio.

Maria: Bem, como gosto de dizer, "aquele som da caixa registradora!". Obrigado mais uma vez, Mitchell. Aprendemos que selecionar a arquitetura correta pode trazer sucesso duradouro, exatamente aqui em "Conheça seus e$tilos arquitetônicos".

Mitchell: O prazer é meu, Maria. Obrigado por me convidar.

Isso foi um pouco estranho, mas útil. A entrevista demonstra como as influências arquitetônicas discutidas nas seções a seguir podem ser usadas com o DDD, e como introduzir cada uma na hora certa.

Camadas

O padrão da Arquitetura em Camadas [Buschmann *et al.*] é considerado por muitos como o avô de todos. Ele suporta sistemas de N camadas e é, portanto, comumente usado em aplicações Web, corporativas e desktop. Aqui, separamos rigorosamente as diversas preocupações da nossa aplicação ou sistema em camadas bem definidas.

> Isole a expressão do modelo de domínio e a lógica do negócio e elimine qualquer dependência de infraestrutura, interface do usuário ou mesmo a lógica da aplicação que não é a lógica do negócio. Divida um programa complexo em camadas. Desenvolva um projeto dentro de cada camada que é coeso e que só depende das camadas abaixo. [Evans, Ref., p. 16]

A Figura 4.1 mostra as Camadas comuns para uma aplicação DDD que usa uma Arquitetura tradicional em Camadas. Aqui, o Domínio Básico isolado resi-

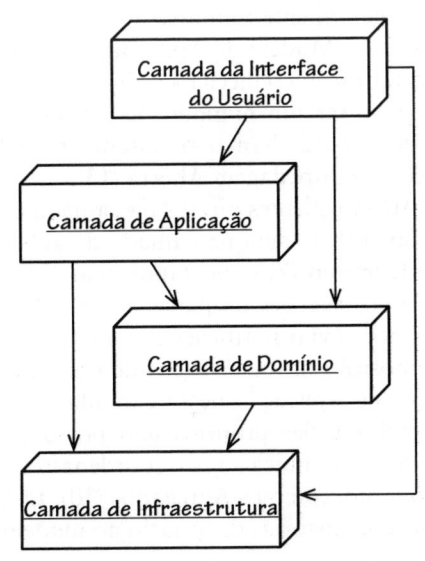

Figura 4.1   A Arquitetura em Camadas tradicional em que o DDD é aplicado

de em uma camada na arquitetura. Acima dela estão a **Camada de Interface do Usuário (IU)** e a **Camada de Aplicação.** Abaixo dela está a **Camada de Infraestrutura.**

Uma regra essencial dessa arquitetura é que cada camada só pode se conectar com ela mesma e outras abaixo dela. Há distinções entre os estilos. Uma **Arquitetura em Camadas Rígida** é uma que só permite o acoplamento com a camada imediatamente abaixo dela. Uma **Arquitetura em Camadas Flexível,** porém, permite que qualquer camada de nível superior se associe a qualquer camada abaixo dela. Como tanto a interface do usuário como os Serviços de Aplicação frequentemente precisam empregar a infraestrutura, muitos, se não todos, sistemas baseiam-se em Camadas Flexíveis.

Na verdade, as camadas mais baixas são acopladas de maneira mais fraca em relação às camadas mais altas, mas isso só ocorre por meio de um mecanismo como **Observador** ou **Mediador** [Gamma *et al.*]; nunca há uma referência direta entre a mais baixa e a mais alta. Usando um Mediador, por exemplo, a camada mais alta implementaria uma interface definida pela camada mais baixa, então passaria o objeto da implementação como um argumento para a camada mais baixa. A camada mais baixa usa o objeto de implementação sem nenhum conhecimento de onde ele reside em termos arquitetônicos.

A IU só contém o código que trata das preocupações com a solicitação e a visualização do usuário. Ela não deve conter a lógica do domínio nem a lógica do negócio. Alguns podem concluir que, como a validação é requerida pela interface do usuário, ela deve conter a lógica do negócio. Os tipos de validação encontrados na IU não são os tipos que pertencem ao modelo do domínio (somente). Como discutido em **Entidades (5)**, ainda queremos limitar as validações não refinadas que expressam conhecimento profundo do negócio apenas ao modelo.

Se os componentes da interface do usuário utilizam objetos a partir do modelo do domínio, ela geralmente limita-se a exibir os dados na tela. Se essa abordagem for utilizada, um **Modelo de Apresentação (14)** pode ser usado para evitar que a própria visualização conheça os objetos do domínio.

Como um usuário pode ser um humano ou outros sistemas, às vezes essa camada fornecerá os meios para chamar remotamente os Serviços de uma API na forma de um **Serviço de Hospedagem Aberta (13).**

Os componentes na IU são clientes diretos da camada de aplicação.

Serviços de Aplicação (14) residem na camada de aplicações. Esses são diferentes dos **Serviços de Domínio (7)** e, portanto, não têm a lógica do Domínio. Eles podem controlar as transações de persistência e segurança. Eles também podem ser responsáveis por enviar notificações com base em eventos para outros sistemas e/ou pela composição das mensagens de e-mail a serem enviadas para os usuários. Os Serviços de Aplicação nessa camada são os clientes diretos do modelo do domínio, embora eles próprios não possuam nenhuma lógica do negócio. Eles continuam sendo muito leves e coordenam as operações realizadas contra os objetos do domínio, como os **Agregados (10)**. Eles são o principal meio de expressar casos de uso ou histórias de usuário no modelo. Consequentemente, uma função comum de um Serviço de Aplicação é aceitar parâmetros da Interface do Usuário, usar um **Repositório (12)** para obter uma instância de Agregado e então executar uma operação de comando nele:

```
@Transactional
public void commitBacklogItemToSprint(
    String aTenantId, String aBacklogItemId, String aSprintId) {
    TenantId tenantId = new TenantId(aTenantId);

    BacklogItem backlogItem =
        backlogItemRepository.backlogItemOfId(
            tenantId, new BacklogItemId(aBacklogItemId));

    Sprint sprint = sprintRepository.sprintOfId(
            tenantId, new SprintId(aSprintId));

    backlogItem.commitTo(sprint);
}
```

Se nossos Serviços de Aplicação tornarem-se muito mais complexos do que isso, é provável que isso seja uma indicação de que a lógica do domínio está vazando para os Serviços de Aplicação, e que o modelo está se tornando anêmico. Portanto, uma boa prática é manter o tamanho desses clientes do modelo bem pequeno. Quando um novo Agregado precisa ser criado, um Serviço de Aplicação usaria uma **Fábrica (11)** ou o construtor do Agregado para instanciá-lo e então utilizaria o Repositório correspondente para persisti-lo. Um Serviço de Aplicação também pode usar um Serviço de Domínio para realizar alguma tarefa específica de Domínio projetada como uma operação sem estado.

Quando o modelo de domínio é projetado para publicar **Eventos de Domínio (8)**, a Camada de Aplicação pode inscrever os assinantes em quaisquer Eventos. Fazer isso permite que os Eventos sejam armazenados, encaminhados e, do contrário, tratados como uma das funções da aplicação. Isso faz com que o modelo de domínio só esteja ciente das suas próprias preocupações essenciais e permite que o **Publicador de Evento de Domínio (8)** permaneça leve e sem as dependências da infraestrutura de mensagens.

Como o modelo de domínio que possui toda a lógica de negócio é discutido em detalhes nos outros capítulos, ele não é repetido aqui. Mas existem alguns desafios associados ao domínio e uso da Arquitetura em Camadas tradicional. O uso da Arquitetura em Camadas pode exigir que a Camada de Domínio faça uso limitado da Infraestrutura. Não estou dizendo que os objetos do Domínio Básico fariam isso, uma vez que devemos por todos os meios evitar isso completamente. Mas seguir a definição da Arquitetura em Camadas pode requerer implementações de algumas interfaces na Camada de Domínio que dependem das tecnologias fornecidas pela Infraestrutura.

Por exemplo, as interfaces de Repositório exigem que implementações que usam componentes, como mecanismos de persistência, sejam hospedadas na Camada de Infraestrutura. E se simplesmente implementássemos as interfaces de

Repositório na Camada de Infraestrutura? Como a Camada de Infraestrutura está abaixo da Camada de Domínio, as referências entre a infraestrutura mais acima e o Domínio violariam as regras da Arquitetura em Camadas. Contudo, evitar isso não significa que os objetos primários do domínio se acoplariam à infraestrutura. Para evitar isso, podemos utilizar **Módulos** de implementação **(9)** para ocultar classes técnicas:

```
com.saasovation.agilepm.domain.model.product.impl
```

Como indicado em **Módulos (9)**, `MongoProductRepository` pode ser hospedado nesse pacote. Mas essa não é a única forma de enfrentar esse desafio. Em vez disso, podemos decidir implementar as interfaces na camada de aplicações, o que respeitaria as regras da Arquitetura em Camadas. A Figura 4.2 fornece uma visualização rápida dessa abordagem. Mas fazer isso pode parecer quase mau gosto.

Há uma maneira melhor, como discutido na seção intitulada "Princípio da Inversão de Dependência".

Em uma Arquitetura em Camadas tradicional, a Infraestrutura está na parte inferior. Coisas como mecanismos de persistência e de mensagens residem aí. Mensagens podem incluir aquelas enviadas por sistemas middleware corporativos de transmissão de mensagens, mensagens mais básicas por e-mail (SMTP) ou mensagens de texto (SMS). Pense em todos os componentes e estruturas técnicas que fornecem serviços de baixo nível para a aplicação. Esses serviços geralmente são considerados como parte da Camada de Infraestrutura. As Camadas de nível mais alto se associam com os componentes de nível mais baixo para reutilizar os recursos técnicos fornecidos. Sendo esse o caso, mais uma vez queremos rejeitar qualquer noção do acoplamento dos objetos do modelo do Domínio Básico com a Camada de Infraestrutura.

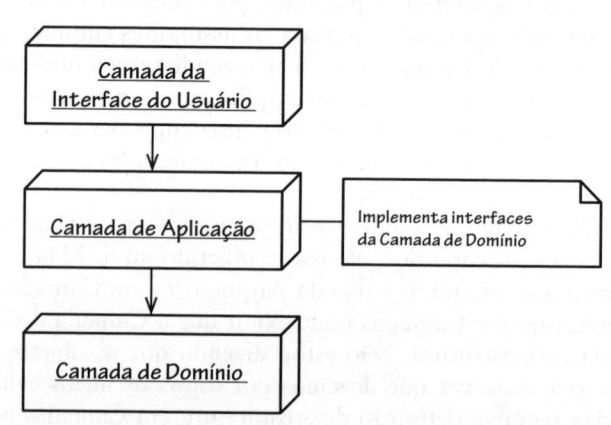

Figura 4.2   A Camada de Aplicação poderia abrigar algumas implementações técnicas das interfaces definidas pela Camada de Domínio

As equipes da SaaSOvation observaram que colocar a Camada de Infraestrutura na parte inferior tinha algumas desvantagens. Por um lado, isso tornou mais amarga a implementação dos aspectos técnicos exigidos pelo tipo de Camada do Domínio, uma vez que as regras das Camadas precisariam ser violadas. E, na verdade, o código era difícil de testar. Como eles poderiam superar essa desvantagem?

Poderíamos acabar com algo um pouco mais simples se ajustássemos a ordem da Arquitetura em Camadas?

Princípio da Inversão de Dependência

Há uma maneira de melhorar a Arquitetura em Camadas tradicional ajustando a forma como as dependências funcionam. O Princípio da Inversão de Dependência (DIP) foi postulado por Robert C. Martin e descrito em [Martin, DIP]. A definição formal afirma:

Módulos de alto nível não devem depender dos Módulos de baixo nível. Ambos devem depender de abstrações.

Abstrações não devem depender de detalhes. Os detalhes devem depender de abstrações.

A essência dessa definição diz que um componente que fornece serviços de baixo nível (Camada de Infraestrutura, para essa discussão) deve depender das interfaces definidas pelos componentes de alto nível (para essa discussão, interface do usuário, aplicação e Domínio). Embora existam várias formas de expressar uma arquitetura que utiliza o DIP, podemos reduzi-las à estrutura mostrada na Figura 4.3.

O DIP Suporta Todas Essas Camadas?

Alguns concluiriam que o DIP tem apenas duas camadas, uma na parte superior e uma na parte inferior. Aquela na parte superior implementaria abstrações da interface definidas na camada na parte inferior. Ajustando a Figura 4.3 para que isso se encaixe, a Camada de Infraestrutura seria a única na parte superior, e a Camada da Interface do Usuário, camada de aplicações e Camada de Domínio constituiriam uma única na parte inferior. Você pode ou não preferir esse ponto de vista de uma arquitetura DIP. Não se preocupe; a Arquitetura Hexagonal [Cockburn] ou a **Arquitetura de Portas e Adaptadores** é para onde tudo isso se dirige.

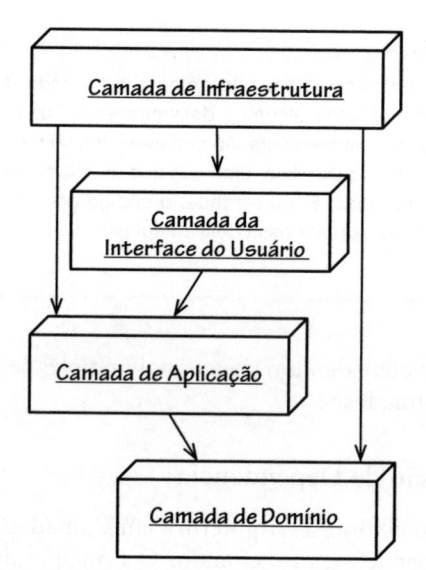

Figura 4.3 As possíveis Camadas quando o Princípio de Inversão de Dependência é usado. Colocamos a Camada de Infraestrutura acima de todas as outras, o que lhe permite implementar interfaces para todas as Camadas abaixo.

A partir da arquitetura da Figura 4.3, teríamos um Repositório implementado na Camada de Infraestrutura para uma interface definida no Domínio:

```
package com.saasovation.agilepm.infrastructure.persistence;

import com.saasovation.agilepm.domain.model.product.*;

public class HibernateBacklogItemRepository
    implements BacklogItemRepository {
    ...
    @Override
    @SuppressWarnings("unchecked")
    public Collection<BacklogItem> allBacklogItemsComittedTo(
        Tenant aTenant, SprintId aSprintId) {
        Query query =
            this.session().createQuery(
                "from -BacklogItem as _obj_ "
                + "where _obj_.tenant = ? and _obj_.sprintId = ?");

        query.setParameter(0, aTenant);
        query.setParameter(1, aSprintId);

        return (Collection<BacklogItem>) query.list();
    }
    ...
}
```

Focalizar a Camada de Domínio usando DIP permite que tanto a Camada de Domínio como a Camada de Infraestrutura dependam das abstrações (interfaces) definidas pelo modelo do Domínio. Como a camada de aplicação é o cliente direto do Domínio, ela depende das interfaces do Domínio e acessa indiretamente o Repositório e quaisquer classes técnicas de implementação do Serviço de Domínio fornecidas pela Camada de Infraestrutura. Ela pode usar qualquer uma das poucas maneiras de adquirir as implementações, incluindo **Injeção de Dependência, Fábrica de Serviço** e **Plug-In** [Fowler, P of EAA]. Os exemplos ao longo do livro usam a injeção de dependência fornecida pelo Spring Framework e, às vezes, a Fábrica de Serviços via a classe `DomainRegistry`. Na verdade, `DomainRegistry` usa Spring para procurar referências aos beans que implementam as interfaces definidas pelo modelo do Domínio, incluindo Repositórios e Serviços de Domínio.

Curiosamente, quando pensamos na influência que o DIP tem sobre essa arquitetura, podemos concluir que realmente não mais há camadas. Tanto preocupações de alto nível como de baixo nível dependem somente das abstrações, o que parece derrubar a pilha. E se pensássemos em virar essa arquitetura de cabeça para baixo adicionando um pouco mais de simetria? Veremos em seguida como isso funcionaria.

Arquitetura Hexagonal ou Portas e Adaptadores

Com a **Arquitetura Hexagonal,**[2] Alistair Cockburn codificava um estilo para produzir simetria [Cockburn]. Ela avança esse objetivo permitindo que muitos clientes diferentes interajam em pé de igualdade com o sistema. Precisa de um novo cliente? Sem problemas. Basta adicionar um adaptador para transformar qualquer entrada do cliente naquilo entendido pela API da aplicação interno. Ao mesmo tempo, os mecanismos de saída empregados pelo sistema, como imagens gráficas, persistência e transmissão de mensagens, também podem ser diversos e cambiáveis. Isso é possível porque um Adaptador é criado para transformar os resultados da aplicação em uma forma aceita por um mecanismo de saída específico.

Ao discutir isso, você pode concordar que essa arquitetura tem potencial para atemporalidade.

---

2. Nós nos referimos a essa arquitetura pelo nome Hexagonal, embora esse nome pareça ter mudado para Portas e Adaptadores. Apesar do nome alterado, a comunidade ainda se refere a ela como Hexagonal. A Arquitetura cebola também veio à tona. Mas muitos acham que Cebola é apenas um nome alternativo (infeliz) para Hexagonal. Nós podemos seguramente supor que essas arquiteturas são as mesmas e manter-nos fiel à definição de [Cockburn].

Hoje em dia muitas equipes que dizem que utilizam uma Arquitetura em Camadas na verdade usam uma Hexagonal. Isso ocorre em parte por causa do número de projetos que agora usam alguma forma de injeção de dependência. Não é que a injeção de dependência é automaticamente Hexagonal. O fato é que isso incentiva uma forma de produzir uma arquitetura que se volta naturalmente ao desenvolvimento de um estilo de Portas e Adaptadores. Em qualquer caso, uma compreensão mais completa esclarecerá esse ponto.

Costumamos pensar no lugar onde os clientes interagem com o sistema como o "front-end". Da mesma forma, consideramos o local onde a aplicação recupera dados persistidos, armazena novos dados persistentes ou envia a saída como "back-end". Mas a Arquitetura Hexagonal promove uma maneira diferente de analisar as áreas de um sistema, como indicado pela Figura 4.4. Há duas áreas primárias, o *exterior* e o *interior*. O exterior permite que diferentes clientes enviem informações e também fornece mecanismos para recuperar dados persistidos, armazenar a saída da aplicação (por exemplo, um banco de dados), ou enviá-los para outros locais (por exemplo, mensagens).

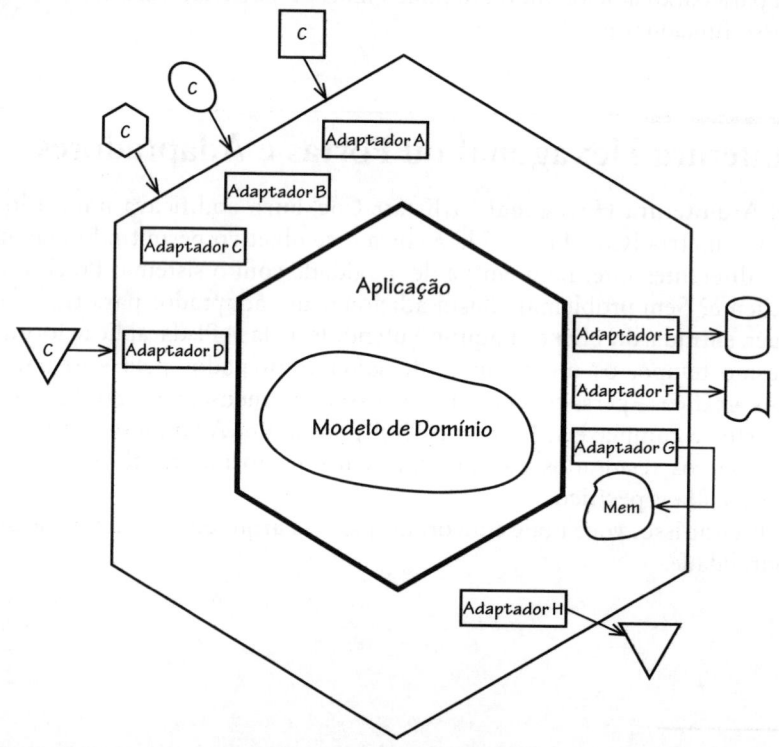

Figura 4.4   A Arquitetura Hexagonal também é conhecida como Portas e Adaptadores. Existem adaptadores para cada um dos tipos *exteriores*. O *exterior* alcança o *interior* por meio da API da aplicação.

Lógica Caubói

AJ: "Meus cavalos gostaram do novo curral Hexagonal. Eles têm mais cantos para onde correr quando eu coloco uma sela."

Na Figura 4.4, cada tipo de cliente tem seu próprio Adaptador [Gamma *et al.*], que transforma protocolos de entrada em entrada que é compatível com a API da aplicação — o interior. Cada um dos lados do hexágono representa um tipo diferente de porta, a entrada ou a saída. Três das solicitações dos clientes chegam via o mesmo tipo de porta de entrada (Adaptadores A, B e C), e uma delas usa um tipo diferente de porta (Adaptador D). Talvez as três usem HTTP (navegador, REST, SOAP etc.) e uma utilize AMQP (por exemplo, RabbitMQ). Não há uma definição estrita do que uma porta significa, tornando-a um conceito flexível. Independentemente de como as portas são particionadas, as solicitações do cliente chegam e o respectivo Adaptador transforma a entrada. Ele então chama uma operação na aplicação ou envia à aplicação um evento. O controle é, assim, transferido para o interior.

Provavelmente Nós Mesmos Não Implementamos as Portas

Na verdade, nós mesmos normalmente não implementamos as portas. Pense em uma porta como HTTP e no Adaptador como uma classe anotada Java Servlet ou JAX--RS que recebe chamadas de método a partir de um contêiner (JEE) ou estrutura (RESTEasy ou Jersey). Ou podemos criar um ouvinte de mensagem para o NService-Bus ou RabbitMQ. Nesse caso, a porta é mais ou menos o mecanismo de mensagens, e o Adaptador é o ouvinte de mensagens, porque é responsabilidade do ouvinte de mensagens coletar os dados da mensagem e convertê-los em parâmetros adequados que são passados para API da aplicação (o cliente do modelo de domínio).

Projete a Aplicação Dentro dos Requisitos Funcionais

Ao usar a Arquitetura Hexagonal, projetamos a aplicação com nossos casos de uso em mente, não em relação ao número de clientes suportados. Qualquer número e tipo de clientes pode fazer solicitações por meio de várias portas, mas cada Adaptador é delegado à aplicação usando a mesma API.

A aplicação recebe as solicitações por meio da API pública. O limite de aplicação, ou hexágono interno, é também o limite do caso de uso (ou história de usuário). Em outras palavras, devemos criar casos de uso com base nos requisitos funcionais da aplicação, não no número de diferentes clientes ou mecanismos de saída. Quando a aplicação recebe uma solicitação via a API, ele usa o modelo de domínio para atender todas as solicitações que envolvem a execução da lógica do negócio. Assim, a API da aplicação é publicada como um conjunto de Serviços de Aplicação. Aqui, novamente, os Serviços de Aplicação são o cliente direto do modelo de domínio, quase como ao usar a Arquitetura em Camadas.

O seguinte representa um recurso RESTful publicado utilizando JAX-RS. Uma solicitação chega por meio da porta de entrada HTTP, e a rotina de tratamento de evento funciona como um Adaptador e é delegada a um Serviço de Aplicação:

```java
@Path("/tenants/{tenantId}/products")
public class ProductResource extends Resource {

    private ProductService productService;
    ...
    @GET
    @Path("{productId}")
    @Produces({ "application/vnd.saasovation.projectovation+xml" })
    public Product getProduct(
            @PathParam("tenantId") String aTenantId,
            @PathParam("productId") String aProductId,
            @Context Request aRequest) {

        Product product = productService.product(aTenantId, aProductId);

        if (product == null) {
            throw new WebApplicationException(
                    Response.Status.NOT_FOUND);
        }

        return product; // serializado para XML usando MessageBodyWriter
    }
    ...
}
```

As várias anotações JAX-RS fornecem uma parte significativa do Adaptador, analisando o caminho do recurso e transformando seus parâmetros em instâncias de string. A instância `ProductService` é injetada e usada por essa solicitação e é delegada à aplicação interna. O `Product` é serializado para XML e inserido em uma resposta, que é então enviada por meio da porta de saída HTTP.

JAX-RS Não É o Foco Aqui

Ele é apenas uma maneira de usar o modelo de aplicação e domínio interno. Em essência, o JAX-RS não é importante. Podemos usar, em vez disso, o Restfulie, ou criar um servidor Node.js executando o módulo restify. Mais ainda, Adaptadores projetados para lidar com a entrada de outras portas seriam delegados à mesma API, como veremos.

E o outro lado da aplicação, à direita? Considere implementações de Repositórios como Adaptadores de persistência, fornecendo acesso a instâncias de Agregado previamente armazenadas e armazenamento para novas. Como descrito no diagrama (Adaptadores E, F e G), podemos ter implementações de Repositórios para bancos de dados relacionais, armazenamento de documentos, cache distribuído e armazenamento na memória. Se a aplicação enviasse mensagens de

Evento de Domínio para a exterior, ele usaria um Adaptador diferente (H) para a transmissão de mensagens. O Adaptador da saída de mensagens é o oposto do Adaptador de entrada que suporta AMQP e, assim, passa por uma porta diferente da utilizada para a persistência.

A grande vantagem é que com a Arquitetura Hexagonal é mais fácil desenvolver Adaptadores para propósitos de teste. Todo o modelo de aplicação e domínio pode ser projetado e testado antes de existirem os mecanismos de armazenamento e do cliente. Podemos criar testes para praticar `ProductService` bem antes de tomar qualquer decisão para suportar portas HTTP/REST, SOAP ou de transmissão de mensagens. Todos os testes de cliente podem ser desenvolvidos antes que a estrutura da interface do usuário esteja concluída. Muito antes de um mecanismo de persistência ser selecionado para o projeto, Repositórios na memória podem ser utilizados para simular a persistência para fins de teste. Ver em **Repositórios (12)** mais informações sobre o desenvolvimento de implementações na memória. Progresso significativo pode ser feito no núcleo sem a necessidade de componentes técnicos suplementares.

Se Camadas reais forem utilizadas, considere as vantagens de descartar a estrutura e em vez disso desenvolver com base em Portas e Adaptadores. Quando projetado adequadamente, o hexágono na interior — o modelo de aplicação e domínio — não vazará para as partes externas. Isso promove um limite claro de aplicação dentro do qual os casos de uso são implementados. Na exterior, qualquer número de Adaptadores de cliente pode suportar inúmeros testes automatizados e clientes do mundo real, bem como armazenamento, transmissão de mensagens e outros mecanismos de saída.

Quando as equipes da SaaSOvation consideraram as vantagens do uso da Arquitetura Hexagonal, elas decidiram fazer a troca da Arquitetura em Camadas por essa. Na verdade, a troca não foi difícil. Ela só exigiu adotar uma mentalidade um pouco diferente ao usar o Spring Framework conhecido.

Como a Arquitetura Hexagonal é versátil, ela pode muito bem ser a base que suporta as outras arquiteturas requeridas pelo sistema. Por exemplo, podemos levar em consideração uma arquitetura orientada a Serviços, REST ou uma Arquitetura Orientada a Eventos; empregar CQRS; usar uma Fábrica de Dados ou Cache Distribuído Baseado em Grade; ou acoplar um processamento distribuído e paralelo de Mapa Reduzido, a maioria dos quais são discutidos mais adiante neste capítulo. O estilo Hexagonal forma a base sólida para suportar quaisquer e todas essas opções arquitetônicas adicionais. Há outras maneiras, mas, *para o restante deste capítulo, suponha que Portas e Adaptadores são utilizados para ajudar o desenvolvimento em torno de cada um dos demais temas discutidos.*

Arquitetura Orientada a Serviços

A Arquitetura Orientada a Serviços, ou SOA, tem significados diferentes para pessoas diferentes. Isso pode tornar as discussões sobre ela relativamente desafiadoras. É melhor tentar encontrar uma base comum ou, pelo menos, definir a base dessa discussão. Pense em alguns princípios do SOA como definidos por Thomas Erl [Erl]. Além do fato de que serviços sempre são interoperáveis, eles também possuem os oito princípios de projeto apresentados na Tabela 4.1.

Tabela 4.1 Princípios de Projeto dos Serviços

Princípio de Projeto de Serviço	Descrição
1. Contrato de Serviço	Os Serviços expressam seu propósito e capacidades por meio de um contrato em um ou mais documentos de descrição.
2. Serviço de baixo acoplamento	Os Serviços minimizam a dependência e só têm ciência deles mesmos.
3. Abstração do Serviço	Os Serviços só publicam o contrato e ocultam dos clientes a lógica interna.
4. Reusabilidade do Serviço	Os Serviços podem ser reutilizados por outros Serviços para criar Serviços menos refinados.
5. Autonomia do Serviço	Os Serviços controlam seu ambiente e recursos subjacentes para que permaneçam independentes, o que lhes dá consistência e confiabilidade.
6. Serviço sem Estado	Os Serviços transferem a responsabilidade do gerenciamento de estado para os consumidores, desde que isso não entre em conflito com o que é controlado pela autonomia do Serviço.
7. Descoberta do Serviço	Os Serviços são descritos com metadados para permitir a descoberta e para fazer com o contrato de Serviço seja compreendido, permitindo que eles sejam recursos (re)utilizáveis.
8. Composabilidade do Serviço	Os Serviços podem ser compostos dentro de serviços menos refinados, independente do tamanho e complexidade da composição em que eles se encaixam.

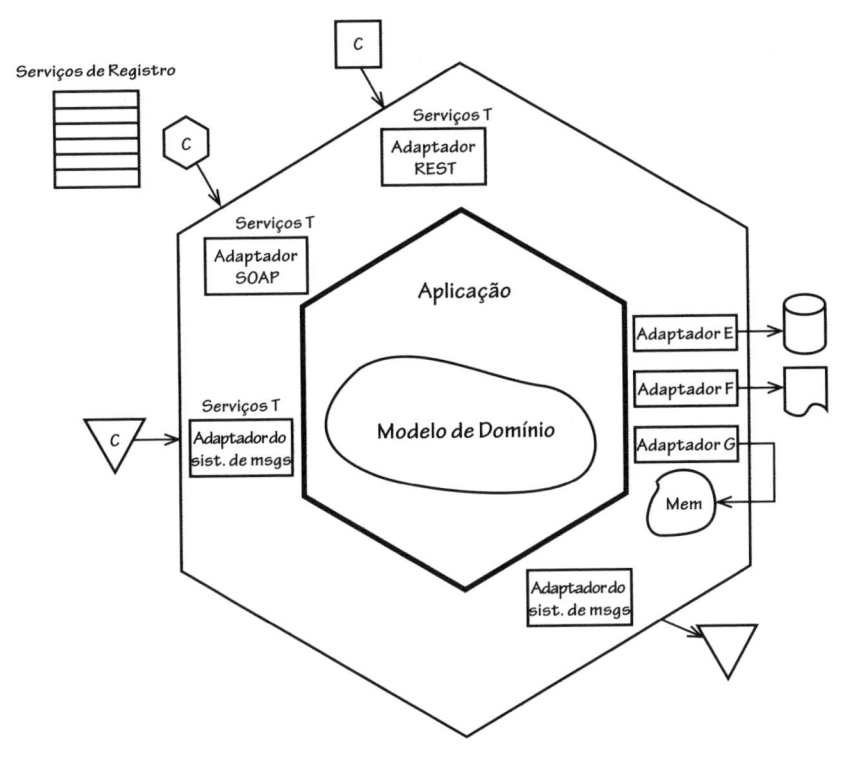

Figura 4.5   A Arquitetura Hexagonal suportando SOA, com REST, SOAP e serviços de mensagens

Podemos combinar esses princípios com uma Arquitetura Hexagonal, com o limite do serviço na extrema esquerda e o modelo de domínio no centro. A arquitetura básica é apresentada na Figura 4.5, em que os consumidores entram em contato com os serviços usando REST, SOAP e mensagens. Observe que um sistema baseado em Hexagonal suporta múltiplas extremidades de serviços técnicos. Isso tem influência sobre como o DDD é usado dentro de uma SOA.

Como opiniões variam muito sobre o que a SOA é qual o valor que ela agrega, não surpreenderia se você discordasse do que é apresentado aqui. Martin Fowler chama essa situação de "ambiguidade orientada a serviços" [Fowler, SOA]. Portanto, não farei uma tentativa corajosa de remover a ambiguidade da SOA aqui. Fornecerei, porém, uma perspectiva sobre uma das maneiras como o DDD se encaixa no conjunto das *prioridades* declaradas no Manifesto SOA.[3]

---

3. O próprio Manifesto SOA recebeu críticas negativas consideráveis, mas ainda podemos colher algum valor a partir dele.

Primeiro, considere os pontos de vista pragmáticos expressos por um dos colaboradores do manifesto [Tilkov, Manifesto] que dá um contexto importante. Observando o manifesto, Tilkov fornece pelo menos um ou dois passos para melhor compreender o que serviços SOA podem ser:

> [O Manifesto] me dá a opção de ver um serviço como um conjunto de interfaces SOAP/WSDL ou uma coleção de recursos RESTful... Isso não é uma tentativa de defini-lo; é uma tentativa de descobrir com quais valores e princípios podemos concordar.

Os comentários de Stefan são dignos de nota. Chegar a um acordo sempre ajuda, e provavelmente concordarmos com o fato de que um serviço do negócio pode ser fornecido por quaisquer serviços técnicos.

Os serviços técnicos podem ser recursos RESTful, interfaces SOAP ou tipos de mensagens. O serviço do negócio enfatiza *a estratégia da empresa,* uma maneira de agrupar tecnologia e negócios. Mas a definição de um único serviço do negócio não equivale à definição de um único **Subdomínio (2)** ou Contexto Delimitado. Sem dúvida, à medida que fazemos avaliações tanto do espaço de problemas como do espaço de soluções, descobriremos que um serviço do negócio abrange alguns de cada um. Assim, a Figura 4.5 mostra a arquitetura de um único Contexto Delimitado, um que pode fornecer um conjunto de serviços técnicos executados por meio de alguns recursos RESTful, interfaces SOAP ou tipos de mensagem — apenas uma parte do serviço geral do negócio. No espaço de soluções SOA, podemos esperar ver muitos Contextos Delimitados, se qualquer um usa uma Arquitetura Hexagonal ou outra. Nem a SOA nem o DDD precisam especificar como cada conjunto de serviços técnicos é projetado e implantado, havendo uma grande variedade de opções.

Mesmo assim, ao utilizar o DDD, nosso objetivo é criar um Contexto Delimitado com um modelo de domínio linguisticamente bem definido e completo. Como discutido em **Contextos Delimitados (2)**, não queremos que a arquitetura influencie o tamanho do modelo de domínio. Isso poderia acontecer se um ou algumas das extremidades de serviços técnicos, como um único recurso REST, uma única interface SOAP ou um tipo de mensagem do sistema, fosse utilizado para ditar o tamanho de um Contexto Delimitado. Fazer isso forçaria a criação de muitos Contextos Delimitados e modelos de domínio bem pequenos, talvez cada um consistindo em apenas uma Entidade agindo como a Raiz de um único pequeno Agregado. Isso pode resultar em centenas desses Contextos Delimitados miniaturizados em uma única empresa.

Embora a abordagem possa ter vantagens técnicas, ela não necessariamente percebe os objetivos do DDD estratégico. Ela funciona em um domínio limpo bem modelado com base em uma **Linguagem Ubíqua (1)** completa e abrangente, na verdade fragmentando a linguagem. E, de acordo com o manifesto SOA, fragmentar artificialmente os Contextos Delimitados não necessariamente é o espírito da SOA:

1. **Valor de Negócio** em relação à estratégia técnica

2. **Objetivos Estratégicos** em relação a benefícios específicos para o projeto

Supondo que possamos aceitá-los como valores dignos, eles se alinham muito bem com o DDD estratégico. Como explicado em **Contextos Delimitados (2)**, os controladores da arquitetura dos componentes técnicos são menos importantes ao particionar aos modelos.

As equipes da SaaSOvation tiveram de aprender uma lição difícil e importante, que ouvir os controladores linguísticos alinha-se melhor com o DDD. Cada um dos três Contextos Delimitados reflete os objetivos da SOA, tanto para o negócio como em termos dos serviços técnicos.

Os três modelos de exemplo discutidos em **Contextos Delimitados (2)**, **Mapas de Contexto (3)** e **Integrando Contextos Delimitados (13)** representam individualmente o único modelo do domínio linguisticamente bem definido. Cada modelo de domínio é posicionado em torno de um conjunto de serviços abertos que implementam uma SOA que atende aos objetivos do negócio.

Representational State Transfer — REST

Contribuição de Stefan Tilkov

REST tornou-se um dos jargões arquitetônicos mais utilizados e abusados dos últimos anos. Como de costume, diferentes pessoas pensam coisas diferentes quando usam o acrônimo. Para alguns, REST significa enviar XML por conexões HTTP sem usar SOAP; alguns o equiparam ao uso de HTTP e JSON; outros acreditam que para utilizar o REST você precisa enviar argumentos de método como parâmetros de consulta de URI. Todas essas interpretações estão erradas, mas felizmente — e significativamente diferente de muitos outros conceitos como "componentes" ou "SOA" — há uma fonte consagrada para o que o REST significa: a dissertação de Roy T. Fielding, que cunhou o termo e define-o bem claramente.

REST como um Estilo Arquitetônico

A primeira coisa a entender ao tentar utilizar o REST é o conceito dos estilos arquitetônicos. Um estilo arquitetônico é para a arquitetura o que um padrão de projeto é para um projeto específico. Ele é uma abstração dos aspectos que são comuns a diferentes implementações concretas, permitindo discutir seus benefícios relevantes sem se perder em detalhes técnicos. Existem muitos estilos diferentes da arquitetura dos sistemas distribuídos, incluindo objetos de cliente-servidor e objetos distribuídos. Os primeiros capítulos da tese de Fielding explicam alguns deles, incluindo as restrições que eles impõem sobre uma arquitetura que segue cada um deles. O conceito dos estilos e restrições arquitetônicos impostos por eles pode parecer um pouco teórico, e você estaria certo. Eles formam a base teórica de um (na época) novo estilo arquitetônico que Fielding introduz. Isso é REST, que é o estilo arquitetônico que a arquitetura Web deve seguir.

É claro que a Web — como personificada por seus padrões mais importantes, URI, HTTP e HTML — antecede a tese de doutorado de Fielding. Mas ele foi uma das principais forças na padronização do HTTP 1.1, e teve uma influência enorme sobre muitas decisões de projeto que levaram à Web como a conhecemos.[4] Visto dessa forma, REST é uma extrapolação teórica, criada após o fato da própria arquitetura da Web.

Então por que agora equiparamos "REST" com uma forma específica de construir sistemas ou, ainda mais limitante, uma forma de construir serviços Web? A razão disso é que, como se vê, como qualquer outra tecnologia, os protocolos Web podem ser usados de muitas maneiras diferentes. Alguns deles correspondem aos objetivos dos criadores originais; alguns deles não. Uma das analogias frequentemente utilizadas destaca isso usando o conhecido mundo RDBMS. Você pode usar um RDBMS de acordo com os conceitos arquitetônicos — isto é, definir tabelas com colunas, relacionamentos de chaves estrangeiras, visualizações, restrições etc., ou você pode criar uma única tabela com duas colunas, uma chamada "chave", outra chamada "valor", e simplesmente armazenar os objetos serializados na coluna valor. Claro, você ainda estaria usando um RDBMS, mas muitos dos benefícios dele não estarão disponíveis para você (consultas significativas, *joins*, classificação e agrupamento etc.).

De uma maneira muito semelhante, os protocolos Web podem ser usados de acordo com as ideias originais que os transformaram naquilo que eles são — com uma arquitetura que está em conformidade com o estilo arquitetônico REST — ou serem usados de uma maneira que não o segue. E semelhante ao nosso exemplo RDBMS, ignoramos o estilo arquitetônico subjacente por nossa conta e risco. Assim, um tipo diferente de arquitetura dos sistemas distribuídos pode ser apropriado se não acabarmos explorando nenhum um dos benefícios do uso de HTTP de uma maneira "RESTful", assim como um armazenamento NoSQL/chave-valor é a melhor opção para armazenar valores inteiros que estão associados com uma única chave.

---

4. Ele também é o autor da primeira biblioteca HTTP amplamente utilizada, um dos desenvolvedores originais do servidor Apache HTTP e fundador da Apache Software Foundation.

Aspectos-chave de um Servidor HTTP RESTful

Então quais são os aspectos-chave de uma arquitetura distribuída que usa "HTTP RESTful"? Primeiro vamos analisar o lado do servidor. Observe que é totalmente irrelevante se falamos de um servidor que é usado por um ser humano que utiliza um navegador Web (um "aplicação Web") ou empregado por algum outro agente, como um cliente escrito em sua linguagem de programação preferida (um "serviço Web").

Acima de tudo, como o nome indica, recursos são um conceito-chave. Como assim? Como um projetista de sistema, você decide quais são as "coisas" significativas que você quer exibir como acessíveis a partir do exterior, e você atribui a cada uma delas uma identidade distinta. Em geral, cada recurso tem um único URI e, mais importante, cada URI deve apontar para um único recurso — as "coisas" que você exibe no lado externo precisam ser individualmente endereçáveis. Por exemplo, você pode decidir que cada cliente, cada produto, cada listagem de produtos, cada resultado de pesquisa e, talvez, cada alteração no catálogo de produtos devem ser recursos por si sós. Recursos têm representações, interpretações de seus estados, em um ou mais formatos. É por meio de representações — um documento XML ou JSON, dados de postagem de um formulário HTML ou algum formato binário — que os clientes interagem com os recursos.

O próximo aspecto-chave é a ideia da comunicação sem estado, usando mensagens autodescritivas. Isso é uma solicitação HTTP que transmite todas as informações com as quais o servidor precisa lidar. É claro, o servidor pode (e normalmente vai) utilizar um estado persistente próprio para ajudar, mas é importante que o cliente e o servidor não dependam de solicitações individuais para configurar um contexto implícito (uma sessão). Isso permite acessar cada recurso de uma maneira independente das outras solicitações, um aspecto que ajuda a alcançar escalabilidade maciça.

Se você visualizar os recursos como objetos — e não é absurdo fazer isso —, é válido perguntar que tipo de interface eles devem ter. A resposta é outro aspecto muito importante que diferencia o REST de qualquer outro estilo arquitetônico para sistemas distribuídos. O conjunto de métodos que você pode invocar é fixo. Cada objeto suporta a mesma interface. Em HTTP RESTful, os métodos são os verbos HTTP — mais significativamente, GET, PUT, POST, DELETE —, que podem ser aplicados aos recursos.

Embora à primeira vista possa parecer assim, esses métodos não se traduzem em operações CRUD. É muito comum criar recursos que não representam nenhuma entidade persistente, mas, em vez disso, encapsulam o comportamento que é chamado depois que um verbo apropriado é usado neles. Cada um dos métodos HTTP tem uma definição muito clara na especificação HTTP. Por exemplo, o método GET só deve ser usado para operações "seguras": (1) ele pode executar ações que refletem um efeito que um cliente pode não ter solicitado; (2) ele sempre lê dados; (3) ele potencialmente pode ser armazenado em cache (se o servidor indicar que esse é o caso por meio de cabeçalhos de resposta adequados).

O método HTTP GET foi chamado "a parte mais otimizada da tubulação dos sistemas distribuídos investigados no mundo" por ninguém menos que Don Box, uma das principais figuras por trás dos serviços Web no estilo SOAP. Suas palavras destacam que boa parte do desempenho e da escalabilidade Web que aceitamos como certos ocorre por causa das otimizações HTTP para esse caso muito comum específico.

Alguns métodos HTTP são *idempotentes*, significando que eles podem ser chamados novamente de forma segura sem problemas no caso de um erro ou resultado incerto. Isso é verdade para GET, PUT e DELETE.

Por fim, um servidor RESTful permite que um cliente descubra um caminho ao longo das possíveis transições de estado da aplicação por meio de hipermídia. Isso é chamado *Hipermídia como o Mecanismo do Estado da Aplicação* (HATEOAS) na dissertação de Fielding. Em termos mais simples, os recursos individuais não permanecem isolados. Eles estão conectados, vinculados entre si. Isso não deve ser uma surpresa. Afinal de contas, é aqui que a Web obteve seu nome. Para o servidor, isso significa que ele vai incorporar links nas suas respostas, permitindo que o cliente interaja com os recursos conectados.

Aspectos-chave de um Cliente HTTP RESTful

Um cliente HTTP REST passa de um recurso para o próximo seguindo os links contidos nas representações dos recursos ou sendo redirecionado para os recursos como resultado do envio de dados para processamento no servidor. Servidor e cliente cooperam para influenciar de forma dinâmica o comportamento de distribuição do cliente. Como um URI contém todas as informações necessárias para remover a referência a um endereço — incluindo o nome e a porta do host —, um cliente que segue o princípio de hipermídia pode acabar falando com um recurso hospedado por uma aplicação diferente, um host diferente ou até mesmo uma empresa diferente.

Em uma configuração REST ideal, um cliente começará com um único URI bem conhecido e continuará seguindo os controles de hipermídia desde então. Isso é exatamente o modelo utilizado pelo navegador ao processar e exibir HTML, incluindo links e formulários, para o usuário. Então ele usa a entrada do usuário para interagir com uma grande variedade de aplicações Web, sem o conhecimento inicial da interface ou das implementações.

Podemos afirmar que um navegador não é um agente autossuficiente. Ele exige um ser humano para tomar as decisões reais. Mas um cliente programático pode adotar muitos dos mesmos princípios, mesmo quando alguma lógica está embutida no código. Ele seguirá os links em vez de supor estruturas URI específicas, ou mesmo posicionando os recursos em um único servidor, e ele fará uso de seu conhecimento de um ou mais tipos de mídia.

RESTe DDD

Por mais tentador que possa ser, não é aconselhável expor diretamente um modelo de domínio via HTTP RESTful. Essa abordagem frequentemente leva a interfaces do sistema que são mais frágeis do que precisam ser, uma vez que cada alteração no modelo de domínio é refletida diretamente na interface do sistema. Há duas abordagens alternativas para combinar DDD e HTTP RESTful.

A primeira abordagem é criar um Contexto Delimitado separado para a camada da interface com o sistema e utilizar estratégias adequadas para acessar o Domínio Básico atual a partir do modelo da interface do sistema. Essa pode ser considerada uma abordagem clássica, uma vez que ela vê a interface do sistema como um todo coeso que é simplesmente exposto usando abstrações de recursos, em vez de serviços ou interfaces remotas.

Considere um exemplo concreto dessa abordagem. Construímos um sistema que gerencia um grupo de trabalho, incluindo as tarefas, cronogramas/compromissos, subgrupos e todos os processos necessários para lidar com estes. Projetaríamos um modelo de domínio puro, não contaminado pelos detalhes da infraestrutura, que captura a Linguagem Ubíqua e implementa a lógica necessária do negócio. Para publicar uma interface para esse modelo de domínio cuidadosamente criado, fornecemos uma interface remota como um conjunto de recursos RESTful. Esses recursos refletem os casos de uso de que o cliente precisa, o que provavelmente é muito diferente do modelo de domínio puro. No entanto, cada recurso é construído a partir de, por exemplo, um ou mais Agregados que pertencem ao Domínio Básico.

É claro, podemos simplesmente usar os objetos do domínio como parâmetros para os métodos dos recursos JAX-RS — digamos `/:user/:task` mapearia para a um método `getTask()` que retorna um objeto `Task`. Isso é aparentemente simples, mas traz um grande problema. Qualquer alteração na estrutura do objeto `Task` é imediatamente refletida na interface remota, possivelmente rompendo muitos clientes, embora talvez só tenhamos alterado algo que é totalmente irrelevante para o mundo externo. Nada bom.

Assim, a primeira abordagem é preferível, aquela de desassociar o Domínio Básico do modelo da interface do sistema. Fazer isso permite fazer alterações no Domínio Básico e então decidir em cada caso específico se essa alteração deve ser refletida no modelo da interface do sistema e, se refletir, qual deve ser o melhor mapeamento a usar. Observe que, com essa abordagem, as classes projetadas para o modelo da interface do sistema geralmente são controladas por aquelas do Domínio Básico, mas são certamente impulsionadas pelos casos de uso. Nota: Mesmo nesse caso, podemos definir um tipo de mídia personalizado.

Outra abordagem é apropriada quando mais ênfase é colocada nos tipos de mídia padrão. Se forem desenvolvidos tipos de mídia específicos para suportar não apenas uma única interface do sistema, mas uma categoria de interações entre cliente e servidor semelhantes, um modelo de domínio pode ser criado para representar cada tipo de mídia padrão. Esse modelo de domínio pode até ser reutilizado em diferentes clientes e servidores, embora alguns proponentes do REST e SOA vejam isso como um antipadrão. Nota: Essa abordagem é essencialmente um **Kernel Compartilhado** (3) ou **Linguagem Publicada** (3) em termos do DDD.

Isso reflete mais de uma abordagem de fora para dentro em cruz. No domínio de gerenciamento do grupo de trabalho e tarefas mencionado anteriormente, existem muitos formatos comuns. Vamos considerar o formato *ical* como um exemplo. Esse formato é genérico e pode ser usado por muitas aplicações diferentes. Nesse caso, inicialmente selecionaríamos um tipo de mídia (iCal) e então criaríamos um modelo de domínio para esse formato. O modelo pode então ser usado por qualquer sistema que precisa entender o formato — nossa aplicação de servidor, por exemplo, mas também outros (como um cliente Android). Naturalmente, com essa abordagem um servidor talvez precise lidar com muitos tipos de mídia diferentes, e o mesmo tipo de mídia pode ser usado por múltiplos servidores.

Qual dessas duas abordagens será escolhida depende em grande medida dos objetivos do projetista do sistema em termos da reusabilidade. Quanto mais especializada a solução, mais útil a primeira abordagem acaba sendo. Quanto mais geralmente útil é a solução, com a extremidade do espectro sendo a padronização por um organismo de normalização oficial, mais sentido faz optar pela segunda abordagem centrada no tipo de mídia.

Por Que REST?

Na minha experiência, um sistema projetado em conformidade com os princípios REST cumpre a promessa do baixo acoplamento. Em geral, é muito fácil adicionar novos recursos e links a eles nas representações existentes dos recursos. Também é fácil adicionar suporte para novos formatos quando necessário, levando a um conjunto de conexões com o sistema muito menos frágil. Um sistema baseado em REST é muito mais fácil de entender, uma vez que é dividido em pequenos fragmentos — os recursos —, cada um dos quais exibe um ponto de entrada que pode se testado, depurado e utilizado separadamente. O projeto do HTTP e a maturidade das ferramentas com suporte para recursos como regravação e armazenamento em cache de URI tornam o HTTP RESTful uma ótima opção para arquiteturas que precisam ter baixo acoplamento e ser altamente escalonáveis.

Command-query Responsibility Segregation (CQRS)

Pode ser difícil consultar a partir de Repositórios todos os dados que os usuários precisam visualizar. Isso é especialmente verdade quando a experiência de projeto do usuário cria visualizações dos dados que abrangem uma série de tipos e instâncias de Agregado. Quanto mais sofisticado seu domínio, mais essa situação tende a ocorrer.

Usar apenas Repositórios para resolver isso pode ser menos desejável. Podemos exigir que os clientes usem múltiplos Repositórios para obter todas as instâncias de Agregado necessárias, então agrupar apenas o que é necessário em um **Objeto de Transferência de Dados (Data Transfer Object, DTO)** [Fowler, P of EAA]. Ou podemos projetar localizadores especializados em vários Repositórios para coletar os dados desconexos usando uma única consulta. Se essas soluções parecem inadequadas, em vez disso talvez seja necessário encontrar um meio-termo para a experiência de projeto do usuário, fazendo com que as visualizações sigam rigidamente os limites de Agregado do modelo. A maioria concordará que no longo prazo uma interface mecânica e espartana com o usuário não será suficiente.

Existe uma maneira completamente diferente de mapear dados de domínio para visualizações? A resposta está no padrão arquitetônico estranhamente chamado Segregação de Responsabilidades por Comandos e Consultas, ou **CQRS** [Dahan, CQRS; Nijof, CQRS]. Ele é resultado da promoção de um rigoroso princípio de projeto de objeto (ou componente), separação de comandos e consultas (CQS) em um padrão arquitetônico.

Esse princípio, criado por Bertrand Meyer, afirma o seguinte:

> Cada método deve ser um comando que realiza uma ação, ou uma consulta que retorna dados para o chamador, mas não ambos. Em outras palavras, fazer uma pergunta não deve alterar a resposta. Mais formalmente, os métodos devem retornar um valor apenas se forem referencialmente transparentes e, portanto, não possuírem efeitos colaterais. [Wikipedia, CQS]

Em um nível de objeto isso significa:

1. Se um método modificar o estado do objeto, ele é um *comando,* e seu método não deve retornar um valor. Em Java e C#, o método deve ser declarado nulo.

2. Se um método retorna algum valor, ele é uma *consulta,* e não deve direta ou indiretamente provocar a modificação do estado do objeto. Em Java e C#, o método deve ser declarado com o tipo do valor que ele retorna.

Essa é uma orientação bastante simples, e há uma base prática e teórica para segui-la. Mas sendo um padrão arquitetônico ao utilizar o DDD, por que e como ele é aplicado?

Visualize um modelo de domínio, como um daqueles discutidos em **Contextos Delimitados (2)**. Normalmente veríamos Agregados tanto com métodos de comando como com métodos de consulta. Também veríamos Repositórios que têm alguns métodos finder que filtram certas propriedades. Com CQRS vamos ignorar essas "normalidades" e projetar uma maneira diferente para consultar os dados de exibição.

Agora pense em segregar todas as responsabilidades puras de consulta tradicionalmente encontradas em um modelo de todas as responsabilidades que executam comandos puros no mesmo modelo. Os Agregados não teriam métodos de consulta (getters), apenas métodos de comando. Os Repositórios seriam reduzidos a um método `add()` ou `save()` (suportando a criação e atualização dos métodos *save*) e apenas um único método de consulta, como `fromId()`. O único método de consulta recebe a identidade única de um Agregado e a retorna. Um Repositório não pode ser utilizado para localizar um Agregado por quaisquer outros meios, como filtrando algumas propriedades adicionais. Com tudo isso removido do modelo tradicional, designamos para ele um *modelo de comando.*

Ainda precisamos de uma maneira de exibir os dados para o usuário. Para isso criamos um segundo modelo, adaptado para consultas otimizadas. Esse é nosso *modelo de consulta*.

Isso Não É Complexidade Acidental?

Talvez você ache que esse estilo proposto seja bem difícil e que estejamos apenas substituindo um conjunto de problemas por outro e adicionando muito mais código para fazer isso.

Mas não descarte esse estilo tão rapidamente. Em algumas circunstâncias a complexidade adicional é justificável. Lembre-se de que o objetivo do CQRS é resolver um problema específico de sofisticação de visualização, não para adicionar um novo estilo legal que reforçará seu currículo.

Conhecido por Outros Nomes

Observe que algumas áreas/componentes do CQRS podem ser conhecidas por outros nomes. O que chamo modelo de consulta também é conhecido como modelo de leitura, e o modelo de comando também é chamado modelo de gravação.

Como resultado, o modelo de domínio tradicional seria dividido em dois. O modelo de comando é persistido em um armazenamento, e o modelo de consulta, em outro. Acabamos com um conjunto de componentes como o da Figura 4.6. Alguns detalhes adicionais esclarecerão esse padrão.

Examinando as Áreas do CQRS

Vamos analisar cada uma das principais áreas desse padrão. Podemos começar com o suporte a clientes e consultas e passar para o modelo de comando e como as atualizações para o modelo de consulta são feitas.

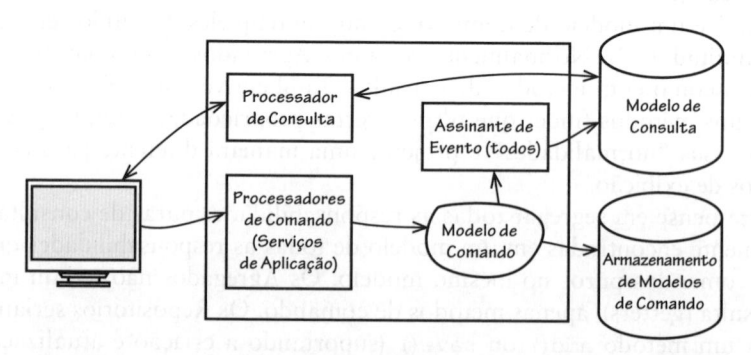

Figura 4.6   Com CQRS, comandos de clientes trafegam em uma via de mão única na direção do modelo de comando. As consultas são executadas em uma fonte de dados separada otimizada para apresentação e entregue como interfaces do usuário ou relatórios

Processador De Clientes e Consultas

O cliente (na extrema esquerda no diagrama) pode ser um navegador Web ou uma interface desktop personalizada com o usuário. Ele usa um conjunto de processadores de consulta em execução em um servidor. O diagrama não mostra divisões arquitetônicas significativas entre as camadas no(s) servidor(es). Independentemente de quais camadas existem, o processador de consulta representa um único componente que só sabe como executar consultas básicas em um banco de dados, como um armazenamento SQL.

Não há camadas complexas aqui. No máximo, esse componente executa uma consulta contra o banco de dados do armazenamento de consultas e talvez serialize o resultado da consulta em algum formato para o transporte (talvez um DTO, mas talvez não), se isso for necessário. Se o cliente executar Java ou C#, ele poderá consultar o banco de dados diretamente. Mas isso pode exigir um grande número de licenças de cliente de banco de dados, uma por conexão. Empregar um processador de consulta que usa conexões em pool é a melhor escolha.

Se o cliente puder consumir um conjunto de resultados do banco de dados (por exemplo, variedade JDBC), a serialização será desnecessária, mas, de qualquer forma, pode ser desejável. Há duas escolas de pensamento aqui. Uma afirma que a simplicidade final exige que o conjunto de resultados, ou uma serialização muito básica dele compatível com conexões (XML ou JSON), deve ser consumido pelo cliente. Outros afirmam que DTOs devem ser construídos e consumidos pelo cliente. Isso pode ser uma questão de gosto, mas podemos concordar com o fato de que sempre que adicionamos DTOs e **Compiladores de DTO** [Fowler, P of EAA] há complexidade adicional, e se eles não forem realmente necessários, serão *complexidade acidental*. Cada equipe determina qual abordagem funciona melhor para o projeto.

Modelo de Consulta (ou Modelo de Leitura)

O modelo de consulta é um modelo de dados não normalizados. Ele não visa fornecer comportamento para o domínio, apenas dados para exibição (e possivelmente relatórios). Se esse modelo de dados for um banco de dados SQL, cada tabela armazenará os dados para um único tipo de visualização do cliente (exibição). A tabela pode ter várias colunas, mesmo um superconjunto daquelas necessárias por qualquer visualização da exibição da interface com um dado usuário. Visualizações de tabela podem ser criadas a partir de tabelas, cada uma das quais é utilizada como um subconjunto lógico do todo.

> ### Crie Suporte para Quantas Visualizações Forem Necessárias
> É importante observar que visualizações baseadas em CQRS podem ser baratas e descartáveis (em termos de desenvolvimento e manutenção). Isso é especialmente verdadeiro se você usar uma forma simples da Prospecção de Eventos (consulte a seção "Prospecção de Eventos" mais adiante neste capítulo e o Apêndice A) e salvar todos os Eventos em um armazenamento persistente, que pode ser republicado em qualquer momento para criar novos dados persistentes de visualização. Fazendo isso, qualquer visualização única pode ser reescrita a partir do zero separadamente ou todo o modelo de consulta pode ser alterado para uma tecnologia de persistência completamente diferente. Isso torna mais fácil criar e manter visualizações que atendem continuamente as necessidades permanentes da UI. Isso pode levar a experiências mais intuitivas para o usuário que evitam o paradigma da tabela, e que são muito mais ricas.

Por exemplo, uma tabela pode ser projetada com dados suficientes para exibir interfaces do usuário para gerentes, administradores e usuários normais. Se uma exibição de tabela de banco de dados correspondente foi criada para cada um desses tipos de usuário, os dados para cada função de segurança seriam divididos de forma adequada. Isso agrega segurança aos dados visualizáveis de acordo com o tipo de usuário. Um componente de visualização do usuário normal selecionaria todas as colunas da exibição da tabela de usuário normal. Um componente de visualização de um gerente normal selecionaria todas as colunas da visualização de tabela do gerente. Dessa forma, os usuários normais não seriam capazes de ver o que os gerentes podem ver.

Preferivelmente, uma declaração de seleção requer apenas uma chave primária para a visualização que é utilizada. Aqui, o processador de consulta seleciona todas as colunas da visualização de tabela do usuário normal de um produto:

```
SELECT * FROM vw_usr_product WHERE id = ?
```

Como uma nota lateral, a convenção de nomenclatura da visualização de tabela apresentada aqui não é necessariamente recomendada. Ela simplesmente deixa óbvio o que a seleção de exemplo faz. A chave primária corresponde à identidade única de algum tipo de Agregado ou um conjunto combinado de tipos de Agregado mesclados em uma única tabela. Nesse exemplo, a coluna da chave primária `id` é a identidade única de um `Product` no modelo de comando. O projeto do modelo dos dados deve seguir, o máximo possível, o padrão de uma tabela por tipo de visualização da interface do usuário, com o número de visualizações de tabela conforme necessário para refletir as funções de segurança da aplicação. Mas seja prático.

Seja Prático

Se houver 25 negociadores em uma mesa de negócios de alta frequência e cada um estiver negociando títulos que a maioria dos outros não pode visualizar devido à conformidade com a SEC, precisaremos de 25 visualizações de tabela? Utilizar um filtro para os negociadores seria mais apropriado. Do contrário, pode haver muitas visualizações a manter para que seja verdadeiramente prático.

Na prática, pode ser difícil alcançar isso, e as consultas talvez precisem se associar a múltiplas tabelas ou visualizações de tabela conforme necessário para uso prático. Podem ser necessárias *joins* entre visualizações/tabelas ou, pelo menos, *joins* mais práticas para alcançar a filtragem necessária. Isso tende a ser o caso, especialmente quando há muitos papéis de usuário em jogo em seu domínio.

Visualizações da Tabela de Banco de Dados Não Causam Sobrecarga?

A visualização básica da tabela de banco de dados não causa nenhuma sobrecarga ao realizar atualizações na tabela de suporte. A visualização apenas corresponde a uma consulta que, nesse caso, não requer nem mesmo uma junção. Apenas a atualização das *visualizações materializadas* causam sobrecarga, uma vez que os dados da visualização devem ser copiados para um único local de modo que estejam prontos para seleções. Tenha cuidado ao projetar tabelas e visualizações para que as atualizações do modelo de consulta sejam executadas com perfeição.

O Cliente Controla o Processamento de Comandos

Clientes da interface do usuário enviam comandos para o servidor (ou executam indiretamente um método de Serviço de Aplicação) como o meio de executar comportamento nos Agregados, que estão no modelo de comando. O comando enviado contém o nome do comportamento a executar e os parâmetros necessários para realizá-lo. O pacote de comandos é uma invocação do método serializado. Como o modelo de comando tem contratos e comportamentos cuidadosamente projetados, corresponder os comandos com os contratos é um mapeamento simples.

Para alcançar isso, a interface do usuário deve coletar os dados necessários para parametrizar corretamente o comando. Isso implica no fato de que o projeto da experiência do usuário deve ser pensado cuidadosamente. Ele deve levar os usuários ao objetivo adequado de enviar um comando explícito. Um projeto indutivo da interface do usuário orientado a tarefas funciona melhor [UI Indutiva]. Ele filtra todas as opções inaplicáveis, focalizando a precisão da execução do comando. Dito isso, é possível projetar uma interface dedutiva com o usuário que gera um comando explícito.

Processadores de Comando

O envio de um comando é recebido por um Rotina de Tratamento/Processador de Comandos, que pode ter alguns estilos diferentes. Consideramos esses estilos aqui, junto com algumas vantagens e desvantagens.

Podemos usar um *estilo categorizado* com várias Rotinas de Tratamento de Comando em um único Serviço de Aplicação. Esse estilo cria uma implementação e uma interface com o Serviço de Aplicação para uma categoria dos comandos. Cada Serviço de Aplicação pode ter vários métodos, um método declarado para cada tipo de comando com os parâmetros que se encaixam na categoria. A principal vantagem aqui é a simplicidade. Esse tipo de rotina de tratamento de evento é bem compreendido, fácil de criar e fácil de manter.

Podemos criar uma rotina de tratamento de evento de *estilos dedicados*. Cada um seria uma única classe com um método. O contrato do método facilita um comando específico com os parâmetros. Isso tem vantagens claras: Há uma única responsabilidade por rotina de tratamento de evento/processador; cada rotina de tratamento de evento pode ser reimplementada de maneira independente dos outros; tipos de rotina de tratamento de evento podem ser redimensionados para gerenciar grandes volumes de certos tipos de comandos.

Isso leva ao *estilo de mensagens* da Rotina de Tratamento de Comando. Cada comando é enviado como uma mensagem assíncrona e entregue para uma rotina de tratamento de evento projetado com o estilo dedicado. Isso não apenas permite que cada componente do processador de comandos receba mensagens especificamente tipificadas, mas também processadores de um determinado tipo podem ser adicionados para lidar com a carga do processamento de comandos. Essa abordagem não deve ser usada por padrão, já que ela tem um projeto mais complexo. Em vez disso, comece com qualquer um dos outros dois estilos como processadores de comando síncronos. Alterne para assíncrono apenas se as demandas de escalabilidade exigem isso. Dito isso, alguns concluirão que uma abordagem assíncrona que fornece dissociação temporal leva a sistemas mais robustos. Esse ponto de vista costuma resultar em um viés em direção à implementação do estilo de mensagens das Rotinas de Tratamento de Comando.

Qualquer que seja o tipo de rotina de tratamento de evento utilizado, dissocie cada um de todos os outros. Não permita que uma rotina de tratamento de evento dependa de (faça uso de) quaisquer outras. Isso permitirá que qualquer tipo de rotina de tratamento de evento seja reimplementado de uma maneira independente sem afetar as outras.

Rotinas de tratamento de comandos geralmente só fazem algumas coisas. Se um tiver um aspecto de criação, a rotina instanciará uma nova instância de Agregado e adicionará a nova instância ao seu Repositório. Em geral, a rotina recebe uma instância de Agregado a partir do Repositório e executa um comportamento de método de comando sobre ela:

```
@Transactional
public void commitBacklogItemToSprint(
    String aTenantId, String aBacklogItemId, String aSprintId) {
    TenantId tenantId = new TenantId(aTenantId);

    BacklogItem backlogItem =
        backlogItemRepository.backlogItemOfId(
            tenantId, new BacklogItemId(aBacklogItemId));

    Sprint sprint = sprintRepository.sprintOfId(
            tenantId, new SprintId(aSprintId));

    backlogItem.commitTo(sprint);
}
```

Depois de concluída a Rotina de Tratamento de Comando, uma única instância de Agregado foi atualizada e um Evento de Domínio foi publicado pelo modelo de comando. Isso é essencial para garantir que o modelo de consulta seja atualizado. Note também que, como discutido em **Eventos de Domínio (8)** e **Agregados (10)**, o evento publicado também pode ser usado para gerar a sincronização das outras instâncias de Agregado afetadas por esse comando, mas a modificação das instâncias adicionais do Agregado seria então consistente com aquela confirmada por essa transação.

O Modelo De Comando (ou Modelo de Gravação) Executa Comportamentos

À medida que cada método de comando no modelo de comandos é executado, ele conclui publicando um evento como descrito em **Eventos de Domínio (8)**. Usando o exemplo em execução, o `BacklogItem` completaria seu método de comando da seguinte forma:

```
public class BacklogItem extends ConcurrencySafeEntity {
    ...
    public void commitTo(Sprint aSprint) {
        ...
```

```
DomainEventPublisher
    .instance()
    .publish(new BacklogItemCommitted(
            this.tenant(),
            this.backlogItemId(),
            this.sprintId()));
}
...
}
```

O que Há por Trás do Componente Publicador?

Esse `DomainEventPublisher` particular é um componente de peso leve baseado no padrão de **Observador** [Gamma *et al.*]. Ver em **Eventos de Domínio (8)** detalhes sobre como Eventos são amplamente publicados.

Esse é o eixo para atualizar o modelo de consulta com as alterações mais recentes feitas no modelo de comando. Se a Prospecção de Eventos for utilizada, os Eventos também são necessários para persistir o estado do Agregado que acabou de ser modificado (`BacklogItem` nesse exemplo). Mas isso não é uma necessidade ao usar a Prospecção de Eventos com o CQRS. A menos que o log de eventos seja um requisito especificado pelo negócio, o modelo de comando pode ser persistido usando um mapeador objetorrelacional (ORM) para um banco de dados relacional ou alguma outra abordagem. De qualquer maneira, um Evento de Domínio ainda deve ser publicado para garantir que o modelo de consulta seja atualizado.

Quando Comandos Não Resultam na Publicação de Eventos

Há situações em que o envio de comandos não leva à publicação de Eventos. Por exemplo, se um comando foi entregue por um sistema de mensagens do tipo "pelo menos uma vez" e a aplicação garante operações idempotentes, a mensagem reentregue é silenciosamente descartada.

Considere também o caso em que a aplicação valida os comandos recebidos. Todos os clientes autorizados conhecem as regras de validação e sempre irão passá-las. Mas todos os clientes não autorizados — como aqueles dos invasores — que enviam comandos inválidos falharão e podem ser silenciosamente descartados sem colocar em risco os usuários autorizados.

O Assinante do Evento Atualiza o Modelo De Consulta

Um assinante especial se inscreve para receber todos os Eventos de Domínio publicados pelo modelo de comando. O assinante usa cada Evento de Domínio para atualizar o modelo de consulta de modo a refletir as alterações mais recentes feitas no modelo de comando. Isso implica que cada evento deve ser rico o suficiente para fornecer todos os dados necessários a fim de produzir o estado correto no modelo de consulta.

As atualizações devem ser realizadas de forma síncrona ou assíncrona? Depende da carga normal no sistema e, possivelmente, também do local onde o banco de dados do modelo de consulta é armazenado. Restrições quanto à consistência dos dados e requisitos de desempenho influenciarão a decisão.

Para atualizar de forma síncrona, o modelo de consulta e o modelo de comando normalmente compartilham o mesmo banco de dados (ou esquema), e os dois modelos seriam atualizados na mesma transação. Isso mantém os dois modelos completamente consistentes. Mas isso exigirá mais tempo de processamento para as múltiplas atualizações de tabela, o que pode não atender ao acordo de nível de serviço (SLA). Se o sistema normalmente está sob carga pesada e o processo de atualização do modelo de consulta for demorado, use em vez disso atualizações assíncronas. Isso pode levar a desafios da consistência futura, em que a interface do usuário não refletirá imediatamente as alterações mais recentes feitas no modelo de comando. O tempo de retardo é imprevisível, mas é um meio-termo que pode ser necessário para atender outros SLAs.

O que acontece quando uma nova interface do usuário é produzida e seus dados devem ser criados? Projete a tabela e quaisquer visualizações de tabela como descrito anteriormente. Preencha a nova tabela com o estado atual usando uma das poucas técnicas. Se o modelo de comando for persistido usando a Prospecção de Eventos, ou se houver um armazenamento completo de Eventos históricos, volte a executar os Eventos históricos para produzir as atualizações. Isso só é possível se os tipos certos de Eventos já existirem no armazenamento. Se não existirem, a tabela talvez precise ser preenchida à medida que comandos futuros entram no sistema. Pode haver outra opção.

Se o modelo de comando for persistido utilizando um ORM, use o armazenamento do modelo de comandos de suporte para preencher a nova tabela do modelo de consulta. Isso pode empregar uma técnica comum de geração de armazenamento de dados (ou banco de dados de relatório), como extração, transformação e carregamento (ETL). Extraia os dados do armazenamento do modelo de comando, transforme-os conforme necessário pela interface do usuário e carregue-os no armazenamento do modelo de consulta.

Lidando com um Modelo de Consultas Futuramente Consistente

Se o modelo de consulta for projetado para ser futuramente consistente — as atualizações do modelo de consulta são realizadas de forma assíncrona depois das gravações no armazenamento do modelo de comando —, o resultado serão idiossincrasias na interface do usuário com as quais devemos lidar. Por exemplo, depois que um usuário envia um comando, a próxima visualização da interface do usuário terá os dados totalmente atualizados e consistentes refletidos a partir do modelo de consulta? A resposta pode depender da carga no sistema e de outros fatores. Mas é melhor não supor e projetar para o pior caso, em que a interface do usuário nunca é consistente.

Uma opção é projetar a interface do usuário para exibir temporariamente os dados que foram enviados com sucesso como parâmetros do comando recém--executado. Isso é um pequeno truque, mas permite ao usuário ver imediatamente o que será refletido mais à frente no modelo de consulta. Ele pode ser a única maneira de garantir que a interface do usuário não exibe dados completamente desatualizados logo depois de um comando ser executado com sucesso.

E se isso não for prático para uma dada interface do usuário? Mesmo se for, também há momentos em que um usuário executa um comando e todos os outros usuários que visualizam os dados relacionados com certeza verão dados desatualizados. Como esse desafio pode ser superado?

Uma técnica sugerida por [Dahan, CQRS] sempre exibe explicitamente na interface do usuário a data e hora dos dados a partir do modelo de consulta que um usuário está visualizando atualmente. Para fazer isso, cada registro no modelo de consulta precisa manter a data e hora da última atualização. Isso é um passo trivial, geralmente suportado por um gatilho de banco de dados. Com a data e hora da última atualização, a interface do usuário agora pode informar o usuário se os dados estão atualizados. Se o usuário determinar que os dados estão excessivamente desatualizados para que possam ser utilizados, nesse momento ele pode solicitar dados mais recentes. Essa abordagem é reconhecidamente enaltecida por alguns como um padrão eficaz e fortemente criticada por outros como um golpe ou artifício. Certamente, esses pontos de vista opostos indicam a necessidade de realizar testes de aceitação de usuário antes que essa abordagem seja empregada nos nossos próprios sistemas.

No entanto, é possível que a sincronização retardada da visualização dos dados não seja absolutamente um problema crítico. Esse problema também pode ser superado por outros meios, como **Comet** (conhecido como Ajax Push), ou outra forma de atualização latente, como alguma variação do padrão de **Observador** [Gamma *et al.*] ou inscrições em eventos de **Cache Distribuído/Grade Distribuída** (por exemplo, Coherence ou GemFire). Abordar retardos pode até ser tão fácil quanto informar os usuários de que sua solicitação foi aceita e um resultado exigirá algum tempo de processamento. Determine cuidadosamente se o tempo de retardo da consistência futura representa um problema. Se representar, você terá de descobrir a melhor maneira de enfrentá-lo em um determinado ambiente.

Assim como acontece com todos os padrões, o CQRS introduz uma série de forças conflitantes. Devemos exercer uma grande dose de cuidado e escolher de maneira prudente. Certamente se uma interface do usuário não for excessivamente complexa ou abranger regularmente vários Agregados diferentes em uma única visualização, empregar o CQRS servirá para introduzir complexidade acidental, em vez de complexidade necessária. O CQRS é a escolha certa quando ele elimina o risco com alta probabilidade de causar falhas se for ignorado.

Arquitetura Orientada a Eventos

A Arquitetura Orientada a Eventos (EDA) é uma arquitetura de softwares que promove a produção, detecção, consumo e reação a eventos. [Wikipedia, EDA]

A Arquitetura Hexagonal mostrada na Figura 4.4 pode representar a noção de um sistema que participa de uma EDA por meio de mensagens enviadas e recebidas. Uma EDA não tem de usar a Arquitetura Hexagonal, mas é uma forma decente de apresentar os conceitos aqui. Em um projeto inteiramente novo valeria muito a pena considerar o uso da Arquitetura Hexagonal como o estilo global.

Examinando a Figura 4.4, digamos que o cliente triangular e o mecanismo de saída triangular correspondente representam o mecanismo de mensagens usado pelo Contexto Delimitado. Eventos de entrada utilizam uma Porta separada daquela empregada pelos outros três clientes. Eventos de saída também viajam por meio de uma Porta diferente. Como proposto anteriormente, as Portas separadas podem representar o transporte de mensagens via AMQP, como usado pelo RabbitMQ, em vez do HTTP mais comum que os outros clientes usam. Qualquer que seja o mecanismo de mensagens real que possa estar em uso, vamos supor que os eventos entram e saem do sistema por meio dos triângulos simbólicos.

Podem haver alguns diferentes tipos de eventos que entram e saem de um hexágono. Estamos interessados especificamente nos Eventos de Domínio. A aplicação também pode se inscrever nos eventos do sistema, da empresa ou em outros tipos de eventos. Talvez aqueles que lidam com a saúde e monitoramento do sistema, login, provisionamento dinâmico e afins. Mas são os Eventos de Domínio que transmitem os acontecimentos que exigem nossa atenção à modelagem.

Podemos replicar o sistema na visualização da Arquitetura Hexagonal quantas vezes forem necessárias para representar o complemento dos sistemas na empresa que suportam a maneira orientada a eventos. Isso foi feito na Figura 4.7. Mais uma vez, não é que cada sistema será baseado na Arquitetura Hexagonal. O diagrama apenas demonstra como a Arquitetura Orientada a Eventos pode ser suportada se múltiplos sistemas forem hexagonais desde sua fundação. Do contrário, sinta-se livre para substituir os hexágonos por Camadas, ou outro estilo.

Os Eventos de Domínio publicados por um desses sistemas por meio da porta de saída seriam entregues aos assinantes representados nos outros por meio da Porta de entrada. Os vários Eventos de Domínio recebidos têm um significado

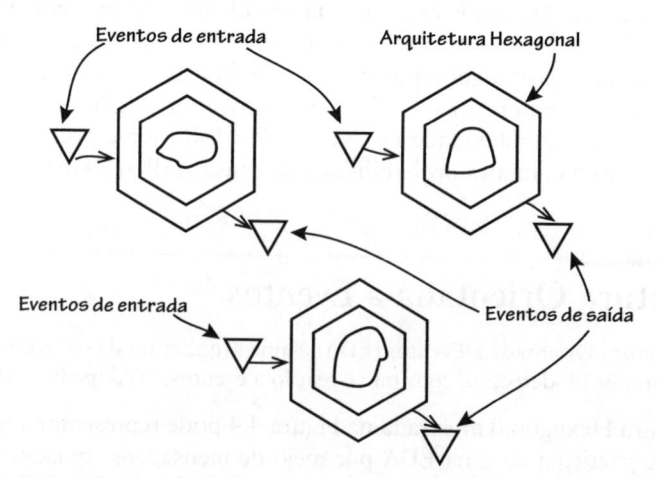

Figura 4.7   Três sistemas usando uma Arquitetura Orientada a Eventos com um estilo Hexagonal global. O estilo EDA separa tudo, exceto a dependência dos sistemas para com o próprio mecanismo de mensagens e os tipos de Evento que eles assinam para receber.

específico em cada Contexto Delimitado receptor, ou possivelmente nenhum significado.[5] Se o tipo de Evento é de interesse em um Contexto específico, suas propriedades são adaptadas para a API da aplicação e usadas para executar uma operação aí. A operação do comando executada na API da aplicação é então refletida no modelo do domínio de acordo com seu protocolo.

É possível que um Evento de Domínio específico recebido represente apenas uma parte de um processo multitarefa. Só depois que todos os Eventos de Domínio antecipados chegam é que o Processo multitarefa pode ser considerado concluído. Mas como esse processo começa? Como ele é distribuído por toda a empresa? E como vamos lidar com o progresso por meio da conclusão do Processo? As respostas são discutidas posteriormente na seção sobre Processos de Longa Duração. Mas primeiro, algumas bases iniciais são adequadas. Sistemas baseados em mensagem muitas vezes refletem um estilo de Pipes e Filtros.

Pipes e Filtros

Em uma das suas formas mais simples, Pipes e Filtros estão disponíveis usando uma linha de comando de shell/console:

```
$ cat phone_numbers.txt | grep 303 | wc -l
3
$
```

Aqui uma linha de comando do Linux é usada para localizar quantos contatos estão no gerenciador de informações pessoais, phone_numbers.txt, que têm números de telefone baseados no Colorado. É certo que essa não é uma maneira muito confiável de implementar o caso de uso, mas demonstra como Pipes e Filtros funcionam:

1. O utilitário cat produz o conteúdo do phone_numbers.txt para aquilo que é chamado *fluxo de saída padrão*. Normalmente esse fluxo está conectado ao console. Mas quando o símbolo | é usado, a saída é redirecionada para a entrada do próximo recurso.

2. Em seguida, grep lê sua entrada a partir do fluxo de entrada padrão, que foi o resultado de cat. O argumento para grep o instrui a corresponder as linhas que contêm o texto 303. Cada linha que ele encontra é enviada para o fluxo de saída padrão. Como com cat, o fluxo de saída do grep é agora enviado para a entrada do próximo recurso.

3. Por fim, wc lê o fluxo de entrada padrão, que foi enviado para a saída padrão do grep. O argumento de linha de comando para wc é -l, instruindo-o a contar o número de linhas que ele lê. Ele gera o resultado

---

5. Se filtros de mensagem ou chaves de roteamento forem utilizados, os assinantes podem evitar receber Eventos que não fazem sentido para eles.

que, nesse caso, é 3, porque três linhas foram produzidas pelo `grep`. Observe que agora a saída padrão é exibida no console, uma vez que nesse momento não há nenhum pipe para um comando adicional.

Isso pode ser aproximado usando um console do Windows, mas com menos pipes:

```
C:\fancy_pim> type phone_numbers.txt | find /c "303"
3
C:\fancy_pim>
```

Pense no que acontece com cada um dos utilitários. Cada um recebe um conjunto de dados, processa-o e produz um diferente. O conjunto de dados que é produzido muda em relação à entrada porque cada utilitário funciona como um filtro. No final do Processo de filtragem, a saída é completamente diferente da entrada. A entrada começou como um arquivo de texto com linhas individuais das informações de contato e acabou sendo o dígito de texto que representa o número 3.

Usando os princípios básicos desse exemplo, como podemos aplicá-los a uma Arquitetura Orientada a Eventos? De fato, podemos encontrar alguma sobreposição útil. A discussão a seguir baseia-se no padrão de transmissão de mensagens por meio de **Pipes e Filtros** encontrado em [Hohpe, Woolf]. Entenda, porém, que uma abordagem baseada em Pipes e Filtros para a transmissão de mensagens não é exatamente como a versão de linha de comando, e não visa ser. Por exemplo, um filtro em uma EDA não precisa realmente filtrar nada. Um filtro em uma EDA pode ser usado para executar algum processamento e deixar intactos os dados da mensagem. Mas Pipes e Filtros em uma EDA são semelhantes ao tipo de linha de comando o bastante para o exemplo anterior ter ajudado a lançar algumas bases para o que vem a seguir. Se você for um leitor mais avançado, sinta-se livre para "filtrar" o que vem a seguir.

A Tabela 4.2 apresenta algumas das características básicas de um Processo de Pipes e Filtros baseado em mensagens.

Tabela 4.2 Características Básicas de um Processo de Pipes e Filtros Baseado em Mensagens

Característica	Descrição
Pipes são canais de mensagens	Filtros recebem as mensagens em um pipe de entrada e enviam as mensagens em um pipe de saída. O pipe na verdade é um canal de mensagens.
Portas conectam filtros aos pipes	Filtros se conectam ao pipes de entrada e saída por meio de uma porta. Portas tornam a Arquitetura Hexagonal (Portas e Adaptadores) um estilo global perfeito.
Filtros são processadores	Os filtros podem processar mensagens sem realmente filtrar.
Processadores separados	Cada processador de filtro é um componente separado, e a granularidade adequada do componente é alcançada por meio de projeto cuidadoso.

Tabela 4.2 Características Básicas de um Processo de Pipes e Filtros Baseado em Mensagens (*continuação*)

Característica	Descrição
Baixo acoplamento	Cada processador de filtro é composto no processo de uma maneira independente de todos os outros. A composição do processador de filtro pode ser definida por meio de configuração.
Intercambiável	A ordem em que um processador recebe as mensagens pode ser reorganizada de acordo com os requisitos dos casos de uso, usando mais uma vez a composição configurada.
Filtros podem tornar-se multipipe	Embora Filtros de linha de comando sejam lidos e gravados apenas em um único pipe, Filtros de mensagens podem ler e/ou gravar em múltiplos pipes, o que implica processamento paralelo ou concorrente.
Utilize Filtros do mesmo tipo em paralelo	Os Filtros mais ativos e possivelmente mais lentos podem ser implantados em múltiplos para aumentar o rendimento.

Agora, e se tivéssemos de pensar em cada um dos utilitários `cat`, `grep` e `wc` (ou `type` e `find`) como componentes em uma Arquitetura Orientada a Eventos? E se até mesmo implementássemos componentes para que funcionassem como remetentes e receptores de mensagens para processar números telefônicos de uma forma similar? (Mais uma vez, não estou tentando ilustrar uma substituição da linha de comando um a um, apenas um exemplo simples da transmissão de mensagens com os mesmos objetivos básicos.)

Eis como uma abordagem da transmissão de mensagens por meio de Pipes e Filtros pode funcionar, com os passos ilustrados na Figura 4.8:

1. Podemos começar com um componente chamado `PhoneNumbersPublisher` que lê todas as linhas em `phone_numbers.txt` e então cria e envia uma mensagem de evento que inclui todas as linhas de texto. O evento é chamado `AllPhoneNumbersListed`. Depois que ele é enviado, o pipeline começa.

2. Um componente da rotina de tratamento de mensagem chamado `Phone-Number-Finder` é configurado para se inscrever em `AllPhoneNumbersListed` e o recebe. Essa rotina de tratamento de mensagem é o primeiro filtro no pipeline. O filtro é configurado para procurar o texto `303`. Esse componente processa o evento pesquisando em cada linha a sequência do texto `303`. Em seguida, ele cria um novo evento chamado `PhoneNumbersMatched`, inserindo as linhas completas dos resultados correspondentes no evento. A mensagem de evento é enviada, dando continuidade ao pipeline.

3. Um componente da rotina de tratamento de mensagem chamado `MatchedPhoneNumberCounter` é configurado para se inscrever em `PhoneNumbersMatched` e o recebe. Essa rotina de tratamento de mensagem é o segundo filtro no pipeline. Sua única responsabilidade é contar os números de telefone no evento e então enviar os resultados em um no-

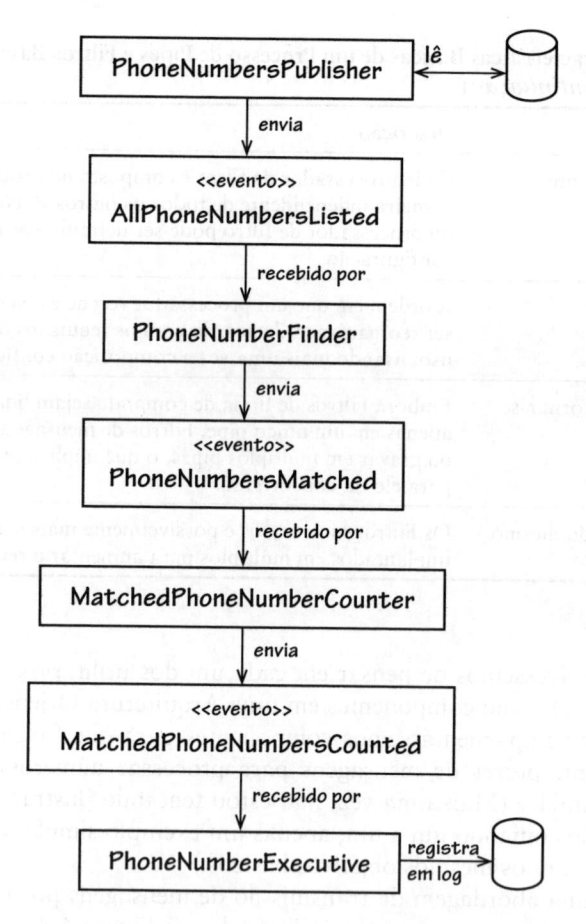

Figura 4.8   Um pipeline é formado enviando Eventos que os filtros processam.

vo evento. Nesse caso, ele conta três linhas totais contendo números de telefone. O filtro conclui criando o evento `MatchedPhoneNumbers-Counted`, definindo a propriedade de contagem como 3. A mensagem do evento é enviada, dando continuidade ao pipeline.

4. Por fim, um componente da rotina de tratamento de mensagem inscrito em `MatchedPhoneNumbersCounted` o recebe. Esse componente é denominado `PhoneNumberExecutive`. Sua única responsabilidade é gravar o resultado, incluindo a propriedade do evento de contagem e a data e hora em que foi recebido, em um arquivo. Nesse caso, ele grava

`3 phone numbers matched on July 15, 2012 at 11:15 PM`

O pipeline para esse processo específico agora está concluído.[6]

---

6. Para simplificar, não discutiremos portas, Adaptadores e a API de aplicação da Arquitetura Hexagonal.

Esse tipo de pipeline é relativamente flexível. Se quiséssemos adicionar novos filtros ao pipeline, criaríamos novos Eventos em que cada filtro existente se inscreve e publica. Basicamente teríamos de mudar cuidadosamente a ordem sequencial do pipeline por meio de configuração. É claro que não é tão fácil mudar esse Processo como é com a abordagem de linha de comando. Normalmente, porém, não mudaremos os pipelines do Evento de Domínio tão frequentemente. Embora esse Processo distribuído particular por si só não seja muito útil, ele demonstra como Pipes e Filtros podem funcionar em uma Arquitetura Orientada a Eventos na transmissão de mensagens.

Portanto, podemos esperar ver Pipes e Filtros explorados para resolver um problema como esse? Bem, idealmente não. (Na verdade, se você achar esse exemplo irritante, provavelmente é porque você já sabe melhor. Isso é bom, mas há muitos outros que são ajudados por ele.) O objetivo aqui é ser apenas um exemplo sintético, um que destaca os conceitos. Em uma empresa real usaríamos esse padrão para decompor um grande problema em passos menores que tornaria o processamento distribuído mais fácil de entender e gerenciar. Ele também permitiria que múltiplos sistemas só cuidassem daquilo que eles fazem bem.

Em um cenário DDD real, Eventos de Domínio refletem nomes significativos para o negócio. O passo 1 pode publicar um Evento de Domínio com base no resultado comportamental de um Agregado em um Contexto Delimitado. Os passos 2 a 4 podem ocorrer em um ou mais Contextos Delimitados diferentes que recebem o evento inicial e então publicam um daqueles subsequentes. Esses três passos podem criar ou alterar os Agregados em seus respectivos Contextos Delimitados. Isso depende do Domínio, mas eles são os resultados comuns do tratamento de Eventos de Domínio em uma arquitetura orientada a Pipes e Filtros.

Como explicado em **Eventos de Domínio** (8), esses passos não são simplesmente notificações técnicas decorativas. Eles modelam explicitamente as ocorrências das atividades do Processo do negócio que são úteis e que os assinantes de todo o domínio devem conhecer, e eles empacotam uma identidade única e o número necessário de propriedades que transmitem conhecimento a fim de publicar claramente seus pontos de vista. Mas esse estilo síncrono passo a passo pode ser estendido para alcançar mais de uma coisa ao mesmo tempo.

Processos de Longa Duração, Conhecidos como Sagas

O exemplo fictício de Pipes e Filtros pode ser estendido para demonstrar outro padrão do processamento distribuído paralelo Orientado a Eventos, ou seja, **Processos de Longa Duração**. Um Processo de Longa Duração é às vezes chamado Saga, mas dependendo de sua formação, esse nome pode entrar em conflito com um padrão preexistente. Uma descrição inicial do Saga é apresentada em [Garcia-Molina & Salem]. Em uma tentativa de evitar confusão e ambiguidade, optei por usar o nome Processo de Longa Duração, e às vezes uso o nome Processo por Brevidade.

Lógica Caubói

LB: *"Dallas* e *Dinastia,* isso é o que eu chamo de Saga!"

AJ: "Para todos os leitores alemães, vocês todos conhecem *Dinastia* como *Der Denver Clan."*

Estendendo o exemplo anterior, podemos criar pipelines paralelos adicionando um único novo filtro, `TotalPhoneNumbersCounter`, como um assinante adicional a `AllPhoneNumbersListed`. Ele recebe o evento `AllPhoneNumbers-Listed` praticamente em paralelo com o `PhoneNumberFinder`. O novo filtro tem um objetivo muito simples, contar todos os contatos existentes. Dessa vez, porém, `PhoneNumberExecutive` inicia o Processo de Longa Duração e monitora-o até sua conclusão. O executivo pode ou não reutilizar o `PhoneNumbersPublisher`, mas o importante é o que há de novo sobre ele. O executivo, implementado como um Serviço de Aplicação ou Rotina de Tratamento de Comando, monitora o progresso do Processo de Longa Duração e entende quando ele está concluído e o que fazer quando isso acontece. Consulte a Figura 4.9 à medida que analisamos o Processo de Longa Duração de exemplo.

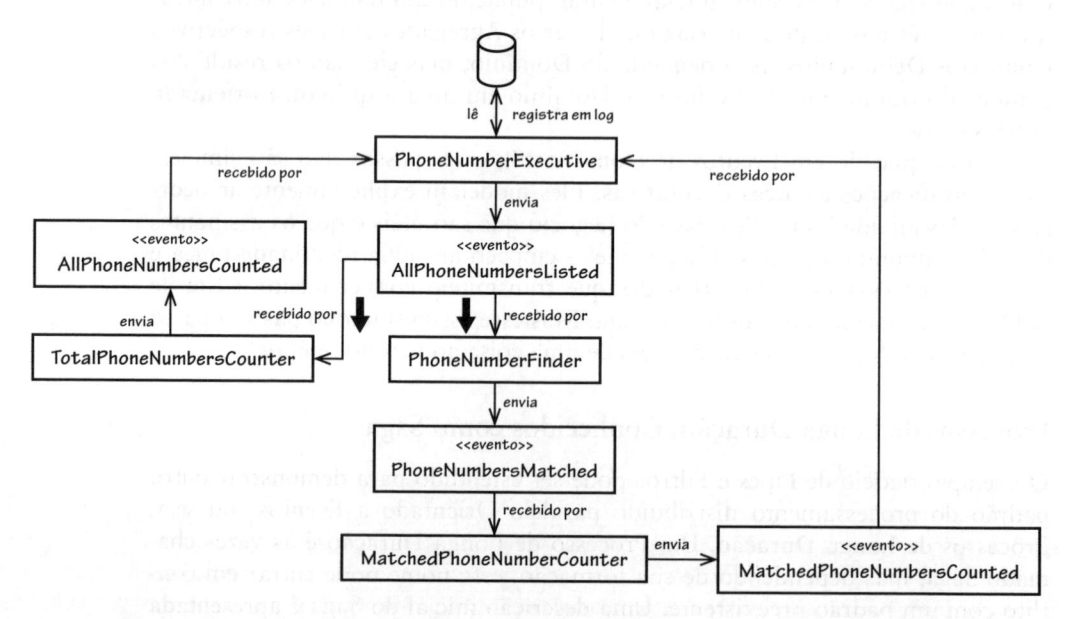

Figura 4.9 O único Processo de Longa Execução inicia o processamento paralelo e o acompanha até a conclusão. As setas mais largas indicam onde o paralelismo começa quando dois Filtros recebem o mesmo evento.

Diferentes Maneiras de Projetar um Processo de Longa Duração

Eis três abordagens para projetar um Processo de Longa Duração, embora possa haver mais:

- Projete o Processo como uma tarefa composta, que é monitorada por um componente executivo que registra os passos e a completude da tarefa usando um objeto persistente. Essa é a abordagem discutida em mais detalhes aqui.

- Projete o Processo como um conjunto de Agregados parceiros que colaboram em um conjunto de atividades. Uma ou mais instâncias de Agregado funcionam como o executivo e mantêm o estado geral do Processo. Essa é a abordagem promovida por Pat Helland da Amazon [Helland].

- Projete um Processo sem estado de modo que cada componente da rotina de tratamento de mensagem que recebe uma mensagem portadora de evento enriqueça o evento recebido com informações adicionais sobre o progresso da tarefa à medida que ele envia a próxima mensagem. O estado do Processo geral é mantido apenas no corpo de cada mensagem enviada entre um colaborador e outro.

Como o evento inicial agora está inscrito em dois componentes, ambos os filtros recebem o mesmo evento praticamente de forma simultânea. O filtro original procede como sempre tem feito, correspondendo com o padrão do texto específico 303. O novo filtro conta todas as linhas e, depois de concluído, ele envia o evento `AllPhoneNumbersCounted`. O evento inclui a contagem do total de contatos. Se houver, por exemplo, 15 números de telefone no total, a propriedade de `count` do evento é definida como 15.

Agora é responsabilidade do `PhoneNumberExecutive` se inscrever em dois Eventos, tanto `MatchedPhoneNumbersCounted` como `AllPhoneNumbersCounted`. O processamento paralelo só é considerado concluído depois que ambos os Eventos de Domínio são recebidos. Quando a conclusão é alcançada, os resultados do processamento paralelo são mesclados em um único resultado. O executivo agora registra em log:

```
3 of 15 phone numbers matched on July 15, 2012 at 11:27 PM
```

A saída do log é aprimorada com a contagem total dos números de telefone, além das informações correspondentes anteriores sobre a data e hora. Embora as tarefas executadas para produzir os resultados fossem muito simples, elas foram realizadas em paralelo. E se pelo menos alguns dos componentes do assinante fossem implantados para diferentes nós de computação, o processamento paralelo também seria distribuído.

Mas há um problema com esse Processo de Longa Duração. O `PhoneNumber-Executive` atualmente não tem como saber que recebeu os dois Eventos de

Domínio concluídos associados aos processos paralelos específicos correspondentes. Se muitos desses processos fossem iniciados em paralelo, e Eventos de conclusão para cada um deles fossem recebidos fora da ordem, como o executivo saberia qual Processo paralelo foi concluído? Para o nosso exemplo fictício, o registro em log com eventos mal correspondidos dificilmente será trágico. Mas ao lidar com domínios de negócios corporativos, um Processo de Longa Duração impropriamente alinhado pode ser desastroso.

O primeiro passo para a solução dessa situação problemática é *atribuir uma identidade única ao Processo,* que é transmitida por cada um dos Eventos de Domínio associados. Isso pode ser a mesma identidade atribuída ao Evento de Domínio originador que faz com que o Processo de Longa Duração comece (por exemplo, `AllPhone-NumbersListed`). Podemos usar um identificador universalmente único (UUID) alocado especificamente para o Processo. Ver em **Entidades (5)** e **Eventos de Domínio (8)** uma discussão de como fornecer uma identidade única. O `PhoneNumberExecutive` agora gravaria a saída no log somente após o recebimento dos Eventos de conclusão com identidades iguais. Mas não podemos deixar que o executivo espere até que todos os Eventos de conclusão sejam recebidos. Ele também é um assinante do evento que vai e vem com a recepção e tratamento de cada entrega.

Executivo e Monitor?

Alguns acham que mesclar os conceitos de *executivo* e *monitor* em um único objeto — um Agregado — seja a abordagem mais simples. Implementar esse Agregado como parte do modelo do domínio que monitora naturalmente apenas uma parte do Processo geral pode ser uma técnica libertadora. Por um lado, podemos evitar o desenvolvimento de um monitor separado como uma máquina de estado, além dos Agregados que também devem existir. De fato, os Processos de Longa Duração mais básicos são mais bem implementados apenas dessa forma.

Em uma Arquitetura Hexagonal, uma rotina de tratamento de mensagem composta por uma porta e um Adaptador simplesmente seria despachada para um Serviço de Aplicação (ou rotina de Tratamento de Evento), que carregaria o Agregado alvo e seria delegado ao método de comando apropriado. Como o Agregado, por sua vez, dispara um Evento de Domínio, o evento seria publicado em parte como uma indicação de que o Agregado concluiu seu papel no Processo.

Essa abordagem segue de perto aquela promovida por Pat Helland, a qual ele chama *atividades parceiras* [Helland], e é a segunda abordagem descrita na barra lateral "Diferentes maneiras de projetar um Processo de Longa Duração". Idealmente, porém, discutir um executivo e monitor separados é uma forma mais eficaz de ensinar a técnica geral, e uma maneira mais intuitiva de aprendê-la.

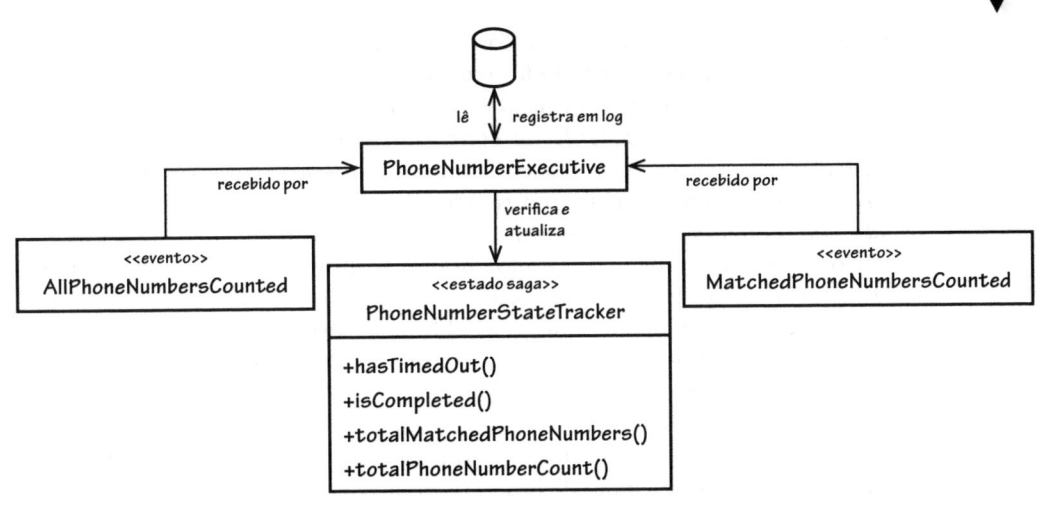

Figura 4.10   A `PhoneNumberStateTracker` serve como um objeto de estado de Processo de Longa Execução. O monitor é implementado como um Agregado.

Em um domínio real, cada instância do executivo de um Processo cria um novo objeto de estado similar a Agregado para monitorar sua conclusão futura. O objeto de estado é criado quando o Processo começa, associando a mesma identidade única que cada Evento de Domínio relacionado deve transportar. Também pode ser útil que ele contenha um registro de data/hora de quando o Processo começou (as razões são discutidas mais adiante neste capítulo). O objeto monitor de estado de Processo é ilustrado na Figura 4.10.

À medida que cada pipeline no processamento paralelo se completa, o executivo recebe um evento de conclusão correspondente. O executivo recupera a instância de monitoramento do estado correspondendo a identidade única do Processo transportada pelo evento recebido e define uma propriedade que representa o passo recém-concluído.

A instância do estado do Processo geralmente tem um método como `isCompleted()`. À medida que cada passo é concluído e gravado nesse monitor de estado, o executivo verifica `isCompleted()`. Esse método verifica a conclusão registrada de todos os processos paralelos necessários. Quando o método responde `true`, o executivo tem a opção de publicar um Evento de Domínio final se exigido pelo negócio. Esse evento pode ser exigido se o Processo de conclusão for apenas um ramo em um Processo paralelo maior, por exemplo.

Um determinado mecanismo de mensagens pode não ter os recursos que garantem *a entrega única* de cada evento.[7] Se for possível que o mecanismo de mensagens entregue uma mensagem de Evento de Domínio duas ou mais vezes, podemos usar o objeto de estado do Processo para remover a duplicada. Isso

---

7. Isso não significa entrega garantida, mas entrega única garantida, ou uma vez e somente uma vez.

exige que recursos especiais sejam fornecidos pelo mecanismo de mensagens? Considere como ele pode ser tratado sem eles.

Quando cada evento de conclusão é recebido, *o executivo verifica no objeto de estado um registro existente da conclusão para esse evento específico*. Se o indicador de conclusão já estiver definido, o evento será considerado uma duplicata e será ignorado, mas confirmado.[8] Outra opção é *projetar o objeto de estado como idempotente*. Dessa forma, se mensagens duplicadas forem recebidas pelo executivo, o objeto de estado absorve as gravações da ocorrência duplicada de forma igual. Embora apenas a segunda opção projete o próprio monitor de estado como idempotente, ambas as abordagens suportam mensagens idempotentes. Ver em **Eventos de Domínio (8)** uma discussão mais aprofundada da deduplicação de Eventos.

Parte do monitoramento da conclusão do Processo pode ser sensível ao tempo. Podemos lidar com tempos limites do Processo passiva ou ativamente. Lembre--se de que o monitor de estado de Processo pode conter um registro de data/hora de sua criação. Adicione a isso o valor total (ou configuração) de uma constante de tempo permissível e o executivo pode gerenciar Processos de Longa Duração sensíveis ao tempo.

Uma verificação passiva de tempo limite é realizada sempre que um evento de conclusão do processamento paralelo é recebido pelo executivo. O executivo recupera o monitor de estado e pergunta se ocorreu um tempo limite. Um método como `hasTimedOut()` pode servir para esse propósito. Se a verificação passiva de tempo limite indicar que o limiar de tempo permissível foi ultrapassado, o monitor de estado de Processo pode ser marcado como abandonado. Também é possível publicar uma falha correspondente do Evento de Domínio. Note que a desvantagem da verificação passiva de tempo limite é que o Processo pode permanecer ativo bem depois de seu limiar se um ou mais Eventos de conclusão por alguma razão nunca forem recebidos pelo executivo. Isso pode ser inaceitável se um Processo paralelo maior for dependente de certo sucesso ou fracasso desse Processo.

Uma verificação ativa de tempo limite do Processo pode ser gerenciada usando um timer externo. Por exemplo, uma instância JMX `TimerMBean` é uma maneira de obter um timer gerenciado pelo Java. O timer é definido como o limiar máximo de tempo limite assim que o Processo começa. Quando o timer é disparado, o ouvinte acessa o monitor de estado de Processo. Se o estado ainda não estiver concluído (sempre verificado no caso de o timer ser disparado apenas como um evento assíncrono que conclui o Processo), ele será então marcado como abandonado, e um evento correspondente de falha será publicado. Se o monitor de estado for marcado como concluído antes de o timer ser disparado, o timer pode ser terminado. Uma desvantagem da verificação ativa de tempo limite é que ela requer mais recursos do sistema, o que pode sobrecarregar um ambiente de alto tráfego. Além disso, uma condição de corrida entre o timer e a chegada do evento de conclusão pode causar falha incorretamente.

---

8. Quando o mecanismo de mensagens finalmente recebe a confirmação de recebimento, a mensagem não é entregue novamente.

Processos de Longa Duração são frequentemente associados ao processamento paralelo e distribuído, mas não têm nada a ver com transações distribuídas. Eles exigem uma mentalidade que abraça a consistência futura. Precisamos fazer todos os esforços para projetar um Processo de Longa Duração de forma sóbria com a expectativa de que, quando a infraestrutura ou as próprias tarefas falham, é essencial uma recuperação bem projetada de erros. Cada sistema que participa de uma única instância de um Processo de Longa Duração só deve ser considerada incompatível com todos os outros participantes depois que o executivo recebe a notificação de conclusão final. É verdade que alguns Processos de Longa Duração podem ser capazes de ser bem-sucedidos somente com uma conclusão parcial, ou eles podem atrasar por até mesmo alguns dias antes da conclusão total. Mas se o Processo encalhar e os sistemas participantes permanecerem em estados inconsistentes, pode ser necessária uma compensação. Se a compensação for obrigatória, ela pode superar a complexidade de projetar o caminho do sucesso. Talvez procedimentos do negócio possam permitir falhas e oferecer, em vez disso, soluções de fluxo de trabalho.

As equipes da SaaSOvation empregam uma Arquitetura Orientada a Eventos ao longo dos Contextos Delimitados, e a equipe do ProjectOvation utilizará a forma mais simples de um Processo de Longa Duração para gerenciar a criação das Discussions atribuídas a instâncias de Product. O estilo dominante é a Arquitetura Hexagonal para gerenciar o serviço externo de mensagens e a publicação dos Eventos de Domínio por toda a empresa.

Não se deve negligenciar que o executivo do Processo de Longa Duração pode publicar um, dois ou mais Eventos para iniciar o processamento paralelo. Também pode não haver apenas dois, mas três ou mais assinantes para quaisquer Eventos de iniciação. Em outras palavras, um Processo de Longa Duração pode levar a muitas atividades separadas do processo do negócio que são executadas simultaneamente. Assim, nosso exemplo fictício é limitado em termos de complexidade apenas por uma questão de comunicação dos conceitos básicos de um Processo de Longa Duração.

Processos de Longa Duração são frequentemente úteis quando a integração com sistemas legados pode ter alta latência. Mesmo se a latência e o sistema legado não forem as principais preocupações, continuamos a nos beneficiar da distribuição e paralelismo com elegância, o que pode levar a sistemas de negócios altamente escalonáveis e altamente disponíveis.

Alguns mecanismos de mensagem têm suporte integrado para Processos de Longa Duração, o que pode acelerar significativamente a adoção. Um deles é [NServiceBus], que especificamente os chama de Sagas. Outra implementação Saga é fornecida por [MassTransit].

Prospecção de Eventos

Às vezes, a empresa se preocupa em monitorar as alterações que ocorrem nos objetos em um modelo de domínio. Existem vários níveis de interesse em relação ao monitoramento de alterações e maneiras de suportar cada nível. Normalmente as empresas optam por monitorar somente quando alguma entidade é criada e modificada pela última vez, e por quem. Essa é uma abordagem relativamente simples e direta ao monitoramento de alterações. Mas não fornece nenhuma informação sobre as alterações individuais no modelo.

Com maior desejo por ainda mais monitoramento de alterações, o negócio exige mais metadados. Ele começa também a se preocupar com as operações individuais que foram executadas ao longo do tempo. Talvez ele até mesmo queira entender quanto tempo levou para que certas operações fossem executadas. Esses desejos levam à necessidade de manter um diário ou log de auditoria dos indicadores mais refinados dos casos de uso. Mas um diário ou log de auditoria tem limitações. Ele pode armazenar algumas informações sobre o que aconteceu no sistema, talvez até mesmo permitindo alguma depuração. Mas ele não permite examinar o estado dos objetos individuais do domínio antes e depois de tipos específicos de alterações. E se pudéssemos extrair mais do monitoramento de alterações?

Como desenvolvedores, nós todos já experimentamos uma forma ou outra de monitoramento mais refinado de alterações. O exemplo mais comum é com o uso de um Repositório de código-fonte, como CVS, Subversion, Git ou Mercurial. O que todas essas variações dos sistemas de gerenciamento de revisão de código-fonte têm em comum é que todos elas sabem como monitorar as alterações que ocorrem em um arquivo-fonte. O monitoramento de alterações fornecido por esse gênero de ferramenta permite percorrer todo o caminho de volta no tempo, para visualizar um artefato de código-fonte desde sua primeira revisão, e então continuar revisão por revisão, todo o caminho até a mais recente. Submeter todos os arquivos-fonte ao controle de revisão, pode monitorar as alterações de todo o ciclo de vida do desenvolvimento.

Agora, se pensarmos em como aplicar esse conceito a uma única Entidade, então a um Agregado e, em seguida, a cada Agregado no modelo, conseguiremos entender o poder dos objetos de monitoramento de alterações e o valor que ele pode agregar aos nossos sistemas. Com isso em mente, queremos desenvolver um meio de saber o que ocorreu no modelo para provocar a criação de qualquer instância de Agregado, e também o que aconteceu com essa dada instância de Agregado ao longo do tempo, operação por operação. Dado o histórico de tudo o que aconteceu, podemos até suportar modelos temporais. Esse nível de monitoramento de alterações está no cerne de um padrão chamado Prospecção de Eventos.[9] A Figura 4.11 mostra uma visualização de alto nível desse padrão.

Há várias definições da Prospecção de Eventos, portanto, alguns esclarecimentos são aqui oportunos. Estamos discutindo o uso em que cada comando

---

9. A discussão sobre a Prospecção de Eventos geralmente requer entender o CQRS, que é tratado na seção anterior sobre esse tema.

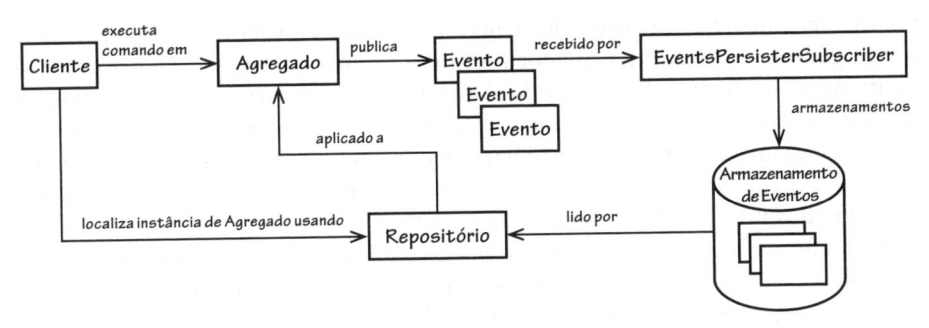

Figura 4.11   Uma visão de alto nível da Prospecção de Eventos, em que os agregados publicam eventos que são armazenados e utilizados para acompanhar as mudanças de estado do modelo. O Repositório lê os Eventos armazenados e os aplica para reconstituir o estado do Agregado.

operacional executado em qualquer instância de Agregado no modelo do Domínio publicará pelo menos um Evento de Domínio que descreve o resultado da execução. Cada um dos eventos é salvo em um **Armazenamento de Eventos** (8), na ordem em que ocorreu. Quando cada Agregado é recuperado de seu Repositório, a instância é reconstituída reproduzindo os Eventos na ordem em que eles ocorreram anteriormente.[10] Em outras palavras, primeiro o evento mais precoce é reproduzido, e o Agregado aplica o evento a ele mesmo, modificando seu estado. Em seguida, o segundo evento mais antigo é reproduzido da mesma forma. Isso continua até que todos os Eventos, do mais antigo ao mais recente, são totalmente reproduzidos e aplicados. Nesse ponto, o Agregado existe no estado que ele tinha em relação à execução mais recente de algum comportamento de comando.

Um Alvo Em Movimento?

A definição da Prospecção de Eventos passou por análises e refinamentos, e no momento em que este livro era escrito, ela ainda não estava completamente resolvida. Como acontece com a maioria das técnicas de ponta, é necessário refinamento. O que é descrito aqui captura a essência do padrão como aplicado utilizando o DDD e é provável que em grande medida reflita a maneira como em geral ele será utilizado no futuro.

Durante um longo período de alterações em quaisquer e todas as instâncias de Agregado, a reprodução de centenas, milhares ou mesmo milhões de Eventos não gera latência e sobrecarga graves no processamento do modelo? Pelo menos para alguns dos modelos de alto tráfego, é quase certo que isso seria o caso.

Para evitar esse gargalo podemos aplicar uma otimização que utiliza *instantâneos* do estado do Agregado. Um processo é desenvolvido para produzir, em segundo plano, um instantâneo do estado do Agregado na memória em um

---

10 O estado do Agregado é uma união dos Eventos anteriores, exceto que os aplica na mesma ordem em que eles ocorreram.

ponto específico no histórico do armazenamento de eventos. Para fazer isso, o Agregado é carregado na memória usando todos os Eventos anteriores até o ponto atual no tempo. O estado do Agregado é então serializado, e a imagem do instantâneo serializado é então salva no armazenamento de eventos. Desse ponto em diante o Agregado é primeiro instanciado usando o instantâneo mais recente e, em seguida, todos os Eventos mais recentes do que o instantâneo são reproduzidos no Agregado como descrito anteriormente.

Instantâneos não são criados aleatoriamente. Em vez disso, eles podem ser criados em pontos em que um número predefinido de novos Eventos ocorreu. A equipe determinaria um número com base na heurística do domínio ou em outras observações. Por exemplo, podemos descobrir que a execução da recuperação do Agregado é ideal quando há não mais que 50, 100 ou mais Eventos entre os instantâneos.

A Prospecção de Eventos conta fortemente com soluções técnicas. Podemos produzir modelos de Domínio que publicam Eventos de Domínio sem a necessidade de suportar a Prospecção de Eventos. Como um mecanismo de persistência, a Prospecção de Eventos substitui e é muito diferente do uso de uma ferramenta ORM. Como Eventos são muitas vezes persistidos em um armazenamento de Eventos como representações binárias, eles não podem (de maneira ótima) ser usados para consultas. Na verdade, Repositórios projetados para um modelo de Prospecção de Eventos só requerem uma única operação *get/find*, e esse método recebe como parâmetro apenas a identidade única do Agregado. Além disso, Agregados por projeto não têm métodos de consulta (*getters*). Como resultado, precisamos de outra maneira para fazer consultas, o que geralmente leva ao uso do CQRS (discutido anteriormente) de mãos dadas com a Prospecção de Eventos.[11]

Como a Prospecção de Eventos nos leva a pensar de forma diferente sobre como modelos de domínio são projetados, precisamos justificar nosso uso. Na sua forma mais básica, o histórico de eventos pode revelar soluções para erros no sistema. Depurar com o uso de histórico explícito de tudo o que já aconteceu no modelo tem uma grande vantagem. A Prospecção de Eventos pode levar a modelos de domínio de alto rendimento, podendo ser escalonados para um número extremamente grande de transações por segundo. Anexar a uma única tabela de banco de dados, por exemplo, é extremamente rápido. Além disso, ela permite que o modelo de consulta CQRS seja dimensionado, porque as atualizações para essa fonte de dados são executadas em segundo plano depois que o armazenamento de Eventos é atualizado com novos Eventos. Isso também pode permitir a replicação do modelo de consulta para mais instâncias de fontes de dados como um suporte ao número crescente de clientes.

Mas as vantagens técnicas nem sempre vendem as técnicas para o negócio. Assim, considere apenas algumas das vantagens para o negócio da utilização da Prospecção de Eventos que são suportadas devido à implementação técnica:

---

11. Embora possamos usar o CQRS sem utilizar a Prospecção de Eventos, o oposto normalmente não é prático.

- Corrigir o armazenamento de Eventos com Eventos novos ou modificados que resolvem os problemas. Isso pode ter implicações para os negócios, mas se for legal em uma dada situação, a correção pode evitar que o sistema tenha problemas graves que ocorreram por causa de erros no modelo. Como as correções têm um caminho de auditoria integrado, o uso das correções pode diminuir quaisquer implicações legais, tornando-as explícitas e monitoráveis.

- Além de correções, também podemos desfazer e refazer as alterações no modelo reproduzindo conjuntos variados dos Eventos. Isso pode ter implicações técnicas e para o negócio e pode não ser possível suportá-las em todos os casos.

- Com um histórico preciso de tudo o que ocorreu no modelo do domínio, a empresa pode considerar perguntas "e se?". Isto é, reproduzindo os Eventos armazenados em um conjunto de Agregados que têm melhorias experimentais, a empresa pode obter respostas precisas a perguntas hipotéticas. A empresa se beneficiaria se pudesse simular cenários conceituais usando dados históricos reais? Muito provavelmente, sim. É uma forma alternativa de abordar a inteligência do negócio.

A empresa se beneficiaria de uma ou mais dessas vantagens técnicas e não técnicas?

O Apêndice A fornece detalhes ricos sobre como implementar Agregados com a Prospecção de Eventos e discute como visualizações podem ser projetadas para o CQRS. Para mais detalhes, consulte [Dahan, CQRS] e [Nijof, CQRS].

Fábrica de Dados e Computação Distribuída Baseada em Grade

Contribuição de Wes Williams

À medida que os sistemas de software tornam-se cada vez mais complexos e sofisticados, com as bases de usuários em expansão e requisitos centrados em torno de "big data", soluções tradicionais de banco de dados podem se tornar gargalos de desempenho. As organizações que enfrentam as realidades dos sistemas de informação de tamanho colossal não têm alternativa senão buscar soluções que estejam à altura dos desafios computacionais. Fábricas de Dados — às vezes também chamadas Computação em Grade[12] — oferecem as capacidades elásticas de desempenho e escalabilidade que essas situações de negócios exigem.

---

12. Isso não quer dizer que estruturas e grades sejam conceitos idênticos, mas para aqueles que analisam essa arquitetura de uma maneira geral, esses rótulos muitas vezes significam a mesma coisa. Certamente os departamentos de marketing e vendas frequentemente as limitam ao mesmo significado. Em cada caso, esta seção usa o termo *Fábrica de Dados*, uma vez que ele geralmente representa um conjunto mais rico de capacidades do que a Computação em Grade.

Lógica Caubói

AJ: "Quer algumas informações em troca de uma bebida?"

LB: "Desculpe, J. Aqui só em cache."

Uma coisa boa sobre Fábricas de Dados é que elas suportam modelos de domínio de uma forma natural, quase eliminando qualquer incompatibilidade de impedância. Na verdade, seus caches distribuídos acomodam facilmente a persistência dos objetos do domínio em geral e funcionam especificamente como armazenamentos de Agregado.[13] Em termos simples, um Agregado armazenado em um cache baseado em mapa da estrutura[14] é a parte importante de um par chave/valor. A chave é formada da identidade globalmente única do Agregado, e o próprio estado do Agregado é serializado para alguma representação binária ou textual servindo como o valor:

```
String key = product.productId().id();

byte[] value = Serializer.serialize(product);

// region (GemFire) or cache (Coherence)
region.put(key, value);
```

Assim, uma consequência positiva do uso de uma Fábrica de Dados com recursos bem alinhados com os aspectos técnicos de um modelo de domínio é a possibilidade de ciclos de desenvolvimento mais curtos.[15]

Os exemplos apresentados nesta seção demonstram como uma Fábrica de Dados pode hospedar um modelo de domínio em cache e ativar as funcionalidades do sistema em uma escala distribuída. Ao fazer isso, vamos explorar formas de suportar o padrão arquitetônico CQRS e a Arquitetura Orientada a Eventos usando Processos de Longa Duração.

Replicação de Dados

Pensando em um cache de dados na memória, podemos imediatamente considerar a possibilidade real de perder todo ou parte do estado do nosso sistema se o

cache de alguma maneira falhar. Essa é uma preocupação real, mas longe de ser problemática quando a redundância está embutida na estrutura.

---

13. Martin Fowler recentemente promoveu o termo *Armazenamento de Agregados*, embora o conceito já existisse há algum tempo.

14. No GemFire isso é chamado região, mas é o mesmo conceito que o Coherence chama de cache. Uso *cache* por consistência.

15. Alguns armazenamentos NoSQL também funcionam como "Armazenamentos de Agregados" naturais, simplificando os aspectos técnicos da implementação do DDD.

Considere o cache de memória fornecido por uma estrutura ao utilizar uma estratégia de cache por Agregado. Nesse caso, o Repositório de um determinado tipo de Agregado é suportado por um cache dedicado. Um cache que só suporta um único nó estaria bastante vulnerável a falhas em um único ponto. Mas uma estrutura que fornece caches multinós com replicação seria bastante confiável. É possível escolher o nível de redundância com base na probabilidade do número de nós que podem falhar em qualquer dado momento, o que se torna muito estreito à medida que mais nós são incluídos. Você também tem margem de manobra para trocar a redundância por desempenho desde que, é claro, o desempenho possa ser afetado pelo número de repetições dos nós necessários para que um Agregado seja totalmente executado.

Eis um exemplo de como a redundância de cache (ou região, mais uma vez dependendo da estrutura concreta) pode funcionar. Um nó funciona como o cache/região *primária,* e quaisquer outros são *secundários.* Se um armazenamento primário falhar, um fail-over ocorre e um dos caches secundários se torna o novo cache primário. Quando o cache primário é recuperado, todos os dados armazenados no novo cache primário são replicados para o nó recuperado e torna-se um cache secundário.

Uma vantagem adicional dos nós de fail-over é que eles asseguram uma entrega garantida dos eventos publicados a partir da estrutura. Assim, como resultado, as atualizações nos Agregados e em quaisquer eventos publicados na estrutura nunca são perdidas. Obviamente, a replicação e redundância de cache são recursos essenciais para armazenar objetos do modelo de domínio cruciais para o negócio.

Estrutura Orientada a Eventos e Eventos de Domínio

O principal recurso de uma estrutura é o suporte a um estilo Orientado a Eventos, com entrega garantida. A maioria das estruturas tem notificação integrada de eventos de natureza técnica, isto é, notificação automática dos eventos que informam sobre o nível do cache e ocorrências de nível de entrada. Esses não devem ser confundidos com Eventos de Domínio. Por exemplo, um evento de nível de cache informa acontecimentos como reinicialização de cache, e um evento de nível de entrada informa sobre ocorrências como criação e atualizações de entrada.

Mas com uma estrutura que suporta uma arquitetura aberta deve haver uma forma de suportar a publicação dos Eventos de Domínio diretamente a partir dos Agregados. Seus Eventos de Domínio talvez precisem subdividir em classes um tipo específico de evento de estrutura, como EntryEvent (por exemplo, GemFire), mas esse é um preço baixo a pagar pelo poder que eles fornecem.

Como você pode usar Eventos de Domínio em uma estrutura? Como discutido em **Eventos de Domínio (8)**, seus Agregados usariam um componente DomainEventPublisher simples. No cache de uma estrutura, esse publicador pode simplesmente inserir os Eventos publicados em um cache/região específico. Eventos em cache então seriam entregues aos assinantes (ouvintes) de forma síncrona ou assíncrona. Assim, para não desperdiçar memória preciosa nesse cache/região dedicado a eventos, uma vez que cada evento é totalmente confirmado por todos os assinantes, a entrada seria removida do mapa. É claro que cada evento só é totalmente confirmado depois de ser publicado por um ou mais assinantes em um barramento ou fila de mensagens e/ou utilizado para atualizar um modelo de consulta CQRS.

Como os assinantes no evento do Domínio também podem usar os Eventos para executar a sincronização dos outros Agregados dependentes, a consistência futura é garantida por meio da arquitetura.

Consultas Contínuas

Algumas estruturas suportam um tipo de notificação de evento conhecida como Consulta Contínua. Isso permite que um cliente registre uma consulta feita na estrutura que garantirá que o cliente receba a notificação das alterações no cache que satisfazem a consulta. Um uso da Consulta Contínua é pelos componentes da interface do usuário, que permite que esses componentes ouçam as alterações que podem afetar a visualização atual.

Você vê o que está vindo? O CQRS se encaixa muito bem no recurso de Consulta Contínua, supondo que o modelo de consulta seja mantido na estrutura. Em vez de exigir que a visualização seja buscada depois das atualizações na tabela de visualização, as notificações entregues como consultas contínuas registradas são resolvidas, permitindo que as visualizações sejam atualizadas no momento exato. Eis um exemplo de um cliente inscrevendo-se em eventos de Consulta Contínua do GemFire:

```
CqAttributesFactory factory = new CqAttributesFactory();

CqListener listener = new BacklogItemWatchListener();

factory.addCqListener(listener);

String continuousQueryName = "BacklogItemWatcher";

String query = "select * from /queryModelBacklogItem qmbli "
        + "where qmbli.status = 'Committed'";

CqQuery backlogItemWatcher = queryService.newCq(
        continuousQueryName, query, factory.create());
```

A Fábrica de Dados agora entregará atualizações do modelo de consulta CQRS com base nas modificações no Agregado para o objeto de retorno de chamada do cliente fornecido pelo CqListener, juntamente com os metadados que foram adicionados, atualizados ou destruídos depois que os critérios correspondentes são atendidos.

Processamento Distribuído

O uso poderoso de uma Fábrica de Dados é o processamento distribuído ao longo de caches replicados da estrutura e retorno dos resultados do Agregado para o cliente. Isso permite que a estrutura satisfaça o Processo Orientado a Eventos e o processamento paralelo distribuído, talvez usando Processos de Longa Duração.

Para ilustrar esse recurso, precisamos mencionar algumas abordagens concretas no GemFire e Coherence. O executivo do Processo pode ser implementado como uma função do GemFire ou um processador de entrada do Coherence. Ambos podem servir coma rotina de tratamento de eventos de **Comando** [Gamma *et al.*] que são executados em paralelo ao longo do cache distribuído e replicado. (Em vez disso, é possível pensar nesse conceito como um Serviço de Domínio, mas o que ele faz pode não ser centrado no Domínio). Por consistência, vamos chamar esse recurso de Função. Uma Função pode aceitar opcionalmente um filtro para restringir a execução contra instâncias de Agregado correspondentes.

Vamos analisar uma função de exemplo que implementa um Processo de Longa Duração para o Processo de Contagem de Números Telefônicos apresentado anteriormente. Esse Processo será executado em paralelo ao longo do cache replicado usando uma Função GemFire:

```
public class PhoneNumberCountSaga extends FunctionAdapter {
    @Override
    public void execute(FunctionContext context) {
        Cache cache = CacheFactory.getAnyInstance();
        QueryService queryService = cache.getQueryService();

        String phoneNumberFilterQuery = (String) context.getArguments();
        ...
// Pseudocódigo
        // - Executar a função para obter MatchedPhoneNumbersCounted.
        // - Enviar resposta para o Agregado invocando o
        //     aggregator.sendResult(MatchedPhoneNumbersCounted).
        // - Executar a função para obter AllPhoneNumbersCounted.
        // - Enviar resposta para o agregador invocando o
        //     aggregator.sendResult(AllPhoneNumbersCounted).
        // - O Agregado automaticamente acumula as respostas
        //     de cada chamada de função distribuída e retorna a
        //     resposta do Agregado para o cliente.
    }
}
```

Eis o código de exemplo para um cliente que executará um Processo de Longa Duração em paralelo contra o cache replicado e distribuído:

```
PhoneNumberCountProcess phoneNumberCountProcess =
        new PhoneNumberCountProcess();
```

```
String phoneNumberFilterQuery =
        "select phoneNumber from /phoneNumberRegion pnr "
        + "where pnr.areaCode = '303'";

Execution execution =
        FunctionService.onRegion(phoneNumberRegion)
                .withFilter(0)
                .withArgs(phoneNumberFilterQuery)
                .withCollector(new PhoneNumberCountResultCollector());

PhoneNumberCountResultCollector resultCollector =
        execution.execute(phoneNumberCountProcess);

List allPhoneNumberCountResults = (List) resultsCollector.getResult();
```

É claro que o Processo pode ser muito mais complexo ou muito mais simples. Isso também demonstra que um Processo não necessariamente é um conceito Orientado a Eventos, mas um que pode funcionar com outras abordagens de processamento concorrente e distribuído. Para uma discussão completa sobre o processamento distribuído e paralelo baseado em estrutura, consulte [GemFire Functions].

Resumo

Revisamos vários estilos arquitetônicos e padrões de arquitetura que podem ser usados com o DDD. Não é uma lista exaustiva simplesmente porque existem muitas possibilidades, o que enfatiza a versatilidade do DDD. Por exemplo, não consideramos como aplicar o DDD quando o mapa reduzido está em jogo. Esse é um tema para uma discussão futura.

- Discutimos a arquitetura tradicional em Camadas e como ela pode ser melhorada utilizando o princípio da inversão de dependência.

- Você aprendeu os pontos fortes da Arquitetura Hexagonal possivelmente atemporal, que fornece um estilo global para as arquiteturas de aplicação.

- Enfatizamos como o DDD deve ser utilizado em um ambiente SOA, com REST, e usando uma Fábrica de Dados ou um Cache Distribuído Baseado em Grade.

- Você teve uma visão geral do CQRS e como ele pode simplificar alguns aspectos da aplicação.

- Demos uma olhada nos vários aspectos de como o conceito Orientado a Eventos funciona, incluindo pipes, filtros e Processos de Longa Duração, e examinamos rapidamente a Prospecção de Eventos.

A seguir, passaremos para uma série de capítulos sobre a modelagem tática DDD. Esses capítulos vão ajudá-lo a ver as opções de modelagem mais refinadas à sua disposição e a melhor forma de colocá-las em funcionamento.

Capítulo 5

Entidades

> *Sou Chevy Chase... E você não é.*
> —*Chevy Chase*

Há uma propensão de que desenvolvedores focalizem dados, em vez do domínio. Isso pode acontecer com aqueles novatos em DDD por causa das abordagens prevalecentes ao desenvolvimento de softwares que colocam a importância no banco de dados. Em vez de projetar conceitos de domínio com comportamentos ricos, podemos pensar principalmente em atributos (colunas) e associações (chaves estrangeiras) dos dados. Fazer isso projeta o modelo de dados em pares de objetos, o que faz com que quase todos os conceitos em nosso "modelo de domínio" sejam codificados como uma **Entidade** cheia de métodos *getter* e *setter*. É fácil encontrar ferramentas que irão gerar tudo isso para nós. Embora talvez não haja nada de errado com métodos de acesso de propriedade, esse não é o único comportamento que Entidades DDD devem ter.

Essa é uma armadilha que foi acionada nos desenvolvedores da SaaSOvation. Aprenda com as lições deles no projeto de Entidades.

Roteiro do Capítulo

- Considere por que Entidades têm um local próprio adequado quando precisamos modelar coisas únicas.
- Veja como identidades únicas podem ser geradas para Entidades.
- Examine uma sessão de projeto à medida que uma equipe captura a **Linguagem Ubíqua (1)** no projeto de Entidades.
- Entenda como você pode expressar papéis e responsabilidades das Entidades.
- Veja exemplos de como as Entidades podem ser validadas e como mantê-las persistentes para armazenamento.

Por Que Utilizamos Entidades

Projetamos um conceito de domínio como uma Entidade quando nos preocupamos com sua individualidade, e diferenciá-la de todos os outros objetos em um sistema é uma restrição obrigatória. Uma Entidade é uma coisa única e pode ser alterada continuamente por um longo período de tempo. As alterações podem ser tão extensas que o objeto pode parecer muito diferente do que era antes. Mas é o mesmo objeto por identidade.

À medida que um objeto muda, podemos estar interessados em monitorar quando, como e quem fez as alterações. Ou podemos nos convencer de que sua forma atual é uma indicação suficiente das transições de estado anteriores que explicitam que o monitoramento das alterações é desnecessário. Mesmo se decidirmos não monitorar todos os detalhes do histórico de alterações, ainda podemos argumentar e discutir as sequências das alterações válidas que podem ocorrer nesses objetos ao longo de toda a vida deles. São as características e a mutabilidade da identidade única que separam Entidades dos **Objetos de Valor (6)**.

Há momentos em que uma Entidade não é a ferramenta de modelagem adequada em nosso alcance. O uso inadequado acontece com muito mais frequência do que muitos possam imaginar. Muitas vezes, um conceito deve ser modelado como um valor. Se isso for uma noção desagradável, pode ser que o DDD não se encaixe nas necessidades de seu negócio. É bem possível que um sistema baseado em CRUD seja mais adequado. Se for, essa decisão deve economizar tempo e dinheiro em seu projeto. O problema é que buscar alternativas baseadas em CRUD nem sempre economiza esses preciosos recursos.

As empresas regularmente colocam muito esforço no desenvolvimento de esplêndidos editores de tabelas de banco de dados. Sem a seleção da ferramenta correta, soluções baseadas em CRUD tratadas de forma elaborada são muito caras. Quando o CRUD faz sentido, linguagens e frameworks como Groovy e Grails, Ruby on Rails e afins fazem mais sentido. Se a escolha estiver correta, ela deverá economizar tempo e dinheiro.

Lógica Caubói

AJ: "Onde acabei de pisar?"

LB: "Isso é torta de esterco de vaca, J!"

AJ: "Sei o que é torta. Há tortas de maçã e de framboesa. Mas isso não é uma torta."

LB: "Como eles dizem, 'Nunca chute uma torta de esterco de vaca em um dia quente.' Você nunca sabe."

Por outro lado, se aplicarmos CRUD aos sistemas errados — aqueles mais complexos que merecem a precisão do DDD —, podemos nos arrepender. Quando a complexidade aumenta, experimentamos a limitação da seleção da ferramenta ruim. Sistemas CRUD não podem produzir um modelo refinado de negócios apenas por meio da captura de dados.

Se o DDD for um investimento justificável no resultado financeiro do negócio, usamos Entidades como planejado.

Quando um objeto é distinguido por sua identidade, em vez de seus atributos, torne isso primário para sua definição no modelo. Mantenha a definição de classe simples e focada na identidade e continuidade do ciclo de vida. Defina um meio de distinguir cada objeto independentemente de sua forma ou histórico... O modelo deve definir o que significa ser a mesma coisa. [Evans, p. 92]

Este capítulo ensina como colocar a ênfase adequada em Entidades e mostra várias técnicas de projeto de Entidade.

Identidade Única

Nas fases iniciais do projeto de uma Entidade, focalizamos propositadamente apenas os atributos e comportamentos primários que são fundamentais para a identidade única, bem como aqueles que são úteis para consultá-la, e ignoramos intencionalmente todos os outros atributos e comportamentos até decidirmos pelos primários.

> Em vez de focalizar os atributos ou até mesmo o comportamento, sintetize a definição do objeto Entidade às características mais intrínsecas, particularmente aquelas que a identificam ou são comumente usadas para localizar ou correspondê-lo. Adicione apenas o comportamento que é essencial para o conceito e os atributos que são exigidos por esse comportamento. [Evans, p. 93]

Portanto, é isso que faremos primeiro. Ter uma variedade de opções disponíveis para implementar a identidade é realmente importante, assim com são aquelas que garantem que a unicidade é preservada ao longo do tempo.

Localizar ou corresponder a identidade única de uma Entidade pode ou não ser prático. Usar a identidade única para correspondência geralmente depende de sua legibilidade para as pessoas. Por exemplo, se a aplicação torna a pesquisa do nome de uma pessoa disponível para os usuários, é bem pouco provável que o nome seja usado como a identidade única da Entidade `Person`. Pessoas muito frequentemente têm nomes não únicos. Por outro lado, se a aplicação tornar possível uma pesquisa da identidade fiscal de uma empresa, o número de identificação fiscal pode muito bem ser o identificador único primário para a Entidade `Company`. Governos emitem identidades fiscais únicas.

Objetos de Valor podem funcionar como detentores da identidade única. Eles são imutáveis, o que assegura a estabilidade da identidade, e qualquer comportamento específico para o tipo de identidade é centralizado. Ter um ponto focal para o comportamento da identidade, por mais simples que seja, evita que o conhecimento vaze para outras partes do modelo e para clientes.

Considere algumas estratégias comuns da criação de identidade, da aparentemente mais simples e básica a aquelas com complexidade crescente:

- O usuário fornece um ou mais valores únicos originais como entrada para a aplicação. A aplicação deve garantir que eles sejam únicos.

- A aplicação gera internamente uma identidade utilizando um algoritmo que assegura a unicidade. Podemos usar uma biblioteca ou estrutura para fazer isso por nós, mas isso pode ser feito pela aplicação.

- A aplicação conta com um armazenamento de persistência, como um banco de dados, para gerar uma identidade única.

- Outro **Contexto de Delimitado** (2) (sistema ou aplicação) já determinou a identidade única. Ela é produzida ou selecionada pelo usuário a partir de um conjunto de opções.

Vamos considerar as estratégias individuais, junto com desafios específicos relacionados a cada uma. Quase sempre há efeitos colaterais ao considerar a variedade das soluções técnicas. Um desses efeitos colaterais ocorre ao usar bancos de dados relacionais para persistência de objetos, que vaza em nossos modelos de domínio. Refinamos as preocupações da criação de identidade abordando o impacto do *timing* da geração de identidade, a identidade referencial do banco de dados relacional nos objetos de domínio e como o mapeamento objetorrelacional (ORM) faz parte dessa situação. Também vamos considerar algumas orientações práticas sobre como manter identidades únicas e estáveis.

O Usuário Fornece a Identidade

Parece ser uma abordagem simples fazer com que um usuário insira manualmente os detalhes da identidade única. O usuário digita um valor ou símbolo reconhecível em um campo de entrada ou seleciona a partir de um conjunto de características disponíveis, e a Entidade é criada. É verdade que isso é uma abordagem bastante simples. Mas pode haver complicações.

Uma complicação é contar com o fato de que os usuários produzam identidades de qualidade. A identidade pode ser única, mas incorreta. Na maioria das vezes, as identidades devem ser imutáveis, de modo que os usuários não possam alterá-las. Esse nem sempre é o caso, e pode haver vantagens em permitir que os usuários corrijam os valores da identidade. Eis um exemplo. Se usarmos os títulos do Forum e Discussion como identidades únicas, o que acontecerá se o usuário digitar o título de forma incorreta, ou mais tarde decidir que o título não é tão apropriado quanto poderia ser, como mostrado na Figura 5.1? Qual é o custo da alteração? Embora identidades fornecidas pelos usuários possam parecer uma abordagem bem equilibrada, esse pode não ser o caso. Podemos contar com o fato de que os usuários produzem identidades duradouras únicas e corretas?

Evitar esse problema começa com discussões de projeto. As equipes precisam considerar abordagens à prova de falhas para permitir que os usuários definam identidades únicas. A aprovação da identidade baseada em fluxo de trabalho não é propícia para domínios de alto desempenho, mas funciona melhor quando identidades legíveis por seres humanos são um pré-requisito. Se a criação e aprovação de uma identidade utilizada de forma generalizada por toda a empresa pelos próximos anos futuros exigirem tempo e esforço, e o suporte a um fluxo de

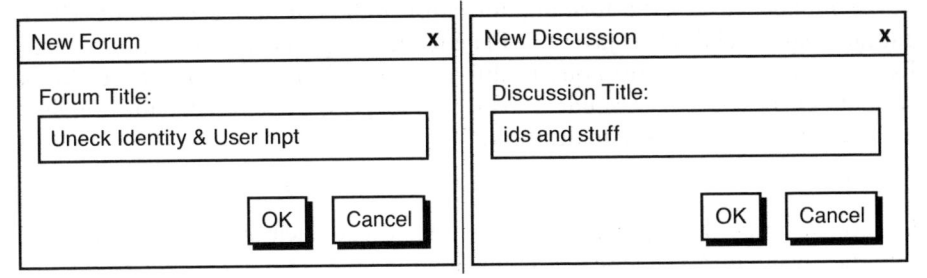

Figura 5.1   O título do fórum está escrito errado e o título da discussão ainda não é satisfatório

trabalho for possível, adicionar alguns ciclos extras para garantir a qualidade da identidade é um bom investimento.

Sempre temos a opção de incluir os valores inseridos pelo usuário como propriedades disponíveis de uma Entidade para fazer a correspondência, mas não as utilizamos para a identidade única. Propriedades simples são mais facilmente modificadas como parte do estado operacional normal da Entidade que muda ao longo do tempo. Nesse caso, será necessário utilizar outros meios para obter uma identidade única.

A Aplicação Gera a Identidade

Há maneiras altamente confiáveis de autogerar identidades únicas, embora devamos tomar cuidado quando a aplicação está clusterizada ou de outro modo distribuída ao longo de múltiplos nós de computação. Há padrões de criação de identidade que podem, com um maior grau de certeza, produzir uma identidade completamente única. O *identificador universalmente único* (UUID), ou *identificador globalmente único* (GUID), é uma dessas abordagens. Uma variação comum vem a seguir, em que o resultado de cada fase é concatenado em uma única representação textual:

1. Tempo em milissegundos no nó de computação

2. Endereço IP do código de computação

3. Identidade do objeto da instância do objeto fábrica dentro da máquina virtual (Java)

4. Número aleatório gerado pelo mesmo gerador dentro da máquina virtual (Java)

Isso produz um valor único de 128 bits. Ele é mais frequentemente expresso em hexadecimal de 32 bytes ou 36 bytes codificados como string de texto. O formato de texto é 36 bytes quando você usa os separadores comuns de segmento de hífen no formato `f36ab21c-67dc-5274-c642-1de2f4d5e72a`. Sem os hifens ele se torna 32 bytes. De qualquer forma, a identidade é grande e não é considerada legível para pessoas.

No mundo Java, essa fórmula foi substituída por um gerador de UUID padrão disponível desde o Java 1.5. Ela é fornecida pela classe `java.util.UUID`. Essa implementação suporta quatro diferentes algoritmos geradores baseados na variante de Leach-Salz. Usando a API padrão Java, podemos facilmente gerar uma identidade única pseudoaleatória:

```
String rawId = java.util.UUID.randomUUID().toString();
```

Ela utiliza o tipo 4, empregando um gerador pseudoaleatório de números criptograficamente fortes, que se baseia no gerador `java.security.SecureRandom`. O tipo 3 emprega uma abordagem de criptografia de nome, que usa o `java.security.MessageDigest`. Podemos obter um UUID baseado em nome assim:

```
String rawId = java.util.UUID.nameUUIDFromBytes(
    "Some text".getBytes()).toString();
```

Também podemos mesclar a geração de números pseudoaleatórios com criptografia:

```
SecureRandom randomGenerator = new SecureRandom();

int randomNumber = randomGenerator.nextInt();

String randomDigits = new Integer(randomNumber).toString();

MessageDigest encryptor = MessageDigest.getInstance("SHA-1");

byte[] rawIdBytes = encryptor.digest(randomDigits.getBytes());
```

Agora só temos a tarefa de converter o array `rawIdBytes` em uma representação de texto hexadecimal. Podemos fazer a conversão gratuitamente. Depois de gerar o número aleatório e convertê-lo em uma `String`, passamos esse texto para o método de **Fábrica** `nameUUIDFromBytes()` do UUID [Gamma *et al.*].

Existem outros recursos de geração de identidade, como `java.rmi.server.UID` e `java.rmi.dgc.VMID`, mas estes parecem inferiores ao `java.util.UUID` e não são discutidos aqui.

A geração de um UUID é relativamente rápida, sem a necessidade de interagir com a parte externa, como um mecanismo de persistência. Mesmo se um tipo específico de Entidade for criado várias vezes por segundo, o gerador de UUID pode manter o ritmo. Para domínios de alto desempenho, podemos armazenar em cache quaisquer instâncias de UUID, recarregando o cache em segundo plano. Se as instâncias de UUID em cache forem perdidas devido à reinicialização do servidor, não há lacunas nas identidades porque todas elas são baseadas em valores aleatórios fabricados. Recarregar o cache no reinício do servidor não apresenta consequências negativas dos valores abandonados.

Com uma identidade grande como essa, seu uso pode, em situações raras, ser impraticável por causa da sobrecarga na memória. Nesses casos, uma identidade longa de 8 bytes gerada pelo mecanismo de persistência melhoraria as coisas. Um número inteiro menor do que 4 bytes, com dois bilhões ou mais de valores únicos, pode até ser suficiente. Essas abordagens são discutidas a seguir.

Considere o seguinte, de maneira compreensível normalmente não queremos exibir um UUID nas visualizações da interface do usuário:

```
f36ab21c-67dc-5274-c642-1de2f4d5e72a
```

Um UUID completo geralmente é apropriado quando ele pode permanecer oculto dos usuários e quando técnicas de referência legíveis por seres humanos podem ser usadas. Por exemplo, podemos projetar recursos de hipermídia com URIs que podem ser enviados por e-mail ou distribuídos utilizando outras mensagens de um usuário e outro. A parte do relacionamento com o texto do link pode ser usada para mascarar a aparência misteriosa do UUID, assim como o `texto` em `<a>texto</a>` mascara links técnicos na HTML.

Dependendo do nível de confiança que você tem na unicidade dos segmentos individuais do UUID em texto hexadecimal, você pode decidir usar apenas um ou alguns segmentos do todo. As identidades abreviadas são mais confiáveis quando usadas somente como a *identidade local* das Entidades dentro do limite do **Agregado (10)**. Identidade local significa que as Entidades mantidas dentro de um Agregado só precisam ter unicidade entre outras Entidades contidas no mesmo Agregado. Por outro lado, a Entidade que age como uma Raiz de Agregado requer uma identidade globalmente única.

Nosso próprio gerador de identidade pode usar um ou mais segmentos UUID específicos. Considere um exemplo fictício: APM-P-2012/08/14-F36AB21C. Essa identidade de 25 caracteres representa um `Product` (P) a partir do *Contexto de Gerenciamento Ágil de Projetos* (APM) que foi criado em 14 de agosto de 2012. O texto extra F36AB21C é o primeiro segmento de um UUID gerado que o diferencia de forma única das outras Entidades `Product` criadas no mesmo dia. Ela tem a vantagem de facilitar a leitura humana com alta probabilidade de unicidade global. Os usuários não são os únicos beneficiados. Quando identidades como essa são passadas entre Contextos Delimitados, os desenvolvedores sabem imediatamente onde elas se originaram. Para a SaaSOvation, essa abordagem pode ser prática, uma vez que Agregados são segregadas ainda mais pelo inquilino.

Manter esse tipo de identidade em uma `String` provavelmente não seria uma boa escolha. Um Objeto de Valor personalizado da identidade funcionaria melhor:

```
String rawId = "APM-P-08-14-2012-F36AB21C"; // seria gerado
ProductId productId = new ProductId(rawId);
...
Date productCreationDate = productId.creationDate();
```

Um cliente pode solicitar detalhes sobre a identidade, como a data em que o produto foi criado, e ela é convenientemente fornecida. Os clientes não precisam entender o formato bruto da identidade. Agora, a Raiz do Agregado `Product` pode exibir a data de sua criação sem indicar aos clientes como ela é obtida:

```
public class Product extends Entity {
    private ProductId productId;
    ...
    public Date creationDate() {
        return this.productId().creationDate();
    }
    ...
}
```

Você pode encontrar a geração de identidade em bibliotecas e frameworks de terceiros. O projeto Apache Commons tem um componente Commons Id (caixa de areia), que fornece cinco diferentes geradores de identidade.

Alguns armazenamentos de persistência, como NoSQL Riak e MongoDB, podem gerar identidades para você. Normalmente para salvar um valor no Riak, utilize HTTP PUT, que recebe uma chave:

```
PUT /riak/bucket/key

[object serialization]
```

Você pode, em vez disso, usar POST sem fornecer uma chave, forçando o Riak a gerar uma identidade única. Ainda assim, temos de pensar sobre a geração de identidade precoce *versus* tardia, como discutido mais adiante neste capítulo.

O que servirá como uma fábrica para as identidades geradas por sua aplicação? Para a geração de identidade da Raiz do Agregado, gosto de usar seu **Repositório (12)**:

```
public class HibernateProductRepository
        implements ProductRepository {
    ...
    public ProductId nextIdentity() {
        return new ProductId(
                java.util.UUID.randomUUID().toString().toUpperCase());
    }
    ...
}
```

Um Repositório parece ser um local natural para a geração de identidades.

O Mecanismo de Persistência Gera a Identidade

Delegar a geração de uma identidade única a um mecanismo de persistência apresenta algumas vantagens únicas. Se chamarmos no banco de dados uma sequência ou um valor incremental, eles sempre serão únicos.

Dependendo do intervalo necessário, o banco de dados pode gerar um valor único de 2 bytes, 4 bytes ou 8 bytes. No Java, um inteiro curto de 2 bytes permitiria até 32.767 identidades únicas; um inteiro normal de 4 bytes suportaria valores únicos de 2.147.483.647; e um inteiro longo de 8 bytes forneceria até 9.223.372.036.854.775.807 identidades distintas. Mesmo representações de texto preenchidas com zero desses intervalos são estreitas, em 5, 10 e 19 caracteres, respectivamente. Elas também podem ser utilizadas para criar identidades compostas.

Uma possível desvantagem é o desempenho. Pode demorar muito mais tempo acessar o banco de dados para obter cada valor do que gerar identidades na aplicação. Boa parte depende da carga no banco de dados e da demanda pela aplicação. Uma maneira de contornar isso é armazenar em cache os valores de sequência/incremento na aplicação, como em um Repositório. Isso pode funcionar bem, mas geralmente contamos com a perda de um bom número de valores não utilizados quando os nós do servidor precisam ser reinicializados. Se as lacunas causadas pela perda de cache forem inaceitáveis, ou se você planejou apenas um número relativamente pequeno de valores (inteiro curto de 2 bytes), armazenar em cache valores pré-alocados pode não ser uma opção prática ou necessária. É possível coletar e recuperar as identidades perdidas, mas isso pode trazer mais problemas do que valer a pena.

Pré-alocação e armazenamento em cache não são um problema se a geração de identidade posterior bastar para o modelo. Eis como isso é feito com o Hibernate e uma sequência Oracle:

```
<id name="id" type="long" column="product_id">
    <generator class="sequence">
        <param name="sequence">product_seq</param>
    </generator>
</id>
```

Eis um exemplo da mesma abordagem, mas utilizando uma coluna de autoincremento MySQL:

```
<id name="id" type="long" column="product_id">
    <generator class="native"/>
</id>
```

Isso apresenta bom desempenho, e é muito fácil de configurar em uma definição de mapeamento do Hibernate. O problema pode ser o timing da geração, que é discutido mais adiante. O restante desta subseção abrange a exigência da geração precoce de identidade.

A Ordem Pode Ser Importante

Às vezes, é importante quando a geração e atribuição de identidades ocorrem para uma Entidade.

A geração e atribuição de identidades *precoces* acontecem *antes* que a Entidade seja persistida.

A geração e atribuição de identidades *tardias* acontecem *quando* a Entidade é persistida.

Aqui um Repositório suporta a geração precoce, servindo à próxima sequência Oracle disponível usando uma consulta:

```
public ProductId nextIdentity() {
    Long rawProductId = (Long)
        this.session()
            .createSQLQuery(
                "select product_seq.nextval as product_id from dual")
            .addScalar("product_id", Hibernate.LONG)
            .uniqueResult();

    return new ProductId(rawProductId);
}
```

Como o Oracle retorna valores de sequência que o Hibernate mapeia como instâncias de `BigDecimal`, devemos informar ao Hibernate que queremos que o resultado de `product _ id` seja convertido em um `Long`.

O que fazemos com bancos de dados, como o MySQL, que não suportam sequências? O MySQL suporta colunas de autoincremento. Normalmente, o autoincremento só ocorre depois que uma linha é recém-inserida. Contudo, há uma maneira de fazer com que o autoincremento MySQL funcione como uma sequência Oracle:

```
mysql> CREATE TABLE product_seq (nextval INT NOT NULL);
Query OK, 0 rows affected (0.14 sec)

mysql> INSERT INTO product_seq VALUES (0);
Query OK, 1 row affected (0.03 sec)

mysql> UPDATE product_seq SET nextval=LAST_INSERT_ID(nextval + 1);
Query OK, 1 row affected (0.03 sec)
Rows matched: 1  Changed: 1  Warnings: 0

mysql> SELECT LAST_INSERT_ID();
+------------------+
| LAST_INSERT_ID() |
+------------------+
|                1 |
+------------------+
1 row in set (0.06 sec)
```

```
mysql> SELECT * FROM product_seq;
+----------+
| nextval |
+----------+
|        1 |
+----------+
1 row in set (0.00 sec)
```

Criamos uma tabela em um banco de dados MySQL chamada `product_seq`. Em seguida, inserimos uma única linha na tabela, inicializando sua única coluna, `nextval`, em 0. Esses dois primeiros passos estabelecem o emulador de sequência para a Entidade `Product`. As duas próximas declarações demonstram a geração de um valor de sequência única. Atualizamos a única linha incrementando a coluna `nextval` por 1. A declaração de atualização usa uma função MySQL, `LAST_INSERT_ID()`, para incrementar o valor `INT` da coluna. O parâmetro da expressão é executado primeiro, então o resultado é atribuído à coluna `nextval`. O resultado do parâmetro da expressão `nextval + 1` permanece estável na função `LAST_INSERT_ID()`, de tal forma que quando a declaração da subsequência `SELECT LAST_INSERT_ID()` é avaliada, o valor de `nextval` que resulta da execução exata é retornado no conjunto de resultados. Por último, como um teste, podemos utilizar `SELECT * FROM product_seq` para provar que o valor atual de `nextval` é o mesmo retornado com o resultado da função.

O Hibernate 3.2.3 usa `org.hibernate.id.enhanced.SequenceStyleGenerator` para facilitar sequências portáveis, mas isso só suporta a geração de identidade tardia (quando a Entidade é inserida). Para suportar a geração da sequência precoce em um Repositório, teremos de criar uma consulta personalizada Hibernate ou JDBC. Eis uma reimplementação do método `ProductRepository` de `nextIdentity()` para o MySQL:

```java
public ProductId nextIdentity() {
    long rawId = -1L;
    try {
        PreparedStatement ps =
            this.connection().prepareStatement(
                "update product_seq "
                + "set next_val=LAST_INSERT_ID(next_val + 1)");

        ResultSet rs = ps.executeQuery();

        try {
            rs.next();
            rawId = rs.getLong(1);
        } finally {
            try {
                rs.close();
            } catch(Throwable t) {
                // ignora
```

```
                }
            }

        } catch (Throwable t) {
            throw new IllegalStateException(
                    "Cannot generate next identity", t);
        }

        return new ProductId(rawId);
    }
```

Usando JDBC, não há necessidade de executar uma segunda consulta no banco de dados para obter os resultados da função LAST_INSERT_ID(). A consulta de atualização faz tudo. Obtemos o valor Long de ResultSet, usando-o para criar a ProductId.

O último truque é obter uma conexão JDBC a partir do Hibernate. Isso pode ser um pouco problemático, mas é possível:

```
private Connection connection() {
    SessionFactoryImplementor sfi =
            (SessionFactoryImplementor)sessionFactory;
    ConnectionProvider cp = sfi.getConnectionProvider();
    return cp.getConnection();
}
```

Sem um objeto Connection não podemos obter um ResultSet executando um PreparedStatement. Sem isso não é possível utilizar uma sequência portável.

Usando sequências portáveis da Oracle, MySQL e outros bancos de dados, temos os meios para gerar identidades únicas mais compactas e garantidas que suportam a criação por meio de pré-inserção.

Outro Contexto Delimitado Atribui a Identidade

Quando outro Contexto Delimitado atribui a identidade, precisamos integrar para localizar, corresponder e atribuir cada identidade. Integrações DDD são explicadas em **Mapas de Contexto (3)** e **Integrando Contextos Delimitados (13)**.

Criar uma correspondência exata é o mais desejável. Os usuários precisam fornecer um ou mais atributos, como um número de conta, nome de usuário, endereço de e-mail ou outro símbolo único para localizar o resultado pretendido.

Muitas vezes, a correspondência envolve entrada imprecisa, resultando em múltiplos resultados de pesquisa, juntamente com alguma seleção feita pelo usuário humano. A Figura 5.2 ilustra isso. O usuário insere o critério *"like search"* (curinga) para a Entidade procurada. Acessamos a API do Contexto Delimitado externo, que resolve a pesquisa como zero, ou um ou múltiplos objetos descritos

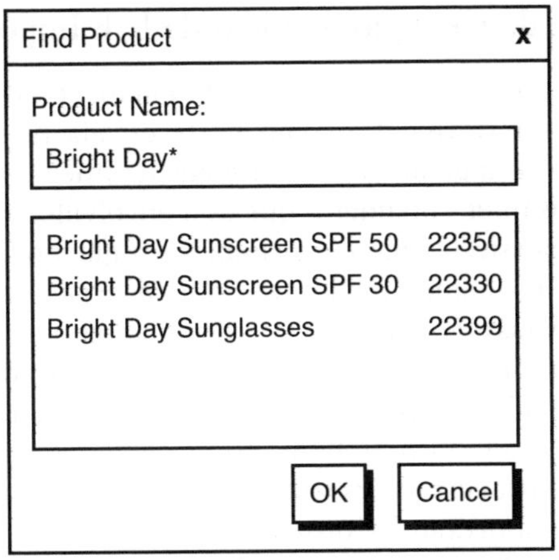

Figura 5.2 Resultados da pesquisa de combinar um sistema externo para localizar uma identidade. A interface do usuário de seleção pode ou não exibir a identidade. Este exemplo exibe

de forma semelhante. O usuário seleciona o resultado específico entre as várias opções. A identidade da opção selecionada é utilizada como a identidade local. Algum estado adicional (propriedades) da Entidade externa também pode ser copiado para a Entidade local.

Isso tem implicações de sincronização. O que acontece se objetos externamente referenciados mudarem de uma maneira que afeta as Entidades locais? Como saberemos que o objeto associado mudou? Esse problema pode ser resolvido usando uma **Arquitetura Orientada a Eventos (4)** com **Eventos de Domínio (8)**. Nosso Contexto Delimitado local inscreve-se para Eventos de Domínio publicados por sistemas externos. Quando uma notificação relevante é recebida, nosso sistema local muda suas próprias Entidades agregadas para refletir o estado daquelas nos sistemas externos. Às vezes, a sincronização deve ser inicializada pelo Contexto Delimitado local com as alterações sendo empurradas para o sistema externo originador.

Isso raramente é fácil de fazer, mas resulta em sistemas mais autônomos. Quando a autonomia é alcançada, na verdade ela pode limitar as pesquisas a objetos locais. Isso não é uma questão de armazenar em cache objetos externos localmente. Em vez disso, envolve a conversão de conceitos externos naqueles do Contexto Delimitado local, como explicado em **Mapeamento de Contexto (3)**.

Essa é parte mais complexa das estratégias de criação de identidades. A manutenção da Entidade local é dependente não apenas das transições causadas pelos comportamentos do domínio local, mas possivelmente também por aquelas que ocorrem em um ou mais sistemas externos. Use essa abordagem da forma mais conservadora possível.

Quando o Timing da Geração de Identidade É Importante

A geração de identidade pode ocorrer tanto no início, como parte da construção do objeto, quanto posteriormente, como parte de sua persistência. Às vezes é importante cronometrar a geração de identidade no início, e outras vezes não. Se for importante, precisamos entender o que está envolvido.

Considere o caso possivelmente mais simples em que podemos tolerar a alocação tardia da identidade quando uma nova Entidade é persistida, isto é, uma nova linha é inserida no banco de dados. Isso é demonstrado no diagrama na Figura 5.3. O cliente apenas instancia um novo `Product` e o adiciona ao `Product-Repository`. Quando a instância do `Product` é recém-criada, o cliente não precisa de sua identidade. E isso também é bom, porque então a identidade não existirá. Apenas depois que a instância é persistida é que a identidade está disponível.

Por que timing é importante? Considere um cenário em que o cliente inscreve-se para Eventos de Domínio de saída. Um evento ocorre quando uma nova instanciação do `Product` é concluída. O cliente salva o evento publicado em um **Armazenamento de Eventos (8)**. Com o passar do tempo, esses Eventos armazenados são publicados como notificações que chegam aos assinantes fora do Contexto Delimitado. Utilizando a abordagem da Figura 5.3, o Evento de Domínio é recebido antes que o cliente tenha a oportunidade de adicionar o novo `Product` ao `ProductRepository`. Assim, o Evento de Domínio não conteria a identidade válida do novo `Product`. Para que o Evento de Domínio seja inicializado corretamente, a geração da identidade deve ser concluída precocemente. A Figura 5.4 demonstra essa abordagem. O cliente consulta a próxima identidade a partir do `ProductRepository`, passando-a para o construtor de `Product`.

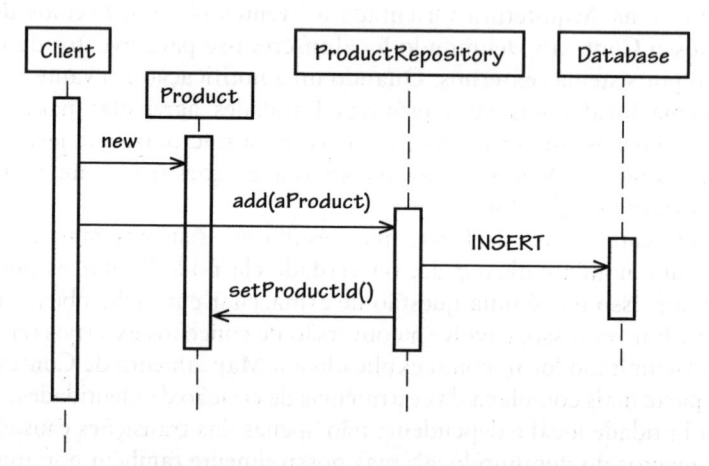

Figura 5.3   A maneira mais simples de atribuir uma identidade única é fazer o armazenamento de dados gerá-la na primeira vez que o objeto é persistido.

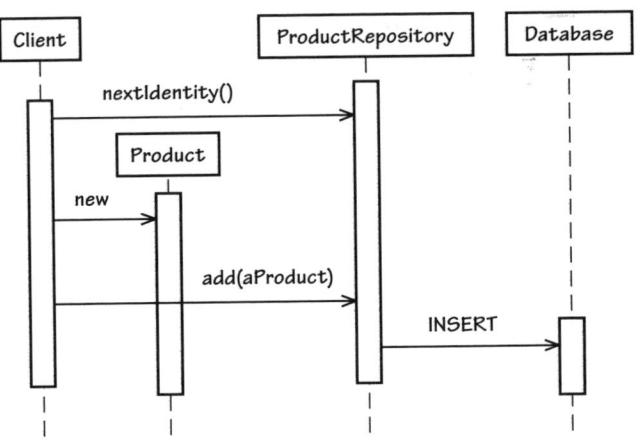

Figura 5.4 Aqui a identidade única é consultada a partir do *Repositório* e atribuída durante a instanciação. As complexidades da geração de identidade estão escondidas por trás da implementação *Repositório*.

Há outro problema que pode ocorrer quando a geração de identidade é adiada até que a Entidade seja persistida. Ele ocorre quando duas ou mais novas Entidades precisam ser adicionadas a um `java.util.Set`, mas sua identidade ainda não foi atribuída, tornando-as iguais às outras novas (por exemplo, `null`, 0 ou -1). Se o método `equals()` da Entidade comparar as identidades, aquelas recém--adicionadas ao `Set` parecerão ser o mesmo objeto. Apenas o primeiro objeto adicionado será mantido, e todos os outros serão excluídos. Isso provoca um erro duvidoso cuja causa raiz é, à primeira vista, difícil de entender e corrigir.

Para evitar esse erro, devemos fazer uma de duas coisas. Alteramos o projeto para alocar e atribuir a identidade precocemente, ou refatoramos o método `equals()` para comparar os atributos além da identidade do domínio. Se a abordagem do método `equals()` for escolhida, ela deve ser implementada como se a Entidade fosse um Objeto de Valor. Nesse caso, o método `hashCode()` do mesmo objeto deve se harmonizar com o método `equals()`:

```
public class User extends Entity  {
    ...
    @Override
    public boolean equals(Object anObject) {
        boolean equalObjects = false;
        if (anObject != null &&
                this.getClass() == anObject.getClass()) {
            User typedObject = (User) anObject;
            equalObjects =
                this.tenantId().equals(typedObject.tenantId()) &&
```

```
                    this.username().equals(typedObject.username()));
        }
        return equalObjects;
    }

    @Override
    public int hashCode() {
        int hashCode =
            + (151513 * 229)
            + this.tenantId().hashCode()
            + this.username().hashCode();

        return hashCode;
    }
    ...
}
```

No caso de um ambiente multi-inquilino, a instância `TenantId` também é considerada parte da identidade única. Nenhum de dois objetos `User` sob diferentes assinantes `Tenant` devem ser considerados iguais.

Mais ao ponto, quando confrontado com essa situação do tipo "adicionar ao `Set`", prefiro a alocação e atribuição precoces à abordagem de teste de igualdade de valor. É mais desejável que as Entidades tenham métodos `equals()` e `hashCode()` que se baseiam na identificação única do objeto do que em outros atributos.

Identidade Substituta

Algumas ferramentas ORM, como Hibernate, querem lidar com a identidade do objeto em seus próprios termos. O Hibernate prefere o tipo nativo do banco de dados, por exemplo, uma sequência numérica, como a identidade primária de cada Entidade. Se o domínio exigir outro tipo de identidade, isso provoca um conflito indesejável para o Hibernate. Para solucionar isso, precisamos usar duas identidades. Uma das identidades é projetada para o modelo de domínio e segue os requisitos do domínio. A outra é para o Hibernate e é conhecida como *identidade substituta*.

Criar uma identidade substituta é simples. Crie um atributo na Entidade para conter o tipo da identidade substituta. Geralmente um número `long` ou `int` é suficiente. Além disso, crie uma coluna na tabela da entidade do banco de dados para conter a identidade única, e coloque uma restrição de chave primária nela. Em seguida, inclua na definição do mapeamento do Hibernate da Entidade um elemento `<id>`. Lembre-se de que, nesse caso, ela não tem nada a ver com a identidade específica de domínio. Ela só é criada em consideração ao ORM, Hibernate.

É melhor ocultar o atributo substituto do mundo externo. Como o substituto não é parte do modelo de domínio, a visibilidade constitui vazamento de persistência. Embora algum vazamento possa ser inevitável, podemos tomar algumas medidas para ocultá-lo dos desenvolvedores e clientes do modelo.

Uma salvaguarda emprega um **Supertipo de Camada** [Fowler, P of EAA]:

```
public abstract class IdentifiedDomainObject
        implements Serializable  {

    private long id = -1;

    public IdentifiedDomainObject() {
        super();
    }

    protected long id() {
        return this.id;
    }

    protected void setId(long anId) {
        this.id = anId;
    }
}
```

Esse supertipo de camada é `IdentifiedDomainObject`, uma classe básica abstrata que oculta a chave primária substituta da visualização dos clientes utilizando métodos de acesso `protected`. Os clientes nunca terão de se perguntar se eles podem utilizar os métodos, uma vez, esses métodos permanecem invisíveis fora do **Módulo (9)** da Entidade que estende a classe básica. Podemos até mesmo declarar um escopo `private`. O Hibernate não tem problemas ao utilizar o método ou campo de reflexão com qualquer nível de visibilidade, `public` para `private`. Supertipos adicionais de camada podem agregar valor, por exemplo, para suportar concorrência otimista, como visto em **Agregados (10)**.

Precisamos mapear o atributo `id` substituto para a coluna do banco de dados por meio da definição do Hibernate. Aqui o atributo `id` da classe `User` é mapeado para a coluna da tabela de banco de dados chamada `id`:

```
<hibernate-mapping default-cascade="all">
    <class
      name="com.saasovation.identityaccess.domain.model.identity.User"
      table="tbl_user" lazy="true">

        <id
            name="id"
            type="long"
            column="id"
            unsaved-value="-1">
```

```
        <generator class="native"/>
    </id>
    ...
</class>
</hibernate-mapping>
```

Eis a definição da tabela MySQL para armazenar os objetos User:

```
CREATE TABLE 'tbl_user' (
    'id' int(11) NOT NULL auto_increment,
    'enablement_enabled' tinyint(1) NOT NULL,
    'enablement_end_date' datetime,
    'enablement_start_date' datetime,
    'password' varchar(32) NOT NULL,
    'tenant_id_id' varchar(36) NOT NULL,
    'username' varchar(25) NOT NULL,
    KEY 'k_tenant_id_id' ('tenant_id_id'),
    UNIQUE KEY 'k_tenant_id_username' ('tenant_id_id','username'),
    PRIMARY KEY ('id')
) ENGINE=InnoDB;
```

A primeira coluna, id, é a identidade substituta. A declaração da última coluna na definição afirma id como a chave primária da tabela. Podemos distinguir a identidade substituta e a identidade do domínio. Há duas colunas, tenant _ id _ id e username, que fornecem a identidade única para o domínio. Elas são combinadas para formar uma chave única nomeada k _ tenant _ id _ username.

Não há necessidade de a identidade do domínio desempenhar o papel da chave primária do banco de dados. Permitimos que o id substituto funcione como a chave primária do banco de dados, o que mantém o Hibernate feliz.

Chaves primárias substitutas de banco de dados podem ser usadas ao longo de todo o modelo de dados como chaves estrangeiras em outras tabelas, fornecendo integridade referencial. Isso pode ser um requisito para o gerenciamento de dados em sua empresa (por exemplo, para auditorias) ou para suporte a ferramentas. A integridade referencial também é importante para o Hibernate ao agrupar tabelas para implementar os vários mapeamentos do tipo qualquer para qualquer um (como 1:M). Eles também suportam junções de tabela para otimizar as consultas ao ler Agregados a partir do banco de dados.

Estabilidade da Identidade

Na maioria dos casos, uma identidade única deve ser protegida contra modificações, permanecendo estável ao longo do tempo de vida da Entidade à qual ela é atribuída.

Podemos tomar medidas triviais para impedir a modificação da identidade. Podemos ocultar dos clientes os *setters* de identidade. Podemos também criar controladores nos *setters* para evitar que até mesmo a própria Entidade altere o estado da identidade se ela já existir. Controladores são codificados como afirmações nos *setters* da Entidade. Eis um exemplo de um *setter* de identidade:

```
public class User extends Entity {
    ...
    protected void setUsername(String aUsername) {
        if (this.username != null) {
            throw new IllegalStateException(
                    "The username may not be changed.");
        }
        if (aUsername == null) {
            throw new IllegalArgumentException(
                    "The username may not be set to null.");
        }
        this.username = aUsername;
    }
    ...
}
```

Nesse exemplo, o atributo `username`, sendo a identidade do domínio da Entidade `User`, só é mutável uma vez, e somente internamente. O método *setter*, `setUsername()`, fornece autoencapsulamento que permanece oculto dos clientes. Quando o comportamento de uma Entidade pública é autodelegado ao *setter*, o método verifica o atributo `username` para ver se ele ainda é não `null`. Se ele for não `null`, indicando um estado invariante imutável, uma `IllegalStateException` é lançada. A exceção indica que `username` deve ser mantido como um estado do tipo "modificar uma vez".

Hora do Quadro Branco

- Pense em algumas Entidades reais de seu domínio atual e escreva seus nomes.

Quais são as identidades únicas, tanto de domínio como substitutas? Algumas das identidades foram mais bem atendidas por um tipo diferente de geração de identidade, ou pelo timing da atribuição da identidade?

- Indique a seguir para cada Entidade se você deveria ter usado uma abordagem diferente para atribuir a identidade — usuário, aplicação, persistência ou outro Contexto Delimitado — e por que (mesmo se você não conseguir alterá-la agora).

- Observe ao lado de cada Entidade se ela precisa da geração de identidade precoce ou a geração de identidade tardia é suficiente, e explique por quê.

Considere a estabilidade de cada identidade, que é uma área que você pode melhorar, se necessário.

Esse *setter* não atrapalha o Hibernate quando ele precisa reconstituir o estado do objeto a partir da persistência. Como o objeto é primeiro criado com o construtor padrão, o construtor sem argumentos, o atributo `username` é inicialmente `null`. Isso permite que a reinicialização ocorra de forma limpa, e o *setter* permitirá que a atribuição de uma só vez inicializada pelo Hibernate aconteça. Isso é completamente ignorado ao instruir o Hibernate a utilizar acesso de campo (atributo) para propósitos de persistência e de reidratação, em vez de métodos de acesso.

Um teste afirma que o controlador do tipo modificar uma vez protege adequadamente o estado da identidade do `User`:

```
public class UserTest extends IdentityTest {
    ...
    public void testUsernameImmutable() throws Exception {
        try {
            User user = this.userFixture();
            user.setUsername("testusername");
            fail("The username must be immutable after initialization.");
        } catch (IllegalStateException e) {
            // esperado, fall through
        }
    }
    ...
}
```

Esse teste exemplar demonstra como o modelo funciona. Após a conclusão bem-sucedida, ele prova que o método `setUsername()` impede que a identidade existente não `null` seja alterada. (Discutimos controladores e testes de Entidade mais detalhadamente como parte da validação.)

Descobrindo Entidades e suas Características Intrínsecas

Agora analisaremos algumas lições aprendidas pelas equipes da SaaSOvation...

No início, a equipe do CollabOvation caiu na armadilha de fazer uma grande quantidade de modelagem de relacionamento de entidade (ER) no código Java. Eles colocaram muita ênfase no banco de dados, tabelas e colunas e como estes refletiram nos objetos. Isso levou a um **Modelo de Domínio** predominantemente **Anêmico** [Fowler, Anemic] composto por uma série de *getters* e *setters*. Eles deveriam ter pensado mais no DDD. No momento em que eles precisaram desvendar o emaranhado da segurança, como descrito em **Contextos Delimitados (2)**, eles aprenderam a focalizar mais a modelagem da Linguagem Ubíqua. Isso levou a bons resultados. Nesta seção veremos o que a equipe *do Contexto de Identidade e Acesso* mais recente ganhou com as lições aprendidas.

A Linguagem Ubíqua em um Contexto Delimitado claramente separado fornece os conceitos e termos de que precisamos para projetar nosso modelo de domínio. A Linguagem não surge de repente. Ela deve ser desenvolvida por meio de uma discussão cuidadosa com especialistas em domínio e explorando os requisitos. Parte da terminologia revelada será composta por substantivos que nomeiam as coisas, adjetivos que as descrevem e verbos que indicam o que as coisas fazem. Seria um erro achar que os objetos são destilados apenas para um conjunto de substantivos que nomeiam classes e verbos que nomeiam operações importantes, que podemos capturar um insight profundo sem considerar nada mais. Limitarmo-nos dessa forma pode sufocar a fluência e riqueza que o modelo merece. Investir em quantidades liberais de revisões e discussões das especificações ajudará a desenvolver uma Linguagem que reflete pensamento, esforço, acordo e comprometimento consideráveis. No final, a equipe usa a linguagem com frases completas, e o modelo reflete claramente a Linguagem falada.

Se for importante que esses cenários especiais de domínio sobrevivam às discussões em equipe, capture-os em um documento leve. Em uma forma inicial, sua Linguagem Ubíqua pode tomar a forma de um glossário e um conjunto de cenários simples de uso. Mas seria um erro adicional pensar na linguagem apenas como o glossário e os cenários. No final, a Linguagem é modelada por seu código, e pode ser difícil ou impossível manter a documentação em sincronia.

Revelando Entidades e Propriedades

Vamos adotar um exemplo muito básico. No *Contexto de Identidade e Acesso*, a equipe da SaaSOvation sabe o que é necessário para modelar um `User`. Na verdade, esse exemplo de modelagem não vem do **Domínio Básico (2)**, mas fazemos a transição para o exemplo mais adiante. Agora, quero remover a complexidade adicional inerente ao Domínio Básico e focalizar apenas uma Entidade mais básica. Ela tem desafios suficientes de modelagem para funcionar como uma ferramenta eficaz de aprendizagem.

Eis o que a equipe sabia sobre um `User` nos requisitos de software concisos (não casos de uso ou histórias de usuário) que refletia em linhas gerais as declarações da Linguagem Ubíqua. Eles precisavam de refinamento:

- Os usuários existem em associação com e sob o controle de um inquilino.

- Os usuários de um sistema precisam ser autenticados.

- Os usuários possuem informações pessoais, incluindo um nome e informações de contato.

- As informações pessoais do usuário podem ser alteradas pelos próprios usuários ou por um gerente.

- As credenciais de segurança do usuário (senhas) podem ser alteradas.

A equipe tinha de ler e ouvir atentamente. Assim que eles viram/ouviram diferentes formas da palavra *alterar* ficaram bastante seguros de que estavam lidando com pelo menos uma Entidade. Também é verdade que "alterar" poderia significar "substituir o valor" em vez de "alterar a Entidade". Havia alguma outra coisa que impedisse a escolha da equipe sobre qual bloco de construção usar? Havia. A palavra-chave era *autenticado,* que era uma indicação forte para a equipe de que algum tipo de resolução de pesquisa precisava ser fornecido. Se houver várias coisas, e uma das coisas precisar ser localizada entre várias outras, você precisará de uma identidade única para distinguir essa coisa de todas as outras. Uma pesquisa terá de determinar entre muitos usuários associados a um inquilino qual é aquele único.

Mas o que dizer da declaração de que o inquilino controla os usuários? Isso não significa que a Entidade real aqui é o `Tenant`, não o usuário? Isso abre uma discussão sobre **Agregados (10)**, que veremos no respectivo capítulo. Em suma, a resposta é "sim e não". Sim, existe uma Entidade `Tenant`, e não, isso não significa que não há uma Entidade `User`. Ambos são Entidades. Para entender por que `Tenant` e `User` são as **Raízes (10)** de dois Agregados diferentes, consulte este capítulo. E sim, tanto `User` como `Tenant` são, em última análise, tipos de Agregados, mas inicialmente a equipe evita essas preocupações.

A justificativa aqui é a de que cada `User` deve ser identificado de maneira única, claramente diferenciado de todos os outros. Um `User` também deve suportar alterações ao longo do tempo, assim ele é claramente uma Entidade. Nesse momento, não importa como modelamos as informações pessoais no `User`.

A equipe precisava prestar um pouco de atenção para esclarecer o significado do primeiro requisito:

- Os usuários existem em associação com e sob o controle de um inquilino.

No início, a equipe poderia simplesmente adicionar uma nota ou de alguma forma alterar o texto da declaração que mostraria que inquilinos possuem usuários, *mas eles não os coletam nem os contêm*. A equipe precisava ter cuidado porque eles não queriam entrar nos detalhes técnicos e táticos da modelagem. As declarações necessárias para fazer sentido para toda a equipe. Eles decidiram isto:

- Inquilinos podem inscrever muitos usuários por meio de convite.
- Inquilinos podem estar ativos ou ser desativados.
- Os usuários de um sistema devem ser autenticados, mas só podem ser autenticados se o cliente estiver ativo.
- ...

Bem, isso foi uma surpresa! Depois de uma discussão mais aprofundada, a equipe resolveu completamente as questões da semântica e, ao mesmo tempo, deu aos requisitos muito mais significado. Eles descobriram que a declaração original dos usuários sob controle do inquilino estava incompleta. O fato é que os usuários são inscritos dentro de um inquilino, e somente por meio de convite. Também foi importante declarar que os inquilinos podem estar ativos ou inativos, e que usuários podem ser autenticados somente quando o inquilino está ativo. Essa reafirmação completa de um requisito, a adição de outro e a clarificação de um terceiro revelou uma definição muito mais precisa do que realmente acontece.

O esforço acabou com quaisquer possíveis implicações sobre o que gerencia o ciclo de vida dos usuários e deixou claro que quem quer que seja o proprietário dos usuários, alguns usuários podem não estar disponíveis sob circunstâncias específicas. A captura desses cenários foi importante na época.

Parecia que nesse momento eles tinham o início de um glossário dos termos de uma Linguagem Ubíqua. Mesmo assim, eles não tinham informações suficientes para detalhar as definições. A equipe vai esperar um pouco mais para criar as entradas no glossário.

Eles tinham algumas Entidades conhecidas, como mostrado na Figura 5.5. Em seguida, foi importante entender como eles seriam identificados de uma maneira única, e quais propriedades adicionais poderiam ser necessárias para encontrá-los entre muitos objetos possíveis do mesmo tipo.

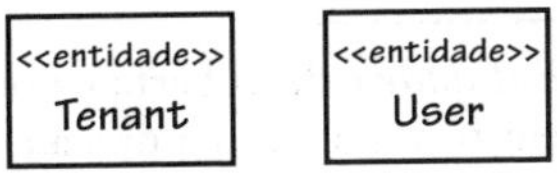

Figura 5.5 Duas *Entidades*, `Tenant` e `User`, após a descoberta inicial

A equipe decidiu que usaria um UUID completo para identificar cada `Tenant` de uma forma única, um caso em que a aplicação gera a identidade. O amplo valor do texto foi facilmente justificado, não apenas para garantir a unicidade, mas também porque ele adicionou uma boa dose de segurança a cada assinante. Seria difícil que qualquer um reproduzisse aleatoriamente um UUID como o acesso de primeiro nível aos dados proprietários. Eles também viram a necessidade de segregar explicitamente as Entidades que pertenciam a cada `Tenant` daquelas que pertenciam a todos os outros. Um requisito como esse é afirmado para tratar de questões de segurança adicionais que os assinantes inquilinos — empresas concorrentes — têm com as aplicações e serviços hospedados. Assim, cada Entidade em todos os sistemas seria "marcada" com essa identidade única, e cada consulta exigiria a identidade única para localizar qualquer Entidade, não importa qual.

A identidade única do inquilino não é uma Entidade. Ela é um valor de algum tipo. A pergunta é, essa identidade deve ter um tipo especializado, ou pode continuar a ser uma `String` simples?

Não parecia haver nenhuma necessidade de modelar **Funções Livres de Efeitos Colaterais (6)** na identidade. É apenas uma representação de texto hexadecimal de um número grande. Mas a identidade seria utilizada amplamente. Ela seria configurada em todas as outras Entidades e em cada contexto. Nesse caso, a tipagem forte poderia ser vantajosa. Definindo um Objeto de Valor `TenantId`, a equipe poderia assegurar com mais confiança que todas as Entidades possuídas pelos assinantes fossem marcadas com a identidade correta. A Figura 5.6 mostra como isso é modelado, tanto com as Entidades `Tenant` como `User`.

O `Tenant` deve ser nomeado. O `name` pode ser um atributo simples de `String` porque ele não tem um comportamento especial. O `name` ajuda a resolver consultas. Um funcionário do serviço de helpdesk precisaria localizar o `Tenant` pelo `name` para poder prestar assistência. O nome é um atributo necessário e uma "característica intrínseca". O `name` também pode ser determinado como único entre todos os outros assinantes, mas isso não é importante agora.

Outros atributos podem ser associados a cada assinante, como um contrato de suporte e PIN de ativação de chamada, informações de faturamento e pagamento e, talvez, um local do negócio juntamente com contatos de clientes. Mas essas são questões de negócios, e não

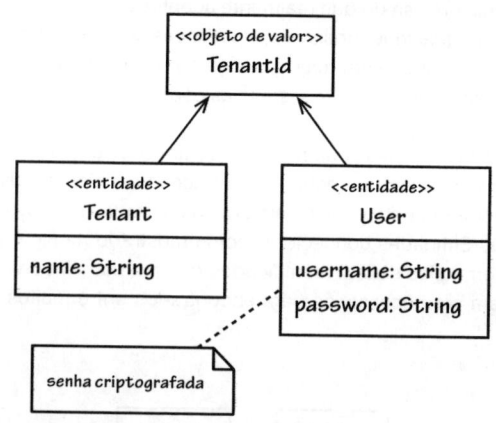

Figura 5.6 Depois que uma *Entidade* é descoberta e nomeada, descubra os atributos/propriedades que a identificam de forma única e permitam localizá-la.

fazem parte da segurança. A tentativa de estender muito o *Contexto de Identidade e Acesso* seria um esforço frustrante.

O suporte será gerenciado por um contexto diferente. Depois de localizar o cliente pelo nome, o software pode usar seu `TenantId` único. Ele então será utilizado para acessar o *Contexto de Suporte*, por exemplo, o *Contexto do Faturamento* ou o *Contexto de Gerenciamento de Relacionamento com o Cliente*. Os contratos de suporte, local do negócio e contatos de clientes têm pouco ou nada a ver com a segurança. Contudo, associar o nome do assinante ao `Tenant` ajudará o pessoal de suporte a fornecer rapidamente o suporte necessário. Os pertences do nome.

Após ter completado o que parece ser a essência do `Tenant`, agora a equipe começou a dar atenção à Entidade `User`. O que funcionaria como a identidade única? A maioria dos sistemas de identidade suporta um nome de usuário único. Não importa muito no que consiste o nome de usuário, desde que seja único no inquilino. (Nomes de usuário não precisam ser únicos ao longo das linhas do inquilino). Isso será deixado ao critério dos usuários para que eles determinem seus próprios nomes de usuários. Se a empresa responsável pelas assinaturas tiver certas diretrizes para nomes de usuário, ou se os nomes serão determinados por uma integração de segurança federada, isso é algo que o usuário que se inscreve deverá cumprir. A equipe simplesmente declarou um atributo `username` na classe `User`.

Um requisito afirma que existe uma credencial de segurança. Ela indica que isso é uma senha. A equipe adotou a terminologia e declarou um atributo de senha na classe `User`. Eles concluíram que a `password` nunca seria armazenada como texto simples. Uma observação feita foi que a `password` deveria ser criptografada. Como eles precisarão criptografar cada senha antes de ela ser associada com o `User`, parecia que isso exigiria algum tipo de **Serviço de Domínio (7)**. A equipe criou um espaço reservado no glossário da Linguagem Ubíqua, que agora poderia ser iniciada. O glossário seria limitado, mas útil:

- **Inquilino:** Um assinante organizacional nomeado dos serviços de identidade e acesso, bem como outros serviços online. Facilita a inscrição de usuários por meio de convite.

- **Usuário:** Uma entidade de segurança inscrita dentro de um inquilino, completa, com nome pessoal e informações de contato. O usuário tem um nome de usuário único e uma senha criptografada.

- **Serviço de Criptografia:** Fornece um meio de criptografar senhas e outros dados que não podem ser armazenados e utilizados como texto simples.

Uma pergunta permaneceu: E se a `password` fosse considerada parte da identidade original de um `User`? Afinal de contas, ela é usada para localizar um `User`. Se fosse, provavelmente iríamos querer combinar os dois atributos em um Valor Inteiro, dando-lhe um nome como `SecurityPrincipal`. Isso tornaria o conceito muito mais explícito. É uma ideia interessante, mas menospreza um requisito importante: Senhas podem ser alteradas. Também pode haver momentos em que os serviços precisarão localizar um `User` sem que seja fornecida uma senha. Isso não é para autenticação. (Considere o cenário em que precisamos verificar se um `User` desempenha um `Role` de segurança. Não podemos exigir uma senha para localizar um usuário sempre que for necessário verificar se há permissões de acesso.) Não é identidade. Podemos ainda incluir o `username` e a `password` em uma única consulta de autenticação.

A ideia de criar um tipo de valor `SecurityPrincipal` produziu uma proposição de modelagem desejável. Isso ficou para consideração posterior. Também havia alguns outros conceitos que não foram explorados, por exemplo, como seriam fornecidos convites de inscrição e os detalhes do nome pessoal e das informações de contato. A equipe iria capturá-los na próxima iteração rápida.

Entendendo o Comportamento Essencial

Depois que atributos essenciais foram identificados, a equipe pôde analisar o comportamento indispensável...

Depois de reanalisar os requisitos básicos que a equipe recebeu, agora eles procuravam o comportamento de `Tenant` e `User`:

- Inquilinos podem estar ativos ou ser desativados.

Quando pensamos em ativar e desativar um `Tenant`, em geral pensamos em um comutador booleano. Por mais importante que seja, a forma como isso é implementado não é importante aqui. Se fôssemos inserir `active` no compartimento de atributos de `Tenant` no diagrama de classe, isso necessariamente informaria algo útil ao leitor? Em `Tenant.java`, a seguinte declaração de atributo revelaria as intenções?

```
public class Tenant extends Entity {
    ...
    private boolean active;
    ...
```

Provavelmente não totalmente. E no início queremos focalizar apenas atributos/propriedades que fornecem a identidade e permitem a correspondência nas consultas. Adicionamos detalhes de suporte como esses mais tarde.

A equipe poderia ter preferido declarar o método `setActive(boolean)`, embora ele na verdade não abordasse a terminologia do requisito. Não é que métodos *setter* públicos nunca sejam apropriados, mas eles devem ser usados somente quando a linguagem permite

e, geralmente, somente quando você não terá de usar múltiplos *setters* para atender a uma única solicitação. Os múltiplos *setters* tornam a intenção ambígua. Eles também complicam a publicação de um único Evento de Domínio significativo como resultado para aquilo que realmente deve ser um único comando lógico.

Para lidar com a linguagem, a equipe observou que os especialistas em domínio falavam sobre ativar e desativar. Para incorporar essa terminologia, eles, em vez disso, atribuiriam operações como `activate()` e `deactivate()`.

A fonte a seguir é uma **Interface de Revelação de Intenção** [Evans] e está em conformidade com a crescente Linguagem Ubíqua da equipe:

```java
public class Tenant extends Entity {
    ...
    public void activate() {
        // A FAZER: implementar
    }

    public void deactivate() {
        // A FAZER: implementar
    }
    ...
```

Para inspirar suas ideias, a equipe primeiro desenvolveu um teste para ver qual seria a sensação de usar os novos comportamentos:

```java
public class TenantTest ... {
    public void testActivateDeactivate() throws Exception {
        Tenant tenant = this.tenantFixture();
        assertTrue(tenant.isActive());

        tenant.deactivate();
        assertFalse(tenant.isActive());

        tenant.activate();
        assertTrue(tenant.isActive());
    }
}
```

Após esse teste, a equipe sentiu-se confiante na qualidade da interface. Escrever o teste fez com que eles percebessem que outro método, `isActive()`, era necessário. Eles optaram por estes três novos métodos, como pode ser visto na Figura 5.7. O glossário da Linguagem Ubíqua também cresceu:

- **Ativar inquilino:** Facilita a ativação de um inquilino usando essa operação, e o estado atual pode ser confirmado.
- **Desativar inquilino:** Facilita a desativação de um inquilino utilizando essa operação. Os usuários talvez não sejam autenticados quando o cliente está desativado.

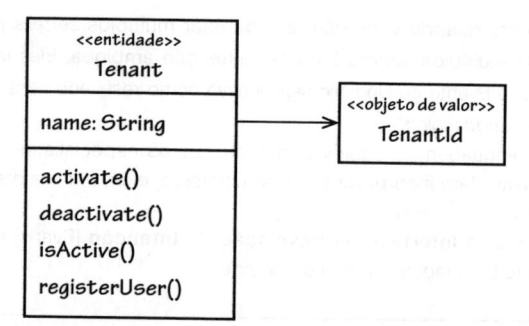

Figura 5.7 Comportamento indispensável é atribuído a `Tenant` durante a primeira iteração rápida. Alguns comportamentos são omitidos devido à complexidade, mas podem ser adicionados em breve.

- **Serviço de autenticação:** Coordena a autenticação dos usuários, primeiro assegurando que o inquilino proprietário está ativo.

A última entrada no glossário adicionada aqui indica a descoberta de outro Serviço de Domínio. Antes de tentar corresponder a instância `User`, algo deve verificar primeiro `Tenant` em `isActive()`. Esse entendimento foi adquirido ao também considerar o seguinte requisito:

- Os usuários de um sistema devem ser autenticados, mas só se o inquilino estiver ativo.

Como há mais a autenticar do que meramente localizar um `User` que corresponde a um `username` e `password` específicos, é necessário um coordenador de nível mais alto. Serviços de Domínio são bons nisso. Os detalhes podem ser adicionados mais tarde. Por enquanto é importante que a equipe capturou o `AuthenticationService` pelo nome e o adicionou à Linguagem Ubíqua. A abordagem "primeiro testar" com certeza valeu a pena.

A equipe também considerou o seguinte requisito:

- Inquilinos podem inscrever muitos usuários por meio de convite.

Quando começaram a analisar isso com cuidado, eles entenderam que seria um pouco mais complexo lidar com isso do desejavam na primeira iteração rápida. Parecia haver algum tipo de objeto `Invitation` envolvido. Mas o requisito não os informou o suficiente para que pudesse ser claramente entendido. O comportamento para gerenciar convites também não estava claro. Assim, a equipe postergou a modelagem disso até que conseguissem obter mais informações dos primeiros especialistas em domínio e dos clientes iniciais. Mas eles definiram o método `registerUser()`. Ele é essencial para criar instâncias de `User` (ver "Construção" mais adiante neste capítulo).

Com essas instâncias, eles se aventuraram de volta à classe `User`:

- Os usuários possuem informações pessoais, incluindo um nome e informações de contato.
- As informações pessoais do usuário podem ser alteradas pelos próprios usuários ou por um gerente.
- As credenciais de segurança do usuário (senhas) podem ser alteradas.

Usuário junto com uma **Identidade Fundamental**, dois padrões de segurança comumente combinados, foram aplicados. [1] A partir do uso do termo *pessoal,* fica claro que um conceito de pessoal acompanha o usuário. A equipe trabalhou a composição e o comportamento com base nas declarações anteriores.

Person é modelada como uma classe separada para evitar colocar muita responsabilidade sobre o User. A palavra *pessoal* levou a equipe a adicionar Person à Linguagem Ubíqua:

- **Pessoa:** Contém e gerencia dados pessoais sobre o User, incluindo nome e informações de contato.

Person é uma Entidade ou um Objeto de Valor? Mais uma vez aqui a palavra *alterar* é chave. Parece desnecessário substituir todo o objeto Person só porque o número de telefone de trabalho do indivíduo pode mudar. A equipe tornou-o uma Entidade, como indicado na Figura 5.8, que contém dois valores, ContactInformation e Name. Estes eram naquele momento, conceitos confusos e poderiam ser reformulados no devido tempo.

Gerenciar as alterações no nome e nas informações de contato pessoal de um usuário resultou em outra deliberação. E se os clientes recebessem acesso ao objeto Person dentro do User? Um dos desenvolvedores questionou se um User sempre seria uma pessoa. E se ele fosse um sistema externo? Essa não era a situação atual e poderia exigir mais à frente requisitos futuros desconhecidos, mas a preocupação tinha mérito. Se clientes recebessem acesso à forma do User, com a navegação para a Person de modo a executar o comportamento, isso poderia exigir refatorar o cliente mais tarde.

Se, em vez disso, eles modelassem o comportamento pessoal no User, tornando-o mais generalizado para uma entidade de segurança, eles provavelmente evitariam algumas das ondulações mais tarde. Depois que eles escreveram alguns testes exemplares para explorar a noção, isso pareceu a coisa certa a fazer. Eles modelaram User como mostrado na Figura 5.8.

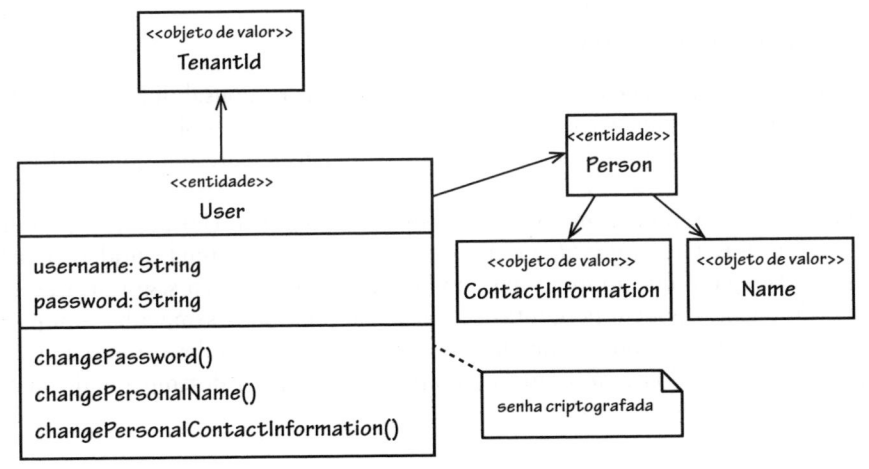

Figura 5.8   O comportamento fundamental de *User* revela mais associações. Sem ser específica demais, a equipe modelou mais alguns objetos, juntamente com as operações.

---

1.   Consulte meus padrões publicados: http://vaughnvernon.co/. (em inglês)

Havia outras considerações. Afinal de contas, a equipe deveria expor `Person` ou a ocultar de todos os clientes? Por enquanto eles decidiram deixar `Person` ser exibida para propósitos de consulta de informações. Mais tarde, o método de acesso poderia ser reprojetado para funcionar como uma interface `Principal`, e `Person` e `System` seriam um `Principal` especializado. A equipe seria capaz de refatorar isso à medida que ganhava uma compreensão mais profunda.

Mantendo a cadência, a equipe rapidamente reconheceu a Linguagem Ubíqua destacada pelo requisito final atualmente em consideração:

• As credenciais de segurança do usuário (senhas) podem ser alteradas.

O `User` tem um comportamento `changePassword()`. Isso reflete o termo usado nos requisitos e satisfaz os especialistas em domínio Acesso até mesmo à senha criptografada nunca é concedida a clientes. Depois que a senha é definida em `User`, ela nunca é exibida além do limite do Agregado. Qualquer coisa buscando autenticação tem uma única abordagem, usar o `AuthenticationService`.

A equipe também decidiu que todos os comportamentos que poderiam causar modificação, quando bem-sucedidos, deveriam publicar um resultado específico do Evento de Domínio. Isso também adicionava mais detalhes do que a equipe quis abordar logo no início. Mas eles reconheceram a necessidade dos Eventos. Eventos alcançariam pelo menos duas coisas. Primeiro, eles permitiriam monitorar as alterações por meio do ciclo de vida de todos os objetos (discutidos mais adiante). Segundo, eles permitiriam que assinantes externos fossem sincronizados com as alterações, dando a pessoas de fora o potencial de autonomia.

Esses temas são discutidos em **Eventos (8)** e **Integrando Contextos Delimitados (13)**.

Papéis e Responsabilidades

Um aspecto da modelagem é descobrir os papéis e as responsabilidades dos objetos. A análise dos papéis e da responsabilidade é aplicável a objetos de domínio em geral. Aqui discutimos especificamente os papéis e as responsabilidades das Entidades.

Precisamos de um algum contexto para o termo *papel*. Um dos usos, ao discutir o *Contexto de Identidade e Acesso,* é que um `Role` é uma Entidade e uma Raiz de Agregado que aborda uma ampla preocupação com a segurança do sistema. Os clientes podem perguntar se o usuário tem, ou desempenha, um papel de segurança. Isso é completamente diferente do que estou discutindo agora. O que estou discutindo nesta seção é como papéis podem ser desempenhados pelos objetos em seu modelo.

Objetos de Domínio Desempenhando Múltiplos Papéis

Na programação orientada a objetos, geralmente interfaces determinam os papéis de uma classe de implementação. Quando projetada corretamente, uma classe desempenha um papel para cada interface que ela implementa. Se a classe não tiver papéis declarados explicitamente, ela não implementará nenhuma interface explícita — por padrão, ela desempenha o papel de sua respectiva classe.

Isto é, a classe tem a interface implícita de seus métodos públicos. A classe User nos exemplos anteriores não implementa nenhuma interface explícita, mas ela desempenha um papel, um User.

Podemos fazer com que um objeto desempenhe o papel tanto de User como de Person. Não é isso que está sendo sugerido, mas por enquanto suponha que achamos isso uma boa ideia. Se supuséssemos, não haveria razão para agregar um objeto Person separado como uma associação referenciada do objeto User. Em vez disso, haveria apenas um objeto, um que desempenha dois papéis.

Por que fazemos isso? Normalmente é porque vemos tanto semelhanças como diferenças em dois ou mais objetos. As características sobrepostas podem ser abordadas mesclando múltiplas interfaces em um único objeto. Por exemplo, podemos fazer com que um objeto seja tanto um User *como* uma Person, nomeando a classe de implementação HumanUser:

```
public interface User {
    ...
}

public interface Person {
    ...
}

public class HumanUser implements User, Person {
    ...
}
```

Isso faz sentido? Possivelmente, mas também pode complicar as coisas. Se ambas as interfaces forem complexas, pode ser difícil implementar as duas em um único objeto. Além disso, um User pode ser um sistema, o que aumentaria as interfaces necessárias para três. Projetar o único objeto para desempenhar os papéis de User, Person e System seria ainda mais difícil. Talvez fosse possível simplificar isso criando um Principal de uso geral:

```
public interface User {
    ...
}

public interface Principal {
    ...
}

public class UserPrincipal implements User, Principal {
    ...
}
```

Com esse projeto tentamos determinar o tipo de principal real em tempo de execução (vinculação tardia). Um principal pessoa e um principal sistema têm diferentes implementações. Sistemas não precisam do mesmo tipo de informações de contato que uma pessoa precisa. Mas, de qualquer maneira, podemos tentar projetando uma implementação de delegação de encaminhamento. Para fazer isso, verificaríamos a existência de um tipo ou outro em tempo de execução e delegaríamos ao objeto existente:

```
public interface User {
    ...
}

public interface Principal {
    public Name principalName();
    ...
}

public class PersonPrincipal implements Principal {
    ...
}

public class SystemPrincipal implements Principal {
    ...
}

public class UserPrincipal implements User, Principal {
    private Principal personPrincipal;
    private Principal systemPrincipal;
    ...

    public Name principalName() {
        if (personPrincipal != null) {
            return personPrincipal.principalName();
        } else if (systemPrincipal != null) {
            return systemPrincipal.principalName();
        } else {
            throw new IllegalStateException(
                    "The principal is unknown.");
        }
    }
    ...
}
```

Esse projeto gera vários problemas. Por um lado, ele sofre daquilo que é chamado *esquizofrenia de objeto*.[2] O comportamento é delegado por uma técnica conhecida como encaminhamento ou despacho. Nem `personPrincipal` nem `systemPrincipal` contêm a identidade da Entidade `UserPrincipal`, em que o

---

2. Ela descreve um objeto com múltiplas personalidades, o que não é clinicamente a definição de esquizofrenia. O problema real por trás do nome perturbador é a confusão da identidade do objeto.

comportamento foi inicialmente executado. A esquizofrenia de objeto descreve a situação em que os objetos delegados não conhecem a identidade do objeto originador. Há confusão dentro dos delegados e também em relação a quem eles realmente são. Não é que todos os métodos delegados nas duas classes concretas precisariam assumir a identidade do objeto básico, mas alguns poderiam precisar dela. Podemos passar uma referência para o `UserPrincipal`. Mas isso complica o projeto e, na verdade, requer que a interface com o `Principal` seja alterada. Isso não é bom. Como [Gamma *et al.*] afirmam, "Delegação só é uma boa escolha de projeto quando ela simplifica mais do que complica".

Não vamos tentar resolver esse desafio de modelagem aqui. Ele é usado apenas para ilustrar os desafios às vezes encontrados ao usar papéis de objeto e destacar que é um estilo de modelagem com o qual precisamos ter cuidado. Com as ferramentas certas, como Qi4j [Öberg], podemos melhorar as coisas.

Ela pode ajudar a situação a tornar mais refinadas as interfaces com os papéis, como Udi Dahan [Dahan, Roles] promove. Eis dois requisitos que permitem criar interfaces refinadas:

- Adicione novos pedidos a um cliente.

- Torne um cliente preferencial (a condição para atender a esse nível não está indicada).

A classe `Customer` implementa duas interfaces refinadas com os papéis: `IAddOrdersToCustomer` e `IMakeCustomerPreferred`. Cada uma define uma única operação, como pode ser visto na Figura 5.9. Podemos até mesmo implementar outras interfaces, como `Ivalidator`.

Como discutido em **Agregados (10)**, normalmente não coletaríamos um grande número de objetos, como todos os pedidos, em um `Customer`. Assim, va-

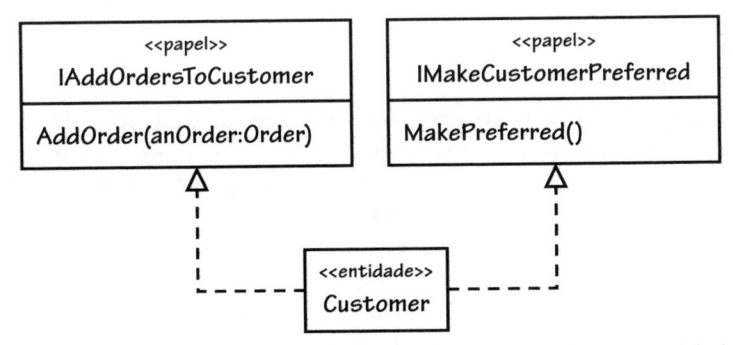

Figura 5.9 Usando convenções de nomenclatura C# .NET, a Entidade *Customer* implementa dois papéis objeto, *IAddOrdersToCustomer* e *IMakeCustomerPreferred*.

mos visualizar isso como um exemplo sintético, usado apenas como um meio para ilustrar a maneira como os papéis dos objetos são usados.

O prefixo I no nome da interface é um estilo amplamente utilizado na programação .NET. Além de seguir a abordagem .NET em geral, alguns acham que ela melhora a legibilidade: "Adiciono pedidos a cliente" e "torno o cliente preferido". Sem o prefixo I, os nomes resultantes baseados em verbos podem ser menos desejáveis: AddOrdersToCustomer e MakeCustomerPreferred. Podemos estar mais acostumados a nomear interfaces como substantivos e adjetivos, e, em vez disso, esse padrão certamente pode ser aplicado aqui.

Considere algumas vantagens que esse estilo promove. O papel de uma Entidade pode mudar entre um caso de uso e outro. Quando um cliente precisa adicionar uma nova instância de Order a um Customer, o papel é diferente de quando ele quer tornar o Customer preferencial. Há também uma vantagem técnica. Diferentes casos de uso podem requerer estratégias de busca especializadas:

```
IMakeCustomerPreferred customer =
    session.Get<IMakeCustomerPreferred>(customerId);
customer.MakePreferred();

...

IAddOrdersToCustomer customer =
    session.Get<IAddOrdersToCustomer>(customerId);
customer.AddOrder(order);
```

O mecanismo de persistência interroga o nome T do tipo de parametrização do método Get<T>(). Ele usa o tipo para pesquisar uma estratégia de busca associada que está inscrita na infraestrutura. Se a interface não tiver nenhuma estratégia especial de busca, o padrão será usado. Ao executar a estratégia de busca, o objeto Customer identificado é carregado na forma necessária pelo caso de uso específico.

Podemos ver mérito técnico em como interfaces de marcador de papéis ajudam a ativar ganchos por trás dos bastidores. Outro comportamento específico de caso de uso pode ser associado a qualquer dado papel, como validação, permitindo a execução de um validador específico à medida que as modificações na Entidade são persistidas.

Interfaces refinadas tornam mais fácil que uma classe de implementação, como Customer, execute o comportamento nela mesma. Não há necessidade de delegar a implementação a classes separadas, o que ajuda a prevenir a esquizofrenia de objeto.

É razoável perguntar se há uma *vantagem* distinta de *modelagem de domínio* ao separar os comportamentos de Customer por papel. Compare o cliente anterior com aquele na Figura 5.10; um é melhor que o outro? Seria mais fácil que

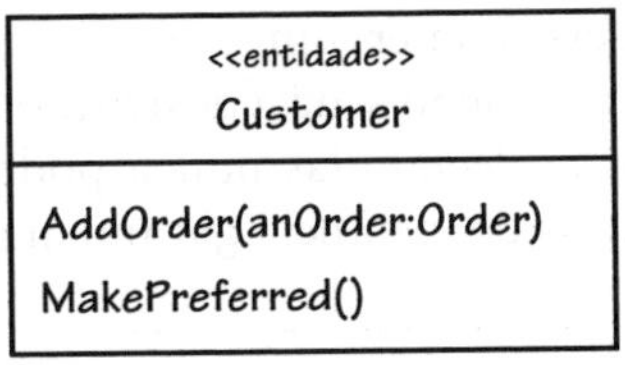

```
┌─────────────────────────────────────┐
│            <<entidade>>              │
│              Customer                │
├─────────────────────────────────────┤
│   AddOrder(anOrder:Order)           │
│   MakePreferred()                    │
└─────────────────────────────────────┘
```

Figura 5.10   Aqui `Customer` é modelado com as operações que antes estavam em diferentes interfaces e agora fundiram-se na interface única da classe Entidade.

um cliente chame equivocadamente o método `AddOrder()` quando ele na verdade deveria invocar `MakePreferred()`? Provavelmente não. Mas não devemos julgar a abordagem somente por causa disso.

Talvez o uso mais prático das interfaces com os papéis também seja o mais simples. Podemos alavancar interfaces para ocultar detalhes de implementação que não queremos que vazem do modelo para os clientes. Projete uma interface para exibir exatamente o que queremos permitir que os clientes usem, nada mais. A classe de implementação pode ser muito mais complexa do que a interface. Ela pode ter todos os tipos de propriedades de suporte, com *getters* e *setters* e comportamento de implementação, que os clientes nem mesmo terão um vislumbre deles. Por exemplo, talvez uma ferramenta ou framework force a criação de métodos públicos que não queremos que os clientes usem. Mesmo assim, a interface do modelo de domínio não é influenciada por detalhes técnicos de implementação necessariamente desagradáveis. Isso apresenta uma vantagem definitiva para a modelagem de domínio.

Junto com qualquer escolha de projeto, assegure que a Linguagem Ubíqua seja dominante em relação a quaisquer preferências técnicas. Com o DDD, é um modelo do domínio do negócio que mais importa.

Construção

Ao instanciar uma Entidade, queremos usar um construtor que captura estado suficiente para identificá-la totalmente e permitir que os clientes a localizem. Quando a geração de identidades inicial é usada, um construtor projetado corretamente recebe como parâmetro pelo menos a identidade única. Se a Entidade for consultada por outros meios, como um nome ou descrição, também incluiremos tudo isso como parâmetros de construtor.

Às vezes uma Entidade mantém uma ou mais invariantes. Uma invariante é um estado que deve permanecer consistente de forma transacional por todo o ciclo de vida da Entidade. Invariantes são uma preocupação dos Agregados, mas como a Raiz do Agregado sempre é uma Entidade, ela é mencionada aqui. Se uma Entidade tiver uma invariante que é satisfeita pelo estado não `null` de um objeto contido, ou calculada usando algum outro estado, esse estado deve ser fornecido por um ou mais parâmetros de construtor.

Cada objeto usuário deve conter um `tenantId`, `username`, `password` e `person`. Em outras palavras, depois da construção bem-sucedida, referências a essas variáveis de instância declaradas nunca podem ser `null`. O construtor `User` e os *setters* das variáveis de instância garantem isto:

```
public class User extends Entity {
    ...
    protected User(TenantId aTenantId, String aUsername,
            String aPassword, Person aPerson) {
        this();
        this.setPassword(aPassword);
        this.setPerson(aPerson);
        this.setTenantId(aTenantId);
        this.setUsername(aUsername);
        this.initialize();
    }
    ...
    protected void setPassword(String aPassword) {
        if (aPassword == null) {
            throw new IllegalArgumentException(
                    "The password may not be set to null.");
        }

        this.password = aPassword;
    }

    protected void setPerson(Person aPerson) {
        if (aPerson == null) {
            throw new IllegalArgumentException(
                    "The person may not be set to null.");
        }
        this.person = aPerson;
    }

    protected void setTenantId(TenantId aTenantId) {
        if (aTenantId == null) {
            throw new IllegalArgumentException(
                    "The tenantId may not be set to null.");
        }
        this.tenantId = aTenantId;
    }

    protected void setUsername(String aUsername) {
        if (this.username != null) {
            throw new IllegalStateException(
                    "The username may not be changed.");
        }
        if (aUsername == null) {
            throw new IllegalArgumentException(
                    "The username may not be set to null.");
        }
```

```
        this.username = aUsername;
    }
    ...
}
```

O projeto da classe `User` demonstra o poder do autoencapsulamento. O construtor delega a atribuição da variável de instância aos seus próprios *setters* de atributo/propriedade internos, o que fornece o autoencapsulamento para as variáveis. O autoencapsulamento permite que cada *setter* determine as condições contratuais adequadas para definir uma parte do estado. Cada um dos *setters* afirma individualmente uma restrição não `null` em nome da Entidade, o que reforça o contrato da instância. As afirmações são chamadas *controladores* (ver "Validação"). Como indicado anteriormente na seção "Estabilidade de entidade", as técnicas de autoencapsulamento desses métodos *setters* podem ser mais complexa conforme necessário.

Use uma Fábrica para instanciações complexas de Entidade. Isso é tratado em mais detalhes em **Fábricas (11)**. No exemplo anterior, você notou que o construtor `User` protegeu a visibilidade? A Entidade `Tenant` funciona como uma fábrica para as instâncias de usuário, e apenas as classes no mesmo módulo podem ver o construtor `User`. Dessa forma, nenhum objeto além de `Tenant` pode criar instâncias de `User`:

```
public class Tenant extends Entity  {
    ...
    public User registerUser(
            String aUsername,
            String aPassword,
            Person aPerson) {

        aPerson.setTenantId(this.tenantId());

        User user =
                new User(
                        this.tenantId(),
                        aUsername,
                        aPassword,
                        aPerson);

        return user;
    }
    ...
}
```

Aqui o método `registerUser()` é a Fábrica. A Fábrica simplifica a construção do estado padrão do `User` e garante que `TenantId` tanto para a Entidade `User` como para a Entidade `Person` sempre está correto. Isso tudo acontece sob o controle de um método de Fábrica que aborda a Linguagem Ubíqua.

Validação

A principal razão para usar a validação no modelo é para verificar a exatidão de qualquer um atributo/propriedade, qualquer objeto inteiro ou qualquer composição de objetos. Analisamos três níveis de validação no modelo. Embora existam muitas maneiras de realizar a validação, incluindo frameworks/bibliotecas especializados, elas não são analisadas aqui. Em vez disso, são apresentadas abordagens de uso geral, mas elas podem levar a abordagens mais elaboradas.

A validação realiza coisas diferentes. Só porque todos os atributos/propriedades de um objeto de domínio são individualmente válidos não significa que o objeto como um todo é válido. Talvez a combinação de dois atributos corretos invalide todo o objeto. Só porque um único objeto como um todo é válido não significa que uma composição de objetos é válida. Talvez a combinação de duas Entidades, cada uma das quais com estados válidos individuais, na verdade torne a composição inválida. Portanto, talvez seja necessário usar um ou mais níveis de validação para resolver todos os problemas possíveis.

Validando Atributos e Propriedades

Como podemos proteger um único atributo ou propriedade — ver em **Objetos de Valor (6)** a diferença entre os dois — contra ser definido como um valor inválido? Como discutido em outra parte deste capítulo e livro, recomendo o uso do autoencapsulamento. O autoencapsulamento facilita a primeira solução.

Para citar Martin Fowler, "O autoencapsulamento significa projetar as classes de modo que todo o acesso aos dados, mesmo dentro da mesma classe, passa por métodos de acesso" [Fowler, Self Encap]. O uso dessa técnica apresenta várias vantagens. Ela permite a abstração das variáveis de instância de um objeto (e classe/estática). Ela fornece uma maneira de derivar facilmente atributos/propriedades a partir de quaisquer outros que o objeto contém. E não menos importante para essa discussão específica, ela fornece suporte para uma forma simples de validação.

Na verdade, não necessariamente gosto de chamar o uso do autoencapsulamento para proteger o estado correto do objeto pelo nome *validação*. O nome confunde alguns desenvolvedores, porque a validação é uma preocupação separada e deve ser responsabilidade de uma classe de validação, não de um objeto de domínio. Concordo. Mas estou falando de algo um pouco diferente. O que estou discutindo são *afirmações* que seguem uma abordagem *de projeto por contrato*.

Por definição, o projeto por contrato permite especificar as pré-condições, pós-condições e invariantes dos componentes que projetamos. Isso é defendido por Bertrand Meyer e foi completamente expresso em sua linguagem de programação Eiffel. Há algum suporte para as linguagens Java e C# e um livro sobre o tema, *Design Patterns and Contracts* [Jezequel *et al.*]. Aqui só vamos analisar as pré-condições, aplicando controladores, como uma forma de validação:

```
public final class EmailAddress {

    private String address;

    public EmailAddress(String anAddress) {
        super();
        this.setAddress(anAddress);
    }
    ...
    private void setAddress(String anAddress) {
        if (anAddress == null) {
            throw new IllegalArgumentException(
                    "The address may not be set to null.");
        }
        if (anAddress.length() == 0) {
            throw new IllegalArgumentException(
                    "The email address is required.");
        }
        if (anAddress.length() > 100) {
            throw new IllegalArgumentException(
                    "Email address must be 100 characters or less.");
        }
        if (!java.util.regex.Pattern.matches(
            "\\w+([-+.']\\w+)*@\\w+([-.]\\w+)*\\.\\w+([-.]\\w+)*",
                anAddress)) {
            throw new IllegalArgumentException(
                    "Email address and/or its format is invalid.");
        }

        this.address = anAddress;
    }
    ...
}
```

Há quatro pré-condições para o contrato do setAddress(). Todos os controladores das pré-condições afirmam uma condição do argumento anAddress:

- O parâmetro não pode ser nulo.

- O parâmetro não deve ser uma string vazia.

- O parâmetro deve ter 100 ou menos caracteres (mas não zero caracteres).

- O parâmetro deve corresponder ao formato básico de um endereço de e-mail.

Se todas essas pré-condições passarem, a propriedade de address é definida como o valor de anAddress. Se uma não for atendida, uma IllegalArgumentException é lançada.

A classe EmailAddress não é uma Entidade. Ela é um Objeto de Valor. Vamos usá-la aqui por algumas razões. Primeiro, ela é um bom exemplo da implementação de vários graus dos controladores de pré-condição, de verificações nulas à formatação de valores (mais sobre isso a seguir). Segundo, esse valor é mantido pela Entidade Pessoa como uma de suas propriedades, indiretamente por meio do valor `ContactInformation`. Assim, na verdade, isso é parte de uma Entidade da mesma forma como um atributo simples declarado em uma classe de Entidade também é parte dela. Usamos exatamente os mesmos tipos de controladores de pré-condição ao implementar *setters* para atributos simples. Quando um Valor Inteiro é atribuído a uma propriedade Entidade, não há como proteger-se contra a definição insana de estado, a menos que atributos menores dentro do valor sejam protegidos.

Lógica Caubói

LB: "Achei que tinha um argumento válido com a patroa, mas então ela de repente lançou uma exceção de argumento ilegal em mim."

Alguns desenvolvedores referem-se a esses tipos de verificação de pré-condição como *programação defensiva*. Certamente é programação defensiva para se proteger completamente contra valores inválidos que entram no modelo. Alguns podem não concordar com o grau cada vez maior de especificidade que esses controladores têm. Alguns programadores defensivos concordam com a verificação de valores nulos, e talvez até mesmo a verificação de strings vazias, mas esquivam-se da verificação de condições como comprimentos de string, intervalos numéricos, formatos de valor e afins. Alguns pensam que, por exemplo, é melhor deixar as verificações do tamanho do valor para o banco de dados. Eles consideram que coisas como comprimentos máximos de string são uma preocupação de algo diferente além de objetos de modelo. Mas essas pré-condições podem ser vistas como verificações justificáveis de sanidade.

Pode haver ocasiões em que é desnecessário verificar os comprimentos de string. Isso pode fazer sentido ao utilizar um banco de dados cujo tamanho máximo da coluna NVARCHAR nunca pode ser alcançado. As colunas de texto do Microsoft SQL Server podem ser declaradas usando a palavra-chave `max`:

```
CREATE TABLE PERSON (
    ...
    CONTACT_INFORMATION_EMAIL_ADDRESS_ADDRESS
        NVARCHAR(max) NOT NULL,
    ...
) ON PRIMARY
GO
```

Não é que nós nunca iríamos querer que um endereço de e-mail tenha 1.073.741.822 caracteres de largura. O fato é que queremos declarar uma largura de coluna com a qual nunca precisaremos nos preocupar em exceder.

Isso talvez não seja possível com alguns bancos de dados. Com o MySQL, há uma *largura* máxima de linha de 65.535 bytes. Mais uma vez, isso é *largura de linha,* não largura de coluna. Se declararmos até mesmo uma coluna com a largura máxima do tipo de coluna VARCHAR de 65.535, não haverá espaço para uma coluna adicional na tabela. Dependendo do número de colunas VARCHAR em uma determinada tabela, precisaremos restringir cada largura de coluna a algum limite prático que permita que a todas as colunas caibam. Em casos como esse, podemos declarar colunas de caracteres como TEXT, visto que colunas TEXT e BLOB são armazenadas em segmentos separados. Consequentemente, dependendo do banco de dados, pode haver maneiras de contornar os limites da largura de coluna e reduzir a necessidade de verificações do comprimento de string no modelo.

Se houver um potencial para estourar uma coluna, uma verificação simples do comprimento de string no modelo será justificável. Seria impraticável converter o seguinte em um erro significativo de domínio?

```
ORA-01401: inserted value too large for column
```

Nem mesmo seria possível determinar qual coluna estourou. Pode ser melhor evitar totalmente esse problema verificando as larguras de texto nas pré-condições do *setter.* Além disso, a verificação do comprimento não precisa ser apenas sobre uma restrição na coluna de banco de dados. No final das contas, é o próprio domínio que pode restringir o comprimento de texto por razões muito justificáveis, como restrições em sistemas legados com os quais nós nos integramos.

Também podemos ter de considerar proteger verificações de curto e longo alcance, e possivelmente outras. Mesmo uma simples verificação de formatação, como o formato de endereço de e-mail, faz sentido se quisermos evitar que um valor completamente insano seja associado a uma Entidade. Certamente se os valores básicos de uma única Entidade forem sãos, será mais fácil realizar a validação grosseira em objetos inteiros e composições de objetos.

Validando Objetos Inteiros

Embora possamos ter uma Entidade com atributos/propriedades completamente válidos, isso não necessariamente significa que toda a Entidade é válida. Para validar toda uma Entidade, precisamos ter acesso ao estado de todo o objeto — todos seus atributos/propriedades. Precisamos também de uma **Especificação** [Evans & Fowler, Spec] ou **Estratégia** [Gamma *et al.*] para a validação.

Em sua linguagem padrão **Checks**, Ward Cunningham [Cunningham, Checks] enfoca várias abordagens para a validação. Uma útil para objetos inteiros é a **Validação Deferida.** Ward diz que isso é "uma classe de verificação que deve ser postergada até o último momento possível". Ela é postergada porque é uma espécie de validação muito detalhada, uma em que haveria pelo menos um objeto complexo, ou mesmo uma composição de objetos. Por essa razão discutimos a validação deferida mais adiante também como um meio de abordar composições maiores de objetos. Nesta subseção, limito as validações àquilo que Ward chama de "verificações das atividades mais simples".

Como todo o estado da Entidade precisa estar disponível para a validação, alguns podem ver isso como um bom momento para incorporar a lógica do processamento da validação diretamente na Entidade. Seja cauteloso aqui. Muitas vezes a validação de um objeto de domínio muda com mais frequência do que o próprio objeto de domínio. Incorporar a validação a uma Entidade também dá a ela muitas responsabilidades. Ela já tem a responsabilidade de lidar com o comportamento do domínio, uma vez que mantém seu estado.

Um componente de validação tem a responsabilidade de determinar se o estado da Entidade é ou não válido. Ao projetar uma classe de validação separada com o Java, insira-a no mesmo módulo (pacote) que o da Entidade. Supondo o uso do Java, declarar métodos de acesso de leitura de atributo/propriedade com pelo menos um escopo de protegido/pacote e público é ok. O escopo privado não permitirá que a classe de validação leia o estado necessário. Se a classe de validação não for inserida no mesmo módulo que o da Entidade, todos os métodos de acesso de atributo/propriedade devem ser públicos, o que é indesejável em muitos casos.

A classe de validação pode implementar o padrão Especificação ou o padrão Estratégia. Se detectar um estado inválido, ela informará o cliente ou de outro modo criará um registro dos resultados que podem ser revistos mais tarde (por exemplo, após o processamento em lote). É importante que o processo de validação colete um conjunto completo de resultados, em vez de lançar uma exceção ao primeiro sinal de problemas. Considere esse validador reutilizável e abstrato e a subclasse concreta:

```
public abstract class Validator {
    private ValidationNotificationHandler notificationHandler;
    ...
    public Validator(ValidationNotificationHandler aHandler) {
        super();
        this.setNotificationHandler(aHandler);
    }

    public abstract void validate();

    protected ValidationNotificationHandler notificationHandler() {
        return this.notificationHandler;
    }

    private void setNotificationHandler(
            ValidationNotificationHandler aHandler) {
        this.notificationHandler = aHandler;
    }
}
```

```
public class WarbleValidator extends Validator {

    private Warble warble;

    public Validator(
            Warble aWarble,
            ValidationNotificationHandler aHandler) {
        super(aHandler);
        this.setWarble(aWarble);
    }
    ...
    public void validate() {
        if (this.hasWarpedWarbleCondition(this.warble())) {
            this.notificationHandler().handleError(
                "The warble is warped.");
        }
        if (this.hasWackyWarbleState(this.warble())) {
            this.notificationHandler().handleError(
                "The warble has a wacky state.");
        }
        ...
    }
}
```

O `WarbleValidator` é instanciado com um `ValidationNotificationHandler`. Sempre que uma condição inválida é encontrada, o `ValidationNotification-Handler` é solicitado a lidar com a condição. O `ValidationNotification-Handler` é uma implementação de uso geral com um método `handleError()` que recebe uma mensagem de notificação de `String`. Podemos em vez disso criar implementações especializadas que têm um método diferente para cada tipo de condição inválida:

```
class WarbleValidator extends Validator {
    ...
    public void validate() {
        if (this.hasWarpedWarbleCondition(this.warble())) {
            this.notificationHandler().handleWarpedWarble();
        }
        if (this.hasWackyWarbleState(this.warble())) {
            this.notificationHandler().handleWackyWarbleState();
        }
    }
    ...
}
```

Isso tem a vantagem de não associar mensagens de erro, ou chaves de propriedade de mensagem, ou qualquer coisa específica para a notificação, com o processo de validação. Ainda melhor, insira o tratamento de notificações no método
de verificação:

```
class WarbleValidator extends Validator {
    ...
    public Validator(
            Warble aWarble,
            ValidationNotificationHandler aHandler) {
        super(aHandler);
        this.setWarble(aWarble);
    }
    ...
    public void validate() {
        this.checkForWarpedWarbleCondition();
        this.checkForWackyWarbleState();
        ...
    }
    ...
    protected checkForWarpedWarbleCondition() {
        if (this.warble()...) {
            this.warbleNotificationHandler().handleWarpedWarble();
        }
    }
    ...
    protected WarbleValidationNotificationHandler
            warbleNotificationHandler() {
        return (WarbleValidationNotificationHandler)
                this.notificationHandler();
    }
}
```

Nesse exemplo usamos um `ValidationNotificationHandler` específico
de `Warble`. Ele vem como um tipo padrão, mas é convertido no tipo específico
quando usado internamente. Cabe ao modelo elaborar o contrato entre ele próprio e os clientes para fornecer o tipo correto.

Como os clientes asseguram que a validação de Entidade ocorre? E onde o
processamento de validação começa?

Uma maneira insere um método `validate()` em todas as Entidades que exigem a validação, e pode fazer isso usando um Supertipo de Camada:

```
public abstract class Entity
        extends IdentifiedDomainObject   {

    public Entity() {
        super();
    }
```

```
public void validate(
        ValidationNotificationHandler aHandler) {

    }
}
```

Qualquer subclasse de `Entity` pode chamar com segurança seu método `validate()`. Se a Entidade concreta suportar a validação especializada, ela será executada. Se não for suportada, o comportamento é uma não operação. Se apenas algumas Entidades podem ser validadas, talvez seja melhor declarar `validate()` apenas naquelas que precisam dele.

Mas Entidades realmente devem validar elas mesmas? Ter seu próprio método `validate()` não significa que a própria Entidade realiza a validação. Mas ele não permite que a Entidade determine *o que* ele valida, evitando que os clientes tenha essa preocupação:

```
public class Warble extends Entity {
    ...
    @Override
    public void validate(ValidationNotificationHandler aHandler) {
        (new  WarbleValidator(this, aHandler)).validate();
    }
    ...
}
```

Cada subclasse `Validator` especializada executa quaisquer validações refinadas, conforme necessário. A Entidade não precisa saber nada sobre *como* ela é validada, só que ela pode ser validada. A subclasse `Validator` separada permite também que o processo de validação mude em um ritmo diferente da Entidade e que validações complexas sejam completamente testadas.

Validando Composições De Objetos

Podemos usar a Validação Deferida para o que Ward Cunningham diz que são as "ações mais complexas que requerem todas as verificações das atividades mais simples e mais um pouco". Aqui determinamos não apenas que uma Entidade individual é válida, mas que um agrupamento ou composição de Entidades são todas válidas conjuntamente, incluindo uma ou mais instâncias de Agregado. Para fazer isso, podemos instanciar a subclasse concreta `Validator` com o número apropriado de instâncias. Mas pode ser melhor gerenciar esse tipo de validação usando um Serviço de Domínio. O Serviço de Domínio pode usar Repositórios para ler as instâncias de Agregado que ele precisa validar. Ele pode então executar cada instância de acordo com o ritmo delas, separadamente ou em combinação com outras.

Decida se a validação sempre é apropriada. De vez em quando um Agregado ou um conjunto de Agregados está em um estado temporário, intermediário.

Talvez fosse possível modelar um status em um Agregado para indicar isso, evitando a validação em momentos inapropriados. Quando as condições são propícias para a validação, o modelo pode informar os clientes publicando um Evento de Domínio:

```
public class SomeApplicationService ... {
    ...
    public void doWarbleUseCaseTask(...) {
        Warble warble =
            this.warbleRepository.warbleOfId(aWarbleId);

        DomainEventPublisher
            .instance()
            .subscribe(new DomainEventSubscriber<WarbleTransitioned>(){
                public void handleEvent(DomainEvent aDomainEvent) {
                    ValidationNotificationHandler handler = ...;
                    warble.validate(handler);
                    ...
                }
                public Class<WarbleTransitioned>
                        subscribedToEventType() {
                    return WarbleTransitioned.class;
                }
            });

        warble.performSomeMajorTransitioningBehavior();
    }
}
```

Quando recebido pelo cliente, `WarbleTransitioned` indica que a validação é agora apropriada. Até esse momento, o cliente se abstém de validar.

Monitoramento de Alterações

De acordo com a definição de Entidade, não é necessário monitorar as alterações que ocorrem no estado durante sua vida útil. Só precisamos suportar seu estado em constante mudança. Mas às vezes especialistas em domínio se preocupam com ocorrências importantes no modelo à medida que o tempo passa. Quando esse é o caso, monitorar alterações específicas na entidade pode ajudar.

A maneira mais prática de alcançar um monitoramento preciso e útil das alterações é usar Eventos de Domínio e um Armazenamento de Eventos. Criamos um tipo de evento único para cada comando importante que altera o estado executado contra cada Agregado com o qual especialistas em domínio se preocupam. A combinação do nome de Evento e suas propriedades torna explícito o registro da alteração. Os Eventos são publicados como métodos completos de comando. Um assinante se inscreve para receber todos os Eventos produzidos pelo modelo. Quando recebido, o assinante salva o Evento no Armazenamento de Eventos.

Especialistas em Domínio talvez não se preocupem com cada alteração em um modelo, mas, de qualquer forma, a equipe técnica pode se importar. Isso geralmente ocorre por razões técnicas, utilizando um padrão chamado **Prospecção de Eventos (4)**.

Resumo

- Discutimos uma variedade de temas relacionados a Entidades. Eis uma recapitulação do que você aprendeu: Abrangemos quatro principais formas de gerar identidades únicas para Entidades.

- Você entende a importância do timing da geração, e como usar identidade substituta.

- Agora você sabe como assegurar a estabilidade das identidades.

- Discutimos como descobrir as características intrínsecas das Entidades revelando a Linguagem Ubíqua no contexto. Você viu como propriedades e comportamentos são descobertos.

- Junto com o comportamento básico, você analisou os pontos fortes e fracos da modelagem de Entidades usando múltiplos papéis.

- Por fim, você examinou os detalhes de como construir Entidades, como validá-las, e como monitorar as alterações quando necessário.

A seguir, vamos analisar um bloco de construção muito importante entre as ferramentas de modelagem tática, Objetos de Valor.

Capítulo 6

Objetos de Valor

Preço é o que você paga. Valor é o que você recebe.
— Warren Buffett

Embora muitas vezes ofuscados pelo pensamento sobre Entidades, **Objetos de Valor** são um bloco de construção vital do DDD. Exemplos de objetos que são comumente modelados como Valores são números como 3, 10 e 293,51; strings de texto como "Olá, mundo!" e "Domain-Driven Design"; datas; horários; objetos mais detalhados, como o nome completo de uma pessoa composto por atributos de primeiro nome, nome do meio, sobrenome e título; e outros, como moeda, cores, números de telefone e endereços postais. E há os tipos mais complexos. Discutiremos os Valores que modelam os conceitos de seu Domínio usando a **Linguagem Ubíqua (1)**, abordando os objetivos do Domain-Driven Design.

> **Entenda as Vantagens do Valor**
> Tipos de Valor que medem, quantificam ou descrevem coisas são mais fáceis de criar, testar, utilizar, otimizar e manter.

Talvez você se surpreenda ao saber que devemos nos esforçar para modelar utilizando Objetos de Valor, em vez de Entidades, sempre que possível. Mesmo quando um conceito de domínio precisa ser modelado como uma Entidade, o projeto da Entidade deve favorecer o uso de um contêiner de valores, em vez de um contêiner de Entidades filho. Esse conselho não se baseia em uma preferência arbitrária. Tipos de Valor que medem, quantificam ou descrevem coisas são mais fáceis de criar, testar, utilizar, otimizar e manter.

Roteiro do Capítulo

- Aprenda a entender as características de um conceito de domínio para modelá-lo como um Valor.
- Veja como alavancar Objetos de Valor para minimizar a complexidade da integração.
- Examine o uso dos Tipos Padrão de domínio expressos como Valores.
- Considere como a SaaSOvation entendeu a importância dos Valores.
- Saiba como as equipes da SaaSOvation testaram, implementaram e persistiram seus tipos de Valor.

A princípio, as equipes da SaaSOvation foram além do limite do uso de Entidades. Isso realmente começou a acontecer bem antes de os conceitos de Usuário e Permissão serem entrelaçados com a colaboração. Desde o início do projeto, elas seguiram o modo popular de pensar que todos os elementos do modelo de domínio precisavam mapear para uma tabela própria de banco de dados, e que todos os atributos deveriam ser facilmente configurados  e recuperados por meio de métodos assessores públicos. Como cada objeto tinha uma chave primária de banco de dados, o modelo foi firmemente agrupado em um gráfico grande e complexo. Essa ideia veio principalmente da perspectiva da modelagem de dados que a maioria dos desenvolvedores utiliza quando indevidamente influenciados por bancos de dados relacionais, onde tudo é normalizado e referenciado usando chaves estrangeiras. Como eles aprenderam mais tarde, ser pego na maré do pensamento em Entidades não foi apenas desnecessário, também foi mais caro em termos de tempo e esforço de desenvolvimento.

Quando projetada corretamente, uma instância de Valor pode ser criada, entregue e esquecida. Nós não temos de nos preocupar com o fato de que o consumidor de alguma maneira modificou o valor incorretamente, ou até mesmo o modificou de algum modo. Um Valor pode ter uma existência breve ou longa. É apenas um Valor incólume e inofensivo que vai e vem conforme necessário.

Isso é uma carga enorme sobre nossas mentes, semelhante a fazer uma transição entre uma linguagem de programação sem recursos gerenciados de memória e uma com coleta de lixo. Com a facilidade de uso que os Valores suportam, devemos buscar o máximo desses tipos de valor quanto é possível justificar.

Portanto, como podemos determinar se um conceito de domínio deve ser modelado como um Valor? Temos que prestar muita atenção para suas características.

> Quando você só se importa com os atributos de um elemento do modelo, classifique-o como um OBJETO DE VALOR. Faça com que ele expresse o significado dos atributos que ele transmite e lhe dê as funcionalidades relacionadas. Trate o OBJETO DE VALOR como imutável. Não lhe dê nenhuma identidade e evite as complexidades de projeto necessárias para manter as ENTIDADES. [Evans, p. 99]

Por mais fácil que possa ser criar um tipo de Valor, às vezes aqueles inexperientes em DDD sentem-se confusos ao tentar escolher se devem modelar uma Entidade ou um Valor em uma instância específica. A verdade é que mesmo projetistas experientes lutam com isso de vez em quando. Além de mostrar como implementar um Valor, espero esclarecer alguns dos mistérios em torno do processo de tomada de decisões, às vezes confuso.

Características do Valor

Como uma primeira prioridade do negócio, certifique-se de que ao modelar um conceito de domínio como um Objeto de Valor, você aborda a Linguagem Ubíqua. Considerar isso é um princípio geral e uma característica que deve ser alcançada. Indico esse princípio por todo o capítulo.

Ao tentar decidir se um conceito é um Valor, você deve determinar se ele possui a maioria destas características:

- Ele mede, quantifica ou descreve uma coisa no domínio.

- Ele pode ser mantido imutável.

- Ele modela um todo conceitual compondo atributos relacionados como uma unidade integral.

- Ele é completamente substituível quando a medição ou descrição muda.

- Ele pode ser comparado com outros usando a igualdade de Valor.

- Ele fornece para os colaboradores Comportamento Livre de Efeitos Colaterais [Evans].

Ele ajudará a entender cada uma dessas características em detalhes. Empregando essa abordagem para analisar os elementos de projeto no modelo, você pode achar que deve usar Objetos de Valor com muito mais frequência do que você pode ter utilizado antes.

Mede, Quantifica ou Descreve

Quando você tem um Objeto de Valor real no modelo, se você perceber ou não, ele não é uma coisa em seu domínio. Em vez disso, na verdade ele é um conceito que *mede, quantifica* ou de outra forma *descreve* uma coisa no domínio. Uma pessoa tem uma idade. A idade não é realmente uma coisa, mas mede ou quantifica o número de anos que a pessoa (coisa) viveu. Uma pessoa tem um nome. O nome não é uma coisa, mas descreve como a pessoa (coisa) é chamada.

Isso está estreitamente relacionado com a característica do Todo Conceitual.

Imutável

Um objeto que é um Valor torna-se imutável depois que foi criado.[1] Ao programar em Java ou C#, por exemplo, você usa um dos construtores da classe Valor para criar uma instância, passando como parâmetros todos os objetos em que o estado se baseará. Os parâmetros podem ser os objetos que funcionarão

---

1. Há momentos em que um Objeto de Valor pode ser projetado como mutável, mas a necessidade geralmente é rara. Não é possível abordar Valores mutáveis aqui. Se você estiver interessado sobre quando usar um tipo de Valor mutável, consulte o quadro na página 101 de [Evans].

diretamente como os atributos do Valor, ou eles podem ser objetos que serão utilizados para derivar um ou mais atributos recém-constituídos durante a construção. Eis um exemplo de um tipo de Objeto de Valor que contém uma referência a outro Objeto de Valor:

```
package com.saasovation.agilepm.domain.model.product;

public final class BusinessPriority implements Serializable  {
    private BusinessPriorityRatings ratings;

    public BusinessPriority(BusinessPriorityRatings aRatings) {
        super();
        this.setRatings(aRatings);
        this.initialize();
    }
    ...
}
```

A instanciação por si só não garante que um objeto seja imutável. Depois que o objeto foi instanciado e inicializado por meio da construção, nenhum de seus métodos, público ou privado, a partir desse momento em diante faz com que seu estado mude. Nesse exemplo, apenas os métodos `setRatings()` e `initialize()` podem sofrer mutações de estado, porque eles só são usados no escopo da construção. O método `SetRatings()` é privado/oculto e não pode ser chamado de fora da instância.[2] Além disso, a classe `BusinessPriority` precisa ser implementada de modo que nenhum de seus outros métodos, além dos construtores, públicos ou privados, possa invocar o *setter*. Mais adiante discutiremos como testar a imutabilidade dos Objetos de Valor.

Dependendo de sua preferência, às vezes você pode projetar Objetos de Valor que contêm referências a Entidades. Mas um pouco de cautela é justificável. Quando as Entidades referenciadas alteram o estado — por meio do comportamento da Entidade —, o Valor também muda, o que viola a qualidade da imutabilidade. Portanto, pode ser melhor empregar a mentalidade de que as referências a Entidades contidas pelos tipos de Valor são utilizadas em consideração à imutabilidade, expressividade e conveniência composicional. Do contrário, se as Entidades forem mantidas com o propósito expresso de causar uma mutação no estado por meio da interface do Objeto de Valor, essa provavelmente é a razão errada para compô-las. Pondere as forças conflitantes ao considerar o comportamento característico livre de efeitos colaterais discutidos mais adiante neste capítulo.

---

2. Em alguns casos, estruturas como mapeadores objetorrelacionais ou bibliotecas de serialização (para XML, JSON etc.) talvez precisem usar *setters* para reconstituir o estado do Valor a partir de sua forma serializada.

Desafie seus Pressupostos

Se você acha que o objeto que você está projetando deve ser transformado pelo comportamento, pergunte-se por que isso é necessário. Seria possível em vez disso usar substituição quando o Valor precisa mudar? Usar essa abordagem sempre que possível é projetar tendo em mente a simplificação.

Às vezes não faz sentido que um objeto seja imutável. Isso é perfeitamente razoável, e indica que o objeto deve ser modelado como uma Entidade. Se sua análise levar a essa conclusão, consulte **Entidades (5).**

O Todo Conceitual

Um Objeto de Valor pode possuir apenas um ou alguns atributos individuais, cada um dos quais está relacionado entre si. Cada atributo contribui com uma parte importante para um todo que o atributo descreve coletivamente. Separado dos outros, cada um dos atributos não consegue fornecer um significado coeso. Somente juntos é que todos os atributos formam a medida ou descrição completa pretendida. Isso é diferente de simplesmente agrupar um conjunto de atributos em um objeto. O próprio agrupamento alcança pouco se o todo não conseguir descrever adequadamente outra coisa no modelo.

Como Ward Cunningham ilustra em seu padrão **Valor Total**[3] [Cunningham, Whole Value, também conhecido Value Object], o Valor {US$ 50.000.000} tem dois atributos: o atributo *50.000.000* e o atributo *dólares*. Separadamente esses atributos descrevem outra coisa ou nada especial. Isso é especialmente verdadeiro para o número 50.000.000, mas certamente também para dólares. Juntos, esses atributos são um todo conceitual que descreve um indicador monetário. Portanto, *não* iríamos esperar que a coisa que se diz custar 50.000.000 de dólares tenha dois atributos separados para descrever seu valor, um dos montantes, que é 50.000.000, e uma das currency, que é dólar. Porque o preço da coisa não é apenas 50.000.000, e não apenas dólares. Eis a maneira não explícita de modelá-lo:

```
// a "coisa" do valor incorretamente modelada
public class ThingOfWorth {
    private String name;         // atributo
    private BigDecimal amount;   // atributo
    private String currency;     // atributo

    // ...
}
```

Nesse exemplo, o modelo e seus clientes precisam saber quando e como usar amount e currency juntos, porque eles não formam um todo conceitual. Isso exige uma abordagem melhor.

---

3. Também chamado Todo Significativo.

Para descrever adequadamente o preço de uma coisa, ele deve ser tratado não como dois atributos separados, mas como um Valor Total: {50.000.000 de dólares}. Aqui ele é modelado como um Valor Total:

```
public final class MonetaryValue implements Serializable   {
    private BigDecimal amount;
    private String currency;

    public MonetaryValue(BigDecimal anAmount, String aCurrency) {
        this.setAmount(anAmount);
        this.setCurrency(aCurrency);
    }
    ...
}
```

Isso não significa dizer que MonetaryValue é perfeito e não pode ser melhorado. Com certeza, o uso de um tipo de Valor adicional, como Currency, ajudaria aqui. Substituiríamos o tipo de String do atributo currency pelo tipo de Currency muito mais descritivo. Também pode haver um bom argumento para utilizar uma **Fábrica** e, possivelmente, um **Construtor** [Gamma *et al.*] para cuidar disso. Mas esses temas depreciariam o exemplo simples cujo propósito é focalizar o conceito do Valor Total.

Como a totalidade de um conceito no domínio é muito importante, a referência pai a um Objeto de Valor não é apenas um atributo. Pelo contrário, ela é uma *propriedade* do objeto/coisa pai contido no modelo que armazena uma referência a ela. De fato, o tipo do Objeto de Valor tem um ou mais atributos (dois no caso do MonetaryValue). Mas para a coisa que contém a referência à instância do Objeto de Valor, ele é uma propriedade. Portanto, a coisa que custa 50.000.000 dólares — vamos chamá-la ThingOfWorth — teria uma propriedade — possivelmente chamada worth — que contém uma referência a uma instância de um Objeto de Valor que tem dois atributos que descrevem coletivamente o indicador {50.000.000 de dólares}. Lembre-se, porém, de que o nome da propriedade — possivelmente worth — e o tipo do Valor — possivelmente MonetaryValue — só pode ser determinado depois que nosso **Contexto Delimitado (2)** e sua Linguagem Ubíqua foram estabelecidos. Eis uma implementação aprimorada:

```
// a "coisa" do valor corretamente modelada
public class ThingOfWorth {
    private ThingName name;       // property
    private MonetaryValue worth; // property
    //...
}
```

Como esperado, alterei `ThingOfWorth` para que possua uma propriedade do tipo `MonetaryValue` que é chamada `worth`. Isso com certeza limpa os atributos de outra forma desorganizados. Mas mais importante, agora existe um Valor que expressa um todo.

Quero chamar a atenção para uma segunda alteração, talvez uma que você não esperava. O nome do `ThingOfWorth` pode ser tão importante para descrever apropriadamente quanto é seu `worth`. Assim, também substituiu o tipo de string do nome pelo tipo `ThingName`. O uso de um atributo de `String` para o nome pode parecer à primeira vista suficientemente completo. Mas, nas iterações mais adiante, você entenderá que o uso de uma `String` simples causa problemas. Isso permitiu que a lógica fundamental do domínio para o `name` de um `ThingOf-Worth` vazasse para fora do modelo. Ela vazou para outras partes do modelo e para o código do cliente:

```
// clientes lidam com questões de modelagem

String name = thingOfWorth.name();
String capitalizedName =
        name.substring(0, 1).toUpperCase()
        + name.substring(1).toLowerCase();
```

Aqui, o cliente faz uma tentativa débil de corrigir possíveis problemas do uso de letras maiúsculas no nome. Definindo em vez disso um tipo `ThingName`, podemos centralizar todas as preocupações relacionadas com o nome de um `ThingOfWorth`. Com base nesse exemplo, o `ThingName` pode formatar totalmente o nome do texto na instanciação, aliviando os clientes desse ônus. Isso enfatiza a necessidade de proliferar Valores por todo o modelo em oposição a minimizar seu significado e uso. Agora, em vez de três contendo atributos menos significativos, `ThingOfWorth` contém dois Valores de propriedade corretamente tipados e nomeados.

Os construtores de uma classe Valor desempenham um papel quanto à eficácia de um todo conceitual. Junto com a imutabilidade, exigimos que construtores de uma classe Valor sejam o meio de assegurar que o Valor Total é criado em uma única operação. Você não deve permitir que os atributos de uma instância de Valor sejam preenchidos após a construção, como se fôssemos construir o Valor Total peça por peça. Em vez disso, devemos garantir que todo o estado final inicialize de uma vez, atomicamente. Os construtores `BusinessPriority` e `MonetaryValue` anteriormente expressos demonstram isso.

Eis outro ângulo do uso excessivo do tipo básico de valor (por exemplo, `String`, `Integer` ou `Double`). Há linguagens de programação (como Ruby) que permitem corrigir de uma maneira eficaz uma classe com um comportamento novo e especializado. Com essas capacidades, você pode considerar o uso, por exemplo, de um valor de ponto flutuante duplo para representar moedas. Se você precisa calcular taxas de câmbio entre as moedas, você pode simplesmente corrigir a classe `Double` com um comportamento `convertToCurrency(Currency aCurrency)`. Isso pode parecer frieza de programação, mas é realmente uma boa ideia usar um recurso linguístico nesse caso? Por um lado, esse comportamento específico de moedas provavelmente está perdido em um mar de responsabilidades de pontos flutuantes de uso geral. Primeira tacada. Da mesma forma, não há compreensão integrada das moedas na classe `Double`. Assim, você precisa construir o tipo linguístico padrão para entender mais sobre moedas. Afinal de contas, você tem de passar uma `Currency` para saber em qual ela deve ser convertida. Segunda tacada. Mais importante ainda, a classe `Double` não informa nada de explícito sobre seu domínio. Você perde de vista suas preocupações de domínio não aplicando a Linguagem Ubíqua. Bom efeito, mas errou o alvo. Terceira tacada.

> **Desafie seus Pressupostos**
>
> Se você estiver tentado a inserir múltiplos atributos em uma Entidade que como resultado manifesta um relacionamento enfraquecido com todos os outros atributos, é muito provável que os atributos deverão ser agrupados em um único tipo de Valor, ou em múltiplos tipos de Valor. Cada um deve formar um todo conceitual que reflete a coesão, apropriadamente nomeados a partir da Linguagem Ubíqua. Se até mesmo um único atributo estiver associado a um conceito descritivo, é muito provável que centralizar todas as preocupações desse conceito melhore o poder do modelo. Se um ou mais dos atributos precisarem mudar ao longo do tempo, considere a substituição do Valor Total em relação a manter uma Entidade por todo um longo ciclo de vida.

Substitubilidade

Em seu modelo, um Valor imutável deve ser mantido como uma referência por uma Entidade desde que seu estado constante descreva o Valor Total atualmente correto. Se isso não mais for verdade, o Valor inteiro será completamente substituído por um novo Valor que representa o total atualmente correto.

O conceito de substitubilidade é prontamente entendido no contexto dos números. Digamos que você tem o conceito de um `total` que é um número inteiro em seu domínio. Se o `total` estiver atualmente definido como o valor de 3, mas agora precisa ser o valor de 4, é claro que você não modifica o próprio inteiro de 3 para que se torne o número 4. Em vez disso você simplesmente define o `total` como o inteiro 4:

```
int total = 3;

// mais tarde...

total = 4;
```

Isso é óbvio, mas ajuda a esclarecer. Nesse exemplo, acabamos de *substituir* o valor `total` de 3 pelo valor de 4. Isso não é uma simplificação excessiva. É exatamente o que a substituição faz mesmo quando um dado tipo de Objeto de Valor é mais complexo do que um inteiro. Considere um tipo de Valor mais complexo:

```
FullName name = new FullName("Vaughn", "Vernon");

// mais tarde...

name = new FullName("Vaughn", "L", "Vernon");
```

O nome começa como o valor descritivo de meu primeiro nome e sobrenome. Mais tarde, esse Valor Total é *substituído* pelo Valor Total de meu primeiro nome, a primeira inicial de meu nome do meio e meu sobrenome. Não utilizei um método em `FullName` para alterar o estado do valor do `name` a fim de conter a primeira inicial de meu nome do meio. Isso violaria a qualidade da imutabilidade do tipo do Valor `FullName`. Em vez disso, simplesmente usamos a substituição do Valor Total, atribuindo à referência do `name` do objeto uma instância inteiramente nova de `FullName`. (De fato, esse exemplo não foi uma forma expressiva de lidar com a substituição, e uma maneira melhor vem a seguir.)

Desafie Seus Pressupostos

Se você estiver pensando em criar uma Entidade porque os atributos do objeto precisam mudar, desafie seus pressupostos de que é o modelo correto. Em vez disso, a substituição do objeto funcionaria? Considerando o exemplo anterior de substituição, você pode pensar que criar uma nova instância é impraticável e não tem expressividade. Mesmo que o objeto manipulado seja complexo e mude de uma maneira relativamente frequente, a substituição não precisa ser uma proposição impraticável, ou mesmo desagradável. Um exemplo mais adiante demonstra um Comportamento Livre de Efeitos Colaterais para uma forma simples e expressiva de lidar com a substituição do Valor Total.

Igualdade de Valor

Quando uma instância do Objeto de Valor é comparada com outra instância, é usado um teste de igualdade de objeto. Por todo o sistema pode haver muitas instâncias de Valor que são iguais, mas que não são os mesmos objetos. A igualdade é determinada comparando os tipos de ambos os objetos e então seus atributos. Se tanto os tipos como seus atributos forem iguais, os Valores serão considerados iguais. Além disso, se duas ou mais instâncias de Valor forem iguais, você poderá atribuir (usando a substituição) qualquer uma das instâncias de igual Valor à propriedade de uma Entidade desse tipo, e a atribuição não alterará o Valor da propriedade.

Eis um exemplo da classe `FullName` que implementa um teste de igualdade de Valor:

```
public boolean equals(Object anObject) {
    boolean equalObjects = false;
    if (anObject != null &&
            this.getClass() == anObject.getClass()) {
        FullName typedObject = (FullName) anObject;
```

```
        equalObjects =
            this.firstName().equals(typedObject.firstName()) &&
            this.lastName().equals(typedObject.lastName());
    }
    return equalObjects;
}
```

Cada um dos atributos das duas instâncias de `FullName` é comparado com os outros (supondo que essa versão tenha apenas nomes e sobrenomes, não um nome do meio). Se todos os atributos em ambos os objetos forem iguais, as duas instâncias de `FullName` serão consideradas iguais. Esse Valor específico evita `null` `firstName` e `lastName` na construção. Portanto, não há necessidade de proteger contra `null` em comparações `equals()` de cada uma das propriedades correspondentes. Além disso, defendo o uso do autoencapsulamento, assim acesso os atributos por meio dos métodos de consulta. Isso permite atributos derivados, em vez de exigir que cada atributo exista como um estado explícito. Também indiquei a necessidade de uma implementação correspondente de `hashCode()` (demonstrada mais adiante).

Considere a combinação das características do Valor necessárias para suportar uma identidade única de **Agregado (10)**. Precisamos da capacidade da igualdade de Valor, por exemplo, ao pesquisar em uma instância específica do Agregado uma identidade. A imutabilidade também é crucial. A identidade única nunca deve mudar, e isso pode ser, em parte, assegurado por meio da imutabilidade característica do Valor. Também nos beneficiamos do todo conceitual característico, porque a identidade é nomeada de acordo com a Linguagem Ubíqua e contém todos os atributos identificadores de unicidade em uma única instância. Mas nesse caso específico, não precisamos da substituição característica de um Objeto de Valor, porque a identidade única de uma raiz de Agregado nunca será substituída. No entanto, a não necessidade da substituição característica não desqualifica o uso de um Valor aqui. Além disso, se a identidade exigir algum Comportamento Livre de Efeitos Colaterais, ele será implementado no tipo do Valor.

> **Desafie Seus Pressupostos**
>
> Pergunte a você mesmo se o conceito que está projetando deve ser uma Entidade identificada de maneira única a partir de todos os outros objetos ou se é suficientemente suportado usando a igualdade de Valor. Se o próprio conceito não exigir uma identidade única, modele-o como um Objeto de Valor.

Comportamento Livre de Efeitos Colaterais

Um método de um objeto pode ser projetado como uma **Função Livre de Efeitos Colaterais** [Evans]. Uma *função* é uma operação de um objeto que produz uma saída, mas sem modificar seu próprio estado. Como nenhuma modificação ocorre ao executar uma operação específica, diz-se que essa operação é livre de efeitos colaterais. Todos os métodos de um Objeto de Valor imutável devem ser Funções Livres de Efeitos Colaterais, porque eles não devem violar a qualidade da imutabilidade. Você pode considerar essa característica como parte essencial da imutabilidade. Ela está intimamente associada. Mas prefiro dividi-la em uma característica distinta, porque fazer isso enfatiza um benefício enorme dos Objetos de Valor. Do contrário, poderíamos simplesmente ver Valores como contêineres de atributos, menosprezando um dos aspectos mais poderosos do padrão.

A Maneira Funcional

Linguagens de programação funcionais geralmente impõem essa característica. Na verdade, linguagens funcionais puras não permitem nada, exceto o Comportamento Livre de Efeitos Colaterais, exigindo que todas as conclusões recebam e produzam somente Objetos de Valor imutáveis.

Bertrand Meyer descreveu Funções Livres de Efeitos Colaterais como os métodos *de consulta* em seu princípio de separação de consultas e comandos, ou Cqs, como discutido por Martin Fowler em [Fowler, CQS]. Um método de consulta é aquele que faz uma pergunta a um objeto. Por definição, fazer uma pergunta a um objeto não deve alterar a resposta.

Eis um exemplo do uso do tipo `FullName` do Comportamento Livre de Efeitos Colaterais para produzir um novo valor de substituição dele mesmo:

```
FullName name = new FullName("Vaughn", "Vernon");

// mais tarde...

name = name.withMiddleInitial("L");
```

Isso produz o mesmo resultado que o do exemplo discutido em "Substitubilidade", mas de uma forma mais expressiva. Essa Função Livre de Efeitos Colaterais é implementada desta maneira:

```
public FullName withMiddleInitial(String aMiddleNameOrInitial) {
    if (aMiddleNameOrInitial == null) {
        throw new IllegalArgumentException(
                "Must provide a middle name or initial.");
    }

    String middle = aMiddleNameOrInitial.trim();

    if (middle.isEmpty()) {
        throw new IllegalArgumentException(
                "Must provide a middle name or initial.");
    }

    return new FullName(
            this.firstName(),
            middle.substring(0, 1).toUpperCase(),
            this.lastName());
}
```

Nesse exemplo, o método `withMiddleInitial()` não modifica o estado de seu próprio Valor e, portanto, está livre de efeitos colaterais. Em vez disso, ele instancia um novo Valor composto por algumas de suas próprias partes e uma dada inicial no meio. Esse método captura a importante lógica do negócio no modelo de domínio, em vez de permitir que ela vaze para o código do cliente, o que pode acontecer no exemplo anterior.

Quando um Valor Faz Referência a uma Entidade

Um método do Objeto de Valor deve ter permissão para provocar a modificação em uma Entidade que é passada como um parâmetro? Sem declarar uma regra, se esse tipo de método provocar a modificação de uma Entidade, ele realmente está livre de efeitos colaterais? Seria fácil testar esse método? Digo, não é fácil ou menos fácil. Assim, quando um método do Valor recebe uma Entidade como um parâmetro, pode ser melhor que ele responda a um resultado que a Entidade pode utilizar para se modificar em seus próprios termos.

No entanto, existem problemas com esse projeto. Veja um exemplo. Aqui, um `Product` Scrum, uma Entidade, é usado de alguma forma por `Business-Priority`, um Objeto de Valor, para calcular uma prioridade:

```
float priority = businessPriority.priorityOf(product);
```

Você vê falhas nisso? Você provavelmente concluiu que existem pelo menos alguns problemas:

- Chamo a atenção para o fato de que estamos forçando o Valor para que ele dependa não apenas de um `Product`, mas também para compreender a forma dessa Entidade. Sempre que possível, limite um Valor para que ele dependa e entenda apenas seu próprio tipo e os tipos de seus atributos. Isso nem sempre é possível, mas é um bom objetivo.

- Alguém que lê o código não entenderá quais partes do `Product` serão usadas. A expressão não é explícita, o que enfraquece a clareza do modelo. Seria muito melhor se alguma propriedade real ou derivada do `Product` fosse passada.

- Mais importante para essa discussão, qualquer método de Valor que recebe uma Entidade como um parâmetro não pode facilmente comprovar que ele não causa uma modificação da Entidade, tornando a operação mais difícil de testar. Assim, embora um Valor prometa não causar uma modificação, ninguém pode facilmente provar que ele não causa.

Dada essa análise, na verdade não aprimoramos nada aqui. Para mudar isso e tornar o Valor robusto, você passaria somente Valores como parâmetros para os métodos de Valor. Dessa forma, você alcança o melhor nível do Comportamento Livre de Efeitos Colaterais. Isso não é difícil de alcançar:

```
float priority =
        businessPriority.priority(
                product.businessPriorityTotals());
```

Aqui simplesmente solicitamos que o `Product` forneça uma instância de `BusinessPriorityTotals` do Valor. Você pode concluir que `priority()` deve retornar um tipo além de um número `float`. Isso seria especialmente verdadeiro se expressar uma prioridade precisa ser uma parte mais formal da Linguagem Ubíqua, caso em que um tipo de valor personalizado seria adequado. Decisões como essas vêm como resultado do refinamento *contínuo* do modelo. De fato, após algumas análises a equipe da SaaSOvation acha que a própria Entidade `Product` não deve absolutamente calcular a soma total da prioridade do negócio. Isso acabaria por ser realizado por um **Serviço de Domínio (7)**, e veremos a melhor solução neste capítulo.

Se você decidir não projetar um Objeto de Valor especializado e, em vez disso, optar por usar um tipo básico de Valor da linguagem (primitivo ou empacotador), você pode estar enganando seu modelo. Você não terá a oportunidade de atribuir Funções Livres de Efeitos Colaterais e específicas para o domínio ao tipo básico de Valor da linguagem. Qualquer comportamento especializado será separado do Valor. E mesmo se a linguagem de programação permitir que você corrija o tipo básico com o novo comportamento, isso realmente permitirá que você tenha um entendimento profundo do domínio?

Desafie Seus Pressupostos

Se você acha que um método específico não pode estar livre de efeitos colaterais e deve transformar o estado da própria instância, desafie seus pressupostos. Há como empregar a substituição em vez da mutação? O exemplo anterior fornece uma abordagem muito simples à criação de um novo Valor reutilizando partes do existente e substituindo apenas as partes que especificamente alteraram. Raramente cada objeto no sistema seria um Valor. É quase certo que alguns objetos serão Entidades. Compare cuidadosamente os qualificadores característicos do Valor com aqueles das Entidades. Uma quantidade razoável de ideias e discussões da equipe deve levar a conclusões corretas.

Depois que as equipes da SaaSOvation leram a orientação de [Evans] sobre Funções Livres de Efeitos Colaterais, e outros materiais sobre Valor Total, elas perceberam que deveriam usar Objetos de Valor com muito mais frequência. As equipes, desde então, começaram a perceber que entender as características anteriores do Valor ajudou-as a descobrir tipos mais naturais de Valor no domínio.

> **Tudo É um Objeto de Valor?**
>
> Agora você pode ter começado a pensar que tudo se parece com um Objeto de Valor. Isso é melhor do que pensar que tudo se parece com uma Entidade. Você pode usar um pouco de cautela quando há atributos verdadeiramente simples que não precisam de nenhum tratamento especial. Talvez estes sejam booleanos ou qualquer valor numérico autocontido, não precisando de nenhum suporte funcional adicional, e não estão relacionados a nenhum outro atributo na mesma Entidade. Por si sós, os atributos simples são um todo significativo. Contudo, você certamente pode cometer o "erro" de empacotar desnecessariamente um único atributo dentro de um tipo de Valor sem nenhuma funcionalidade especial, e estará em uma posição melhor do que aqueles que nunca dão uma chance ao projeto de Valor. Se você achar que exagerou, você sempre pode refatorar um pouco.

Integre com Minimalismo

Sempre há vários Contextos Delimitados em cada iniciativa DDD, o que significa que precisamos encontrar formas adequadas de integrá-los. Sempre que possível, utilize Objetos de Valor para modelar os conceitos no Contexto downstream quando os objetos do Contexto upstream fluem. Fazendo isso, você pode integrar uma prioridade no minimalismo, isto é, minimizar o número de propriedades pelas quais você assume a responsabilidade de gerenciar em seu modelo downstream. Usar Valores imutáveis significa assumir menos responsabilidade.

> **Por Que Ser Tão Responsável?**
>
> Usar Valores imutáveis significa assumir menos responsabilidade.

Reutilizando um exemplo dos **Contextos Delimitados (2)**, lembre-se de que dois Agregados no *Contexto de Identidade e Acesso* upstream têm um impacto sobre o *Contexto de Colaboração* downstream, como ilustrado na Figura 6.1. No *Contexto de Identidade e Acesso*, os dois Agregados são User e Role. O *Contexto de Colaboração* está interessado em saber se um determinado User

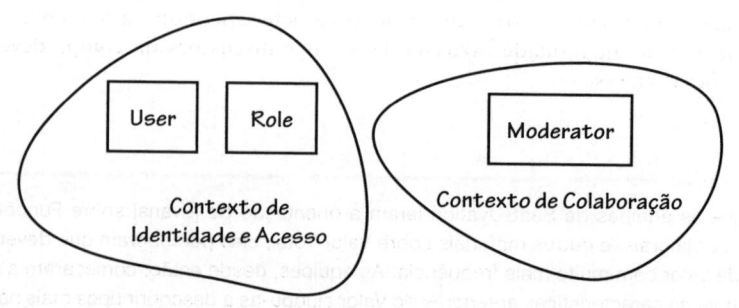

Figura 6.1 O objeto *Moderator* em seu Contexto é baseado no estado de um *User* e *Role* em um Contexto diferente. *User* e *Role* são agregados, mas *Moderator* é um Objeto de Valor.

desempenha um `Role` específico, a saber, Moderador. O *Contexto de Colaboração* utiliza a **Camada Anticorrupção (3)** para consultar o **Serviço de Hospedagem Aberta (3)** do *Contexto de Identidade e Acesso*. Se a consulta baseada em integração indicar que o papel do Moderador é desempenhado pelo usuário específico, o *Contexto de Colaboração* criará um objeto representativo, ou seja, um `Moderator`.

O `Moderator`, entre as subclasses de `Collaborator` mostradas na Figura 6.2, é modelado como um Objeto de Valor. As instâncias são criadas estaticamente e associadas a um Agregado do `Forum`, sendo a questão importante o impacto minimizado que múltiplos Agregados no *Contexto de Identidade e Acesso* upstream, possuindo muitos atributos, têm sobre o *Contexto de Colaboração*. Com apenas alguns atributos próprios, um Moderador modela um conceito essencial da Linguagem Ubíqua falada no *Contexto de Colaboração*. Além disso, a classe `Moderator` não contém nenhum atributo único do Agregado de Papel. Em vez disso, o próprio nome da classe captura o papel de `Moderator` desempenhado por um usuário. Por escolha, o `Moderator` é uma instância de Valor criada estaticamente, e não há nenhum objetivo em mantê-la sincronizada com o Contexto remoto da origem. Esse contrato, da qualidade do serviço cuidadosamente escolhido remove um fardo potencialmente pesado do Contexto consumidor.

Naturalmente, há momentos em que um objeto em um Contexto downstream deve com o tempo ser consistente com o estado parcial de um ou mais Agregados em um Contexto remoto. Nesse caso, projetaríamos um Agregado no Contexto consumidor downstream, porque as Entidades são usadas para manter um segmento da continuidade da alteração. Mas devemos nos esforçar para evitar essa escolha de modelagem sempre que possível. Quando você puder, escolha Objetos de Valor para modelar as integrações. Essa recomendação é aplicável em muitos casos ao consumir *Tipos Padrão* remotos.

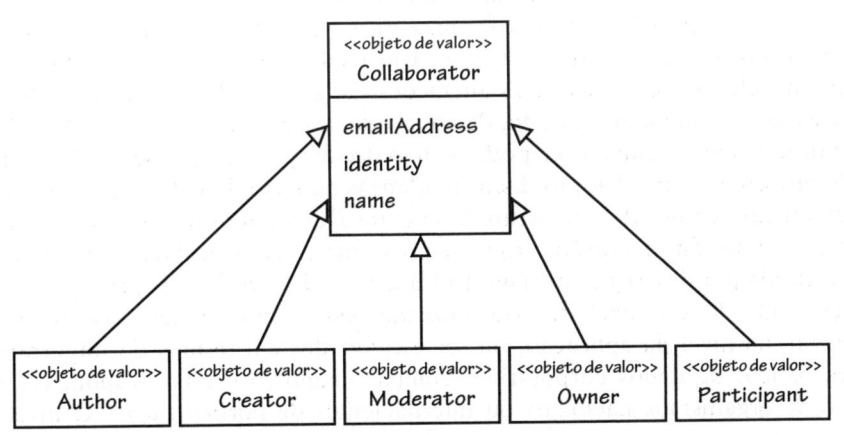

Figura 6.2 A hierarquia de classes `Collaborator` de Objetos de Valor. Apenas alguns atributos de `User` são mantidos a partir do Contexto upstream, com nomes de classe criando papéis explícitos.

Tipos Padrão Expressos como Valores

Em muitos sistemas e aplicações há uma necessidade daquilo que eu chamo **Tipos Padrão**. Tipos Padrão são objetos descritivos que indicam os tipos das coisas. Há a própria coisa (Entidade) ou descrição (Valor), e também existem os Tipos Padrão para distingui-los de outros tipos da mesma coisa. Não conheço no setor um nome padrão para esse conceito, mas também já ouvi ele ser chamado de *código de tipo* e *pesquisa*. O nome *código de tipo* não diz muito. E uma *pesquisa* é uma pesquisa do quê? Prefiro o nome Tipos Padrão porque ele é mais descritivo. Para tornar esse conceito mais claro, considere alguns usos. Em alguns casos, esses são modelados como **Power Types**.

Sua Linguagem Ubíqua define um `PhoneNumber` (Valor), que também requer que você descreva o tipo de cada um. "O número de telefone é residencial, móvel, comercial ou outro tipo de número?", pergunta o especialista em domínio. Diferentes tipos de números telefônicos devem ser modelados como uma hierarquia de classes? Ter uma classe separada para cada tipo torna mais difícil que os clientes distingam entre eles. Aqui você provavelmente quer usar um Tipo Padrão para descrever o tipo de telefone; `Home`, `Mobile`, `Work` ou `Other`. Essas descrições representam os Tipos Padrão dos telefones.

Como discutido anteriormente, em um domínio financeiro há a possibilidade de fazer com que um tipo de `Currency` (Valor) restrinja um `MonetaryValue` a um montante dentro de uma moeda mundial específica. Nesse caso, o Tipo Padrão forneceria um Valor para cada uma das moedas do mundo: AUD, CAD, CNY, EUR, GBP, JPY, USD etc. Usar um Tipo Padrão aqui ajuda a evitar moedas falsas. Embora a moeda incorreta possa ser atribuída ao `MonetaryValue`, uma moeda inexistente não pode. Se você utilizar um atributo de string, você poderá colocar o modelo em um estado inválido. Considere *doolars* soletrado de forma incorreta e os problemas que isso causaria.

Talvez você trabalhe na área farmacêutica e projete medicamentos que têm vários tipos de vias de administração. Um medicamento específico (Entidade) tem um ciclo de vida longo, e as alterações são gerenciadas ao longo do tempo — ele é conceituado, pesquisado, desenvolvido, testado, fabricado, melhorado e, por fim, descontinuado. Você pode ou não decidir gerenciar as fases do ciclo de vida utilizando Tipos Padrão. Essas mudanças no ciclo de vida podem ser justificadamente gerenciadas em alguns Contextos Delimitados diferentes. Por outro lado, a via de administração dirigida ao paciente de cada medicamento pode ser classificada por descrições do Tipo Padrão, como IV, Oral ou Tópica.

Dependendo do nível de padronização, esses tipos podem ser mantidos somente no nível da aplicação, ou ser escalonados em termos da importância para bancos de dados corporativos compartilhados, ou estar disponíveis por meio de organismos nacionais ou internacionais de normalização. O nível de padronização às vezes pode influenciar a forma como Tipos Padrão são recuperados e utilizados dentro de um modelo.

Podemos pensar neles como Entidades porque eles têm vida própria em um Contexto Delimitado nativo e dedicado. Independentemente de como eles são criados e mantidos por qualquer tipo de organismo de normalização, se possível, devemos nos esforçar para tratá-los como Valores em nosso Contexto de consumo. Isso funciona bem porque eles medem e descrevem os tipos das coisas, e as medidas e descrições são mais bem modeladas como Valores. Além disso, uma instância de {IV}, por exemplo, é a mesma coisa que qualquer outra instância de {IV}. Eles são claramente permutáveis, o que também significa que eles são substituíveis e podem empregar a igualdade de Valor. Assim, se não houver necessidade de manter uma continuidade de mudança ao longo do ciclo de vida dos tipos descritivos em *seu* Contexto Delimitado, modele-os como Valores.

Por uma questão de manutenção, é comum que Tipos Padrão residam nativamente em um Contexto separado dos modelos que os consomem. Aí eles são Entidades e têm um ciclo de vida persistente com atributos como `identity`, `name` e `description`. Também pode haver outros atributos, mas os mencionados são os mais comuns para uso em um Contexto de consumo. Muitas vezes usamos um único. Isso está em conformidade com objetivo de integrar com minimalismo.

Como um exemplo muito simples, considere um Tipo de Padrão que modela um membro de um grupo para o qual existem dois tipos. Pode haver membros que são usuários e membros que são eles próprios grupos (grupos aninhados). Essa enumeração Java representa uma forma de suportar um Tipo de Padrão:

```
package com.saasovation.identityaccess.domain.model.identity;

public enum GroupMemberType {

    GROUP {
        public boolean isGroup() {
            return true;
        }
    },
    USER {
        public boolean isUser() {
            return true;
        }
    };

    public boolean isGroup() {
        return false;
    }

    public boolean isUser() {
        return false;
    }
}
```

Uma instância do Valor `GroupMember` é instanciada com um `GroupMemberType` específico. Para demonstrar, quando um `User` ou um `Group` é atribuído a um `Group`, o Agregado atribuído é solicitado a exibir um `GroupMember` correspondente a ele próprio. Eis a implementação do método `toGroupMember()` da classe `User`:

```
protected GroupMember toGroupMember() {
    GroupMember groupMember =
        new GroupMember(
                this.tenantId(),
                this.username(),
                GroupMemberType.USER); // tipo padrão enum

    return groupMember;
}
```

O uso de uma enumeração Java é uma maneira muito simples de suportar um Tipo Padrão. A enumeração fornece um número finito bem definido de Valores (nesse caso, dois), é muito leve e, por convenção, tem Comportamento Livre de Efeitos Colaterais. Mas onde está a descrição do Valor textual? Há duas respostas possíveis. Muitas vezes não há necessidade de fornecer uma descrição do tipo, apenas seu nome. Por quê? Descrições textuais geralmente só são válidas na **Camada da Interface do Usuário (14)** e podem ser fornecidas correspondendo o nome do tipo com uma propriedade centrada em visualização. Muitas vezes, a propriedade centrada em visualização deve ser localizada (como em computação multilinguagem), tornando o suporte disso inadequado no modelo. Frequentemente o nome do Tipo Padrão por si só é o melhor atributo a utilizar no modelo. A segunda resposta é que existem descrições limitadas incorporadas aos nomes do estado da enumeração de `GROUP` e `USER`. Você pode tornar os nomes descritivos usando o comportamento `toString()` de cada tipo. Mas, se necessário, um texto descritivo de cada tipo também pode ser modelado.

Esse Tipo Padrão de enumeração Java de exemplo também é, em essência, um objeto **Estado** elegante e livre de confusão [Gamma *et al.*]. Na parte inferior da declaração de enumeração existem dois métodos que implementam o comportamento padrão para todos os estados, `isGroup()` e `isUser()`. Por padrão, esses dois métodos respondem `false`, que é o comportamento básico adequado. Em cada uma das definições de estado, porém, os métodos são sobrescritos para que respondam `true` conforme aplicável a seu estado específico. Quando o estado do Tipo Padrão é `GROUP`, o método `isGroup()` é sobrescrito para produzir um resultado `true`. Quando o estado do Tipo Padrão é `USER`, o método `isUser()` é sobrescrito para produzir um resultado `true`. O estado muda substituindo-se o valor da enumeração atual por um diferente.

Essa enumeração demonstra um comportamento muito básico. A implementação do padrão de estado pode ser mais sofisticada conforme a necessidade do domínio, adicionando mais comportamentos padrão que são sobrescritos e especializados por cada estado. Da maneira como está, ele é um exemplo de um tipo de Valor cujos estados limitam-se a um conjunto bem definido de constantes. Um importante é o `BacklogItemStatusType`, que fornece os estados `PLANNED`, `SCHEDULED`, `COMMITTED`, `DONE` e `REMOVED`. Utilizo essa abordagem de Tipo Padrão por todos os três Contextos Delimitados de exemplo. Acho que ela os mantém o mais simples possível.

Padrão de Estado Considerado Prejudicial?

Alguns consideram o padrão de estado como sendo menos do que desejável. Uma queixa comum é a necessidade de criar uma implementação abstrata de cada um dos comportamentos suportados pelo tipo (os dois métodos na parte inferior do `Group-MemberType`) e então sobrescrever esses comportamentos quando o dado estado deve fornecer uma implementação especializada. No Java isso normalmente requer uma classe separada (geralmente em um arquivo separado) para o tipo abstrato e também para cada estado. Goste ou não, essa é a maneira do padrão de estado.

Concordo com o fato de que, quando classes de estado separadas precisam ser desenvolvidas — uma para cada estado único além de um tipo abstrato —, isso pode tornar-se uma confusão difícil de ser controlada. Os comportamentos distintos em cada classe, talvez combinados com algum comportamento padrão da classe abstrata, podem levar a baixo acoplamento das subclasses e à falta de legibilidade entre os tipos. Esse ônus é especialmente pesado se houver um grande número de estados. Mas acho que o uso de uma enumeração Java é muito simples e, possivelmente, a maneira mais ideal de usar o padrão de estado para produzir um conjunto de Tipos Padrão. Acho que você obtém o melhor das duas abordagens. Você obtém um Tipo Padrão muito simples e uma maneira de interrogar o padrão quanto ao seu estado atual. Isso mantém o comportamento coeso com o tipo. Limitar o comportamento do estado tende a resultar em uso prático.

Mas ainda é possível que você não goste nem mesmo dessa implementação simples do Estado, e isso é uma questão de preferência pessoal.

Se decidir que você não gosta do uso das enumerações Java para suportar Tipos Padrão, você sempre pode utilizar uma instância única de Valor para cada tipo. Mas se sua preocupação for principalmente o fato de que você não gosta da ideia de usar o padrão de Estado, você pode facilmente utilizar uma enumeração para suporte elegante ao Tipo Padrão sem pensar nele como o padrão de estado. Afinal de contas, talvez eu seja a primeira pessoa a fazer você pensar em uma "enumeração como estado" (*enum-as-State*). Dito isso, existem alternativas a implementar Tipos Padrão além das abordagens de enumeração e Valor.

Como alternativa, você pode usar um Agregado como um Tipo Padrão com uma instância do Agregado por tipo. Pense duas vezes antes de fazer isso. Tipos Padrão geralmente não devem ser mantidos no Contexto Delimitado que os consome. Tipos Padrão amplamente usados normalmente devem ser mantidos em um Contexto separado com atualizações cuidadosamente planejadas para os consumidores. Em vez disso, você pode optar por exibir os Agregados do Tipo Padrão como imutáveis nos contextos do consumidor. Mas pergunte-se se uma Entidade imutável é por definição realmente uma Entidade. Se você não achar que é, em vez disso considere modelá-la como um Objeto de Valor imutável compartilhado.

Um Objeto de Valor imutável compartilhado pode ser obtido a partir de um armazenamento de persistência oculto. Essa é uma opção viável, se obtida a partir de um **Serviço (7)** ou uma **Fábrica (11)** do Tipo Padrão. Se empregada, você provavelmente precisa de um fornecedor de Serviço ou Fábrica para cada conjunto dos Tipos Padrão (um para tipos de números telefônicos, outro para tipos de endereços postais, um para tipos de moeda), como mostrado na Figura 6.3. Nos dois casos, as implementações concretas de um Serviço ou Fábrica acessariam o armazenamento de persistência para obter os Valores compartilhados conforme necessário, mas os clientes nunca saberiam que os Valores estão armazenados em um banco de dados de padrões. Usar um Serviço ou uma Fábrica para fornecer os tipos também permite que você coloque facilmente em funcionamento e segurança uma série de estratégias viáveis de armazenamento em cache, porque os Valores são somente de leitura a partir do armazenamento e imutáveis no sistema.

No fim das contas, acho que o melhor é ter uma inclinação à enumeração para Tipos Padrão, quer você pense ou não nela como um Estado. Se houver muitas instâncias possíveis do Tipo Padrão em uma única categoria, considere gerar código para produzir a enumeração. Uma abordagem à geração de código pode examinar todos os Tipos Padrão existentes no respectivo armazenamento de persistência (sistema de registro) e, por exemplo, criar um tipo/estado único por linha.

Se você decidir usar Objetos de Valor clássicos como Tipos Padrão, talvez você ache útil introduzir um Serviço ou uma Fábrica para criar estaticamente instâncias como necessário. Isso teria motivações similares às discutidas anteriormente, mas seria diferente quanto à implementação daquelas para produzir Valores compartilhados. Nesse caso, o Serviço ou a Fábrica deve fornecer instâncias de Valor estaticamente criadas e imutáveis de cada tipo de padrão individual. Quaisquer alterações nas Entidades de banco de dados de Tipo Padrão subjacentes no sistema de registro não seriam automaticamente refletidas nas

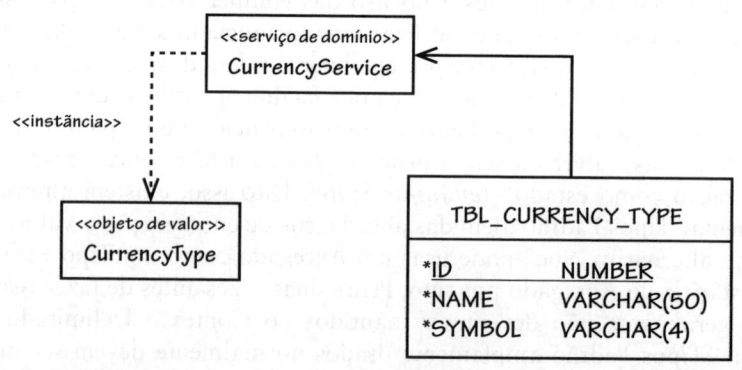

Figura 6.3   Um Serviço de Domínio pode ser usado para fornecer Tipos Padrão. Nesse caso, o Serviço consulta o banco de dados para ler o estado de um *CurrencyType* solicitado.

instâncias de representação preexistentes criadas de maneira estática. Se você deseja manter essas instâncias de Valor criadas estaticamente sincronizadas com o sistema de registro, você precisa fornecer uma solução personalizada para pesquisar e atualizar o estado delas em seu modelo. Isso pode negar a potencial utilidade dessa abordagem.[4] Assim, desde o início do projeto você pode determinar que todos esses Valores do Tipo Padrão estaticamente criados nunca sejam atualizados no Contexto Delimitado de consumo. Todas as forças conflitantes devem ser ponderadas.

Testando Objetos de Valor

Para enfatizar a abordagem primeiro testar, apresento inicialmente testes de exemplo antes de fornecer a implementação do Objeto de Valor. Esses testes orientam o projeto do modelo de domínio fornecendo exemplos de como um cliente utilizará cada objeto.

Empregando esse estilo, não estamos tão interessados em abordar os vários aspectos do teste de unidade, comprovando inteiramente que o modelo é em todos os sentidos completamente à prova de balas. Em vez disso, agora estamos mais interessados em demonstrar como os vários objetos no modelo de domínio serão usados pelos clientes e o que esses clientes podem esperar ao utilizá-los. É essencial supor a perspectiva do cliente ao projetar o modelo de modo a capturar os conceitos essenciais. Caso contrário, podemos modelar a partir de nossa própria perspectiva, em vez de daquela do negócio.

Melhor Código de Exemplo

Eis uma maneira de pensar nesse estilo de teste: se fôssemos escrever um manual de usuário para o modelo, forneceríamos os testes como exemplos de código mais apropriados para a maneira como os clientes devem usar esse objeto de domínio específico.

Isso não quer dizer que testes de unidade não devem ser desenvolvidos. Todos os testes adicionais que abordam os padrões da equipe podem e devem ser escritos. Mas existem diferentes motivações para cada tipo de teste. Testes de unidade e testes comportamentais têm seu lugar, assim como os seguintes testes de modelagem.

O Objeto de Valor selecionado é uma boa representação abrangente selecionada do **Domínio Básico (2)**, o *Contexto de Gerenciamento Ágil de Projetos*.

---

4. Agora seria um bom momento para modelar um Agregado em um Contexto upstream também como um Agregado no Contexto downstream. Eles não seriam a mesma classe ou necessariamente conteriam todos os mesmos atributos, mas modelar o conceito downstream como um Agregado permitiria consistência futura e atualizações em um ponto único.

Nesse Contexto Delimitado, especialistas em domínio de negócios comentam a "prioridade do negócio dos itens de backlog". Para cumprir essa parte da Linguagem Ubíqua modelamos o conceito como `BusinessPriority`. Ele fornece saída adequada calculada para suportar a análise do negócio da importância de desenvolver cada item de backlog do produto [Wiegers]. As saídas são porcentagem de custo, ou o custo de desenvolvimento de um produto de backlog específico em comparação com o custo de desenvolvimento de todos os outros; valor total, que é o valor total agregado desenvolvendo um item de backlog específico; e o valor percentual, como no valor do desenvolvimento de um item de backlog específico em comparação ao valor de desenvolver qualquer outro; e prioridade, que é a prioridade calculada que o negócio deve considerar, dado esse item de backlog quando comparado com todos os outros.

Na verdade esses testes surgiram ao longo de várias iterações breves de refatoração dos refinamentos passo a passo, embora eles sejam apresentados aqui como um conjunto final:

```java
package com.saasovation.agilepm.domain.model.product;

import com.saasovation.agilepm.domain.model.DomainTest;

import java.text.NumberFormat;

public class BusinessPriorityTest extends DomainTest {

    public BusinessPriorityTest() {
        super();
    }
    ...
    private NumberFormat oneDecimal() {
        return this.decimal(1);
    }

    private NumberFormat twoDecimals() {
        return this.decimal(2);
    }

    private NumberFormat decimal(int aNumberOfDecimals) {
        NumberFormat fmt = NumberFormat.getInstance();
        fmt.setMinimumFractionDigits(aNumberOfDecimals);
        fmt.setMaximumFractionDigits(aNumberOfDecimals);
        return fmt;
    }
}
```

A classe tem alguns *fixture helpers*. Como a equipe precisava testar a precisão dos vários cálculos, eles codificaram os métodos a fim de fornecer instâncias de `NumberFormat` para valores fracionários que tinham uma ou duas casas à direita do ponto decimal. Veremos a seguir por que esses são úteis:

```java
public void testCostPercentageCalculation() throws Exception {

    BusinessPriority businessPriority =
        new BusinessPriority(
            new BusinessPriorityRatings(2, 4, 1, 1));

    BusinessPriority businessPriorityCopy =
        new BusinessPriority(businessPriority);

    assertEquals(businessPriority, businessPriorityCopy);

    BusinessPriorityTotals totals =
        new BusinessPriorityTotals(53, 49, 53 + 49, 37, 33);

    float cost = businessPriority.costPercentage(totals);

    assertEquals(this.oneDecimal().format(cost), "2.7");

    assertEquals(businessPriority, businessPriorityCopy);
}
```

A equipe apresentou uma boa ideia para testar a imutabilidade. Primeiro cada teste criava uma instância de `BusinessPriority` e então fazia uma cópia equivalente dela usando o construtor de cópia. A primeira afirmação no teste assegurou que o construtor de cópia produzia uma cópia igual à original.

Em seguida, eles projetaram o teste para criar `BusinessPriorityTotals` e o atribuíram à variável do método `totals`. Com `totals` eles conseguiram usar o método de consulta `costPercentage()` e atribuir os resultados ao `cost`. Eles então afirmaram que o valor retornado era `2.7`, que era o resultado correto calculado manualmente. Por fim, eles afirmaram que o comportamento do método `costPercentage()` estava verdadeiramente livre de efeitos colaterais, o que seria o caso se `businessPriority` ainda tivesse igualdade de Valor com `businessPriorityCopy`. A partir desse teste eles tiveram uma boa ideia de como calcular porcentagens de custos e quais seriam os resultados.

Em seguida, eles precisavam testar a prioridade, o Valor Total e os cálculos percentuais de valor, utilizando o mesmo plano básico de ataque:

```java
public void testPriorityCalculation() throws Exception {

    BusinessPriority businessPriority =
        new BusinessPriority(
            new BusinessPriorityRatings(2, 4, 1, 1));

    BusinessPriority businessPriorityCopy =
        new BusinessPriority(businessPriority);
```

```
        assertEquals(businessPriorityCopy, businessPriority);

        BusinessPriorityTotals totals =
            new BusinessPriorityTotals(53, 49, 53 + 49, 37, 33);

        float calculatedPriority = businessPriority.priority(totals);

        assertEquals("1.03",
                    this.twoDecimals().format(calculatedPriority));

        assertEquals(businessPriority, businessPriorityCopy);
    }

    public void testTotalValueCalculation() throws Exception {

        BusinessPriority businessPriority =
            new BusinessPriority(
                    new BusinessPriorityRatings(2, 4, 1, 1));

        BusinessPriority businessPriorityCopy =
            new BusinessPriority(businessPriority);

        assertEquals(businessPriority, businessPriorityCopy);

        float totalValue = businessPriority.totalValue();

        assertEquals("6.0", this.oneDecimal().format(totalValue));

        assertEquals(businessPriority, businessPriorityCopy);
    }

    public void testValuePercentageCalculation() throws Exception {

        BusinessPriority businessPriority =
            new BusinessPriority(
                    new BusinessPriorityRatings(2, 4, 1, 1));

        BusinessPriority businessPriorityCopy =
            new BusinessPriority(businessPriority);

        assertEquals(businessPriority, businessPriorityCopy);

        BusinessPriorityTotals totals =
            new BusinessPriorityTotals(53, 49, 53 + 49, 37, 33);

        float valuePercentage =
                businessPriority.valuePercentage(totals);

        assertEquals("5.9", this.oneDecimal().format(valuePercentage));

        assertEquals(businessPriorityCopy, businessPriority);
    }
```

| **Testes Devem Ter Significado de Domínio**
Seus testes do modelo devem ter um significado para os especialistas em domínio.

Especialistas em domínio não técnicos — com um pouco de ajuda — que leram esses testes baseados em exemplos foram capazes de entender como `BusinessPriority` era utilizado, os tipos de resultados que ele produzia, que era garantido que o comportamento estava livre de efeitos colaterais e que seguia os conceitos e a intenção da Linguagem Ubíqua.

É importante ressaltar que era garantido que o estado do Objeto de Valor era imutável em cada uso. Clientes poderiam gerar resultados a partir dos cálculos da prioridade de qualquer número de itens de backlog do produto, classificá-los, compará-los e ajustar as `Business-PriorityRatings` de cada item, conforme necessário.

Implementação

Gosto desse exemplo de `BusinessPriority` porque ele demonstra todas as características do Valor, e mais. Além de mostrar como projetar a imutabilidade, inteireza conceitual, substitubilidade, igualdade de Valor e Comportamento Livre de Efeitos Colaterais, ele também demonstra como você pode usar um tipo de Valor como uma **Estratégia** [Gamma *et al.*] (conhecido como **Diretriz**).

À medida que cada método de teste era desenvolvido, a equipe entendia mais sobre como um cliente usaria um `BusinessPriority`, permitindo que eles o implementassem para se comportar como os testes afirmavam que ele deveria. Eis a definição da classe básica, juntamente com os construtores que a equipe codificou:

```java
public final class BusinessPriority implements Serializable   {

    private static final long serialVersionUID = 1L;

    private BusinessPriorityRatings ratings;

    public BusinessPriority(BusinessPriorityRatings aRatings) {
        super();
        this.setRatings(aRatings);
    }

    public BusinessPriority(BusinessPriority aBusinessPriority) {
        this(aBusinessPriority.ratings());
    }
```

A equipe decidiu declarar os tipos `Serializable` de Valor. Há momentos em que uma instância de Valor precisa ser serializada, como quando ela é transmitida para um sistema remoto, e pode ser útil para algumas estratégias de persistência.

O próprio `BusinessPriority` foi projetado para conter uma propriedade de Valor chamada `ratings` do tipo `BusinessPriorityRatings` (não mostrado aqui). A propriedade `ratings` descrevia o meio-termo entre valor e despesa para o negócio da implementação, ou não, de um dado item de backlog do produto. O tipo `BusinessPriorityRatings` fornecia a `BusinessPriority` com classificações dos `benefit`, `cost`, `penalty` e `risk`, o que permitiu que uma série de cálculos pudesse ser realizada.

Normalmente suporto pelo menos dois construtores para cada um de meus Objetos de Valor. O primeiro construtor recebe o conjunto completo dos parâmetros necessários para derivar e/ou definir atributos de estado. O estado padrão desse construtor primário é o primeiro a ser inicializado. O atributo básico de inicialização é executado primeiro invocando *setters* privados. Recomendo o uso de *autodelegação* e demonstro o uso aqui com *setters* privados.

Mantendo Valores Imutáveis

Somente o(s) construtor(es) primário(s) usam a autodelegação para definir propriedades/atributos. Nenhum outro método deve ser autodelegado aos métodos *setter*. Como todos os métodos *setters* em um Objeto de Valor sempre estão no escopo privado, não há oportunidade de que os atributos sofram mutação pelos consumidores. Esses são dois fatores importantes ao manter a imutabilidade dos Valores.

O segundo construtor é usado para copiar um Valor existente a fim de criar um novo, ou o que é chamado *construtor de cópia*. Esse construtor executa o que é conhecido como uma *cópia superficial*, uma vez que ela se autodelega ao construtor primário, passando como parâmetros cada um dos atributos correspondentes do Valor que está sendo copiado. Podemos executar uma *cópia profunda* ou *clone* em que todos atributos e propriedades contidos são eles mesmos copiados para produzir um objeto completamente único, mas, mesmo assim, igual ao valor daquele copiado. Mas isso muitas vezes revela-se complexo e desnecessário ao lidar com Valores. Se uma cópia profunda alguma vez for necessária, ela poderá ser adicionada. Mas ao lidar com Valores imutáveis, nunca é um problema compartilhar atributos/propriedades entre as instâncias.

Esse segundo construtor, o construtor de cópia, é importante para testes de unidade. Ao testar um Objeto de Valor, queremos incluir a verificação de que ele é imutável. Como demonstrado anteriormente, quando o teste de unidade começa, crie a nova instância do Objeto de Valor para o teste e uma cópia dela usando o construtor de cópia, e assegure que as duas instâncias são iguais. Em seguida, teste o Comportamento Livre de Efeitos Colaterais da instância do Valor. Se todas as afirmações do objetivo do teste passarem, a afirmação é de que as instâncias testadas e copiadas continuam iguais.

A seguir, vamos implementar a parte da Estratégia/Diretriz do tipo de Valor:

```java
public float costPercentage(BusinessPriorityTotals aTotals) {
    return (float) 100 * this.ratings().cost() /
        aTotals.totalCost();
}

public float priority(BusinessPriorityTotals aTotals) {
    return
        this.valuePercentage(aTotals) /
            (this.costPercentage(aTotals) +
                this.riskPercentage(aTotals));
}

public float riskPercentage(BusinessPriorityTotals aTotals) {
    return (float) 100 * this.ratings().risk() /
        aTotals.totalRisk();
}

public float totalValue() {
    return this.ratings().benefit() + this.ratings().penalty();
}

public float valuePercentage(BusinessPriorityTotals aTotals) {
    return (float) 100 * this.totalValue() / aTotals.totalValue();
}

public BusinessPriorityRatings ratings() {
    return this.ratings;
}
```

Parte do comportamento do cálculo requer um parâmetro do tipo Business-PriorityTotals. Esse Valor fornece uma descrição dos totais do custo e risco em todos os itens de backlog do produto. Os totais são necessários ao calcular percentagens e a prioridade geral do negócio em comparação com todos os outros itens de backlog. Nenhum desses comportamentos modifica seu próprio estado de instância. Afirmamos isso externamente nos testes comparando o estado copiado com o estado atual após a execução de cada comportamento.

Não há atualmente nenhuma **Interface Separada** [Fowler, P of EAA] para a Estratégia, porque, no presente, só há uma única implementação. Sem dúvida, no tempo certo isso vai mudar, e os clientes do produto Agile PM SaaS receberão outras opções do cálculo da prioridade do negócio, cada uma com sua própria implementação da estratégia.

Os nomes de método das Funções Livres de Efeitos Colaterais são importantes. Embora todos esses métodos retornem Valores (porque eles são métodos de consulta CQS), eles evitam intencionalmente o uso da convenção de nomeação com o prefixo get do JavaBean. Essa abordagem simples, mas eficaz, ao projeto de objetos mantém o objeto do Valor fiel à Linguagem

Ubíqua. O uso de `getValuePercentage()` é uma declaração técnica de computador, mas `valuePercentage()` é uma expressão legível da linguagem fluente a seres humanos.

Para Onde Foi Minha Fluência em Java?

Acho que a especificação JavaBean teve um impacto negativo sobre o projeto de objetos, um impacto que não promove os princípios do Domain-Driven Design ou do bom projeto de objetos em geral. Considere a API Java que existia antes da especificação JavaBean. Pegue `java.lang.String`, para um exemplo. Existem apenas alguns métodos de consulta na classe `String` que são prefixados por `get`. A maioria dos métodos de consulta é nomeada com mais fluência, como `charAt()`, `compareTo()`, `concat()`, `contains()`, `endsWith()`, `indexOf()`, `length()`, `replace()`, `startsWith()`, `substring()` etc. Não há cheiro de código JavaBean aí! É claro que esse exemplo por si só não demonstra meu ponto. No entanto, é verdade que APIs Java desde a especificação JavaBean foram significativamente influenciadas e não têm fluência em termos da expressão. Uma expressão fluente da linguagem legível por seres humanos é um estilo muito interessante de se abraçar.

Se você estiver preocupado com ferramentas que dependem da especificação JavaBean, existem soluções. Por exemplo, o Hibernate fornece suporte para acesso de nível de campo (atributos de objeto). Assim, quanto ao Hibernate, os métodos podem ser nomeados como desejado sem um impacto negativo sobre a persistência.

Mas com outras ferramentas pode haver uma desvantagem ao projetar com interfaces expressivas. Se você deseja usar o padrão Java EL ou OGNL, por exemplo, você não será capaz de renderizar esses tipos diretamente. Você teria de usar outro meio, como um **Objeto de Transferência de Dados** [Fowler, P of EAA] com *getters*, para transferir as propriedades do Objeto de Valor para a interface do usuário. Como DTO é um padrão comumente utilizado, ainda que muitas vezes tecnicamente desnecessário, alguns podem achar que isso quase não tem consequências. Se DTO não for uma opção para você, há outras. Considere o **Modelo de Apresentação** como discutido em **Aplicação (14)**. Como a Modelo de Apresentação pode servir como um **Adaptador** [Gamma *et al.*], ela pode trazer à tona *getters* para uso por visualizações que utilizam EL, por exemplo. Mas se tudo mais falhar, talvez você precise projetar relutantemente seus objetos do domínio com *getters*.

Se você chegar a essa conclusão, você ainda não deve projetar Objetos de Valor com capacidades JavaBean completas que permitiriam que o estado fosse inicializado por meio de *setters* públicos. Isso violaria sua característica essencial da imutabilidade do Valor.

O próximo conjunto de métodos inclui o objeto padrão que sobrescreve `equals()`, `hashCode()` e `toString()`:

```
@Override
public boolean equals(Object anObject) {
    boolean equalObjects = false;
    if (anObject != null &&
            this.getClass() == anObject.getClass()) {
        BusinessPriority typedObject = (BusinessPriority) anObject;
        equalObjects =
            this.ratings().equals(typedObject.ratings());
    }
    return equalObjects;
}

@Override
public int hashCode() {
    int hashCodeValue =
        + (169065 * 179)
        + this.ratings().hashCode();

    return hashCodeValue;
}

@Override
public String toString() {
    return
        "BusinessPriority"
        + " ratings = " + this.ratings();
}
```

O método `equals()` cumpre o requisito do Objeto de Valor para verificar a igualdade do Valor, uma das cinco características do Valor. Aqui sempre eliminamos parâmetros `null` da igualdade. A classe do parâmetro deve ser a mesma que a classe do Valor. Se elas forem iguais, cada um dos atributos/ propriedades é comparado em ambos os Valores. Se afirmamos que ambas são iguais ao atributo/propriedade correspondente, os Valores Totais serão considerados iguais.

De acordo com os padrões Java, `hashCode()` tem o mesmo contrato que `equals()` pelo fato de que todos os Valores que são iguais também produzem Valores iguais de código hash.

Não há nada de especial sobre `toString()`. Ele cria uma representação legível do estado da instância de Valor. Você pode projetar o formato de representação conforme necessário.

Existem alguns métodos restantes a revisar:

```
protected BusinessPriority() {
    super();
}

private void setRatings(BusinessPriorityRatings aRatings) {
    if (aRatings == null) {
```

```
            throw new IllegalArgumentException(
                    "The ratings are required.");
        }
        this.ratings = aRatings;
    }
}
```

O construtor sem argumentos é fornecido em função das ferramentas de framework que o exigem, como o Hibernate. Como o construtor sem argumentos sempre permanece oculto, não há perigo de que os clientes do modelo criem instâncias inválidas. O Hibernate funciona perfeitamente bem com construtores e assessores ocultos. Esse construtor permite que o Hibernate e outras ferramentas criem instâncias do tipo à medida que elas são reconstituídas a partir do, por exemplo, armazenamento de persistência. Ferramentas usam o construtor sem argumentos para criar uma instância inicialmente vazia e então chamam cada propriedade/atributo *setter* para hidratar o objeto. Opcionalmente, você pode instruir o Hibernate a ignorar os métodos *setter* e configurar diretamente os atributos, como é o caso desse modelo, uma vez que ele não fornece uma interface JavaBean completa. Só para reiterar, clientes do modelo usam os construtores públicos, nunca aqueles ocultos.

Por fim, a definição de classe termina com a propriedade *setter* para `ratings`. Um dos pontos fortes do autoencapsulamento/delegação é visto nesse método. Um método assessor — *getter* ou *setter* — não precisa se limitar a configurar um campo de instância. Ele também pode executar **Afirmações** importantes [Evans], um elemento-chave para o desenvolvimento de softwares bem-sucedido em geral e para modelos DDD especificamente.

A afirmação para parâmetros válidos é chamada *guarda,* porque ela protege o método contra dados obviamente inválidos. Guardas podem e devem ser usados em qualquer método quando parâmetros errados causariam problemas mais graves no futuro se a exatidão fosse de outro modo admitida como certa. Aqui o *setter* afirma que o parâmetro `aRatings` é não nulo, e se for, ele lança uma `IllegalArgumentException`. É verdade, o *setter* é utilizado logicamente uma única vez durante a vida de Valor. Contudo, a Asserção é um guarda bem posicionado. Também veremos as vantagens da autodelegação demonstradas em outros lugares. Especificamente, **Entidades (5)** explicam a técnica detalhadamente como parte de uma discussão sobre a validação.

Persistindo Objetos de Valor

Há várias maneiras de persistir instâncias de Objeto de Valor em um armazenamento persistente. Em um sentido geral, isso envolve serializar o objeto em algum formato de texto ou binário e salvá-lo em disco. Mas como não estamos preocupados com a persistência das instâncias de Valor individuais, não focalizarei a persistência de uso geral. Em vez disso, estamos mais interessados em persistir Valores juntamente com o estado das instâncias do Agregado que os contêm. As abordagens a seguir supõem que a Entidade pai em última análise contém referências a instâncias de Valor que são persistidas. Todos os exemplos a seguir baseiam-se no pressuposto de que um Agregado é adicionado a ou lido de seu **Repositório (12)**, e seus Valores contidos são persistidos e reconstituídos nos bastidores juntamente com a Entidade — como a Raiz de Agregado — que os contém.

A persistência do mapeamento objetorrelacional (ORM, como o Hibernate) é popular e amplamente utilizada. Mas usar um ORM para mapear cada classe para uma tabela e cada atributo para uma coluna adiciona complexidade, o que pode ser injustificável. O uso de bancos de dados NoSQL e armazenamento de pares de valor/chave é cada vez mais popular por causa da capacidade de oferecer armazenamento corporativo de alto desempenho, escalonável, tolerante a falhas e altamente disponível. Para a inicialização, o armazenamento de valor/chave pode simplificar muito a persistência dos Agregados. Neste capítulo utilizo a persistência baseada em ORM. Como NoSQL, armazenamentos de valor/chave persistem Agregados excepcionalmente bem, dou atenção a esse estilo em **Repositórios (12)**.

Mas, antes de passar para os exemplos da persistência ORM de Valor, há um comprometimento vital de modelagem que deve ser bem compreendido e diligentemente seguido. Assim, inicialmente vamos abordar o que pode acontecer quando a modelagem de dados (em oposição a modelagem de domínios) tem uma influência inapropriada sobre o modelo do domínio e o que pode ser feito para evitar essa influência errada e prejudicial.

Evitar Influência Indevida do Vazamento de Dados do Modelo

Provavelmente, na maioria das vezes em que um Objeto de Valor é persistido em um armazenamento de dados (por exemplo, usando uma ferramenta ORM juntamente com um banco de dados relacional), ele é armazenado de uma forma não normalizada; isto é, seus atributos são armazenados na mesma linha da tabela de banco de dados como o objeto de Entidade pai. Isso limpa e otimiza o armazenamento e a recuperação de Valores e impede qualquer vazamento entre o armazenamento de persistência e o modelo. É tanto um prazer como um alívio quando Valores podem ser mantidos dessa maneira.

Há momentos, porém, em que um Objeto de Valor no modelo será necessariamente armazenado como uma Entidade em relação a um armazenamento de persistência relacional. Em outras palavras, quando persistida, uma instância de um tipo do Objeto de Valor específico ocupará uma linha própria em uma tabela de banco de dados relacional que existe especificamente para seu tipo, e terá uma coluna de chave primária própria no banco de dados. Isso acontece, por exemplo, ao suportar uma coleção de instâncias do Objeto de Valor com ORM. Nesses casos, os dados persistentes do tipo de Valor são modelados como uma entidade de banco de dados.

Isso é uma indicação de que o objeto do modelo de domínio deve refletir o projeto do modelo de dados e ser uma Entidade em vez de um Valor? Não. Ao enfrentar as consequências dessa incompatibilidade de impedância, é importante manter a perspectiva do modelo de domínio, em vez da perspectiva da persistência. Para manter sua perspectiva no modelo do domínio, faça a você mesmo estas perguntas:

1. O conceito é de que estou modelando uma coisa no domínio ou isso mede, quantifica ou descreve uma coisa como uma de suas propriedades?

2. Se corretamente modelado para descrever um elemento do domínio, esse conceito de modelo deve possuir todas ou a maioria das características do valor delineadas anteriormente?

3. Só estou considerando usar uma Entidade no modelo porque o modelo de dados subjacente deve armazenar o objeto do modelo do domínio como uma Entidade?

4. Estou usando uma Entidade porque o modelo do domínio requer uma identidade única, eu me preocupo com instâncias individuais e tenho de gerenciar uma continuidade de alterações ao longo do ciclo de vida do objeto?

Se suas respostas forem "Descreve, Sim, Sim e Não", você deve usar um Objeto de Valor. Modele o armazenamento de persistência da maneira necessária para lidar com o armazenamento do objeto, mas não deixe que isso influencie o modo como a equipe conceitua a propriedade do Valor no modelo do domínio.

O Modelo de Dados Deve Ser Subordinado

Projete o modelo de dados tendo em vista seu modelo do domínio, não o modelo do domínio em função de seu modelo de dados.

Se possível, sempre projete o modelo de dados em função de seu modelo de domínio, não o inverso. Se optar pelo primeiro, você manterá uma perspectiva do modelo do domínio. Se seguir o último, você manterá uma perspectiva da persistência e seu modelo do domínio tenderá simplesmente a servir como uma projeção de seu modelo de dados. À medida que você disciplina sua mente para pensar em termos do modelo do domínio — pensamento DDD —, em vez de do modelo de dados, você evitará as consequências negativas do vazamento no modelo de dados. Veja em **Entidades** (5) mais discussão sobre pensamento DDD.

Naturalmente, há momentos em que a integridade do banco de dados referencial é importante (como para chaves estrangeiras). Certamente você quer que as colunas de chave sejam apropriadamente indexadas. Com certeza, há a necessidade de suportar ferramentas de geração de relatórios de inteligência de negócio que operam com os dados de seu negócio. Você pode ativar todas essas facetas em locais adequados e necessários. A maioria conclui que relatórios e inteligência de negócios não devem operar com os dados de produção, mas, sim, ter um modelo de dados dedicado especialmente projetado. Seguir essa mentalidade mais estratégica libera-o para projetar o modelo de dados de suporte de seu modelo de domínio para melhor suportar seus esforços de DDD.

Sejam quais forem as facetas que seu modelo de dados usa, suas entidades, chaves primárias, integridade referencial e índices simplesmente não devem orientar a maneira como você modela objetos de domínio. DDD não é estruturar dados de uma forma normalizada. É modelar a Linguagem Ubíqua em um Contexto Delimitado consistente. Encorajo-o a seguir o DDD, não a estrutura de dados. Ao fazer isso, você deve tomar sabiamente todas as medidas possíveis para ocultar todos os vestígios de vazamento no modelo de dados (o que ocorrerá pelo menos em um grau mínimo ao usar um ORM) a partir de seu modelo do domínio e clientes. Isso é algo que discutiremos na próxima seção.

ORM e Objetos de Valor Únicos

Persistir uma única instância dos Objetos de Valor para um banco de dados geralmente é muito simples. Aqui meu foco é o uso do Hibernate com o banco de dados relacional MySQL. A ideia básica é armazenar cada um dos atributos do Valor em colunas separadas da linha em que a Entidade pai é armazenada. Dito de outra forma, um único Objeto de Valor é desnormalizado na linha da Entidade pai. Há vantagens em empregar convenção para nomear colunas a fim de identificar e padronizar claramente a maneira como objetos serializados são nomeados. Apresento aqui uma convenção de nomeação de Objetos de Valor persistidos.

Ao usar o Hibernate para persistir uma única instância de um Objeto de Valor, use o elemento de mapeamento de `component`. O elemento do `component` é utilizado porque ele permite que o Valor seja mapeado diretamente para a linha de tabela da Entidade pai de uma forma não normalizada. Essa é uma técnica de serialização ideal que também permite que os Valores sejam incluídos em consultas SQL. Eis a seção do documento de mapeamento de documentos do Hibernate que descreve o mapeamento do Objeto de Valor `BusinessPriority` armazenado pela Entidade pai, a classe `BacklogItem`:

```
<component name="businessPriority"
    class="com.saasovation.agilepm.domain.model.product.□
        BusinessPriority">
    <component name="ratings"
        class="com.saasovation.agilepm.domain.model.product.□
            BusinessPriorityRatings">
    <property
        name="benefit"
        column="business_priority_ratings_benefit"
        type="int"
        update="true"
        insert="true"
        lazy="false"
        />
    <property
        name="cost"
        column="business_priority_ratings_cost"
```

```
        type="int"
        update="true"
        insert="true"
        lazy="false"
        />
    <property
        name="penalty"
        column="business_priority_ratings_penalty"
        type="int"
        update="true"
        insert="true"
        lazy="false"
        />
    <property
        name="risk"
        column="business_priority_ratings_risk"
        type="int"
        update="true"
        insert="true"
        lazy="false"
        />
    </component>
</component>
```

Esse é um bom exemplo porque demonstra um mapeamento simples dos Objetos de Valor, mas um que contém uma instância filho do Objeto de Valor. Lembre-se de que `BusinessPriority` tem uma propriedade `ratings` única do Valor e nenhum atributo adicional. Portanto, na descrição do mapeamento o elemento `component` mais externo tem um elemento de `component` aninhado. Isso é usado para desnormalizar a única propriedade `ratings` contida em Valor do tipo `BusinessPriorityRatings`. Como `BusinessPriority` não tem atributos próprios, nenhum é mapeado no `component` externo. Em vez disso, aninhamos imediatamente o mapeamento da propriedade `ratings` de Valor. No final, na verdade só armazenamos os quatro atributos de inteiro da instância `BusinessPriorityRatings` em quatro colunas separadas da tabela `tbl_backlog_item`. Assim, mapeamos dois Objetos de Valor do elemento do `component`, um que não tem atributos próprios e um Valor interno que tem quatro atributos.

Observe o uso da nomeação padrão de coluna de cada um dos elementos de `property` do Hibernate. A convenção de nomeação baseia-se no caminho de navegação a partir do Valor pai final até os atributos individuais. Por exemplo, considere o caminho de navegação de `BusinessPriority` até o atributo `benefit` da instância `ValueCostRiskRatings`. Logicamente ele é

```
businessPriority.ratings.benefit
```

Para representar esse caminho de navegação como um único nome de coluna relacional, eu uso isto:

business_priority_ratings_benefit

Obviamente, você pode usar outro nome representativo, se preferir. Talvez você prefira um que misture o estilo camelo com sublinhados:

businessPriority_ratings_benefit

Para sua mente, essa notação de exemplo pode expressar melhor a navegação. Padronizei todos os sublinhados porque isso tem mais a ver com nomes tradicionais de coluna SQL, em vez de nomes de objetos. A definição correspondente da tabela de banco de dados MySQL inclui as seguintes colunas:

```
CREATE TABLE 'tbl_backlog_item' (
    ...
    'business_priority_ratings_benefit' int NOT NULL,
    'business_priority_ratings_cost' int NOT NULL,
    'business_priority_ratings_penalty' int NOT NULL,
    'business_priority_ratings_risk' int NOT NULL,
    ...
) ENGINE=InnoDB;
```

Juntos, o mapeamento do Hibernate e a definição da tabela de banco de dados relacional fornecem um objeto persistente ideal e pesquisável. Como os atributos de Valor são desnormalizados na linha da tabela da Entidade pai, não há necessidade de o banco de dados usar joins para recuperar nem mesmo uma instância de Valor profundamente aninhada. Ao especificar uma consulta HQL, o Hibernate é capaz de mapear facilmente a expressão de um atributo de objeto para uma expressão de consulta SQL ideal usando uma coluna, em que

    businessPriority.ratings.benefit

torna-se

    business_priority_ratings_benefit

Consequentemente, embora haja uma clara incompatibilidade de impedância entre objetos e bancos de dados relacionais, percebemos um dos mapeamentos mais funcionais e ideais possíveis.

ORM e Muitos Valores Serializados em uma Única Coluna

Há desafios únicos associados com o mapeamento de uma coleção de muitos Objetos de Valor em um banco de dados relacional usando um ORM. Para ser claro, por coleção quero dizer uma List ou Set que é armazenado por uma Entidade e contém zero, uma ou mais instâncias de Valor. Os desafios não são insuperáveis, mas a incompatibilidade de impedância objetorrelacional torna-se óbvia aqui.

Uma opção disponível com o mapeamento objetorrelacional do Hibernate é serializar toda a coleção dos objetos em uma representação textual e persistir a representação em uma única coluna. Essa abordagem tem algumas desvantagens. Mas, em alguns casos, as desvantagens são discretas e podem ser sumariamente ignoradas em prol da alavancagem das vantagens dessa opção. Nesses casos, você pode decidir usar essa opção para persistir a coleção de valores. Eis as potenciais desvantagens a considerar:

- *Largura de coluna.* Às vezes você não pode determinar o número máximo dos elementos do Valor na coleção, ou o tamanho máximo de cada Valor serializado. Por exemplo, algumas coleções de objetos podem ter qualquer número de elementos — um limite superior desconhecido. Além disso, cada um dos elementos do Valor na coleção pode ter uma largura indeterminada dos caracteres da representação serializada. Isso pode acontecer quando um ou mais dos atributos do tipo de Valor são do tipo String e o comprimento nos caracteres é muito ilimitado. Em qualquer uma dessas situações, é possível que a forma serializada ou toda a coleção exceda a largura máxima disponível de uma coluna de caracteres. Isso pode ser agravado ainda mais por colunas de caracteres que têm uma largura máxima relativamente estreita, ou pelo número total máximo de bytes disponíveis para armazenar uma linha inteira de dados. Embora o mecanismo InnoDB MySQL, por exemplo, tenha uma largura máxima de VARCHAR de 65.535 caracteres, ele também tem um limite total de 65.535 bytes do armazenamento para uma única linha. Você deve deixar espaço para um número suficiente de colunas a fim de armazenar uma Entidade inteira. O banco de dados Oracle tem uma largura máxima VARCHAR2/NVARCHAR2 de 4.000. Se você não conseguir predeterminar a largura máxima necessária para armazenar uma representação serializada de uma coleção de valores e/ou se a largura máxima de coluna exceder esse tamanho, evite essa opção.

- *Deve consultar.* Como com esse estilo as coleções de Valor são serializadas em uma representação de texto simples, os atributos dos elementos individuais do Valor não podem ser usados em expressões de consulta SQL. Se qualquer um dos atributos de Valor precisar ser pesquisável, você não poderá usar essa opção. É possível que essa seja uma razão menos provável para evitar a opção, uma vez que a necessidade de consultar um ou mais atributos a partir dos objetos em uma coleção contida pode ser rara.

- *Requer tipo de usuário personalizado.* Para usar essa abordagem, você deve desenvolver um tipo de usuário Hibernate personalizado que gerencia a serialização e desserialização de cada coleção. Pessoalmente, acho que isso é menos intrusivo do que as outras preocupações porque uma única implementação bem planejada do tipo de usuário personalizado pode suportar coleções de todos os tipos de Objeto de Valor (um único tamanho serve para todos).

Aqui não forneço um tipo de usuário Hibernate personalizado para gerenciar a serialização da coleção para uma única coluna, mas a comunidade do Hibernate fornece boa orientação para você implementar isso.

ORM e Muitos Valores Suportados por uma Entidade de Banco de Dados

Uma abordagem muito simples para persistir uma coleção das instâncias de Valor usando o Hibernate (ou outro ORM) e um banco de dados relacional é tratar o tipo de Valor como uma entidade no modelo de dados. Para reiterar o que afirmei na seção "Evitar Influência Indevida do Vazamento de Dados do Modelo", essa abordagem *não deve* levar à modelagem errada de um conceito como uma Entidade no modelo de domínio apenas porque ele é mais bem representado como uma entidade de banco de dados por causa da persistência. É a incompatibilidade da impedância objetorrelacional que, em alguns casos, requer essa abordagem, não um princípio DDD. Se houvesse um estilo de persistência perfeitamente correspondido disponível, você modelaria o conceito como um tipo de Valor e nunca pensaria duas vezes nas características da entidade de banco de dados. Isso ajuda nossa mente a pensar na modelagem de domínio dessa maneira.

Para alcançar isso, podemos empregar um **Supertipo de Camada** [Fowler, P of EAA]. Pessoalmente, me faz sentir melhor ocultar a identidade substituta necessária (chave primária). Mas como todos os `Object` no Java (e em outras linguagens) já têm uma identidade única interna que só é utilizada pela máquina virtual, você pode achar que é justificável adicionar uma identidade especializada diretamente ao Valor. Acho que independentemente da abordagem preferida, ao contornar a incompatibilidade da impedância objetorrelacional é preciso formular em nossas mentes uma justificativa convincente para a razão por que fazemos uma escolha técnica. Minhas preferências são abordadas em seguida.

Eis um exemplo de minha abordagem preferida para chaves substitutas, que usa duas classes de Supertipo de Camada:

```java
public abstract class IdentifiedDomainObject
        implements Serializable  {

    private long id = -1;

    public IdentifiedDomainObject() {
        super();
    }

    protected long id() {
        return this.id;
    }

    protected void setId(long anId) {
        this.id = anId;
    }
}
```

O primeiro supertipo de camada envolvido é `IdentifiedDomainObject`. Essa classe abstrata base fornece uma chave primária substituta básica que permanece invisível para os clientes. Como os métodos assessores são declarados como `protected`, os clientes nunca terão de perguntar se eles podem utilizar os métodos. Claro, você pode evitar ainda mais qualquer conhecimento desses métodos declarando o escopo `private`. O Hibernate não tem problemas ao utilizar o método ou campo de reflexão em qualquer escopo além de `public`.

Em seguida, forneço mais um Supertipo de Camada que é específico para Objetos de Valor:

```
public abstract class IdentifiedValueObject
        extends IdentifiedDomainObject   {

    public IdentifiedValueObject() {
        super();
    }
}
```

Você pode considerar a classe `IdentifiedValueObject` como meramente uma classe marcadora, uma subclasse sem comportamento do `IdentifiedDomainObject`. Vejo essa classe como sendo benéfica para a documentação do código-fonte porque torna o desafio da modelagem que ela aborda mais explícito. Ao longo dessas linhas, a classe `IdentifiedDomainObject` tem uma segunda subclasse abstrata direta chamada `Entity`, que é discutida em Entidades (5). Gosto dessa abordagem. Talvez você prefira eliminar essas classes extras.

Agora que há um meio conveniente e adequadamente oculto para dar a qualquer tipo de Valor uma identidade substituta, eis uma classe de exemplo que coloca isso em uso:

```
public final class GroupMember extends IdentifiedValueObject   {
    private String name;
    private TenantId tenantId;
    private GroupMemberType type;

    public GroupMember(
            TenantId aTenantId,
            String aName,
            GroupMemberType aType) {
        this();
        this.setName(aName);
        this.setTenantId(aTenantId);
        this.setType(aType);
        this.initialize();
    }
    ...
}
```

A classe `GroupMember` é um tipo de Valor que é coletado pela Entidade Raiz da classe `Group` do Agregado. A Entidade Raiz contém quaisquer instâncias de `GroupMember`. Agora, com cada instância `GroupMember` sendo identificada de maneira única para o modelo de dados usando a chave primária substituta, estamos livres para mapear a persistência como uma entidade de banco de dados e, ao mesmo tempo, mantê-la como um Valor no modelo de domínio. Eis a parte relevante da classe `Group`:

```
public class Group extends Entity  {
    private String description;
    private Set<GroupMember> groupMembers;
    private String name;
    private TenantId tenantId;

    public Group(
            TenantId aTenantId,
            String aName,
            String aDescription) {
        this();
        this.setDescription(aDescription);
        this.setName(aName);
        this.setTenantId(aTenantId);
        this.initialize();
    }
    ...
    protected Group() {
        super();
        this.setGroupMembers(new HashSet<GroupMember>(0));
    }
    ...
}
```

A classe `Group` irá acumular gradualmente quaisquer instâncias de `Group-Member` no `Set` de `groupMembers`. Tenha em mente que, se você alguma vez executar uma substituição de toda a coleção, sempre use o método `clear()` de `Collection` antes da substituição. Fazer isso assegura que o suporte para a implementação da `Collection` do Hibernate excluirá os elementos obsoletos do armazenamento de dados. O seguinte não é um método `Group` real, mas um exemplo fornecido para demonstrar como, em geral, evitar elementos de Valor órfãos ao substituir toda a coleção:

```
public void replaceMembers(Set<GroupMember> aReplacementMembers) {
    this.groupMembers().clear();
    this.setGroupMembers(aReplacementMembers);
}
```

Acho que esse vazamento ORM no modelo é discreto porque ele usa um recurso de Collection comum e, além disso, o cliente não o vê. Sincronizar o conteúdo da coleção com o banco de dados nem sempre requer reflexão cuidadosa. A exclusão de um único Valor do armazenamento de dados é automaticamente abrangida pelo uso do método remove()da Collection, portanto, nesse caso, não há absolutamente nenhum vazamento ORM.

A seguir, estamos interessados na seção da descrição do mapeamento do Group que mapeia a coleção:

```
<hibernate-mapping>
    <class name="com.saasovation.identityaccess.domain.model.↵
        identity.Group"
    table="tbl_group" lazy="true">
        ...
        <set name="groupMembers" cascade="all,delete-orphan"
          inverse="false" lazy="true">
            <key column="group_id" not-null="true" />
            <one-to-many class="com.saasovation.[ccc]
               identityaccess.domain.model.identity.GroupMember" />
        </set>
        ...
    </class>
</hibernate-mapping>
```

O Set de groupMembers é mapeado exatamente como uma entidade de banco de dados. Além disso, vemos a descrição completa do mapeamento do GroupMember:

```
<hibernate-mapping>
    <class name="com.saasovation.identityaccess.domain.model.↵
            identity.GroupMember"
            table="tbl_group_member" lazy="true">
        <id
            name="id"
            type="long"
            column="id"
            unsaved-value="-1">

            <generator class="native"/>
        </id>
        <property
            name="name"
            column="name"
            type="java.lang.String"
            update="true"
            insert="true"
            lazy="false"
        />
```

```
<component name="tenantId"
    class="com.saasovation.identityaccess.domain.model. ⏎
        identity.TenantId">
    <property
        name="id"
        column="tenant_id_id"
        type="java.lang.String"
        update="true"
        insert="true"
        lazy="false"
    />
</component>
<property
    name="type"
    column="type"
    type="com.saasovation.identityaccess.infrastructure. ⏎
        persistence.GroupMemberTypeUserType"
    update="true"
    insert="true"
    not-null="true"
/>
    </class>
</hibernate-mapping>
```

Observe o elemento <id> que define a chave primária substituta de persistência. E, por fim, eis a descrição MySQL tbl _ group _ member correspondente:

```
CREATE TABLE 'tbl_group_member' (
    'id' int(11) NOT NULL auto_increment,
    'name' varchar(100) NOT NULL,
    'tenant_id_id' varchar(36) NOT NULL,
    'type' varchar(5) NOT NULL,
    'group_id' int(11) NOT NULL,
    KEY 'k_group_id' ('group_id'),
    KEY 'k_tenant_id_id' ('tenant_id_id'),
    CONSTRAINT 'fk_1_tbl_group_member_tbl_group'
        FOREIGN KEY ('group_id') REFERENCES 'tbl_group' ('id'),
    PRIMARY KEY ('id')
) ENGINE=InnoDB;
```

Ao analisar o mapeamento de GroupMember e a descrição da tabela de banco de dados, temos a forte impressão de que estamos lidando com uma entidade. Há a chave primária chamada id. Há a tabela separada que deve fazer uma *join* com tbl _ group. Há a chave estrangeira de volta para tbl _ group. Por qualquer outro nome, estamos lidando com uma entidade, *mas apenas a partir da perspectiva do modelo de dados*. No modelo de domínio, GroupMember é claramente um Objeto de Valor. Medidas adequadas foram tomadas no modelo de domínio para ocultar cuidadosamente quaisquer preocupações de persistência. Não forneço nenhuma pista para os clientes do modelo de domínio de que um vazamento de persistência ocorreu. E o que é mais importante, até mesmo os desenvolvedores no modelo devem olhar cuidadosamente para detectar qualquer noção de fuga de persistência.

ORM e Muitos Valores Suportados por uma Tabela de *Join*

O Hibernate fornece um meio de persistir coleções com valores múltiplos em uma tabela de *join* sem exigir que o próprio tipo de Valor tenha quaisquer características da entidade do modelo de dados. Esse tipo de mapeamento simplesmente persiste os elementos de Valor da coleção para uma tabela dedicada com a identidade do banco de dados do objeto de domínio da Entidade pai como uma chave estrangeira. Assim, todos os elementos do Valor na coleção podem ser consultados por meio da identidade da chave estrangeira do pai e reconstituídos na coleção do Valor do modelo. A vantagem dessa abordagem de mapeamento é que o tipo de Valor não precisa ter uma identidade substituta oculta para alcançar uma *join*. Para usar essa opção de mapeamento da coleção de valores, utilize a tag `<composite-element>` do Hibernate.

Isso parece ser uma grande vitória, e pode ser para suas necessidades. Mas existem pontos fracos nessa abordagem dos quais você deve estar ciente. Uma desvantagem é que a *join* é necessária mesmo se o tipo de Valor não requerer nenhuma chave substituta porque isso envolve a normalização das duas tabelas. De fato, a abordagem "ORM e muitos Valores suportados por uma Entidade de banco de dados" exige uma *join*. Mas essa abordagem não é limitada pelo segundo ponto fraco dessa, que é.....

Se sua coleção for um `Set`, nenhum dos atributos do tipo de Valor poderá ser `null`. Esse é o caso porque, para excluir (coleta de lixo no modelo de dados) um determinado elemento `Set`, todos os atributos que tornam o elemento um Valor único devem ser utilizados como uma espécie de chave composta para localizar e excluí-lo. Um `null` não pode ser usado como parte da chave composta requerida. É claro que se você souber que um determinado tipo de Valor nunca terá atributos `null`, essa será uma abordagem viável, isto é, desde você não tenha necessidades adicionais conflitantes.

A terceira desvantagem do uso dessa abordagem de mapeamento é que o próprio tipo de Valor que é mapeado pode não conter uma coleção. Não há como mapear com `<composite-element>` se os próprios elementos contiverem coleções. Se o tipo de Valor não contém uma coleção de qualquer tipo e, do contrário, cumpre os requisitos desse modelo de mapeamento, ele estará disponível para que você possa utilizá-lo.

No fim das contas, acho que essa abordagem de mapeamento é suficientemente limitante e, em geral, deve ser evitada. Para mim, simplesmente é mais fácil inserir uma identidade substituta bem ocultada no tipo de Valor que é coletado em uma associação de um para muitos e não se preocupar com nenhuma das restrições do `<composite-element>`. Você pode não pensar da mesma maneira, e isso certamente pode ser aproveitado para seu benefício se todas as cartas de modelagem estiverem disponíveis para você.

ORM e Objetos de Estado como Enumeração

Se você achar que enumerações são uma escolha de modelagem eficaz para os Tipos Padrão e/ou objetos de Estado, você precisará dos meios para persisti--las. Com o Hibernate, enumerações Java requerem uma técnica especializada de persistência. Infelizmente até esta data a comunidade de desenvolvimento do Hibernate não suporta enumerações como um tipo de propriedade pronta para uso. Portanto, para persistir enumerações em nosso modelo, temos de criar um tipo de usuário Hibernate personalizado.

Lembre-se de que cada `GroupMember` tem um `GroupMemberType`:

```
public final class GroupMember extends IdentifiedValueObject  {
    private String name;
    private TenantId tenantId;
    private GroupMemberType type;

    public GroupMember(
            TenantId aTenantId,
            String aName,
            GroupMemberType aType) {
        this();
        this.setName(aName);
        this.setTenantId(aTenantId);
        this.setType(aType);
        this.initialize();
    }
    ...
}
```

Os Tipos Padrão de enumeração `GroupMemberType` incluem `GROUP` e `USER`. Eis mais uma vez a definição:

```
package com.saasovation.identityaccess.domain.model.identity;

public enum GroupMemberType {

    GROUP {
        public boolean isGroup() {
            return true;
        }
    },
    USER {
        public boolean isUser() {
            return true;
        }
    };

    public boolean isGroup() {
        return false;
    }
```

```
public boolean isUser() {
    return false;
}
}
```

A resposta simples para persistir um Valor de enumeração Java é armazenar sua representação de texto. Mas a resposta simples leva ao desdobramento de uma técnica um pouco mais complexa de criar um tipo de usuário Hibernate cliente. Em vez de incluir aqui as várias abordagens à classe `EnumUserType` fornecidas pela comunidade do Hibernate, forneço o link para o recurso do artigo wiki: http://community.jboss.org/wiki/Java5EnumUserType (em inglês).

No momento em que este livro era escrito, o artigo wiki fornecia várias abordagens. Havia exemplos para implementar uma classe do tipo de usuário personalizado para cada tipo de enumeração; uma maneira de usar os tipos parametrizados do Hibernate 3 para evitar implementar um usuário personalizado para cada tipo de enumeração (muito desejável); um que suporta não apenas string de texto, mas também representações numéricas do valor de enumeração; e até mesmo uma implementação aprimorada de Gavin King. A implementação aprimorada de Gavin King permite que a enumeração seja utilizada como um discriminador de tipos ou como uma identidade (`id`) de tabela de dados.

Dada a seleção de uma das escolhas entre essas opções, eis um exemplo de como a enumeração `GroupMemberType` é mapeada:

```xml
<hibernate-mapping>
    <class name="com.saasovation.identityaccess.domain.model.↵
           identity.GroupMember" table="tbl_group_member" lazy="true">
        ...
        <property
            name="type"
            column="type"
            type="com.saasovation.identityaccess.infrastructure.↵
                persistence.GroupMemberTypeUserType"
            update="true"
            insert="true"
            not-null="true"
        />
    </class>
</hibernate-mapping>
```

Observe que o atributo do tipo do elemento `<property>` é definido como o caminho completo de classe da classe `GroupMemberTypeUserType`. Essa é uma das opções, e você deve escolher aquela que preferir. Lembre-se de que a descrição da tabela MySQL contém a coluna para armazenar a enumeração:

```
CREATE TABLE 'tbl_group_member' (
    ...
    'type' varchar(5) NOT NULL,
    ...
) ENGINE=InnoDB;
```

A coluna `type` é um tipo `VARCHAR` com um tamanho máximo de cinco caracteres, o suficiente para armazenar a representação do tipo de texto mais ampla: `GROUP` ou `USER`.

Resumo

Neste capítulo vimos a importância de favorecer o uso dos Objetos de Valor sempre que possível, porque eles são simplesmente mais fáceis de desenvolver, testar e manter.

- Você aprendeu as características dos Objetos de Valor e como usá-los.

- Você viu como alavancar Objetos de Valor para minimizar a complexidade da integração.

- Você analisou o uso dos Tipos Padrão de domínio expressos em Valores e viu algumas estratégias para implementá-los.

- Você viu por que a SaaSOvation agora prefere modelar com Valores sempre que possível.

- Você ganhou experiência sobre como testar, implementar e persistir tipos de Valor por meio dos projetos SaaSOvation.

A seguir, analisaremos os Serviços de Domínio, operações sem estado que são realmente parte do modelo.

Capítulo 7

Serviços

Às vezes, a coisa simplesmente não é uma coisa.
—Eric Evans

Um **Serviço** no domínio é uma operação sem estado que realiza uma tarefa específica de domínio. Frequentemente a melhor indicação de que você deve criar um Serviço no modelo de domínio é quando a operação que você precisa executar parece despropositada como um método em um **Agregado (10)** ou um **Objeto de Valor (6)**. Para aliviar essa sensação desconfortável, nossa tendência natural pode ser criar um método estático na classe da Raiz de um Agregado. Mas, ao utilizar o DDD, essa tática é um código que provavelmente indica que você, em vez disso, precisa de um Serviço.

Roteiro do Capítulo

- Veja como refinamentos no modelo de domínio podem levar à conclusão de que você precisa de um Serviço.
- Entenda o que um Serviço no domínio é, e o que ele não é.
- Considere uma precaução necessária ao decidir se você deve ou não criar um Serviço.
- Descubra como modelar Serviços em um domínio por meio de dois exemplos a partir dos projetos da SaaSOvation.

Código malcheiroso? É exatamente isso o que os desenvolvedores da SaaSOvation sentiram por causa da refatoração de um Agregado. Vamos considerar a correção tática deles. Eis o que aconteceu...

Logo no início do projeto, a equipe modelou a coleção das instâncias de `BacklogItem` como parte composta do Agregado do `Product`. Essa situação de modelagem permitiu calcular o valor total da prioridade de negócio de todos os itens de backlog do produto para que fosse um método simples de instância na classe `Product`:

```
public class Product extends ConcurrencySafeEntity {
    ...
    private Set<BacklogItem> backlogItems;
    ...
    public BusinessPriorityTotals businessPriorityTotals() {
        ...
    }
    ...
}
```

Na época, o projeto fazia todo sentido porque o método `businessPriorityTotals()` só interagiria com as instâncias de `BacklogItem` compostas e proporia a prioridade total de negócios pesquisada. O projeto respondeu adequadamente à consulta com um Objeto de Valor, ou seja, `BusinessPriorityTotals`.

Mas ele não permaneceria assim. Como a análise encontrada em **Agregados (10)** mostrou, o grande aglomerado de `Product` precisava ser dividido, e `BacklogItem` seria reprojetado para que permanecesse isolado como um Agregado. Assim, o projeto anterior que usou um método de instância não mais funcionava.

Como `Product` não mais continha a coleção `BacklogItem`, a primeira reação da equipe foi refatorar o método de instância existente para usar o novo `BacklogItemRepository` a fim de fazer o cálculo necessário de todas as instâncias de `BacklogItem`. Isso parece certo?

Na verdade, o mentor sênior da equipe a convenceu a não fazer isso. Como regra geral, devemos tentar evitar o uso de **Repositórios (12)** de dentro de Agregados, se absolutamente possível. E se apenas tornássemos estático o mesmo método na classe `Product` e passássemos a coleção de instâncias de `BacklogItem` de que o método estático precisaria para o cálculo? Dessa forma, o método permaneceria quase intacto, exceto pelo novo parâmetro:

```
public class Product extends ConcurrencySafeEntity {
    ...
    public static BusinessPriorityTotals businessPriorityTotals(
            Set<BacklogItem> aBacklogItems) {
        ...
    }
    ...
}
```

`Product` era realmente o melhor lugar para criar o método estático? Parecia difícil determinar a que local ele realmente pertencia. Como na verdade a operação só utilizaria os valores de prioridade de negócios de cada `BacklogItem`, talvez esse fosse o lugar do método estático. Mas a prioridade de negócios buscada era aquela de um produto, não a de um item de backlog. Dilemas.

Nesse ponto, o desenvolvedor sênior mentor manifestou-se. Ele observou que toda a fonte de desconforto da equipe poderia ser descartada com uma única ferramenta de modelagem, o Serviço de Domínio. Como isso funcionaria?

Vamos primeiro estabelecer algumas bases. Então voltaremos a essa situação de modelagem e veremos o que a equipe decidiu fazer.

O Que um Serviço de Domínio É (mas Antes, o Que Ele Não É)

Quando ouvimos o termo *serviço* em um contexto de software, podemos visualizar naturalmente um componente rudimentar que permite que um cliente remoto interaja com um sistema complexo de negócios. Isso descreve basicamente um Serviço em uma **Arquitetura Orientada a Serviços (4)**. Existem diferentes tecnologias e abordagens para desenvolver serviços SOA. No final das contas, esses tipos de serviços enfatizam *chamadas de procedimento remoto* (RPC) no nível do sistema ou *middleware orientado a mensagens* (MoM), em que outros sistemas ao longo do centro de dados, ou por todo o mundo, são capazes de interagir com o serviço para executar transações de negócio.

Nenhum deles é um Serviço de Domínio.

Além disso, não confunda Serviço de Domínio com **Serviço de Aplicação**. Não queremos hospedar a lógica do negócio em um Serviço de Aplicação, mas queremos hospedar a lógica do negócio em um Serviço de Domínio. Se você estiver confuso com essa diferença, compare com **Aplicação (14)**. Resumidamente, para diferenciar os dois, um Serviço de Aplicação, sendo o cliente natural do modelo de Domínio, normalmente seria o cliente de um Serviço de Domínio. Você verá isso demonstrado mais adiante no capítulo.

Só porque um Serviço de Domínio tem a palavra *Serviço* no nome não significa que ele deve ser uma operação transacional pesada, rudimentar e com capacidades remotas.[1]

Lógica Caubói

LB: "Sempre dê uma boa olhada no que você está prestes a comer. Não é tão importante saber o que é, mas é fundamental saber o que era".

Serviços que pertencem especificamente ao domínio do negócio são uma ferramenta perfeita de modelagem a usar quando suas necessidades se interseccionam com o ponto ideal. Assim, agora que sabemos o que um Serviço de Domínio *não é*, vamos considerar o que ele *é*.

---

1. Há momentos em que um Serviço de Domínio está preocupado com invocações remotas em um Contexto Delimitado externo (2). No entanto, o foco aqui é diferente pelo fato de que o próprio Serviço de Domínio não fornece uma interface de chamada de procedimento remoto, mas, em vez disso, é o cliente da RPC.

Às vezes, não é apenas uma coisa... Quando um processo ou transformação significativa no domínio não é uma responsabilidade natural de uma ENTIDADE ou OBJETO DE VALOR, adicione uma operação ao modelo como uma interface autônoma declarada como um SERVIÇO. Defina a interface em termos da linguagem do modelo e certifique-se de que o nome da operação faz parte da LINGUAGEM UBÍQUA. Torne o serviço sem estado. [Evans, pp. 104, 106]

Como o modelo de domínio geralmente lida com comportamentos mais refinados que focalizam algum aspecto específico do negócio em mãos, um Serviço no domínio tenderia a seguir princípios semelhantes. Como ele pode lidar com múltiplos objetos de domínio em uma única operação atômica, sua complexidade pode aumentar um pouco.

Em que condições uma operação não pertenceria a uma Entidade (5) ou Objeto de Valor existente? É difícil fornecer uma lista exaustiva das razões, mas listei algumas aqui. Você pode usar um Serviço de Domínio para

- Executar um processo de negócios significativo
- Transformar um objeto de domínio entre uma composição e outra
- Calcular um valor que exige entrada de mais de um objeto de domínio

O último — um cálculo — provavelmente se enquadre na categoria "processo significativo", mas vou enfatizar para esclarecer isso. É um muito comum, e esse tipo de operação pode exigir dois, e possivelmente muitos, Agregados diferentes ou suas partes compostas como entrada. E quando simplesmente é muito desajeitado inserir o método em qualquer Entidade ou Valor, é melhor definir um Serviço. Certifique-se de que o Serviço é *sem estado* e tem uma interface que expressa claramente a **Linguagem Ubíqua (1)** no Contexto Delimitado.

Certifique-se de Que Você Precisa de um Serviço

Não conte muito com a modelagem de um conceito de domínio como um Serviço. Faça isso apenas se as circunstâncias forem adequadas. Se não tomarmos cuidado, podemos começar a tratar Serviços como nossa "bala de prata" de modelagem. Usar Serviços de uma maneira excessivamente entusiástica geralmente resultará em consequências negativas e criará um **Modelo de Domínio Anêmico** [Fowler, Anemic], em que toda a lógica do Domínio reside em Serviços, em vez de predominantemente distribuída ao longo de Entidades e Objetos de Valor. A análise a seguir mostra a importância de se pensar cuidadosamente nas táticas que você deve empregar para cada situação de modelagem. Seguir essa orientação deve ajudá-lo a tomar boas decisões sobre se um Serviço deve ou não ser modelado.

Vamos investigar um exemplo de como reconhecer a necessidade de modelar um Serviço. Pense em como tentar autenticar um `User` em nosso *Contexto de*

Identidade e Acesso. Lembre-se de que em **Entidades** (5) encontramos esse cenário de domínio que a equipe quis deixar para mais tarde. Bem, mais tarde é agora:

- Os usuários de um sistema devem ser autenticados, mas só podem ser autenticados se o cliente estiver ativo.

Vamos considerar por que um Serviço é necessário. Podemos simplesmente inserir esse comportamento em uma Entidade? Do ponto de vista do cliente, talvez seja possível modelar a autenticação assim:

```
// o cliente localiza User e pede para ele se autenticar

boolean authentic = false;

User user =
    DomainRegistry
        .userRepository()
        .userWithUsername(aTenantId, aUsername);

if (user != null) {
    authentic = user.isAuthentic(aPassword);
}

return authentic;
```

Acho que, pelo menos, há alguns problemas nesse projeto. Exigimos que os clientes entendam o que significa autenticar. Eles têm de localizar o `User` e então solicitar a ele se uma determinada senha corresponde àquela que o `User` detém. Além disso, a Linguagem Ubíqua não é modelada explicitamente. Aqui, perguntamos ao `User` se ele "é autêntico", em vez de solicitar ao modelo a "autenticação". Se possível, seria melhor modelar em termos das expressões naturais faladas pela equipe, em vez de forçar a equipe a ajustar seu ponto de vista longe daquilo que vem naturalmente porque não conseguimos modelar melhorar o conceito. Mas há problemas piores que esses.

Isso não modela adequadamente o que a equipe descobriu sobre autenticar um usuário. A omissão flagrante é que não há nenhuma verificação para determinar se o inquilino está ou não ativo. De acordo com o requisito, se o inquilino sob o qual o usuário reside não estiver ativo, o usuário não será autenticado. Talvez possamos resolver o problema assim:

```
// talvez agora seja melhor ...

boolean authentic = false;
```

```
Tenant tenant =
    DomainRegistry
        .tenantRepository()
        .tenantOfId(aTenantId);

if (tenant != null && tenant.isActive()) {
    User user =
        DomainRegistry
            .userRepository()
            .userWithUsername(aTenantId, aUsername);

    if (user != null) {
        authentic = tenant.authenticate(user, aPassword)
    }
}

return authentic;
```

Esse teste não determina adequadamente se o Tenant está ativo antes de executar a autenticação. Também fomos capazes de livrar o User do método isAuthentic() inserindo authenticate() em Tenant.

Mas há problemas com isso. Analise a carga adicional que colocamos sobre o cliente. Ele agora precisa entender a autenticação muito mais do que deveria. Podemos aliviar um pouco essa carga verificando se Tenant isActive() está dentro do método authenticate(), mas eu diria que esse não é um modelo explícito. Isso também gera outro problema. Agora o Tenant precisa entender o que fazer com uma senha. Lembre-se de que o outro requisito foi entendido, embora não especificamente chamado no cenário de autenticação:

• Senhas devem ser armazenadas criptografadas, não como texto simples.

Com nossas soluções propostas, parece que produzimos continuamente mais atrito no modelo. Com a proposta mais recente temos de escolher uma de quatro abordagens indesejáveis:

1. Lidar com a criptografia no Tenant e passar a senha criptografada para o usuário. Isso viola a **Responsabilidade Única** do Tenant [Martin, SRP] para lidar somente com a modelagem de um inquilino.

2. Talvez o User precise entender um pouco de criptografia, uma vez que é necessário garantir que qualquer senha armazenada esteja criptografada. Se sim, crie um método no User que sabe como autenticar de acordo com uma senha de texto simples. Mas, nesse caso, a autenticação torna-se uma fachada no Tenant que só é totalmente implementada no User. Mais ainda, o User deve ter uma interface de autenticação protegida para evitar que clientes externos do modelo a utilizem diretamente.

3. O `Tenant` solicita que o `User` criptografe a senha de texto simples, então ele a compara com a que o `User` detém. Isso parece apresentar passos extras com um conjunto desordenado de colaborações. O `Tenant` ainda deve entender os detalhes da autenticação, embora ele não chegue a executá-la.

4. Faça o cliente criptografar a senha e passe-a para o `Tenant`. Isso aumenta ainda mais a responsabilidade que o cliente tem, quando na verdade e ele não precisa conhecer nada sobre a necessidade de criptografar senhas.

Nenhuma dessas propostas ajuda muito, e o cliente ainda é muito complexo. Em vez disso, a responsabilidade que colocamos sobre o cliente deve ser elegantemente ocultada no modelo. Conhecimento que é puramente específico ao domínio nunca deve vazar para os clientes. Mesmo se o cliente for um Serviço de Aplicação, esse componente não é responsável pelo domínio do gerenciamento de identidade e acesso.

Lógica Caubói

AJ: "Quando você se encontra em um buraco, a primeira coisa a fazer é parar de cavar."

Realmente, a única responsabilidade de negócios que o cliente deve ter é coordenar o uso de uma única operação específica do domínio que lida com todos os outros detalhes do problema do negócio:

```
// dentro de um cliente de Serviço de Aplicação
// apenas responsabilidade de coordenação da tarefa

UserDescriptor userDescriptor =
    DomainRegistry
        .authenticationService()
        .authenticate(aTenantId, aUsername, aPassword);
```

Nessa solução simples e elegante, o cliente só precisa obter uma referência a uma instância sem estado de `AuthenticationService` e então solicitar que ele use `authenticate()`. Isso remove todos os detalhes da autenticação do cliente do Serviço de Aplicação e coloca-os no Serviço de Domínio. Quaisquer objetos de domínio podem ser utilizados pelo Serviço, conforme necessário. Isso inclui assegurar que a criptografia de senha é realizada como apropriado. O cliente não precisa entender nenhum desses detalhes. A Linguagem Ubíqua no contexto está satisfeita porque os termos adequados são expressos pelo software que modela o domínio de gerenciamento de identidade, em vez de em parte pelo modelo e em parte pelo cliente.

Um Objeto de Valor, `UserDescriptor`, é retornado do método de Serviço. Esse objeto é pequeno e seguro. Ao contrário de um `User` completo, ele só inclui alguns atributos essenciais para fazer referência a um `User`:

```
public class UserDescriptor implements Serializable {
    private String emailAddress;
    private TenantId tenantId;
    private String username;

    public UserDescriptor(
            TenantId aTenantId,
            String aUsername,
            String anEmailAddress) {
        ...
    }
    ...
}
```

Ele é adequado para ser armazenado em uma sessão Web por usuário. O próprio Serviço de Aplicação do cliente pode retornar esse objeto para o invocador ou criar um mais adequado para ele.

Modelando um Serviço no Domínio

Dependendo do propósito de um Serviço de Domínio, pode ser bastante simples modelá-lo. Você precisará decidir se o Serviço deve ou não ter uma **Interface Separada** [Fowler, P of EAA]. Se sim, esta pode ser a definição da interface:

```
package com.saasovation.identityaccess.domain.model.identity;

public interface AuthenticationService {

    public UserDescriptor authenticate(
            TenantId aTenantId,
            String aUsername,
            String aPassword);
}
```

A interface é declarada no mesmo **Módulo (9)** como Agregados específicos à identidade, por exemplo, `Tenant`, `User` e `Group`. Isso é feito porque o `AuthenticationService` é um conceito de identidade, e atualmente inserimos todos os conceitos relacionados com a identidade no módulo de identity. A própria definição da interface é bastante simples. Uma única operação, authenticate(), é necessária.

Uma opção que temos é onde inserir a classe de implementação. Se você utilizar o **Princípio da Inversão de Dependência (4)** ou a **Arquitetura Hexagonal (4)**, talvez você decida inserir essa classe de implementação um pouco técnica em um local fora do modelo de domínio. Implementações técnicas podem ser hospedadas em um Módulo na Camada de Infraestrutura, por exemplo.

Eis a classe:

```
package com.saasovation.identityaccess.infrastructure.services;

import com.saasovation.identityaccess.domain.model.DomainRegistry;
import com.saasovation.identityaccess.domain.model.identity.↵
AuthenticationService;
import com.saasovation.identityaccess.domain.model.identity.Tenant;
import com.saasovation.identityaccess.domain.model.identity.TenantId;
import com.saasovation.identityaccess.domain.model.↵
identity.User;
import com.saasovation.identityaccess.domain.model.↵
identity.UserDescriptor;

public class DefaultEncryptionAuthenticationService
        implements AuthenticationService  {

    public DefaultEncryptionAuthenticationService() {
        super();
    }

    @Override
    public UserDescriptor authenticate(
            TenantId aTenantId,
            String aUsername,
            String aPassword) {
        if (aTenantId == null) {
            throw new IllegalArgumentException(
                    "TenantId must not be null.");
        }
        if (aUsername == null) {
            throw new IllegalArgumentException(
                    "Username must not be null.");
        }
        if (aPassword == null) {
            throw new IllegalArgumentException(
                    "Password must not be null.");
        }

        UserDescriptor userDescriptor = null;
```

```
        Tenant tenant =
            DomainRegistry
                .tenantRepository()
                .tenantOfId(aTenantId);

        if (tenant != null && tenant.isActive()) {
            String encryptedPassword =
                DomainRegistry
                    .encryptionService()
                    .encryptedValue(aPassword);

            User user =
                DomainRegistry
                    .userRepository()
                    .userFromAuthenticCredentials(
                            aTenantId,
                            aUsername,
                            encryptedPassword);

            if (user != null && user.isEnabled()) {
                userDescriptor = user.userDescriptor();
            }
        }

        return userDescriptor;
    }
}
```

O método protege contra parâmetros `null`. Do contrário, se o processo de autenticação falhar sob condições normais, o `UserDescriptor` retornado será `null`.

Para autenticar começamos tentando recuperar o `Tenant` do Repositório usando sua identidade. Se o `Tenant` existir e estiver ativo, em seguida criptografamos a senha de texto simples. Fazemos isso agora porque utilizaremos a senha criptografada para recuperar o `User`. Em vez de solicitar o usuário somente a partir de um `TenantId` e `username` correspondente, também fazemos a correspondência na senha criptografada. (O resultado da criptografia sempre é o mesmo para duas senhas iguais de texto simples.) O Repositório é projetado para filtrar todos os três.

Se o usuário humano apresentou a identidade de inquilino correta, nome de usuário e senha de texto simples, isso resultará na recuperação da instância correspondente de `User`. Contudo, isso não prova completamente a autenticidade do `User`. Há um requisito final ainda não tratado:

- Os usuários só podem ser autenticados se eles estiverem ativos.

Mesmo se o Repositório localizar a instância de `User` filtrada, ela pode ter sido desativada. Fornecer a possibilidade de desativar um `User` permite que o inquilino controle a autenticação do usuário em um nível diferente. Portanto, como um passo final, a instância do `User` deve ser não `null` e estar ativada, o que fará com que um `UserDescriptor` seja derivado do usuário.

Uma Interface Separada É uma Necessidade?

Como esse `AuthenticationService` não tem uma implementação técnica, é realmente necessário criar uma classe de interface e implementação separada, e em Camadas e Módulos separados? Não, não é, de fato, uma necessidade absoluta. Poderíamos ter criado esse Serviço específico com apenas uma única classe de implementação com o nome do Serviço:

```
package com.saasovation.identityaccess.domain.model.identity;

public class AuthenticationService {

    public AuthenticationService() {
        super();
    }

    public UserDescriptor authenticate(
            TenantId aTenantId,
            String aUsername,
            String aPassword) {
        ...
    }
}
```

Não haveria nada de errado com isso. Você pode até considerar isso uma abordagem mais adequada, uma vez que esse Serviço particular talvez nunca precise ter múltiplas implementações. Mas dado que diferentes inquilinos podem com o tempo querer padrões de segurança especializados, é possível que haja múltiplas implementações. Nesse momento, porém, a equipe decidiu descartar o uso de uma Interface Separada e optar pela classe como mostrado aqui.

Nomeando Sua Classe De Implementação

No mundo Java, tornou-se bastante comum nomear a classe de implementação com o nome da interface como um prefixo e `Impl` como um sufixo. Em nosso exemplo, usar essa abordagem produziria o nome `AuthenticationService-Impl`. Além disso, a classe de interface e implementação é frequentemente hospedada no mesmo pacote. Isso é bom?

Na verdade, se sua classe de implementação for nomeada dessa forma, é provável que isso seja uma boa indicação de que você não precisa de uma interface separada, ou que você precisa pensar com mais cuidado no nome da classe de implementação. Assim, não, o nome `AuthenticationServiceImpl` não é muito bom. Mas, mais uma vez, `DefaultEncryptionAuthentication-Service` também não é particularmente útil. Por essa razão, a equipe da SaaSOvation decidiu eliminar temporariamente a interface separada e em vez disso optar por `AuthenticationService` como uma classe simples.

Se sua classe de implementação tiver objetivos específicos de desacoplamento porque você fornece múltiplas implementações específicas, nomeie a classe de acordo com a especialidade. A necessidade de nomear cada implementação especializada cuidadosamente é a prova de que existem especialidades em seu domínio.

Alguns concluirão que atribuir à interface e classe de implementação nomes semelhantes torna mais fácil a pesquisa e navegação pelos grandes pacotes desses pares. Mas outros concluirão que esses grandes pacotes são mal projetados de acordo com os objetivos dos Módulos. Mais ainda, aqueles com objetivos focados na modularidade também optarão por colocar as várias classes de interface e implementação em pacotes separados, como fazemos com o **Princípio da Inversão de Dependência (4)**. Por exemplo, a interface `Encryption-Service` está no modelo de domínio, enquanto `MD5EncryptionService` reside na infraestrutura.

Eliminar a interface separada por causa de Serviços de Domínio não técnicos não enfraquecerá a capacidade de teste, uma vez que as interfaces das quais o Serviço depende podem ser injetadas ou resolvidas por uma Fábrica de Serviços configurada para teste, ou você pode passar como parâmetros instâncias das dependências de entrada e saída conforme necessário. Lembre-se também de que Serviços específicos não técnicos de domínio, como cálculos, devem ser testados quanto à exatidão.

Compreensivelmente, isso é um tema controverso, e estou ciente de que existe uma grande área que regularmente nomeia realizações de interface usando `Impl`. Apenas esteja ciente de que há um oposto polar bem informado nessa área que tem razões muito sólidas para evitar essa abordagem. Como sempre, a escolha é sua.

Usar uma Interface Separada pode ser mais uma questão de estilo nos casos em que o Serviço sempre é específico ao domínio e nunca terá uma implementação técnica ou múltiplas implementações. Como Fowler [Fowler, P of EAA] afirma, uma Interface Separada é útil se você tiver certos objetivos de desacoplamento: "Um cliente que depende da interface pode estar completamente alheio à implementação". Mas se você utilizar a **Injeção de Dependência** ou uma **Fábrica** [Gamma *et al.*] de Serviços, mesmo quando a classe e a interface do Serviço estão combinados, você ainda pode evitar que o cliente esteja ciente da implementação. Em outras palavras, o uso a seguir do `DomainRegistry` como uma Fábrica de Serviços dissociará o cliente da implementação:

```
// o registro desacopla o cliente do conhecimento da implementação

UserDescriptor userDescriptor =
    DomainRegistry
        .authenticationService()
        .authenticate(aTenantId, aUsername, aPassword);
```

Ou se você usar a Injeção de Dependência, você pode obter benefícios semelhantes:

```
public class SomeApplicationService ... {
    @Autowired
    private AuthenticationService authenticationService;
    ...
}
```

O contêiner de inversão de controle (como Spring) injeta a instância do Serviço. Como o cliente nunca instancia o Serviço, ele não está ciente de que a interface e a implementação estão combinadas ou separadas.

Claramente, alguns têm desprezo absoluto tanto pela Injeção de Dependência como pela Fábrica de Serviços e preferem configurar dependências de entrada por meio de um construtor ou passá-las como parâmetros de método. No final das contas, essa é a forma mais explícita de conectar dependências e tornar o código testável, e pode até ser considerada mais fácil do que a Injeção de Dependência. Alguns podem achar que é benéfico usar uma combinação de todos os três dependendo da situação e, de modo geral, preferem a configuração da dependência baseada em construtor. Vários dos exemplos neste capítulo usam `DomainRegistry` para maior clareza, *embora não necessariamente indiquem uma preferência*. Boa parte do código-fonte distribuído online como suporte para este livro opta pela configuração da dependência baseada em construtores, ou passando as dependências diretamente para os métodos como parâmetros.

Um Processo de Cálculo

Eis outro exemplo, desta vez do **Domínio Básico (2)** real, o *Contexto de Gerenciamento Ágil de Projetos*. Esse Serviço calcula um resultado a partir de valores em quaisquer Agregados de um tipo específico. Aqui acho que não há nenhuma boa razão para usar uma Interface Separada, pelo menos não no momento. Os cálculos sempre são realizados da mesma maneira. A menos que a situação mude, não devemos nos incomodar em separar a interface da implementação.

Lógica Caubói

LB: "Meu garanhão traz US$ 5.000 por serviço, e as éguas estão na fila."

AJ: "Agora *esse* cavalo está em seu domínio."

Lembre-se de que os desenvolvedores da SaaSOvation inicialmente criaram métodos estáticos refinados no Product para realizar os cálculos desejados. Eis o que aconteceu em seguida...

O mentor da equipe também apontou para a conveniência de usar um Serviço de Domínio, em vez de um método estático. A ideia por trás desse Serviço seria muito semelhante ao projeto atual, calcular e retornar uma instância Valor de BusinessPriorityTotals. Mas o Serviço teria de realizar um pouco mais de trabalho. Isso incluiria encontrar todos os itens de backlog *pendente*s de um determinado produto Scrum e então totalizar cada um de seus Valores Business-Priority individuais. Eis a implementação:

```
package com.saasovation.agilepm.domain.model.product;

import com.saasovation.agilepm.domain.model.DomainRegistry;
import com.saasovation.agilepm.domain.model.tenant.Tenant;

public class BusinessPriorityCalculator {

    public BusinessPriorityCalculator() {
        super();
    }


    public BusinessPriorityTotals businessPriorityTotals(
            Tenant aTenant,
            ProductId aProductId) {
        int totalBenefit = 0;
        int totalPenalty = 0;
        int totalCost = 0;
        int totalRisk = 0;

        java.util.Collection<BacklogItem> outstandingBacklogItems =
            DomainRegistry
                .backlogItemRepository()
                .allOutstandingProductBacklogItems(
                        aTenant,
                        aProductId);
```

```
    for (BacklogItem backlogItem : outstandingBacklogItems) {
        if (backlogItem.hasBusinessPriority()) {
            BusinessPriorityRatings ratings =
                backlogItem.businessPriority().ratings();

            totalBenefit += ratings.benefit();
            totalPenalty += ratings.penalty();
            totalCost += ratings.cost();
            totalRisk += ratings.risk();
        }
    }

    BusinessPriorityTotals businessPriorityTotals =
        new BusinessPriorityTotals(
            totalBenefit,
            totalPenalty,
            totalBenefit + totalPenalty,
            totalCost,
            totalRisk);

    return businessPriorityTotals;
    }
}
```

O `BacklogItemRepository` é usado para obter todas as instâncias de `BacklogItem` *pendentes*. Um `BacklogItem` pendente é um com um tipo de status de *Planejado, Agendado* ou *Confirmado,* não *Concluído* nem *Removido.* Um Serviço no domínio é convidado a usar Repositórios conforme necessário, mas acessar os Repositórios a partir de uma instância de Agregado não é uma prática recomendada.

Com todos os itens pendentes para um dado produto, vamos usar interação neles e totalizar cada uma das `ratings` de sua `BusinessPriority`. Os totais resultantes do cálculo feito de maneira iterativa são usados para instanciar um novo `BusinessPriorityTotals`, que é retornado para o cliente. Não há necessidade de que um processo de cálculo do Serviço seja complexo, embora ele possa ser uma necessidade. Esse por acaso é bastante simples.

Observe no exemplo que você *absolutamente não* iria querer que essa lógica residisse em um Serviço de Aplicação. Mesmo se você considerar que o cálculo da soma no loop seja trivial, ele ainda é a lógica do negócio. Mas há outra razão:

```
    BusinessPriorityTotals businessPriorityTotals =
        new BusinessPriorityTotals(
            totalBenefit,
            totalPenalty,
```

```
        totalBenefit + totalPenalty,
        totalCost,
        totalRisk);
```

À medida que `BusinessPriorityTotals` é instanciado, seu atributo `total-Value` é derivado da soma de `totalBenefit` e `totalPenalty`. Essa lógica é específica ao domínio e não deve vazar para a Camada de Aplicação. Podemos argumentar que o próprio construtor de `BusinessPriorityTotals` deve fazer com que isso seja derivado dos dois parâmetros passados. Embora isso possa ser uma forma de melhorar o modelo, fazer isso não seria uma justificativa para mover os cálculos remanescentes para um Serviço de Aplicação.

Embora não hospedemos essa lógica do negócio em um Serviço de Aplicação, um Serviço de Aplicação funciona como o cliente para o Serviço de Domínio:

```
public class ProductService ... {
    ...
    private BusinessPriorityTotals productBusinessPriority(
            String aTenantId,
            String aProductId) {
        BusinessPriorityTotals productBusinessPriority =
                DomainRegistry
                    .businessPriorityCalculator()
                    .businessPriorityTotals(
                            new TenantId(aTenantId),
                            new ProductId(aProductId));

        return productBusinessPriority;
    }
}
```

Nesse caso, um método privado no Serviço de Aplicação é responsável por solicitar a prioridade total do negócio para o produto. Aqui o método pode fornecer uma única parte da carga útil retornada para o cliente do `Product-Service`, como a interface do usuário.

Serviços de Transformação

As implementações mais técnicas do Serviço de Domínio que definitivamente residem na infraestrutura são muitas vezes aquelas usadas para a integração. Por essa razão, deleguei esses exemplos a **Integrando Contextos Delimitados (13)**. Aí você verá as interfaces de Serviço, classes de implementação, também **Adaptadores** [Gamma *et al.*] e tradutores utilizados pelas implementações.

Usando uma Minicamada dos Serviços de Domínio

Às vezes pode ser desejável criar uma "minicamada" dos Serviços de Domínio acima das demais Entidades e Objetos de Valor de seu modelo de domínio. Como indiquei previamente, isso frequentemente leva até o caminho precário do Modelo de Domínio Anêmico, o que deve ser considerado um antipadrão.

Mas existem alguns sistemas em que projetar na minicamada dos Serviços de Domínio faz mais sentido do que em outros e não resultará em um Modelo de Domínio Anêmico. Isso depende das características do modelo de domínio, e no caso do *Contexto de Identidade e Acesso* é realmente muito útil.

Se você passar pela experiência de trabalhar nesse tipo de Domínio e decidir produzir uma minicamada dos Serviços de Domínio, lembre-se de que eles sempre são diferentes dos Serviços de Aplicação na camada de aplicação. Aborde as transações e a segurança como preocupações de aplicação nos Serviços de Aplicação, não nos Serviços de Domínio.

Testando Serviços

Queremos testar nossos Serviços para garantir que temos uma perspectiva do cliente sobre como devemos modelar. Queremos que nossos testes focalizados no domínio reflitam a forma como o modelo deve ser usado e, nesse momento, ignorar parte do foco na exatidão mais refinada do software.

Não É um Pouco Tarde Para Testar?

Normalmente introduzo os testes antes das implementações. Mostrei alguns trechos de código testados primeiro anteriormente ao analisar a necessidade de um Serviço. Simplesmente achei que seria mais natural discutir a implementação um pouco antes neste capítulo, isso é tudo. Mas isso mostra que a abordagem teste primeiro não é uma necessidade absoluta, embora possa limitar o foco adequado de modelagem.

Esses testes demonstram como usar adequadamente o `Authentication-Service`, e primeiro testamos contra o cenário da autenticação bem-sucedida:

```
public class AuthenticationServiceTest
        extends IdentityTest {

    public void testAuthenticationSuccess() throws Exception {

        User user = this.getUserFixture();

        DomainRegistry
            .userRepository()
            .add(user);
```

```
UserDescriptor userDescriptor =
    DomainRegistry
        .authenticationService()
        .authenticate(
            user.tenantId(),
            user.username(),
            FIXTURE_PASSWORD);

assertNotNull(userDescriptor);
assertEquals(user.tenantId(), userDescriptor.tenantId());
assertEquals(user.username(), userDescriptor.username());
assertEquals(user.person().emailAddress(),
        userDescriptor.emailAddress());
}
...
```

Esse exemplo mostra como o `AuthenticationService` seria usado por um cliente do Serviço de Aplicação. É uma rota apropriada em que esse cliente autenticaria de uma maneira bem-sucedida um usuário passando os parâmetros esperados.

Observe que o Repositório pode ser a implementação completa, uma variedade na memória ou simulado. Ele funciona bem para testar com a implementação completa se for rápido o suficiente, desde que o teste termine com uma reversão da transação, evitando o acúmulo de casos estranhos ao longo dos testes. O tipo de implementação do Repositório usado para testes é sua escolha.

A seguir demonstraremos um cenário em que a autenticação falha:

```
public void testAuthenticationTenantFailure() throws Exception {

    User user = this.getUserFixture();

    DomainRegistry
        .userRepository()
        .add(user);

    TenantId bogusTenantId =
        DomainRegistry.tenantRepository().nextIdentity();

    UserDescriptor userDescriptor =
        DomainRegistry
            .authenticationService()
            .authenticate(
                bogusTenantId, // bogus
                user.username(),
                FIXTURE_PASSWORD);

    assertNull(userDescriptor);
}
```

Esse teste de autenticação falha porque passamos propositadamente um TenantId que é diferente daquele em que o usuário foi criado. Então há a condição de nome de usuário inválido para demonstrar:

```
public void testAuthenticationUsernameFailure() throws Exception {

    User user = this.getUserFixture();

    DomainRegistry
        .userRepository()
        .add(user);

    UserDescriptor userDescriptor =
        DomainRegistry
            .authenticationService()
            .authenticate(
                    user.tenantId(),
                    "bogususername",
                    user.password());

    assertNull(userDescriptor);
}
```

Esse cenário de teste de autenticação falha porque passamos um nome de usuário errado. Há um último cenário de falha demonstrado nesses testes:

```
public void testAuthenticationPasswordFailure() throws Exception {

    User user = this.getUserFixture();

    DomainRegistry
        .userRepository()
        .add(user);

    UserDescriptor userDescriptor =
        DomainRegistry
            .authenticationService()
            .authenticate(
                    user.tenantId(),
                    user.username(),
                    "passw0rd");

    assertNull(userDescriptor);
    }
}
```

Esse teste fornece a senha errada, o que faz com que ele falhe. Em todos os casos, ao demonstrar cenários de falha, o `UserDescriptor` é retornado como `null`. Isso é um detalhe do qual os clientes devem tomar nota, uma vez que indica o que eles devem esperar quando o usuário não é autenticado. Também indica que a falha de autenticação não é um erro excepcional, apenas uma possibilidade normal desse domínio. Caso contrário, se a autenticação falha fosse considerada excepcional, faríamos com que o Serviço lançasse uma `AuthenticationFailedException`.

Na verdade, faltam alguns testes. Vou deixar que você teste os cenários de domínio que incluem quando um `Tenant` não está ativo e um usuário que está desativado. Depois disso, você pode criar testes para o `BusinessPriorityCalculator`.

Resumo

Neste capítulo discutimos o que um Serviço de Domínio é e o que ele não é, e analisamos quando devemos usar um Serviço em vez de uma operação em uma Entidade ou em um Objeto de Valor. E houve mais:

- Você aprendeu que reconhecer uma necessidade legítima de um Serviço é necessário para evitar o uso excessivo dos Serviços.

- Você foi lembrado de que o uso excessivo dos Serviços de Domínio leva a um Modelo de Domínio Anêmico, um antipadrão.

- Você viu as etapas específicas da prática geral ao implementar um Serviço.

- Você considerou os prós e contras do uso de uma Interface Separada.

- Você analisou um processo de cálculo de exemplo a partir do *Contexto de Gerenciamento Ágil de Projetos*.

- Por fim, você considerou como fornecer testes exemplares para demonstrar como utilizar os Serviços que nossos modelos fornecem.

A seguir vamos considerar uma das ferramentas mais recentes da modelagem tática DDD a aparecer em cena. Ela é o poderoso padrão de bloco de construção de Evento de Domínio.

Capítulo 8

Eventos de Domínio

A história é a versão dos eventos passados
com os quais as pessoas decidiram concordar.
—*Napoleão Bonaparte*

Use um **Evento de Domínio** para capturar uma ocorrência de algo que aconteceu no Domínio. Essa é uma ferramenta extremamente poderosa de modelagem. Depois de dominar o uso dos Eventos de Domínio, você ficará viciado e se perguntará como conseguiu viver sem eles até agora. Para começar a utilizá-los, tudo o que você precisa fazer é entender o que seus Eventos realmente são.

Roteiro do Capítulo

- Descubra o que são Eventos de Domínio e quando e por que você deve considerar utilizá-los.
- Entenda como Eventos são modelados como objetos, e quando eles devem ser identificados de forma única.
- Examine um padrão **Publicação-Assinatura** do tipo "leve" [Gamma *et al.*] e como ele se encaixa na notificação de clientes.
- Veja quais componentes publicam Eventos e quais são os assinantes.
- Considere por que você iria querer desenvolver um Armazenamento de Eventos, como ele pode ser criado e como pode ser usado.
- Aprenda com a SaaSOvation como os Eventos são publicados em sistemas autônomos de diferentes maneiras.

O quando e o Porquê dos Eventos de Domínio

Consultando [Evans], você não encontrará nenhuma definição formal para Eventos de Domínio. O padrão foi introduzido em detalhes algum tempo depois que o livro foi publicado. Para começar uma discussão sobre a implementação de Eventos no **Domínio (2)**, considere a definição contemporânea:

> Há algo que e com o qual especialistas em domínio se preocupam.

> Modele as informações sobre atividades no domínio como uma série de eventos distintos. Represente cada evento como um objeto de domínio... Um evento de domínio é uma parte completa do modelo de domínio, uma representação de algo que aconteceu no domínio. [Evans, Ref., p. 20]

Como podemos determinar se algo que acontece no domínio é importante para os especialistas em domínio? Ao discutir com eles, devemos ouvir pistas cuidadosamente. Considere algumas frases-chave a prestar atenção quando especialistas em domínio falam:

- "Quando..."
- "Se isso acontecer..."
- "Informe-me se..." e "Notifique-me se..."
- "Uma ocorrência de..."

Obviamente, com as expressões "Informe-me se..." e "Notifique-me se..." não é a notificação que constitui um Evento. Ela é apenas uma declaração do fato de que alguém no domínio *quer ser notificado* como resultado de uma ocorrência importante, e que isso *provavelmente significa* a necessidade de modelar um Evento explícito. Além disso, especialistas em domínio podem dizer coisas como "Se *isso* acontecer, *não é* importante, mas se *aquilo* acontecer, *é* importante". (Substitua *isso* e *aquilo* por alguma coisa significativa em seu domínio). Dependendo de sua cultura organizacional, poder haver outras frases acionadoras.

Lógica Caubói

AJ: "Se quiser meu cavalo, simplesmente grito, 'Aqui, Gatilho!', e ele vem correndo. Claro que ele sabe que eu estou com um cubo de açúcar na mão."

Provavelmente haverá momentos em que a linguagem falada pelos especialistas não levará a uma razão clara para modelar um Evento, mas a situação do negócio ainda pode exigir isso. Especialistas em Domínio podem ou não estar cientes desses tipos de exigência, e elas só serão conhecidas como resultado de discussões entre as equipes. Isso tende a acontecer quando os Eventos precisam ser transmitidos para serviços externos, em que os sistemas na empresa foram dissociados e as ocorrências por todo o domínio devem ser comunicadas ao longo de **Contextos Delimitados (2)**. Eventos como esse são publicados, e os assinantes são notificados. Como esses Eventos são tratados pelos assinantes, eles podem ter um impacto de longo alcance sobre os Contextos Delimitados locais e remotos.

Especialistas em Domínio e Eventos

Embora especialistas em domínio talvez não estejam inicialmente cientes da necessidade de cada tipo de Evento, eles devem entender as razões pelas quais os Eventos são incluídos nas discussões sobre Eventos específicos. Depois que há um consenso claro, novos Eventos tornam-se parte formal da **Linguagem Ubíqua (1)**.

Quando os Eventos são entregues para as partes interessadas, nos sistemas locais ou externos, eles geralmente são usados para facilitar a consistência futura. Isso é proposital e por projeto e pode eliminar a necessidade da confirmação em duas fases (transações globais) e suporte das regras dos **Agregados (10)**. Uma das regras dos Agregados afirma que apenas uma única instância deve ser modificada em uma única transação, e todas as outras alterações dependentes devem ocorrer em transações separadas. Assim, outras instâncias de Agregado no Contexto Delimitado local podem ser sincronizadas utilizando essa abordagem. Também introduzimos dependências remotas em um estado consistente com latência. A dissociação ajuda a fornecer um conjunto altamente escalonável e de alto desempenho para os serviços de cooperação. Ela também permite alcançar baixo acoplamento entre sistemas.

A Figura 8.1 mostra como Eventos podem se originar, como eles podem ser armazenados e encaminhados e onde eles podem ser utilizados. Eventos podem ser consumidos pelos Contextos Delimitados locais e externos.

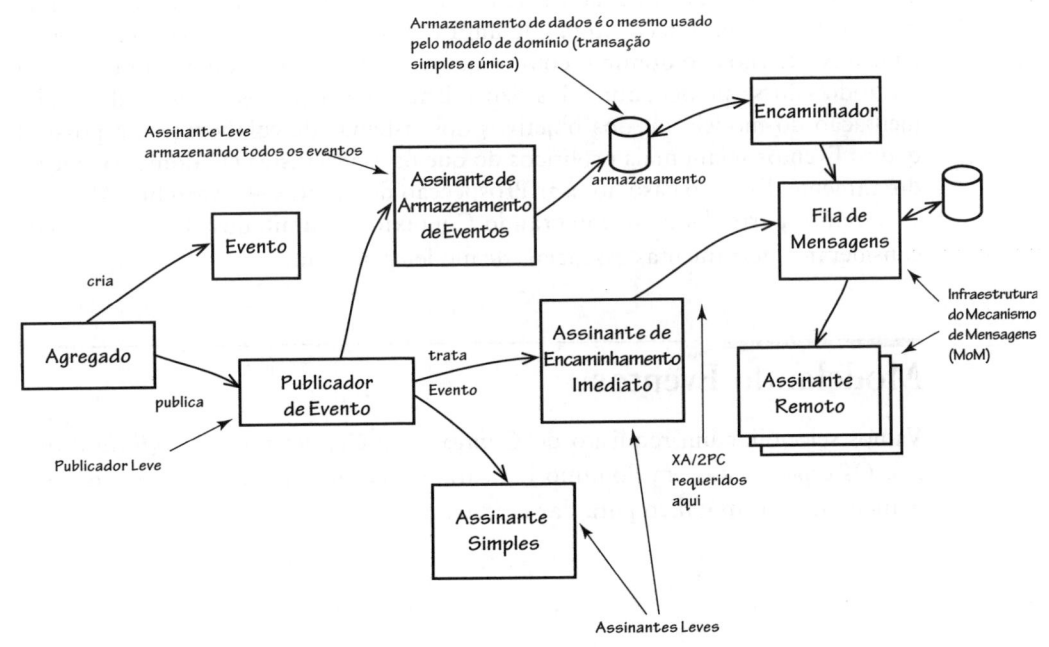

Figura 8.1   Agregados criam Eventos e os publicam. Assinantes podem armazenar Eventos e, em seguida, encaminhá-los para assinantes remotos, ou simplesmente encaminhá-los sem armazenar. O encaminhamento imediato requer XA (confirmação de duas fases), a menos que o *middleware* de mensagens compartilhe o armazenamento de dados do modelo.

Além disso, pense nos momentos em que os sistemas normalmente executam processamento em lote. Talvez durante o horário fora de pico (possivelmente à noite) os sistemas passem por algum tipo de manutenção diária, excluindo objetos obsoletos, criar aqueles que são necessários para suportar situações do negócio recém-formadas, fazer com que alguns objetos estejam em acordo com outros e até mesmo notificar determinados usuários que coisas importantes aconteceram. Muitas vezes realizar esses processos em lote requer a execução de algumas consultas complexas a fim de determinar as situações do negócio que exigem atenção. Os cálculos e procedimentos para resolvê-las são caros, e sincronizar todas as mudanças requer grandes transações. E se esses processos em lote incômodos pudessem tornar-se redundantes?

Agora pense nas ocorrências reais que aconteceram ao longo do dia anterior que levaram mais tarde à necessidade de correr atrás do prejuízo. Se cada uma dessas ocorrências discretas fosse capturada por um único Evento, e publicadas para os ouvintes em seu próprio sistema, isso simplificaria as coisas? Na verdade, isso eliminaria as consultas complexas porque você saberia exatamente o que ocorreu e quando, fornecendo ao contexto o *que precisa acontecer como resultado*. Você faria isso à medida que recebe uma notificação de cada Evento. O processamento com que lidamos atualmente na E/S e aqueles em lote de uso intenso do processador seriam distribuídos em ciclos curtos ao longo do dia, e as situações do negócio seriam sincronizadas muito mais rapidamente, prontas para que os usuários deem os próximos passos.

Cada comando de Agregado resulta em um Evento? Igualmente importante quanto reconhecer a *necessidade* de um Evento é saber *quando ignorar* acontecimentos externos no domínio com os quais os especialistas ou a empresa como um todo não se preocupam. Mas dependendo dos aspectos *técnicos* da implementação do modelo ou dos objetivos dos sistemas de colaboração, é possível que os Eventos sejam mais prolíficos do que os especialistas em domínio exigem diretamente. Esse é o caso ao usar **Prospecção de Eventos** (4, Apêndice A).

Veremos parte disso em **Integrando Contextos Delimitados (13)**, mas vamos considerar as ferramentas essenciais de modelagem aqui.

Modelando Eventos

Vamos selecionar um requisito do *Contexto de Gerenciamento Ágil de Projetos*. Os especialistas em domínio indicaram a necessidade de um Evento desta maneira (texto em itálico para dar ênfase):

Permita que cada item de backlog seja alocado para um sprint. Ele só pode ser alocado se já estiver agendado para o lançamento. Se ele já foi alocado para um sprint diferente, primeiro ele deverá ser desalocado. *Depois que o item de backlog foi alocado, notifique o sprint e outras partes interessadas.*

Ao modelar Eventos, nomeio-os e suas propriedades de acordo com a Linguagem Ubíqua no Contexto Delimitado em que eles se originam. Se um Evento for resultado da execução da operação de um comando em um Agregado, o nome geralmente deriva do comando que foi executado. O comando é a causa do Evento, e daí o nome do Evento é justificadamente declarado em termos de o comando ter ocorrido no passado. De acordo com o cenário de exemplo, quando alocamos um item de backlog em um sprint, publicamos um Evento que modela explicitamente o que aconteceu no domínio:

Operação de comando: `BacklogItem#commitTo(Sprint aSprint)`

Resultado do Evento: `BacklogItemCommitted`

O nome do Evento indica o que ocorreu (tempo passado) no Agregado depois que a operação solicitada foi bem-sucedida: "O item de backlog foi alocado". A equipe poderia ter modelado o nome de uma maneira um pouco mais prolixa, como `BacklogItemCommittedToSprint`, e isso funcionaria. Mas na Linguagem Ubíqua do Scrum, um item de backlog só é alocado em um sprint. Em outras palavras, itens de backlog são agendados para lançamento, não alocados em um lançamento. Não haveria nenhuma dúvida de que esse Evento foi publicado como resultado do uso da operação `commitTo()`. Assim, o Evento tem um nome apropriado do jeito que está, e o nome mais compacto é mais fácil de ler. Mas se a equipe preferir um nome mais prolixo em um caso específico, use-o.

Ao publicar Eventos a partir de Agregados, é importante que o nome do Evento reflita a natureza passada da ocorrência. Ele não está ocorrendo agora. Ele ocorreu anteriormente. O melhor nome a escolher é aquele que reflete esse fato.

Depois que o nome correto é encontrado, quais propriedades ele deve ter? Por um lado, precisamos de um registro de data/hora que indique quando o Evento ocorreu. No Java, podemos representá-lo como um `java.util.Data`:

```
package com.saasovation.agilepm.domain.model.product;

public class BacklogItemCommitted implements DomainEvent {
    private Date occurredOn;
    ...
}
```

A interface mínima `DomainEvent`, implementada por todos os Eventos, garante o suporte de um assessor `occurredOn()`. Ela aplica um contrato básico a todos os Eventos:

```
package com.saasovation.agilepm.domain.model;

import java.util.Date;

public interface DomainEvent {
    public Date occurredOn();
}
```

Além disso, a equipe determina quais outras propriedades são necessárias para representar uma ocorrência significativa do que aconteceu. Considere incluir o que quer que seja necessário para desencadear o Evento novamente. Isso normalmente inclui a identidade da instância do Agregado em que o evento ocorreu, ou quaisquer instâncias do Agregado envolvidas. Usando essa orientação, podemos criar propriedades de quaisquer parâmetros que causaram o Evento, se a discussão provar que elas são úteis. Também é possível que alguns valores resultantes da transição de estado do Agregado sejam úteis para os assinantes.

Eis o resultado da análise de `BacklogItemCommitted`:

```
package com.saasovation.agilepm.domain.model.product;

public class BacklogItemCommitted implements DomainEvent {
    private Date occurredOn;
    private BacklogItemId backlogItemId;
    private SprintId committedToSprintId;
    private TenantId tenantId;
    ...
}
```

A equipe decidiu que a identidade do `BacklogItem` e a do `Sprint` são essenciais. Foi no `BacklogItem` que o Evento ocorreu, e foi com o `Sprint` que ele ocorreu. Contudo, mais coisas estavam envolvidas nessa decisão. A exigência que expôs a necessidade desse evento indicou especificamente que o `Sprint` deve ser notificado de que um certo `BacklogItem` estava comprometido com ele. Assim, um assinante do evento no mesmo Contexto Delimitado deve, em algum momento, informar o `Sprint`, e só pode fazê-lo se `BacklogItemCommitted` tiver o `SprintId`.

Além disso, no ambiente multi-inquilino, sempre é necessário registrar o `TenantId`, embora ele não tenha sido passado como um parâmetro de comando. Ele é necessário para os Contextos Delimitados locais e externos. Localmente, a equipe precisaria que o `TenantId` consultasse o `BacklogItem` e o `Sprint` a partir de seus respectivos **Repositórios (12)**. Da mesma forma, quaisquer sistemas remotos externos que escutam uma transmissão desse Evento precisariam saber a qual `TenantId` ele se aplica.

Como podemos modelar as operações comportamentais fornecidas pelos Eventos? Essas operações geralmente são muito simples porque um Evento costuma ser projetado como imutável. Acima de tudo, a interface do Evento tem o propósito expresso de transmitir as propriedades que refletem sua causa. A maioria dos Eventos terá um construtor que só permite a inicialização completa do estado, juntamente com um complemento de assessores de leitura para cada uma de suas propriedades.

Com base nisso, eis o que a equipe do ProjectOvation fez:

```
package com.saasovation.agilepm.domain.model.product;

public class BacklogItemCommitted implements DomainEvent {
    ...
    public BacklogItemCommitted(
            TenantId aTenantId,
            BacklogItemId aBacklogItemId,
            SprintId aCommittedToSprintId) {
        super();
        this.setOccurredOn(new Date());
        this.setBacklogItemId(aBacklogItemId);
        this.setCommittedToSprintId(aCommittedToSprintId);
        this.setTenantId(aTenantId);
    }

    @Override
    public Date occurredOn() {
        return this.occurredOn;
```

```
        }

    public BacklogItemId backlogItemId() {
        return this.backlogItemId;
    }

    public SprintId committedToSprintId() {
        return this.committedToSprintId;
    }

    public TenantId tenantId() {
        return this.tenant;
    }
    ...
}
```

Com esse Evento publicado, um assinante no Contexto Delimitado local pode usá-lo para notificar o `Sprint` de que certo `BacklogItem` foi recém-alocado a ele:

```
MessageConsumer.instance(messageSource, false)
    .receiveOnly(
            new String[] { "BacklogItemCommitted" },
            new MessageListener(Type.TEXT) {
        @Override
        public void handleMessage(
            String aType,
            String aMessageId,
            Date aTimestamp,
            String aTextMessage,
            long aDeliveryTag,
            boolean isRedelivery)
        throws Exception {
            // primeiro deduplica mensagem por aMessageId
            ...
            // obtém tenantId, sprintId e backlogItemId a partir de JSON
            ...

            Sprint sprint =
                    sprintRepository.sprintOfId(tenantId, sprintId);

            BacklogItem backlogItem =
                    backlogItemRepository.backlogItemOfId(
                        tenantId,
                        backlogItemId);

            sprint.commit(backlogItem);
        }
    });
```

De acordo com os requisitos do sistema, depois de tratar a mensagem "`BacklogItemCommitted`" específica, o `Sprint` é consistente com o `Backlog-Item` ao qual ele foi recém-alocado. A maneira como o assinante recebe esse Evento é discutida mais adiante no capítulo.

A equipe percebeu que poderia haver um pequeno problema aqui. Como a transação de atualização do `Sprint` é gerenciada? Podemos fazer com que a rotina de tratamento de mensagem trate isso, mas de uma maneira ou outra o código localizado no rotina de tratamento precisa de alguma refatoração. Seria  melhor que ele fosse delegado a um **Serviço de Aplicação (14)** para que se harmonizasse com a **Arquitetura Hexagonal (4)**. Isso permitiria que o Serviço de Aplicação gerencie a transação, que é uma preocupação natural da aplicação. Nesse caso, agora o rotina de tratamento se pareceria com isto:

```
MessageConsumer.instance(messageSource, false)
    .receiveOnly(
            new String[] { "BacklogItemCommitted" },
            new MessageListener(Type.TEXT) {
        @Override
        public void handleMessage(
            String aType,
            String aMessageId,
            Date aTimestamp,
            String aTextMessage,
            long aDeliveryTag,
            boolean isRedelivery)
        throws Exception {
            // obtém tenantId, sprintId e backlogItemId a partir de JSON
            String tenantId = ...
            String sprintId = ...
            String  backlogItemId = ...

            ApplicationServiceRegistry
                    .sprintService()
                    .commitBacklogItem(
                            tenantId, sprintId, backlogItemId);
        }
    });
```

Nesse exemplo, a deduplicação de Evento é desnecessária, porque alocar um `BacklogItem` a um `Sprint` é uma operação idempotente. Se o `BacklogItem`

específico já estiver alocado no Sprint, a solicitação atual para alocá-lo novamente será ignorada.

Pode ser necessário fornecer estado e comportamento adicionais se os assinantes exigirem mais do que a indicação da causa do Evento. Isso pode ser trans-
mitido por meio de estado enriquecido (mais propriedades) ou operações que
derivam o estado mais rico. Portanto, os assinantes evitam reconsultar o Agregado a partir do qual o Evento foi publicado, o que poderia ser desnecessariamente difícil ou caro. Enriquecimento de Evento pode ser mais comum ao usar a
prospecção de Evento, porque um Evento utilizado para persistência talvez precise de estado adicional quando também é publicado fora do Contexto Delimitado. Exemplos do enriquecimento de eventos são fornecidos no Apêndice A.

Hora do Quadro Branco

- Liste os tipos de Eventos que já ocorrem em seu domínio, mas que não
  estão sendo capturados.

- Tome nota de como torná-los parte explícita de seu modelo aprimoraria o
  projeto.

Pode ser mais fácil identificar Agregados que têm dependências no estado de outros
Agregados, em que a consistência futura é necessária.

Para derivar um estado mais rico usando operações, certifique-se de que todos
os comportamentos adicionais dos eventos estão **Livres de Efeitos Colaterais**,
como discutido em **Objetos de Valor (6)**, protegendo a imutabilidade do objeto.

Com Características de Agregado

Às vezes, Eventos são projetados para que sejam criados por meio de solicitação
direta dos clientes. Isso é feito em resposta a alguma ocorrência que não é resultado direto da execução do comportamento em uma instância de um Agregado no
modelo. Possivelmente um usuário do sistema inicializa alguma ação que é considerada um Evento por si só. Quando isso acontece, o Evento pode ser modelado como um Agregado e retido em seu próprio Repositório. Como ele representa
alguma ocorrência passada, o Repositório não permitiria sua remoção.

Quando os Eventos são modelados dessa maneira, assim como Agregados,
eles tornam-se parte da estrutura do modelo. Portanto, eles não são apenas um
registro de alguma ocorrência passada, embora também sejam isso.

O Evento ainda é projetado como imutável, mas pode receber uma identidade única gerada. É possível, porém, que a identidade possa ser suportada
por algumas propriedades do Evento. Mesmo que a identidade única possa ser

determinada por um conjunto de propriedades, talvez seja melhor atribuir uma identidade única gerada como discutido em **Entidades (5)**. Isso permitiria que o Evento passasse por várias alterações de projeto ao longo do tempo sem colocar em risco sua unicidade entre todos os outros.

Quando um Evento é modelado dessa forma, ele pode ser publicado via uma infraestrutura de transmissão de mensagens ao mesmo tempo em que é adicionado ao Repositório. O cliente pode chamar um **Serviço de Domínio (7)** para criar o Evento, adicioná-lo ao Repositório e então publicá-lo em uma infraestrutura de transmissão de mensagens. Com essa abordagem, tanto o Repositório como a infraestrutura de transmissão de mensagens devem ser suportados pela mesma instância de persistência (fonte de dados) ou uma transação global (conhecida como XA e confirmação em duas fases) seria necessária para garantir que ambos sejam alocados de uma maneira bem-sucedida.

Depois que a infraestrutura de transmissão de mensagens salva com sucesso a nova mensagem do Evento no armazenamento de persistência, ela então o enviaria de forma assíncrona para qualquer ouvinte na fila, assinantes do tópico/troca, ou ator, se o Modelo de Ator for utilizado.[1] Se a infraestrutura de transmissão de mensagens utilizar um armazenamento de persistência que é separado daquele utilizado pelo modelo, e se ela não suportar transações globais, o Serviço de Domínio terá de verificar se ele já foi salvo no Armazenamento de Eventos, que, nesse caso, também agiria como uma fila de publicação fora da banda. Cada Evento no armazenamento seria processado por um componente de encaminhamento que o distribuiria ao longo da infraestrutura de transmissão de mensagens. Essa técnica é discutida em detalhes mais adiante no capítulo.

Identidade

Vamos esclarecer as razões da atribuição de uma identidade única. Às vezes pode ser necessário distinguir Eventos um do outro, mas a necessidade pode ser rara. No Contexto Delimitado em que o Evento é causado, criado e publicado, quase não haverá razão para comparar um Evento com outro, se é que isso alguma vez seja necessário. Mas e se, por alguma razão, os Eventos precisarem ser comparados? E se um Evento for projetado como um Agregado?

Pode ser suficiente permitir que a identidade do Evento seja representada por suas propriedades, como é o caso com Objetos de Valor. O nome/tipo do Evento juntamente com a identidade do(s) Agregado(s) envolvido(s) na causa, bem como o registro de data/hora em que o Evento ocorreu, pode ser suficiente para distingui-los um do outro.

Nos casos em que um Evento é modelado como um Agregado, ou em outras situações em que os Eventos devem ser comparados e suas propriedades combinadas não os distinguem, podemos atribuir a um Evento uma identidade formal única. Mas pode haver outras razões para atribuir uma identidade única.

---

1. Veja o modelo de ator de Erlang e Scala da concorrência. Em particular, vale a pena considerar o Akka se Scala ou Java for utilizado.

Uma identidade única pode ser necessária quando os Eventos são publicados fora do Contexto Delimitado local em que eles ocorrem, quando a infraestrutura de transmissão de mensagens os encaminha. Em algumas situações, mensagens individuais podem ser entregues mais de uma vez. Isso aconteceria se o remetente da mensagem travasse antes de a infraestrutura de transmissão de mensagens confirmar que a mensagem foi enviada.

Qualquer que seja a causa da nova entrega de uma mensagem, a solução é fazer com que os assinantes remotos detectem a entrega duplicada da mensagem e ignorem as mensagens já recebidas. Para ajudar nisso, algumas infraestruturas de transmissão de mensagens fornecem uma identidade única para a mensagem como parte do cabeçalho/envelope em torno do corpo, tornando desnecessário que o modelo gere uma. Mesmo que o próprio sistema de transmissão de mensagens não forneça automaticamente uma identidade única para todas as mensagens, os publicadores podem atribuir uma ao próprio Evento ou à mensagem. Em ambos os casos, os assinantes remotos podem utilizar a identidade única para gerenciar a deduplicação quando as mensagens são entregues mais de uma vez.

Há necessidade de implementações `equals()` e `hashCode()`? Essas seriam mais frequentemente necessárias somente se o Contexto Delimitado local utilizá-las. Eventos enviados via a infraestrutura de mensagens às vezes não são reconstituídos como objetos nativos tipados quando recebidos pelo assinantes, mas são consumidos como, por exemplo, XML, JSON ou mapas de chave/valor. Por outro lado, quando um Evento é projetado como um Agregado e salvo em um Repositório próprio, o tipo de Evento deve fornecer esses dois métodos padrão.

Publicando Eventos a partir do Modelo de Domínio

Evite expor o modelo de domínio a qualquer tipo de infraestrutura de mensagens middleware. Esses tipos de componente residem apenas na infraestrutura. E embora o modelo de domínio possa às vezes usar essa infraestrutura indiretamente, ele nunca se associaria explicitamente a ela. Vamos usar uma abordagem que evita completamente a utilização da infraestrutura.

Uma das maneiras mais simples e eficazes de publicar Eventos de Domínio sem acoplamento com os componentes fora do modelo de Domínio é criar um **Observador** do tipo "leve" [Gamma *et al.*]. Por uma questão de nomenclatura uso Publicação-Assinatura, que é reconhecido por [Gamma *et al.*] como outro nome para o mesmo padrão. Os exemplos nesse padrão e a maneira como eu o uso são de peso leve, porque não há nenhuma rede envolvida ao registrar-se em Eventos e publicá-los. Todos os assinantes registrados são executados no mesmo espaço de processo com o publicador e executados na mesma thread. Quando um Evento é publicado, cada assinante é notificado de forma síncrona, um a um. Isso também implica que todos os assinantes rodam dentro da mesma transação, talvez controlada por um Serviço de Aplicação que é o cliente direto do modelo de domínio.

Considerar separadamente as duas metades do padrão Publicação-Assinatura ajuda a explicá-los em um contexto DDD.

Publicador

Talvez o uso mais comum dos Eventos de Domínio seja quando um Agregado cria um Evento e o publica. O publicador reside em um **Módulo (9)** do modelo, mas ele não modela alguns aspectos do domínio. Em vez disso, ele fornece um serviço simples para os Agregados que precisam notificar os assinantes quanto aos Eventos. A seguir mostramos um DomainEventPublisher que segue essa definição. Uma visualização abstrata de como o DomainEventPublisher é usada pode ser encontrada na Figura 8.2.

```
package com.saasovation.agilepm.domain.model;

import java.util.ArrayList;
import java.util.List;

public class DomainEventPublisher {

    @SuppressWarnings("unchecked")
    private static final ThreadLocal<List> subscribers =
            new ThreadLocal<List>();

    private static final ThreadLocal<Boolean> publishing =
            new ThreadLocal<Boolean>() {
        protected Boolean initialValue() {
            return Boolean.FALSE;
        }
    };

    public static DomainEventPublisher instance() {
        return new DomainEventPublisher();
    }

    public DomainEventPublisher() {
        super();
    }

    @SuppressWarnings("unchecked")
    public <T> void publish(final T aDomainEvent) {
        if (publishing.get()) {
            return;
        }
        try {
            publishing.set(Boolean.TRUE);
            List<DomainEventSubscriber<T>> registeredSubscribers =
                    subscribers.get();
```

```
        if (registeredSubscribers != null) {
            Class<?> eventType = aDomainEvent.getClass();
            for (DomainEventSubscriber<T> subscriber :
                registeredSubscribers) {
                Class<?> subscribedTo =
                        subscriber.subscribedToEventType();
                if (subscribedTo == eventType ||
                    subscribedTo == DomainEvent.class) {
                    subscriber.handleEvent(aDomainEvent);
                }
            }
        }
    } finally {
        publishing.set(Boolean.FALSE);
    }
}


public DomainEventPublisher reset() {
    if (!publishing.get()) {
        subscribers.set(null);
    }
    return this;
}


@SuppressWarnings("unchecked")
public <T> void subscribe(DomainEventSubscriber<T> aSubscriber) {
    if (publishing.get()) {
        return;
    }
    List<DomainEventSubscriber<T>> registeredSubscribers =
            subscribers.get();
    if (registeredSubscribers == null) {
        registeredSubscribers =
                new ArrayList<DomainEventSubscriber<T>>();
        subscribers.set(registeredSubscribers);
    }
    registeredSubscribers.add(aSubscriber);
}
}
```

Como cada solicitação de entrada a partir dos usuários do sistema é tratada em uma thread separada, dividimos os assinantes por thread. Assim, as duas variáveis ThreadLocal, subscribers e publishing, são alocadas por thread. Quando as partes interessadas utilizam a operação subscribe() para se registrar, a referência ao objeto do assinante é adicionada à List vinculada à thread. Quaisquer assinantes podem ser registrados por thread.

Dependendo do servidor de aplicação, threads podem ser combinadas e reutilizadas solicitação por solicitação. Não queremos que os assinantes registrados

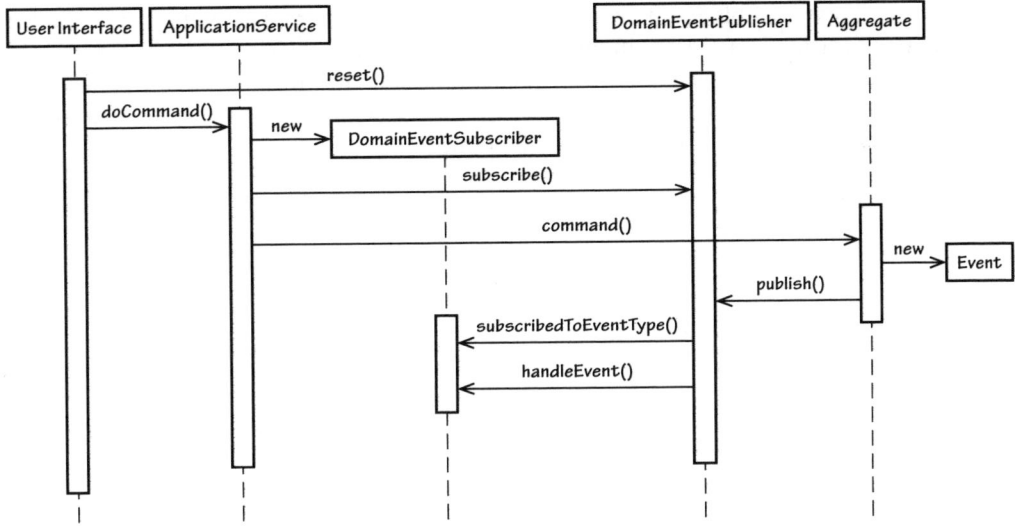

Figura 8.2   Uma visão abstrata das interações em sequência entre o Observador "leve", a **Interface do Usuário (14)**, o Serviços de Aplicação e o **Modelo de Domínio (1)**

na thread que fizeram uma solicitação prévia permaneçam registrados para a próxima solicitação que reutiliza a thread. Quando uma nova solicitação de usuário é recebida pelo sistema, ela deve usar a operação `reset()` para limpar quaisquer assinantes prévios. Isso garante que os assinantes estarão limitados apenas àqueles registrados a partir desse ponto em diante. Na camada de apresentação ("Interface de usuário" na Figura 8.2), por exemplo, podemos interceptar cada solicitação usando um filtro. O componente de interceptação de alguma forma causaria um `reset()`:

```
// em um componente de filtro Web quando a solicitação do usuário é recebida
DomainEventPublisher.instance().reset();

...

// mais tarde em um Serviço de Aplicação durante a mesma solicitação
DomainEventPublisher.instance().subscribe(subscriber);
```

Após a execução desse código — por dois componentes separados, como visto na Figura 8.2 — haverá apenas um assinante registrado na thread. A partir da implementação do método de `subscribe()` podemos ver que os assinantes podem ser registrados apenas quando o publicador não está no processo de publicação. Isso evita problemas como exceções de modificação concorrente na

List. Esse problema aparece se os assinantes chamarem de volta o publicador para adicionar novos assinantes em resposta a um Evento tratado.

A seguir, observe como um Agregado publica um Evento. Continuando com o exemplo em execução, quando `commitTo` de `BacklogItem()` é executado com sucesso, `BacklogItemCommitted` é publicado:

```
public class BacklogItem extends ConcurrencySafeEntity {
    ...
    public void commitTo(Sprint aSprint) {
        ...
        DomainEventPublisher
            .instance()
            .publish(new BacklogItemCommitted(
                    this.tenantId(),
                    this.backlogItemId(),
                    this.sprintId()));
    }
    ...
}
```

Quando `publish()` é executado no `DomainEventPublisher`, ele faz uma iteração por todos os assinantes registrados. Invocar `subscribedToEventType()` em cada assinante permite filtrar todos os assinantes não registrados no tipo de Evento específico. Os assinantes que respondem `DomainEvent.class` a essa consulta de filtro receberão todos os Eventos. Todos os assinantes qualificados recebem o Evento publicado por meio do método `handleEvent()`. Depois que todos os assinantes forem filtrados ou notificados, o publicador conclui.

Assim como acontece com `subscribe()`, `publish()` não permite que solicitações aninhadas publiquem Eventos. O booleano vinculado à thread chamada `publishing` é verificado e deve ser `false` para que `publish()` seja iterar e despachar.

Como a publicação de Eventos foi estendida para alcançar os Contextos Delimitados remotos, suportando serviços autônomos? Veremos isso em breve, mas vamos analisar mais detalhadamente os assinantes locais.

Assinantes

Quais componentes registram os assinantes em Eventos de Domínio? De modo geral, **Serviços de Aplicação (14)** e, às vezes, Serviços de Domínio, registram. O assinante pode ser qualquer componente que está em execução na mesma thread que o do Agregado que publica o Evento, e que pode se registrar antes do Evento que está sendo publicado. Isso significa que o assinante é registrado no caminho de execução do método que utiliza o modelo de domínio.

Lógica Caubói

LB: "Quero uma assinatura do jornal *O Curral* para poder encontrar mais coisas do nosso mundo caubói para dizer neste livro."

Como os Serviços de Aplicação são o cliente direto do modelo de domínio ao usar a Arquitetura Hexagonal, eles estão em uma posição ideal para registrarem um assinante no publicador antes de executar o comportamento gerador de Eventos nos Agregados. Eis um exemplo de um Serviço de Aplicação que se registra:

```
public class BacklogItemApplicationService ... {
    public void commitBacklogItem(
            Tenant aTenant,
            BacklogItemId aBacklogItemId,
            SprintId aSprintId) {

        DomainEventSubscriber subscriber =
                new DomainEventSubscriber<BacklogItemCommitted>() {
            @Override
            public void handleEvent(BacklogItemCommitted aDomainEvent) {
                // trata evento aqui...
            }
            @Override
            public Class<BacklogItemCommitted> subscribedToEventType() {
                return BacklogItemCommitted.class;
            }
        }

        DomainEventPublisher.instance().subscribe(subscriber);

        BacklogItem backlogItem =
                backlogItemRepository
                        .backlogItemOfId(aTenant, aBacklogItemId);

        Sprint sprint = sprintRepository.sprintOfId(aTenant, aSprintId);

        backlogItem.commitTo(sprint);
    }
}
```

Nesse exemplo (artificial), `BacklogItemApplicationService` é um Serviço de Aplicação, com um método de Serviço `commitBacklogItem()`. O método instancia uma instância de um `DomainEventSubscriber` anônimo. O coordenador de tarefas do Serviço de Aplicação então registra o assinante no `DomainEventPublisher`. Por fim, o método de serviço utiliza Repositórios para obter as instâncias de `BacklogItem` e `Sprint` e executa o comportamento `commitTo()` do item e backlog. Quando concluído, o método `commitTo()` publica um Evento do tipo `BacklogItemCommitted`.

O que o assinante faz com o Evento não é mostrado nesse exemplo. Ele poderia enviar um e-mail sobre um `BacklogItemCommitted`, se isso fizesse algum sentido. Ele poderia salvar o Evento em um Armazenamento de Eventos. Ele poderia encaminhar o Evento via uma infraestrutura de mensagens. Normalmente nos dois últimos casos — salvar o Evento em um Armazenamento de Eventos e encaminhá-lo usando uma infraestrutura de mensagens — não deixaríamos que um Serviço de Aplicação específico para casos de uso tratasse o Evento dessa forma. Em vez disso, projetaríamos um único componente de assinante para fazer isso. Um exemplo de um componente de responsabilidade única que é salvo em um Armazenamento de Eventos é encontrado na seção "Armazenamento de Eventos".

> ### Tenha cuidado com o que a Rotina De Tratamento de Eventos Faz
>
> Lembre-se de que o Serviço de Aplicação controla a transação. Não use a notificação de Evento para modificar uma segunda instância de Agregado. Isso quebra uma regra prática da modificação de uma única instância de Agregado por transação.

Uma coisa que o assinante *não deve* fazer é obter outra instância de Agregado e executar o comportamento do comando de modificação nela. Isso violaria a regra geral de *modificar uma única instância do agregado em uma única transação*, como discutido em **Agregados (10)**. Como [Evans] indica, a consistência de todas as instâncias de Agregado além daquela utilizada na única transação deve ser aplicada por meio assíncrono.

O encaminhamento do Evento via uma infraestrutura de mensagens permitiria a entrega assíncrona para assinantes fora da banda. Cada um desses assinantes assíncronos pode se organizar para modificar uma instância adicional de Agregado em uma ou mais transações separadas. As instâncias adicionais de Agregado podem estar no mesmo Contexto Delimitado ou em outros. Publicar o Evento externo para quaisquer Contextos Delimitados de outros **Subdomínios (2)** enfatiza a palavra *Domínio* no termo *Evento de Domínio*. Em outras palavras, os Eventos são um conceito *que abrange todo o domínio*, e não apenas um conceito em um único Contexto Delimitado. O contrato de publicação do Evento deve ter o potencial de ser pelo menos tão amplo quanto a empresa ou ainda mais amplo. No entanto, transmissão ampla não proíbe a entrega dos Eventos pelos consumidores no mesmo Contexto Delimitado. Consulte novamente a Figura 8.1.

Às vezes é necessário que Serviços de Domínio inscrevam assinantes. A motivação para fazer isso seria semelhante às razões do Serviço de Aplicação, mas, nesse caso, haveria razões específicas do domínio para ouvir Eventos.

Espalhando a Novidade para Contextos Delimitados Remotos

Existem várias maneiras possíveis para Contextos Delimitados remotos torna-ram-se cientes dos Eventos que ocorrem em seu Contexto Delimitado. A ideia principal é que alguma forma de transmissão de mensagens ocorre, e é necessá-rio um mecanismo de mensagens corporativo. Para ser claro, o mecanismo do qual estamos falando aqui vai muito além dos componentes de publicação-assi-natura simples que acabamos de discutir. Aqui estamos discutindo o que assume o controle quando o mecanismo de peso leve não está disponível.

Há um grande número desses tipos de componente de mensagem disponíveis, e eles geralmente são classificados como middleware. Desde o ActiveMQ, o Rab-bitMQ, o Akka, o NServiceBus e o MassTransit de código-fonte aberto até os vários produtos comercialmente licenciados, há várias opções. Podemos também criar manualmente uma forma de transmissão de mensagens baseada em recur-sos REST, em que sistemas autônomos são as partes interessadas que entram em contato com o sistema de publicação, solicitando todas as notificações de Eventos que eles ainda não consumiram. Todos esses estão sob o guarda-chuva do padrão **Publicação-Assinatura** [Gamma *et al.*], com diferentes vantagens e desvantagens. Boa parte depende do orçamento, gosto, requisitos funcionais e qualidades não funcionais que as equipes envolvidas buscam.

O uso de qualquer um desses tipos de mecanismo de transmissão de men-sagens entre Contextos Delimitados exige adotar um comprometimento com a consistência futura. Ele não pode ser combatido. As alterações em um modelo que influenciam as alterações em um ou mais outros modelos não serão total-mente consistentes durante algum período de tempo decorrido. Mais ainda, dependendo do tráfego para os sistemas individuais e os efeitos que eles têm sobre outros, o fato é que os sistemas como um todo talvez nunca sejam total-mente consistentes em um dado período de tempo qualquer.

Consistência da Infraestrutura de Mensagens

Com toda a conversa sobre a consistência futura, talvez você fique surpreso com o fato de que pelo menos dois mecanismos em uma solução de transmis-são de mensagens devem sempre ser consistentes entre si: o armazenamento de persistência usado pelo modelo de domínio e o armazenamento de persistência que suporta a infraestrutura de mensagens utilizada para encaminhar os Even-tos publicados pelo modelo. Isso é necessário para assegurar que, quando as mudanças no modelo são persistidas, a entrega do Evento também é garantida e que, se um Evento é entregue por meio de mensagens, ele indica a situação real refletida no modelo que o publicou. Se um deles estiver fora de sincronia com o outro, isso levará a estados incorretos em um ou mais modelos interdependentes.

Como a consistência de persistência do modelo e do Evento é alcançada? Há três maneiras básicas:

1. O modelo de domínio e a infraestrutura de mensagens compartilham o mesmo armazenamento de persistência (por exemplo, uma fonte de dados). Isso permitirá que as alterações no modelo e a inserção da nova mensagem sejam confirmadas na mesma transação local. Isso tem a vantagem de alcançar desempenho relativamente bom, e a possível desvantagem de que as áreas de armazenamento do sistema de mensagens (como tabelas de banco de dados) precisam residir no mesmo banco de dados (ou esquema) que o modelo, o que pode ser uma questão de gosto. Obviamente, isso não é uma opção viável se sua escolha de armazenamento do modelo e seu mecanismo de mensagens não puderem ser compartilhados.

2. O armazenamento de persistência de seu modelo de domínio e o armazenamento de persistência de suas mensagens são controlados sob uma transação XA global (confirmação em duas fases). Isso tem a vantagem de que você pode manter o modelo e o armazenamento de mensagens separados um do outro, e a desvantagem de que as transações globais requerem suporte especial, o que pode não estar disponível para todos os armazenamentos de persistência ou sistemas de mensagens. Transações globais tendem a ser caras e ter baixo desempenho. Também é possível que o armazenamento do modelo ou o armazenamento do mecanismo de mensagens, ou ambos, não sejam compatíveis com XA.

3. Você cria uma área de armazenamento especial (por exemplo, uma tabela de banco de dados) para Eventos no mesmo armazenamento de persistência usado para salvar seu modelo de domínio. Isso é um Armazenamento de Eventos, como discutido mais adiante no capítulo. É semelhante à opção 1; mas essa área de armazenamento não é possuída nem controlada por seu mecanismo de mensagens, mas, em vez disso, por seu Contexto Delimitado. Um componente fora da banda que você cria usa o Armazenamento de Eventos para publicar todos os Eventos armazenados e não publicados por meio do mecanismo de mensagens. Isso tem a vantagem de garantir que seu modelo e seus Eventos são consistentes dentro de uma única transação local, e vantagens adicionais que são características de um Armazenamento de Eventos, incluindo a capacidade de produzir feeds de notificação baseados em REST. A abordagem permite usar uma infraestrutura de mensagens cujo armazenamento de mensagens é totalmente privado. Dado que um mecanismo de mensagens middleware pode ser usado após o armazenamento do Evento, essa abordagem tem a desvantagem de que o remetente do Evento deve ser desenvolvido de maneira personalizada para poder enviar pelo mecanismo de mensagens, e que os clientes devem ser projetados para deduplicar as mensagens de entrada (ver "Armazenamento de Eventos").

É a terceira abordagem que uso nos exemplos. Embora existam desvantagens nessa abordagem, também há várias vantagens que ficam claras em "Armazenamento de Eventos". Minha escolha dessa abordagem de modo algum nega a importância da seleção em favor de um conjunto diferente de opções. Você e a equipe devem escolher entre elas.

Serviços e Sistemas Autônomos

Usar Eventos de Domínio permite que quaisquer sistemas corporativos sejam projetados como *serviços e sistemas autônomos*. Uso o termo *serviço autônomo* para representar qualquer serviço de negócios rudimentar, possivelmente pensado como um sistema ou aplicação, que opera de maneira predominantemente independente de outros desses "serviços" na empresa. O serviço autônomo pode ter vários *endpoints* de interface de serviço, o que significa que ele oferece potencialmente muitas interfaces de serviço técnico para clientes remotos. Um alto grau de independência de outros sistemas é alcançado evitando chamadas de procedimento remoto (RPC) na banda, em que uma solicitação do usuário só é atendida pela conclusão bem-sucedida de uma solicitação da API a um sistema remoto.

Como pode haver momentos em que o sistema remoto está completamente indisponível ou sob carga pesada, a RPC pode afetar o sucesso do sistema dependente. Esse risco se multiplica à medida que aumenta o número de sistemas com APIs RPC do qual um dado sistema depende. Assim, evitar RPC na banda facilita muito que a dependência e as instâncias relacionadas falhem completamente e/ou tenham um desempenho inaceitável causado por sistemas remotos indisponíveis ou de baixo *throughput*.

Em vez de chamar outros sistemas, use mensagens assíncronas para alcançar maior grau de independência entre os sistemas — autonomia. À medida que as mensagens que transmitem Eventos de Domínio a partir de Contextos Delimitados em torno da empresa são recebidas, execute o comportamento em seu modelo que reflete o significado desses Eventos dentro de seu Contexto Delimitado. Isso não significa que você simplesmente replica os dados ou cria cópias exatas dos objetos a partir dos outros serviços de negócio em seu serviço. É verdade que alguns dados podem ser copiados entre os sistemas. No mínimo, os dados copiados incluirão algumas identidades únicas dos Agregados externos. Mas os objetos em um dos sistemas raramente ou nunca serão cópias exatas dos objetos em torno deles. Se existir esse provável erro de modelagem, ver em **Contextos Delimitados (2)** e **Mapas de Contexto (3)** as razões por que ele é problemático e maneiras de evitá-lo. Na verdade, se os Eventos de Domínio forem corretamente projetados, eles raramente ou nunca transmitirão objetos inteiros como parte de seus estados.

O Evento conterá uma quantidade limitada de parâmetros de comando e/ou estado de Agregado que transmitirá um significado suficiente para permitir que Contextos Delimitados de inscrição reajam corretamente. Certamente, se um determinado Evento não contiver informações suficientes para um dado assinante, o contrato *por todo o domínio* do Evento deve ser alterado a fim de fornecer o que é necessário. Isso provavelmente significa projetar uma versão explicitamente nova do Evento ou uma completamente diferente.

Também é verdade que em alguns casos o uso de RPC não pode ser facilmente evitado. Alguns sistemas legados podem ser capazes de fornecer somente RPC. Além disso, é muito difícil fazer a conversão de um conceito ou conjunto de conceitos de um Contexto Delimitado externo para seu Contexto Delimitado local; extrapolar significado suficiente a partir de múltiplos Eventos tende a aumentar a complexidade. Se você praticamente precisar replicar os conceitos, objetos e suas associações a partir do modelo externo em seu próprio modelo, talvez você precise levar em consideração o uso de RPC. Isso deve ser pensado em uma base caso a caso, e sugiro não ceder à RPC com muita facilidade. Se ela não puder ser evitada, renda-se à RPC ou tente influenciar a equipe que possui o modelo externo a encontrar uma maneira de simplificar o projeto. É certo que esse último pode ser muito difícil, se não impossível.

Tolerâncias à Latência

Os períodos de latência potencialmente longos antes de uma mensagem ser recebida — em que a consistência futura representa atrasos de mais que alguns milissegundos — causarão problemas? Certamente essa é uma questão a considerar cuidadosamente, uma vez que dados fora de sincronia podem influenciar ações erradas e até mesmo prejudiciais. Devemos perguntar qual é o nível aceitável de espera entre os estados consistentes, e quanto retardo é excessivo. Especialistas em Domínio provavelmente estarão muito mais em sintonia com o que constitui atrasos aceitáveis e não aceitáveis. Os desenvolvedores podem se surpreender ao entender que, na maioria das vezes, vários segundos, minutos, horas ou até dias entre os estados consistentes é algo totalmente tolerável. Isso não quer dizer que isso sempre seja verdade. Mas não devemos supor que em um determinado domínio, períodos de tempo quase consistentes sempre são imperativos.

Às vezes, a pergunta a seguir levará a uma resposta informativa: Como o negócio funcionava antes dos computadores, ou como ele funcionaria sem eles agora? Talvez nem mesmo o mais simples dos sistemas baseados em papel alguma vez será imediatamente consistente. Então só faria sentido que os sistemas de computador automatizados também pudessem tolerar e até prosperar de forma consistente mais à frente. Podemos concluir que a consistência futura faz mais sentido para o negócio.

Imagine um subdomínio usado para planejar as atividades futuras da equipe. Quando qualquer uma das atividades individuais é aprovada, um Evento de Domínio é publicado reflete a aprovação: `TeamActivityApproved`. Este segue quaisquer outros Eventos que já foram publicados sobre a gênese e definição de todas as atividades agora aprovadas. Outro Contexto Delimitado reage à aprovação agendando a atividade mais recente preparada para que comece em algum momento em relação a todas as outras atividades aprovadas.

Sabemos que qualquer dada atividade é especificada e aprovada pelo menos semanas antes que ela comece. Sendo assim, seria importante se o Evento necessário para provocar a colocação da atividade aprovada no cronograma fosse recebido minutos, horas ou possivelmente até dias após a aprovação? Talvez dias não sejam aceitáveis. Mas se a interrupção de um sistema fizesse com que o Evento fosse adiado por um número de horas — talvez uma situação improvável —, horas sem atividades no cronograma seriam um atraso completamente intolerável? Não, porque é uma interrupção rara do sistema que deve ser contornada, e de qualquer maneira, a atividade só acontecerá semanas mais tarde. Como esse é o fato, certamente um atraso típico de talvez no máximo alguns segundos — nos limites mais externos — para que o mesmo Evento chegue sob circunstâncias completamente normais seria não apenas tolerável, mas aceitável. Na verdade todos os atrasos reais talvez nem mesmo sejam perceptíveis.

Lógica Caubói

AJ: "Isso é o 'loguinho' do Kentucky?"

LB: "Pode ser o 'um minutinho' de Nova York."

Da mesma maneira como esse exemplo pode provar ser verdade, outros serviços do negócio exigirão *throughput* mais alto. Tolerâncias máximas de latência devem ser bem compreendidas e os sistemas devem ter as qualidades arquitetônicas para resolvê-las e, possivelmente, até superá-las. Alta disponibilidade e escalabilidade devem ser projetadas nos serviços autônomos e na infraestrutura de suporte de transmissão de mensagens a fim de que os requisitos rigorosos não funcionais da empresa possam ser atendidos.

Armazenamento de Eventos

Manter um armazenamento de todos os Eventos de Domínio para um único Contexto Delimitado apresenta vários potenciais benefícios. Considere o que você faria se fosse armazenar um Evento discreto para cada comportamento do comando de modelo que é executado. Você pode:

1. Usar o Armazenamento de Eventos como uma fila para publicar todos os Eventos de Domínio por meio de uma infraestrutura de mensagens. Esse é um dos principais usos neste livro. Ele permite integrações entre Contextos Delimitados, em que os assinantes remotos reagem aos Eventos em termos de suas próprias necessidades contextuais. (Consulte a seção anterior, "Espalhando a Novidade para Contextos Delimitados Remotos".)

2. Usar o mesmo Armazenamento de Eventos para alimentar notificações de eventos baseados em REST a fim de fazer uma sondagem dos clientes. (Logicamente isso é a mesma coisa que o ponto 1, mas diferente quanto ao uso real.)

3. Examinar um registro histórico do resultado de cada comando que já foi executado no modelo. Isso pode ajudar a monitorar erros não somente no modelo, mas também nos clientes. É importante compreender que um Armazenamento de Eventos não é apenas um log de auditoria. Logs de auditoria podem ser úteis para depuração, mas raramente transmitem os resultados completos de cada efeito do comando sobre o Agregado.

4. Usar os dados na análise de tendências, previsão e outra analítica do negócio. Muitas vezes as empresas só fazem ideia de como esses dados históricos podem ser usados mais tarde quando percebem que precisam deles. A menos que um Armazenamento de Eventos seja mantido desde o início, os dados históricos não estarão disponíveis à medida que surgem as necessidades.

5. Usar os Eventos para reconstituir cada instância de Agregado quando ela é recuperada do Repositório. Isso é uma parte necessária do que é conhecido como Prospecção de Eventos. Ela é feita aplicando a uma instância de Agregado todos os Eventos previamente armazenados em ordem cronológica. Você pode produzir instantâneos de quaisquer Eventos armazenados (por exemplo, grupos de 100) para otimizar a reconstituição da instância.

6. Dada uma aplicação do ponto anterior, desfazer os blocos das alterações em um Agregado. Isso é possível evitando (talvez removendo ou marcando como obsoleto) que certos Eventos sejam utilizados para reconstituir uma determinada instância de Agregado. Você também pode corrigir Eventos ou inserir Eventos adicionais para corrigir erros no fluxo de Eventos.

Dependendo de suas razões para criar um Armazenamento de Eventos, ele terá certas características. Como os exemplos apresentados aqui são principalmente motivados pelos benefícios 1 e 2, nosso Armazenamento de Eventos preocupa-se basicamente em conter os Eventos serializados na ordem em que eles ocorreram. Isso não significa que não podemos usar os Eventos para entender todos os quatro primeiros benefícios, porque é possível que os outros dois se baseiem no fato de que estamos criando um registro de todos os Eventos significativos no domínio. Portanto, obter os benefícios 3 e 4 é aplicar mais daquilo que é alcançado pelos dois primeiros. Mas não tentaremos alavancar o Armazenamento de Eventos para os pontos 5 e 6 neste capítulo.

Vários passos são necessários para entender os benefícios 1 e 2. Os passos estão resumidos na Figura 8.3. Primeiro discutiremos os passos abrangidos nesse diagrama de sequência e os componentes envolvidos. Faremos isso por meio das experiências de projeto da SaaSOvation.

Quaisquer que sejam as razões por que usamos um Armazenamento de Eventos, uma das primeiras coisas que precisamos fazer é criar um assinante que receberá cada Evento que é publicado fora do modelo. A equipe decidiu fazer isso usando um gancho orientado a aspectos que pode ser inserido no caminho de execução de cada Serviço de Aplicação no sistema.

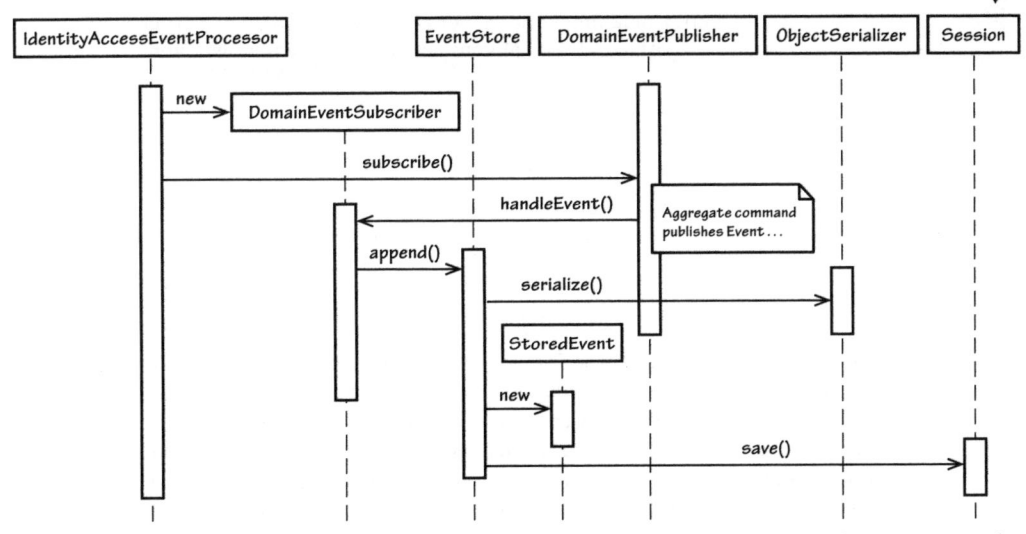

Figura 8.3 O `IdentityAccessEventProcessor` anonimamente assina todos os Eventos do modelo. Delega para `EventStore`, que serializa cada um para um `StoredEvent` e o salva.

Eis o que a equipe da SaaSOvation fez para o *Contexto de Identidade e Acesso*. A única responsabilidade do componente a seguir é verificar se todos os Eventos do Domínio são armazenados:

```java
@Aspect
public class IdentityAccessEventProcessor {
    ...
    @Before(
    "execution(* com.saasovation.identityaccess.application.*.*(..))")
    public void listen() {
        DomainEventPublisher
            .instance()
            .subscribe(new DomainEventSubscriber<DomainEvent>() {

                public void handleEvent(DomainEvent aDomainEvent) {
                    store(aDomainEvent);
                }
```

```
                public Class<DomainEvent> subscribedToEventType() {
                    return DomainEvent.class; // todos os eventos de
                                              // domínio
                }
            });
    }

    private void store(DomainEvent aDomainEvent) {
        EventStore.instance().append(aDomainEvent);
    }
}
```

Ele é um processador simples de Eventos, e um similar pode ser usado por qualquer outro Contexto Delimitado com a mesma missão. Ele foi projetado como um aspecto (usando AOP do Spring) que intercepta todas as chamadas de método do Serviço de Aplicação. Quando um método do Serviço de Aplicação é executado, esse processador se organiza para ouvir todos os Eventos de Domínio que são publicados devido à interação do Serviço de Aplicação com o modelo. O processador registra um assinante na instância vinculada à thread do `DomainEventPublisher`. Esse filtro do assinante permanece totalmente aberto, o que é indicado por seu `DomainEvent.class`, que responde a partir de `subscribedToEventType()`. Retornar essa classe indica que o assinante quer receber todos os Eventos. Quando seu `handleEvent()` é invocado, ele é delegado a `store()`, que, por sua vez, é delegado à classe `EventStore` para anexar o Evento ao final do Armazenamento de Eventos real.

Eis uma análise do método `append()` do componente `EventStore()`:

```
package com.saasovation.identityaccess.application.eventStore;
...
public class EventStore ... {
    ...
    public void append(DomainEvent aDomainEvent) {

        String eventSerialization =
            EventStore.objectSerializer().serialize(aDomainEvent);

        StoredEvent storedEvent =
            new StoredEvent(
                    aDomainEvent.getClass().getName(),
                    aDomainEvent.occurredOn(),
                    eventSerialization);

        this.session().save(storedEvent);

        this.setStoredEvent(storedEvent);
    }
}
```

O método `store()` serializa a instância `DomainEvent`, insere-a em uma nova instância de `StoredEvent`, e então grava esse novo objeto no Armazenamento de Eventos. Eis uma parte da classe `StoredEvent` que contém o `DomainEvent` serializado:

```
package com.saasovation.identityaccess.application.eventStore;
...
public class StoredEvent {
    private String eventBody;
    private long eventId;
    private Date occurredOn;
    private String typeName;

    public StoredEvent(
            String aTypeName,
            Date anOccurredOn,
            String anEventBody) {
        this();
        this.setEventBody(anEventBody);
        this.setOccurredOn(anOccurredOn);
        this.setTypeName(aTypeName);
    }
    ...
}
```

Cada instância `StoredEvent` recebe um valor único de sequência autogerado pelo banco de dados e é configurado como `eventId`. O `eventBody` contém a serialização do `DomainEvent`. A serialização empregada aqui é JSON usando a biblioteca [Gson], mas podemos usar outra forma. O `typeName` contém o nome da classe concreta do `DomainEvent` correspondente, e `occurredOn` é uma cópia do mesmo `occurredOn` no `DomainEvent`.

Todos os objetos `StoredEvent` são persistidos em uma tabela MySQL. Bastante espaço é reservado para a serialização dos eventos, embora 65.000 caracteres sejam sem dúvida muito mais armazenamento do que alguma vez será necessário por uma única instância:

```
CREATE TABLE 'tbl_stored_event' (
    'event_id' int(11) NOT NULL auto_increment,
    'event_body' varchar(65000) NOT NULL,
    'occurred_on' datetime NOT NULL,
    'type_name' varchar(100) NOT NULL,
    PRIMARY KEY ('event_id')
) ENGINE=InnoDB;
```

Isso nos leva à revisão de alto nível de alguns componentes necessários para construir o Armazenamento de Eventos com todas as instâncias de Evento publicadas por Agregados no modelo do domínio. Veremos isso em mais detalhes posteriormente. A seguir, veremos como esses registros armazenados dos acontecimentos em nosso modelo podem ser consumidos por outros sistemas.

Estilos Arquitetônicos para Encaminhar Eventos Armazenados

Depois que o Armazenamento de Eventos é preenchido, ele está disponível para fornecer Eventos que devem ser encaminhados como notificações às partes interessadas. Examinaremos dois estilos para tornar esses Eventos disponíveis. Um dos estilos é por meio dos recursos RESTful, que são consultados pelos clientes, e o segundo estilo é enviando mensagens por meio de um tópico/troca de um produto middleware de troca de mensagens.

Reconhecidamente, a abordagem baseada em REST não é uma técnica verdadeiramente de encaminhamento. Mas ela é usada para produzir os mesmos resultados que os de um estilo Publicação-Assinatura, quase como um cliente de e-mail é um "assinante" para as mensagens de e-mail "publicadas" por um servidor de e-mail.

Publicando Notificações como Recursos Restful

O estilo REST da notificação de Eventos funciona melhor quando usado em um ambiente que segue as premissas básicas da Publicação-Assinatura. Isto é, muitos consumidores estão interessados nos mesmos eventos que estão disponíveis a partir de um único produtor. Por outro lado, se você tentar usar o estilo baseado em REST como uma Fila, a abordagem tende a não funcionar. Eis um resumo dos pontos positivos e negativos da abordagem RESTful:

- Se potencialmente muitos clientes conseguirem acessar um único URI bem conhecido para solicitar o mesmo conjunto de notificações, a abordagem RESTful funcionará bem. As notificações são essencialmente distribuídas para quaisquer consumidores que fazem uma sondagem (*polling*). Isso segue o padrão Publicação-Assinatura básico, embora use o *modelo pull*, em vez do *modelo push*.[2]

- Se for necessário que um ou alguns consumidores busquem em múltiplos produtores recursos a fim de obter um único conjunto de tarefas a ser executado em uma sequência específica, é provável que rapidamente você sinta a dificuldade de usar uma abordagem RESTful. Isso descreve uma Fila, em que potencialmente muitos produtores precisam alimentar notificações para um ou alguns consumidores, e a ordem da recepção pode ser importante. Um modelo de sondagem normalmente não é uma boa escolha para implementar Filas.

---

2.   Veja em http://c2.com/cgi/wiki?ObserverPattern (em inglês) uma discussão sobre modelo *pull versus push* em conjunto com o padrão Observer.

A abordagem RESTful para a publicação de notificações de Eventos é completamente oposta àquelas publicadas utilizando uma infraestrutura típica de mensagens. O "publicador" não mantém um conjunto dos "assinantes" registrados porque nada é enviado para as partes interessadas. Em vez disso, a abordagem exige que os clientes REST recebam as notificações usando um URI bem conhecido.

Considere a abordagem RESTful a partir de um nível alto. Se você conhecer a forma como feeds Atom são consumidos na Web, essa abordagem será muito familiar. Na verdade, ela baseia-se nos conceitos Atom.

Os clientes usam o método GET do HTTP para solicitar o que é conhecido como *log atual*. O log atual contém as notificações mais recentes que foram publicadas. O cliente recebe o log atual com algumas notificações que não excedem um limite padrão. Nossos exemplos usam 20 como o número máximo de notificações para cada log. O cliente navega por cada um dos Eventos no log atual para localizar tudo que ainda não foi consumido pelo Contexto Delimitado.

Como um cliente consome notificações de eventos localmente? Ele interpreta o Evento serializado por tipo, convertendo todos os dados pertinentes conforme apropriado no Contexto Delimitado local. Isso provavelmente inclui localizar instâncias de Agregado relacionadas no próprio modelo e executar comandos com base na interpretação dos Eventos aplicáveis. Obviamente, os Eventos devem ser aplicados em ordem cronológica, uma vez que os Eventos mais antigos representam operações que ocorreram antes daqueles mais recentes. A menos que os Eventos mais antigos sejam aplicados primeiro na ordem em que eles ocorreram, as mudanças que são afetadas no modelo local poderiam muito bem causar erros.

Em nossa implementação, o log atual terá no máximo 19 notificações. Pode haver menos de 19, até zero. Quando o log atual alcança um total de 20 notificações, ele é automaticamente arquivado. Se não houver novas notificações disponíveis no momento em que o log atual anterior é arquivado, o novo log atual conterá zero notificações.

No Que Consiste um Log Arquivado?

Não há nada misterioso sobre um log arquivado. Ele significa apenas que o log específico não pode mais ser alterado por nenhuma ação no sistema proprietário e os clientes têm a garantia de que não importa quantas vezes eles solicitam um log arquivado específico, ele será sempre o mesmo.

Por outro lado, o log atual irá alterar até o ponto em que se torna cheio e é por fim arquivado. Mas as únicas mudanças que podem ocorrer no log atual seriam adicionar novas notificações até ele estar cheio.

Eventos previamente adicionados a qualquer log nunca devem mudar. Isso acontece porque os clientes devem ter a garantia de que, depois que eles aplicaram um Evento específico localmente, ele já foi aplicado uma vez e para todos os momentos.

Assim, o log atual nem sempre pode conter a notificação mais recente ou mais antiga que ainda deve ser aplicada localmente. O Evento mais antigo pode residir no log anterior em relação ao atual, ou até nos outros antes dele. É tudo uma questão de timing com base na frequência com que Eventos preenchem um determinado log finito (nesse caso, somente 20 entradas) e com que frequência os clientes enviam notificações para os logs. A Figura 8.4 mostra como logs de notificação podem ser agrupados para fornecer um array virtual das notificações individuais.

Supondo o estado de log mostrado na Figura 8.4, digamos que as notificações 1 a 58 já foram aplicadas localmente. Isso significa que as notificações 59 a 65 ainda não foram aplicadas. Se o cliente acessar o URI a seguir, ele receberá o log atual:

```
//iam/notifications
```

O cliente lê a partir de seu próprio banco de dados um registro de monitoramento da identidade da notificação mais recentemente aplicada, que em nosso exemplo é 58. O ônus é do cliente, não do servidor, para monitorar a próxima notificação a aplicar. O cliente navega da parte superior para a parte inferior por meio do log atual buscando a notificação com a identidade 58. Se não encontrá-la aí, ele continua a navegar de volta pelo log anterior, que é um log arquivado. O log anterior é alcançado utilizando um link de hipermídia no log atual. Um estilo é permitir que a navegação pela hipermídia tire vantagem de um cabeçalho:

```
HTTP/1.1 200 OK
Content-Type: application/vnd.saasovation.idovation+json
...
Link: <http://iam/notifications/61,80>; rel=self
Link: <http://iam/notifications/41,60>; rel=previous
...
```

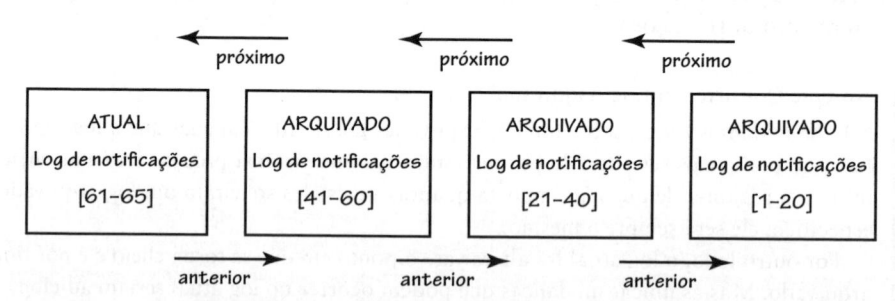

Figura 8.4   O log atual e qualquer número de logs arquivados vinculados formam uma matriz virtual de todos os *Eventos* desde o mais recente até o primeiro. Aqui estão representadas as notificações de 1 a 65. Cada um dos logs arquivados contém 20 notificações, que é o limite máximo. O log atual ainda não foi preenchido e contém apenas cinco notificações.

Por Que o URI Não Reflete o Que Na Verdade Está no Log Atual?

Observe que, embora o log atual no momento só tenha notificações com as identidades 61 a 65, seu URI é composto pelo intervalo da identidade completa, 61 a 80, por exemplo:

```
Link: <http://iam/notifications/61,80>; rel=self
```

Isso ocorre porque o recurso deve permanecer estável ao longo de toda sua vida útil. Isso permite acesso consistente e que o armazenamento em cache funcione corretamente.

A partir do `Link` contendo `rel=previous`, o URI é usado para um `GET`, que recupera o log anterior para o atual:

```
//iam/notifications/41,60
```

Usando esse log arquivado, o cliente agora localiza a notificação procurada, aquela com a identidade 58, depois de três investigações nas notificações individuais (60, 59 e 58). Como o cliente já aplicou essa notificação (identidade 58), ele não aplica a notificação 58 novamente. Em vez disso, agora ele navega em outra direção buscando todas as notificações mais recentes. Nesse log arquivado ele localiza a identidade 59 e a aplica. Em seguida, ele localiza a 60 e a aplica. Ele agora alcançou o topo desse log arquivado, assim ele navega até o recurso `rel=next`, que é o log atual:

```
HTTP/1.1 200 OK
Content-Type: application/vnd.saasovation.idovation+json
...
Link: <http://iam/notifications/61,80>; rel=next
Link: <http://iam/notifications/41,60>; rel=self
Link: <http://iam/notifications/21,40>; rel=previous
...
```

Ele localiza nesse log as notificações com as identidades 61, 62, 63, 64 e 65, aplicando cada uma em ordem cronológica. Ele alcança o final do log atual e para de processar por enquanto, porque o log atual nunca tem um cabeçalho de link de `rel=next`.

Algum tempo depois o processo se repete. O log atual é solicitado pelo URI. Talvez por enquanto a atividade no Contexto Delimitado de origem tenha causado a geração de logs significativamente diferentes produzindo uma série de novas notificações. Quando o log atual é agora solicitado, ele pode conter quaisquer novas notificações. O cliente talvez tenha de navegar de volta por um, dois ou até mais logs arquivados para localizar a notificação aplicada mais recentemente, que atualmente é aquela com a identidade 65. Como antes, quando o cliente localizar a notificação 65, ele aplicará todas as mais recentes na ordem cronológica.

Quaisquer Contextos Delimitados diferentes do cliente podem solicitar os logs de notificação. Na verdade, qualquer Contexto Delimitado precisa saber qual evento foi produzido por qualquer outro Contexto Delimitado desde que esse tipo de publicador de notificação possa alcançar as notificações tão longe quanto o "começo dos tempos". Obviamente, cada Contexto Delimitado do cliente só pode realmente ser um cliente se tiver acesso adequado ao sistema de origem (por exemplo, direitos de segurança).

Mas o cliente sondando recursos de notificação não provocará tráfego pesado indesejado no servidor Web? Não se os recursos RESTful fizerem uso eficaz do armazenamento em cache. Por exemplo, o log atual pode ser armazenado em cache pelo próprio cliente por aproximadamente um minuto:

```
HTTP/1.1 200 OK
Content-Type: application/vnd.saasovation.idovation+json
...
Cache-Control: max-age=60
...
```

Toda vez que o cliente que faz a sondagem precede o armazenamento em cache de um minuto, o próprio cache do cliente fornece o log atual recuperado anteriormente. Quando o cache expira, o log atual mais recente é recuperado do recurso de servidor. Logs arquivados podem ser armazenados em cache por mais tempo, desde que o conteúdo nunca mude, como demonstrado por esse período de tempo máximo (max-age) de uma hora:

```
HTTP/1.1 200 OK
Content-Type: application/vnd.saasovation.idovation+json
...
Cache-Control: max-age=3600
...
```

O cliente pode usar o valor de max-age do log atual como um limiar de timer/repouso, uma vez que é desnecessário executar continuamente solicitações GET nos recursos em cache. A sondagem induzida por repouso pode beneficiar a carga de processamento no Contexto Delimitado do cliente e no servidor de origem. O provedor de recursos nunca receberá as solicitações enquanto o max-age do cache não expirar. Assim, um cliente mal comportado nunca pode prejudicar o desempenho ou a disponibilidade do produtor de notificações, supondo o uso adequado de cache pelo cliente. Isso destaca os benefícios do uso da Web e sua infraestrutura integrada para alcançar enormes benefícios de desempenho e escalabilidade.

O servidor também pode fornecer seu próprio cache. Armazenar no cache do servidor os logs de notificação funciona muito bem porque o conteúdo dos logs arquivados nunca muda. Qualquer cliente que solicita um determinado log arquivado de notificação não apenas recebe o recurso, ele também prepara o cache para todos os outros clientes que precisam do mesmo recurso. Não há necessidade de o cache atualizar um log arquivado porque é garantido que o log é imutável.

Uau! Vimos vários detalhes desse processo, e há ainda outros mais em **Integrando Contextos Delimitados (13)**. Sugiro que você consulte [Parastatidis *et al.*, RiP] para ver várias estratégias sobre como projetar sistemas de notificação de eventos RESTful eficazes. Aí você encontrará discussões sobre as vantagens e desvantagens dos logs de notificação baseados em Atom do tipo de mídia padrão, bem como algumas implementações de referência. Além disso, Jim Webber fornece mais informações sobre essa abordagem em sua apresentação [Webber, REST & DDD]. Uma das primeiras referências a essa abordagem vem do artigo de Stefan Tilkov na InfoQ [Tilkov, RESTful Doubts]. Você também pode assistir minha própria apresentação usando essa abordagem [Vernon, RESTful DDD].

Publicando Notificações por Meio de Middleware de Mensagens

Não surpreendentemente, um produto de middleware de mensagens como o RabbitMQ gerencia os detalhes que o estilo REST obriga você a tratar. O sistema de mensagens também permite suportar de uma maneira relativamente fácil tanto o padrão de Publicação-Assinatura como o de Filas, qualquer que seja o melhor para suas necessidades. Nos dois casos, o sistema de mensagens usa um modelo push para enviar mensagens das notificações de Eventos para ouvintes ou assinantes registrados.

Considere os requisitos para publicar Eventos a partir de nosso Armazenamento de Eventos via um produto de middleware de mensagens. Ficaremos com o modelo Publicação-Assinatura, usando o que o RabbitMQ chama *fanout exchange*. Precisaremos de um conjunto de componentes que juntos fazem o seguinte na ordem:

1. Consultar todos os objetos do Evento de Domínio a partir do Armazenamento de Eventos que ainda não foram publicados para a troca específica. Colocar os objetos consultados em ordem ascendente de acordo com a identidade única sequenciada.

2. Iterar pelos objetos consultados na ordem ascendente, enviando cada um para a troca.

3. Quando o sistema de mensagens indica que a mensagem foi publicada com sucesso, monitore esse Evento de Domínio como tendo sido publicado por meio dessa troca.

Não espere para ver se os assinantes confirmam o recebimento. Os sistemas dos assinantes talvez nem mesmo estejam em execução quando o publicador envia mensagens por meio da troca. Cada assinante é responsável pelo tratamento das mensagens em um período de tempo próprio, assegurando que ele transmite adequadamente qualquer comportamento de domínio necessário em seu próprio modelo. Simplesmente permitirmos que o mecanismo de mensagens garanta a entrega.

Hora do Quadro Branco

- Desenhe um Mapa de Contexto do Contexto Delimitado em que você trabalha e de outros com os quais você se integra. Certifique-se de mostrar as conexões entre os Contextos que interagem.

- Faça anotações dos tipos de relação entre eles, como **Camada Anticorrupção (3)**.

- Agora indique como você integraria esses Contextos. Você usaria notificações RPC, RESTful ou uma infraestrutura de mensagens? Desenhe isso.

Lembre-se de que você talvez não tenha muitas opções ao integrar com um sistema legado.

Implementação

Depois de decidir os estilos arquitetônicos utilizados para publicar os Eventos, a equipe da SaaSOvation agora focaliza a implementação dos componentes para alcançar isso...

O núcleo do comportamento da publicação de notificações foi inserido atrás de um Serviço de Aplicação, o `NotificationService`. Isso permitiu que a equipe gerenciasse o escopo transacional das alterações em sua própria fonte de dados. E também enfatizou o fato de que uma notificação é uma preocupação da aplicação, não do domínio, embora os Eventos que são publicados como notificações tenham se originado no modelo.

Não havia necessidade de que o `Notification-Service` tivesse uma **Interface Separada** [Fowler, P of EAA]. Nesse momento, haveria uma única implementação do Serviço de Aplicação, assim a equipe manteria as coisas simples. Mas cada classe simples tem uma interface pública, então aqui ela é apresentada como esboços de métodos:

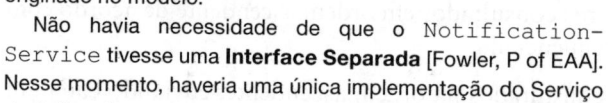

```
package com.saasovation.identityaccess.application;
...
public class NotificationService {
    ...
    @Transactional(readOnly=true)
    public NotificationLog currentNotificationLog() {
        ...
    }
```

```
@Transactional(readOnly=true)
public NotificationLog notificationLog(String aNotificationLogId) {
    ...
}

@Transactional
public void publishNotifications() {
    ...
}
...
}
```

Os dois primeiros métodos serão usados para consultar instâncias de `NotificationLog` que são fornecidas para os clientes como recursos RESTful, e o terceiro será usado para publicar instâncias individuais de `Notification` ao longo de um mecanismo de mensagens. A equipe primeiro abordará os métodos de consulta para obter instâncias de `NotificationLog`, então voltará a atenção para aquele que interage com a infraestrutura de mensagens.

Há algumas implementações interessantes à frente.

Publicando o `Notificationlog`

Lembre-se de que existem dois tipos de logs de notificação, um log atual e um log arquivado. Portanto, a interface `NotificationService` fornece um método de consulta para cada tipo:

```
public class NotificationService {
    @Transactional(readOnly=true)
    public NotificationLog currentNotificationLog() {
        EventStore eventStore = EventStore.instance();

        return this.findNotificationLog(
                this.calculateCurrentNotificationLogId(eventStore),
                eventStore);
    }

    @Transactional(readOnly=true)
    public NotificationLog notificationLog(String aNotificationLogId) {
        EventStore eventStore = EventStore.instance();

        return this.findNotificationLog(
                new NotificationLogId(aNotificationLogId),
                eventStore);
    }
    ...
}
```

Em última análise, esses dois métodos devem "localizar" um Notification-Log. Isso realmente significa localizar uma seção das instâncias de Domain Event que foram serializadas no Armazenamento de Eventos, encapsular cada uma com uma Notification e coletar todas aquelas em um NotificationLog. Depois que uma instância NotificationLog é criada, ela pode ser representada como um recurso RESTful e fornecida para um cliente que a solicita.

Como o log atual pode ser um alvo em constante movimento, sua identidade deve ser calculada sempre que ele é solicitado. Eis o cálculo:

```java
public class NotificationService {
    ...

    protected NotificationLogId calculateCurrentNotificationLogId(
            EventStore anEventStore) {

        long count = anEventStore.countStoredEvents();

        long remainder = count % LOG_NOTIFICATION_COUNT;

        if (remainder == 0) {
            remainder = LOG_NOTIFICATION_COUNT;
        }

        long low = count - remainder + 1;

        // garante um valor de id novo, embora possa
        // não ser um conjunto completo de notificações presentemente
        long high = low + LOG_NOTIFICATION_COUNT - 1;

        return new NotificationLogId(low, high);
    }
    ...
}
```

Caso contrário, para um log arquivado tudo o que é necessário é uma NotificationLogId para encapsular o intervalo alto e baixo do identificador. Lembre-se de que o identificador é codificado como uma representação textual de um intervalo entre valores altos e baixos, como 21-40. Assim, o construtor para uma identidade codificada se pareceria com isto:

```java
public class NotificationLogId {
    ...
    public NotificationLogId(String aNotificationLogId) {
        super();
        String[] textIds = aNotificationLogId.split(",");
        this.setLow(Long.parseLong(textIds[0]));
        this.setHigh(Long.parseLong(textIds[1]));
    }
    ...
}
```

Seja ao consultar o log atual ou um log arquivado, agora temos uma `NotificationLogId` que descreve o que o método `findNotificationLog()` irá consultar:

```java
public class NotificationService {
    ...
    protected NotificationLog findNotificationLog(
            NotificationLogId aNotificationLogId,
            EventStore anEventStore) {

        List<StoredEvent> storedEvents =
            anEventStore.allStoredEventsBetween(
                    aNotificationLogId.low(),
                    aNotificationLogId.high());

        long count = anEventStore.countStoredEvents();

        boolean archivedIndicator = aNotificationLogId.high() < count;

        NotificationLog notificationLog =
            new NotificationLog(
                    aNotificationLogId.encoded(),
                    NotificationLogId.encoded(
                            aNotificationLogId.next(
                                    LOG_NOTIFICATION_COUNT)),
                    NotificationLogId.encoded(
                            aNotificationLogId.previous(
                                    LOG_NOTIFICATION_COUNT)),
                    this.notificationsFrom(storedEvents),
                    archivedIndicator);

        return notificationLog;
    }
    ...
    protected List<Notification> notificationsFrom(
            List<StoredEvent> aStoredEvents) {
        List<Notification> notifications =
            new ArrayList<Notification>(aStoredEvents.size());

        for (StoredEvent storedEvent : aStoredEvents) {
            DomainEvent domainEvent =
                    EventStore.toDomainEvent(storedEvent);

            Notification notification =
                new Notification(
                        domainEvent.getClass().getSimpleName(),
                        storedEvent.eventId(),
                        domainEvent.occurredOn(),
                        domainEvent);

            notifications.add(notification);
        }
```

```
        return notifications;
    }
    ...
}
```

É muito interessante que não há necessidade de realmente persistir quaisquer instâncias de Notification ou logs inteiros. Podemos apenas fabricá-los sempre que eles são necessários. Obviamente, por essa razão, ajuda o desempenho e a escalabilidade armazenar em cache os recursos NotificationLog nos pontos da solicitação.

O método findNotificationLog() usa o componente EventStore para consultar as instâncias de StoredEvent de que ele precisa para um determinado log. Eis como o EventStore as localiza:

```
package com.saasovation.identityaccess.application.eventStore;
...
public class EventStore ... {
    ...
    public List<StoredEvent> allStoredEventsBetween(
            long aLowStoredEventId,
            long aHighStoredEventId) {

        Query query =
            this.session().createQuery(
                    "from StoredEvent as _obj_ "
                    + "where _obj_.eventId between ? and ? "
                    + "order by _obj_.eventId");

        query.setParameter(0, aLowStoredEventId);
        query.setParameter(1, aHighStoredEventId);

        List<StoredEvent> storedEvents = query.list();

        return storedEvents;
    }
    ...
}
```

Por fim, na camada Web publicamos o log atual e os logs arquivados:

```
@Path("/notifications")
public class NotificationResource {
    ...
    @GET
    @Produces({ OvationsMediaType.NAME })
    public Response getCurrentNotificationLog(
            @Context UriInfo aUriInfo) {
```

```
    NotificationLog currentNotificationLog =
        this.notificationService()
            .currentNotificationLog();

    if (currentNotificationLog == null) {
        throw new WebApplicationException(
                Response.Status.NOT_FOUND);
    }

    Response response =
        this.currentNotificationLogResponse(
                currentNotificationLog,
                aUriInfo);

    return response;
}

@GET
@Path("{notificationId}")
@Produces({ OvationsMediaType.ID_OVATION_NAME })
public Response getNotificationLog(
        @PathParam("notificationId") String aNotificationId,
        @Context UriInfo aUriInfo) {

    NotificationLog notificationLog =
        this.notificationService()
            .notificationLog(aNotificationId);

    if (notificationLog == null) {
        throw new WebApplicationException(
                Response.Status.NOT_FOUND);
    }

    Response response =
        this.notificationLogResponse(
                notificationLog,
                aUriInfo);

    return response;
}
    ...
}
```

A equipe poderia ter usado um `MessageBodyWriter` para gerar a resposta, mas existem algumas complexidades secundárias necessárias que são gerenciadas nos métodos de construtor da resposta.

Isso abrange os detalhes importantes utilizados para publicar logs de notificação atuais e arquivados para clientes RESTful.

Publicando Notificações Baseadas em Mensagens

O NotificationService fornece um método único para publicar instâncias de
DomainEvent em uma infraestrutura de mensagens. Eis o método do serviço:

```
public class NotificationService {
    ...
    @Transactional
    public void publishNotifications() {
        PublishedMessageTracker publishedMessageTracker =
            this.publishedMessageTracker();

        List<Notification> notifications =
            this.listUnpublishedNotifications(
                    publishedMessageTracker
                        .mostRecentPublishedMessageId());

        MessageProducer messageProducer = this.messageProducer();

        try {
            for (Notification notification : notifications) {
                this.publish(notification, messageProducer);
            }

            this.trackMostRecentPublishedMessage(
                    publishedMessageTracker,
                    notifications);
        } finally {
            messageProducer.close();
        }
    }
    ...
}
```

O método publishNotifications() primeiro recebe seu Published-
Message-Tracker. Esse é o objeto que persiste o registro de quais Eventos já
foram publicados:

```
package com.saasovation.identityaccess.application.notifications;
...
public class PublishedMessageTracker {
    private long mostRecentPublishedMessageId;
    private long trackerId;
    private String type;
    ...
}
```

Observe que essa classe não faz parte do modelo de domínio, mas, em vez disso, pertence à aplicação. O `trackerId` é apenas a identidade única desse objeto (essencialmente uma Entidade). O atributo `type` contém a descrição de `String` do tipo de tema/canal em que os Eventos foram publicados. O atributo `mostRecentPublishedMessageId` corresponde à identidade única do `Domain-Event` individual que foi serializado e persistido como um `StoreEvent`. Assim, ele contém o valor da `eventId` do `StoredEvent` da instância mais recentemente publicada. Depois que todas as novas mensagens de `Notification` foram enviadas, o método do serviço assegura que o `PublishedMessageTracker` é salvo com a identidade do Evento agora mais recentemente publicado.

A identidade do Evento, juntamente com o atributo do `type`, *permite-nos publicar as mesmas notificações em momentos diferentes para quaisquer temas/canais.* Apenas criamos uma nova instância do `PublishedMessageTracker` com o nome do tema/canal como o `type` e começamos de novo com o primeiro `StoredEvent`. Na verdade, eis como o método `publishedMessageTracker()` faz isso:

```
public class NotificationService {
    private static final String EXCHANGE_NAME =
            "saasovation.identity_access";
    ...
    private PublishedMessageTracker publishedMessageTracker() {
        Query query =
            this.session().createQuery(
                    "from PublishedMessageTracker as _obj_ "
                    + "where _obj_.type = ?");

        query.setParameter(0, EXCHANGE_NAME);

        PublishedMessageTracker publishedMessageTracker =
            (PublishedMessageTracker) query.uniqueResult();

        if (publishedMessageTracker == null) {
            publishedMessageTracker =
                new PublishedMessageTracker(EXCHANGE_NAME);
        }

        return publishedMessageTracker;
    }
    ...
}
```

Publicação multicanal ainda não é suportada, mas pode ser adicionada facilmente com um pouco de refatoração.

A seguir, o método `listUnpublishedNotifications()` é responsável por consultar uma lista ordenada de todas as instâncias de `Notification` não publicadas:

```
public class NotificationService {
    ...
    protected List<Notification> listUnpublishedNotifications(
            long aMostRecentPublishedMessageId) {
        EventStore eventStore = EventStore.instance();

        List<StoredEvent> storedEvents =
                eventStore.allStoredEventsSince(
                        aMostRecentPublishedMessageId);

        List<Notification> notifications =
            this.notificationsFrom(storedEvents);

        return notifications;
    }
    ...
}
```

Na realidade ele consulta no EventStore as instâncias de StoredEvent com valores eventId maiores do que aquele contido pelo parâmetro aMostRecent-PublishedMessageId. Aquelas que retornam do EventStore são usadas para criar uma nova coleção de instâncias de Notification.

Agora, de volta ao método principal do serviço publishNotifications(). Com a coleção das instâncias do Notification empacotador de DomainEvent, o método interage e despacha para o método publish():

```
...
for (Notification notification : notifications) {
    this.publish(notification, messageProducer);
}
```

O método que publica instâncias individuais de Notification faz isso por meio do RabbitMQ, mas usando uma biblioteca de objetos muito simples para fazer com que a interface pareça mais orientada a objetos:

```
public class NotificationService {
    ...
    protected void publish(
            Notification aNotification,
            MessageProducer aMessageProducer) {

        MessageParameters messageParameters =
            MessageParameters.durableTextParameters(
                    aNotification.type(),
                    Long.toString(aNotification.notificationId()),
                    aNotification.occurredOn());
```

```
      String notification =
          NotificationService
              .objectSerializer()
              .serialize(aNotification);

      aMessageProducer.send(notification, messageParameters);
  }
  ...
}
```

Esse método `publish()` cria `MessageParameters` e então envia o `DomainEvent` serializado com JSON via um `MessageProducer`.[3] Os `MessageParameters` incluem propriedades selecionadas para enviar junto com o corpo da mensagem. Entre esses parâmetros especiais estão a string `type` do Evento, a identidade da notificação utilizada como um ID único de mensagem e o registro de data/hora `occurredOn` do Evento. Esses parâmetros permitem que os assinantes determinem fatos importantes sobre cada mensagem sem a necessidade de analisar o corpo da mensagem JSON, que é o Evento serializado. E o ID único de mensagem (identidade da notificação) suporta a deduplicação de mensagens, que é explicada mais adiante.

Considere mais um método usado para implementar totalmente a publicação:

```
public class NotificationService {
    ...
    private MessageProducer messageProducer() {

        // cria meu exchange se não existente
        Exchange exchange =
            Exchange.fanOutInstance(
                    ConnectionSettings.instance(),
                    EXCHANGE_NAME,
                    true);

        // cria uma mensagem que o produtor usa para encaminhar Eventos
        MessageProducer messageProducer =
            MessageProducer.instance(exchange);

        return messageProducer;
    }
    ...
}
```

3. As classes `Exchange`, `ConnectionSettings`, `MessageProducer`, `Message-Parameters` e outras são parte de uma biblioteca que serve como uma camada de abstração em torno do RabbitMQ. Forneço essa biblioteca, que torna o uso do RabbitMQ muito mais amigável a objetos, junto com os outros códigos de exemplo para o livro.

O método `publishNotifications()` usa `messageProducer()` para garantir que existe a troca e então recebe a instância do `MessageProducer` usada para publicar. O RabbitMQ suporta a idempotência de troca; portanto, na primeira vez que você solicita a troca que ele criou, e em todas as vezes subsequentes, você recebe a preexistente. Não retemos uma instância aberta do `MessageProducer` no caso de um problema de suporte com o canal intermediário se desenvolver de alguma forma. Restabelecer a conexão sempre que a publicação é executada ajuda a evitar um publicador completamente inoperante. Talvez seja necessário prestar atenção a possíveis problemas de desempenho se a reconexão constante tornar-se um gargalo. Mas por enquanto vamos contar com as pausas configuradas entre as operações de publicação para aliviar a sobrecarga da reconexão.

Falando de pausas entre operações de publicação, nenhum dos códigos anteriores indica como os Eventos são publicados para a troca de modo regular, recorrente. Isso pode ser alcançado de algumas maneiras diferentes e pode depender de seu ambiente operacional. Por um lado, um JMX `TimerMBean` pode ser utilizado para gerenciar os intervalos de tempo periódicos.

Antes de apresentar a seguinte solução de timer, é importante observar um contexto importante. O padrão Java MBean também usa o termo *notificação*, mas isso não é a mesma coisa utilizada por nosso próprio processo de publicação. Nesse caso, um ouvinte recebe a notificação de cada ocorrência do desencadeamento do timer. Basta estar preparado para resolver isso em sua mente.

Qualquer que seja o intervalo adequado determinado e configurado para um dado timer, um `NotificationListener` é registrado para que o `MBeanServer` possa notificar em cada ocasião quando um intervalo é alcançado:

```
mbeanServer.addNotificationListener(
        timer.getObjectName(),
        new NotificationListener() {
            public void handleNotification(
                    Notification aTimerNotification,
                    Object aHandback) {
                ApplicationServiceRegistry
                        .notificationService()
                        .publishNotifications();
            }
        },
        null,
        null);
```

Nesse exemplo, quando o método `handleNotification()` é chamado devido ao acionamento do timer, ele solicita que o `NotificationService` execute a operação `publishNotifications()`. Isso é tudo o que é necessário. Desde que o `TimerMBean` continue a ser desencadeado em intervalos periódicos regulares, os

Eventos de Domínio continuarão a ser publicados por meio da troca e consumidos pelos assinantes em toda a empresa.

Usar um timer gerenciado por aplicação/servidor tem a vantagem adicional de que você não precisa criar um componente para monitorar o ciclo de vida de seu processo de publicação. Se, por exemplo, por alguma razão as `publish-Notifications()` em qualquer execução encontrar problemas e terminar com uma exceção, o `TimerMBean` continuará a ser executado e desencadeado em intervalos subsequentes. Os administradores podem precisar solucionar erros de infraestrutura, talvez com o RabbitMQ, mas depois que os problemas forem resolvidos, as mensagens continuarão a ser publicadas. Dito isso, há outros recursos de timer disponíveis, como [Quartz].

Mas ainda há perguntas sobre a deduplicação de mensagens. O que é a deduplicação de mensagens? E por que é necessário que assinantes que enviam mensagens a suportem?

Deduplicação de eventos   A deduplicação é uma necessidade em ambientes em que uma única mensagem publicada por meio de um sistema de mensagens pode possivelmente ser entregue aos assinantes mais de uma vez. Existem várias causas das mensagens duplicadas. Uma maneira como isso pode acontecer é a seguinte:

1. O RabbitMQ entrega as mensagens recém-enviadas para um ou mais assinantes.

2. Os assinantes processam as mensagens.

3. Antes que os assinantes possam reconhecer que as mensagens foram recebidas e processadas, eles falham.

4. O RabbitMQ entrega as mensagens não reconhecidas novamente.

A possibilidade também existe ao publicar a partir de um Armazenamento de Eventos, quando o sistema de mensagens não compartilha o mecanismo de persistência do Armazenamento de Eventos, quando transações globais XA não controlam confirmações atômicas do Armazenamento de Eventos e quando a persistência das mensagens muda. Como discutido anteriormente em "Publicando Notificações por meio de Middleware de Mensagens", essa é exatamente nossa situação. Considere um cenário que destaca como uma mensagem pode ser enviada mais de uma vez:

1. O `NotificationService` consulta e publica três instâncias de `Notification` não publicada. Ele atualiza o registro disso com `PublishedMessageTracker`.

2. O intermediário RabbitMQ recebe todas as três mensagens e se prepara para enviá-las a todos os assinantes.

3. Mas devido a alguma condição excepcional no servidor de aplicação, existe uma falha do `NotificationService`. A modificação no `PublishedMessageTracker` não está confirmada.

4. O RabbitMQ entrega as mensagens recém-enviadas para os assinantes.

5. A condição excepcional no servidor de aplicação é corrigida. O processo de publicação começa novamente e o `NotificationService` envia mensagens bem-sucedidas para todos os Eventos não publicados. Isso inclui o envio (de novo!) das mensagens para todos os Eventos que foram previamente publicados, mas desconhecidos para o `PublishedMessageTracker`.

6. O RabbitMQ entrega as mensagens recém-enviadas para os assinantes, pelo menos três das quais são entregas duplicadas.

Nesse cenário, utilizo arbitrariamente três Eventos. Eu poderia ter usado um, dois, quatro ou muitos mais. O número não é importante, apenas o fato de que problemas como esses podem causar reentrega. Ao se deparar com essa e outras razões para a deduplicação de mensagens, a deduplicação é necessária. Consulte **Receptor Idempotente** [Hohpe & Woolf] para um tratamento mais aprimorado.

> ### Uma Operação Idempotente
> Uma operação idempotente é uma que pode ser executada duas ou mais vezes sucessivamente com resultados idênticos àqueles da execução da mesma operação uma única vez.

Uma maneira de lidar com a possibilidade da entrega de mensagens duplicadas é que a operação do modelo do assinante seja idempotente. A resposta do assinante a todas as mensagens pode ser operações idempotentes contra o próprio modelo do domínio. O problema é que projetar um objeto de domínio ou, nesse sentido, qualquer objeto como idempotente pode ser difícil, impraticável ou mesmo impossível. E se tentarmos projetar que o próprio Evento transmita informações que refletem uma ação idempotente a ser tomada, isso também pode ser problemático. Por um lado, o remetente deve entender completamente a situação atual do negócio de todos os receptores em relação ao estado do Evento que eles enviarão. Além disso, a recepção dos Eventos que estão fora de sequência devido à latência tenta novamente, e isso pode causar erros.

Quando a idempotência do objeto de domínio não é uma opção viável, você pode, em vez disso, projetar o próprio assinante/receptor para que seja idempotente. O receptor pode ser projetado para recusar a execução de uma operação em resposta a uma mensagem duplicada. Primeiro você deve verificar se o produto de transmissão de mensagens suporta isso como um recurso. Se não suportar, o receptor terá de monitorar quais mensagens já foram tratadas. Uma maneira de alcançar isso é alocar uma área no mecanismo de persistência do assinante para salvar o nome do tema/troca juntamente com uma identificação única da mensagem de todas as mensagens tratadas — sim, semelhante a um `PublishedMessageTracker`. Então você pode consultar duplicatas antes de tratar cada mensagem. Se a consulta verificar que uma mensagem já foi tratada, o assinante simplesmente a ignora. O monitoramento das mensagens tratadas não é parte do modelo de domínio. Ele deve ser visto apenas como uma alternativa técnica a idiossincrasias comuns da transmissão de mensagens.

Ao usar um produto típico de middleware de mensagens, não é suficiente salvar apenas um registro da última mensagem tratada, porque as mensagens podem ser recebidas fora de ordem. Assim, uma consulta de deduplicação que verifica a existência de IDs de mensagens abaixo da mais recente faria com que você ignorasse algumas mensagens que foram recebidas fora de ordem. Também deve ser considerado que às vezes você vai querer descartar todas as entradas do monitoramento das mensagens tratadas que são obsoletas, como na coleta de lixo de banco de dados.

Ao usar a abordagem de notificação baseada em REST, a deduplicação não é realmente importante. Os clientes receptores só precisam salvar a identidade da notificação mais recentemente aplicada, uma vez que eles sempre aplicarão somente as notificações dos eventos que ocorreram depois disso. Cada log de notificação sempre estará em ordem cronológica inversa (decrescente) pela identidade da notificação.

Nos dois casos — assinantes do middleware de mensagens e os clientes da notificação baseada em REST — é importante que o monitoramento da identidade da mensagem tratada seja confirmado juntamente com quaisquer alterações no estado do modelo do domínio local. Caso contrário, você não será capaz de manter o monitoramento da consistência em conjunto com as modificações feitas na resposta aos Eventos.

Resumo

Neste capítulo analisamos a definição dos Eventos de Domínio e como eles determinam quando seria mais vantajoso modelar um Evento.

- Você aprendeu o que Eventos de Domínio são e quando e por que usá-los.

- Examinamos como os Eventos são modelados como objetos e quando eles devem ser identificados de forma única.

- Consideramos quando um Evento deve ter características de Agregado e quando um Evento simples baseado em valor funciona melhor.

- Vimos como componentes Publicação-Assinatura do tipo "leve" são usados no modelo.

- Você descobriu quais componentes publicam Eventos e quais se registram neles.

- Você compreendeu por que você desenvolveria um Armazenamento de Eventos, como ele pode ser criado e como é utilizado.

- Você aprendeu duas abordagens para a publicação de eventos fora do Contexto Delimitado: Notificações baseadas em REST e o uso de um middleware de mensagens.

- Você aprendeu algumas maneiras de como deduplicar mensagens nos sistemas de inscrição.

A seguir vamos mudar de direção um pouco e analisar a forma como objetos do modelo de domínio podem ser bem organizados utilizando Módulos.

Capítulo 9

Módulos

O segredo de todas as vitórias reside na organização do não óbvio.
—*Marco Aurélio*

Se você utiliza Java ou C#, já está familiarizado com **Módulos,** embora você conheça-os por outro nome. O Java os chama de pacotes. O C# os chama de *namespaces.* De fato, no Ruby você pode usar o construtor linguístico de Módulos para que *namespaces* tenham um efeito nas classes. No caso do Ruby, o nome do padrão DDD corresponde ao nome da construção linguística. Em consideração ao nosso contexto DDD, continuarei a chamá-los de Módulos na maioria dos casos. Será fácil mapear esse nome para o termo da linguagem de programação que você usa regularmente. Não gastarei muito tempo tentando explicar tecnicamente o que Módulos fazem, porque você provavelmente descobriu isso há muito tempo.

Roteiro do Capítulo

- Aprenda a diferença entre Módulos tradicionais e a abordagem mais recente da modularidade de implementação.
- Considere a importância de nomear Módulos de acordo com a **Linguagem Ubíqua (1).**
- Veja como projetar Módulos mecanicamente sufoca a criatividade da modelagem.
- Entenda as opções e decisões de projeto tomadas pelas equipes da SaaSOvation.
- Descubra o papel que Módulos desempenham fora do modelo de domínio e quando preferir novos Módulos a novos Contextos Delimitados.

Projetando com Módulos

Em um contexto DDD, Módulos em seu modelo funcionam como contêineres nomeados para classes de objetos de domínio que são altamente coesivas entre si. O objetivo deve ser baixo acoplamento entre as classes que estão em diferentes Módulos. Uma vez que Módulos da maneira como são utilizados no DDD não são compartimentos de armazenamento brandos ou genéricos, também é importante nomear corretamente os Módulos. Os nomes são um aspecto importante da Linguagem Ubíqua.

Escolha Módulos que contam a história do sistema e contêm um conjunto coeso de conceitos. Isso muitas vezes gera baixo acoplamento entre os Módulos, mas se não gerar, procure uma maneira de mudar o modelo para separar os conceitos... Atribua aos Módulos nomes que se tornam parte da Linguagem Ubíqua. Módulos e seus nomes devem refletir uma visão do domínio. [Evans, pp. 110, 111]

Existem algumas regras simples a ter em mente ao projetar Módulos, como observado na Tabela 9.1.

Tabela 9.1 Regras Simples para o Projeto de Módulos

Prós e Contras dos Módulos	Por Quê?
Projete Módulos para que se encaixem nos conceitos de modelagem.	Normalmente você terá um único Módulo para um ou alguns **Agregados** (10) que são coesos, se somente por referência.
Nomeie os Módulos de acordo com a Linguagem Ubíqua.	Isso é um objetivo básico do DDD, mas também tende a vir naturalmente se você pensar nos conceitos que são modelados.
Não crie Módulos mecanicamente de acordo com um tipo de componente ou padrão geral que é utilizado no modelo.	Nosso modelo não se beneficiará se segregarmos todos os Agregados em um único Módulo, todos os **Serviços** (7) em outro Módulo, todas as **Fábricas** (11) em outro ainda, por exemplo. Isso não leva em consideração a razão dos Módulos DDD e também tende a limitar sua criatividade sobre como modelar de uma maneira rica. Em vez de pensar abertamente no domínio, você tenderia a pensar apenas nos tipos de componentes ou padrões que você usa para resolver os problemas atuais.
Projete Módulos de baixo acoplamento.	Assegurar que os Módulos são predominantemente independentes dos outros tem os mesmos benefícios que classes frouxamente acopladas. Isso tornará mais fácil manter e refatorar seus conceitos de modelagem e utilizar recursos de modularização mais granulados, como OSGi e Jigsaw.
Tente buscar dependências acíclicas nos Módulos pares onde o acoplamento é necessário. (Módulos pares são aqueles que estão no mesmo "nível", ou aqueles com peso ou influência semelhante sobre o projeto.)	Raramente é possível ou mesmo prático que os Módulos sejam completamente independentes um do outro. Afinal de contas, um modelo de domínio implica algum acoplamento. Mas você reduzirá o acoplamento dos componentes se pensar em tornar a dependência entre dois Módulos pares somente unidirecional (por exemplo, o produto depende da equipe, mas a equipe não depende do produto).
Flexibilize um pouco as regras entre os Módulos pai e filho. (Um Módulo pai é um em um nível superior, e um filho é apenas um nível inferior — parent.child, por exemplo.)	É realmente difícil evitar a dependência entre Módulos pai e filho. Se possível, tente alcançar dependências acíclicas entre pais e filhos, mas permita dependências circulares se não houver como evitá-las (por exemplo, um pai cria um filho, e o filho deve referenciar o pai, mesmo que apenas por meio da identidade).

Tabela 9.1 Regras Simples para o Projeto de Módulos *(Continuação)*

Prós e Contras dos Módulos	Por Quê?
Não transforme os Módulos em um conceito estático do modelo, mas permita que eles sejam moldados em conjunto com os objetos que organizam.	Se os conceitos do modelo forem maleáveis e assumirem diferentes formas, comportamentos e nomes ao longo do tempo, é muito provável que os Módulos que organizam esses mesmos conceitos sejam criados, renomeados e excluídos correspondentemente. Isso não é uma necessidade, mas se você vir nomes incompatíveis, refatore. Sim, pode ser difícil, mas essa dificuldade provavelmente é menor do que aquela experimentada com Módulos deficientemente nomeados.

Visualize Módulos como cidadãos de primeira classe do modelo e esforce-se para criar módulos com forte significado e consideração na convenção de nomes conforme se sugere em **Entidades (5)**, **Objetos de Valor (6)**, **Serviços e Eventos (8)**. Isso significa ser agressivo o suficiente para renomear os Módulos existentes com a mesma ousadia usada para criar novos. Sempre insira assertivamente conceitos de domínio originais e renovados nos Módulos que a visão contemporânea exige.

Nenhum de nós se sentiria bem ao abrir uma gaveta na cozinha de casa e encontrar uma mistura desorganizada de garfos, facas, colheres, chaves inglesas, chaves de fenda, tomadas e martelos. No mínimo, provavelmente nos recusaríamos a comer com esses utensílios, mesmo que não faltassem garfos e facas. Poderíamos evitar vasculhar a gaveta desorganizada para procurar uma chave de fenda específica por causa do medo de sermos feridos por uma faca de açougueiro escondida.

Compare isso com a gaveta de uma cozinha em que os talheres estão perfeitamente organizados em garfos, facas e colheres, e uma caixa de ferramentas na garagem em que cada tipo de ferramenta tem uma gaveta própria bem organizada. Não teríamos nenhum problema em encontrar o que precisamos usar para uma finalidade específica, ou hesitar em colocá-lo para o uso pretendido. Tudo está bem arrumado e organizado. Com toda essa organização modular adequada, ninguém esperaria encontrar xícaras e pires na gaveta de talheres, embora ambos pertençam à cozinha. As pilhas bem arrumadas dos utensílios de mesa provavelmente nos levariam a crer que xícaras e pires têm um lugar apropriado. Bastaria dar uma olhada rápida nos armários óbvios ao redor, e eles estariam lá. Da mesma forma, esperaríamos encontrar talheres pontudos em um local em que supostamente as pontas devem ficar protegidas e também proteger aqueles que pretendem usá-los.

Por outro lado, provavelmente não organizaríamos o conteúdo da cozinha usando uma abordagem mecânica, como colocar todas as coisas resistentes em uma gaveta e todas as coisas que podem quebrar em um armário alto. Não queremos ter de lembrar que os vasos de flores são mantidos juntos das xícaras finas, apenas porque ambos são relativamente frágeis. Nem iríamos querer lembrar que mantemos o amaciador de carnes feito de aço inoxidável com os talheres finos só porque os dois tipos de instrumentos podem correr o risco de serem danificados por aqueles outros resistentes.

Se fôssemos modelar uma cozinha, seria perfeitamente natural ver um Módulo chamado `placesettings`, e nele iríamos querer ver objetos como `Fork`, `Spoon` e `Knife`. Possivelmente podemos até decidir colocar um `Serviette` aí também, desde que ele não seja feito de metal, que qualifica um objeto como parte do Módulo `placesettings`. Por outro lado, seria menos útil modelar talheres se tivéssemos Módulos separados chamados `pronged`, `scooping` e `blunt`.

Observe que os avanços mais recentes na modularização de softwares leva-ram a um nível diferente de modularidade de softwares. Essa abordagem tem a ver com o empacotamento de segmentos de baixo acoplamento, mas logica-mente coesos, de softwares em uma unidade de implantação por versão. Em um ecossistema Java, continuaríamos a pensar em termos de arquivos JAR, mas com aqueles agora agrupados pela versão usando, por exemplo, pacotes OSGi ou Módulos Java 8 Jigsaw. Assim, vários módulos de alto nível, suas versões e suas dependências podem ser gerenciados como pacotes/módulos. Esses tipos de Módulos/pacotes são um pouco diferentes dos Módulos DDD, mas eles podem se complementar mutuamente. Certamente faz sentido agru-par partes vagamente acopladas de um modelo de domínio em Módulos mais granulados de acordo com seus Módulos DDD. Afinal de contas, é o projeto acoplado de maneira flexível dos Módulos DDD que contribui para sua capaci-dade de empacotar com OSGi ou modularizar para Jigsaw.

Lógica Caubói

LB: "Você precisa perguntar-se como esse posto de gaso-lina mantém os banheiros tão arrumados e limpos."

AJ: "Agora, LB, um tornado poderia atingir esse banheiro e fazer melhorias de US$ 10.000."

Focalizaremos como Módulos DDD são utilizados. Pensar nos propósitos das Entidades, Objetos de Valor, Serviços e Eventos *específicos* de seu modelo é van-tajoso para o projeto de Módulos. Analisaremos exemplos do projeto Módulo cuidadosamente considerado.

Convenções Básicas de Nomeação de Módulos

No Java e C#, os nomes dos Módulos refletem uma forma hierárquica.[1] Cada nível na hierarquia é separado por um ponto. A hierarquia dos nomes geralmen-

---

1. Haverá algumas diferenças entre os pacotes Java e *namespaces* C#. Se você estiver desenvolvendo em C#, por exemplo, ainda pode usar isso como um guia, mas é recomendável adaptá-lo para que faça sentido para sua linguagem de programação e plataforma específicas.

te começa com o nome da organização que a produziu, composta pelo nome de domínio da Internet. Quando o nome de domínio da Internet é usado, geralmente ele começa com o domínio de nível superior, seguido pelo nome do domínio organizacional:

```
com.saasovation // Java
SaaSOvation // C#
```

Usar nomes únicos de nível superior evita que os espaços de nome entrem em conflito com os Módulos de terceiros que são empregados em seus projetos, ou aqueles que entram em conflito quando o seu é utilizado por outros. Se você tiver dúvidas sobre as convenções mais básicas, consulte o padrão.[2]

É muito provável que sua organização já tenha optado por uma convenção de nomeação de nível superior dos Módulos. É melhor ser consistente.

Convenções de Nomeação de Módulos para o Modelo

O próximo segmento do nome de Módulo identifica o Contexto Delimitado. Basear esse segmento no nome do Contexto Delimitado é uma boa escolha.

Eis como as equipes da SaaSOvation nomearam esses Módulos:

```
com.saasovation.identityaccess
com.saasovation.collaboration
com.saasovation.agilepm
```

Eles avaliaram o uso do seguinte, mas isso agregou pouco ou nenhum valor em comparação aos nomes anteriores dos Módulos. Mesmo se nomeassem o contexto de uma maneira exata, eles provavelmente produziriam um ruído desnecessário:

```
com.saasovation.identityandaccess
com.saasovation.agileprojectmanagement
```

Curiosamente, eles não utilizaram os nomes comerciais dos produtos (marcas) nos nomes dos Módulos. Nomes de marca podem mudar, e às vezes nomes de produtos têm pouca ou

---

2. http://java.sun.com/docs/books/jls/second_edition/html/packages.doc.html#26639 (em inglês).

nenhuma correlação direta com os Contextos Delimitados subjacentes. É mais importante identificar o contexto pelo nome, uma vez que é isso o que a equipe discute. O objetivo é refletir a
Linguagem Ubíqua. Se a equipe utilizasse os nomes a seguir, eles não iriam ajudá-la a alcançar
este objetivo:

```
com.saasovation.idovation
com.saasovation.collabovation
com.saasovation.projectovation
```

O primeiro nome de Módulo, com.saasovation.idovation, quase não tem nenhuma
correlação com o Contexto Delimitado. O segundo é quase o ideal. O terceiro nome é quase tão
deficiente quanto o primeiro, mas ligeiramente melhor. Pelo menos ele contém a palavra *project*.
Mas a equipe decidiu que esses nomes não tinham um mapa mental intuitivamente óbvio em
relação aos Contextos Delimitados representados. Além disso, se o marketing decidisse que
qualquer um dos nomes do produto precisasse mudar — possivelmente por causas de violação
de marca registrada ou incompatibilidades culturais —, esses nomes de Módulo estariam completamente obsoletos. Assim, a equipe optou pelo primeiro conjunto.

Em seguida, eles anexaram um qualificador importante. Ele identifica que o Módulo específico está no domínio:

```
com.saasovation.identityaccess.domain
com.saasovation.collaboration.domain
com.saasovation.agilepm.domain
```

Essa convenção é compatível com uma **Arquitetura em Camadas** (4) tradicional e uma **Arquitetura Hexagonal** (4). Hoje em dia, um sistema que usa Camadas geralmente irá gerenciá-las usando um estilo de injeção Hexagonal. Com
Hexagonal você tem uma parte "interna" da aplicação, o que inclui a parte do
domínio. Isso será semelhante a outros estilos arquitetônicos.

O compartimento do domain pode não ter interfaces/classes e servir apenas
como um contêiner para Módulos de nível inferior. Eis o próximo nível abaixo:

```
com.saasovation.identityaccess.domain.model
com.saasovation.collaboration.domain.model
com.saasovation.agilepm.domain.model
```

É aqui que as classes do modelo começam a ser definidas. Esse nível de pacote
pode conter interfaces e classes abstratas reutilizáveis.

A SaaSOvation preferiu inserir nesse Módulo interfaces comuns, como aquelas que foram utilizadas para publicação de eventos, e classes base abstratas para Entidades e Objetos de Valor:

```
ConcurrencySafeEntity
DomainEvent
DomainEventPublisher
DomainEventSubscriber
DomainRegistry
Entity
IdentifiedDomainObject
IdentifiedValueObject
```

Se você preferir o estilo de inserir Serviços de Domínio fora do Módulo `domain.model`, crie um par para ele:

```
com.saasovation.identityaccess.domain.service
com.saasovation.collaboration.domain.service
com.saasovation.agilepm.domain.service
```

Não é um requisito inserir aqui os Serviços de Domínio. Estão disponíveis se você considerar que são uma espécie de minicamada de serviço de granulação média acima do modelo, ou um anel em torno dele [Evans, p. 108, "Granularidade"]. Mas esteja ciente de que essa abordagem pode levar rapidamente a um **Modelo de Domínio Anêmico**, que é discutido em **Serviços (7)**.

Se você não dividir o modelo e serviços em dois pacotes, é possível descartar o Módulo do modelo e apenas inserir todos os Módulos do `model` diretamente sob o domínio:

```
com.saasovation.identityaccess.domain.conceptname
```

Isso elimina um nível que pode parecer redundante. Mas o que acontece se mais tarde você decidir inserir alguns Serviços de Domínio em um submódulo `domain.service`? Nesse ponto, você provavelmente ficaria muito desapontado por não ter conseguido criar um submódulo `domain.model`.

Mas há uma influência ainda mais importante de nomeação a considerar. Lembre-se de que nós não desenvolvemos um domínio. O **Domínio (2)** é um reino do *know-how* da empresa em que você trabalha. O que podemos projetar e implementar é um *modelo de um domínio*. Assim, ao nomear o Módulo final do modelo, `domain.model` parece mais apropriado. Mas isso é a escolha de sua equipe.

Módulos do Contexto de Gerenciamento Ágil de Projetos

O **Domínio Básico** atual (2) da SaaSOvation é o *Contexto de Gerenciamento Ágil de Projetos,* portanto faz sentido ver como seus Módulos são projetados.

A equipe do ProjectOvation escolheu três Módulos de nível superior: `tenant`, `team` e `product`. Eis o primeiro:

```
com.saasovation.agilepm.domain.model.tenant
    <<value object>> TenantId
```

Seu conteúdo é um Objeto de Valor simples, `TenantId`, que contém a identidade única de um inquilino específico, que se origina no *Contexto de Identidade e Acesso.* No caso desse Módulo, quase todos os outros no modelo dependerão dele. É essencial segregar um dos objetos do inquilino de outro. Mas a dependência é acíclica. O Módulo `tenant` não depende dos outros.

O Módulo `team` contém Agregados e um Serviço de Domínio que é usado para gerenciar as equipes de produto:

```
com.saasovation.agilepm.domain.model.team
    <<service>> MemberService
    <<aggregate root>> ProductOwner
    <<aggregate root>> Team
    <<aggregate root>> TeamMember
```

Há três Agregados e uma interface do Serviço de Domínio. A classe `Team` contém uma instância `ProductOwner` e algumas instâncias de `TeamMember` em uma coleção. As instâncias de `ProductOwner` e `TeamMember` são criadas pelo `MemberService`. Todas as três Entidades Raiz do Agregado referenciam `TenantId` do Módulo `tenant`:

```
package com.saasovation.agilepm.domain.model.team;
import com.saasovation.agilepm.domain.model.tenant.TenantId;
public class Team extends ConcurrencySafeEntity {
    private TenantId tenantId;
    ...
}
```

O `MemberService` é um front-end para uma **Camada Anticorrupção (3)** que sincroniza os membros da equipe de produto com os papéis e as identidades do *Contexto de Identidade e Acesso.* A sincronização acontece no segundo plano, fora da banda com solicitações regulares de usuário. Esse Serviço é proativo, criando membros à medida que eles são inscritos no Contexto remoto. Com o tempo a sincronização torna-se consistente com o sistema remoto, mas tem apenas um período curto de tempo de atraso a partir das mudanças reais que ocorrem remotamente. Ele também atualiza os detalhes dos membros, como nomes e endereços de e-mail, conforme necessário.

O *Contexto de Gerenciamento Ágil de Projetos* tem um Módulo pai chamado `product` e três filhos:

```
com.saasovation.agilepm.domain.model.product
    <<aggregate root>> Product
    ...
    com.saasovation.agilepm.domain.model.product.backlogitem
        <<aggregate root>> BacklogItem
        ...
    com.saasovation.agilepm.domain.model.product.release
        <<aggregate root>> Release
        ...
    com.saasovation.agilepm.domain.model.product.sprint
        <<aggregate root>> Sprint
        ...
```

É aqui que a modelagem do núcleo do Scrum reside. Aqui você encontrará os Agregados `Product`, `BacklogItem`, `Release` e `Sprint`. Veremos em **Agregados (10)** por que os conceitos são modelados como Agregados separados.

A equipe gostou de como os Módulos são naturalmente lidos pela Linguagem Ubíqua: "produto", "item de backlog de produto", "lançamento de produto" e "sprint de produto".

Com bem poucos Agregados estreitamente relacionados — somente quatro —, por que a equipe não inseriu todos os quatro no Módulo do `product`? Não são mostradas aqui todas as outras partes do Agregado, como a Entidade `Product-BacklogItem` contida por `Product`, a Entidade `Task` contida por `BacklogItem`, o `ScheduledBacklogItem` contido por `Release` e o `CommittedBacklogItem` contido por `Sprint`. Há outras Entidades e Objetos de Valor mantidos por cada tipo de Agregado. Também há alguns Eventos de Domínio publicados por alguns Agregados. No final das contas, inserir cerca de 60 classes e interfaces em um único Módulo o tornaria muito cheio, dando a nítida impressão de desorganização. A equipe optou pela organização em relação a preocupações de acoplamento ao longo dos Módulos.

Como `ProductOwner`, `Team` e `TeamMember`, todos os tipos de Agregado `Product`, `BacklogItem`, `Release` e `Sprint` referenciam `TenantId`. E há dependências adicionais. **Considere** `Product`:

```
package com.saasovation.agilepm.domain.model.product;

import com.saasovation.agilepm.domain.model.tenant.TenantId;

public class Product extends ConcurrencySafeEntity {
    private ProductId productId;
    private TeamId teamId;
    private TenantId tenantId;
    ...
}
```

Além disso, analise `BacklogItem`:

```
package com.saasovation.agilepm.domain.model.product.backlogitem;

import com.saasovation.agilepm.domain.model.tenant.TenantId;

public class BacklogItem extends ConcurrencySafeEntity {
    private BacklogItemId backlogItemId;
    private ProductId productId;
    private TeamId teamId;
    private TenantId tenantId;
    ...
}
```

As referências a `TenantId` e `TeamId` são dependências acíclicas; elas entram em uma única direção. Mas, embora a referência a `BacklogItem` `ProductId` pareça formar uma dependência acíclica entre o Módulo `backlogItem` e `product`, ela na verdade é bidirecional. Cada `Product` serve como uma Fábrica para criar instâncias de `BacklogItem` (e `Release` e `Sprint`). Assim, as dependências são bidirecionais. Mas os três submódulos são filhos do `product`, e podemos flexibilizar um pouco as regras das dependências. Aqui, a compensação é força organizacional em relação ao acoplamento. Mais uma vez, `BacklogItem`, `Release`, e `Sprint` são conceitos filhos naturais e esperados do `Product`, portanto não faz muito sentido tentar dividir esses conceitos para além dos limites do Agregado.

Mas a equipe não poderia ter alcançado baixo acoplamento entre esses elementos por meio da utilização de um tipo de identidade genérica, em que `BacklogItem`, `Release` e `Sprint` fariam referência a seu `Product` de uma maneira não vinculante?

```
public class BacklogItem extends ConcurrencySafeEntity {
    private Identity backlogItemId;
    private Identity productId;
    private Identity teamId;
    private Identity tenantId;
    ...
}
```

É verdade que a equipe poderia ter alcançado um acoplamento mais baixo. No entanto, isso também abriria a possibilidade de erros no código em que cada tipo de `Identity` não poderia ser diferenciado de outros.

O *Contexto de Gerenciamento Ágil de Projetos* continuará a evoluir. A SaaSOvation planeja suportar outras abordagens e ferramentas ágeis. Fazer isso no mínimo impactará os Módulos atuais e levará à criação de novos, mas provavelmente também influenciará as alterações nos Módulos existentes. A equipe, tendo uma mentalidade ágil, estava comprometida com a refatoração dos Módulos com a "devida diligência".

A seguir vamos considerar como os Módulos são utilizados em outros locais por meio do código-fonte do sistema.

Módulos em Outras Camadas

Independentemente da **Arquitetura (4)** que você escolhe, você sempre terá de criar e nomear os Módulos dos componentes não relacionados ao modelo de sua arquitetura. Aqui discutiremos algumas opções para uma **Arquitetura em Camadas** convencional **(4)**, mas aquelas que podem ser aplicadas com outros estilos arquitetônicos.

Em uma Arquitetura em Camadas típica usada por uma aplicação que ostenta um modelo de domínio, você empilharia as camadas da seguinte forma: Interface do Usuário, Aplicação, Domínio, Infraestrutura. Dependendo dos tipos de componentes em cada camada, como determinado pelas necessidades de sua aplicação, os Módulos dentro de cada camada irão variar.

Para começar, considere a **Camada da Interface do Usuário (14)** e o efeito de suportar recursos RESTful. É possível que os recursos sejam utilizados para atender a uma interface gráfica com o usuário e clientes do sistema, produzindo um estado representacional em XML, JSON, e HTML. Mas, se for preciso suportar uma GUI, recursos RESTful não criarão e não devem criar representações que incluem o layout de apresentação. Em vez disso, eles só produzem representações simples em uma variedade de formatos de marcação (XML, HTML) e serialização (XML, JSON, Protocol Buffers). Todos os layouts gráficos aos quais qualquer um dos estados representacionais pode estar sujeito no cliente virão de um canal diferente. Portanto, na camada da interface do usuário que suporta REST você pode optar por ter pelo menos dois Módulos que poderiam ser chamados assim:

```
com.saasovation.agilepm.resources
com.saasovation.agilepm.resources.view
```

Recursos REST são mantidos no pacote de `resources`. Considerações puras de apresentação são fornecidas por componentes no subpacote de `view` (ou

presentation, se você preferir). Dependendo do número de recursos baseados em REST que o sistema requer, você pode ter alguns submódulos sob cada
Módulo primário. Tendo em mente que uma classe de provedor de recursos pode
suportar vários URIs, você pode ter um número de classes provedoras de recursos pequeno o suficiente para manter todas no Módulo primário. Se é ou não
necessário modularizá-las ainda mais é uma decisão fácil de tomar depois que
você determina seus requisitos reais de recursos.

A Camada de Aplicação pode ter outros Módulos, que podem consistir em
um único por tipo de serviço:

```
com.saasovation.agilepm.application.team
com.saasovation.agilepm.application.product
...
com.saasovation.agilepm.application.tenant
```

Similar aos princípios de projeto dos recursos do serviço RESTful, os serviços na
camada de aplicação só são divididos em submódulos se isso ajudar. No *Contexto de Identidade e Acesso,* por exemplo, existem apenas alguns Serviços de
Aplicação, e a equipe optou por deixá-los no Módulo principal:

```
com.saasovation.identityaccess.application
```

Talvez você prefira um projeto mais modularizado. Isso também seria bom.
Quando você tem mais do que alguns serviços, talvez mais ou menos meia dúzia,
provavelmente ajudará se você modularizar esses Módulos mais cuidadosamente.

Módulo Antes do Contexto Delimitado

Temos que considerar cuidadosamente a necessidade percebida de dividir objetos coesos do modelo de domínio em modelos separados, ou mantê-los juntos.
Às vezes, a linguística do domínio real e atual cairá em seu colo, e outras vezes a
terminologia será confusa. Nos casos em que a terminologia é confusa e não fica
claro se os limites contextuais devem ser criados, primeiro considere a possibilidade de mantê-los juntos. Essa abordagem usará o limite mais fino do Módulo
para separar, em vez de um mais espesso do Contexto Delimitado.

Isso não quer dizer que raramente usamos múltiplos Contextos Delimitados.
Limites entre os modelos são claramente justificados, como a linguística exige.
Você deve afastar a ideia de que esses Contextos Delimitados não devem ser
usados como um substituto a Módulos. Use Módulos para modularizar objetos
coesos do domínio, e para separar aqueles que não são coesos ou menos coesos.

Resumo

Acabamos de avaliar a modularização do modelo de domínio, por que ela é importante e como ela é feita.

- Você observou a diferença entre os Módulos tradicionais e a abordagem da modularidade de implantação mais recente.

- Você entendeu a importância de nomear Módulos de acordo com a Linguagem Ubíqua.

- Você viu que projetar Módulos incorretamente, até mesmo de maneira mecânica, na verdade sufoca a criatividade da modelagem.

- Você avaliou como os Módulos do *Contexto de Gerenciamento Ágil de Projetos* foram criados e por que certas escolhas foram feitas.

- Você recebeu alguma orientação útil sobre Módulos nas áreas do sistema fora do modelo.

- Por fim, você recebeu alguns lembretes sobre como avaliar o uso dos Módulos, em vez de criar novos Contextos Delimitados, a menos que a linguística dite a divisão menos refinada.

A seguir examinaremos seriamente uma das ferramentas de modelagem menos compreendidas do DDD, Agregados.

Capítulo 10

Agregados

> *O universo é construído em torno de um agregado de objetos*
> *permanentes conectados por relações causais que são independentes do*
> *indivíduo e são inseridas no espaço e tempo objetivos.*
> —Jean Piaget

Agrupar **Entidades (5)** e **Objetos de Valor (6)** em um **Agregado** com um limite de consistência cuidadosamente criado pode à primeira vista parecer um trabalho rápido, mas entre todas as orientações táticas do DDD, esse padrão é um dos menos compreendidos.

Roteiro do Capítulo

- Junto com a SaaSOvation, experimente as consequências negativas da modelagem inadequada de Agregados.
- Aprenda a projetar pelas *Regras Práticas dos Agregados* como um conjunto de diretrizes das melhores práticas.
- Entenda como modelar invariantes reais nos limites da consistência de acordo com regras reais do negócio.
- Considere as vantagens de projetar pequenos Agregados.
- Veja por que você deve projetar Agregados para referenciar outros Agregados por identidade.
- Descubra a importância do uso da *consistência futura* fora do limite dos Agregados.
- Aprenda técnicas de implementação de Agregados, incluindo "Diga, não pergunte" e Lei de Demeter.

Para começar, ajuda se você considerar algumas perguntas comuns. Um Agregado é apenas uma maneira de *agrupar* um gráfico de objetos estreitamente relacionados sob um pai comum? Se for, há um limite prático para o número de objetos que podem residir no gráfico? Já que uma instância de Agregado pode referenciar outras instâncias de Agregado, será que podemos navegar profundamente pelas associações, modificando vários objetos ao longo do caminho? E o que é esse conceito de *invariantes* e *limite de consistência*? A resposta a essa última pergunta é que influencia significativamente as respostas às outras perguntas.

Existem várias maneiras de modelar Agregados incorretamente. Podemos cair na armadilha de projetar por conveniência composicional e torná-los muito grandes. Na outra extremidade do espectro podemos remover todos os Agregados e, como resultado, não conseguir proteger as invariantes reais. Como veremos, é fundamental evitar os dois extremos e, em vez disso, prestar atenção às regras do negócio.

Usando Agregados no Domínio Básico Scrum

Analisaremos em detalhes como Agregados são usados pela SaaSOvation e, especificamente, no *Contexto do Gerenciamento Ágil de Projetos* da aplicação chamado ProjectOvation. Ele vem depois do modelo tradicional de gerenciamento de projetos Scrum, completo com produto, proprietário de produto, equipe, itens de backlog, lançamentos planejados e sprints. Se você pensar no Scrum em sua forma mais rica, que é para onde o ProjectOvation se encaminha, isso é um domínio conhecido para a maioria de nós. A terminologia do Scrum constitui o ponto de partida da **Linguagem Ubíqua (1)**. Como é uma aplicação baseada em assinatura que é hospedada usando o modelo de software como serviço (SaaS), cada organização inscrita é registrada como um *inquilino (tenant)*, um outro termo de nossa Linguagem Ubíqua.

A empresa reuniu um grupo de especialistas e desenvolvedores talentosos em Scrum. Mas como a experiência deles com DDD é um pouco limitada, a equipe cometerá alguns erros com o DDD à medida que ela galga uma difícil curva de aprendizagem. Eles crescerão aprendendo com suas experiências com Agregados, e nós também. Seus esforços podem nos ajudar a reconhecer e mudar situações desfavoráveis semelhantes que criamos em nosso próprio software.

Os conceitos desse Domínio, juntamente com os requisitos de desempenho e escalabilidade, são mais complexos do que qualquer outro que a equipe já enfrentou no **Domínio Básico (2)** inicial, o *Contexto de Colaboração*. Para resolver essas questões, uma das ferramentas táticas do DDD que eles utilizarão é Agregados.

Como a equipe deve escolher os melhores grupos de objetos? O padrão de Agregado discute a composição e faz alusão ao ocultamento de informações, que eles sabem como alcançar. Ele também discute transações e limites de consistência, mas eles não estavam muito preocupados com isso. O mecanismo de persistência que a equipe escolheu ajudará a gerenciar execuções atômicas dos dados. Mas isso foi um mal-entendido fundamental da orientação do padrão que fez com eles regredissem. Eis o que aconteceu. A equipe considerou as seguintes declarações na Linguagem Ubíqua:

- Produtos têm itens de backlog, lançamentos e sprints.
- Novos itens de backlog do produto estão planejados.

- Novos lançamentos do produto estão agendados.
- Novos sprints do produto estão agendados.
- Um item de backlog planejado pode estar programado para ser lançado.
- Um item de backlog agendado pode ser alocado em um sprint.

A partir desses, eles imaginaram um modelo e fizeram sua primeira tentativa de projeto. Vejamos o resultado.

Primeira Tentativa: Agregado de Grandes Grupos

A equipe colocou muita importância nas palavras que *Produtos têm* na primeira declaração, o que influenciou sua tentativa inicial de projetar Agregados para esse domínio.

Isso soava para alguns como composição, que os objetos precisavam estar interconectados como um gráfico de objetos. Agrupar esses ciclos de vida dos objetos foi considerado muito importante. Como resultado, os desenvolvedores adicionaram as seguintes regras de consistência à especificação:

- Se um item de backlog estiver alocado a um sprint, não devemos permitir que ele seja removido do sistema.
- Se um sprint tiver itens de backlog alocados, não devemos permitir que ele seja removido do sistema.
- Se um lançamento tiver itens de backlog agendados, não devemos permitir que ele seja removido do sistema.
- Se um item de backlog estiver agendado para lançamento, não devemos permitir que ele seja removido do sistema.

Como resultado, `Product` foi primeiro modelado como um Agregado muito grande. O objeto Raiz, `Product`, contém todas as instâncias de `BacklogItem`, todas as instâncias de `Release` e todas as instâncias de `Sprint` associadas com ele. O projeto da interface protegeu todas as partes contra remoção inadvertida pelo cliente.

Esse projeto é mostrado no código a seguir, e como um diagrama UML na Figura 10.1:

```
public class Product extends ConcurrencySafeEntity   {
    private Set<BacklogItem> backlogItems;
    private String description;
    private String name;
    private ProductId productId;
    private Set<Release> releases;
```

```
    private Set<Sprint> sprints;
    private TenantId tenantId;
    ...
}
```

O grande Agregado parecia atraente, mas ele não era verdadeiramente prático. Depois que a aplicação estava em execução no ambiente multiusuário pretendido, ela começou a passar regularmente por falhas transacionais. Vamos analisar mais de perto alguns padrões de uso pelo cliente e como eles interagem com nosso modelo de solução técnica. Nossas instâncias de Agregado empregam a concorrência otimista para proteger objetos persistentes contra modificações sobrepostas e simultâneas por diferentes clientes, evitando assim o uso de bloqueios de banco de dados. Como discutido em **Entidades** (5), objetos contêm um número de versão que é incrementado quando alterações são feitas e verificadas antes de serem salvas no banco de dados. Se a versão no objeto persistido for maior do que a versão na cópia do cliente, esta é considerada obsoleta e as atualizações são rejeitadas.

Considere um cenário de uso comum simultâneo de multicliente:

- Dois usuários, Bill e Joe, visualizam o mesmo `Product` marcado como versão 1 e começam a trabalhar nele.

- Bill planeja um novo `BacklogItem` e o confirma. A versão do `Product` é incrementada para 2.

- Joe agenda um novo `Release` e tenta salvar, mas sua confirmação falha porque se baseava na versão 1 do `Product`.

Mecanismos de persistência são usados dessa maneira geral para lidar com a concorrência.[1] Se você argumentar que as configurações padrão de concorrência podem ser alteradas, guarde seu veredicto por mais algum tempo. Essa abordagem é realmente importante para proteger invariantes de Agregado contra mudanças simultâneas.

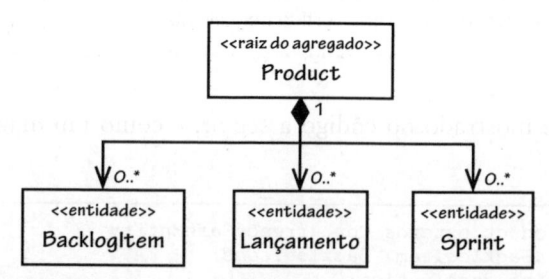

Figura 10.1   `Product` modelado como um grande Agregado

---

1. Por exemplo, o Hibernate fornece concorrência otimista dessa maneira. O mesmo pode ser verdade para um armazenamento de chave-valor porque todo o Agregado é frequentemente serializado como um valor, a menos que projetado para salvar as partes compostas separadamente.

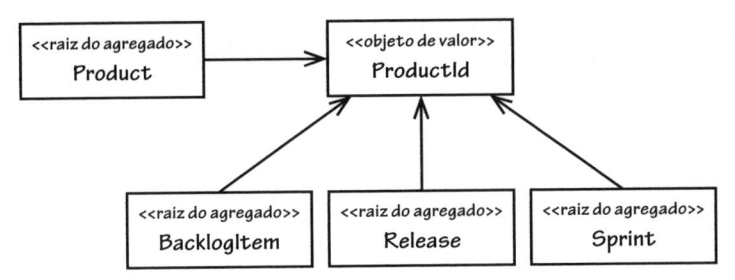

Figura 10.2 `Products` e conceitos relacionados são modelados como tipos de Agregado separados.

Esses problemas de consistência surgiram apenas com dois usuários. Adicione mais usuários, e você tem um problema muito grande. Com o Scrum, múltiplos usuários costumam fazer esse tipo de modificação sobreposta durante a reunião de planejamento do sprint e na execução deste. Fazer sempre falhar todas as solicitações exceto uma é completamente inaceitável.

Nada sobre o planejamento de um novo item de backlog deve interferir logicamente no agendamento de uma nova versão! Por que a confirmação de Joe falha? No cerne da questão, o Agregado de grandes grupos foi projetado com falsas invariantes em mente, não com regras reais do negócio. Essas falsas invariantes são restrições artificiais impostas pelos desenvolvedores. Há outras maneiras de a equipe evitar a remoção inadequada sem ser arbitrariamente restritiva. Além de gerar problemas transacionais, o projeto também tem inconvenientes de desempenho e escalabilidade.

Segunda Tentativa: Múltiplos Agregados

Agora considere um modelo alternativo, como mostrado na Figura 10.2, em que existem quatro Agregados distintos. Cada uma das dependências é associada por inferência usando um `ProductId` comum, que é a identidade de `Product` considerado o pai dos outros três.

Dividir o único grande Agregado em quatro mudará alguns dos contratos do método em `Product`. Com o projeto de Agregados de grandes grupos, as assinaturas de método se pareceriam com isto:

```
public class Product ... {
    ...
    public void planBacklogItem(
        String aSummary, String aCategory,
        BacklogItemType aType, StoryPoints aStoryPoints) {
            ...
    }
    ...
    public void scheduleRelease(
        String aName, String aDescription,
```

```
        Date aBegins, Date anEnds) {
            ...
    }

    public void scheduleSprint(
        String aName, String aGoals,
        Date aBegins, Date anEnds) {
            ...
    }
    ...
}
```

Todos esses métodos são comandos **CQS** [Fowler, CQS]; isto é, eles modificam o estado do `Product` adicionando o novo elemento a uma coleção, de modo que eles tenham um tipo de retorno `void`. Mas com o projeto de múltiplos Agregados, temos:

```
public class Product ... {
    ...
    public BacklogItem planBacklogItem(
        String aSummary, String aCategory,
        BacklogItemType aType, StoryPoints aStoryPoints) {
            ...
    }

    public Release scheduleRelease(
        String aName, String aDescription,
        Date aBegins, Date anEnds) {
            ...
    }

    public Sprint scheduleSprint(
        String aName, String aGoals,
        Date aBegins, Date anEnds) {
            ...
    }
    ...
}
```

Esses métodos reprojetados têm um contrato de consulta CQS e funcionam como **Fábricas (11)**; isto é, cada um cria uma nova instância de Agregado e retorna uma referência a ela. Agora, quando um cliente quer planejar um item de backlog, o **Serviço de Aplicação** transacional **(14)** deve fazer o seguinte:

```
public class ProductBacklogItemService ... {
    ...
    @Transactional
    public void planProductBacklogItem(
```

```
        String aTenantId, String aProductId,
        String aSummary, String aCategory,
        String aBacklogItemType, String aStoryPoints) {

    Product product =
        productRepository.productOfId(
                new TenantId(aTenantId),
                new ProductId(aProductId));

    BacklogItem plannedBacklogItem =
        product.planBacklogItem(
                aSummary,
                aCategory,
                BacklogItemType.valueOf(aBacklogItemType),
                StoryPoints.valueOf(aStoryPoints));

    backlogItemRepository.add(plannedBacklogItem);
    }
    ...
}
```

Assim resolvemos o problema da falha da transação *modelando fora*. Quaisquer instâncias de `BacklogItem`, `Release` e `Sprint` agora podem ser criadas com segurança por meio de solicitações simultâneas dos usuários. Isso é muito simples.

Mas mesmo com as vantagens transacionais claras, os quatro Agregados menores são menos convenientes do ponto de vista do consumo pelo cliente. Talvez em vez disso fosse possível ajustar o grande Agregado para eliminar os problemas de concorrência. Definindo a opção de `optimistic-lock` do mapeamento do Hibernate como `false`, fazemos com que o efeito dominó da falha da transação desapareça. Não há nenhuma invariante no número total de instâncias de `BacklogItem`, `Release` ou `Sprint` criadas, então por que não apenas permitir que as coleções aumentem de tamanho ilimitadamente e ignorem essas modificações específicas no `Product`? Qual seria o custo adicional de manter o Agregado de grandes grupos? O problema é que o tamanho dele poderia aumentar descontroladamente. Antes de uma análise minuciosa do motivo, vamos considerar a dica mais importante de modelagem que a equipe da SaaSOvation necessitava.

Regra: Invariantes Reais do Modelo nos Limites da Consistência

Ao tentar descobrir os Agregados em um **Contexto Delimitado (2)**, devemos entender as invariantes reais do modelo. Somente com esse conhecimento podemos determinar quais objetos devem ser agrupados em um dado Agregado.

Uma invariante é uma regra de negócio que sempre deve ser consistente. Há diferentes tipos de consistência. Um deles é *a consistência transacional,*

que é considerada imediata e atômica. Há também a *consistência futura.*
Ao discutir invariantes, estamos nos referindo à consistência transacional.
Podemos ter a invariante

```
c = a + b
```

Portanto, quando a é 2 e b é 3, c deve ser 5. De acordo com essa regra e condições, se c for tudo, exceto 5, uma invariante de sistema é violada. Para assegurar que c é consistente, projetamos um limite em torno desses atributos específicos do modelo:

```
AggregateType1 {

    int a;

    int b;

    int c;

    operations ...

}
```

O limite de consistência afirma logicamente que tudo dentro segue um conjunto específico de regras invariantes do negócio independentemente de quais operações são executadas. A consistência de tudo fora desse limite é irrelevante para o Agregado. Assim, *Agregado* é sinônimo de *limite de consistência transacional.* (Nesse exemplo limitado, `AggregateType1` tem três atributos do tipo `int`, mas qualquer Agregado pode conter atributos de vários tipos).

Ao empregar um mecanismo de persistência típico, usamos uma única transação[2] para gerenciar a consistência. Quando a transação é confirmada, tudo dentro de um limite deve ser consistente. *Um Agregado apropriadamente projetado é tal que pode ser modificado da forma exigida pelo negócio com suas invariantes completamente consistentes em uma única transação.* E, em todos os casos, um Contexto Delimitado adequadamente projetado modifica uma única instância de Agregado por transação. Mais ainda, *não podemos pensar corretamente no projeto do Agregado sem aplicar uma análise transacional.*

Limitar as modificações a uma instância de Agregado por transação pode soar excessivamente rigoroso. Mas é uma regra geral e deve ser o objetivo na maioria dos casos. Ela resolve precisamente a questão do uso de Agregados.

---

2. A transação pode ser tratada por uma **Unidade de Trabalho** [Fowler, P of EAA].

Hora do Quadro Branco

- Liste no quadro branco todos os Agregados de grandes grupos em seu sistema.

- Crie uma nota ao lado de cada um desses Agregados sobre a razão por que ele é um grupo grande e potenciais problemas gerados por seu tamanho.

- Ao lado dessa lista, nomeie quaisquer Agregados que são modificados na mesma transação com outros.

- Crie uma nota ao lado de cada um desses Agregados se as invariantes verdadeiras ou falsas causaram a formação de limites de Agregados mal projetados.

O fato de que Agregados devem ser projetados com um foco na consistência implica que a interface do usuário deve concentrar-se em cada solicitação para executar um único comando apenas em uma instância do Agregado. Se as solicitações do usuário tentarem alcançar muitas coisas, a aplicação será forçada a modificar múltiplas instâncias de uma só vez.

Portanto, os Agregados são principalmente limites de consistência e não são impulsionados por um desejo de projetar gráficos de objeto. Algumas invariantes do mundo real serão mais complexas do que isso. Mesmo assim, tipicamente invariantes serão menos exigentes em nossos esforços de modelagem, tornando possível *projetar pequenos Agregados*.

Regra: Projete Pequenos Agregados

Podemos agora tratar detalhadamente esta questão: Qual seria o custo adicional de manter o Agregado de grandes grupos? Mesmo se garantíssemos que cada transação seria bem-sucedida, um grande grupo ainda limitaria o desempenho e a escalabilidade. Depois que a SaaSOvation desenvolver seu mercado, ele trará muitos inquilinos. À medida que cada inquilino começar a utilizar maciçamente o ProjectOvation, a SaaSOvation hospedará mais e mais projetos, e os artefatos de gerenciamento veem juntos com eles. Isso resultará em um grande número de produtos, itens de backlog, lançamentos, sprints e outros. Desempenho e escalabilidade são requisitos não funcionais que não podem ser ignorados.

Mantendo o desempenho e a escalabilidade em mente, o que acontece quando um usuário de um inquilino quer adicionar um único item de backlog a um produto, um com vários anos de idade e que já tem milhares de itens de backlog? Suponha um mecanismo de persistência capaz de carregamento sob demanda (*lazy load*) (Hibernate). Quase nunca carregamos todos os itens de backlog, lançamentos e sprints de uma só vez. Mas milhares de itens de backlog seriam carregados na memória apenas para adicionar um novo elemento à já grande coleção. É pior se um mecanismo de persistência não suportar o carregamento sob demanda (*lazy load*). Mesmo levando a memória em consideração, às vezes teríamos de carregar múltiplas coleções, como ao agendar um item de backlog para lançamento ou alocar um em um sprint; todos os itens de backlog e todos os lançamentos ou todos os sprints seriam carregados.

Para ver isso claramente, analise o diagrama na Figura 10.3 que contém a composição ampliada. *Não deixe que o 0.. * o engane; o número de associações quase nunca será zero e continuará a crescer ao longo do tempo.* Provavelmente precisaríamos carregar milhares e milhares de objetos na memória de uma só vez apenas para executar aquilo que deveria ser uma operação relativamente básica. Isso é apenas para um único membro da equipe de um único inquilino em um único produto. Precisamos ter em mente que tudo isso pode acontecer de uma só vez com centenas ou milhares de inquilinos, cada um com múltiplas equipes e muitos produtos. E ao longo do tempo a situação só vai piorar.

Esse Agregado de grandes grupos nunca terá bom desempenho nem será escalonável. É mais provável que ele se torne um pesadelo levando apenas ao fracasso. Ele é deficiente desde o início porque as invariantes falsas e um desejo por conveniência composicional orientaram o projeto, em detrimento do sucesso transacional, desempenho e escalabilidade.

Se projetarmos pequenos Agregados, o que significa "pequeno"? O extremo seria um Agregado apenas com uma identidade globalmente única e um atributo

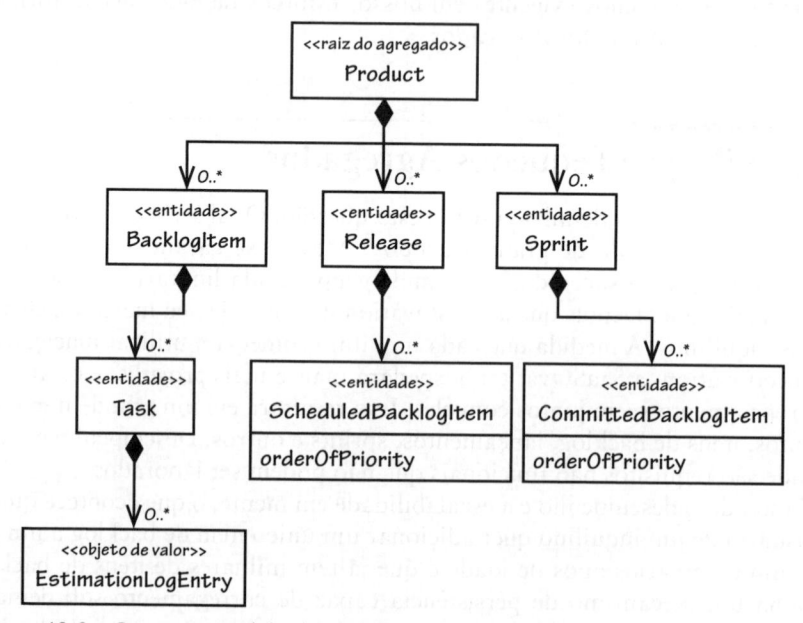

Figura 10.3   Com este modelo de Product, várias coleções grandes são carregadas durante muitas operações básicas.

adicional, o que *não* é recomendado (a menos que seja realmente o que um Agregado específico requer). Em vez disso, limite o Agregado apenas à Entidade Raiz e a um número mínimo de atributos e/ou propriedades de valores tipados.[3] O mínimo correto é, porém, quantas forem necessárias, não mais.

Quais são necessários? A resposta simples é: aqueles que devem ser consistentes com os outros, mesmo que especialistas em domínio não os especifiquem como regras. Por exemplo, `Product` tem os atributos `name` e `description`. Não podemos imaginar `name` e `description` sendo inconsistentes, modelados em Agregados separados. Ao alterar `name`, você provavelmente também altera `description`. Se você alterar um e não o outro, provavelmente é porque você está corrigindo um erro de ortografia ou tornando `description` mais apropriado para `name`. Embora especialistas em domínio provavelmente não pensarão nisso como uma regra de negócio explícita, é uma regra implícita.

E se você achar que deve modelar uma parte contida como uma Entidade? Primeiro pergunte se essa parte precisa mudar ao longo do tempo, ou se ela pode ser totalmente substituída quando a alteração é necessária. Os casos em que instâncias podem ser completamente substituídas apontam para a utilização de um Objeto de Valor, em vez de uma Entidade. Às vezes partes da Entidade são necessárias. Mas se examinarmos esse exercício de projeto individualmente, muitos conceitos modelados como Entidades podem ser refatorados para Objetos de Valor. Optar por tipos de Valor com partes do Agregado não significa que o Agregado seja imutável, uma vez que a própria Entidade Raiz sofre mutação quando uma de suas propriedades de Valor tipado é substituída.

Há vantagens importantes em limitar as partes internas a Valores. Dependendo de seu mecanismo de persistência, os Valores podem ser serializados com a Entidade Raiz, enquanto Entidades podem exigir armazenamento separadamente monitorado. A sobrecarga é maior com partes da Entidade, por exemplo, quando joins SQL são necessárias para lê-las usando o Hibernate. Ler uma única linha da tabela de banco de dados é muito mais rápido. Objetos de Valor são menores e mais seguros de usar (menos erros). Devido à imutabilidade, é mais fácil que os testes de unidade comprovem sua exatidão. Essas vantagens são discutidas em **Objetos de Valor (6)**.

Em um projeto para o setor de derivativos financeiros usando o Qi4j [Öberg], Niclas Hedhman[4] informou que sua equipe foi capaz de projetar aproximadamente 70% de todos os Agregados com apenas uma Entidade Raiz contendo algumas propriedades de Valor tipado. Os 30% restantes tinham apenas um total de duas a três Entidades. Isso não indica que todos os modelos de domínio terão uma divisão de 70/30. Isso indica que uma porcentagem alta dos Agregados pode limitar-se a uma única Entidade, a Raiz.

---

3. A propriedade do Valor tipado é um atributo que contém uma referência a um Objeto de Valor. Diferencio isso de um atributo simples como uma string ou tipo numérico, da mesma maneira como Ward Cunningham distingue ao descrever **Valor Total** [Cunningham, Whole Value].

4. Ver também www.jroller.com/niclas/ (em inglês).

A discussão de [Evans] sobre Agregados dá um exemplo em que ter múltiplas Entidades faz sentido. O pedido de compra recebe um total máximo permissível, e a soma de todos os itens de linha não deve ultrapassar o total. A regra torna-se difícil de aplicar quando múltiplos usuários simultaneamente adicionam itens de linha. Qualquer adição não deve exceder o limite, mas adições simultâneas por múltiplos usuários podem fazer isso coletivamente. Não vou repetir a solução aqui, mas quero enfatizar que na maioria das vezes as invariantes dos modelos de negócio são mais simples de gerenciar do que esse exemplo. Reconhecer isso ajuda a modelar os Agregados com o menor número possível de propriedades.

Agregados menores não apenas têm melhor desempenho e são escalonáveis, eles também têm uma tendência ao sucesso transacional, significando que conflitos que evitam uma confirmação são raros. Isso torna um sistema mais utilizável. Frequentemente seu domínio não terá restrições reais de invariantes que o levam a situações em que o projeto será uma grande composição. Portanto, é simplesmente inteligente limitar o tamanho do Agregado. Ao encontrar ocasionalmente uma regra real de consistência, adicione mais algumas Entidades, ou possivelmente uma coleção, como necessário, mas continue a fazer com que o tamanho total seja o menor possível.

Não Confie em Cada Caso de Uso

Analistas de negócio desempenham um papel importante para fornecer especificações de caso de uso. Muito esforço é colocado em uma especificação grande e detalhada, e ela afetará muitas de nossas decisões de projeto. Mas não devemos esquecer que os casos de uso derivados dessa forma não contêm a perspectiva dos desenvolvedores e especialistas em domínio de nossa muito integrada equipe de modelagem. Ainda devemos reconciliar cada caso de uso com nosso modelo e projeto atuais, incluindo nossas decisões sobre Agregados. Um problema comum que surge é um caso de uso específico que requer a modificação de múltiplas instâncias de Agregado. Nessa situação, devemos determinar se o objetivo maior especificado pelo usuário é distribuído por múltiplas transações de persistência, ou se ele ocorre em uma única. Se for o último, vale a pena ser cético. Independentemente da perfeição com que é escrito, esse caso de uso pode não refletir com precisão os Agregados reais de nosso modelo.

Supondo que os limites do Agregado estejam alinhados com as restrições reais do negócio, isso causará problemas se os analistas do negócio especificarem o que você vê na Figura 10.4. Examinando as várias permutações de confirmação de pedido, você verá que há casos em que duas das três solicitações falharão.[5]

---

5. Isso não aborda o fato de que alguns casos de uso descrevem modificações em múltiplos Agregados que abrangem operações, o que seria ok. Um objetivo do usuário não deve ser visto como sinônimo de uma transação. Estamos preocupados somente com os casos de uso que realmente indicam a modificação das múltiplas instâncias de Agregado em uma única transação.

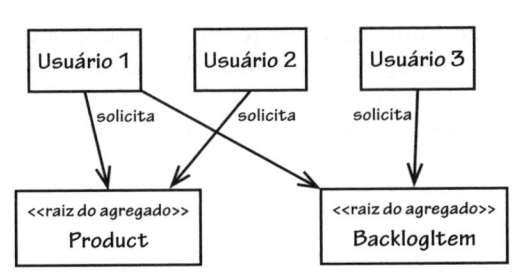

Figura 10.4   Existe disputa por concorrência entre três usuários que estão tentando acessar as mesmas duas instâncias de Agregado, levando a um elevado número de falhas transacionais.

O que tentar isso indica sobre seu projeto? A resposta a essa pergunta pode levar a uma compreensão mais profunda do domínio. Tentar manter múltiplas instâncias de Agregado consistentes pode informar que sua equipe não percebeu uma invariante. Você pode acabar dobrando os múltiplos Agregados em um único novo conceito com um novo nome a fim de atender à regra do negócio recém-reconhecida. (E, naturalmente, pode ser que apenas partes dos Agregados antigos sejam incluídas em um novo.)

Assim, um novo caso de uso pode resultar em informações que nos levam a remodelar o Agregado, mas aqui também seja cético. Formar um Agregado a partir de múltiplos Agregados pode descartar um conceito completamente novo com um novo nome, mas, se a modelagem desse novo conceito levá-lo a projetar um Agregado de grandes grupos, isso pode acabar com todos os problemas comuns dessa abordagem. Que abordagem diferente pode ajudar?

Só porque você recebeu um caso de uso que exige manter a consistência em uma única transação não significa que você deve fazer isso. Frequentemente, nessas situações, o objetivo do negócio pode ser alcançado com consistência futura entre os Agregados. A equipe deve analisar criticamente os casos de uso e desafiar seus pressupostos, especialmente quando segui-los como escrito resultaria em projetos de difícil manejo. A equipe talvez precise reescrever o caso de uso (ou pelo menos recriá-lo se eles enfrentarem um analista de negócio não cooperativo). O novo caso de uso deve especificar *a consistência futura e o atraso aceitável de atualização*. Esse é um dos problemas abordados mais adiante neste capítulo.

Regra: Referencie Outros Agregados por Identidade

Ao projetar Agregados, podemos desejar uma estrutura composicional que permite analisar detalhadamente gráficos de objetos, mas isso não é a motivação do padrão. [Evans] afirma que um Agregado pode conter referências à Raiz dos outros Agregados. Mas devemos ter em mente que isso não coloca o Agregado referenciado dentro do limite da consistência daquele que o referencia. A referência não provoca a formação de um único Agregado total. Há ainda dois (ou mais), como mostrado na Figura 10.5.

Em Java, a associação seria modelada assim:

```
public class BacklogItem extends ConcurrencySafeEntity  {
    ...
    private Product product;
    ...
}
```

Isto é, o `BacklogItem` contém uma associação direta de objeto com `Product`.

Em combinação com o que já foi discutido e que com o que vem a seguir, isso tem algumas implicações:

1. Tanto o Agregado que faz a referência (`BacklogItem`) como o Agregado referenciado (`Product`) *não devem* ser modificados na mesma transação. Somente um ou outro pode ser modificado em uma única transação.

2. Se você estiver modificando várias instâncias em uma única transação, isso pode ser um forte indício de que seus limites de consistência estão errados. Se sim, possivelmente essa seja uma oportunidade desperdiçada de modelagem; um conceito de sua Linguagem Ubíqua que ainda não foi descoberto, embora ele esteja bem a sua frente acenando para você (ver anteriormente neste capítulo).

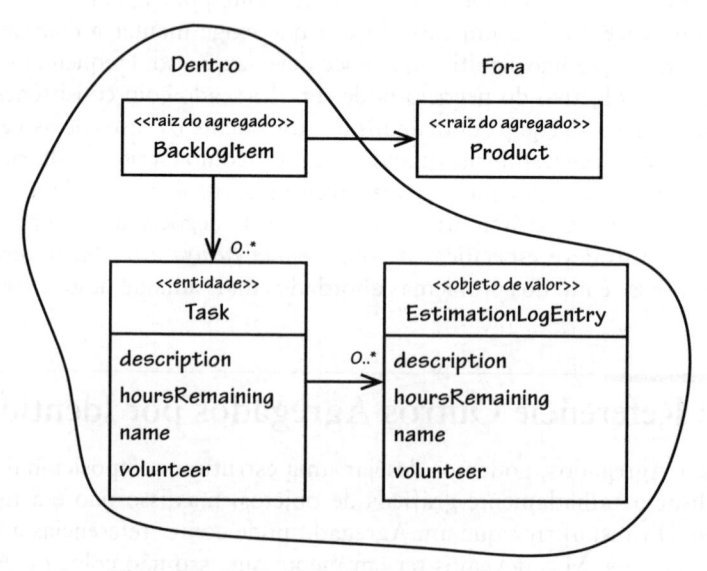

Figura 10.5   Existem dois Agregados, não um.

3. Se você tentar aplicar o ponto 2, e fazer isso influencia o Agregado de grandes grupos com todas as ressalvas anteriormente afirmadas, isso pode ser uma indicação de que você precisa usar consistência futura (ver mais adiante neste capítulo), em vez da consistência atômica.

Se não mantiver alguma referência, você não poderá modificar outro Agregado. Assim, a tentação de modificar múltiplos Agregados na mesma transação pode ser reprimida evitando a situação antes de tudo. Mas isso é excessivamente limitante, uma vez que modelos de domínio sempre exigem algumas conexões associativas. O que podemos fazer para facilitar as associações necessárias, proteger contra uso indevido de transação ou falha desordenada e permitir que o modelo tenha um bom desempenho e seja escalonável?

Fazendo Agregados Funcionar Juntos com Referências de Identidade

Prefira referências a Agregados externos somente por meio da identidade globalmente única, não mantendo uma referência direta (ou "ponteiro") a objetos. Isso é exemplificado na Figura 10.6.

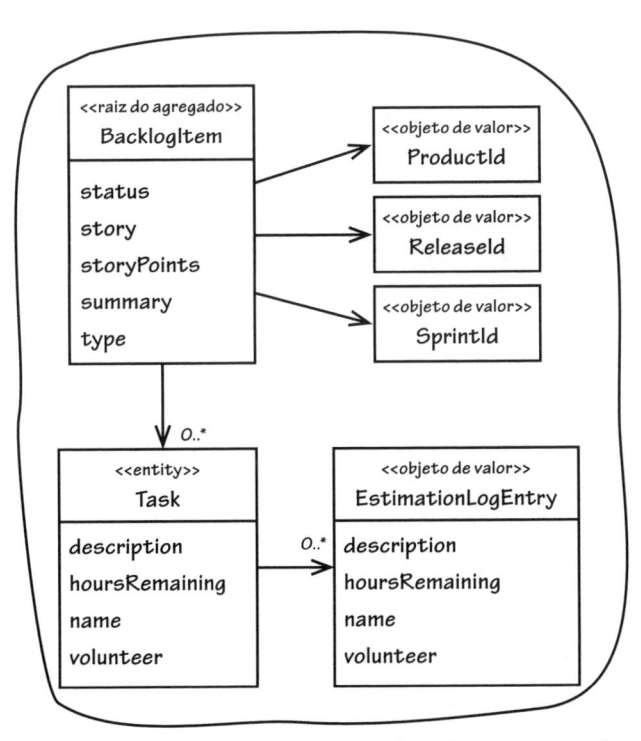

Figura 10.6   O Agregado `BacklogItem`, inferindo associações fora do seu limite com identidades

Poderíamos, então, refatorar o código-fonte para:

```
public class BacklogItem extends ConcurrencySafeEntity  {
    ...
    private ProductId productId;
    ...
}
```

Agregados com referências inferidas a objetos são, portanto, automaticamente menores porque as referências nunca são carregadas antecipadamente (*eager load*). O modelo pode ter melhor desempenho porque as instâncias requerem menos tempo de carregamento e consomem menos memória. Usar menos memória tem implicações positivas tanto para a sobrecarga da alocação de memória como para a coleta de lixo.

Navegação pelo Modelo

Referência por identidade não impede completamente a navegação pelo modelo. Alguns utilizarão um **Repositório (12)** a partir de dentro de um Agregado para a pesquisa. Essa técnica é chamada **Modelo de Domínio Desconectado**, e na verdade é uma forma de carregamento sob demanda (*lazy load*). Há, porém, uma abordagem diferente recomendada: Use um Repositório ou **Serviço de Domínio (7)** para pesquisar objetos dependentes antes de invocar o comportamento do Agregado. Um Serviço de Aplicação de cliente pode controlar isso, e então enviar para o Agregado:

```
public class ProductBacklogItemService ... {
    ...
    @Transactional
    public void assignTeamMemberToTask(
        String aTenantId,
        String aBacklogItemId,
        String aTaskId,
        String aTeamMemberId) {

        BacklogItem backlogItem =
            backlogItemRepository.backlogItemOfId(
                new TenantId(aTenantId),
                new BacklogItemId(aBacklogItemId));

        Team ofTeam =
            teamRepository.teamOfId(
                backlogItem.tenantId(),
                backlogItem.teamId());

        backlogItem.assignTeamMemberToTask(
                new TeamMemberId(aTeamMemberId),
```

```
        ofTeam,
        new TaskId(aTaskId));
    }
    ...
}
```

Ter um Serviço de Aplicação com dependências resolvidas evita que o Agregado conte com um Repositório ou um Serviço de Domínio. Mas para resoluções de dependência muito complexas e específicas de Domínio, passar um Serviço de Domínio para um método de comando de Agregado pode ser a melhor solução. O Agregado pode então fazer um despacho duplo (*double-dispatch*) para o Serviço de Domínio a fim de resolver as referências. Mais uma vez, independentemente de como um Agregado ganha acesso aos outros, referenciar múltiplos Agregados em uma única solicitação não é uma licença para provocar modificações em dois ou mais deles.

Lógica Caubói

LB: "Tenho dois pontos de referência ao navegar à noite. Se cheira a boi em pé, dirijo-me ao rebanho. Se cheira a boi na grelha, vou para casa."

Limitar um modelo ao uso de apenas referências por identidade pode tornar mais difícil atender os clientes que montam e geram visualizações da **Interface do Usuário (14)**. Talvez você precise usar múltiplos Repositórios em um único caso de uso para preencher as visualizações. Se a sobrecarga da consulta gerar problemas de desempenho, pode valer a pena considerar o uso de *theta joins* ou CQRS. O Hibernate, por exemplo, suporta theta joins como um meio de agrupar algumas instâncias de Agregado referencialmente associadas em uma única consulta join, o que pode fornecer as partes necessárias visualizáveis. Se CQRS e joins teta não são uma opção, talvez você precise encontrar um equilíbrio entre referências inferidas e diretas a objetos.

Se todos esses conselhos parecerem levar a um modelo menos conveniente, considere os benefícios adicionais que isso suporta. Tornar os Agregados menores leva a modelos com melhor desempenho e também podemos adicionar escalabilidade e distribuição.

Escalabilidade e Distribuição

Como Agregados não usam referências diretas a outros Agregados, mas referência por identidade, o estado persistente pode ser movido para alcançar grande escala. *A escalabilidade quase infinita* é alcançada permitindo o reparticionamento contínuo do armazenamento de dados do Agregado, como explicado por Pat

Helland, da Amazon, em seu documento de posicionamento "Life beyond Distributed Transactions: An Apostate's Opinion" [Helland]. Aquilo que chamamos *Agregado,* ele chama de *entidade.* Mas o que ele descreve ainda é um Agregado, qualquer que seja o nome: uma unidade de composição que tem consistência transacional. Alguns mecanismos de persistência NoSQL suportam o armazenamento distribuído inspirado na Amazon. Esses mecanismos fornecem boa parte do que [Helland] chama de camada inferior, ciente de escala. Ao empregar um armazenamento distribuído, ou mesmo ao utilizar um banco de dados SQL com motivações semelhantes, as referências por identidade desempenham um papel importante.

A distribuição se estende para além do armazenamento. Como sempre há múltiplos Contextos Delimitados em jogo em uma dada iniciativa de Domínio Básico, referências por identidade permitem que modelos de Domínio distribuídos tenham associações distantes. Quando uma abordagem orientada a Eventos está em uso, **Eventos de Domínio** baseados em mensagens (8) contendo identidades de Agregado abrangem toda a empresa. Os assinantes das mensagens nos Contextos Delimitados externos usam as identidades para realizar operações em seus próprios modelos de domínio. Referência por identidade formam associações remotas ou *parceiros.* Operações distribuídas são gerenciadas por aquilo que [Helland] chama de *atividades de duas partes,* mas nos termos de **Publicação-Assinatura** [Buschmann *et al.*] ou **Observador** [Gamma *et al.*] é *multiparte* (duas ou mais). Transações entre sistemas distribuídos não são atômicas. Com o tempo, os vários sistemas levam múltiplos Agregados a um estado consistente.

Regra: Use Consistência Futura Fora do Limite

Há uma declaração frequentemente negligenciada encontrada na definição do padrão Agregado [Evans]. Ela conta pesadamente com o que devemos fazer para alcançar a consistência do modelo quando múltiplos Agregados devem ser afetados por uma única solicitação do cliente:

> Não podemos esperar que qualquer regra que abrange AGREGADOS sempre esteja atualizada. Por meio do processamento de eventos, processamento em lote ou outros mecanismos de atualização, outras dependências podem ser resolvidas em um período de tempo específico. [Evans, p. 128]

Portanto, se a execução de um comando em uma instância de Agregado exigir que regras adicionais de negócio sejam executadas em um ou mais outros Agregados, utilize a consistência futura. Aceitar o fato de que todas as instâncias de Agregado em uma empresa de grande escala e alto tráfego nunca são completamente consistentes ajuda a aceitar que a consistência futura também faz sentido em uma escala menor em que apenas algumas instâncias estão envolvidas.

Pergunte aos especialistas em domínio se eles tolerariam algum atraso de tempo entre a modificação de uma instância e as outras envolvidas. Especialistas em Domínio às vezes sentem-se muito mais à vontade com a ideia da consistência atrasada do que desenvolvedores. Eles estão cientes dos atrasos realistas que ocorrem o tempo todo em seus negócios, ao passo que os desenvolvedores geralmente são doutrinados com uma mentalidade de alteração atômica. Especialistas em Domínio muitas vezes não se esquecem da época antes da automação de computadores nas operações de seu negócio, quando vários tipos de atrasos ocorriam o tempo todo e a consistência nunca era imediata. Assim, especialistas em domínio frequentemente estão dispostos a permitir atrasos razoáveis — um número generoso de segundos, minutos, horas ou mesmo dias — antes de a consistência ocorrer.

Há uma maneira prática de suportar a consistência futura em um modelo DDD. Um método de comando de Agregado publica um Evento de Domínio que é entregue no tempo certo para um ou mais assinantes assíncronos:

```
public class BacklogItem extends ConcurrencySafeEntity {
    ...
    public void commitTo(Sprint aSprint) {
        ...
        DomainEventPublisher
            .instance()
            .publish(new BacklogItemCommitted(
                    this.tenantId(),
                    this.backlogItemId(),
                    this.sprintId()));
    }
    ...
}
```

Cada um desses assinantes então recupera uma instância diferente mas correspondente do Agregado e executa o comportamento com base nela. Cada um dos assinantes executa em uma transação separada, obedecendo à regra dos Agregados de modificar uma única instância por transação.

O que acontece se o assinante experimentar disputa por concorrência com outro cliente, fazendo com que a modificação falhe? A modificação pode ser repetida se o assinante não reconhecer o sucesso do mecanismo de mensagens. A mensagem será reentregue, uma nova operação será iniciada, uma nova tentativa de executar o comando será feita e uma confirmação correspondente será feita. Esse processo de repetição pode continuar até que a consistência seja alcançada, ou até que o limite de novas tentativas seja alcançado.[6] Se ocorrer uma falha completa, talvez seja necessário compensar, ou no mínimo reportar a falha como intervenção pendente.

O que é alcançado publicando o Evento de Domínio `BacklogItemCommitted` nesse exemplo específico? Lembrando que `BacklogItem` já contém a identidade do `Sprint` em que está alocado, não estamos interessados em manter uma

---

6. Considere fazer as novas tentativas usando a técnica Capped Exponential Back-off (desistência com espera exponencial e tempo limite). Em vez de adotar o padrão de uma nova tentativa a cada número fixo de *N* segundos, defina um período de tempo que aumenta exponencialmente a cada nova tentativa e utilize um limite superior para as esperas. Por exemplo, comece em um segundo e espere um período de tempo exponencial, dobrando até que a operação seja bem-sucedida ou até alcançar um período de 32 segundos entre a espera e uma nova tentativa.

associação bidirecional sem significado. Em vez disso, o evento permite a criação futura de um `CommittedBacklogItem` de modo que o `Sprint` possa fazer um registro da alocação de trabalho. Como cada `CommittedBacklogItem` tem um atributo de ordenação, ele permite que o `Sprint` dê a cada `BacklogItem` uma ordenação diferente daquelas de `Product` e `Release`, e que não está associada à própria estimativa registrada da instância `BacklogItem` de `BusinessPriority`. Assim, `Product` e `Release` contêm associações similares, ou seja, `ProductBacklogItem` e `ScheduledBacklogItem`, respectivamente.

Hora do Quadro Branco

- Volte sua lista de Agregados de grandes grupos e os dois ou mais modificados em uma única transação.

- Descreva e diagrame como você dividiria os grandes grupos. Faça um círculo e observe cada uma das invariantes reais dentro de cada um dos novos pequenos Agregados.

- Descreva e diagrame como você manterá os Agregados separados consistentes no final.

Esse exemplo demonstra como utilizar a consistência futura em um único Contexto Delimitado, mas a mesma técnica também pode ser aplicada de um modo distribuído conforme descrito anteriormente.

Pergunte de Quem É o Trabalho

Alguns cenários de domínio podem tornar muito desafiador determinar se a consistência transacional ou futura deve ser usada. Aqueles que usam o DDD de um modo clássico/tradicional podem optar pela consistência transacional. Aqueles que usam CQRS podem ter uma tendência para consistência futura. Mas qual é correta? Francamente, nenhuma dessas tendências dá uma resposta específica ao domínio, apenas uma preferência técnica. Existe uma maneira melhor de quebrar o laço?

Lógica Caubói

LB: "Meu filho me disse que ele descobriu na internet como tornar minhas vacas mais férteis. Eu lhe disse que isso é trabalho do touro."

Discutir isso com Eric Evans revelou uma diretriz muito simples e sólida. Ao examinar o caso de uso (ou história), pergunte se é trabalho do usuário executar o caso de uso para tornar os dados consistentes. Se for, tente torná-los consistentes de forma transacional, mas somente seguindo as outras regras dos Agregados. Se o trabalho for de outro usuário, ou for o trabalho do sistema, permita que ele tenha consistência futura. Essa pequena sabedoria não apenas fornece uma maneira de desempate conveniente, mas nos ajuda a entender melhor nosso domínio. Ela expõe as invariantes reais do sistema: aquelas que devem ser mantidas transacionalmente consistentes. Essa compreensão é muito mais valiosa do que adotar a inclinação técnica padrão.

Essa é uma ótima dica para adicionar às Regras Gerais dos Agregados. Como há outras forças a considerar, ela nem sempre pode levar à escolha final entre consistência transacional e futura, mas normalmente fornecerá uma visão mais profunda do modelo. Essa diretriz é usada mais adiante no capítulo quando a equipe revisita os limites dos Agregados.

Razões para Quebrar as Regras

Um profissional experiente em DDD pode às vezes decidir persistir as alterações para múltiplas instâncias de Agregado em uma única transação, mas apenas por uma boa razão. Quais são algumas das razões? Discuto quatro delas aqui. Você pode experimentar essas e outras.

Primeira Razão: Conveniência da Interface do Usuário

Às vezes, interfaces do usuário, como uma conveniência, permitem que os usuários definam as características comuns de muitas coisas ao mesmo tempo a fim de criar lotes delas. Talvez isso aconteça tão frequentemente que os membros da equipe acabem querendo criar vários itens de backlog como um lote. A interface do usuário permite que eles preencham todas as propriedades comuns em uma seção, e depois uma a uma as poucas propriedades distintas de cada, eliminando gestos repetidos. Todos os novos itens de backlog são então planejados (criados) de uma só vez:

```
public class ProductBacklogItemService ... {
    ...
    @Transactional
    public void planBatchOfProductBacklogItems(
        String aTenantId, String productId,
        BacklogItemDescription[] aDescriptions) {

        Product product =
            productRepository.productOfId(
                    new TenantId(aTenantId),
                    new ProductId(productId));
```

```
for (BacklogItemDescription desc : aDescriptions) {
    BacklogItem plannedBacklogItem =
        product.planBacklogItem(
            desc.summary(),
            desc.category(),
            BacklogItemType.valueOf(
                    desc.backlogItemType()),
            StoryPoints.valueOf(
                    desc.storyPoints()));

    backlogItemRepository.add(plannedBacklogItem);
    }
  }
  ...
}
```

Isso gera um problema de gerenciamento de invariantes? Nesse caso, não, uma vez que não importa se elas sejam criadas uma a uma ou em lote. Os objetos que são instanciados são Agregados completos, que mantêm suas próprias invariantes. Assim, se criar um lote das instâncias de Agregado de uma só vez não é semanticamente diferente de criar uma de cada vez repetidamente, isso representa um das razões para quebrar a regra prática com impunidade.

Segunda Razão: a Falta de Mecanismos Técnicos

A consistência futura requer o uso de algum tipo de capacidade de processamento fora da banda, como mecanismos de mensagens, timers ou threads em segundo plano. E se o projeto em que você trabalha não tiver nenhuma provisão para esse tipo de mecanismo? Embora a maioria de nós possa considerar isso estranho, tenho enfrentado exatamente essa limitação. Com nenhum mecanismo de mensagens, nenhum timer em segundo plano e nenhuma outra capacidade de thread própria, o que pode ser feito?

Se não tomarmos cuidado, essa situação pode nos levar de volta ao projeto de Agregados de grandes grupos. Embora isso possa nos fazer sentir como se estivéssemos seguindo a regra de única transação, como discutido anteriormente, também degradaria o desempenho e limitaria a escalabilidade. Para evitar isso, talvez possamos mudar completamente os Agregados do sistema, forçando o modelo a resolver nossos desafios. Já considerarmos a possibilidade de que as especificações do projeto podem ser protegidas de uma maneira zelosa, deixando pouco espaço para negociar conceitos de domínio anteriormente inimagináveis. Na verdade, isso não é DDD, mas às vezes acontece. As condições podem não permitir nenhuma maneira razoável de alterar as circunstâncias de modelagem a nosso favor. Nesses casos, a dinâmica do projeto pode nos forçar a modificar duas ou mais instâncias de Agregado em uma única transação. Mas por mais óbvia que possa parecer, essa decisão não deve ser tomada apressadamente.

Lógica Caubói

AJ: "Se você acha que as regras são feitas para serem que-
bradas, é melhor você conhecer um bom reparador."

Considere um fator adicional que pode suportar ainda mais a quebra da regra: *afinidade entre Agregados e usuário*. Os fluxos de trabalho do negócio são tais que um único usuário focalizaria um único conjunto de instâncias de Agregado em um dado momento qualquer? Garantir a afinidade entre Agregados e usuário torna mais sólida a decisão de alterar múltiplas instâncias de Agregado em uma única transação, uma vez que tende a impedir a violação de invariantes e colisões transacionais. Mesmo com a afinidade entre Agregados e usuário, em raras situações os usuários podem enfrentar conflitos de concorrência. Mas cada Agregado ainda estaria protegido contra isso usando concorrência otimista. De qualquer forma, conflitos de concorrência podem acontecer em qualquer sistema, e até com mais frequência quando a afinidade entre Agregado e usuário não é nossa aliada. Além disso, a recuperação a partir de conflitos de concorrência é simples quando a encontrados em momentos raros. Assim, quando nosso projeto é forçado a fazer isso, às vezes funciona bem modificar múltiplas instâncias de Agregado em uma única transação.

Terceira Razão: Transações Globais

Outra influência considerada são os efeitos das tecnologias legadas e diretrizes corporativas. Um desses pode ser a necessidade de seguir estritamente o uso de confirmação em duas fases das transações globais. Essa é uma das situações que podem ser impossíveis de postergar, pelo menos no curto prazo.

Mesmo que você precise usar uma transação global, você não necessariamente tem de modificar múltiplas instâncias de Agregado de uma só vez em seu Contexto Delimitado local. Se você puder evitar fazer isso, pelo menos pode impedir a disputa transacional em seu Domínio Básico e obedecer realmente às regras dos Agregados o máximo possível. A desvantagem das transações globais é que seu sistema provavelmente nunca terá a escalabilidade que teria se você fosse capaz de evitar confirmações em duas fases e a consistência imediata que as acompanha.

Quarta Razão: Desempenho das Consultas

Pode haver momentos em que será melhor armazenar referências diretas de objetos a outros Agregados. Isso pode ser usado para aliviar problemas de desempenho de consultas do Repositório. Esses problemas devem ser cuidadosamente ponderados à luz do tamanho potencial e implicações gerais do equilíbrio de desempenho. Um exemplo de como quebrar a regra da referência por identidade é dado mais adiante no capítulo.

Seguindo as Regras

Você pode experimentar decisões de projeto da interface do usuário, limitações técnicas, diretrizes rígidas ou outros fatores em seu ambiente corporativo que exigem que você faça alguns comprometimentos. Certamente não buscaremos desculpas para quebrar a Regra Geral dos Agregados. No longo prazo, seguir as regras beneficiará nossos projetos. Teremos a consistência sempre que necessário, e suporte para ótimo desempenho e sistemas altamente escaláveis.

Ganhar Visões por Meio de Descoberta

Com as regras de Agregados em uso, veremos como segui-las afeta o projeto do modelo Scrum da SaaSOvation. Veremos como a equipe de projeto repensa o projeto novamente, aplicando técnicas recém-descobertas. Esse esforço leva à descoberta de novas visões sobre o modelo. As várias ideias são experimentadas e então substituídas.

Repensando o Projeto, Mais uma Vez

Após a iteração de refatoração que separou o `Product` de grandes grupos, o `BacklogItem` agora está em seu próprio Agregado. Ele reflete o modelo apresentado na Figura 10.7. A equipe criou uma coleção de instâncias de `Task` dentro do Agregado `BacklogItem`. Cada `BacklogItem` tem uma identidade globalmente única, `BacklogItemId`. Todas as associações com outros Agregados são inferidas por identidades. Isso significa que o `Product` pai, a `Release` em que ele está agendado e o `Sprint` no qual ele está alocado são referenciados por identidades. Parece relativamente pequeno.

Com a equipe agora entusiasmada com o projeto de pequenos Agregados, ela possivelmente poderia exagerar nessa direção?

Apesar da boa sensação resultante da iteração anterior, ainda havia algumas preocupações. Por exemplo, o atributo `story` permitia uma boa dose de texto. Equipes que desenvolvem histórias ágeis não escrevem textos longos. Mesmo assim, há um componente editor opcional que suporta escrever definições ricas de caso de uso. Essas definições poderiam ocupar muitos milhares de bytes. Valeu a pena considerar a sobrecarga possível.

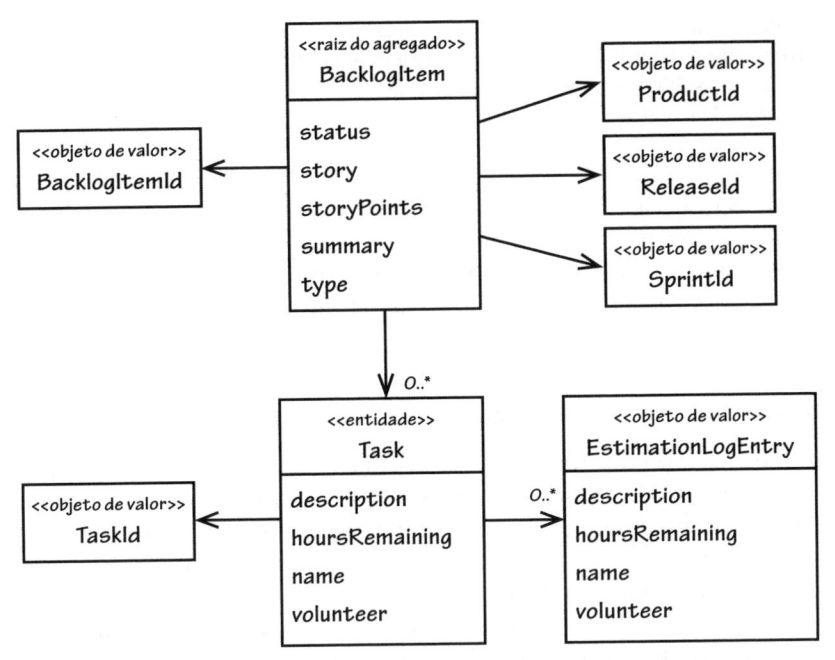

Figura 10.7   O Agregado `BacklogItem` inteiramente composto

Dada essa potencial sobrecarga e os erros já cometidos ao projetar o `Product` de grandes grupos das Figuras 10.1 e 10.3, a equipe agora tinha a missão de reduzir o tamanho de cada Agregado no Contexto Delimitado. Surgiram questões cruciais. Haveria uma invariante real entre `BacklogItem` e `Task` que essa relação precisava manter? Ou era mais um caso em que a associação poderia ser dividida ainda mais, com dois Agregados separados formados de maneira segura? Qual seria o custo total de manter o projeto como está?

O segredo para que eles tomassem uma decisão adequada residia na Linguagem Ubíqua. Este é onde uma invariante foi declarada:

- Quando se progride em uma tarefa de item de backlog, o membro da equipe estimará o tempo restante para a execução da tarefa.

- Quando um membro da equipe estima que resta zero horas em uma tarefa específica, o item de backlog verifica o tempo que falta para todas as tarefas. Se não houver horas remanescentes em qualquer tarefa, o status do item de backlog é automaticamente alterado para concluído.

- Quando um membro da equipe estima que há uma ou mais horas restantes em uma tarefa específica e o status do item de backlog já está concluído, o status é automaticamente retrocedido.

Isso com certeza parecia uma invariável real. O status correto do item de backlog é ajustado automaticamente e é completamente dependente do número total de horas restantes em todas as tarefas. Se o número total de horas de tarefas e o status do item de backlog devem permanecer consistentes, é quase como se a Figura 10.7 estipulasse o limite de consistência correto do Agregado. Mas a equipe ainda deve determinar qual é o custo do grupo atual em termos de desempenho e escalabilidade. O custo seria ponderado contra aquilo que eles poderiam economizar se o status do item de backlog pudesse ser futuramente consistente com o total de horas restantes da tarefa.

Alguns verão isso como uma oportunidade clássica de usar a consistência futura, mas não vamos pular já para essa conclusão. Analisaremos uma abordagem à consistência transacional, então investigaremos o que pode ser alcançado usando a consistência futura. Podemos então tirar nossa própria conclusão sobre qual abordagem é preferível.

Estimando o Custo do Agregado

Como mostra a Figura 10.7, cada `Task` contém uma coleção de instâncias de `EstimationLogEntry`. Esses logs modelam as ocasiões específicas quando um membro da equipe insere uma nova estimativa das horas restantes. Em termos práticos, quantos elementos `Task` cada `BacklogItem` conterá, e quantos elementos `EstimationLogEntry` uma dada `Task` conterá? É difícil afirmar exatamente. Isso é predominantemente um indicador da complexidade de qualquer tarefa e de quanto tempo um sprint dura. Mas alguns cálculos aproximados (*Back-Of-The-Envelope*, BOTE) podem ajudar [Bentley].

As horas para a execução de cada tarefa geralmente são reestimadas a cada dia depois que um membro da equipe trabalha em uma dada tarefa. Digamos que a maioria dos sprints tem uma duração de duas ou três semanas. Haverá sprints mais longos, mas um período de tempo de duas a três semanas é bastante comum. Assim, vamos selecionar um número de dias em algum lugar entre 10 e 15. Sem sermos muito precisos, 12 dias funcionam bem, uma vez que na verdade pode haver mais sprints cuja duração é duas semanas do que três semanas.

A seguir, considere o número de horas atribuído a cada tarefa. Lembrando que as tarefas devem ser divididas em unidades gerenciáveis, geralmente usamos um número de horas entre 4 e 16. Normalmente, se uma tarefa exceder uma estimativa de 12 horas, os especialistas em Scrum sugerem dividi-la ainda mais. Mas utilizar 12 horas como um primeiro teste faz com que seja mais fácil simular a tarefa de uma maneira uniforme. Podemos dizer que as tarefas são trabalhadas por uma hora em cada um dos 12 dias do sprint. Fazer isso favorece tarefas mais complexas. Assim, vamos pensar em 12 reestimativas por tarefa, supondo que cada tarefa comece com as 12 horas alocadas a ela.

A pergunta é: Quantas tarefas seriam necessárias por item de backlog? Essa também é uma pergunta difícil de responder. E se pensássemos em termos de duas ou três tarefas exigidas por **Camada (4)** ou **Adaptador/Porta Hexagonal (4)** para uma determinada parte dos recursos? Por exemplo, podemos contar três para a **Camada da Interface Do Usuário (14)**, duas para a **Camada de Aplicação (14)**, três para a camada de Domínio e três para a **Camada de Infraestrutura (14)**. Isso resultaria em um total de 11 tarefas. Talvez esse número esteja correto ou um pouco baixo, mas já erramos em relação a numerosas estimativas de tarefa. Vamos aumentar para 12 tarefas por item de backlog para sermos mais liberais. Com isso permitimos 12 tarefas, cada uma com 12 logs de estimativa, ou um total de *144 objetos coletados por item de backlog*. Embora esse número possa ser maior do que o normal, ele nos dá um cálculo BOTE robusto com o qual trabalhar.

Há outra variável a ser considerada. Se o conselho inteligente do Scrum para definir tarefas menores for comumente seguido, ele mudará um pouco as coisas. Dobrar o número de tarefas (24) e reduzir pela metade o número de entradas no log de estimativa (6) ainda produziria um total de 144 objetos. Mas isso faria com que mais tarefas fossem carregadas (24, em vez de 12) durante todas as solicitações de estimativa, consumindo mais memória em cada uma. A equipe tentará várias combinações para ver se há algum impacto significativo sobre os testes de desempenho. Mas, inicialmente, eles utilizarão 12 tarefas de 12 horas para cada uma.

Cenários de Uso Comum

Agora é importante considerar os cenários de uso comum. Com que frequência uma solicitação de usuário precisará carregar todos os 144 objetos na memória de uma só vez? Isso alguma vez aconteceria? Parece que não, mas a equipe precisa verificar. Se não, qual é a probabilidade de que haja a contagem máxima dos objetos? Além disso, tipicamente haverá uso multicliente que causa concorrência pelos itens de backlog? Vejamos.

Os seguintes cenários são baseadas no uso do Hibernate para alcançar persistência. Além disso, cada tipo de Entidade tem seu próprio atributo para a versão da concorrência otimista. Isso é viável porque a mudança no status da invariante é gerenciada na Entidade Raiz do `BacklogItem`. Quando o status é automaticamente alterado (para concluído ou de novo para confirmado), a versão da Raiz rebate. Assim, as alterações nas tarefas podem acontecer independentemente uma da outra e sem causar impacto na Raiz sempre que uma é modificada, a menos que o resultado seja uma alteração de estado. (Talvez a análise a seguir precise ser revista, se, por exemplo, armazenamento baseado em documento for utilizado, uma vez que a Raiz é efetivamente modificada sempre que uma parte coletada é modificada).

Quando um item de backlog é criado pela primeira vez, há zero tarefas contidas. Normalmente, somente depois do planejamento do sprint é que as tarefas são definidas. Durante essa reunião, a equipe identifica as tarefas. À medida que cada uma é chamada, um membro da equipe adiciona-a ao item correspondente de backlog. Não há necessidade de que dois membros da equipe disputem entre si o Agregado, como se estivessem competindo para ver quem pode inserir novas tarefas mais rapidamente. Isso causaria colisão, e uma das duas solicitações falharia (pela mesma razão que adicionar simultaneamente várias partes a `Product` falhou anteriormente). Mas é provável que os dois membros da equipe rapidamente descubram como seu trabalho redundante é contraproducente.

Se os desenvolvedores entendessem que múltiplos usuários querem, de fato adicionar regularmente tarefas; juntos, isso mudaria significativamente a análise.

Esse entendimento pode imediatamente indicar a balança em favor da divisão de `BacklogItem` e `Task` em dois Agregados separados. Por outro lado, agora também pode ser o momento perfeito de ajustar o mapeamento do Hibernate definindo a opção `optimistic-lock` como `false`. Permitir que o tamanho das tarefas aumente simultaneamente pode fazer sentido nesse caso, especialmente se elas não geram problemas de desempenho e escalabilidade.

Se as tarefas forem inicialmente estimadas em zero horas e posteriormente atualizadas para uma estimativa precisa, nós ainda não tenderemos a experimentar a disputa de concorrência, embora isso adicione uma entrada extra no log de estimativa, levando nosso BOTE total a 13. O uso simultâneo aqui não muda o status do item de backlog. Mais uma vez, ele passa para concluído somente se for de maior que zero para zero horas, ou voltar a confirmado se já estiver concluído e se as horas forem alteradas de zero para uma ou mais — dois eventos incomuns.

As estimativas diárias irão gerar problemas? No primeiro dia do sprint, geralmente há zero logs de estimativa em uma dada tarefa de um item de backlog. No final do primeiro dia, cada membro voluntário da equipe trabalhando em uma tarefa reduz as horas estimadas por um. Isso adiciona um novo log de estimativa a cada tarefa, mas o status do item de backlog permanece inalterado. Nunca há disputa em uma tarefa porque apenas um membro da equipe ajusta as horas. Somente depois do 12º dia é que alcançamos o ponto da transição de status. Mas como cada uma das 11 tarefas é reduzida para zero horas, o status do item de backlog não é alterado. Apenas a última estimativa, a 144º na 12ª tarefa, causa a transição de estado automática para estado de concluído.

Essa análise levou a equipe a uma descoberta importante. Mesmo se eles alterassem os cenários de uso, acelerando a conclusão das tarefas duas vezes (seis dias), ou mesmo misturando-as completamente, isso não mudaria nada. Sempre é a estimativa final que faz a transição do status, o que modifica a Raiz. Isso parecia ser um projeto seguro, embora a sobrecarga de memória ainda fosse uma questão.

Consumo de Memória

Agora vamos abordar o consumo de memória. Aqui é importante que as estimativas sejam registradas por data como Objetos de Valor. Se um membro da equipe reestimar algumas horas em um único dia, somente a estimativa mais recente será mantida. O último Valor da mesma data substitui o anterior na coleção. Nesse ponto, não há nenhuma exigência de monitorar erros nas estimativas das tarefas. Existe a suposição de que uma tarefa nunca terá mais entradas no log de estimativa do que o número de dias que o sprint está em andamento. Essa suposição muda se as tarefas forem definidas um ou mais dias antes da reunião de planejamento do sprint, e as horas seriam reestimadas com base em qualquer um desses dias anteriores. Haveria um log extra para cada dia em que isso ocorreu.

E quanto ao número total de tarefas e estimativas na memória para cada reestimativa? Ao usar o carregamento sob demanda (*lazy load*) para tarefas e logs de estimativa, haveria um número máximo de 12 mais 12 objetos coletados na memória de uma vez por solicitação. Isso ocorre porque todas as 12 tarefas seriam carregadas ao acessar a coleção. Para adicionar a entrada mais recente no log de estimativa a uma dessas tarefas, teríamos de carregar a coleção das entradas no log de estimativa. Isso resultaria em mais de 12 objetos. No final, o projeto do Agregado requer um item de backlog, 12 tarefas e 12 entradas de log, ou um total máximo de 25 objetos. Não são muitos; é um pequeno Agregado. Outro fator é que a extremidade superior dos objetos (por exemplo, 25) só é alcançada no último dia do sprint. Durante grande parte do sprint, o Agregado é ainda menor.

Esse projeto irá gerar problemas de desempenho por causa dos carregamentos lentos (*lazy loads*)? Possivelmente, porque ele exige dois carregamentos lentos (*lazy loads*), um para as tarefas e outro para as entradas no log de estimativa para uma das tarefas. A equipe terá de testar para investigar a possível sobrecarga das múltiplas buscas.

Há outro fator. O Scrum permite que as equipes façam experiências para identificar o modelo de planejamento correto para suas práticas. Como explicado por [Sutherland], equipes experientes com uma velocidade bem conhecida podem estimar usando pontos de história, em vez de horas de tarefa. À medida que definem cada tarefa, eles podem atribuir apenas uma hora a cada tarefa. Durante o sprint eles só vão reestimar uma vez por tarefa, mudando de uma hora para zero quando a tarefa está concluída. Como ela pertence ao projeto de Agregados, usar pontos de história reduz o número total dos logs de estimativa por tarefa a apenas um e quase elimina a sobrecarga de memória.

Mais tarde, os desenvolvedores do ProjectOvation serão capazes de determinar analiticamente (em média) quantas tarefas e entradas reais de log de estimativa existem por item de backlog examinando os dados de produção reais.

A análise anterior foi suficiente para motivar a equipe a testar contra seus cálculos BOTE. Mas após resultados inconclusivos eles decidiram que ainda havia muitas variáveis para que se sentissem seguros de que esse projeto lidaria bem com suas preocupações. Havia incógnitas suficientes para considerar um projeto alternativo.

Explorando Outro Projeto Alternativo

Existe outro projeto que contribuiria para limites mais adequados de Agregado dos cenários de uso?

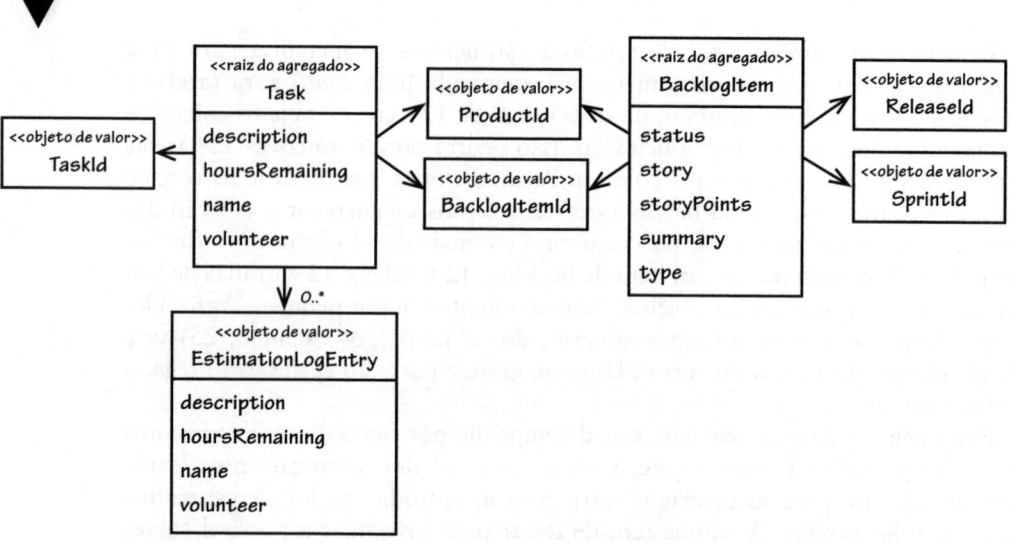

Figura 10.8 `BacklogItem` e `Task` modelados como Agregados separados

Para ser eficiente, a equipe queria examinar o que ela teria de fazer para tornar `Task` um Agregado independente, e se isso realmente funcionaria de uma maneira vantajosa. O que eles imaginaram é visto na Figura 10.8. Fazer isso reduziria parte da sobrecarga da composição por 12 objetos e diminuiria a sobrecarga do carregamento sob demanda *(lazy load)*. Na verdade, esse projeto lhes deu a opção de carregar antecipadamente *(eager load)*, as entradas no log de estimativa em todos os casos, se isso tivesse melhor desempenho.

Os desenvolvedores não concordaram em alterar os Agregados separados, tanto `Task` como `BacklogItem`, na mesma transação. Eles tinham de determinar se era possível executar uma mudança automática necessária no status em um período de tempo aceitável. Eles enfraqueceriam a consistência das invariantes, uma vez que o estado não permaneceria consistente por transação. Isso seria aceitável? Eles discutiram o assunto com os especialistas em domínio e entenderam que algum atraso entre a última estimativa de zero horas e o estado definido como concluído, e vice-versa, seria aceitável.

Implementando a Consistência Futura

Parece que haveria um uso legítimo da coerência futura entre Agregados separados. Eis como ele poderia funcionar.

Quando uma `Task` processa um comando `estimateHoursRemaining()`, ela publica um Evento de Domínio correspondente. Ela já faz isso, mas a equipe agora alavancaria o Evento para alcançar consistência futura. O Evento é modelado com as seguintes propriedades:

```
public class TaskHoursRemainingEstimated implements DomainEvent {
    private Date occurredOn;
    private TenantId tenantId;
    private BacklogItemId backlogItemId;
    private TaskId taskId;
    private int hoursRemaining;
    ...
}
```

Um assinante especializado agora ouviria essas propriedades e as delegaria a um Serviço de Domínio para coordenar o processamento da consistência. O Serviço

- Utilizaria o `BacklogItemRepository` para recuperar o `BacklogItem` identificado.
- Usaria o `TaskRepository` para recuperar todas as instâncias de `Task` associadas ao `BacklogItem` identificado.
- Executaria o comando `BacklogItem` chamado `estimateTaskHours-Remaining()`, passando `hoursRemaining` do Evento de Domínio e as instâncias de `Task` recuperadas. O `BacklogItem` pode fazer a transição de estado com base nos parâmetros.

A equipe deve encontrar uma maneira de otimizar isso. O projeto de três etapas exige que todas as instâncias de `Task` sejam carregadas sempre que uma reestimativa ocorre. Ao utilizar nossa estimativa BOTE e avançar continuamente para concluído, em 143 de 144 vezes isso é desnecessário. Isso pode ser otimizado com bastante facilidade. Em vez de usar o Repositório para obter todas as instâncias de `Task`, eles simplesmente poderiam solicitar a soma de todas as horas da `Task` como calculada pelo banco de dados:

```
public class HibernateTaskRepository implements TaskRepository {
    ...
    public int totalBacklogItemTaskHoursRemaining(
            TenantId aTenantId,
            BacklogItemId aBacklogItemId) {

        Query query = session.createQuery(
            "select sum(task.hoursRemaining) from Task task "
            + "where task.tenantId = ? and "
            + "task.backlogItemId = ?");
        ...
    }
}
```

A consistência futura complica um pouco a interface do usuário. A menos que a transição de status possa ser alcançada em algumas centenas de milissegundos, como a interface do usuário exibiria o novo estado? Eles deveriam inserir a lógica do negócio na visualização para determinar o status atual? Isso constituiria um antipadrão UI inteligente. Talvez a visualização só apresentaria o estado obsoleto e permitiria que os usuários lidassem com a inconsistência visual. Isso pode ser facilmente percebido como um erro, ou pelo menos um muito irritante.

A visualização poderia usar uma solicitação Ajax de sondagem em segundo plano, mas isso seria muito ineficiente. Como o componente de visualização não poderia determinar facilmente com precisão quando uma verificação de atualização de status é necessária, a maioria dos pings do Ajax seria desnecessária. Usando nossos números BOTE, 143 de 144 reestimativas não provocariam uma atualização de status, o que é uma grande quantidade de solicitações redundantes na camada Web. Com o suporte correto do lado do servidor, os clientes em vez disso poderiam depender do Comet (conhecido como Ajax Push). Embora um desafio interessante, isso introduziria uma tecnologia completamente nova que a equipe nunca tinha usado antes.

Por outro lado, talvez a melhor solução seja a mais simples. Eles poderiam optar por colocar uma dica visual na tela informando ao usuário que o status atual é incerto. A visualização poderia sugerir um período de tempo para que eles verificassem novamente ou atualizassem. Como uma alternativa, o status alterado provavelmente seria exibido na próxima visualização renderizada. Isso é seguro. A equipe teria de fazer alguns testes de aceitação de usuário, e isso parecia promissor.

Isso É Tarefa dos Membros da Equipe?

Uma pergunta importante até agora foi completamente ignorada: De quem é o trabalho de fazer com que o status de um item de backlog tenha consistência em relação às horas restantes para as tarefas? Os membros da equipe utilizando o Scrum preocupavam-se com o fato de as transições de status do item de backlog pai serem definidas como concluídas da mesma forma como eles configuraram as horas da última tarefa como zero? Eles sempre sabem que estão trabalhando com a última tarefa que tem horas restantes? Talvez eles saibam e talvez seja responsabilidade de cada membro da equipe fazer com que cada item de backlog alcance o estado oficial de concluído.

Por outro lado, e se houver outra parte interessada no projeto? Por exemplo, o proprietário do produto ou alguma outra pessoa talvez queira verificar se o item de backlog candidato atingiu conclusão satisfatória. Talvez alguém primeiro queira usar o recurso em um servidor de integração contínua. Se outros estiverem satisfeitos com a reivindicação de conclusão dos desenvolvedores, eles marcarão manualmente o status como concluído. Isso certamente muda o jogo, indicando que nem a consistência transacional nem a futura é necessária. As tarefas poderiam ser separadas do item de backlog pai, porque o novo caso de uso permite isso. Mas se realmente os membros da equipe é que deveriam definir a transição automática como concluído, isso significaria que as tarefas provavelmente deveriam ser compostas dentro do item de backlog para permitir a consistência transacional. Curiosamente, não há uma resposta clara aqui também, o que provavelmente indica que ela deve ser uma preferência opcional de aplicação. Deixar as tarefas dentro do item de backlog resolve o problema de consistência, e é uma escolha de modelagem que pode suportar tanto transições de status automáticas como manuais.

Esse exercício valioso revelou um aspecto completamente novo do domínio. Parece que as equipes devem ser capazes de configurar uma preferência de fluxo de trabalho. Elas não implementarão esse recurso agora, mas irão promovê-lo em uma discussão mais aprofundada. *Perguntar "de quem é o trabalho?" as levou a algumas percepções vitais sobre o domínio.*

Em seguida, um dos desenvolvedores fez uma sugestão muito prática como uma alternativa a toda essa análise. Se eles se preocupassem principalmente com a possível sobrecarga do atributo `story`, por que não fazer algo sobre isso especificamente? Eles poderiam reduzir a capacidade total de armazenamento para a `story` e também criar uma nova propriedade `useCase-Definition`. Eles poderiam projetá-la para carregamento sob demanda (*lazy load*), uma vez que na maior parte do tempo ele nunca seria usado. Ou eles poderiam até projetá-lo como um Agregado separado, carregando-o somente quando necessário. Tendo isso em mente, eles perceberam que agora poderia ser um bom momento para quebrar a regra para referenciar os Agregados externos somente por identidade. Parecia uma escolha de modelagem adequada usar uma referência direta de objeto e declarar seu mapeamento objetorrelacional de modo a configurar um carregamento sob demanda (*lazy load*). Talvez isso fizesse sentido.

Hora de Tomar Decisões

Esse nível da análise não pode continuar por todo o dia. Uma decisão deve ser tomada. Não é como, se seguíssemos uma direção agora, isso negaria a possibilidade de optar por outra rota mais tarde. A mente aberta agora bloqueia o pragmatismo.

Com base em toda essa análise, a equipe estava se esquivando de separar `Task` de `BacklogItem`. Eles não podiam ter certeza de que dividi-la agora valeria o esforço extra, o risco de deixar a invariante real desprotegida ou permitir que usuários experimentassem um possível estado obsoleto na visualização. O Agregado atual, como eles o entendiam, era relativamente pequeno. Mesmo se seu pior cenário comum carregasse 50 objetos, em vez de 25, isso ainda seria um grupo de tamanho razoável. *Por enquanto, eles planejavam com base na definição do caso de uso especializado.* Fazer isso foi uma vitória rápida com muitos benefícios. Isso adicionou pouco risco, porque agora funcionava, e também funcionará no futuro se eles decidirem separar `Task` do `BacklogItem`.

A opção para dividi-la em dois permanecia na manga apenas por precaução. Depois de mais experimentação com o projeto atual, fazer com que ele passasse por testes de desempenho e carga, bem como investigar a aceitação pelo usuário com um status futuramente consistente, ficará mais claro qual abordagem é a melhor. Os números BOTE poderiam revelar-se errados se na produção o Agregado fosse maior do que o imaginado. Se fosse, a equipe sem dúvida iria dividi-lo em dois.

Se você fosse um membro da equipe do ProjectOvation, qual opção de modelagem escolheria? Não se afaste das sessões de descoberta como demonstrado no estudo de caso. Todo esse esforço exigiria 30 minutos, e talvez no máximo 60 minutos, na pior das hipóteses. O tempo investido em ganhar um entendimento mais profundo de seu Domínio Básico vale muito a pena.

Implementação

Os fatores mais proeminentes resumidos e destacados aqui podem tornar as implementações mais robustas, mas devem ser investigados mais detalhadamente em **Entidades (5)**, **Objetos de Valor (6)**, **Eventos de Domínio (8)**, **Módulos (9)**, **Fábricas (11)** e **Repositórios (12)**. Utilize esse amálgama como um ponto de referência.

Crie uma Entidade Raiz com uma Identidade Única

Modele uma Entidade como a Raiz do Agregado. Exemplos de Entidades Raiz nos esforços de modelagem anteriores são `Product`, `BacklogItem`, `Release` e `Sprint`. Dependendo da decisão tomada para separar `Task` de `BacklogItem`, `Task` também pode ser uma Raiz.

O modelo `Product` refinado finalmente levou à declaração da seguinte Entidade Raiz:

```
public class Product extends ConcurrencySafeEntity  {
    private Set<ProductBacklogItem> backlogItems;
    private String description;
    private String name;
    private ProductDiscussion productDiscussion;
    private ProductId productId;
    private TenantId tenantId;
    ...
}
```

A classe `ConcurrencySafeEntity` é um **Supertipo de Camada** [Fowler, P of EAA] usada para gerenciar a identidade substituta e a nova versão da concorrência otimista, como explicado em **Entidades (5)**.

Um conjunto de instâncias de `ProductBacklogItem` ainda não discutido foi, misteriosamente, adicionado à Raiz. Ele tem um propósito especial, não é a mesma coisa que a coleção `BacklogItem` que foi anteriormente composta aqui e tem o objetivo de manter um ordenamento separado dos itens de backlog.

Cada Raiz deve ser projetada com uma identidade globalmente única. `Product` foi modelado com um tipo de Valor chamado `ProductId`. Esse tipo é a identidade específica do domínio e é diferente da identidade substituta fornecida por `ConcurrencySafeEntity`. A maneira como uma identidade baseada em modelo é projetada, alocada e mantida é explicado ainda mais em **Entidades** (5). A implementação de `ProductRepository nextIdentity()` gera `ProductId` como um UUID:

```
public class HibernateProductRepository implements ProductRepository  {
    ...
    public ProductId nextIdentity() {
        return new ProductId(java.util.UUID.randomUUID()↵
.toString().toUpperCase());
    }
    ...
}
```

Usando `nextIdentity()`, um Serviço de Aplicação do cliente pode instanciar um `Product` com sua identidade globalmente única:

```
public class ProductService ... {
    ...
    @Transactional
    public String newProduct(
        String aTenantId, aProductName, aProductDescription) {
        Product product =
            new Product(
                new TenantId(aTenantId),
                this.productRepository.nextIdentity(),
                "My Product",
                "This is the description of my product.",
                new ProductDiscussion(
                        new DiscussionDescriptor(
                            DiscussionDescriptor.UNDEFINED_ID),
                        DiscussionAvailability.NOT_REQUESTED));

        this.productRepository.add(product);

        return product.productId().id();
    }
    ...
}
```

O Serviço de Aplicação usa `ProductRepository` tanto para gerar uma identidade como para persistir a nova instância de `Product`. Ele retorna a representação em `String` simples do novo `ProductId`.

Prefira Partes do Objeto de Valor

Escolha modelar uma parte contida do Agregado como um Objeto de Valor, em vez de uma Entidade, sempre que possível. Uma parte contida que pode ser completamente substituída, se isso não causar sobrecarga significativa no modelo ou na infraestrutura, é o melhor candidato.

Nosso modelo atual de `Product` é projetado com dois atributos simples e três propriedades de Valor tipado. Tanto a `description` como o `name` são atributos `String` que podem ser totalmente substituídos. Os Valores de `ProductId` e `tenantId` são mantidos como identidades estáveis; isto é, nunca são alterados após a construção. Eles suportam referência por identidade em vez de referência direta ao objeto. Na verdade, o Agregado `Tenant` referenciado nem mesmo está no mesmo Contexto Delimitado e, portanto, só deve ser referenciado por identidade. O `productDiscussion` é uma propriedade de Valor tipado futuramente consistente. Quando `Product` é instanciado pela primeira vez, a discussão pode ser solicitada, mas só existirá algum tempo depois. Ela deve ser criada no *Contexto de Colaboração*. Depois que a criação foi concluída no outro Contexto Delimitado, a identidade e o status são definidos no `Product`.

Há boas razões para que `ProductBacklogItem` seja modelado como uma Entidade, em vez de um Valor. Como discutido em **Objetos de Valor (6)**, uma vez que o banco de dados de suporte é utilizado via o Hibernate, ele deve modelar as coleções dos Valores como Entidades de banco de dados. Reordenar qualquer um dos elementos pode fazer com que um número significativo das, ou mesmo todas, instâncias de `ProductBacklogItem` sejam excluídas e substituídas. Isso tenderia a provocar uma sobrecarga significativa na infraestrutura. Como uma Entidade, isso permite que o atributo `ordering` seja alterado entre todos e quaisquer elementos da coleção tão frequentemente quanto um proprietário do produto requer. Mas se fosse necessário alternar entre usar o Hibernate com MySQL e um armazenamento de chave-valor, poderíamos em vez disso facilmente transformar `ProductBacklogItem` em um tipo de Valor. Ao usar uma chave-valor ou armazenamento de documentos, as instâncias dos Agregados são tipicamente serializadas como uma representação de valor para o armazenamento.

Usando a Lei de Demeter e "Diga, Não Pergunte"

Tanto a **Lei de Demeter** [Appleton, LoD] como **"Diga, Não Pergunte"** [PragProg, TDA] são princípios de projeto que podem ser usados ao implementar Agregados, ambos os quais enfatizam o ocultamento de informações. Considere os princípios orientadores de alto nível para ver como podemos nos beneficiar:

- *Lei de Demeter:* Essa diretriz enfatiza o *princípio do menor conhecimento.* Pense em um objeto *cliente* e outro objeto que o objeto cliente usa para executar algum comportamento de sistema; refira-se ao segundo objeto como um *servidor.* Quando o objeto cliente usa o objeto servidor, ele deve saber o mínimo possível sobre a estrutura do servidor. Atributos e propriedades do servidor — sua forma — devem permanecer completamente desconhecidos para o cliente. O cliente pode solicitar que o servidor execute um comando que é declarado na interface superficial. Mas o cliente não deve entrar em contato com o servidor, solicitar ao servidor alguma parte interna e então executar um comando nele. Se o cliente precisa de um serviço que é prestado pelas partes internas do servidor, ele não deve ter acesso a tais partes para solicitar esse comportamento. Em vez disso, o servidor deve fornecer uma única interface superficial e, quando invocado, delegar às partes internas adequadas o preenchimento de sua interface.

  Eis um resumo básico da Lei de Demeter: Qualquer método em qualquer objeto só pode invocar os métodos desta maneira: (1) nele mesmo, (2) quaisquer parâmetros passados para ele, (3) qualquer objeto que ele instancia, (4) objetos com partes autocontidas que ele pode acessar diretamente.

- *Diga, Não Pergunte:* Essa diretriz simplesmente afirma que se deve dizer aos objetos o que fazer. A parte "Não Pergunte" da diretriz se aplica ao cliente assim: Um objeto cliente não deve solicitar a um objeto servidor suas partes internas, depois tomar uma decisão com base no estado que ele recebeu e então solicitar que o objeto servidor faça alguma coisa. Em vez disso, o cliente deve "dizer" a um servidor o que fazer, usando um comando na interface pública do servidor. Essa diretriz tem motivações muito similares às da Lei de Demeter, mas "Diga, Não Pergunte" pode ser mais fácil de aplicar de forma ampla.

Dadas essas diretrizes, vamos ver como podemos aplicar os dois princípios de projeto a `Product`:

```
public class Product extends ConcurrencySafeEntity {
    ...
    public void reorderFrom(BacklogItemId anId, int anOrdering) {
        for (ProductBacklogItem pbi : this.backlogItems()) {
            pbi.reorderFrom(anId, anOrdering);
        }
    }

    public Set<ProductBacklogItem> backlogItems() {
        return this.backlogItems;
    }
    ...
}
```

`Product` exige que os clientes usem o método `reorderFrom()` para executar um comando de modificação de estado nos `backlogItems` contidos. Isso é uma boa aplicação das diretrizes. Mas o método `backlogItems()` também é público. Isso quebra os princípios que estamos tentando seguir expondo instâncias de `ProductBacklogItem` aos clientes? Ele expõe a coleção, mas os clientes podem usar essas instâncias somente para consultar informações. Por causa da interface pública limitada de `ProductBacklogItem`, os clientes não podem determinar a forma de `Product` por meio de navegação profunda. Os clientes recebem o *conhecimento mínimo*. No que diz respeito aos clientes, as instâncias da coleção retornadas poderiam ter sido criadas apenas para a única operação e poderiam não representar nenhum estado definitivo de `Product`. Os clientes talvez nunca executem comandos de modificação de estado nas instâncias de `Product-BacklogItem`, como indica sua implementação:

```
public class ProductBacklogItem extends ConcurrencySafeEntity {
    ...
    protected void reorderFrom(BacklogItemId anId, int anOrdering) {
        if (this.backlogItemId().equals(anId)) {
            this.setOrdering(anOrdering);
        } else if (this.ordering() >= anOrdering) {
            this.setOrdering(this.ordering() + 1);
        }
    }
    ...
}
```

Seu único comportamento modificador de estado é declarado como um método oculto e protegido. Portanto, clientes não podem ver ou entrar em contado com esse comando. Para todos os efeitos práticos, apenas `Product` pode ver e executar o comando. Os clientes só podem usar o método do comando `reorderFrom()` público de `Product`. Quando chamado, `Product` delega a execução das modificações internas a todas suas instâncias internas de `ProductBacklogItem`.

A implementação de `Product` limita o conhecimento sobre ele, é mais facilmente testado e é mais fácil de manter devido à aplicação desses princípios simples de projeto.

Você terá de ponderar as forças concorrentes entre o uso da Lei de Demeter e "Diga, Não Pergunte". Certamente a abordagem da Lei de Demeter é muito mais restritiva, proibindo toda a navegação pelas partes dos Agregados além da Raiz. Por outro lado, o uso de "Diga, Não Pergunte" permite a navegação para além da Raiz, mas estipula que a modificação do estado do Agregado pertence ao Agregado, não ao cliente. Portanto, você pode achar que "Diga, Não Pergunte" é uma abordagem mais amplamente aplicável à implementação de Agregados.

Concorrência Otimista

Em seguida, é preciso considerar onde colocar o atributo `version` da concorrência otimista. Quando contemplamos a definição do Agregado, pode parecer mais seguro especificar somente a versão da Entidade Raiz. A versão da Raiz seria incrementada sempre que um comando de alteração de estado fosse executado *em qualquer lugar dentro* dos limites do Agregado, independente da profundidade. Usando o exemplo atual, `Product` teria um atributo `version`, e quando qualquer um dos métodos de comando `describeAs()`, `initiateDiscussion()`, `rename()` ou `reorderFrom()` fosse executado, a versão sempre seria incrementada. Isso impediria qualquer outro cliente de modificar simultaneamente quaisquer atributos ou propriedades em qualquer lugar dentro do mesmo `Product`. Dependendo do dado projeto de Agregados, isso pode ser difícil de gerenciar, e até desnecessário.

Partindo do princípio de que estamos usando o Hibernate, quando o `name` ou a `description` de `Product` é modificado ou sua `productDiscussion` é anexada, a `version` é automaticamente incrementada. Isso é óbvio, porque esses elementos são diretamente mantidos pela Entidade Raiz. Mas como verificamos se a `version` de `Product` é incrementada quando quaisquer `backlogItems` são reordenados? Na verdade, não podemos, ou pelo menos não automaticamente. O Hibernate não irá considerar uma alteração em uma instância da parte `ProductBacklogItem` como uma modificação no próprio `Product`. Para resolver isso, talvez pudéssemos só alterar o método `reorderFrom()` de `Product`, fazendo um trabalho sujo com algum sinalizador ou incrementando a `version` por nossa própria conta:

```
public class Product extends ConcurrencySafeEntity {
    ...
    public void reorderFrom(BacklogItemId anId, int anOrdering) {
        for (ProductBacklogItem pbi : this.backlogItems()) {
            pbi.reorderFrom(anId, anOrdering);
        }
        this.version(this.version() + 1);
    }
    ...
}
```

Um problema é que esse código sempre suja o `Product`, mesmo quando um comando de reordenamento na verdade não tem nenhum efeito. Além disso, esse código vaza preocupações infraestruturais no modelo, o que é uma opção de modelagem de domínio menos desejável se puder ser evitada. O que mais pode ser feito?

Lógica Caubói

AJ: "Eu estava pensando... casamento é uma espécie de concorrência otimista. Quando um homem se casa, ele está otimista de que a mulher nunca vai mudar. E, ao mesmo tempo, ela está otimista de que ele vai mudar."

Na verdade, no caso de `Product` e suas instâncias de `ProductBacklog-Item`, é possível que nem mesmo seja necessário modificar a versão da Raiz quando quaisquer `backlogItems` são modificados. Como as próprias instâncias coletadas são Entidades, elas podem conter sua própria `version` da concorrência otimista. Se dois clientes reordenarem as mesmas instâncias de `ProductBacklogItem`, o último cliente a confirmar as alterações irá falhar. É certo que a sobreposição do reordenamento raramente aconteceria, se acontecesse, porque normalmente é apenas o proprietário do produto que reordena os itens de backlog do produto.

Versionar todas as partes da Entidade não funciona em todos os casos. Às vezes, a única maneira de proteger uma invariante é modificar a versão da Raiz. Isso pode ser alcançado mais facilmente se pudermos modificar uma propriedade legítima na Raiz. Nesse caso, a propriedade da Raiz sempre seria modificada em resposta a uma modificação da parte mais profunda, o que por sua vez faria o Hibernate incrementar a `version` da Raiz. Lembre-se de que essa abordagem foi descrita anteriormente para modelar a mudança de status em `BacklogItem` quando todas as suas instâncias de `Task` fizeram a transição para zero horas restantes.

Mas essa abordagem pode não ser possível em todos os casos. Se não for, podemos ser tentados a recorrer ao uso de ganchos fornecidos pelo mecanismo de persistência para sujar manualmente a Raiz quando o Hibernate indica que uma parte foi modificada. Isso se torna problemático. Normalmente essa técnica só pode ser colocada em funcionamento mantendo associações bidirecionais entre as partes filho e a Raiz do pai. As associações bidirecionais permitem navegar por um filho de volta à Raiz quando o Hibernate envia um evento de ciclo de vida para um ouvinte especializado. Não devemos esquecer, porém, o fato de que [Evans] geralmente desencoraja associações bidirecionais na maioria dos casos. Isso é especialmente verdadeiro se elas precisarem ser mantidas somente para lidar com a concorrência otimista, o que é uma preocupação infraestrutural.

Embora não queiramos que preocupações infraestruturais orientem as decisões de modelagem, podemos ser motivados a percorrer uma rota menos dolorosa. Se modificar a Raiz tornar-se muito difícil e caro, isso poderá ser um forte indício de que precisamos decompor nossos Agregados a apenas uma Entidade Raiz, contendo somente atributos e propriedades simples de Valor tipado. Quando nossos Agregados consistem em apenas uma Entidade Raiz, a Raiz sempre é modificada quando qualquer parte é alterada.

Por fim, devemos reconhecer que os cenários anteriores não são um problema quando um Agregado inteiro é persistido como um valor e o próprio valor evita o conflito de concorrência. Essa abordagem pode ser alavancada ao usar MongoDB, Riak, a grade distribuída Coherence da Oracle ou GemFire da VMware. Por exemplo, quando uma Raiz de Agregado implementa a interface Coherence `Versionable` e seu Repositório utiliza o processador de entrada `VersionedPut`, a Raiz sempre será o único objeto usado para detectar conflitos de concorrência. Outros armazenamentos de valor-chave podem fornecer conveniências semelhantes.

Evite Injeção de Dependência

A injeção de dependência de um Repositório ou Serviço de Domínio em um Agregado geralmente deve ser vista como prejudicial. A motivação pode ser pesquisar uma instância de objeto dependente dentro do Agregado. O objeto dependente pode ser outro Agregado, ou uma série deles. Como afirmado anteriormente em "Regra: Referencie Outros Agregados por Identidade", preferivelmente objetos dependentes são pesquisados antes de um método de um comando de Agregado ser invocado, e passado para ele. O uso do Modelo de Domínio Desconectado geralmente é uma abordagem menos satisfatória.

Além disso, em um Domínio de muito alto tráfego, alto volume e alto desempenho, com ciclos de memória e ciclos de coleta de lixo fortemente taxados, pense na potencial sobrecarga de injetar Repositórios e instâncias do Serviço de Domínio nos Agregados. Quantas referências extras a objetos isso exigiria? Algumas pessoas podem dizer que não é suficiente taxar o ambiente operacional, mas o delas provavelmente não é o tipo de domínio que é descrito aqui. Mas tome muito cuidado para não adicionar sobrecarga desnecessária que pode ser facilmente evitada utilizando outros princípios de projeto, como pesquisar as dependências antes de um método de comando de Agregado ser invocado, e passá-las para ele.

Isso serve como um alerta contra a injeção de Repositórios e Serviços de Domínio nas instâncias dos Agregados. É claro que a injeção de dependência é bastante apropriada para muitas outras situações de projeto. Por exemplo, pode ser bastante útil injetar referências de Repositório e Serviços de Domínio em Serviços de Aplicação.

Resumo

Examinamos como é crucial seguir as Regras Gerais dos Agregados ao projetar Agregados.

- Você experimentou as consequências negativas da modelagem de um Agregado de grandes grupos.

- Você aprendeu como modelar invariantes reais nos limites da consistência.

- Você avaliou as vantagens de projetar Agregados pequenos.

- Agora você entende por que é preferível referenciar outros Agregados por identidade.

- Você descobriu a importância do uso da consistência futura fora do limite do Agregado.

- Você viu várias técnicas de implementação, incluindo como você pode usar "Diga, Não Pergunte" e a Lei de Demeter.

Se seguirmos as regras, teremos consistência onde necessário e suporte a sistemas altamente escalonáveis com desempenho otimizado, e tudo enquanto capturamos a Linguagem Ubíqua de nosso domínio de negócio em um modelo cuidadosamente criado.

Capítulo 11

Fábricas

*Não tolero coisas feias nas fábricas! Lá vamos nós! Mas tenham cuidado,
minhas queridas crianças! Não percam suas cabeças! Não se excitem
demais! Mantenham a calma!*
—Willy Wonka

Entre todos os padrões utilizados no DDD, **Fábrica** é provavelmente um dos mais bem conhecidos. Amplamente divulgados por *Design Patterns* [Gamma *et al.*] são **Fábrica Abstrata, Método de Fábrica** e **Construtor**. Não vou fazer nenhuma tentativa de ofuscar o conselho dado aí, ou aquele fornecido por [Evans]. O foco aqui é dar exemplos de como você pode usar Fábricas no modelo do domínio.

Roteiro do Capítulo

- Saiba por que o uso de Fábricas pode produzir modelos expressivos que seguem a **Linguagem Ubíqua (1)**.
- Veja como a SaaSOvation usa métodos de Fábrica como comportamentos de **Agregado (10)**.
- Considere como usar métodos de Fábrica para criar instâncias de Agregado de outros tipos.
- Entenda como Serviços de Domínio podem ser projetados como Fábricas ao interagir com outros **Contextos Delimitados (2)** e converter objetos externos em tipos locais.

Fábricas no Modelo de Domínio

Considere as principais motivações para usar Fábricas:

> Transferir a responsabilidade por criar instâncias de objetos complexos e AGRE-GADOS a um objeto separado, o qual pode não ter nenhuma responsabilidade no modelo do domínio, mas ainda é parte do projeto do domínio. Fornecer uma interface que encapsula toda a montagem complexa e não requer que o cliente referencie as classes concretas dos objetos que são instanciados. Criar AGREGADOS inteiros como uma parte, impondo suas invariantes. [Evans, p. 138]

Uma Fábrica pode ou não ter responsabilidades adicionais no modelo do domínio além da criação de objetos. Um objeto cujo único propósito é instanciar um tipo de Agregado específico não terá outras responsabilidades e não será nem mesmo considerado um cidadão de primeira classe do modelo. É apenas uma Fábrica. Uma Raiz de Agregado que fornece um Método de Fábrica para produzir instâncias de outro tipo de Agregado (ou partes internas) terá a responsabilidade primária de fornecer seu principal comportamento de Agregado, sendo o Método de Fábrica apenas um deles.

Este último é o que tende a ocorrer com mais frequência em meus exemplos. A construção da maioria dos Agregados demonstrados não é complexa. Mas alguns detalhes importantes da construção de Agregados devem ser protegidos contra a produção de estado errado. Considere as exigências de um ambiente multi-inquilino. Se uma instância de Agregado fosse criada sob o inquilino errado, dando-lhe a `TenantId` errada, isso poderia ser desastroso. Há um alto grau de responsabilidade para manter todos os dados de cada inquilino segregados e seguros de todos os outros. Inserir um Método de Fábrica cuidadosamente projetado em Raízes de Agregado específicas pode garantir que as identidades de inquilino e outras identidades de associação sejam criadas corretamente. Isso simplifica os clientes, exigindo que eles passem somente parâmetros básicos, muitas vezes apenas **Objetos de Valor (6)**, ocultando os detalhes da construção deles.

Além disso, métodos de Fábrica nos Agregados permitem expressar a Linguagem Ubíqua de uma maneira que não é possível utilizando somente construtores. Quando o nome do método comportamental é expressivo em relação à Linguagem Ubíqua, você criou mais um argumento poderoso para usar um Método de Fábrica.

Lógica Caubói

LB: "Eu trabalhava em uma fábrica de hidrantes. Não havia nenhum lugar perto onde pudesse estacionar."

Os Contextos Delimitados de exemplo em alguns casos exigem construção complexa. Essas situações ocorrem ao **Integrar Contextos Delimitados (13)**. Nesses momentos, os **Serviços (7)** funcionam como Fábricas que produzem Agregados ou Objetos de Valor de vários tipos.

Um caso em que você acharia que uma Fábrica Abstrata tem excelentes benefícios é ao criar objetos de diferentes tipos em uma hierarquia de classes, que é um uso clássico. Exige-se que o cliente só passe alguns parâmetros básicos a partir dos quais a Fábrica pode determinar o tipo concreto que deve ser criado. Não há nenhuma hierarquia de classes específicas ao domínio entre meus exemplos, assim não demonstrarei esse uso aqui. Se você vir hierarquias de classe em seus esforços futuros de modelagem de domínio, sugiro que veja a discussão relacionada em **Repositórios (12)**. Isso irá ajudá-lo a entrar nesse esforço com os olhos bem abertos. Se decidir usar hierarquias de classe em seu projeto, esteja preparado para lidar com as potenciais dificuldades resultantes.

Método de Fábrica na Raiz do Agregado

Por todos os três Contextos Delimitados de exemplo existem locais de Fábrica nas Entidades Raiz do Agregado, que a Tabela 11.1 resume.

Discutiremos os Métodos de Fábrica de `Product` em **Agregados (10)**. Por exemplo, o método `planBacklogItem()` cria um novo `BacklogItem`, que é um Agregado que posteriormente retorna ao cliente.

Para demonstrar o projeto dos Métodos de Fábrica, vamos analisar os três no *Contexto de Colaboração*.

Tabela 11.1 Locais dos Métodos de Fábrica nos Agregados

Contexto Delimitado	Agregado	Método de Fábrica
Contexto de Identidade e Acesso	Tenant	`offerRegistrationInvitation()`
		`provisionGroup()`
		`provisionRole()`
		`registerUser()`
Contexto de colaboração	Calendar	`scheduleCalendarEntry()`
	Forum	`startDiscussion()`
	Discussion	`post()`
Contexto de GP ágil	Product	`planBacklogItem()`
		`scheduleRelease()`
		`scheduleSprint()`

Criando Instâncias de `Calendarentry`

Vamos examinar o projeto. A Fábrica que estamos avaliando agora tem seu local no `calendar` e é usada para criar instâncias de `CalendarEntry`. A equipe do CollabOvation nos guia ao longo de sua implementação.

Eis um teste desenvolvido para demonstrar como o Método de Fábrica `Calendar` deveria ser usado:

```
public class CalendarTest extends DomainTest {
    private CalendarEntry calendarEntry;
    private CalendarEntryId calendarEntryId;
    ...
    public void testCreateCalendarEntry() throws Exception {

        Calendar calendar = this.calendarFixture();

        DomainRegistry.calendarRepository().add(calendar);

        DomainEventPublisher
            .instance()
            .subscribe(
                new DomainEventSubscriber<CalendarEntryScheduled>() {
                public void handleEvent(
                        CalendarEntryScheduled aDomainEvent) {
                    calendarEntryId = aDomainEvent.calendarEntryId();
                }
                public Class<CalendarEntryScheduled>
                        subscribedToEventType() {
                    return CalendarEntryScheduled.class;
                }
            });

        calendarEntry =
            calendar.scheduleCalendarEntry(
                    DomainRegistry
                        .calendarEntryRepository()
                        .nextIdentity()
```

```
            new Owner(
                "jdoe",
                "John Doe",
                "jdoe@lastnamedoe.org"),
            "Sprint Planning",
            "Plan sprint for first half of April 2012.",
            this.tomorrowOneHourTimeSpanFixture(),
            this.oneHourBeforeAlarmFixture(),
            this.weeklyRepetitionFixture(),
            "Team Room",
            new TreeSet<Invitee>(0));

        DomainRegistry.calendarEntryRepository().add(calendarEntry);

        assertNotNull(calendarEntryId);
        assertNotNull(calendarEntry);
        ...
    }
}
```

Nove parâmetros são passados para `scheduleCalendarEntry()`. Mas, como pode ser visto mais adiante, o construtor de `CalendarEntry` requer um total de 11 parâmetros. Vamos considerar os benefícios disso a seguir. Depois que uma nova `CalendarEntry` é criada com sucesso, o cliente deve adicioná-la ao seu Repositório. Deixar de fazer isso permitirá que a nova instância seja varrida pela coleta de lixo.

A primeira afirmação demonstra que a `CalendarEntryId` publicada com o evento deve ser não `null`, confirmando que o evento foi publicado com sucesso. Não é que o cliente direto do `Calendar` na verdade se inscreverá nesse evento, mas o teste demonstra que o evento `CalendarEntryScheduled` é de fato publicado.

A nova instância `CalendarEntry` também deve ser não `null`. Podemos fazer afirmações adicionais, mas as duas mostradas são mais importantes para documentar o projeto do Método de Fábrica e o uso dele pelo cliente.

Agora vamos analisar a implementação do Método de Fábrica:

```
package com.saasovation.collaboration.domain.model.calendar;

public class Calendar extends Entity {
    ...
    public CalendarEntry scheduleCalendarEntry(
            CalendarEntryId aCalendarEntryId,
            Owner anOwner,
            String aSubject,
            String aDescription,
            TimeSpan aTimeSpan,
            Alarm anAlarm,
            Repetition aRepetition,
            String aLocation,
            Set<Invitee> anInvitees) {
```

```
        CalendarEntry calendarEntry =
            new CalendarEntry(
                    this.tenant(),
                    this.calendarId(),
                    aCalendarEntryId,
                    anOwner,
                    aSubject,
                    aDescription,
                    aTimeSpan,
                    anAlarm,
                    aRepetition,
                    aLocation,
                    anInvitees);

    DomainEventPublisher
        .instance()
        .publish(new CalendarEntryScheduled(...));

    return calendarEntry;
    }
    ...
}
```

O `Calendar` instancia um novo Agregado, ou seja, `CalendarEntry`. A nova instância retorna ao cliente depois que o evento `CalendarEntryScheduled` é publicado. (Os detalhes do evento publicado não são significativos para essa discussão.) Você pode notar a falta de guardas no topo desse método. Não é necessário proteger o Método de Fábrica em si, uma vez que os construtores de cada um dos parâmetros de Valor e o construtor de `CalendarEntry`, bem como os métodos *setter* delegados pelo construtor, fornecem todos os guardas necessários. (Veja em **Entidades (5)** mais detalhes sobre autodelegação e guardas.) Se quiser ser duplamente cauteloso, você também pode adicionar guardas aqui.

A equipe projetou o nome do método para seguir a Linguagem Ubíqua. Os especialistas em Domínio, junto com o restante da equipe, discutiram o seguinte cenário:

Calendários agendam entradas de calendário.

Se nosso projeto tivesse de suportar apenas um construtor público em `CalendarEntry`, ele reduziria a expressividade do modelo e não seríamos capazes de modelar explicitamente essa parte da linguagem do domínio. Usar esse projeto requer que o todo o construtor do Agregado seja mantido oculto dos clientes. Declaramos o construtor com escopo protegido, o que obriga os clientes a fazer uso do Método de Fábrica `scheduleCalendarEntry()` em `Calendar`:

```java
public class CalendarEntry extends Entity  {
    ...
    protected CalendarEntry(
        Tenant aTenant, CalendarId aCalendarId,
        CalendarEntryId aCalendarEntryId, Owner anOwner,
        String aSubject, String aDescription, TimeSpan aTimeSpan,
        Alarm anAlarm, Repetition aRepetition, String aLocation,
        Set<Invitee> anInvitees) {
        ...
    }
    ...
}
```

Embora tendo a vantagem da construção cuidadosa, da carga de uso reduzida sobre os clientes e de um modelo expressivo, utilizar o Método de Fábrica `Calendar` tem realmente a desvantagem de impor um *overhead* sobre o desempenho. Como é o caso com qualquer Método de Fábrica de Agregado, o `Calendar` terá de ser adquirido a partir de seu armazenamento de persistência antes que possa ser usado para criar a `CalendarEntry`. Essa sobrecarga extra pode valer muito a pena, mas, à medida que o tráfego nesse Contexto Delimitado aumenta, a equipe terá de ponderar as consequências cuidadosamente.

Aliado aos benefícios do uso de Fábricas está o fato de que dois dos parâmetros do construtor de `CalendarEntry` não são passados pelos clientes. Tendo em conta que são exigidos 11 parâmetros de construtor, esse projeto remove o ônus nos clientes, exigindo que eles forneçam somente nove. A maioria dos nove parâmetros necessários é facilmente criada pelos clientes. (De fato, o conjunto das instâncias de `Invitee` é mais intricado, mas isso não é culpa do Método de Fábrica. A equipe deve pensar em termos do projeto de um mecanismo para fornecer mais convenientemente esse `Set`, o que pode apontar para a criação de uma Fábrica dedicada).

Mas o `Tenant` e o `CalendarId` associado são estritamente fornecidos apenas pelo Método de Fábrica. É aqui que garantimos que as instâncias de `CalendarEntry` sejam criadas apenas para o `Tenant` correto e com o `Calendar` correto.

Vamos agora considerar mais um exemplo do *Contexto de Colaboração*.

Criando Instâncias de `Discussion`

Analise o Método de Fábrica no `Forum`. Ele tem a mesma motivação e uma implementação muito semelhante àquela em `Calendar`, assim não há necessidade de se aprofundar em seus detalhes. Mas há uma vantagem adicional do uso do Método de Fábrica aqui, como demonstra a equipe.

Considere o Método de Fábrica `startDiscussion()` específico da linguagem em `Forum`:

```
package com.saasovation.collaboration.domain.model.forum;

public class Forum extends Entity  {
    ...
    public Discussion startDiscussion(
            DiscussionId aDiscussionId,
            Author anAuthor,
            String aSubject) {
        if (this.isClosed()) {
            throw new IllegalStateException("Forum is closed.");
        }

        Discussion discussion = new Discussion(
                this.tenant(),
                this.forumId(),
                aDiscussionId,
                anAuthor,
                aSubject);

        DomainEventPublisher
            .instance()
            .publish(new DiscussionStarted(...));

        return discussion;
    }
    ...
}
```

Além de criar uma `Discussion`, esse Método de Fábrica também protege contra a criação de uma se o `Forum` estiver fechado. O `Forum` fornece o `Tenant` e a `ForumId` associada. Portanto, apenas três dos cinco parâmetros necessários para instanciar uma nova discussão devem ser fornecidos pelo cliente.

Esse Método de Fábrica também expressa a Linguagem Ubíqua do *Contexto de Colaboração*. A equipe usou `startDiscussion()` do `Forum` para projetar apenas aquilo que os especialistas em domínio disseram que ela deveria fazer:

Autores começam as discussões nos fóruns.

Isso permite que o cliente seja tão simples assim:

```
Discussion discussion = agilePmForum.startDiscussion(
    this.discussionRepository.nextIdentity(),
    new Author("jdoe", "John Doe", "jdoe@saasovation.com"),
    "Dealing with Aggregate Concurrency Issues");
```

```
assertNotNull(discussion);

...

this.discussionRepository.add(discussion);
```

Simples, de fato, o que sempre é o objetivo de um modelador de domínio.

Esse padrão do Método de Fábrica pode ser repetido quantas vezes forem necessárias. Acho que foi devidamente demonstrado a eficácia com que Métodos de Fábrica nos Agregados podem ser usados para expressar a linguagem no contexto, reduzir a carga nos clientes ao criar novas instâncias de Agregado e assegurar instanciações com o estado correto.

Fábrica no Serviço

Uma vez que boa parte da maneira como eu uso Serviços como Fábricas está relacionada a **Integrando Contextos Delimitados (13)**, deixo a maior parte da discussão para esse respectivo capítulo, em que meu foco é mais a integração com a **Camada Anticorrupção (3)**, **Linguagem Publicada (3)** e **Serviço de Hospedagem Aberta (3)**. Aqui quero enfatizar a própria Fábrica e como um Serviço pode ser projetado como uma.

A equipe agora fornece outro exemplo do *Contexto de Colaboração*. É uma Fábrica na forma de CollaboratorService, produzindo instâncias de Collaborator a partir da identidade do inquilino e do usuário:

```
package com.saasovation.collaboration.domain.model.collaborator;

import com.saasovation.collaboration.domain.model.tenant.Tenant;

public interface CollaboratorService  {

    public Author authorFrom(Tenant aTenant, String anIdentity);

    public Creator creatorFrom(Tenant aTenant, String anIdentity);

    public Moderator moderatorFrom(Tenant aTenant, String anIdentity);

    public Owner ownerFrom(Tenant aTenant, String anIdentity);
```

```
    public Participant participantFrom(
            Tenant aTenant,
            String anIdentity);
}
```

Esse Serviço fornece conversão de objetos entre o *Contexto de Identidade e Acesso* e o *Contexto de Colaboração*. Como mostrado em **Contextos Delimitados (2)**, a equipe do ColabOvation não fala de usuários ao discutir a colaboração. Tem mais a ver com o fato de que seres humanos no domínio da mídia colaborativa são autores, criadores, moderadores, proprietários e participantes. Para alcançar esse objetivo, a equipe terá de interagir com o *Contexto de Identidade e Acesso* por trás de um Serviço e transformar os objetos usuário e papel a partir desse modelo em objetos colaborador correspondentes do Contexto de seu próprio modelo.

Como os novos objetos que são derivados da classe de base abstrata `Collaborator` são criados pelo Serviço, na verdade isso funciona como uma Fábrica. Analisar uma das implementações do método de interface revela alguns dos detalhes envolvidos:

```
package com.saasovation.collaboration.infrastructure.services;

public class UserRoleToCollaboratorService
        implements CollaboratorService {

    public UserRoleToCollaboratorService() {
        super();
    }

    @Override
    public Author authorFrom(Tenant aTenant, String anIdentity) {
        return
            (Author)
                UserInRoleAdapter
                    .newInstance()
                    .toCollaborator(
                        aTenant,
                        anIdentity,
                        "Author",
                        Author.class);
    }
    ...
}
```

Como ela é uma implementação técnica, a classe é hospedada em um **Módulo (9)** na camada de infraestrutura.

A implementação associa-se ao `UserInRoleAdapter` para transformar um `Tenant` e uma identidade — o nome de usuário — em uma instância da classe `Author`. Esse **Adaptador** [Gamma *et al.*] interage com o Serviço de Hospedagem Aberto do *Contexto de Identidade e Acesso* para confirmar que o dado usuário está no papel chamado Autor. Se isso for verdade, o adaptador é delegado à classe `CollaboratorTranslator` para converter a resposta da integração da linguagem publicada em uma instância da classe `Author` no modelo local. O `Author`, bem como as outras subclasses `Collaborator`, é um Objeto de Valor simples:

```
package com.saasovation.collaboration.domain.model.collaborator;

public class Author extends Collaborator  {
    ...
}
```

Além dos construtores, `equals()`, `hashCode()` e `toString()`, cada uma das subclasses recebe todo estado e comportamento de `Collaborator`:

```
package com.saasovation.collaboration.domain.model.collaborator;

public abstract class Collaborator implements Serializable  {
    private String emailAddress;
    private String identity;
    private String name;

    public Collaborator(
            String anIdentity,
            String aName,
            String anEmailAddress) {
        super();
        this.setEmailAddress(anEmailAddress);
        this.setIdentity(anIdentity);
        this.setName(aName);
    }
    ...
}
```

O *Contexto de Colaboração* usa o `username` como o atributo da `identity` de `Collaborator`. O `emailAddress` e o `name` são instâncias de `String` simples. Nesse modelo, a equipe optou por manter cada um desses conceitos o mais simples possível. O nome do usuário, por exemplo, é mantido como o nome completo em texto. Conseguimos separar os ciclos de vida e as terminologias conceituais dos dois Contextos Delimitados por meio de uma Fábrica Baseada em Serviços.

Há um indicador da complexidade em `UserInRoleAdapter` e `Collaborator-Translator`. Em poucas palavras, o `UserInRoleAdapter` só é responsável pela comunicação com o contexto externo. O `CollaboratorTranslator` só é responsável pela conversão que resulta na criação. Ver em **Integrando Contextos Delimitados (13)** mais detalhes.

Resumo

Examinamos as razões do uso de Fábricas no DDD e como muitas vezes elas se encaixam no modelo.

- Agora você entende por que o uso de Fábricas pode produzir modelos expressivos que seguem mais de perto a Linguagem Ubíqua no contexto.

- Você viu dois diferentes Métodos de Fábrica implementados como comportamentos de Agregado.

- Isso o ajudou a entender como usar Métodos de Fábrica para criar instâncias de Agregado de outros tipos, e tudo garantindo ao mesmo tempo a produção e utilização corretas de dados sensíveis.

- Você também aprendeu como Serviços de Domínio podem ser projetados como Fábricas, até mesmo interagindo com outros Contextos Delimitados e convertendo objetos externos em tipos locais.

A seguir analisaremos como Repositórios podem ser projetados para dois estilos principais de persistência, juntamente com outras opções de implementação que devem ser consideradas.

Capítulo 12

Repositórios

Seus olhos têm a mesma cor que minha unidade de armazenamento.
—Ouvido por acaso em um botequim

Um Repositório comumente refere-se a um local de armazenamento, geralmente considerado um lugar de segurança ou preservação dos itens armazenados nele. Ao armazenar algo em um Repositório e depois retornar para recuperá-lo, você espera que ele estará no mesmo estado em que se encontrava quando você o colocou lá. Em algum momento você pode optar por remover o item armazenado do Repositório.

Esse conjunto básico de princípios aplica-se a um **Repositório** DDD. Inserir uma instância de **Agregado (10)** no Repositório correspondente, e mais tarde usar esse Repositório para recuperar a mesma instância, produz todo o objeto esperado. Se você alterar uma instância preexistente de Agregado que você recupera do Repositório, as alterações serão persistidas. Se você remover a instância do Repositório, você não será capaz de recuperá-la desse ponto em diante.

> Para cada tipo de objeto que precisa de acesso global, crie um objeto que possa fornecer a ilusão de uma coleção na memória de todos os objetos desse tipo. Configure o acesso por meio de uma interface global bem conhecida. Forneça métodos para adicionar e remover objetos... Forneça métodos que selecionam objetos com base em alguns critérios e que retornam objetos totalmente instanciados ou coleções de objetos cujos valores de atributo atendem os critérios... Forneça Repositórios somente para Agregados... [Evans, p. 151]

Todos esses objetos do tipo coleção têm a ver com a persistência. Cada tipo de Agregado persistente terá um Repositório. Em termos gerais, há um relacionamento de um para um entre um tipo de Agregado e um Repositório. Mas às vezes quando dois ou mais tipos de Agregado compartilham uma hierarquia de objetos, os tipos podem compartilhar um único Repositório. Ambas as abordagens são discutidas neste capítulo.

Roteiro do Capítulo

- Saiba mais sobre os dois diferentes tipos de Repositórios e por que usar um ou outro.
- Veja como implementar Repositórios para o Hibernate, TopLink, Coherence e MongoDB.

continua

- Entenda por que talvez você precise de comportamento adicional na interface de um Repositório. Avalie como transações desempenham um papel nos Repositórios.
- Familiarize-se com os desafios do projeto de Repositórios para as hierarquias de tipos.
- Analise algumas diferenças fundamentais entre Repositórios e **Objetos de Acesso a Dados** [Crupi *et al.*].
- Avalie algumas maneiras de testar Repositórios e como testar usando Repositórios.

Estritamente falando, apenas Agregados têm Repositórios. Se você não utilizar Agregados em um determinado **Contexto Delimitado** (2), o padrão Repositório pode ser menos útil. Se você estiver recuperando e usando **Entidades** (5) diretamente de uma forma *ad hoc,* em vez de criar limites transacionais de Agregado, é recomendável evitar Repositórios. Mas aqueles menos preocupados com os princípios do DDD, usando apenas alguns de seus padrões de forma técnica, talvez prefiram Repositórios a objetos de acesso a dados. Outros ainda acham que o uso direto de uma **Sessão** ou **Unidade de Trabalho** do mecanismo de persistência [P of EAA] faz mais sentido. Isso não significa que você deve evitar o uso de Agregados. Na verdade, o oposto é verdadeiro. Ainda assim, é uma opção que alguns vão empregar.

Em minha opinião, existem dois tipos de projetos de Repositório, um projeto *orientado a coleções* e um projeto *orientado a persistência.* Há circunstâncias em que um projeto orientado a coleções funcionará para você, e circunstâncias em que é melhor usar um projeto orientado a persistência. Primeiro será discutiremos quando usar e como criar um Repositório orientado a coleções e então como tratar aqueles orientados a persistência.

Repositórios Orientados a Coleções

Podemos considerar um projeto orientado a coleções uma abordagem tradicional porque ele segue as ideias básicas apresentadas no padrão DDD original. Estas imitam bem uma coleção, simulando pelo menos parte da interface padrão. Aqui você projeta uma interface de Repositório que não indica de nenhuma forma que existe um mecanismo de persistência subjacente, evitando qualquer noção de salvar ou persistir dados em um armazenamento.

Como essa abordagem ao projeto requer algumas capacidades específicas do mecanismo de persistência subjacente, é possível que não funcione para você. Se seu mecanismo de persistência impedir ou dificultar sua capacidade de projetar com um ponto de vista na coleção, consulte a subseção a seguir. Abordaremos as condições em que acho que o projeto orientado a coleções funciona melhor. Para fazer isso precisamos estabelecer alguma base fundacional.

Considere como uma coleção padrão funciona. Em Java, C# ou na maioria das linguagens orientadas a objetos, os objetos são adicionados a uma coleção, e permanecem na coleção até que sejam removidos. Não há necessidade de fazer nada especial para que a coleção reconheça as alterações nos objetos que ela contém, além de solicitar que a coleção forneça uma referência a um objeto específico e então solicite que o objeto faça algo nele mesmo, o que modifica seu próprio estado. O mesmo objeto ainda é armazenado pela coleção, e agora o estado desse objeto contido é diferente do que era antes da alteração.

Veremos isso um pouco mais detalhadamente examinando alguns exemplos. Usar `java.util.Collection` como um exemplo, aqui, em parte, é a interface padrão:

```
package java.util;

public interface Collection ... {
    public boolean add(Object o);
    public boolean addAll(Collection c);
    public boolean remove(Object o);
    public boolean removeAll(Collection c);
    ...
}
```

Se quisermos adicionar um objeto a uma coleção, usaremos `add()`. Se quisermos remover o mesmo objeto, passaremos sua referência a `remove()`. O teste a seguir supõe uma coleção recém-instanciada de algum tipo que pode conter instâncias de `Calendar`:

```
assertTrue(calendarCollection.add(calendar));

assertEquals(1, calendarCollection.size());

assertTrue(calendarCollection.remove(calendar));

assertEquals(0, calendarCollection.size());
```

Bem simples. Um tipo especial de coleção, `java.util.Set`, e seu `java.util.HashSet` de implementação, fornecem o tipo de coleção que um Repositório simula. Todo objeto adicionado a um `Set` deve ser único. Se você tentar adicionar um objeto que já está no `Set`, ele não será adicionado porque já está contido. Assim, você nunca precisará adicionar o mesmo objeto duas vezes, como se adicioná-lo novamente de alguma forma salvasse as alterações que você solicitou que o objeto fizesse nele mesmo. As afirmações de teste a seguir comprovam que adicionar o mesmo objeto mais de uma vez não tem nenhum efeito, positivo ou negativo:

```
Set<Calendar> calendarSet = new HashSet<Calendar>();

assertTrue(calendarSet.add(calendar));

assertEquals(1, calendarSet.size());

assertFalse(calendarSet.add(calendar));

assertEquals(1, calendarSet.size());
```

Todas essas afirmações são bem-sucedidas porque, embora a mesma instância de `Calendar` seja adicionada duas vezes, a segunda tentativa de adicionar o objeto não muda o estado do `Set`. O mesmo vale para um Repositório projetado usando uma orientação a coleções. Se adicionarmos a instância `Calendar` de Agregado a um `CalendarRepository` projetado com uma orientação a coleções, adicionar `Calendar` uma segunda vez é bom. Cada Agregado tem uma identidade globalmente única que está associada com a **Entidade Raiz (5, 10)**. É essa identidade única que permite que o Repositório do tipo `Set` evite adicionar as mesmas instâncias de Agregado mais de uma vez.

É importante entender o tipo de coleção — Conjunto (`Set`) — que um Repositório deve simular. Independentemente da implementação de suporte com um mecanismo de persistência específico, você não deve permitir que instâncias do mesmo objeto sejam adicionadas duas vezes.

Outro fato fundamental é que você não precisa "ressalvar" os objetos modificados já armazenados pelo Repositório. Considere novamente como você modificaria um objeto que é armazenado por uma coleção. Na verdade, é muito simples. Você apenas recuperaria da coleção a referência ao objeto que você deseja modificar, então solicitaria que o objeto executasse algum comportamento de transição de estado invocando um método de comando.

> **Fatos sobre Repositórios Orientados a Coleções**
>
> Um Repositório deve imitar uma coleção do tipo Conjunto. Independentemente da implementação de suporte com um mecanismo de persistência específico, você não deve permitir que instâncias do mesmo objeto sejam adicionadas duas vezes. Além disso, ao recuperar objetos de um Repositório e modificá-los, você não precisa "ressalvá-los" no Repositório.

Para ilustrar isso, digamos que um `java.util.HashSet` padrão foi estendido (dividido em uma subclasse) e um método foi criado no novo tipo que permite localizar uma instância específica do objeto por meio de uma identidade única. Atribuímos à classe estendida um nome que a identifica como um Repositório, mas é apenas um `HashSet` na memória:

```
public class CalendarRepository extends HashSet {
    private Set<CalendarId, Calendar> calendars;
```

```
public CalendarRepository() {
    this.calendars = new HashSet<CalendarId, Calendar>();
}

public void add(Calendar aCalendar) {
    this.calendars.add(aCalendar.calendarId(), aCalendar);
}

public Calendar findCalendar(CalendarId aCalendarId) {
    return this.calendars.get(aCalendarId);
}
}
```

Normalmente não dividimos `HashSet` em uma subclasse para criar um Repositório típico. Aqui fazemos isso apenas por uma questão de exemplo. Então, de volta ao exemplo. Agora podemos adicionar uma instância `Calendar` ao `Set` especializado e mais tarde localizar a instância e solicitar que ela se automodifique:

```
CalendarId calendarId = new CalendarId(...);
Calendar calendar =
    new Calendar(calendarId, "Project Calendar", ...);
CalendarRepository calendarRepository = new CalendarRepository();
calendarRepository.add(calendar);

// mais tarde ...

Calendar calendarToRename =
    calendarRepository.findCalendar(calendarId);

calendarToRename.rename("CollabOvation Project Calendar");

// mais tarde ainda ...

Calendar calendarThatWasRenamed =
    calendarRepository.findCalendar(calendarId);

assertEquals("CollabOvation Project Calendar",
    calendarThatWasRenamed.name());
```

Observe que a instância de `Calendar`, referenciada por `calendarToRename`, é modificada solicitando que ela se renomeie. Bem mais tarde, depois que a renomeação é executada, o nome continua a ser aquilo que era antes de ser alterado. Isso foi alcançado sem solicitar que a subclasse `CalendarRepository` `HashSet` salvasse as alterações na instância de `Calendar`, o que não faria sentido. O `CalendarRepository` não tem um método `save()` porque não há necessidade de um. Não há nenhuma razão para salvar as alterações na instância de `Calendar` que `calendarToRename` referencia, porque a coleção ainda contém uma referência ao objeto sendo modificado, e as alterações são feitas diretamente nesse objeto.

A ideia é então que um Repositório tradicional orientado a coleções simule verdadeiramente uma coleção em que nenhuma parte dos mecanismos de persistência é exibida para o cliente pela interface pública. Portanto, nosso objetivo é criar e implementar esse Repositório orientado a coleções com as características demonstradas por um `HashSet`, mas com um armazenamento de dados persistente.

Como você pode imaginar, isso requer algumas capacidades específicas do mecanismo de persistência de suporte. O mecanismo de persistência deve, de alguma forma, suportar a capacidade de monitorar implicitamente as alterações feitas em cada objeto persistente que ele gerencia. Isso pode ser alcançado de várias maneiras, incluindo as duas a seguir:

1. **Cópia Implícita na Leitura** [Keith & Stafford]: O mecanismo de persistência copia implicitamente cada objeto persistente durante a leitura quando ele é reconstituído a partir do armazenamento de dados e compara sua cópia privada com a cópia do cliente na confirmação. Examinando isso, ao solicitar que o mecanismo de persistência leia um objeto a partir do armazenamento de dados, ele faz isso e cria imediatamente uma cópia do objeto inteiro (menos quaisquer partes carregadas sob demanda [*lazy-load*], que também podem ser carregadas e copiadas mais tarde). Quando uma transação criada por meio do mecanismo de persistência é confirmada, o mecanismo de persistência verifica as alterações nos objetos copiados que ele carregou (ou reinseriu) comparando-as. Todos os objetos com alterações detectadas são removidos da memória e colocados no armazenamento de dados.

2. **Cópia Implícita na Gravação** [Keith & Stafford]: O mecanismo de persistência gerencia todos os objetos persistentes carregados por meio de um proxy. Como cada objeto é carregado a partir do armazenamento de dados, um proxy de pouco tráfego é criado e entregue ao cliente. Clientes invocam involuntariamente o comportamento no objeto proxy, que reflete o comportamento no objeto real. Quando o proxy recebe inicialmente uma invocação de método, ele cria uma cópia do objeto gerenciado. O proxy monitora as alterações feitas no estado do objeto gerenciado e as marca como sujas. Quando uma transação criada por meio do mecanismo de persistência é confirmada, ele verifica os objetos marcados, e todos esses são removidos da memória e colocados no armazenamento de dados.

As vantagens e as diferenças entre essas abordagens podem variar, e se seu sistema suportar as consequências negativas da escolha de sobre a outra, você deve avaliá-las com cuidado. Claro, você pode optar pela abordagem favorita, em vez de fazer sua lição de casa, mas essa talvez não seja a decisão mais segura.

Mas a vantagem geral de qualquer uma dessas abordagens é que as alterações persistentes nos objetos são monitoradas implicitamente, sem exigir conhecimento explícito pelo cliente ou intervenção para fazer com que o mecanismo de persistência conheça as alterações. A ideia aqui é que usar um mecanismo de persistência como esse, por exemplo, Hibernate, *permite empregar um Repositório tradicional orientado a coleções.*

Dito isso, é possível, mesmo que você tenha margem de manobra para usar esse mecanismo de persistência de cópia implícita para monitorar as alterações, como o Hibernate, que o uso dele seja indesejável ou inadequado. Se suas necessidades exigirem um domínio de desempenho muito alto com muitos objetos na memória em um dado momento, esse tipo de mecanismo adicionará uma sobrecarga gratuita, tanto na memória como na execução. Você terá de avaliar e decidir cuidadosamente se isso funciona ou não para você. Certamente há muitos domínios em que o Hibernate funciona. Portanto, não leve em consideração minha recomendação como uma tentativa de declarar um tabu. O uso de qualquer ferramenta deve ser feito com total consciência dos dilemas.

Lógica Caubói

LB: "Quando meu cão teve vermes, o veterinário receitou alguns repositórios."

Isso pode levá-lo a considerar o uso de uma ferramenta de mapeamento objetorrelacional com desempenho mais otimizado que pode suportar um Repositório orientado a coleções. Uma dessas ferramentas é o TopLink da Oracle, e seu parente mais próximo, o EclipseLink. O TopLink fornece uma Unidade de Trabalho, que não é totalmente diferente da Sessão do Hibernate. Mas a Unidade de Trabalho do TopLink não cria uma cópia implícita na leitura. Em vez disso, ela cria uma **Cópia Explícita antes da Gravação** [Keith & Stafford]. Aqui, o termo *explícito* significa que o cliente deve informar à Unidade de Trabalho que as mudanças estão prestes a acontecer. Isso dá à Unidade de Trabalho a oportunidade de clonar o dado objeto de domínio a fim de preparar para as modificações (que ele chama *edições*, discutidas mais adiante neste capítulo). A questão-chave é que o TopLink consome memória somente quando necessário.

Implementação com o Hibernate

Há dois passos principais para se criar qualquer orientação de um Repositório. Você precisa definir uma interface pública e pelo menos uma implementação.

Especificamente no caso de um projeto orientado a coleções, no primeiro passo você define uma interface que imita uma coleção. O segundo passo fornece uma implementação que aborda o uso do mecanismo de armazenamento primário de suporte, como o Hibernate. A interface, como uma coleção, geralmente terá métodos comuns como aqueles encontrados no exemplo a seguir:

```
package com.saasovation.collaboration.domain.model.calendar;

public interface CalendarEntryRepository {
    public void add(CalendarEntry aCalendarEntry);
    public void addAll(
            Collection<CalendarEntry> aCalendarEntryCollection);
    public void remove(CalendarEntry aCalendarEntry);
    public void removeAll(
            Collection<CalendarEntry> aCalendarEntryCollection);
    ...
}
```

Insira a definição da interface no mesmo **Módulo (9)** que o do tipo de Agregado que ele armazena. Nesse caso a interface CalendarEntryRepository é inserida no mesmo módulo (pacote Java) que CalendarEntry. A classe de implementação é inserida em um pacote separado, como discutido mais adiante.

A interface CalendarEntryRepository tem métodos que são muito parecidos com aqueles fornecidos por coleções, como o java.util.Collection padrão. Uma nova CalendarEntry pode ser adicionada a esse Repositório usando add(). Múltiplas novas instâncias poderão ser adicionadas com addAll(). Depois que as instâncias foram adicionadas, elas serão persistidas em algum tipo de armazenamento de dados e serão recuperáveis por meio de uma identidade única desse ponto em diante. A antítese desses métodos é remove() e removeAll(), permitindo a remoção de uma ou múltiplas instâncias da coleção.

Pessoalmente não gosto desses métodos para responder a resultados booleanos como coleções completas respondem. Isso ocorre porque em alguns casos uma resposta true a uma operação de adição de tipo não garante o sucesso. Os resultados true ainda podem estar sujeitos a uma transação de confirmação no armazenamento de dados. Assim, void pode ser o tipo de retorno mais preciso no caso de um Repositório.

Pode haver casos em que adicionar e/ou remover múltiplas instâncias de Agregado em uma única transação não seja apropriado. Quando isso for verdade para um determinado caso em seu domínio, não inclua os métodos addAll() e removeAll(). Esses métodos, porém, são fornecidos somente por conveniência. Um cliente sempre pode usar um loop para chamar add() ou remove() várias vezes quando ele itera por uma coleção. Assim, eliminar os métodos addAll() e removeAll() é apenas algo simbólico de uma diretriz que na verdade não pode ser imposta por projeto, a menos que você também inclua um meio de detectar a adição e remoção de múltiplos objetos em uma única transação. Fazer isso provavelmente exigiria que esse Repositório fosse instanciado para cada transação, o que é uma proposta potencialmente cara. Não discutirei isso novamente.

É possível que instâncias de alguns tipos de Agregado nunca precisem ser removidas por meio da aplicação normal de casos de uso. Pode ser necessário reciclar a instância muito tempo depois que ela não mais é utilizável na aplicação, possivelmente para propósitos referenciais e/ou históricos. Referencialmente, pode ser muito difícil ou impossível remover alguns objetos. Da perspectiva do negócio, pode ser imprudente, não recomendável ou mesmo ilegal remover alguns objetos. Nesses casos, você pode simplesmente decidir marcar a instância do Agregado como *desativada, inutilizável* ou, de alguma outra forma específica ao domínio, *logicamente removida*. Se fizer isso, é recomendável não incluir nenhum método de remoção na interface pública do Repositório, ou você pode decidir implementar os métodos de remoção para definir o estado inutilizável da instância do Agregado. Em vez disso, você pode evitar a remoção total dos objetos por meio de revisões de código, em que os clientes são cuidadosamente inspecionados para garantir que nenhum desses comportamentos de remoção seja utilizado. É uma decisão a refletir, mas talvez seja mais fácil não permitir a remoção completamente. Afinal de contas, todos os métodos nas interfaces públicas geralmente são considerados disponíveis para uso. Se a remoção estiver publicamente disponível quando não permitida de uma maneira lógica, é recomendável considerar implementar a remoção lógica em vez de a física.

Outra parte importante da interface do Repositório é a definição dos métodos finder:

```
public interface CalendarEntryRepository {
    ...
    public CalendarEntry calendarEntryOfId(
            Tenant aTenant,
            CalendarEntryId aCalendarEntryId);

    public Collection<CalendarEntry> calendarEntriesOfCalendar(
            Tenant aTenant,
            CalendarId aCalendarId);

    public Collection<CalendarEntry> overlappingCalendarEntries(
            Tenant aTenant,
            CalendarId aCalendarId,
            TimeSpan aTimeSpan);
}
```

A primeira definição do método, `calendarEntryOfId()`, permite recuperar uma instância específica do Agregado `CalendarEntry` por meio de identidade única. Esse Agregado utiliza um tipo de identidade explícita, ou seja, `CalendarEntryId`. A segunda definição do método, `calendarEntriesOfCalendar()`, permite recuperar uma coleção de todas as instâncias de `CalendarEntry` para um `Calendar` específico por meio de sua identidade única. Por fim, a terceira definição do método finder, `overlappingCalendarEntries()`, fornece uma coleção de todas as instâncias de `CalendarEntry` para um `Calendar` específico durante um `TimeSpan` específico. Em particular, esse método suporta recuperar o que está agendado ao longo de um período contíguo específico de datas e horários.

Por fim, você pode perguntar como uma `CalendarEntry` é atribuída a uma identidade globalmente única. Isso também pode ser convenientemente fornecido pelo Repositório:

```
public interface CalendarEntryRepository {
    public CalendarEntryId nextIdentity();
    ...
}
```

Qualquer código responsável por instanciar novas instâncias de `CalendarEntry` usa `nextIdentity()` para obter uma nova instância de `CalendarEntryId`:

```
CalendarEntry calendarEntry =
    new CalendarEntry(tenant, calendarId,
            calendarEntryRepository.nextIdentity(),
            owner, subject, description, timeSpan, alarm,
            repetition, location, invitees);
```

Veja em **Entidades (5)** uma discussão exaustiva das técnicas de criação de identidades, o uso de identidades substitutas específicas do domínio, bem como a importância de controlar adequadamente a atribuição da identidade.

Vamos agora analisar a classe de implementação para esse Repositório tradicional. Existem algumas opções para selecionar o Módulo no qual inserir a classe. Alguns gostam de usar um Módulo (pacote Java) diretamente sob o Módulo de Agregado e Repositório. Nesse caso, isso significaria:

```
package com.saasovation.collaboration.domain.model.calendar.impl;

public class HibernateCalendarEntryRepository
        implements CalendarEntryRepository {
    ...
}
```

Inserir a classe aqui permite gerenciar a implementação na Camada de Domínio, mas em um pacote especial para implementações. Dessa forma, você mantém os conceitos do domínio claramente separados daqueles que lidam diretamente com a persistência. Esse estilo de declarar interfaces em um pacote ricamente nomeado, e suas implementações em um subpacote chamado `impl` diretamente abaixo dele, é amplamente praticado em projetos Java. Mas no caso do *Contexto de Colaboração*, a equipe escolheu localizar todas as classes de implementação técnica na Camada de Infraestrutura:

```
package com.saasovation.collaboration.infrastructure.persistence;

public class HibernateCalendarEntryRepository
        implements CalendarEntryRepository  {
    ...
}
```

Isso utiliza o **Princípio da Inversão de Dependência (4)**, ou **DIP**, para distribuir em camadas as preocupações com a infraestrutura. A Camada de Infraestrutura está logicamente acima de todas as outras, fazendo referências unidirecionais descendentes para a Camada de Domínio.

A classe `HibernateCalendarEntryRepository` é um bean Spring registrado. Ela tem um construtor sem argumentos e recebe uma injeção de outra dependência do objeto bean de infraestrutura:

```
import com.saasovation.collaboration.infrastructure
        .persistence.SpringHibernateSessionProvider;

public class HibernateCalendarEntryRepository
        implements CalendarEntryRepository  {

    public HibernateCalendarEntryRepository() {
        super();
    }
    ...
    private SpringHibernateSessionProvider sessionProvider;

    public void setSessionProvider(
            SpringHibernateSessionProvider aSessionProvider) {
        this.sessionProvider = aSessionProvider;
    }

    private org.hibernate.Session session() {
        return this.sessionProvider.session();
    }
}
```

A classe `SpringHibernateSessionProvider` também é hospedada na camada de infraestrutura no módulo `com.saasovation.collaboration.infrastructure.persistence` e é injetada em cada Repositório baseado em Hibernate. Cada método que usa o objeto de `Session` do Hibernate autoinvoca o método `session()` para obtê-lo. O método `session()` usa a instância de `sessionProvider` com dependência injetada para obter a instância de `Session` vinculada por thread (visto mais adiante neste capítulo).

Os métodos add(), addAll(), remove() e removeAll() são implementados desta maneira:

```
package com.saasovation.collaboration.infrastructure.persistence;

public class HibernateCalendarEntryRepository
        implements CalendarEntryRepository  {
    ...
    @Override
    public void add(CalendarEntry aCalendarEntry) {
        try {
            this.session().saveOrUpdate(aCalendarEntry);
        } catch (ConstraintViolationException e) {
            throw new IllegalStateException(
                    "CalendarEntry is not unique.", e);
        }
    }

    @Override
    public void addAll(
        Collection<CalendarEntry> aCalendarEntryCollection) {
        try {
            for (CalendarEntry instance : aCalendarEntryCollection) {
                this.session().saveOrUpdate(instance);
            }
        } catch (ConstraintViolationException e) {
            throw new IllegalStateException(
                    "CalendarEntry is not unique.", e);
        }
    }

    @Override
    public void remove(CalendarEntry aCalendarEntry) {
        this.session().delete(aCalendarEntry);
    }

    @Override
    public void removeAll(
        Collection<CalendarEntry> aCalendarEntryCollection) {
        for (CalendarEntry instance : aCalendarEntryCollection) {
            this.session().delete(instance);
        }
    }
    ...
}
```

Esses métodos têm implementações bastante simplistas. Cada método autoinvoca session() para obter a instância Session do Hibernate (como explicado anteriormente).

Talvez curiosamente, os métodos `add()` e `addAll()` usam o método `saveOrUpdate()` de `Session`. Isso também é mais suporte para adições do tipo `Set`. Se um cliente adicionar a mesma `CalendarEntry` mais de uma vez, o comportamento `saveOrUpdate()` fará com que pareça como uma "não operação" (*no-op*) benigna. De fato, desde a versão 3 do Hibernate qualquer forma de atualização é uma não operação, pois, como observado anteriormente, as atualizações são monitoradas implicitamente por meio de modificações no estado do objeto. Portanto, a menos que os objetos adicionados por esses dois métodos sejam inteiramente novos, o comportamento não faz nada.

Adicionar pode lançar uma `ConstraintViolationException`. Em vez de permitir que exceções do Hibernate sejam exibidas para os clientes, essas exceções são capturadas e empacotadas pela `IllegalStateException` mais amigável a clientes. Também podemos declarar exceções específicas de domínio e lançá-las. Isso é uma escolha para cada equipe de projeto. O ponto principal é que, como temos de passar pela dificuldade de ocultar os detalhes da implementação da estrutura de persistência subjacente, queremos isolar os clientes de todos esses detalhes, incluindo as exceções.

Os métodos `remove()` e `removeAll()` são bastante simples. Eles só precisam usar `Session delete()` para facilitar a remoção do armazenamento de dados subjacente. Há um detalhe adicional em relação à remoção dos Agregados que usam o mapeamento um para um, o que é verdade em um caso no *Contexto de Identidade e Acesso*. Como as alterações não ocorrem em cascata nesses relacionamentos, você precisará excluir explicitamente objetos em ambos os lados da associação:

```
package com.saasovation.identityaccess.infrastructure.persistence;

public class HibernateUserRepository implements UserRepository  {
    ...
    @Override
    public void remove(User aUser) {
        this.session().delete(aUser.person());
        this.session().delete(aUser);
    }

    @Override
    public void removeAll(Collection<User> aUserCollection) {
        for (User instance : aUserCollection) {
            this.session().delete(instance.person());
            this.session().delete(instance);
        }
    }
    ...
}
```

O objeto `Person` interno deve ser excluído primeiro, e então a Raiz do Agregado `User`. Se você não excluir o objeto `Person` interno, ele se tornará órfão na tabela de banco de dados correspondente. Em geral, isso é um bom motivo para evitar associações um para um e, em vez disso, usar uma única associação unidirecional restrita do tipo muitos para um. Mas escolhi implementar a associação bidirecional um para um propositadamente a fim de demonstrar o que é trabalhar com os mapeamentos mais problemáticos.

Observe que existem diferentes abordagens preferidas para lidar com essas situações. Alguns podem optar por depender dos eventos de ciclo de vida ORM para fazer exclusões parciais em cascata de objetos. Evitei intencionalmente essas abordagens porque sou forte oponente da persistência gerenciada por Agregados, e defendo veementemente somente a persistência de Repositório. Os argumentos são exaltados e intermináveis. Você deve fazer uma escolha inteligente, mas entenda que especialistas em DDD evitam a persistência gerenciada por Agregados como uma regra de ouro.

Agora de volta ao `HibernateCalendarEntryRepository` e suas implementações do método finder:

```
public class HibernateCalendarEntryRepository
        implements CalendarEntryRepository {
    ...
    @Override
    @SuppressWarnings("unchecked")
    public Collection<CalendarEntry> overlappingCalendarEntries(
        Tenant aTenant, CalendarId aCalendarId, TimeSpan aTimeSpan) {
        Query query =
            this.session().createQuery(
                "from CalendarEntry as _obj_ " +
                "where _obj_.tenant = :tenant and " +
                " _obj_.calendarId = :calendarId and " +
                "((_obj_.repetition.timeSpan.begins between " +
                    ":tsb and :tse) or " +
                " (_obj_.repetition.timeSpan.ends between " +
                    ":tsb and :tse))");

        query.setParameter("tenant", aTenant);
        query.setParameter("calendarId", aCalendarId);
        query.setParameter("tsb", aTimeSpan.begins(), Hibernate.DATE);
        query.setParameter("tse", aTimeSpan.ends(), Hibernate.DATE);

        return (Collection<CalendarEntry>) query.list();
    }

    @Override
    public CalendarEntry calendarEntryOfId(
            Tenant aTenant,
            CalendarEntryId aCalendarEntryId) {
        Query query =
            this.session().createQuery(
                "from CalendarEntry as _obj_ " +
                "where _obj_.tenant = ? and _obj_.calendarEntryId = ?");
```

```
        query.setParameter(0, aTenant);
        query.setParameter(1, aCalendarEntryId);

        return (CalendarEntry) query.uniqueResult();
    }

    @Override
    @SuppressWarnings("unchecked")
    public Collection<CalendarEntry> calendarEntriesOfCalendar(
        Tenant aTenant, CalendarId aCalendarId) {
        Query query =
            this.session().createQuery(
                "from CalendarEntry as _obj_ " +
                "where _obj_.tenant = ? and _obj_.calendarId = ?");

        query.setParameter(0, aTenant);
        query.setParameter(1, aCalendarId);

        return (Collection<CalendarEntry>) query.list();
    }
    ...
}
```

Cada um dos três *finders* cria uma `Query` por meio de sua `Session`. Como é comum em consultas do Hibernate, a equipe usa HQL para descrever os critérios e então carrega os objetos de parâmetro. A consulta é então executada, solicitando um resultado único ou uma coleção de lista dos objetos. O thread mais sofisticado para consultas é aquele do `overlappingCalendarEntries()`, caso em que temos de localizar todas as instâncias de `CalendarEntry` que sobrepõem uma data específica e intervalo de tempo, ou `TimeSpan`.

Por fim, analisaremos a implementação do método `nextIdentity()`:

```
public class HibernateCalendarEntryRepository
        implements CalendarEntryRepository {
    ...
    public CalendarEntryId nextIdentity() {
        return new CalendarEntryId(
                UUID.randomUUID().toString().toUpperCase());
    }
    ...
}
```

Essa implementação particular não usa o mecanismo de persistência ou o armazenamento de dados para gerar uma identidade única. Em vez disso, o gerador `UUID` relativamente rápido e muito confiável é usado.

Considerações sobre a Implementação do Toplink

O TopLink tem uma Sessão e uma Unidade de Trabalho. Isso difere um pouco do Hibernate pelo fato de que a Sessão do Hibernate também é uma Unidade de Trabalho.[1] Veremos uma maneira de usar a Unidade de Trabalho separada da Sessão, e então como usá-las facilmente em uma implementação de Repositório.

Sem o benefício da abstração de Repositório, você usaria o TopLink assim:

```
Calendar calendar = session.readObject(...);

UnitOfWork unitOfWork = session.acquireUnitOfWork();

Calendar calendarToRename = unitOfWork.registerObject(calendar);

calendarToRename.rename("CollabOvation Project Calendar");

unitOfWork.commit();
```

O UnitOfWork fornece um uso da memória muito mais eficiente e melhor capacidade de processamento uma vez que você deve informar explicitamente ao UnitOfWork que você pretende modificar o objeto. Somente depois dessa modificação é que um clone, ou cópia de edição, de seu Agregado é criado. Como mostrado anteriormente, o método registerObject() responde a um clone da instância Calendar original. É esse objeto clone, referenciado por calendarToRename, que deve ser editado/modificado. À medida que você faz modificações no objeto, o TopLink é capaz de monitorar as alterações que ocorrem. Quando o método commit() em UnitOfWork é invocado, todos os objetos modificados são confirmados no banco de dados.[2]

Adicionar novos objetos a um Repositório TopLink pode ser feito bem facilmente:

```
    ...
    public void add(Calendar aCalendar) {
        this.unitOfWork().registerNewObject(aCalendar);
    }
    ...
```

---

1. Não estou medindo o valor do TopLink em termos do Hibernate. De fato, o TopLink tem uma longa história de sucesso, que foi estabelecida muito antes de a Oracle optar pelo produto, como resultado do desastre do WebGain e a subsequente "queima de estoque". *Top* é um acrônimo para "The Object People", que foi a empresa inicial por trás da ferramenta que há quase duas décadas é um sucesso comprovado. Aqui estou apenas comparando como as duas ferramentas funcionam.
2. Isso pressupõe que a Unidade de Trabalho não está aninhada em um pai. Se estiver, as alterações confirmadas a partir da Unidade de Trabalho serão mescladas com o pai. Em última análise, as mais externas são confirmadas no banco de dados.

O uso do `registerNewObject()` estipula que `aCalendar` é uma nova instância. Isso imporia uma falha se `add()` for chamado com `aCalendar`, que na verdade é preexistente. Aqui também podemos utilizar a versão do `registerObject()`, o que seria semelhante a usar o método `saveOrUpdate()` do Hibernate (discutido anteriormente). De qualquer maneira, atendemos a necessidade de uma interface viável orientada a coleções.

Mas ainda precisamos de uma maneira de adquirir um clone quando precisamos modificar um Agregado preexistente. O truque é encontrar uma maneira conveniente de registrar essa instância de Agregado com uma `UnitOfWork`. Até agora, nossa discussão não forneceu uma interface com o Repositório para fazer isso porque estamos tentando imitar um `Set` e evitar qualquer inferência em relação a persistência na interface. Mas podemos fazer isso de uma maneira que não necessariamente influencia um modo de pensar sobre a persistência. Considere o uso de uma de duas abordagens:

```
public Calendar editingCopy(Calendar aCalendar);

// ou

public void useEditingMode();
```

Com a primeira abordagem, `editingCopy()` adquiriria uma `UnitOfWork`, registraria a dada instância `Calendar`, obteria seu clone e responderia a ele:

```
...
public Calendar editingCopy(Calendar aCalendar) {
    return (Calendar) this.unitOfWork().registerObject(aCalendar);
}
...
```

Isso reflete a maneira como o `registerObject()` subjacente faz as coisas. Compreensivelmente, isso pode não ser desejável, mas é uma abordagem limpa e não reflete um modo de pensar baseado na persistência.

A segunda abordagem é colocar o Repositório no modo de edição com `useEditingMode()`. Depois que isso é feito, todos os métodos *finders* subsequentes registrarão automaticamente todos os objetos que eles consultam com uma `UnitOfWork` de suporte e responderão aos clones. Ele praticamente impede que modificações nos Agregados sejam feitas no Repositório. Isso, porém, é como Repositórios tendem a ser utilizados, seja modificação somente de leitura ou modificação de leitura. Isso também reflete o uso de um Repositório para Agregados que tem limites bem especificados que refletem um viés em direção ao sucesso transacional.

Pode haver outras maneiras de projetar um Repositório orientado a coleções para o TopLink, mas isso fornece poucas opções que valem a pena considerar.

Repositórios Orientados a Persistência

Para momentos em que um estilo orientado a coleções não funciona, você precisará empregar um Repositório orientado a persistência baseado no método *save*. Esse será o caso quando seu mecanismo de persistência não detecta implícita ou explicitamente e monitora as alterações nos objetos. Isso acontece ao usar uma **Fábrica de Dados (4)** na memória ou, por qualquer outro nome, um armazenamento de dados NoSQL baseado em chave-valor. Sempre que você cria uma nova instância de Agregado ou altera uma preexistente, você terá de colocá-la no armazenamento de dados usando um método `save()` ou semelhante do Repositório.

Há outra consideração ao escolher uma abordagem orientada a persistência, mesmo que você utilize um mapeador objetorrelacional que suporta uma abordagem orientada a coleções. O que aconteceria se você projetasse Repositórios orientados a coleções e então decidisse trocar seu banco de dados relacional por um armazenamento de chave-valor? Você teria uma grande quantidade de reverberações ao longo da Camada de Aplicação porque esta teria de ser alterada para usar `save()` em todos os lugares onde ocorrem atualizações de Agregado. Você também teria de livrar seus Repositórios de `add()` e `addAll()`, porque estes últimos não mais pertenceriam aos primeiros. Nos casos em que há uma possibilidade muito realista de que seu mecanismo de persistência vá mudar no futuro, pode ser melhor projetar com a interface mais flexível em mente. A desvantagem é que o atual mapeador objetorrelacional pode fazer com que você deixe de fora os usos necessários de `save()` que você só pode capturar mais tarde quando não mais há uma Unidade de Trabalho de suporte.[3] A vantagem é que o padrão Repositório permitirá substituir completamente o mecanismo de persistência com potencialmente pouco impacto sobre sua aplicação.

> **Lições a Levar para Casa Sobre Repositórios Orientados a Persistência**
> Temos de usar explicitamente `put()` tanto para objetos novos como para objetos alterados no armazenamento, substituindo efetivamente qualquer valor previamente associado com a chave dada. Usar esse tipo de armazenamento de dados simplifica muito as gravações e leituras básicas dos Agregados. Por isso, às vezes são chamados de Armazenamento de Agregados ou Banco de Dados Orientado a Agregados.

Ao usar uma Fábrica de Dados na memória, como GemFire ou Oracle Coherence, o armazenamento é uma implementação na memória de `Map` imitando `java.util.HashMap`, em que cada elemento mapeado é considerado uma *entrada*. Da mesma forma, ao usar um armazenamento NoSQL como MongoDB ou Riak, a persistência de objeto dá a ilusão de algo como uma coleção,

---

3. Você pode criar testes do Serviço de Aplicação (14) que são responsáveis por atualizar os salvamentos conforme necessário. Uma implementação do Repositório na memória (ver texto principal mais adiante no capítulo) pode ser projetada para auditar a eficácia dos métodos de salvamento.

em vez de tabelas, linhas e colunas. Estes armazenam pares de chave-valor. Esses pares são efetivamente um armazenamento do tipo `Map`, mas usam disco, em vez de memória, como o meio primário de persistência.

Embora os dois estilos de mecanismo de persistência imitem aproximadamente uma coleção de mapas, infelizmente devemos usar explicitamente `put()` tanto para objetos novos como para objetos alterados no armazenamento, substituindo efetivamente o valor anteriormente associado com chave dada. Isso é verdade mesmo quando um objeto alterado é logicamente o mesmo objeto que já está armazenado, porque esses geralmente não fornecem uma Unidade de Trabalho para monitorar as mudanças ou não suportam a demarcação de transações para controlar gravações atômicas. Em vez disso, cada `put()` e `putAll()` representa uma transação lógica separada.

Usar um desses tipos de armazenamentos de dados simplifica muito as gravações e leituras básicas dos Agregados. Por exemplo, considere a simplicidade de adicionar esse `Product` (*contexto ágil de gerenciamento de projetos*) a uma grade de dados Coherence, e então o ler novamente:

```
cache.put(product.productId(), product);

// mais tarde ...

product = cache.get(productId);
```

Aqui a instância `Product` é automaticamente serializada para o `Map` utilizando a serialização Java padrão. Mas essa interface simplista pode ser um pouco enganosa. Se você quiser domínios de alto desempenho, há um pouco mais a fazer. O Coherence suporta a serialização Java padrão quando um provedor de serialização personalizado não está registrado. Usar a serialização Java padrão geralmente não é a melhor opção. Ela exige mais bytes extras para representar cada objeto, e seu desempenho é relativamente ruim.[4] Não é recomendável comprar uma Fábrica de Dados de alto desempenho e então utilizá-la parcialmente reduzindo o número de objetos que ela pode armazenar em cache e diminuir o *throughput* geral usando serialização lenta. Portanto, tenha em mente que, ao utilizar uma Fábrica de Dados, por exemplo, introduzimos distribuição no sistema. Isso muitas vezes incorpora uma nova força ao projeto do modelo de domínio, ou seja, serialização personalizada ou pelo menos especializada. Isso pode fazer com que você tome decisões diferentes, pelo menos no nível de implementação.

Assim, ao utilizar os caches GemFire ou Coherence, os armazenamentos de chave-valor do MongoDB ou Riak, ou algum outro tipo de persistência NoSQL, você provavelmente vai querer usar um meio rápido e compacto de converter Agregados em sua forma serializada/documental e então de volta à forma de

---

4. Ela também limita os clientes do Coherence a somente Java, enquanto clientes .NET e C++ também poderiam usar dados de grade se você fosse fornecer a serialização Portable Object Format (POF).

objeto. De fato, vencer esses desafios não é tão difícil. Por exemplo, criar uma serialização ótima para um Agregado persistido pelo GemFire ou Coherence não é mais desafiador do que criar descrições de mapeamento para um mapeador objetorrelacional. Mas não é tão fácil quanto usar `put()` e `get()` em um `Map`.

A seguir demonstraremos como um Repositório orientado a persistência pode ser criado para o Coherence, e então destacaremos algumas técnicas para fazer a mesma coisa para o MongoDB.

Implementação do Coherence

Como fizemos com o Repositório orientado a coleções, primeiro definimos uma interface e então sua implementação. Eis uma interface orientada a persistência que define métodos baseados em salvamentos que são utilizados para a grade de dados Oracle Coherence:

```
package com.saasovation.agilepm.domain.model.product;

import java.util.Collection;

import com.saasovation.agilepm.domain.model.tenant.Tenant;

public interface ProductRepository {
    public ProductId nextIdentity();
    public Collection<Product> allProductsOfTenant(Tenant aTenant);
    public Product productOfId(Tenant aTenant, ProductId aProductId);
    public void remove(Product aProduct);
    public void removeAll(Collection<Product> aProductCollection);
    public void save(Product aProduct);
    public void saveAll(Collection<Product> aProductCollection);
}
```

Esse `ProductRepository` não é totalmente diferente do `CalendarEntryRepository` da seção anterior. Ele só difere quanto à maneira como permite que instâncias de Agregado sejam incluídas no conjunto simulado. Nesse caso, temos os métodos `save()` e `saveAll()`, em vez dos métodos `add()` e `addAll()`. Logicamente, os dois estilos de método fazem coisas semelhantes. A principal diferença é como o cliente usa os métodos. Para reiterar, ao usar um estilo orientado a coleções, as instâncias de Agregado só são adicionadas quando são criadas. Ao usar um estilo orientado a persistência, as instâncias de Agregado devem ser salvas tanto quando são criadas como quando são modificadas:

```
Product product = new Product(...);

productRepository.save(product);
```

```
// mais tarde ...
Product product =
    productRepository.productOfId(tenantId, productId);

product.reprioritizeFrom(backlogItemId, orderOfPriority);

productRepository.save(product);
```

Fora isso, os detalhes estão na implementação. Assim, vamos analisar exatamente isso. Primeiro veja a infraestrutura do Coherence, precisamos dar o salto para o cache da grade de dados:

```
package com.saasovation.agilepm.infrastructure.persistence;

import com.tangosol.net.CacheFactory;
import com.tangosol.net.NamedCache;

public class CoherenceProductRepository
        implements ProductRepository {
    private Map<Tenant,NamedCache> caches;

    public CoherenceProductRepository() {
        super();
        this.caches = new HashMap<Tenant,NamedCache>();
    }
    ...
    private synchronized NamedCache cache(TenantId aTenantId) {
        NamedCache cache = this.caches.get(aTenantId);

        if (cache == null) {
            cache = CacheFactory.getCache(
                    "agilepm.Product." + aTenantId.id(),
                    Product.class.getClassLoader());

            this.caches.put(aTenantId, cache);
        }

        return cache;
    }
    ...
}
```

No caso do *Contexto de Gerenciamento Ágil de Projetos*, a equipe optou por inserir as implementações técnicas do Repositório na Camada de Infraestrutura.

Junto com um construtor simples sem argumentos, há o eixo do Coherence, o `NamedCache`. Entre outras importações, observe aquelas que são específicas para criar ou anexar e usar um cache, `CacheFactory` e `NamedCache`. As duas classes estão no pacote `com.tangosol.net`.

O método privado `cache()` é o meio pelo qual um `NamedCache` é obtido. O método lentamente obtém o cache na primeira tentativa do Repositório de usá-lo. Isso ocorre principalmente porque cada cache é nomeado para o `Tenant` específico e o Repositório deve esperar que um método público seja chamado antes que ele tenha acesso a um `TenantId`. Existem várias estratégias de cache nomeado do Coherence que podem ser projetadas. Nesse caso, a equipe escolheu armazenar em cache utilizando o seguinte *namespace*:

1. Primeiro nível pelo nome curto do Contexto Delimitado: `agilepm`

2. Segundo nível pelo nome simples do Agregado: `Product`

3. Terceiro nível pela identidade única de cada inquilino: `TenantId`

Isso tem algumas vantagens. Primeiro, o modelo de cada Contexto Delimitado, Agregado e inquilino que é gerenciado pelo Coherence pode ser sintonizado e escalonado separadamente. Além disso, cada inquilino é completamente segregado de todos os outros, de tal modo que não há como as consultas para um inquilino poderem incluir acidentalmente os objetos de outros inquilinos. Isso é a mesma motivação usada ao "segmentar" cada tabela de entidade com a identidade do inquilino em uma solução de persistência MySQL, mas nesse caso é ainda mais limpa. Além disso, sempre que um método finder deve responder a todas as instâncias de Agregado quanto um determinado inquilino, na verdade não há nenhuma consulta necessária. O método finder apenas solicita ao Coherence todas as entradas no cache. Você verá essa otimização mais adiante com a implementação do `allProductsOfTenant()`.

À medida que cada `NamedCache` é criado ou anexado, ele é inserido no `Map` associado à variável da instância `caches`. Isso permite que cada cache seja pesquisado rapidamente pelo `TenantId` em todos os usos subsequentes ao primeiro.

Há muitas considerações de configuração e ajuste do Coherence para abordar aqui. É uma toda discussão por si só, e a literatura já entra nos detalhes disso. Vou deixar que Aleks Seović aborde esse tema [Seović]. Agora, a implementação:

```
public class CoherenceProductRepository
        implements ProductRepository {
    ...
    @Override
    public ProductId nextIdentity() {
        return new ProductId(
                java.util.UUID.randomUUID()
                    .toString()
                    .toUpperCase());
    }
    ...
}
```

O método `nextIdentity()` do `ProductRepository` é implementado do mesmo modo como o do `CalendarEntryRepository`. Ele seleciona um UUID e usa-o para instanciar um `ProductId`, que então responde:

```
public class CoherenceProductRepository
        implements ProductRepository {
    ...
    @Override
    public void save(Product aProduct) {
        this.cache(aProduct.tenantId())
                .put(this.idOf(aProduct), aProduct);
    }

    @Override
    public void saveAll(Collection<Product> aProductCollection) {
        if (!aProductCollection.isEmpty()) {
            TenantId tenantId = null;

            Map<String,Product> productsMap =
                new HashMap<String,Product>(aProductCollection.size());

            for (Product product : aProductCollection) {
                if (tenantId == null) {
                    tenantId = product.tenantId();
                }
                productsMap.put(this.idOf(product), product);
            }

            this.cache(tenantId).putAll(productsMap);
        }
    }
    ...
    private String idOf(Product aProduct) {
        return this.idOf(aProduct.productId());
    }

    private String idOf(ProductId aProductId) {
        return aProductId.id();
    }
}
```

Para persistir uma instância única nova ou modificada `Product` para a grade de dados, use `save()`. O método `save()` utiliza `cache()` para obter a instância `NamedCache` para o `TenantId` do `Product`. Ele então insere a instância `Product` no `NamedCache`. Observe o uso do método `idOf()`, que tem duas edições, uma para um `Product` e outra para um `ProductId`. Nos dois casos, esses métodos respondem à forma de `String` da identidade única do `Product`, ou `ProductId`.

Assim, o método `put()` do `NamedCache`, que implementa o `java.util.Map`, recebe uma chave baseada em `String` e a instância `Product` como o valor.

O método `saveAll()` pode ser um pouco mais complexo do que o esperado. Por que não simplesmente iterar pela `aProductCollection`, invocando `save()` para cada elemento? Podemos fazer isso. Mas dependendo do cache do Coherence específico em uso, cada invocação do `put()` requer uma solicitação de rede. Portanto, é melhor colocar em lote todas as instâncias de `Product` para que sejam persistidas em um `HashMap` local simples e em vez disso enviá-las com `putAll()`. Isso reduz a latência de rede ao menor atraso possível utilizando uma única solicitação, que é o ideal.

```
public class CoherenceProductRepository
        implements ProductRepository {
    ...
    @Override
    public void remove(Product aProduct) {
        this.cache(aProduct.tenant()).remove(this.idOf(aProduct));
    }

    @Override
    public void removeAll(Collection<Product> aProductCollection) {
        for (Product product : aProductCollection) {
            this.remove(product);
        }
    }
    ...
}
```

A implementação do `remove()` funciona exatamente como esperado. Mas dada a implementação de `saveAll()`, `removeAll()` pode ser surpreendentemente grande. Afinal de contas, não há uma maneira de remover um lote das entradas? Bem, não, a interface `java.util.Map` padrão não fornece isso e, portanto, o Coherence também não fornece. Então nesse caso apenas iteramos pela `aProductCollection` e usamos `remove()` para cada elemento. Considerando as possíveis consequências da remoção de somente parte da dada coleção devido à falha do Coherence, isso pode parecer perigoso. Claro, você terá de ponderar as vantagens de fornecer um `removeAll()`, mas lembre-se de que um dos principais pontos fortes das Fábricas de Dados como GemFire e Coherence é redundância e alta disponibilidade.

Por fim, chegamos às implementações do método de interface que fornecem algumas maneiras de localizar instâncias de `Product`:

```
public class CoherenceProductRepository
        implements ProductRepository {
    ...
```

```
@SuppressWarnings("unchecked")
@Override
public Collection<Product> allProductsOfTenant(Tenant aTenant) {
    Set<Map.Entry<String, Product>> entries =
        this.cache(aTenant).entrySet();

    Collection<Product> products =
        new HashSet<Product>(entries.size());

    for (Map.Entry<String, Product> entry : entries) {
        products.add(entry.getValue());
    }

    return products;
}

@Override
public Product productOfId(Tenant aTenant, ProductId aProductId) {
    return (Product) this.cache(aTenant).get(this.idOf(aProductId));
}
...
}
```

O método `productOfId()` só precisa utilizar um `get()` básico no `NamedCache`, fornecendo a identidade da instância de `Product` que é solicitada.

O método `allProductsOfTenant()` é aquele ao qual me referi anteriormente. Em vez de ter de empregar um processo mais sofisticado de entrada de filtro do Coherence, tudo o que é necessário fazer é solicitar à grade de dados todas as instâncias de `Product` no `NamedCache` específico. Como cada cache é segregado até o inquilino individual, cada instância de Agregado no cache satisfaz a consulta.

Isso abrange a classe `CoherenceProductRepository`. Essa implementação mostra como uma interface abstrata é atendida usando o Coherence como um cliente para persistir os dados no cache da grade e então localizá-los mais tarde. Ela não mostra tudo envolvido na configuração e ajuste do Coherence, ou o que é preciso para criar índices para cada cache, ou projetar um serializador compacto e de alto desempenho para cada objeto do domínio. Isso não é responsabilidade do Repositório. Veja em [Seović] uma cobertura extensa desses temas.

Implementação do Mongodb

Assim como acontece com as outras implementações de Repositório, há algumas considerações básicas de implementação. A implementação do MongoDB é, na verdade, semelhante à versão do Coherence. Eis a visão geral de alto nível de que precisamos:

1. Um meio de seriar instâncias de Agregado para o formato do MongoDB, e então desserializá-las a partir desse formato e reconstituir a instância

de Agregado. O MongoDB usa uma forma especial do JSON chamada BSON, que é um formato binário JSON.

2. Uma identidade única é gerada pelo MongoDB e atribuída ao Agregado.

3. Uma referência ao nó/cluster do MongoDB.

4. Uma coleção única na qual armazenar cada tipo de Agregado. Todas as instâncias de cada tipo de Agregado devem ser armazenadas como um conjunto de documentos serializados (pares de chave-valor) em sua própria coleção.

Vamos ver isso passo a passo à medida que analisamos a implementação de um Repositório. Como usaremos o `ProductRepository` novamente, você pode comparar àquela para o Coherence (seção anterior).

```
public class MongoProductRepository
        extends MongoRepository<Product>
        implements ProductRepository {

    public MongoProductRepository() {
        super();

        this.serializer(new BSONSerializer<Product>(Product.class));
    }
    ...
}
```

Essa implementação contém uma instância de um `BSONSerializer`, que é usada para serializar e desserializar todas as instâncias de `Product` (na verdade contidas pela superclasse `MongoRepository`). Não vou entrar em muitos detalhes do `BSONSerializer`. Ele é uma solução desenvolvida sob medida para produzir instâncias de MongoDB `DBObject` a partir de instâncias de `Product` (e quaisquer outros tipos de Agregado) e de volta a instâncias de `Product`. Essa classe é fornecida junto com outro código de exemplo.

Existem algumas coisas notáveis que você pode fazer com um `BSONSerializer`. Serialização e desserialização básicas são tratadas usando acesso direto de campo. Isso evita que seus objetos de domínio precisem implementar *getters* e *setters* JavaBean, o que tende a afastá-lo de um **Modelo de Domínio Anêmico** [Fowler, Anemic]. Como você não utilizará métodos para acessar campos, em algum momento será necessário migrar da versão de um tipo de Agregado para outra versão. Para fazer isso, você pode especificar mapeamentos para sobrescrever para cada campo na desserialização:

```
public class MongoProductRepository
        extends MongoRepository<Product>
        implements ProductRepository {
```

```
public MongoProductRepository() {
    super();

    this.serializer(new BSONSerializer<Product>(Product.class));

    Map<String, String> overrides = new HashMap<String, String>();
    overrides.put("description", "summary");
    this.serializer().registerOverrideMappings(overrides);
}
    ...
}
```

Nesse exemplo, assumiremos que uma versão anterior da classe `Product` tinha um campo nomeado `description`. Em uma versão subsequente esse campo foi renomeado `summary`. Para resolver esse problema, podemos executar um script de migração em todas as coleções MongoDB usadas para armazenar instâncias de `Product` para cada inquilino. Mas isso pode ser um conjunto difícil e demorado de operações, tornando-o uma abordagem impraticável. Como alternativa, vamos simplesmente solicitar que o `BSONSerializer` mapeie qualquer campo BSON em `Product` chamado `description` para o campo nomeado `summary`. Então, quando o `Product` migrado é serializado de volta para um `DBObject` e salvo na coleção MongoDB, a nova serialização conterá um campo chamado `summary`, em vez de `description`. É claro que isso também significa que todas as instâncias de `Product` nunca lidas e salvas de volta no armazenamento permanecerão com os nomes de campo `description` obsoletos. Você terá de ponderar as vantagens e desvantagens dessa abordagem de migração sob demanda [*lazy migration*].

Em seguida, precisamos fazer com que MongoDB gere uma identidade única para cada instância de Agregado a fim de usar:

```
public class MongoProductRepository
        extends MongoRepository<Product>
        implements ProductRepository {
    ...
    public ProductId nextIdentity() {
        return new ProductId(new ObjectId().toString());
    }
    ...
}
```

Ainda usamos o método `nextIdentity()`, mas, nessa implementação, inicializamos `ProductId` com o valor de `String` de um novo `ObjectId`. A principal razão disso é que queremos que o MongoDB use a mesma identidade única armazenada na própria instância do Agregado. Assim, ao serializar um `Product` (ou outro tipo em uma implementação diferente de Repositório), podemos solicitar que o `BSONSerializer` mapeie essa identidade para a chave `_id` especial do MongoDB:

```
public class BSONSerializer<T> {
    ...

    public DBObject serialize(T anObject) {
        DBObject serialization = this.toDBObject(anObject);

        return serialization;
    }

    public DBObject serialize(String aKey, T anObject) {
        DBObject serialization = this.serialize(anObject);

        serialization.put("_id", new ObjectId(aKey));

        return serialization;
    }
    ...
}
```

O primeiro método `serialize()` não suporta esse mapeamento de `_id`, dando aos clientes a opção de reter ou não as identidades correspondentes. A seguir analisaremos como o método `save()` é implementado:

```
public class MongoProductRepository
        extends MongoRepository<Product>
        implements ProductRepository {
    ...
    @Override
    public void save(Product aProduct) {
        this.databaseCollection(
                this.collectionName(aProduct.tenantId()))
            .save(this.serialize(aProduct));
    }
    ...
}
```

Semelhante à implementação do Coherence da mesma interface de Repositório, obtemos uma coleção específica para inquilino na qual armazenar as instâncias de `Product` para um dado `TenantId`. Isso produz uma Mongo `DBCollection` a partir de um `DB`. Para obter o objeto `DBCollection` temos o seguinte na classe básica abstrata `MongoRepository`:

```
public abstract class MongoRepository<T> {
    ...
    protected DBCollection databaseCollection(
            String aDatabaseName,
            String aCollectionName) {
```

```
    return MongoDatabaseProvider
            .database(aDatabaseName)
            .getCollection(aCollectionName);
  }
  ...
}
```

Usamos um `MongoDatabaseProvider` para obter uma conexão com a instância de banco de dados, que responde com um objeto DB. A partir do objeto DB retornado, solicitamos uma `DBCollection`. Como visto na implementação concreta do Repositório, a coleção é nomeada pela combinação do texto "product" e a identidade completa do inquilino. O *Contexto de Gerenciamento Ágil de Projetos* usa um banco de dados dedicado chamado `agilepm`, muito parecido com a forma como a implementação do Coherence nomeia o cache:

```
public class MongoProductRepository
        extends MongoRepository<Product>
        implements ProductRepository {
    ...
    protected String collectionName(TenantId aTenantId) {
        return "product" + aTenantId.id();
    }

    protected String databaseName() {
        return "agilepm";
    }
    ...
}
```

Semelhante ao `SpringHibernateSessionProvider` apresentado anteriormente, o `MongoDatabaseProvider` é o meio para recuperar uma instância por toda a aplicação do DB.

A mesma `DBCollection` é usada para `save()` e para localizar instâncias do Product:

```
public class MongoProductRepository
        extends MongoRepository<Product>
        implements ProductRepository {
    ...
    @Override
    public Collection<Product> allProductsOfTenant(
            TenantId aTenantId) {
        Collection<Product> products = new ArrayList<Product>();

        DBCursor cursor =
            this.databaseCollection(
                    this.databaseName(),
                    this.collectionName(aTenantId)).find();
```

```
        while (cursor.hasNext()) {
            DBObject dbObject = cursor.next();

            Product product = this.deserialize(dbObject);

            products.add(product);
        }

        return products;
    }

    @Override
    public Product productOfId(
            TenantId aTenantId, ProductId aProductId) {
        Product product = null;

        BasicDBObject query = new BasicDBObject();

        query.put("productId",
                new BasicDBObject("id", aProductId.id()));

        DBCursor cursor =
            this.databaseCollection(
                    this.databaseName(),
                    this.collectionName(aTenantId)).find(query);

        if (cursor.hasNext()) {
            product = this.deserialize(cursor.next());
        }

        return product;
    }
    ...
}
```

A implementação do `allProductsOfTenant()` é, novamente, muito seme-lhante àquela do Coherence. Nós simplesmente solicitamos que `DBCollection` baseada em inquilino utilize `find()` para localizar todas as instâncias. Quanto a `productOfId()`, dessa vez damos ao método `find()` de `DBCollection` um `DBObject` descrevendo a instância `Product` específica para recuperá-lo. Nos dois métodos finder usamos o `DBCursor` retornado para obter todas e apenas a primeira instância, respectivamente.

Comportamento Adicional

Às vezes é vantajoso fornecer comportamento adicional em uma interface de Repositório, além dos tipos típicos apresentados nas seções anteriores. Um comportamento útil aqui é responder à contagem de todas as instâncias na coleção dos Agregados. Você pode pensar nesse comportamento como tendo o nome *count*. Mas como um Repositório deve imitar o máximo possível uma coleção, em vez disso considere usar o seguinte método:

```
public interface CalendarEntryRepository {
    ...
    public int size();
}
```

O método `size()` é exatamente o que um `java.util.Collection` padrão fornece. Ao usar o Hibernate, a implementação funcionaria assim:

```
public class HibernateCalendarEntryRepository
        implements CalendarEntryRepository {
    ...
    public int size() {
        Query query =
            this.session().createQuery(
                "select count(*) from CalendarEntry");

        int size = ((Integer) query.uniqueResult()).intValue();

        return size;
    }
}
```

Pode haver outros cálculos que devem ser executados no armazenamento de dados (incluindo banco de dados ou grade) para atender a algumas exigências não funcionais rigorosas. Esse pode ser o caso, se mover os dados do armazenamento para onde a lógica do negócio é executada for muito lento. Em vez disso talvez seja necessário mover o código para os dados. Isso pode ser alcançado com procedimentos de banco de dados armazenados ou processadores de entrada da grade de dados, como aqueles disponíveis no Coherence. Entretanto, essas implementações frequentemente são mais bem posicionadas sob o controle dos **Serviços de Domínio (7)**, uma vez que elas são utilizadas para hospedar operações sem estado específicas para o Domínio.

Às vezes pode ser vantajoso consultar partes dos Agregados fora do Repositório sem acessar diretamente a própria Raiz. Isso pode acontecer se um Agregado contiver uma grande coleção de algum tipo de Entidade, e você só precisa ter acesso às instâncias que correspondem a um determinado critério. Obviamente, isso só pode fazer sentido se o Agregado permitir esse acesso por meio de navegação pela Raiz. Você não projetaria um Repositório para fornecer acesso a partes às quais a Raiz do Agregado de outra forma não permitiria acesso por meio da navegação. Fazer isso violaria o contrato do Agregado. Também é recomendável não projetar o Repositório para fornecer esse tipo de acesso como um simples atalho para a conveniência do cliente. Acho que isso deve ser usado principalmente para resolver problemas de desempenho sob condições em que a navegação pela Raiz pode provocar um gargalo inaceitável. Os métodos que abordam esse acesso ideal teriam as mesmas características básicas que outros *finders* (ver o início deste capítulo), mas responderiam às instâncias das partes contidas, em vez das Entidades da Raiz. Mais uma vez, use com cautela.

Outra razão pode levá-lo a projetar métodos finder especiais. Alguns casos de uso de seu sistema talvez não sigam os contornos exatos de um único tipo de Agregado ao gerar visualizações dos dados do domínio. Em vez disso, eles podem transcender os tipos, possivelmente compondo apenas certas partes de um ou mais Agregados. Em situações como essa, opte por não localizar, em uma única transação, instâncias de Agregado inteiras de vários tipos e então as componha de forma programática em um único contêiner, e forneça esse contêiner de carga útil para um cliente. Utilize o que é chamado *consulta otimizada de caso de uso*. É aqui que você especifica uma consulta complexa contra o mecanismo de persistência, colocando dinamicamente os resultados em um **Objeto de Valor (6)** projetado especificamente para atender às necessidades do caso de uso.

Não deve parecer estranho que, em alguns casos, um Repositório responda a um Objeto de Valor, em vez de a uma instância de Agregado. Um Repositório que fornece um método `size()` responde a um Valor muito simples na forma de uma contagem de inteiros do total de instâncias de Agregado que ele contém. A consulta otimizada de caso de uso apenas estende essa noção um pouco mais para fornecer um Valor relativamente mais complexo, que aborda as demandas mais complexas dos clientes.

Se você achar que deve criar muitos métodos finder que suportam consultas otimizadas de caso de uso em múltiplos Repositórios, isso provavelmente cheira a código. Antes de tudo, essa situação pode ser uma indicação de que você avaliou mal os limites do Agregado e menosprezou a oportunidade de projetar um ou mais Agregados de tipo diferente. O cheiro de código aqui pode ser chamado *Repositório mascara o projeto de Agregados deficiente*.

Mas e se você encontrar essa situação e sua análise indicar que os limites do Agregado estão bem projetados? Isso pode apontar para a necessidade de considerar o uso de **CQRS (4)**.

Gerenciando Transações

O modelo do Domínio e sua abrangente Camada de Domínio nunca é o local correto para gerenciar transações.[5] As próprias operações associadas a um modelo geralmente são de granulação muito fina para que possam gerenciar transações

---

5. Observe que para alguns mecanismos de persistência o gerenciamento de transações é inexistente ou funciona de forma diferente das transações ACID comuns com bancos de dados relacionais. Tanto armazenamentos do Coherence como aqueles do NoSQL diferem sob esse aspecto, e esse material geralmente não é aplicável a esses mecanismos de armazenamento de dados.

e não devem ter ciência de que as transações desempenham um papel no ciclo de vida. Se você deve evitar inserir preocupações transacionais no modelo, onde elas entram?

A abordagem arquitetônica comum para facilitar as transações em nome dos aspectos da persistência do modelo de domínio é gerenciá-las na **Camada de Aplicação (14).**[6] Geralmente, criamos uma **Fachada** [Gamma *et al.*] aí para cada um dos agrupamentos dos principais casos de uso abordados pela aplicação/sistema. A fachada é projetada com os métodos do negócio menos refinados, normalmente um para cada fluxo de caso de uso (que pode limitar-se a um para um determinado caso de uso). Cada um desses métodos de negócio coordena uma tarefa conforme exigido pelo caso de uso. Quando o método de negócio da fachada é invocado pela **Camada de Interface do Usuário (14),** seja em nome de um humano ou outro sistema, o método de negócio começa uma transação e então age como um cliente para o modelo de domínio. Depois que toda a interação necessária com o modelo de domínio é concluída de maneira bem-sucedida, o método de negócio da fachada confirma a transação que ele começou. Se ocorrer um erro/exceção que impede a conclusão da tarefa do caso de uso, a transação será revertida pelo mesmo método de gerenciamento de negócio.

A transação pode ser gerenciada declarativa ou explicitamente pelo código do desenvolvedor. Sejam ou não suas transações declarativas ou gerenciadas pelo usuário, o que descrevi aqui funciona de maneira lógica assim:

```
public class SomeApplicationServiceFacade {
    ...
    public void doSomeUseCaseTask()  {
        Transaction transaction = null;

        try {
            transaction = this.session().beginTransaction();

            // usa o modelo de domínio ...

            transaction.commit();

        } catch (Exception e) {
            if (transaction != null) {
                transaction.rollback();
            }
        }
    }
}
```

---

6. Há outras preocupações gerenciadas pela Camada de Aplicação, como a segurança, mas elas não são discutas aqui.

Para alistar as alterações no modelo de domínio em uma transação, assegure que as implementações dos Repositórios tenham acesso à mesma Sessão ou Unidade de Trabalho para a transação que a Camada de Aplicação iniciou. Dessa forma, as modificações feitas na Camada de Domínio serão adequadamente confirmadas no banco de dados subjacente ou serão revertidas.

Há uma variedade tão grande de como isso pode ser alcançado que não é possível abordar todas as possibilidades. O que farei é observar que contêineres Enterprise Java e contêineres de inversão de controle, como o Spring, fornecem os meios para fazer o que descrevi, e geralmente isso é bem compreendido. A ênfase aqui é usar o que é apropriado para seu ambiente. Como exemplo, eis como você pode fazer isso usando o Spring:

```xml
<tx:annotation-driven transaction-manager="transactionManager"/>

<bean
    id="sessionFactory"
    class="org.springframework.orm.hibernate3.LocalSessionFactoryBean">
    <property name="configLocation">
        <value>classpath:hibernate.cfg.xml</value>
    </property>
</bean>

<bean
    id="sessionProvider"
    class="com.saasovation.identityaccess.infrastructure
            .persistence.SpringHibernateSessionProvider"
    autowire="byName">
</bean>

<bean
    id="transactionManager"
    class="org.springframework.orm.hibernate3
            .HibernateTransactionManager">
    <property name="sessionFactory">
        <ref bean="sessionFactory"/>
    </property>
</bean>

<bean
    id="abstractTransactionalServiceProxy"
    abstract="true"
    class="org.springframework.transaction.interceptor
            .TransactionProxyFactoryBean">
    <property name="transactionManager">
        <ref bean="transactionManager"/>
    </property>
    <property name="transactionAttributes">
```

```
        <props>
            <prop key="*">PROPAGATION_REQUIRED</prop>
        </props>
    </property>
</bean>
```

O bean `sessionFactory` configurado fornece os meios para obter uma `Session` do Hibernate. O bean chamado `sessionProvider` é usado para associar uma `Session` obtida de `sessionFactory` com a `Thread` de execução atual. O bean `sessionProvider` pode ser usado por Repositórios baseados no Hibernate quando eles precisam obter a instância `Session` para a `Thread` em que eles estão executando. O `transactionManager` usa a `sessionFactory` para obter e gerenciar transações do Hibernate. O bean remanescente, `abstractTransactionalServiceProxy`, é utilizado opcionalmente como um proxy para declarar beans transacionais que utilizam a configuração do Spring. A declaração superior permite que transações sejam declaradas via anotações Java, o que pode ser mais conveniente do que usar a configuração:

```
<tx:annotation-driven transaction-manager="transactionManager"/>
```

Com isso implementado, agora você pode declarar um determinado método transacional de negócios de Fachada usando uma anotação simples:

```
public class SomeApplicationServiceFacade {
    ...
    @Transactional
    public void doSomeUseCaseTask()  {

        // usa o modelo de domínio ...
    }
}
```

Em comparação com o exemplo anterior do gerenciamento de uma transação, isso certamente reduz a desordem no método de negócio e permite focalizar a própria coordenação das tarefas. Por meio dessa anotação, quando o método de negócio é invocado, o Spring inicia automaticamente uma transação, e quando o método conclui, a transação é confirmada ou revertida conforme apropriado.

Eis uma análise do código-fonte do bean `sessionProvider` da maneira como ele é implementado para o *Contexto de Identidade e Acesso*:

```
package com.saasovation.identityaccess.infrastructure.persistence;

import org.hibernate.Session;
import org.hibernate.SessionFactory;
```

```
public class SpringHibernateSessionProvider {

    private static final ThreadLocal<Session> sessionHolder =
            new ThreadLocal<Session>();

    private SessionFactory sessionFactory;

    public SpringHibernateSessionProvider() {
        super();
    }

    public Session session() {
        Session threadBoundsession = sessionHolder.get();
        if (threadBoundsession == null) {
            threadBoundsession = sessionFactory.openSession();
            sessionHolder.set(threadBoundsession);
        }
        return threadBoundsession;
    }

    public void setSessionFactory(SessionFactory aSessionFactory) {
        this.sessionFactory = aSessionFactory;
    }
}
```

Como o sessionProvider é um bean do Spring que é declarado com autowire="byName", quando o bean é instanciado como um singleton seu método setSessionFactory() é chamado para injetar a instância do bean sessionFactory. Para evitar que você volte ao capítulo para pesquisar como um Repositório baseado no Hibernate usa isso, eis um breve lembrete:

```
package com.saasovation.identityaccess.infrastructure.persistence;

public class HibernateUserRepository
        implements UserRepository  {

    @Override
    public void add(User aUser) {
        try {
            this.session().saveOrUpdate(aUser);
        } catch (ConstraintViolationException e) {
            throw new IllegalStateException("User is not unique.", e);
        }
    }
    ...
    private SpringHibernateSessionProvider sessionProvider;

    public void setSessionProvider(
            SpringHibernateSessionProvider aSessionProvider) {
        this.sessionProvider = aSessionProvider;
    }
```

```
    private org.hibernate.Session session() {
        return this.sessionProvider.session();
    }
}
```

Esse trecho é do `HibernateUserRepository` do *Contexto de Identidade e Acesso*. Essa classe também é um bean do Spring que é autoconectado pelo nome, o que significa que seu método `setSessionProvider()` é chamado automaticamente na criação para que ele receba uma referência ao bean `sessionProvider`, que é uma instância do `SpringHibernateSessionProvider`. Quando o método `add()` (ou qualquer outro método que fornece persistência) é invocado, ele solicita uma `Session` por meio do método `session()`. Por sua vez, `session()` usa o `sessionProvider` injetado para obter a instância `Session` vinculada por thread.

Embora tenha demonstrado como transações são gerenciadas somente ao usar o Hibernate, todos esses princípios também podem ser utilizados para o TopLink, JPA e outros mecanismos de persistência. Com qualquer um desses mecanismos de persistência você deve descobrir uma maneira de fornecer acesso à mesma Sessão, Unidade de Trabalho e transação que a Camada de Aplicação gerencia. A injeção de dependência funciona bem para isso, se ela estiver disponível. Se ela não estiver disponível, há outras maneiras criativas de facilitar a conectividade necessária, mesmo indo tão longe quanto conectar manualmente esses objetos com a thread atual.

Um Alerta

Sinto-me obrigado a fornecer uma alerta final sobre o uso excessivo de transações em conjunto com o modelo de domínio. Os Agregados devem ser cuidadosamente projetados para assegurar limites corretos de consistência. Tenha cuidado para não abusar da capacidade de confirmar modificações em múltiplos Agregados em uma única transação apenas porque isso funciona em um ambiente de teste de unidade. Se você não for cuidadoso, o que funciona bem no desenvolvimento e teste pode falhar gravemente na produção por causa dos problemas de concorrência. Se necessário, reveja em **Agregados (10)** lembretes vitais para definir com precisão os limites de consistência a fim de garantir o sucesso transacional.

Hierarquias de Tipo

Ao usar uma linguagem orientada a objetos para desenvolver um modelo de domínio, pode ser tentador alavancar a herança para criar hierarquias de tipo. Podemos pensar nisso como uma oportunidade de colocar o estado e comportamento padrão em uma classe de base e então estender isso usando subclasses. E por que não? Parece uma maneira perfeita de evitar que você se repita.

Criar Agregados que têm um ancestral comum, mas que se distinguem dos parentes com um Repositório separado, é um uso diferente da herança da criação de Agregados com a mesma ascendência que compartilham um único Repositório. Assim, esta seção não discute a situação em que todos os tipos de Agregado em um único modelo de domínio estendem um **Supertipo de Camada** [Fowler, P of EAA] para fornecer o estado e/ou comportamento comum por todo o domínio.[7]

Em vez disso, aqui estou me referindo à criação de alguns tipos de Agregados relativamente pequenos que estendem uma superclasse comum específica para o domínio. Esses tipos são projetados de modo a formar uma hierarquia de tipos intimamente relacionados que têm características intercambiáveis e polimórficas. Esses tipos de hierarquias utilizam um único Repositório para armazenar e recuperar instâncias dos tipos separados, porque o cliente deve usar as instâncias de forma intercambiável, e os clientes raramente, se alguma vez, precisam estar cientes da subclasse específica com a qual eles lidam em qualquer momento, o que reflete o **Princípio da Substituição de Liskov (LSP)** [Liskov].

Eis o que quero dizer. Digamos que seu negócio utilize empresas externas para fornecer vários tipos de serviços, e você precisa modelar as relações. Você decide usar uma classe básica abstrata `ServiceProvider` comum, mas, por alguma boa razão, você precisa dividir seus vários tipos concretos porque os Serviços que cada um oferece são comuns, mas diferentes. Você pode utilizar um `WarbleServiceProvider` e um `WonkleServiceProvider`. Você projeta esses tipos de forma a poder agendar uma solicitação de serviço de uma maneira genérica:

```
// cliente de modelo de domínio
serviceProviderRepository.providerOf(id)
        .scheduleService(date, description);
```

Com esse contexto, fica claro que criar hierarquias de tipo de Agregado específicas do domínio provavelmente terá utilidade limitada em muitos domínios. Eis por quê. Como demonstrado anteriormente, na maioria das vezes o Repositório comum será projetado com métodos finder que recuperam instâncias de qualquer uma das subclasses. Isso significa que o método responderá a instâncias da superclasse comum, nesse caso um `ServiceProvider`, não a instâncias das subclasses específicas, `WarbleServiceProvider` e `WonkleServiceProvider`. Pense no que aconteceria se *finders* fossem projetados para retornar tipos específicos. Os clientes teriam de conhecer quais identidades ou outros atributos descritivos dos Agregados levariam a instâncias tipadas específicas. Caso contrário, isso pode levar a um find não correspondido ou a uma `ClassCastException` quando uma instância correspondida do tipo errado é retornada. Mesmo que

---

7. Discutimos os benefícios do uso de um Supertipo de Camada no projeto de **Entidades** (5) e **Objetos de Valor** (6). Consulte os respectivos capítulos.

fosse possível projetar de uma maneira ideal a localização das instâncias dos tipos corretos, os clientes também teriam de conhecer quais subclasses podem executar especificamente diferentes operações, dado que os Agregados não podem ser inteiramente projetados para LSP.

Para resolver o primeiro problema da segregação dos tipos por identidade, você pode concluir que é possível detectar com segurança as instâncias codificando informações sobre o tipo de Agregado como um discriminador na classe da identidade única. Você pode fazer isso. Mas isso também resulta em dois problemas adicionais. O cliente tem de assumir a responsabilidade por resolver e mapear as identidades para tipos. O segundo problema é acoplar clientes às operações distintas por tipo. Isso resulta nessa espécie de dependência para com o tipo de cliente:

```
// cliente de modelo de domínio

if (id.identifiesWarble()) {
    serviceProviderRepository.warbleOf(id)
            .scheduleWarbleService(date, warbleDescription);
} else if (id.identifiesWonkle()) {
    serviceProviderRepository.wonkleOf(id)
            .scheduleWonkleService(date, wonkleDescription);
} ...
```

Se o tipo de interação torna-se a norma, e não a exceção, isso cheira a código. De fato, se os benefícios obtidos com a criação de uma hierarquia forem muito bons, um raro uso como esse pode ser um meio-termo que vale a pena. Mas nesse exemplo fictício, um projeto mais exigente do tipo `ServiceDescription` implícito e a implementação interna de `scheduleService()` provavelmente seriam suficientes. Caso contrário, acho que teríamos que perguntar se há benefícios no uso da herança ao atribuir a cada tipo um Repositório separado. No caso em que apenas duas ou algumas subclasses concretas são necessárias, pode ser melhor criar Repositórios separados. Quando o número de subclasses concretas aumenta muito, a maioria das quais pode ser usada de forma totalmente intercambiável (LSP), vale a pena compartilhá-las em um Repositório comum.

Na maioria das vezes, esse tipo de situação pode ser totalmente evitado projetando informações descritivas sobre o tipo como uma propriedade do Agregado (não na identidade). Veja a discussão sobre Tipos Padrão em **Objetos de Valor (6)**. Dessa forma, um único tipo de Agregado pode implementar internamente um comportamento diferente com base em um Tipo Padrão explicitamente determinado. Usando um Tipo Padrão explícito, podemos ter um único Agregado `ServiceProvider` concreto e projetar seu `scheduleService()` para que seja enviado com base no tipo. Para proteger os clientes contra decisões baseadas no tipo, asseguramos que isso não vaze para eles. Em vez disso, os métodos scheduleService() e outros métodos ServiceProvider incluem adequadamente essas decisões específicas do domínio, como pode ser visto aqui:

```
public class ServiceProvider {
    private ServiceType type;
    ...
    public void scheduleService(
            Date aDate,
            ServiceDescription aDescription) {
        if (type.isWarble()) {
            this.scheduleWarbleService(aDate, aDescription);
        } else if (type.isWonkle()) {
            this.scheduleWonkleService(aDate, aDescription);
        } else {
            this.scheduleCommonService(aDate, aDescription);
        }
    }
    ...
}
```

Se o despacho interno tornar-se confuso, sempre podemos projetar outra hierarquia menor para lidar com isso. Na verdade, o próprio Tipo Padrão pode ser projetado como um **Estado** [Gamma *et al.*], supondo que você goste dessa abordagem. Nesse caso, os diferentes tipos implementariam um comportamento especializado. Isso, naturalmente, também significa que teríamos um único ServiceProviderRepository que aborda o desejo de armazenar diferentes tipos em um único Repositório e usá-los com o comportamento comum.

A situação também pode ser contornada com a utilização de interfaces baseadas em papel. Aqui poderíamos ter optado por projetar uma interface SchedulableService que múltiplos tipos de Agregado implementariam. Veja a discussão sobre papéis e responsabilidades em **Entidades** (5). Mesmo se a herança for utilizada, o comportamento polimórfico do Agregado muitas vezes pode ser cuidadosamente projetado de tal forma que nenhum caso especial seja exibido para os clientes.

Repositório *Versus* Objeto de Acesso a Dados

Às vezes, a ideia de um Repositório é considerada sinônimo de Data Access Object, ou DAO. Ambos fornecem uma abstração em relação a um mecanismo de persistência. Isso é verdade. Mas uma ferramenta de mapeamento objetorrelacional também fornece uma abstração em relação a um mecanismo de persistência, mas não é um Repositório nem um DAO. Portanto, não chamaríamos qualquer abstração de persistência DAO. Em vez disso, devemos determinar se o padrão DAO é implementado.

Acho que geralmente existem diferenças entre Repositórios e DAOs. Basicamente, um DAO é expresso em termos das tabelas de banco de dados, fornecendo interfaces CRUD para elas. Martin Fowler em [Fowler, P of EAA] separa os usos de mecanismos semelhantes ao DAO daqueles que são usados com um modelo de domínio. Ele identifica **Módulo de Tabela, Gateway de Dados de Tabela** e **Registro Ativo** como padrões que normalmente seriam usados em uma aplicação de **Script de Transação.** Isso ocorre porque o DAO e padrões relacionados tendem a ser utilizados como empacotadores para tabelas de banco de dados. Por outro lado, Repositórios e **Mapeador de Dados,** tendo afinidade com objetos, são tipicamente os padrões que seriam utilizados com um modelo de domínio.

Como é possível usar DAO e padrões relacionados para executar operações CRUD refinadas em dados que de outro modo seriam considerados partes de um Agregado, isso seria um padrão a evitar em um modelo de domínio. Sob condições normais, é recomendável que o próprio Agregado gerencie a lógica do negócio e outros componentes internos e mantenha todos os outros fora.

Indiquei anteriormente que às vezes um procedimento armazenado ou um processador de entrada de grade de dados é essencial para atender a alguns requisitos exigentes não funcionais. Dependendo de seu domínio, isso pode ser mais a regra do que a exceção. Se, porém, um requisito não funcional de sistema não estiver orientando isso, sugiro que você o evite. A hospedagem e execução da lógica do negócio no armazenamento de dados muitas vezes são ocorre ortogonalmente ao DDD. Podemos concluir que o uso de um Processador de Entrada/Função de Fábrica de Dados não é realmente disruptivo para os objetivos da modelagem de domínio. A implementação da Função/Processador de Entrada seria escrita em Java, por exemplo, e seguiria a **Linguagem Ubíqua (1)** e os objetivos do domínio. A única diferença em relação ao modelo básico é onde a Função/Processador de Entrada é executada(o), o que não é disruptivo. Por outro lado, o uso prolífico de procedimentos armazenados é potencialmente muito disruptivo para o DDD, porque a linguagem de programação geralmente não é bem compreendida pela equipe de modelagem e as implementações normalmente são "seguramente" ocultadas deles. Nesse caso, isso é exatamente o oposto daquilo que o DDD tenta alcançar.

Em um sentido geral, você pode optar por pensar em um Repositório como um DAO. A primeira coisa a ter em mente é que, tanto quanto possível, você deve tentar projetar seus Repositórios com uma orientação a coleções, em vez de uma orientação a acesso a dados. Isso ajudará a manter o foco no domínio como um modelo, em vez de nos dados e em quaisquer operações CRUD que podem ser utilizadas nos bastidores para gerenciar a persistência.

Testando Repositórios

Há duas maneiras de analisar o teste de Repositórios. Você precisa testar os próprios Repositórios de modo a provar que eles funcionam corretamente. Você também deve testar o código que usa Repositórios para armazenar os Agregados que eles criam para localizar aqueles preexistentes. Para o primeiro tipo de teste você precisa usar as implementações completas com qualidade de produção. Caso contrário, você não saberá se seu código de produção funcionará. Para o segundo tipo de teste, você pode usar suas implementações de produção ou, em vez disso, usar as implementações na memória. Discutiremos os testes de implementação de produção agora, e mais adiante os testes na memória.

Vamos analisar os testes para a implementação Coherence do ProductRepository apresentado anteriormente:

```java
public class CoherenceProductRepositoryTest extends DomainTest {

    private ProductRepository productRepository;
    private TenantId tenantId;

    public CoherenceProductRepositoryTest() {
        super();
    }
    ...
    @Override
    protected void setUp() throws Exception {
        this.setProductRepository(new CoherenceProductRepository());
        this.tenantId = new TenantId("01234567");
        super.setUp();
    }

    @Override
    protected void tearDown() throws Exception {
        Collection<Product> products =
            this.productRepository()
                    .allProductsOfTenant(tenantId);

        this.productRepository().removeAll(products);
    }

    protected ProductRepository productRepository() {
        return this.productRepository;
    }

    protected void setProductRepository(
            ProductRepository aProductRepository) {
        this.productRepository = aProductRepository;
    }
}
```

Existem algumas operações gerais de configuração e destruição na preparação e de limpeza depois de cada teste. Para a configuração, criamos uma instância da classe CoherenceProductRepository e então geramos uma instância falsa de TenantId.

Para a destruição, removemos todas as instâncias de `Product` que talvez tenham sido adicionadas ao cache de suporte por cada teste. Para o Coherence, isso é um passo de limpeza importante. Se você não remover todas as instâncias em cache, elas permanecerão durante os testes subsequentes, o que pode causar falha para certas afirmações como contagens de instâncias persistidas.

A seguir testamos o comportamento do Repositório:

```
public class CoherenceProductRepositoryTest extends DomainTest {
    ...
    public void testSaveAndFindOneProduct() throws Exception {

        Product product =
            new Product(
                tenantId,
                this.productRepository().nextIdentity(),
                "My Product",
                "This is the description of my product.");

        this.productRepository().save(product);

        Product readProduct =
            this.productRepository()
                .productOfId(tenantId, product.productId());

        assertNotNull(readProduct);
        assertEquals(readProduct.tenantId(), tenantId);
        assertEquals(readProduct.productId(), product.productId());
        assertEquals(readProduct.name(), product.name());
        assertEquals(readProduct.description(), product.description());
    }
    ...
}
```

Como o nome do método de teste afirma, aqui salvamos um único `Product` e tentamos localizá-lo. A primeira tarefa é instanciar um `Product` então salvá-lo no Repositório. Se nenhuma exceção for lançada pela infraestrutura, podemos pensar que o `Product` foi salvo corretamente. Mas só há uma maneira de saber com certeza. Temos de localizar a instância e compará-la com a original. Para localizar a instância, passamos sua identidade globalmente única para o método `productOfId()`. Se a instância foi localizada, podemos afirmar com certeza que ela é não `null`, que sua `tenantId` é a mesma, sua `productId` é a mesma, seu `name` é o mesmo e sua `description` é a mesma que a foi armazenada.

A seguir testamos salvando e localizando múltiplas instâncias:

```
public class CoherenceProductRepositoryTest extends DomainTest {
    ...
    public void testSaveAndFindMultipleProducts() throws Exception {
```

```
        Product product1 =
            new Product(
                    tenantId,
                    this.productRepository().nextIdentity(),
                    "My Product 1",
                    "This is the description of my first product.");

        Product product2 =
            new Product(
                    tenantId,
                    this.productRepository().nextIdentity(),
                    "My Product 2",
                    "This is the description of my second product.");

        Product product3 =
            new Product(
                    tenantId,
                    this.productRepository().nextIdentity(),
                    "My Product 3",
                    "This is the description of my third product.");

        this.productRepository()
            .saveAll(Arrays.asList(product1, product2, product3));

        assertNotNull(this.productRepository()
            .productOfId(tenant, product1.productId()));
        assertNotNull(this.productRepository()
            .productOfId(tenant, product2.productId()));
        assertNotNull(this.productRepository()
            .productOfId(tenant, product3.productId()));

        Collection<Product> allProducts =
            this.productRepository().allProductsOfTenant(tenant);

        assertEquals(allProducts.size(), 3);
    }
    ...
}
```

Primeiro instanciamos três instâncias de `Product` e então as salvamos de uma vez usando `saveAll()`. Em seguida utilizamos novamente `productOfId()` para localizar instâncias individuais. Se todas as três instâncias forem não `null`, estamos seguros de que todas foram corretamente persistidas.

Lógica Caubói

AJ: "Minha irmã me disse que seu marido pediu para ela vender todas as coisas no armazém quando ele morrer. Ela perguntou por quê. Ele disse que não queria que algum idiota tivesse as coisas dele quando ela casasse de novo. Ela lhe disse para não se preocupar, uma vez que ela não se casaria com outro idiota."

Há um método de Repositório, `allProductsOfTenant()`, que ainda não foi testado. Tendo em conta que o cache do Repositório estava completamente vazio quando o teste começou, devemos ser capazes de ler com sucesso as três instâncias de `Product` a partir dele. Assim, tentamos localizar todas elas. A `Collection` retornada nunca deve ser `null`, mesmo se você não encontrar o que esperava. Assim, o último passo do teste é afirmar que o número total de instâncias de `Product` esperadas, ou três, foi de fato localizado.

Agora que temos um teste que demonstra como os clientes podem usar o Repositório e comprova sua exatidão, podemos analisar como você pode testar de forma mais otimizada os clientes que usam os Repositórios.

Testando com Implementações na Memória

Se for muito difícil configurar a implementação persistente completa de um Repositório para teste, ou for lento demais usá-lo, você pode adotar outra abordagem. Você também pode enfrentar condições indesejáveis no início ou durante a modelagem do domínio, talvez quando os mecanismos de persistência, incluindo o esquema de banco de dados, ainda não estão disponíveis. Ao enfrentar qualquer uma dessas situações, é melhor implementar uma edição na memória dos Repositórios.

Criar edições na memória pode ser bastante simples, mas também impõe alguns desafios. A parte simples é criar um `HashMap` para dar suporte à sua interface. É simples usar `put()` para inserir entradas e `remove()` para removê-las do mapa. Utilizamos somente a identidade globalmente única de cada instância de Agregado como a chave. A própria instância de Agregado serve como o valor. Os métodos `add()` ou `save()` e os métodos `remove()` são bastante triviais. De fato, no caso do `ProductRepository`, toda a implementação é bastante simples:

```
package com.saasovation.agilepm.domain.model.product.impl;

public class InMemoryProductRepository implements ProductRepository {

    private Map<ProductId,Product> store;

    public InMemoryProductRepository() {
        super();
        this.store = new HashMap<ProductId,Product>();
    }

    @Override
    public Collection<Product> allProductsOfTenant(Tenant aTenant) {
        Set<Product> entries = new HashSet<Product>();

        for (Product product : this.store.values()) {
            if (product.tenant().equals(aTenant)) {
                entries.add(product);
            }
        }
```

```
            return entries;
    }


    @Override
    public ProductId nextIdentity() {
        return new ProductId(java.util.UUID.randomUUID()
                .toString().toUpperCase());
    }


    @Override
    public Product productOfId(Tenant aTenant, ProductId aProductId) {
        Product product = this.store.get(aProductId);

        if (product != null) {
            if (!product.tenant().equals(aTenant)) {
                product = null;
            }
        }

        return product;
    }

    @Override
    public void remove(Product aProduct) {
        this.store.remove(aProduct.productId());
    }


    @Override
    public void removeAll(Collection<Product> aProductCollection) {
        for (Product product : aProductCollection) {
            this.remove(product);
        }
    }


    @Override
    public void save(Product aProduct) {
        this.store.put(aProduct.productId(), aProduct);
    }


    @Override
    public void saveAll(Collection<Product> aProductCollection) {
        for (Product product : aProductCollection) {
            this.save(product);
        }
    }
}
```

Há apenas um único caso especial para productOfId(). Para implementar corretamente esse finder, depois de obter um Product correspondente com a ProductId fornecida, também temos de verificar se a TenantId do Product corresponde ao parâmetro do Tenant. Se não corresponder, definimos a instância Product como null.

De fato, podemos criar uma cópia quase idêntica do CoherenceProduct
RepositoryTest, chamada InMemoryProductRepositoryTest, para testar
essa implementação na memória. A única alteração que precisa ser feita é em
setUp():

```
public class InMemoryProductRepositoryTest extends TestCase {
    ...
    @Override
    protected void setUp() throws Exception {
        this.setProductRepository(new InMemoryProductRepository());
        this.tenantId = new TenantId("01234567");

        super.setUp();
    }
    ...
}
```

Apenas instancie InMemoryProductRepository, em vez da implementação
do Coherence. Exceto por isso, os métodos de teste em si são idênticos.

Os possíveis desafios geralmente estão relacionados com a implementação de
finders mais avançados, em que os critérios do parâmetro são complexos para
resolver. Se os critérios e a resolução lógica tornarem-se muito complexos, você
precisa encontrar uma maneira de contornar a situação. Isso pode significar pré-
-preencher o Repositório com instâncias que resolverão a pesquisa e fazer com
que o próprio método finder retorne somente a instância ou instâncias que estão
pré-preenchidas. Você pode pré-preencher usando o método setUp() do teste.

Outra vantagem de implementar edições na memória de seus Repositórios é
quando você precisa testar usos apropriados do save() com uma interface orientada a persistência. Você pode implementar os métodos save() para contar invocações. Depois que cada teste é executado, é possível afirmar que a contagem das
invocações corresponde ao número exigido pelo cliente do Repositório específico.
Geralmente você pode usar essa abordagem ao testar Serviços de Aplicação que precisam explicitamente utilizar save() para salvar as alterações em um Agregado.

Resumo

Neste capítulo analisamos detalhadamente como implementar Repositórios.

- Você aprendeu sobre Repositórios orientados a persistência e orientados a coleções, e por que usar um ou outro.

- Você viu como implementar Repositórios para o Hibernate, TopLink, Coherence e MongoDB.

- Investigamos por que você pode precisar de comportamento adicional na interface de um Repositório.

- Você avaliou como transações desempenham um papel no uso dos Repositórios.

- Agora você está familiarizado com os desafios do projeto de Repositórios para hierarquias de tipo.

- Analisamos algumas diferenças fundamentais entre Repositórios e Objetos de *Acesso a Dados*.

- Vimos como testar Repositórios e diferentes maneiras de testar usando Repositórios.

A seguir vamos trocar de marcha e examinar atentamente a integração dos Contextos Delimitados.

Capítulo 13

Integrando Contextos Delimitados

Criar conexões mentais é nossa ferramenta de aprendizagem mais crucial, a essência da inteligência humana; para forjar laços; para ir além do óbvio; para ver padrões, relacionamentos, contexto.

—*Marilyn Ferguson*

Sempre há múltiplos **Contextos Delimitados** (2) em qualquer projeto importante, e dois ou mais desses Contextos Delimitados terão de ser integrados. Usando **Mapas de Contexto** (3), discutimos as relações que existem comumente entre Contextos Delimitados, e examinamos algumas maneiras como essas relações podem ser gerenciadas corretamente de acordo com os princípios do DDD. Se você não entender bem **Domínios** (2), **Subdomínios** (2), Contextos Delimitados e Mapas de Contexto, você primeiro deve compreendê-los antes de continuar. O material apresentado aqui baseia-se nesses conceitos fundamentais.

Como discutido anteriormente, Mapas de Contexto têm duas formas primárias. Uma forma é um desenho simples que é usado para ilustrar os tipos de relações que existem entre dois ou mais Contextos Delimitados. A segunda forma, muito mais concreta, é o código que realmente implementa essas relações. É isso que estamos considerando agora.

Roteiro do Capítulo

- Reveja alguns dos princípios básicos da integração e desenvolva a mentalidade adequada necessária para ser bem-sucedido ao integrar sistemas em um ambiente de computação distribuída.
- Veja como você pode abordar a integração utilizando recursos RESTful, e avalie algumas de suas vantagens e desvantagens.
- Saiba como integrar ao usar mecanismos de mensagens.
- Entenda os desafios que você enfrentará ao decidir duplicar as informações entre os Contextos Delimitados.
- Exemplos de estudo que fornecem mais maturidade nas abordagens de projeto.

Princípios Básicos da Integração

Quando dois Contextos Delimitados precisam ser integrados, existem algumas maneiras razoavelmente simples como isso pode ser feito no código.

Uma dessas abordagens simples e direta é para um Contexto Delimitado exibir uma interface de programação de aplicações (API), e outro Contexto Delimitado para usar essa API via chamadas de procedimento remoto (RPC). A API pode ser disponibilizada usando SOAP ou simplesmente suportar o envio de solicitações XML e respostas via HTTP (não o mesmo que REST). Na verdade, há várias maneiras de criar uma API acessível remotamente. Essa é uma das formas mais populares de integrar, e como ela suporta um estilo de chamada de procedimento, é facilmente entendida por programadores acostumados a chamar procedimentos ou métodos. Isso inclui quase todos nós.

Uma segunda maneira simples de integrar Contextos Delimitados é por meio do uso de um mecanismo de mensagens. Cada um dos sistemas que precisam interagir fazem isso por meio da utilização de uma fila de mensagens ou um mecanismo de **Publicação-Assinatura** [Gamma *et al.*]. É claro que esses gateways de mensagens podem ser mais bem pensados como uma API, mas podemos encontrar aceitação mais ampla se simplesmente nos referimos a eles como interfaces de serviço. Há um grande número de técnicas de integração que podem ser empregados ao usar um mecanismo de mensagens, muitas delas discutidas em [Hohpe & Woolf].

Uma terceira maneira de integrar Contextos Delimitados é usar HTTP RESTful. Alguns pensam nisso como um tipo de abordagem RPC, mas, na verdade, não é. Ela tem algumas propriedades semelhantes pelo fato de que um sistema faz uma solicitação a outro sistema, mas essas solicitações não são feitas usando procedimentos que recebem parâmetros. Como discutido em **Arquitetura (4)**, REST é um meio de trocar e modificar recursos que são identificados de forma única utilizando um URI distinto. Várias operações podem ser realizadas em cada recurso. HTTP RESTful fornece métodos, principalmente GET, PUT, POST e DELETE. Embora esses métodos aparentemente só suportem operações CRUD, com um pouco de imaginação podemos categorizar operações com um objetivo explícito dentro de uma das quatro categorias de método. Por exemplo, GET pode ser usado para categorizar vários tipos de operações de consulta, e PUT pode ser usado para encapsular uma operação de comando que executa em um **Agregado (10)**.

É claro que isso não significa que só há três maneiras de integrar aplicações. Você pode, por exemplo, usar a integração baseada em arquivos e a integração de banco de dados compartilhado, mas isso poderia fazê-lo envelhecer antes do tempo.

Lógica Caubói

AJ: "É melhor você cavalgar devagar. Esse cavalo é difícil e fará você se sentir velho antes do tempo."

Embora eu tenha destacado três maneiras comuns que são usadas para integrar Contextos Delimitados, na verdade só utilizaremos duas delas neste capítulo. Focalizaremos principalmente a integração com mecanismos de mensagens, mas também veremos como usar HTTP RESTful. Evitaremos exemplos que usam RPC porque você pode facilmente imaginar como criar APIs procedurais que podem ser usadas para substituir as outras duas abordagens. Além disso, RPC tem menos resiliência quando nosso objetivo é suportar serviços autônomos (conhecidos como aplicações autônomas). Um sistema falho que normalmente forneceria uma API baseada em RPC impedirá que sistemas dependentes sejam bem-sucedidos em suas operações.

Isso traz à tona um tema de suma importância, que requer atenção de cada desenvolvedor de integração.

Sistemas Distribuídos São Fundamentalmente Diferentes

Sempre surgem problemas com a integração quando desenvolvedores que não estão familiarizados com os princípios dos sistemas distribuídos esquivam-se da complexidade inerente. Isso pode ser especialmente verdadeiro ao usar RPC, porque aqueles inexperientes com a distribuição comumente imaginam que qualquer chamada remota é tão boa quanto uma chamada no processo. Essas suposições podem causar falha em cascata em quaisquer sistemas quando um único sistema ou um de seus componentes torna-se indisponível, mesmo temporariamente. Assim, todos os desenvolvedores que trabalham com sistemas distribuídos serão bem ou mal sucedidos seguindo os Princípios da Computação Distribuída:

- A rede não é confiável.

- Sempre há alguma latência, e talvez muita.

- Largura de banda não é infinita.

- Não suponha que a rede é segura.

- A topologia da rede muda.

- Conhecimento e diretrizes são distribuídos entre vários administradores.

- Transporte de rede tem um custo.

- A rede é heterogênea.

Esses são propositadamente declarados de forma diferente das "Falácias da computação distribuída" [Deutsch]. Eu chamo-as *princípios* para enfatizar os desafios que devem ser contornados e as complexidades que devem ser planejadas, em vez dos erros comumente cometidos pelo ingênuo.

Trocando Informações através dos Limites do Sistema

Na maioria das vezes, quando precisamos que um sistema externo forneça um serviço para nosso próprio sistema, precisamos passar dados informacionais para o serviço. Os serviços que usamos às vezes precisam fornecer respostas. Assim, precisamos de uma maneira confiável de passar dados informacionais entre os sistemas. Esses dados precisam ser trocados entre sistemas distintos em uma estrutura que é facilmente consumida por todos os envolvidos. A maioria de nós opta por usar alguma maneira padrão de fazer isso.

Dados informacionais enviados como parâmetros ou mensagens constituem apenas estruturas legíveis por máquina que podem ser geradas em um dos muitos formatos. Também temos de criar alguma forma de contrato entre os sistemas que trocam dados e, possivelmente, até mesmo os mecanismos para analisar ou interpretar essas estruturas, de modo que elas possam ser consumidas.

Há várias maneiras de gerar as estruturas utilizadas para trocar informações entre sistemas. Uma implementação técnica simplesmente conta com os recursos da linguagem de programação para serializar objetos em um formato binário e desserializá-los no lado do consumidor. Isso funciona bem desde que todos os sistemas suportem os mesmos recursos da linguagem, e se a serialização é realmente compatível ou intercambiável entre diferentes arquiteturas de hardware. Isso também requer a implantação de todas as interfaces e classes dos objetos que são usados entre os sistemas para cada sistema que usa o tipo de objeto específico.

Outra abordagem para construir estruturas de informação intercambiáveis é usar algum formato intermediário padrão. Algumas opções são utilizar XML, JSON ou um formato especializado, como Protocol Buffers. Cada uma dessas abordagens tem vantagens e desvantagens, algumas das quais incluem fatores de riqueza e compacidade, desempenho das conversões de tipo, suporte à flexibilidade entre versões dos objetos e facilidade de uso. Algumas dessas podem ter impactos caros ao considerar os princípios da computação distribuída listados anteriormente (por exemplo, "Transporte de rede tem um custo").

Usando essa abordagem de formato intermediário, talvez você ainda queira implantar todas as interfaces e classes dos objetos que são usados entre os sistemas e utilizar uma ferramenta para inserir os dados do formato intermediário em seus objetos fortemente tipados (*type-safe*). Isso tem a vantagem de que você pode usar objetos no sistema de consumo da mesma maneira que você utilizaria no sistema de origem.

É claro que implantar essas interfaces e classes também tem complexidade relacionada, e isso normalmente significa que o sistema de consumo terá de ser recompilado para manter a compatibilidade com as versões mais recentes das definições de interface e classe. Há também o perigo de usar os objetos externos livremente no sistema de consumo como se eles fossem nossos próprios, o que tenderia a violar os princípios do projeto estratégico do DDD que lutamos tão arduamente para seguir. Alguns podem achar que se declarar isso como um **Kernel Compartilhado**

(3), ele compensa a abordagem. Entretanto, esteja ciente de que a conveniência dos objetos que são compartilhados entre sistemas pode levá-lo a uma ladeira escorregadia. Mas, independentemente da complexidade e do potencial risco de modelos poluídos, muitos acreditam que qualquer tipagem forte suportada por essa tática é um meio-termo adequado para a complexidade necessária.

Mesmo assim, encontro aqueles que lutam com isso por várias razões, e muitas vezes eles querem uma abordagem mais fácil e mais segura, mas uma que não descarte totalmente a tipagem forte (*type safety*). Vamos considerar essa abordagem.

E se pudéssemos definir um contrato entre os sistemas que produzem as estruturas de informações intercambiáveis e aqueles que as utilizam de tal forma que os consumidores pudessem usar com segurança os dados sem desserializá-los em instâncias de objeto das classes específicas? Podemos definir esse tipo de contrato confiável usando uma abordagem baseada em padrões, que na verdade forma uma **Linguagem Publicada** (3). Uma dessas abordagens padrão é definir um tipo de mídia personalizado, ou o equivalente semântico. Querendo ou não, você tem uma boa razão para registrar esse tipo de mídia usando as diretrizes da RFC 4288, ela é a especificação real que importa. A especificação define o contrato que associa produtores e consumidores e oferece meios infalíveis para trocar esse tipo de mídia sem compartilhar os binários de interface e classe.

Isso, como sempre, tem vantagens e desvantagens. Você não será capaz de navegar usando os métodos de acesso de propriedade como você navegaria se tivesse as interfaces/classes para cada objeto, e com a tipagem forte associada. Também não haveria suporte para IDE, como a capacidade de usar o autocompletamento de código. Na verdade, isso não é uma grande desvantagem. E você também não teria nenhum suporte operacional para função/método que a classe de Evento poderia fornecer. Mas não veja a falta de funções/métodos operacionais de Eventos como uma desvantagem, e sim como uma proteção. O Contexto Delimitado consumidor só deve estar interessado nas propriedades dos dados e nunca deve ser tentado a usar a funcionalidade que faz parte de um modelo diferente. **Adaptadores de Porta** do consumidor (4) deveriam proteger o modelo de domínio contra quaisquer dessas dependências e devem passar os dados dos Eventos necessários como parâmetros adequados com os tipos definidos apenas no próprio Contexto Delimitado. Quaisquer cálculos ou processamento necessários devem ser realizados pelo Contexto Delimitado de produção e fornecidos como atributos enriquecidos de dados de Evento.

Veja um exemplo. A SaaSOvation precisa trocar mídias entre seus vários Contextos Delimitados. Ela fará isso utilizando os recursos RESTful e enviando mensagens contendo **Eventos** (8) entre os serviços. Na verdade, um tipo de recurso RESTful é uma *notificação*, e mensagens baseadas em Eventos também são enviadas para os assinantes como objetos de `Notification`. Em outras palavras, nos dois casos a `Notification` contém um Evento, e ambos são formatados em uma estrutura única. A especificação do tipo de mídia personalizado para notificações e Eventos pode indicar um contrato que inclui

- Tipo: Formato da `Notification`: JSON

- `notificationId`: identidade única com inteiro longo

- `typeName`: tipo `String` de texto da notificação, sendo um exemplo de nome de tipo `com.saasovation.agilepm.domain.model.product.↵backlog-Item.BacklogItemCommitted`

- `version`: versão de número inteiro da notificação

- `occurredOn`: data/hora em que o Evento contido da notificação aconteceu

- `event`: detalhes da carga útil JSON; ver tipos específicos de Evento

Usar o nome de classe totalmente qualificado (incluindo o nome do pacote) para o `typeName` permite aos assinantes diferenciar com precisão vários tipos de `Notification`. A especificação da notificação seria seguida pelas várias especificações do tipo de Evento. Como um exemplo, considere um Evento familiar chamado `BacklogItemCommitted`:

- Tipo de Evento: `com.saasovation.agilepm.domain.model.product.↵backlogItem.BacklogItemCommitted`

- `eventVersion`: versão de número inteiro do Evento, que é o mesmo que `Notification version`

- `occurredOn`: data/hora em que ocorreu o Evento, que é a mesma que `Notification occurredOn`

- `backlogItemId`: `BacklogItemId`, que contém o atributo `id` em string do texto

- `committedToSprintId`: `SprintId`, que contém o atributo `id` em string de texto

- `TenantId`: `TenantId`, que contém o atributo `id` em string de texto

- Detalhes do Evento: ver tipos específicos de Evento

Nós, é claro, especificamos os detalhes do Evento para cada tipo de Evento. Com a `Notification` e todos os tipos de Evento especificados, podemos usar seguramente um `NotificationReader` como demonstrado por este teste:

```
DomainEvent domainEvent = new TestableDomainEvent(100, "testing");

Notification notification = new Notification(1, domainEvent);

NotificationSerializer serializer =
    NotificationSerializer.instance();
```

```
String serializedNotification = serializer.serialize(notification);

NotificationReader reader =
    new NotificationReader(serializedNotification);

assertEquals(1L, reader.notificationId());
assertEquals("1", reader.notificationIdAsString());
assertEquals(domainEvent.occurredOn(), reader.occurredOn());
assertEquals(notification.typeName(), reader.typeName());
assertEquals(notification.version(), reader.version());
assertEquals(domainEvent.eventVersion(), reader.version());
```

O teste mostra como o `NotificationReader` pode fornecer partes padrão fortemente tipadas para cada objeto `Notification` serializado.

O próximo teste mostra como as partes especiais dos detalhes de cada Evento também podem ser lidas a partir de um *payload* Notification. A navegação pelo objeto Evento é fornecida usando a sintaxe similar à do XPath (propriedades separadas por ponto), ou você pode usar nomes de atributos separados por vírgulas (`varargs` Java). Você pode ver que cada atributo pode ser lido como um valor `String` ou como seu tipo primitivo real (`int`, `long`, `boolean`, `double` etc.) se o tipo for diferente de `String`:

```
TestableNavigableDomainEvent domainEvent =
    new TestableNavigableDomainEvent(100, "testing");

Notification notification = new Notification(1, domainEvent);

NotificationSerializer serializer = NotificationSerializer.instance();

String serializedNotification = serializer.serialize(notification);

NotificationReader reader =
    new NotificationReader(serializedNotification);

assertEquals("" + domainEvent.eventVersion(),
    reader.eventStringValue("eventVersion"));
assertEquals("" + domainEvent.eventVersion(),
    reader.eventStringValue("/eventVersion"));
assertEquals(domainEvent.eventVersion(),
    reader.eventIntegerValue("eventVersion").intValue());
assertEquals(domainEvent.eventVersion(),
    reader.eventIntegerValue("/eventVersion").intValue());

assertEquals("" + domainEvent.nestedEvent().eventVersion(),
    reader.eventStringValue("nestedEvent", "eventVersion"));
assertEquals("" + domainEvent.nestedEvent().eventVersion(),
    reader.eventStringValue("/nestedEvent/eventVersion"));
assertEquals(domainEvent.nestedEvent().eventVersion(),
    reader.eventIntegerValue("nestedEvent", "eventVersion").intValue());
assertEquals(domainEvent.nestedEvent().eventVersion(),
    reader.eventIntegerValue("/nestedEvent/eventVersion").intValue());
```

```
assertEquals("" + domainEvent.nestedEvent().id(),
    reader.eventStringValue("nestedEvent", "id"));
assertEquals("" + domainEvent.nestedEvent().id(),
    reader.eventStringValue("/nestedEvent/id"));
assertEquals(domainEvent.nestedEvent().id(),
    reader.eventLongValue("nestedEvent", "id").longValue());
assertEquals(domainEvent.nestedEvent().id(),
    reader.eventLongValue("/nestedEvent/id").longValue());

assertEquals("" + domainEvent.nestedEvent().name(),
    reader.eventStringValue("nestedEvent", "name"));
assertEquals("" + domainEvent.nestedEvent().name(),
    reader.eventStringValue("/nestedEvent/name"));

assertEquals("" + domainEvent.nestedEvent().occurredOn().getTime(),
    reader.eventStringValue("nestedEvent", "occurredOn"));
assertEquals("" + domainEvent.nestedEvent().occurredOn().getTime(),
    reader.eventStringValue("/nestedEvent/occurredOn"));
assertEquals(domainEvent.nestedEvent().occurredOn(),
    reader.eventDateValue("nestedEvent", "occurredOn"));
assertEquals(domainEvent.nestedEvent().occurredOn(),
    reader.eventDateValue("/nestedEvent/occurredOn"));
assertEquals("" + domainEvent.occurredOn().getTime(),
    reader.eventStringValue("occurredOn"));
assertEquals("" + domainEvent.occurredOn().getTime(),
    reader.eventStringValue("/occurredOn"));
assertEquals(domainEvent.occurredOn(),
    reader.eventDateValue("occurredOn"));
assertEquals(domainEvent.occurredOn(),
    reader.eventDateValue("/occurredOn"));
```

O `TestableNavigableDomainEvent` contém um `TestableDomainEvent`, que permite testar a navegação para atributos mais profundos. Os vários atributos são lidos usando a sintaxe tipo XPath com a navegação pelos atributos varargs. Também testamos a leitura de cada valor de atributo como vários tipos.

Uma vez que as instâncias de `Notification` e Evento sempre têm um número de versão, você pode ignorar a versão para ler atributos especializados em uma versão específica. Os consumidores que se especializam em uma determinada versão podem selecionar as partes especiais de que eles precisam. Mas também é possível que os consumidores recebam qualquer `Notification` contendo um dado Evento como se fosse a versão 1.

Assim, se considerarmos cuidadosamente como cada tipo de Evento é projetado, podemos proteger a maioria dos consumidores contra incompatibilidade quando tudo de que eles precisam é da versão 1 de um dado Evento. Esses consumidores nunca precisam mudar ou ser recompilados quando um Evento muda. Ainda assim, você realmente precisa pensar em termos da compatibilidade de versão e planejar modificações inteligentes para as novas versões de modo que você não interrompa a maioria dos consumidores. Às vezes é impossível alcançar isso, mas, em muitos casos, é inteiramente possível.

Essa abordagem tem a vantagem adicional de que os Eventos podem conter mais do que apenas atributos e strings primitivos. Eventos também podem conter seguramente instâncias de **Objetos de Valor** mais sofisticados (6), o que é especialmente eficaz quando seus tipos de Valor tendem a ser estáveis. Isso certamente é o caso de `BacklogItemId`, `SprintId` e `TenantId`, como demonstrado pelo código a seguir, agora usando a navegação por propriedades separadas por ponto:

```
NotificationReader reader =
        new NotificationReader(backlogItemCommittedNotification);

String backlogItemId = reader.eventStringValue("backlogItemId.id"));

String sprintId = reader.eventStringValue("sprintId.id"));

String tenantId = reader.eventStringValue("tenantId.id"));
```

O fato de que quaisquer instâncias de Valor contidas são congeladas na estrutura permite que os Eventos sejam não apenas imutáveis, mas também eternamente fixos. As novas versões dos tipos de Objeto de Valor contidos por Eventos não afetam sua capacidade de ler versões mais antigas desses Valores a partir de instâncias de `Notification` preexistentes. Certamente, buffers de protocolo podem ser muito mais fáceis de usar quando as versões de Evento alteram significativa e frequentemente, e lidar com essas alterações torna-se difícil para os consumidores que usam o `NotificationReader`.

Entenda que isso é simplesmente uma opção para tratar elegantemente a desserialização sem implantar dependências e tipos de Evento em todos os lugares. Alguns vão achar essa abordagem bastante elegante e libertadora, enquanto outros vão achá-la arriscada, inepta ou simplesmente perigosa. A abordagem oposta à implantação de interfaces e classes em todos os lugares em que os objetos serializados são consumidos é bem conhecida. Aqui forneço algumas ideias a considerar apontando um caminho menos percorrido.

Lógica Caubói

LB: "Você sabe, J: quando um caubói é velho demais para dar mau exemplo, ele dá bons conselhos."

É possível que cada abordagem — implantação de classes para troca de serializações *versus* definição de um tipo de contrato de mídia — tenha uma vantagem em diferentes fases de um projeto. Por exemplo, dependendo do número de equipes, Contextos Delimitados, taxa de alteração e outros fatores, ela pode ser trabalhada para compartilhar classes e interfaces quando o projeto está começando, mas poderia ser melhor usar um contrato de tipo de mídia mais personalizado e dissociado na fase de produção. Na prática, isso pode ou não funcionar para uma equipe particular ou conjunto de equipes. Às vezes aquilo com que uma equipe começa acaba sendo aquilo com que ela vive continuamente, e eles nunca param para fazer uma mudança de 180 graus.

Para manter nossos exemplos simples e compreensíveis, no restante do capítulo uso o `NotificationReader` o tempo todo. É sua escolha se um contrato de tipo de mídia personalizado e `NotificationReader` devem ou não ser utilizados nos Contextos Delimitados.

Integração Usando Recursos RESTful

Quando um Contexto Delimitado fornece um conjunto rico de recursos RESTful por meio de URIs, ele é uma espécie de **Serviço de Hospedagem Aberta (3):**

> Defina um protocolo que dá acesso ao seu subsistema como um conjunto de serviços. Abra o protocolo de modo que todos aqueles que precisam integrar com você possam usá-lo. Melhore e expanda o protocolo para lidar com as novas exigências de integração. [Evans]

Também podemos pensar nos métodos HTTP — GET, PUT, POST e DELETE —combinados com os recursos em que eles operam, como um conjunto de serviços abertos. HTTP e REST certamente formam um protocolo aberto permitindo que todos os que precisam se integrar com o subsistema façam isso. O fato de que um número virtualmente ilimitado de recursos — cada um com uma identidade única em cada URI — pode ser criado permite que o protocolo lide com as novas exigências de integração conforme necessário. É uma forma muito versátil de permitir que clientes integrem-se com seu Contexto Delimitado.

Mesmo assim, como o fornecedor de serviços RESTful sempre deve interagir diretamente com um recurso em que ele opera, esse estilo não permite que os clientes sejam completamente autônomos. Se o Contexto Delimitado baseado em REST tornar-se indisponível por alguma razão, o cliente dependente dos Contextos Delimitados não será capaz de executar as operações de integração necessárias durante um período de inatividade.

Mas até certo ponto podemos superar isso tornando a dependência dos recursos RESTful um obstáculo menor para a autonomia do consumidor. Mesmo quando RESTful (ou nesse sentido RPC) é a única maneira de integrar, você pode criar a ilusão de dissociação temporal usando timers ou mecanismos de mensagens em seu próprio sistema. Dessa forma, o sistema alcançará quaisquer sistemas remotos somente quando um timer expira ou quando uma mensagem é recebida. Se o sistema remoto não estiver disponível, o limiar do timer pode ser diminuído ou, se estiver usando um sistema de mensagens, a mensagem pode ser reconhecida negativamente pelo destinatário e será reentregue. Isso naturalmente torna mais difícil para a equipe criar os sistemas de fraco acoplamento, mas esse é o preço a pagar para alcançar a autonomia.

Quando a equipe da SaaSOvation desenvolveu o *Contexto de Identidade e Acesso* necessário para criar uma maneira de os integradores usarem o Contexto Delimitado, eles determinaram que HTTP RESTful seria uma das melhores opções para abrir o sistema à integração sem expor diretamente os detalhes  estruturais e comportamentais do modelo de domínio. Para eles, isso significava projetar um conjunto de recursos RESTful que forneceria representações dos conceitos de identidade e acesso com base em cada inquilino individual.

Boa parte do projeto deles permitiria integrar os Contextos Delimitados a recursos GET que transmitem a identidade de usuário e grupo, e também indicam as permissões de segurança baseadas em papéis para esses tipos de identidade. Por exemplo, se um cliente de integração precisa saber se um usuário dentro de um determinado inquilino pode desempenhar um papel específico de acesso, o cliente deve obter um recurso GET usando este formato de URI:

```
/tenants/{tenantId}/users/{username}/inRole/{role}
```

Se o usuário do inquilino desempenhar o papel, a representação do recurso é incluída nas 200 respostas bem-sucedidas. Caso contrário, a resposta é um código de status 204 No Content se o usuário não existir ou não desempenhar esse papel nomeado. É um projeto HTTP RESTful simples.

Vamos analisar como a equipe expôs os recursos de acesso e como os clientes da integração podem consumi-los em termos da **Linguagem Ubíqua (1)** de seu próprio Contexto Delimitado.

Implementando o Recurso RESTful

À medida que a SaaSOvation começou a aplicar os princípios REST a um dos Contextos Delimitados, eles aprenderam algumas lições importantes. Vamos examinar o caminho percorrido.

Quando a equipe SaaSOvation trabalhando no *Contexto de Identidade e Acesso* avaliou como fornecer um Serviço de Hospedagem Aberta para os integradores, eles simplesmente consideraram expor seu modelo de domínio como um conjunto de recursos RESTful vinculados. Isso significaria permitir que clientes HTTP usassem GET para obter um único recurso de inquilino e navegassem pelos usuários, grupos e papéis. Essa foi uma boa ideia? Inicialmente parecia natural. Afinal de contas, isso daria aos clientes melhor flexibilidade. Os clientes saberiam tudo sobre o modelo do domínio e apenas tomariam as decisões em seu próprio Contexto Delimitado.

Qual padrão DDD de Mapeamento de Contexto descreve melhor essa abordagem de projeto? Na realidade, isso não é um Serviço de Hospedagem Aberta, mas, dependendo do tamanho do modelo compartilhado, ele em vez disso seria um Kernel Compartilhado ou um **Conformista (3)**. Publicar um kernel compartilhado ou aceitar uma relação conformista coloca os consumidores em uma integração fortemente acoplada com o modelo de domínio consumido. Esses tipos de relações devem ser evitados sempre que possível, uma vez que tendem a ir contra os objetivos fundamentais do DDD.

Foi uma coisa boa o fato de que ao longo do caminho a equipe encontrou alguns bons conselhos para evitar expor o modelo aos clientes dessa maneira. Eles aprenderam a pensar nos casos de uso (ou histórias de usuário) de que os integradores precisavam. Isso estava em harmonia com a parte da definição do Serviço de Hospedagem Aberta: "Melhore e expanda o protocolo para lidar com as novas exigências de integração". Isso significa que você só fornece o que os integradores precisam nesse momento, e você só entende essas necessidades avaliando uma série de cenários de caso de uso.

Quando a equipe seguiu esse conselho, eles perceberam, por exemplo, que aquilo em que os integradores estavam realmente interessados é se um dado usuário poderia ou não desempenhar um papel específico. Se os integradores não entendessem os detalhes do modelo do domínio, isso essencialmente aumentaria sua produtividade e tornaria os Contextos Delimitados mais sustentáveis. Em termos do projeto, isso significava que o os recursos RESTful do `User` poderiam incluir o projeto a seguir:

```
@Path("/tenants/{tenantId}/users")
public class UserResource {
    ...
    @GET
    @Path("{username}/inRole/{role}")
    @Produces({ OvationsMediaType.ID_OVATION_TYPE })
    public Response getUserInRole(
            @PathParam("tenantId") String aTenantId,
            @PathParam("username") String aUsername,
            @PathParam("role") String aRoleName) {

        Response response = null;

        User user = null;

        try {
            user = this.accessService().userInRole(
                    aTenantId, aUsername, aRoleName);
        } catch (Exception e) {
            // fall through
        }

        if (user != null) {
            response = this.userInRoleResponse(user, aRoleName);
        } else {
            response = Response.noContent().build();
        }
```

```
        return response;
    }
    ...
}
```

Na arquitetura **Hexagonal (4)** ou Portas e Adaptadores, a classe User-Resource é um Adaptador para a porta RESTful HTTP fornecida pela implementação JAX-RS. Um consumidor faz uma solicitação na forma

```
GET /tenants/{tenantId}/users/{username}/inRole/{role}
```

O Adaptador delega ao AccessService um **Serviço de Aplicação (14)** que fornece uma API no hexágono interno. Sendo um cliente direto do modelo de domínio, o AccessService gerencia a tarefa e transação do caso de uso. A tarefa inclui descobrir se um User existe ou não e, se existir, se ele desempenha ou não o papel nomeado:

```
package com.saasovation.identityaccess.application;
...
public class AccessService ... {
    ...
    @Transactional(readOnly=true)
    public User userInRole(
            String aTenantId,
            String aUsername,
            String aRoleName) {

        User userInRole = null;

        TenantId tenantId = new TenantId(new TenantId(aTenantId));

        User user =
            DomainRegistry
                .userRepository()
                .userWithUsername(tenantId, aUsername);

        if (user != null) {
            Role role =
                DomainRegistry
                    .roleRepository()
                    .roleNamed(tenantId, aRoleName);

            if (role != null) {
                GroupMemberService groupMemberService =
                        DomainRegistry.groupMemberService();

                if (role.isInRole(user, groupMemberService)) {
                    userInRole = user;
                }
            }
        }
```

```
        return userInRole;
    }
    ...
}
```

O Serviço de Aplicação localiza tanto o `User` como o Agregado do `Role` nomeado. Quando o método `isInRole()` da consulta de `Role` é chamado, um `GroupMemberService` é passado. Isso não é um Serviço de Aplicação, mas sim um **Serviço de Domínio (7)** que ajuda o `Role` a executar certas verificações e consultas específicas do Domínio pelas quais o próprio `Role` não deve ser responsável.

A `Response` do `UserResource` é formada a partir do `User` resolvido e o nome do papel específico, usando um dos tipos de mídia personalizada:

```
package com.saasovation.common.media;

public class OvationsMediaType {
    public static final String COLLAB_OVATION_TYPE =
            "application/vnd.saasovation.collabovation+json";

    public static final String ID_OVATION_TYPE =
            "application/vnd.saasovation.idovation+json";

    public static final String PROJECT_OVATION_TYPE =
            "application/vnd.saasovation.projectovation+json";
    ...
}
```

Quando o usuário está no papel nomeado, o Adaptador `UserResource` produz uma resposta HTTP com uma representação JSON como esta:

```
HTTP/1.1 200 OK
Content-Type: application/vnd.saasovation.idovation+json
...
{
    "role":"Author","username":"zoe",
    "tenantId":"A94A8298-43B8-4DA0-9917-13FFF9E116ED",
    "firstName":"Zoe","lastName":"Doe",
    "emailAddress":"zoe@saasovation.com"
}
```

Como veremos a seguir, o consumidor integrador desse recurso RESTful pode convertê-lo no tipo específico do objeto de domínio exigido por seu Contexto Delimitado.

Implementação do Cliente REST Usando uma Camada Anticorrupção

Embora a representação JSON produzida pelo *Contexto de Identidade e Acesso* seja bastante útil para os integradores de clientes, quando focamos os objetivos do DDD, a representação não será consumida como está no Contexto Delimitado do cliente. Como discutido nos capítulos anteriores, se o consumidor está no *Contexto de Colaboração*, a equipe não se interessará pelos usuários primitivos e seus papéis. Em vez disso, a equipe que desenvolve o modelo de colaboração está interessada nos papéis específicos do domínio. O fato de que em algum outro modelo há um conjunto de objetos `User` que pode receber um ou mais papéis como modelado por um objeto `Role` não é realmente um ponto comum da colaboração.

Assim, como então faremos para que a representação do "usuário no papel" atenda a nossos propósitos específicos de colaboração? Vamos analisar mais uma vez um mapa de Contexto desenhado anteriormente, dessa vez encontrado na Figura 13.1. As partes importantes do Adaptador `UserResource` foram mostradas na subseção anterior. Isso permite que as interfaces e classes sejam desenvolvidas especificamente para o *Contexto de Colaboração*. Essas são `CollaboratorService`, `UserInRoleAdapter` e `CollaboratorTranslator`. Há

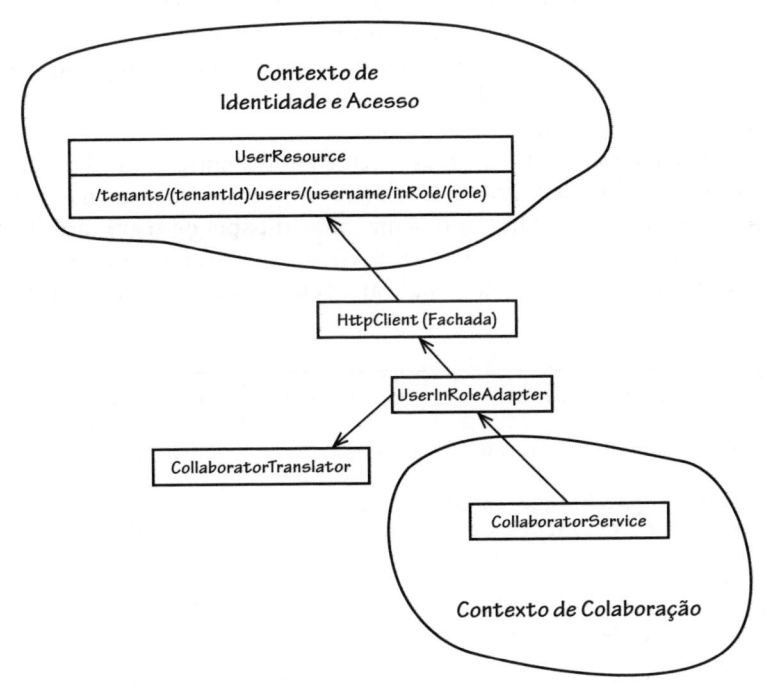

Figura 13.1 O Serviço de Hospedagem Aberta do Contexto de Identidade e Acesso e a Camada Anticorrupção do Contexto de Colaboração usada para integrar os dois

também `HttpClient`, mas isso é fornecido pela implementação JAX-RS por meio das classes `ClientRequest` e `ClientResponse`.

O trio de `CollaboratorService`, `UserInRoleAdapter` e `Collaborator-Translator` é usado para formar uma **Camada Anticorrupção (3)**, o meio pelo qual o *Contexto de Colaboração* interagirá com o *Contexto de Identidade e Acesso* e converterá a representação do "usuário no papel" em um Objeto de Valor para um tipo específico de `Collaborator`.

Eis a interface `CollaboratorService`, que forma as operações simples da Camada Anticorrupção:

```
public interface CollaboratorService {
    public Author authorFrom(Tenant aTenant, String anIdentity);
    public Creator creatorFrom(Tenant aTenant, String anIdentity);
    public Moderator moderatorFrom(Tenant aTenant, String anIdentity);
    public Owner ownerFrom(Tenant aTenant, String anIdentity);
    public Participant participantFrom(
            Tenant aTenant, String anIdentity);
}
```

Do ponto de vista dos clientes de `CollaboratorService`, a interface remove completamente a complexidade do acesso remoto ao sistema e das conversões subsequentes da linguagem publicada para os objetos que seguem a Linguagem Ubíqua local. Nesse caso particular, usamos uma **Interface Separada** [Fowler, P of EAA] e uma classe de implementação, porque a implementação é técnica e não deve residir na Camada de Domínio.

Todas essas **Fábricas (11)** são muito semelhantes entre si. Todas elas criam uma subclasse do tipo de Valor `Collaborator` abstrato, mas apenas se o usuário em `aTenant` com `anIdentity` desempenhar o papel de segurança dentro de um de cinco tipos: `Author`, `Creator`, `Moderator`, `Owner`, e `Participant`. Como eles são bem semelhantes, vamos analisar apenas uma das implementações do método, `authorFrom()`:

```
package com.saasovation.collaboration.infrastructure.services;

import com.saasovation.collaboration.domain.model.collaborator.Author;
...
public class TranslatingCollaboratorService
        implements CollaboratorService {
    ...
    @Override
    public Author authorFrom(Tenant aTenant, String anIdentity) {
        Author author =
```

```
        this.userInRoleAdapter
            .toCollaborator(
                    aTenant,
                    anIdentity,
                    "Author",
                    Author.class);

        return author;
    }
    ...
}
```

Primeiro observe que `TranslatingCollaboratorService` está em um **Módulo** **(9)** da infraestrutura. Criamos a interface separada no hexágono interno como parte do modelo de domínio. Mas a execução é técnica e é hospedada no lado de fora da arquitetura Hexagonal, em que as portas e os adaptadores residem.

Como parte da implementação técnica, em geral uma Camada Anticorrupção terá um **Adaptador** especializado [Gamma *et al.*] e um tradutor. Analisando novamente a Figura 13.1, podemos ver que nosso Adaptador específico é `UserIn-RoleAdapter`, e o tradutor é o `CollaboratorTranslator`. O `UserInRoleAdapter` especializado dessa Camada Anticorrupção é responsável por entrar em contato com o sistema remoto, solicitando o recurso necessário do usuário no papel:

```
package com.saasovation.collaboration.infrastructure.services;

import org.jboss.resteasy.client.ClientRequest;
import org.jboss.resteasy.client.ClientResponse;
...
public class UserInRoleAdapter {
    ...
    public <T extends Collaborator> T toCollaborator(
            Tenant aTenant,
            String anIdentity,
            String aRoleName,
            Class<T> aCollaboratorClass) {

        T collaborator = null;

        try {
            ClientRequest request =
                    this.buildRequest(aTenant, anIdentity, aRoleName);

            ClientResponse<String> response =
                    request.get(String.class);

            if (response.getStatus() == 200) {
                collaborator =
                    new CollaboratorTranslator()
```

```
                            .toCollaboratorFromRepresentation(
                                response.getEntity(),
                                aCollaboratorClass);
                } else if (response.getStatus() != 204) {
                    throw new IllegalStateException(
                            "There was a problem requesting the user: "
                            + anIdentity
                            + " in role: "
                            + aRoleName
                            + " with resulting status: "
                            + response.getStatus());
                }

            } catch (Throwable t) {
                throw new IllegalStateException(
                        "Failed because: " + t.getMessage(), t);
            }

        return collaborator;
        }
        ...
}
```

Se a resposta à solicitação GET for bem-sucedida (status 200), isso significa que o UserInRoleAdapter recebeu um recurso do usuário no papel, que agora pode ser convertido na subclasse Collaborator:

```
package com.saasovation.collaboration.infrastructure.services;

import java.lang.reflect.Constructor;
import com.saasovation.common.media.RepresentationReader;
...
public class CollaboratorTranslator {
    public CollaboratorTranslator() {
        super();
    }

    public <T extends Collaborator> T toCollaboratorFromRepresentation(
            String aUserInRoleRepresentation,
            Class<T> aCollaboratorClass)
    throws Exception {

        RepresentationReader reader =
                new RepresentationReader(aUserInRoleRepresentation);

        String username = reader.stringValue("username");
        String firstName = reader.stringValue("firstName");
        String lastName = reader.stringValue("lastName");
        String emailAddress = reader.stringValue("emailAddress");
```

```
    T collaborator =
        this.newCollaborator(
                username,
                firstName,
                lastName,
                emailAddress,
                aCollaboratorClass);

    return collaborator;
}

private <T extends Collaborator> T newCollaborator(
        String aUsername,
        String aFirstName,
        String aLastName,
        String aEmailAddress,
        Class<T> aCollaboratorClass)
throws Exception {

    Constructor<T> ctor =
        aCollaboratorClass.getConstructor(
                String.class, String.class, String.class);

    T collaborator =
        ctor.newInstance(
                aUsername,
                (aFirstName + " " + aLastName).trim(),
                aEmailAddress);

    return collaborator;
    }
}
```

Essa conversão recebe uma `String` de texto da representação do "usuário no papel" e a classe a ser usada para criar a instância da subclasse `Collaborator`. Primeiro o `RepresentationReader` — bastante semelhante ao `Notification-Reader` introduzido anteriormente — é usado para ler quatro atributos a partir da representação JSON. Mais uma vez, podemos fazer isso com segurança, porque o tipo de mídia personalizado da SaaSOvation forma um contrato vinculativo entre produtores e consumidores. Depois que o tradutor tem os valores `String` necessários, ele os usa para instanciar o Objeto de Valor `Collaborator` e, no caso desse exemplo, um `Author`:

```
package com.saasovation.collaboration.domain.model.collaborator;

public final class Author
        extends Collaborator  {
```

```
public Author(
        String anIdentity,
        String aName,
        String anEmailAddress) {
    super(anIdentity, aName, anEmailAddress);
}
...
}
```

Nenhum esforço é feito para manter as instâncias de Valor de `Collaborator` sincronizadas com o *Contexto de Identidade e Acesso*. Elas são imutáveis e só podem ser totalmente substituídas, não modificadas. Eis como um `Author` é obtido por um Serviço de Aplicação e então dado a um `Forum` para iniciar uma nova `Discussion`:

```
package com.saasovation.collaboration.application;
...
public class ForumService ... {
    ...
    @Transactional
    public Discussion startDiscussion(
            String aTenantId,
            String aForumId,
            String anAuthorId,
            String aSubject) {

        Tenant tenant = new Tenant(aTenantId);
        ForumId forumId = new ForumId(aForumId);

        Forum forum = this.forum(tenant, forumId);

        if (forum == null) {
            throw new IllegalStateException("Forum does not exist.");
        }

        Author author =
                this.collaboratorService.authorFrom(
                        tenant, anAuthorId);

        Discussion newDiscussion =
                forum.startDiscussion(
                        this.forumNavigationService(),
                        author,
                        aSubject);

        this.discussionRepository.add(newDiscussion);

        return newDiscussion;
    }
    ...
}
```

Se um nome ou endereço de e-mail do `Collaborator` mudar no *Contexto de Identidade e Acesso,* essa mudança não será atualizada automaticamente no *Contexto de Colaboração.* Esses tipos de mudanças raramente ocorrem, assim a equipe tomou a decisão de manter esse projeto específico simples e não tentar sincronizar as mudanças no Contexto remoto com objetos no Contexto local. Veremos, porém, que o *Contexto de Gerenciamento Ágil de Projetos* tem diferentes objetivos de projeto.

Há outras maneiras de implementar uma Camada Anticorrupção, como por meio de um **Repositório (12)**. Mas como Repositórios normalmente são utilizados para persistir e reconstituir Agregados, criar Objetos de Valor dessa maneira parece inapropriado. Se nosso objetivo é produzir um Agregado a partir de uma Camada Anticorrupção, um Repositório pode ser uma fonte mais natural.

Integração Usando um Mecanismo de Mensagens

Uma abordagem baseada em mensagens à integração pode permitir que qualquer sistema alcance maior grau de autonomia a partir dos sistemas de que ele depende. Desde que a infraestrutura do mecanismo de mensagens permaneça operacional, as mensagens podem ser enviadas e entregues mesmo quando qualquer um dos sistemas não está disponível.

Uma das maneiras como o DDD pode ser alavancado para criar sistemas autônomos é utilizando Eventos de Domínio. Quando algo significativo acontece em um dos sistemas, o resultado é um Evento sobre isso. A tendência é de que haverá vários ou mesmo inúmeros desses Eventos que ocorrem em cada sistema, e você criará um único tipo de Evento como um meio de registrar cada um. À medida que os Eventos ocorrem, eles são publicados para as partes interessadas por meio de um mecanismo de mensagens. Isso é apenas uma avaliação do quadro geral. Se você ignorou os detalhes desse tema nos capítulos anteriores, é melhor começar a obter informações da **Arquitetura (4)**, **Eventos de Domínio (8)** e **Agregados (10)** antes de continuar.

Mantendo-se Informado sobre Proprietários do Produto e Membros da Equipe

O *Contexto de Gerenciamento Ágil de Projetos* precisa gerenciar um conjunto de membros da equipe e proprietários do produto Scrum para cada inquilino que assina o serviço. A qualquer momento, o proprietário de um produto pode criar um novo produto e então atribuir membros à equipe. Como a aplicação de gerenciamento de projetos Scrum sabe quem desempenha cada um desses papéis? A resposta é que ele não faz isso sozinho.

Na verdade, o *Contexto de Gerenciamento Ágil de Projetos* permitirá que esses papéis sejam gerenciados pelo *Contexto de Identidade e Acesso,* uma escolha natural e adequada. Nesse sistema, para cada inquilino que assina o serviço Scrum serão criadas duas instâncias de Role: ScrumProductOwner e ScrumTeamMember. Cada User que precisar desempenhar um desses papéis será atribuído a ele. Eis o método do Serviço de Aplicação no *Contexto de Identidade e Acesso* que gerencia a tarefa de atribuir um User a um Role:

```
package com.saasovation.identityaccess.application;
...
public class AccessService ... {
    ...
    @Transactional
    public void assignUserToRole(AssignUserToRoleCommand aCommand) {

        TenantId tenantId =
                new TenantId(aCommand.getTenantId());

        User user =
                this.userRepository
                    .userWithUsername(
                            tenantId,
                            aCommand.getUsername());

        if (user != null) {
            Role role =
                    this.roleRepository
                        .roleNamed(
                                tenantId,
                                aCommand.getRoleName());

            if (role != null) {
                role.assignUser(user);
            }
        }
    }
    ...
}
```

Ótimo, mas como isso ajuda o *Contexto de Gerenciamento Ágil de Projetos* a saber quem está no papel de um ScrumTeamMember ou ScrumProductOwner? Eis como. Quando o método assignUser() do Role conclui, sua última responsabilidade é publicar um Evento:

```
package com.saasovation.identityaccess.domain.model.access;
...
public class Role extends Entity {
    ...
    public void assignUser(User aUser) {
```

```
    if (aUser == null) {
        throw new NullPointerException("User must not be null.");
    }
    if (!this.tenantId().equals(aUser.tenantId())) {
        throw new IllegalArgumentException(
                "Wrong tenant for this user.");
    }

    this.group().addUser(aUser);

    DomainEventPublisher
        .instance()
        .publish(new UserAssignedToRole(
                this.tenantId(),
                this.name(),
                aUser.username(),
                aUser.person().name().firstName(),
                aUser.person().name().lastName(),
                aUser.person().emailAddress()));
    }
    ...
}
```

O Evento UserAssignedToRole, enriquecido com as propriedades de nome de User e endereço de e-mail, é entregue mais à frente a todos os interessados. Quando o *Contexto de Gerenciamento Ágil de Projetos* recebe o Evento, ele vai usá-lo para garantir que um novo TeamMember ou ProductOwner é estabelecido no modelo. Isso não é um caso de uso terrivelmente difícil. Mas há mais detalhes para gerenciar do que pode parecer à primeira vista. Vamos dividi-los.

Como se vê, há alguns aspectos altamente reutilizáveis para ouvir notificações de RabbitMQ. Já temos uma biblioteca simples orientada a objetos que ajuda a tornar o cliente RabbitMQ Java mais fácil de usar. Agora vamos adicionar mais uma classe simples para transformá-la, de modo simples, em um consumidor na fila de troca:

```
package com.saasovation.common.port.adapter.messaging.rabbitmq;
...
public abstract class ExchangeListener {

    private MessageConsumer messageConsumer;
    private Queue queue;

    public ExchangeListener() {
        super();

        this.attachToQueue();
```

```
        this.registerConsumer();
    }

    protected abstract String exchangeName();

    protected abstract void filteredDispatch(
            String aType, String aTextMessage);

    protected abstract String[] listensToEvents();

    protected String queueName() {
        return this.getClass().getSimpleName();
    }

    private void attachToQueue() {
        Exchange exchange =
                Exchange.fanOutInstance(
                    ConnectionSettings.instance(),
                    this.exchangeName(),
                    true);

        this.queue =
                Queue.individualExchangeSubscriberInstance(
                    exchange,
                    this.exchangeName() + "." + this.queueName());
    }

    private Queue queue() {
        return this.queue;
    }

    private void registerConsumer() {
        this.messageConsumer =
                MessageConsumer.instance(this.queue(), false);

        this.messageConsumer.receiveOnly(
                this.listensToEvents(),
                new MessageListener(MessageListener.Type.TEXT) {

            @Override
            public void handleMessage(
                    String aType,
                    String aMessageId,
                    Date aTimestamp,
                    String aTextMessage,
                    long aDeliveryTag,
                    boolean isRedelivery)
            throws Exception {
                filteredDispatch(aType, aTextMessage);
            }
        });
    }
}
```

O `ExchangeListener` é uma classe básica abstrata que as subclasses ouvintes concretas reutilizam. A subclasse concreta só precisa adicionar um pouco de código, além de estender a classe básica abstrata. Primeiro, ela apenas garante que o construtor padrão da classe básica é invocado, o que de qualquer maneira sempre acontece. Então, tudo o que resta é implementar três métodos abstratos, dois dos quais são muito simples de implementar: `exchangeName()`, `filtered-Dispatch()` e `listensToEvents()`.

Para implementar o `exchangeName()`, tudo o que é necessário é retornar o nome de `String` da troca para a qual o ouvinte concreto consome notificações. Para implementar o método `listensToEvents()` abstrato você deve responder a uma `String []` do tipo de notificação que você deseja receber. Muitos ouvintes consumirão um único tipo `Notification` e, portanto, responderão a um array com um único elemento. O único método remanescente, `filteredDispatch()`, é o mais complexo dos três, porque é responsável pelo trabalho pesado de tratar as mensagens recebidas. Para ver como ele funciona, analisaremos o ouvinte das notificações portadoras de Eventos para `UserAssignedToRole`:

```
package com.saasovation.agilepm.infrastructure.messaging;
...
public class TeamMemberEnablerListener extends ExchangeListener {

    @Autowired
    private TeamService teamService;

    public TeamMemberEnablerListener() {
        super();
    }

    @Override
    protected String exchangeName() {
        return Exchanges.IDENTITY_ACCESS_EXCHANGE_NAME;
    }

    @Override
    protected void filteredDispatch(
                String aType,
                String aTextMessage) {
        NotificationReader reader =
                new NotificationReader(aTextMessage);

        String roleName = reader.eventStringValue("roleName");

        if (!roleName.equals("ScrumProductOwner") &&
            !roleName.equals("ScrumTeamMember")) {
            return;
        }
```

```
                    String emailAddress = reader.eventStringValue("emailAddress");
                    String firstName = reader.eventStringValue("firstName");
                    String lastName = reader.eventStringValue("lastName");
                    String tenantId = reader.eventStringValue("tenantId.id");
                    String username = reader.eventStringValue("username");
                    Date occurredOn = reader.occurredOn();

                    if (roleName.equals("ScrumProductOwner")) {
                        this.teamService.enableProductOwner(
                                new EnableProductOwnerCommand(
                                    tenantId,
                                    username,
                                    firstName,
                                    lastName,
                                    emailAddress,
                                    occurredOn));
                    } else {
                        this.teamService.enableTeamMember(
                                new EnableTeamMemberCommand(
                                    tenantId,
                                    username,
                                    firstName,
                                    lastName,
                                    emailAddress,
                                    occurredOn));
                    }
                }


                @Override
                protected String[] listensToEvents() {
                    return new String[] {
                            "com.saasovation.identityaccess.domain.model.↵
            access.UserAssignedToRole"
                            };
                }
            }
```

O construtor padrão `ExchangeListener` é adequadamente invocado, `exchangeName()` responde ao nome da troca publicada pelo *Contexto de Identidade e Acesso,* e o método `listensToEvents()` responde a um array de um elemento com o nome da classe totalmente qualificada do Evento `User-AssignedToRole`. Observe que os publicadores e os assinantes devem considerar o uso de nomes de classe totalmente qualificados, o que inclui o nome do módulo e o nome da classe. Isso remove todas as colisões ou ambiguidades possíveis que podem existir com Eventos nomeados de maneira igual ou semelhante aos diferentes Contextos Delimitados.

Mais uma vez, é `filteredDispatch()` que contém a maior parte do comportamento. O método é nomeado dessa forma porque ele pode filtrar a notificação antes de enviá-la para a API do Serviço de Aplicação. Nesse caso ele filtra antes do envio, ignorando todas as notificações do tipo `UserAssignedToRole` que não transmitem Eventos sobre os papéis nomeados `ScrumProductOwner` e `ScrumTeamMember`. Por outro lado, se os papéis são aqueles em que queremos receber os Eventos, temos de obter os detalhes de `UserAssignedToRole` a partir da `Notification` e enviar para o Serviço de Aplicação nomeado `Team-Service`. Cada um dos métodos de Serviço `enableProductOwner()` e `enable-TeamMember()` recebe um objeto de comando, `EnableProductOwnerCommand` ou `EnableTeamMemberCommand`, respectivamente.

À primeira vista, pode parecer que um membro só seria criado como resultado de um desses Eventos. Mas como podemos atribuir a cada `User` um desses `Roles` e mais tarde removê-lo e então atribuí-lo novamente, é possível que o membro representado pelo `User` na notificação recebida já exista. Eis como o `TeamService` lida com essa situação:

```
package com.saasovation.agilepm.application;
...
public class TeamService ... {

    @Autowired
    private ProductOwnerRepository productOwnerRepository;

    @Autowired
    private TeamMemberRepository teamMemberRepository;

    ...

    @Transactional
    public void enableProductOwner(
            EnableProductOwnerCommand aCommand) {
        TenantId tenantId = new TenantId(aCommand.getTenantId());

        ProductOwner productOwner =
                this.productOwnerRepository.productOwnerOfIdentity(
                    tenantId,
                    aCommand.getUsername());

        if (productOwner != null) {
            productOwner.enable(aCommand.getOccurredOn());
        } else {
            productOwner =
                    new ProductOwner(
                        tenantId,
                        aCommand.getUsername(),
                        aCommand.getFirstName(),
                        aCommand.getLastName(),
                        aCommand.getEmailAddress(),
                        aCommand.getOccurredOn());
```

```
            this.productOwnerRepository.add(productOwner);
        }
    }
}
```

Por exemplo, o método de Serviço `enableProductOwner()` lida com a possibilidade de o `ProductOwner` específico já existir. Se existir, supomos que ele talvez precise ser ativado novamente, assim o enviamos para a operação de comando correspondente. Se o `ProductOwner` ainda não existir, instanciamos um novo Agregado e o adicionamos ao seu Repositório. Na verdade, lidamos com o `TeamMember` da mesma maneira, assim `enableTeamMember()` é implementado do mesmo modo.

Você Pode Lidar com a Responsabilidade?

Isso tudo parece bom e correto. Parece bastante simples. Temos os tipos de Agregado `ProductOwner` e `TeamMember`, e os projetamos de modo que cada um contenha algumas informações sobre o `User` de suporte do Contexto Delimitado externo. Mas você percebeu quanta responsabilidade acabamos de assumir projetando esses Agregados dessa maneira?

Lembre-se de que no *Contexto de Colaboração* a equipe decidiu criar somente Objetos de Valor imutáveis que armazenam informações semelhantes (ver "Implementação do Cliente REST Usando uma Camada Anticorrupção"). Como os Valores são imutáveis, a equipe nunca terá de se preocupar em manter atualizadas as informações compartilhadas. Naturalmente, o aspecto negativo disso é que se parte das informações compartilhadas é atualizada, o *Contexto de Colaboração* nunca atualizará os objetos relacionados que ele criou no passado. Assim, a equipe de gerenciamento ágil de projetos optou pelo meio-termo oposto.

Agora, porém, há alguns desafios para manter os Agregados atualizados. Por quê? Não podemos apenas ouvir notificações adicionais portadoras de Evento que refletem as alterações nas instâncias de `User` que correspondem às nossas instâncias de `ProductOwner` e `TeamMember`? Sim, na verdade, podemos e devemos fazer isso. Mas o fato de que usamos uma infraestrutura de mensagens torna isso um pouco mais desafiador do que seria aparentemente óbvio.

Por exemplo, o que aconteceria se no *Contexto de Identidade e Acesso* o gerente excluísse equivocadamente Joe Johnson do papel `ScrumTeamMember`? Bem, recebemos uma notificação portadora de Evento indicando esse fato, assim usamos o `TeamService` para desativar o `TeamMember` correspondente a Joe Johnson. Espere. Segundos depois o gerente percebe que ele excluiu o usuário errado do papel `ScrumTeamMember`, e que ele deveria em vez disso ter excluído Joe Jones. Então ele rapidamente atribui Joe Johnson de volta ao papel e exclui Joe Jones. Em seguida, o *Contexto de Gerenciamento Ágil de Projetos* recebe as notificações correspondentes, e todo mundo fica feliz (exceto talvez Joe Jones). Ou, tudo está *realmente* bem?

Podemos levantar uma hipótese ruim sobre esse caso de uso. Supomos que recebemos as notificações na ordem em que elas de fato ocorreram no *Contexto de Identidade e Acesso*. Mas as coisas nem sempre funcionam tão bem. O que aconteceria se, por qualquer razão, as notificações sobre Joe Johnson fossem recebidas nesta ordem, `UserAssignedToRole` e então `UserUnassignedFrom-Role`? O que acontecerá é que o `TeamMember` correspondente a Joe Johnson ficará preso em um estado desativado e, na melhor das hipóteses, alguém terá de corrigir os dados no banco de dados no Contexto de Gerenciamento Ágil de Projetos, ou o gerente terá de fazer alguns truques para reativar o Joe correto. Isso pode acontecer e, ironicamente, parece que acontece sempre quando ignoramos o fato de que isso pode acontecer. Assim, como evitamos isso?

Vamos analisar mais de perto os objetos de comando que passamos como parâmetros para as APIs do `TeamService`. Por exemplo, considere os comandos `EnableTeamMemberCommand` e `DisableTeamMemberCommand`. Cada um deles requer que um objeto `Date`, ou seja, `occurredOn`, seja fornecido. Na verdade, todos nossos objetos de comando são projetados dessa forma. Utilizaremos os valores `occurredOn` para garantir que nossos Agregados `ProductOwner` e `TeamMember` lidem com as operações de comando de uma maneira sensível à data/hora. Relembrando o caso de uso que poderia ter causado problemas antes, vejamos o que aconteceria se lidássemos com a possibilidade de que `User-UnassignedFromRole` chegasse depois de `UserAssignedToRole`, embora eles tenham ocorrido na ordem inversa:

```
package com.saasovation.agilepm.application;
...
public class TeamService ... {
    ...
    @Transactional
    public void disableTeamMember(DisableTeamMemberCommand aCommand) {
        TenantId tenantId = new TenantId(aCommand.getTenantId());

        TeamMember teamMember =
                this.teamMemberRepository.teamMemberOfIdentity(
                    tenantId,
                    aCommand.getUsername());

        if (teamMember != null) {
            teamMember.disable(aCommand.getOccurredOn());
        }
    }
}
```

Observe que ao enviar o método de comando `disable()` para `TeamMember`, precisamos passar um valor `occurredOn` a partir do objeto de comando. O `TeamMember` usará isso internamente para assegurar que a desativação só aconteça se ela for necessária:

```
package com.saasovation.agilepm.domain.model.team;
...
public abstract class Member extends Entity  {
    ...
    private MemberChangeTracker changeTracker;
    ...
    public void disable(Date asOfDate)  {
        if (this.changeTracker().canToggleEnabling(asOfDate)) {
            this.setEnabled(false);
            this.setChangeTracker(
                    this.changeTracker().enablingOn(asOfDate));
        }
    }

    public void enable(Date asOfDate)  {
        if (this.changeTracker().canToggleEnabling(asOfDate)) {
            this.setEnabled(true);
            this.setChangeTracker(
                    this.changeTracker().enablingOn(asOfDate));
        }
    }
    ...
}
```

Observe que esse comportamento de Agregado é fornecido por uma classe básica abstrata comum, `Member`. Tanto o método `disable()` como o método `enable()` são projetados para consultar um `changeTracker` a fim de determinar se a operação solicitada pode ser realizada de acordo com o parâmetro `asOfDate` (valor `occurredOn` do comando). O Objeto de Valor `MemberChangeTracker` mantém a ocorrência da operação relacionada mais recente e utiliza isso para responder à consulta:

```
package com.saasovation.agilepm.domain.model.team;
...
public final class MemberChangeTracker implements Serializable  {
    private Date emailAddressChangedOn;
    private Date enablingOn;
    private Date nameChangedOn;
    ...
    public boolean canToggleEnabling(Date asOfDate)  {
        return this.enablingOn().before(asOfDate);
    }
    ...
```

```
    public MemberChangeTracker enablingOn(Date asOfDate) {
        return new MemberChangeTracker(
                asOfDate,
                this.nameChangedOn(),
                this.emailAddressChangedOn());
    }
    ...
}
```

Se a operação for permitida e executada, uma instância `MemberChange-Tracker` substituta é obtida utilizando o método `enablingOn()` correspondente. Como podemos esperar que alterações em `PersonNameChanged` e `Person-ContactInformationChanged` possivelmente cheguem fora da ordem, os mesmos tipos de recursos estão disponíveis com `emailAddressChangedOn` e `name-ChangedOn`. Na verdade, há uma verificação adicional para o caso das alterações no endereço e-mail. É possível que os Eventos `PersonContactInformation-Changed` indiquem uma mudança no número de telefone ou endereço postal em vez de uma alteração menos comum no endereço de e-mail:

```
package com.saasovation.agilepm.domain.model.team;
...
public abstract class Member extends Entity  {
    ...
    public void changeEmailAddress(
            String anEmailAddress,
            Date asOfDate) {

        if (this.changeTracker().canChangeEmailAddress(asOfDate) &&
            !this.emailAddress().equals(anEmailAddress)) {
            this.setEmailAddress(anEmailAddress);
            this.setChangeTracker(
                this.changeTracker().emailAddressChangedOn(asOfDate));
        }
    }
    ...
}
```

Aqui verificaremos se, de fato, o endereço de e-mail mudou. Se não mudou, não queremos monitorá-lo como alterado. Se fizéssemos isso, um Evento fora da ordem do mesmo tipo, que na verdade transmitiu um endereço de e-mail alterado, seria ignorado.

O `MemberChangeTracker` também serve para tornar operações de comando da subclasse `Member` idempotentes, de tal modo que, quando a mesma notificação é entregue múltiplas vezes pela infraestrutura de mensagens, as entregas redundantes são ignoradas.

Podemos argumentar que introduzir o `MemberChangeTracker` no projeto de Agregados é um erro. Podemos concluir que isso não tem nada a ver com a

Linguagem Ubíqua das equipes baseadas em Scrum. Isso é verdade. Mas nunca expomos o `MemberChangeTracker` fora do limite do Agregado. Ele é um detalhe de implementação, e os clientes nunca saberão que ele existe. O único detalhe que os clientes conhecem é que eles devem fornecer o valor `occurredOn` para o momento em que o fato correspondente de uma modificação ocorreu. E mais, isso é exatamente o tipo de detalhe de implementação que Pat Helland recomenda quando ele descreve como relacionamentos entre parceiros são gerenciados ao tratar dos sistemas escalonáveis e distribuídos que são futuramente consistentes. Nesse artigo [Helland], ver especificamente a seção 5, "Atividades: Lidando com Mensagens Fora da Ordem".

Agora, de volta a como lidar com nossas novas responsabilidades...

Embora esse seja um exemplo muito básico de como manter as mudanças para duplicar informações provenientes de um Contexto Delimitado externo, isso não é uma responsabilidade trivial a assumir, pelo menos não se você usar um mecanismo de mensagens que pode entregar mensagens fora da ordem e mais de uma vez.[1] Além disso, quando nos damos conta de todas as possíveis operações no *Contexto de Identidade e Acesso* que, de alguma forma, podem ter um impacto sobre apenas alguns atributos que mantemos em `Member`, isso pode ser um alerta:

- `PersonContactInformationChanged`

- `PersonNameChanged`

- `UserAssignedToRole`

- `UserUnassignedFromRole`

E então percebemos que há alguns outros Eventos aos quais pode ser igualmente importante reagir:

- `UserEnablementChanged`

- `TenantActivated`

- `TenantDeactivated`

Esses fatos enfatizam que, se possível, é melhor minimizar ou até eliminar completamente a duplicação de informações entre os Contextos Delimitados. Pode não ser possível evitar totalmente a duplicação das informações. SLAs podem tornam impraticável recuperar dados remotos sempre que eles são necessários. Essa é uma das motivações que a equipe tinha para armazenar

---

1. Esse pode ser um caso em que usar a abordagem RESTful para consumo de notificações seria uma vantagem distinta, uma vez que é garantido que as notificações são entregues na mesma ordem em que foram anexadas ao **Armazenamento de Eventos (4, Apêndice A)**. As notificações, da primeira à última, podem ser consumidas repetidamente por diferentes razões, sempre com a garantia da mesma ordem.

o nome pessoal do User e o endereço de e-mail do usuário localmente. Mas com o objetivo de reduzir a quantidade de informações externas, assumimos a responsabilidade por elas para que nosso trabalho seja muito mais fácil. É a integração com a mentalidade de um minimalista.

É claro que não há como evitar a duplicação da identidade de inquilino e usuário, e a duplicação de identidade entre os Contextos Delimitados é em geral necessária. Essa é absolutamente uma das principais formas como Contextos Delimitados podem ser integrados. Além disso, é seguro compartilhar a identidade porque ela é imutável. Podemos até mesmo usar exclusões recuperáveis e desativação de Agregados para assegurar que os objetos referenciados nunca desapareçam, como fazemos, por exemplo, com Tenant, User, ProductOwner e TeamMember.

Esse alerta não significa que Eventos de Domínio não devem ser enriquecidos com propriedades que armazenam informações. Certamente, os Eventos devem fornecer informações suficientes para alertar o consumidor sobre os tipos de passos que eles devem seguir em resposta a fatos passados. Mas é possível que os dados de Evento sejam usados para executar cálculos e derivar estado nos Contextos Delimitados externos de consumo e, na verdade, não se limitar e assumir a responsabilidade por mantê-los sincronizados com o estado oficial localizado no sistema de registro.

Processos de Longa Duração e Evitando Responsabilidade

Se gostamos do que foi descrito na seção anterior sobre como ser um adulto responsável, podemos comparar essa seção com uma tentativa de retornar a nossa adolescência. Você sabe, adultos têm de assumir todos os tipos de responsabilidade. Os pais precisam comprar carros, fazer seguro para eles, pagar para colocar gasolina no tanque e gastar dinheiro para consertá-los. Como adolescentes, só queremos usar o carro de nossos pais, mas não pagar pelas despesas. Os adolescentes não vão pagar a prestação do carro de seus pais, encher o tanque de gasolina, pagar um mecânico ou cobrir o custo do seguro. Os adolescentes só permitem que seus pais se preocupem com as responsabilidades para que possam se divertir.

O que faremos nesta seção é nos divertir com os **Processos de Longa Duração** (4), mas nos certificando de que recusamos aceitar quaisquer responsabilidades penosas necessárias ao duplicar informações de outros Contextos Delimitados. Vamos apenas deixar que o sistema de registro lide com suas próprias informações depois que nos divertimos fazendo com que o Contexto Delimitado externo crie e mantenha os dados para nós.

Em **Mapas de Contexto** (3), apresentamos o uso de caso *Crie um Produto*:

Precondição: O recurso de colaboração está ativado (a opção foi comprada).

1. O usuário fornece informações descritivas sobre o Produto.

2. O usuário indica um desejo de uma discussão em equipe.

3. O usuário solicita que o Produto definido seja criado.

4. O sistema cria o Produto com um Fórum e uma Discussão.

Aqui a diversão começa, e aqui transferimos a responsabilidade ao longo de toda a rede.

Em **Mapas de Contexto (3)**, a equipe propôs utilizar uma abordagem REST-ful para a integração entre esses dois Contextos Delimitados. Mas, em vez disso, a equipe por fim optou por uma solução baseada em mensagens.

Além disso, uma das primeiras coisas que você pode observar é que o conceito proposto originalmente adicionado à Linguagem Ubíqua como `Discussion` (no Capítulo 3) foi refinado. A equipe de gerenciamento ágil de projetos viu a neces-sidade de diferenciar os tipos de discussões, assim agora há dois tipos diferen-tes: `ProductDiscussion` e `BacklogItemDiscussion`. (Nesta seção só estamos preocupados com `ProductDiscussion`). Os dois Objetos de Valor têm o mesmo estado e comportamento básicos, mas a distinção adiciona tipagem forte para ajudar os desenvolvedores a evitar anexar as discussões erradas a `Product` e `BacklogItem`. Para todos os efeitos práticos, eles são iguais. Cada um desses dois tipos de `Discussion` mantém apenas sua disponibilidade e, se uma discus-são foi estabelecida, a identidade da instância real do Agregado `Discussion` no *Contexto de Colaboração*.

Vale dizer que a proposta original no *Contexto de Gerenciamento Ágil de Projetos* para nomear um Objeto de Valor com o mesmo nome do Agregado no *Contexto de Colaboração* não foi um erro de julgamento. Portanto, para deixar totalmente claro, o nome do Objeto de Valor não foi alterado de `Discussion` para `ProductDiscussion` a fim de distingui-lo do Agregado no *Contexto de Colaboração*. Do ponto de vista do Mapeamento de Contexto, teria sido perfei-tamente normal deixar o nome do Objeto de Valor como era, porque o Contexto é o que distingue os dois objetos. A decisão de criar dois tipos distintos de Valor no *Contexto de Gerenciamento Ágil de Projetos* foi tomada apenas a partir dos requisitos do modelo local isolado.

Para melhor entender, vamos primeiro analisar o Serviço de Aplicação (API) que é usado para criar um `Product`:

```
package com.saasovation.agilepm.application;
...
public class ProductService ... {

    @Autowired
    private ProductRepository productRepository;

    @Autowired
    private ProductOwnerRepository productOwnerRepository;
    ...
```

```
@Transactional
public String newProductWithDiscussion(
        NewProductCommand aCommand) {

    return this.newProductWith(
            aCommand.getTenantId(),
            aCommand.getProductOwnerId(),
            aCommand.getName(),
            aCommand.getDescription(),
            this.requestDiscussionIfAvailable());
}
    ...
}
```

Na verdade, há duas maneiras de criar um novo `Product`. O primeiro método, não mostrado aqui, cria um `Product` sem uma `Discussion`, e aquele visto aqui tenta gerar uma `ProductDiscussion` para que depois seja criada e anexada ao `Product`. Os dois métodos internos, `newProductWith()` e `requestDiscussionIfAvailable()`, não são mostrados aqui. O último método é utilizado para verificar se o suplemento do CollabOvation está ativado. Se estiver, o estado de disponibilidade REQUESTED é retornado; do contrário, o valor de retorno do estado é ADD_ON_NOT_ENABLED. O método `newProductWith()` invoca o construtor do `Product`, assim, vamos analisar agora o construtor:

```
package com.saasovation.agilepm.domain.model.product;
...
public class Product extends ConcurrencySafeEntity  {
    ...
    public Product(
            TenantId aTenantId,
            ProductId aProductId,
            ProductOwnerId aProductOwnerId,
            String aName,
            String aDescription,
            DiscussionAvailability aDiscussionAvailability) {

        this();

        this.setTenantId(aTenantId);
        this.setProductId(aProductId);
        this.setProductOwnerId(aProductOwnerId);
        this.setName(aName);
        this.setDescription(aDescription);

        this.setDiscussion(
                ProductDiscussion.fromAvailability(
                        aDiscussionAvailability));
```

```
    DomainEventPublisher
        .instance()
        .publish(new ProductCreated(
            this.tenantId(),
            this.productId(),
            this.productOwnerId(),
            this.name(),
            this.description(),
            this.discussion().availability().isRequested()));
    }
    ...
}
```

Exige-se do cliente passar uma `DiscussionAvailability`, que pode transmitir um dos seguintes estados: `ADD_ON_NOT_ENABLED`, `NOT_REQUESTED`, ou `REQUESTED`. O estado `READY` é reservado como um estado de conclusão. Qualquer um dos primeiros dois estados resulta na criação de uma `ProductDiscussion` com o estado exato, o que significa que não haverá uma discussão associada, pelo menos não como resultado da construção. Dada uma solicitação com o terceiro estado, `REQUESTED`, a `ProductDiscussion` será criada com um estado `PENDING_SETUP`. Eis o método de Fábrica `ProductDiscussion` utilizado pelo construtor do `Product`:

```
package com.saasovation.agilepm.domain.model.product;
...
public final class ProductDiscussion implements Serializable {
    ...
    public static ProductDiscussion fromAvailability(
            DiscussionAvailability anAvailability) {

        if (anAvailability.isReady()) {
            throw new IllegalArgumentException(
                    "Cannot be created ready.");
        }

        DiscussionDescriptor descriptor =
                new DiscussionDescriptor(
                        DiscussionDescriptor.UNDEFINED_ID);

        return new ProductDiscussion(descriptor, anAvailability);
    }
    ...
}
```

Desde que a solicitação não seja para o estado `READY`, o que seria um problema, obtemos uma `ProductDiscussion` com um dos outros três estados e um descritor indefinido. Se o estado é `REQUESTED`, um processo de longa duração gerencia a criação da discussão colaborativa e sua iniciação subsequente com o `Product`. Como? Lembre-se de que a última coisa que o construtor do `Product` faz é publicar o Evento `ProductCreated`:

```
package com.saasovation.agilepm.domain.model.product;
    ...
    public Product(...) {
        ...
        DomainEventPublisher
            .instance()
            .publish(new ProductCreated(
                this.tenantId(),
                this.productId(),
                this.productOwnerId(),
                this.name(),
                this.description(),
                this.discussion().availability().isRequested())));
    }
    ...
}
```

Se o estado da disponibilidade da discussão for REQUESTED, o último parâme-tro para o construtor do Evento será verdadeiro, que é exatamente o que precisa-mos para iniciar o Processo de Longa Duração.

Pense novamente nos **Eventos de Domínio (8)**; cada instância única de Evento, incluindo aquelas do tipo `ProductCreated`, é anexada a um Armazenamento de Eventos para o Contexto Delimitado específico no qual o Evento ocorreu. Todos os Eventos recém-anexados são então encaminhados do Armazenamento de Eventos para as partes interessadas por meio de um mecanismo de mensa-gens. No caso da SaaSOvation, as equipes decidiram utilizar RabbitMQ para esse propósito. Precisamos criar um Processo de Longa Duração simples para gerenciar a criação da discussão e então anexá-la ao `Product`.

Antes de passar para os detalhes do processo de longa duração, vamos con-siderar mais uma forma possível como uma discussão é solicitada. E se no momento em que uma determinada instância do `Product` é criada pela primeira vez uma discussão não é solicitada ou o suplemento de colaboração só está ati-vado? Mais tarde, o proprietário do produto decide adicionar uma discussão, e o suplemento agora está disponível. O proprietário do produto pode agora usar este método de comando no `Product`:

```
package com.saasovation.agilepm.domain.model.product;
    ...
public class Product extends ConcurrencySafeEntity {
    ...
    public void requestDiscussion(
            DiscussionAvailability aDiscussionAvailability) {
```

```
    if (!this.discussion().availability().isReady()) {
        this.setDiscussion(
                ProductDiscussion.fromAvailability(
                        aDiscussionAvailability));

        DomainEventPublisher
            .instance()
            .publish(new ProductDiscussionRequested(
                this.tenantId(),
                this.productId(),
                this.productOwnerId(),
                this.name(),
                this.description(),
                this.discussion().availability().isRequested()));
    }
  }
  ...
}
```

O método requestDiscussion() recebe o parâmetro Discussion-Availability conhecido, porque o cliente deve provar para o Product que o suplemento de colaboração está ativado. Obviamente, o cliente poderia trapacear aqui e sempre passar REQUESTED, mas isso simplesmente resultaria em um erro irresolúvel se o suplemento não estivesse realmente disponível. Aqui, também, se o estado da disponibilidade da discussão for REQUESTED, o último parâmetro para o construtor de Eventos será verdadeiro, que é exatamente o que precisamos para iniciar o Processo de Longa Duração:

```
package com.saasovation.agilepm.domain.model.product;
...
public class ProductDiscussionRequested implements DomainEvent {
    ...
    public ProductDiscussionRequested(
            TenantId aTenantId,
            ProductId aProductId,
            ProductOwnerId aProductOwnerId,
            String aName,
            String aDescription,
            boolean isRequestingDiscussion) {
        ...
    }
    ...
}
```

Esse Evento tem exatamente as mesmas propriedades que ProductCreated, o que permitirá que os dois tipos de Evento sejam tratados pelo mesmo ouvinte.

Podemos perguntar se publicar esse Evento faz algum sentido caso o estado de disponibilidade não for REQUESTED. Faz sentido porque, se a solicitação pode ou não ser atendida, ela já foi feita, a menos que esteja atualmente no estado READY. É responsabilidade dos ouvintes determinar se algo deve ou não ser feito em resposta ao Evento. Talvez receber esse Evento com isRequestingDiscussion definido como false indique um problema, ou a configuração do suplemento esteja em andamento, mas ainda não foi concluída. Portanto, alguma intervenção pode ser necessária. Talvez o processo precise enviar um e-mail para o grupo de administrador, por exemplo.

As classes usadas para gerenciar o Processo de Longa Duração no lado do *Contexto de Gerenciamento Ágil de Projetos* são semelhantes às utilizadas para gerenciar a criação e manutenção dos Agregados ProductOwner e TeamMember (ver seção anterior). Cada um dos ouvintes apresentados aqui é conectado usando um Spring de modo que ele seja instanciado à medida que o Contexto da aplicação Spring é criado para esse Contexto Delimitado. O primeiro ouvinte se inscreve para receber dois tipos de notificações em AGILEPM_EXCHANGE_NAME, ProductCreated e ProductDiscussionRequested:

```
package com.saasovation.agilepm.infrastructure.messaging;
...
public class ProductDiscussionRequestedListener
        extends ExchangeListener {
    ...
    @Override
    protected String exchangeName() {
        return Exchanges.AGILEPM_EXCHANGE_NAME;
    }
    ...

    @Override
    protected String[] listensToEvents() {
        return new String[] {
                "com.saasovation.agilepm.domain.model↵
.product.ProductCreated",
                "com.saasovation.agilepm.domain.model↵
.product.ProductDiscussionRequested"
                };
    }
    ...
}
```

O COLLABORATION_EXCHANGE_NAME é o interesse do segundo ouvinte e especificamente para a notificação DiscussionStarted:

```
package com.saasovation.agilepm.infrastructure.messaging;
...
public class DiscussionStartedListener extends ExchangeListener {
    ...
```

```
    @Override
    protected String exchangeName() {
        return Exchanges.COLLABORATION_EXCHANGE_NAME;
    }
    ...
    @Override
    protected String[] listensToEvents() {
        return new String[] {
                "com.saasovation.collaboration.domain.model.↵
forum.DiscussionStarted"
            };
    }
    ...
}
```

Provavelmente você pode ver onde isso vai dar. Se `ProductCreated` ou `ProductDiscussionRequested` for recebido pelo primeiro ouvinte, ele enviará um comando para o *Contexto de Colaboração* a fim de que sejam criados um novo `Forum` e uma nova `Discussion` em nome do `Product`. Quando essa solicitação é atendida pelos componentes no *Contexto de Colaboração*, a `Notification DiscussionStarted` é publicada, e, depois de recebida, a identidade correspondente da discussão será iniciada no `Product`. Essa é a parte longa e curta do Processo de Longa Duração. Eis como o `filteredDispatch()` funciona no primeiro ouvinte:

```
package com.saasovation.agilepm.infrastructure.messaging;
...
public class ProductDiscussionRequestedListener
        extends ExchangeListener {
    private static final String COMMAND =
            "com.saasovation.collaboration.discussion.↵
CreateExclusiveDiscussion";
    ...
    @Override
    protected void filteredDispatch(
                String aType,
                String aTextMessage) {
        NotificationReader reader =
                new NotificationReader(aTextMessage);

        if (!reader.eventBooleanValue("requestingDiscussion")) {
            return;
        }

        Properties parameters = this.parametersFrom(reader);
        PropertiesSerializer serializer =
                PropertiesSerializer.instance();
        String serialization = serializer.serialize(parameters);
        String commandId = this.commandIdFrom(parameters);
```

```
this.messageProducer()
    .send(
        serialization,
        MessageParameters
            .durableTextParameters(
                COMMAND,
                commandId,
                new Date()))
    .close();
}
...
}
```

No caso dos tipos de Evento, `ProductCreated` ou `ProductDiscussion-Requested`, se o atributo `requestingDiscussion` é falso, ignoramos o Evento. Caso contrário, construímos um comando `CreateExclusiveDiscussion` a partir do estado do Evento e o enviamos para a troca de mensagens do *Contexto de Colaboração*.

Agora é um bom momento para fazer uma pausa e refletir sobre como esse processo é projetado. O *Contexto de Gerenciamento Ágil de Projetos* deve realmente configurar um ouvinte para um Evento publicado por um Agregado local? Em vez disso, seria melhor criar um ouvinte para o Evento `ProductCreated` no *Contexto de Colaboração*? Se fizéssemos isso, poderíamos simplesmente fazer com que o ouvinte no *Contexto de Colaboração* gerenciasse a criação do `Forum` e da `Discussion` exclusivas, e isso eliminaria um pouco do código do *Contexto de Gerenciamento Ágil de Projetos*. Determinar qual é a melhor abordagem requer avaliar alguns fatores.

Faz sentido que um Contexto Delimitado upstream ouça os Eventos publicados de um Contexto downstream? Ou, em uma **Arquitetura Orientada a Eventos (4)**, os sistemas estão upstream ou downstream entre si? Eles precisam ser moldados? Possivelmente o fator mais importante a considerar é se seria correto que um Evento `ProductCreated` fosse interpretado no *Contexto de Colaboração* como uma indicação de que um `Forum` e uma `Discussion` exclusivos devem ser criados. Na verdade, o `ProductCreated` tem algum significado para o *Contexto de Colaboração*? Quantos outros contextos podem mais tarde desejar suporte automático semelhante para esse recurso, dados seus próprios tipos únicos de Evento? É melhor colocar esse ônus para suportar alguns Eventos externos como comandos de criação no *Contexto de Colaboração*? Mas há outro fator a considerar, que exige gerenciar com mais cuidado o sucesso dos Processos de Longa Duração. Esse tema, discutido um pouco mais adiante, pode ajudar a decidir por que nós o abordamos dessa forma particular.

Agora, de volta ao exemplo... Depois de recebido no *Contexto de Colaboração*, o comando é adaptado para passar para o `ForumService`, que é um Serviço de Aplicação. Observe que essa API ainda não foi projetada para usar parâmetros de comando, mas em vez disso recebe parâmetros individuais de atributo:

```
package com.saasovation.collaboration.infrastructure.messaging;
...
public class ExclusiveDiscussionCreationListener
        extends ExchangeListener {

    @Autowired
    private ForumService forumService;
    ...
    @Override
    protected void filteredDispatch(
                String aType,
                String aTextMessage) {
        NotificationReader reader =
                new NotificationReader(aTextMessage);

        String tenantId = reader.eventStringValue("tenantId");
        String exclusiveOwnerId =
                reader.eventStringValue("exclusiveOwnerId");
        String forumSubject = reader.eventStringValue("forumTitle");
        String forumDescription =
                reader.eventStringValue("forumDescription");
        String discussionSubject =
                reader.eventStringValue("discussionSubject");
        String creatorId = reader.eventStringValue("creatorId");
        String moderatorId = reader.eventStringValue("moderatorId");

        forumService.startExclusiveForumWithDiscussion(
            tenantId,
            creatorId,
            moderatorId,
            forumSubject,
            forumDescription,
            discussionSubject,
            exclusiveOwnerId);
    }
    ...
}
```

Isso faz sentido, mas esse ExclusiveDiscussionCreationListener não deve enviar uma mensagem de resposta de volta ao *Contexto de Gerenciamento Ágil de Projetos*? Bem, não exatamente. Tanto os Agregados de Forum como de Discussion publicam um Evento em resposta à sua respectiva criação: ForumStarted e DiscussionStarted. Esse Contexto Delimitado publica todos seus Eventos de Domínio por meio da troca, definida por COLLABORATION_EXCHANGE_NAME. É por isso que o DiscussionStartedListener no *Contexto*

de Gerenciamento Ágil de Projetos recebe o Evento `DiscussionStarted`. E eis
o que ouvinte faz quando recebe o Evento:

```
package com.saasovation.agilepm.infrastructure.messaging;
...
public class DiscussionStartedListener extends ExchangeListener {

    @Autowired
    private ProductService productService;
    ...
    @Override
    protected void filteredDispatch(
                String aType,
                String aTextMessage) {
        NotificationReader reader =
                new NotificationReader(aTextMessage);

        String tenantId = reader.eventStringValue("tenant.id");
        String productId = reader.eventStringValue("exclusiveOwner");
        String discussionId =
                reader.eventStringValue("discussionId.id");

        productService.initiateDiscussion(
                new InitiateDiscussionCommand(
                    tenantId,
                    productId,
                    discussionId));
    }
    ...
}
```

Esse ouvinte adapta as propriedades dos Eventos da notificação recebida a fim
de passar como um comando para o Serviço de Aplicação `ProductService`.
Esse método de serviço `initiateDiscussion()` funciona assim:

```
package com.saasovation.agilepm.application;
...
public class ProductService ... {

    @Autowired
    private ProductRepository productRepository;
    ...
    @Transactional
    public void initiateDiscussion(
                InitiateDiscussionCommand aCommand) {
        Product product =
                productRepository
                    .productOfId(
                            new TenantId(aCommand.getTenantId()),
                            new ProductId(aCommand.getProductId()));
```

```
            if (product == null) {
                throw new IllegalStateException(
                        "Unknown product of tenant id: "
                        + aCommand.getTenantId()
                        + " and product id: "
                        + aCommand.getProductId());
            }

            product.initiateDiscussion(
                    new DiscussionDescriptor(
                            aCommand.getDiscussionId()));
        }
        ...
}
```

Por fim, o comportamento de `initiateDiscussion()` do Agregado do `Product` é executado:

```
package com.saasovation.agilepm.domain.model.product;
...
public class Product extends ConcurrencySafeEntity {
    ...
    public void initiateDiscussion(DiscussionDescriptor aDescriptor) {
        if (aDescriptor == null) {
            throw new IllegalArgumentException(
                    "The descriptor must not be null.");
        }

        if (this.discussion().availability().isRequested()) {
            this.setDiscussion(this.discussion()
                    .nowReady(aDescriptor));
            DomainEventPublisher
                .instance()
                .publish(new ProductDiscussionInitiated(
                        this.tenantId(),
                        this.productId(),
                        this.discussion()));
        }
    }
    ...
}
```

Se a propriedade da `discussion` do `Product` ainda estiver no estado REQUESTED, ela passará para o estado READY com o `DiscussionDescriptor`, que contém uma referência de identidade à `Discussion` exclusiva no *Contexto de Colaboração*. A solicitação de um `Forum` e uma `Discussion` a ser criada e associada ao `Product` acabou de tornar-se consistente, embora isso tenha sido uma eventualidade.

Entretanto, se a `discussion` está no estado `READY` no momento da invocação do comando, ela não mais passa pela transição. Isso é um erro? Não.

É uma forma de garantir que `initiateDiscussion()` é uma operação idempotente. Foi necessário supor que se o estado atualmente é `READY`, o Processo de Longa Duração está concluído. Talvez qualquer invocação de comando subsequente ocorra por causa da reentrega da notificação, já que a equipe optou por utilizar um mecanismo de mensagens que envia mensagens pelo menos uma vez. Seja qual for o caso, não precisamos nos preocupar porque a operação idempotente permite que quaisquer influências infraestruturais e arquitetônicas sejam inofensivamente ignoradas quando devem ser. Além disso, nesse caso específico, não precisamos projetar com um `ProductChangeTracker`, como fizemos para as subclasses `Member` e seu `MemberChangeTracker`. O simples fato de que a `discussion` é `READY` informa tudo o que precisamos saber.

Mas pode haver um problema com essa abordagem geral. O que acontece se o Processo de Longa Duração passar por algum tipo de problema devido ao mecanismo de mensagens? Como podemos assegurar que o processo é executado completamente até o final? Bem, provavelmente é hora de o adolescente crescer um pouco.

Máquinas de Estado de Processo e Monitores de Tempo Limite

Podemos tornar esse processo mais maduro adicionando um conceito semelhante ao descrito em **Processos de Longa Duração (4)**. Os desenvolvedores da SaaSOvation criaram um conceito reutilizável chamado `TimeConstrained-ProcessTracker`. Um monitor observa os processos cujo tempo alocado para a conclusão expirou, e aqueles que podem ser repetidos várias vezes antes de expirar. O projeto do monitor permite novas tentativas em intervalos fixos se desejado e pode com o tempo expirar completamente depois que não há nenhuma nova tentativa, ou após um determinado número de novas tentativas.

Para esclarecer, o monitor não faz parte do Domínio Básico. Ele faz parte de um subdomínio técnico que qualquer projeto da SaaSOvation pode reutilizar. Isso significa que, em alguns casos, não nos preocupamos excessivamente com as regras dos Agregados ao persistir monitores e mais tarde provocar sua modificação. Monitores permanecem relativamente isolados e não tendem a enfrentar conflitos de concorrência, uma vez que existe uma relação de um para um com o processo associado. Mas, se houver conflitos, podemos contar com novas tentativas de entrega de mensagem para ajudar nossa causa. Qualquer exceção no contexto de uma entrega de notificação fará com que o ouvinte receba uma mensagem `NAK`, que por sua vez fará com que o RabbitMQ reentregue. Mas não prevemos a necessidade de um grande número de novas tentativas.

É o `Product` que contém o estado atual do processo, e nesse contexto, um monitor publicará o Evento seguinte quando um intervalo de repetição é alcançado, ou quando o processo observado expira completamente:

```
package com.saasovation.agilepm.domain.model.product;

import com.saasovation.common.domain.model.process.ProcessId;
import com.saasovation.common.domain.model.process.ProcessTimedOut;

public class ProductDiscussionRequestTimedOut extends ProcessTimedOut {

    public ProductDiscussionRequestTimedOut(
            String aTenantId,
            ProcessId aProcessId,
            int aTotalRetriesPermitted,
            int aRetryCount) {

        super(aTenantId, aProcessId,
                aTotalRetriesPermitted, aRetryCount);
    }
}
```

Eventos que dividem `ProcessTimedOut` e uma subclasse são usados pelo monitor quando intervalos de repetição ou tempos limite completos foram alcançados. Os ouvintes de Evento podem usar o método de Evento `hasFully-TimedOut()` para determinar se o Evento significa um tempo limite total ou é apenas uma nova tentativa. Se novas tentativas são permitidas, supondo que os ouvintes utilizaram a classe `ProcessTimedOut`, eles podem solicitar ao Evento indicadores e valores como `allowsRetries()`, `retryCount()`, `totalRetries-Permitted()` e `totalRetriesReached()`.

Munido da capacidade de receber notificações sobre novas tentativas e tempos limite, podemos fazer o `Product` participar de um processo melhor. Primeiro, temos de iniciar o processo, e fazemos isso a partir de nosso `Product-DiscussionRequestedListener` existente:

```
package com.saasovation.agilepm.infrastructure.messaging;
...
public class ProductDiscussionRequestedListener
        extends ExchangeListener {
    @Override
    protected void filteredDispatch(
            String aType,
            String aTextMessage) {
        NotificationReader reader =
            new NotificationReader(aTextMessage);

        if (!reader.eventBooleanValue("requestingDiscussion")) {
            return;
        }

        String tenantId = reader.eventStringValue("tenantId.id");
        String productId = reader.eventStringValue("product.id");
```

```
        productService.startDiscussionInitiation(
                new StartDiscussionInitiationCommand(
                        tenantId,
                        productId));

        // envia comando para o Contexto de Colaboração
        ...
    }
    ...
}
```

O `ProductService` cria o monitor e o persiste, e ele associa o processo com o dado `Product`:

```
package com.saasovation.agilepm.application;
...
public class ProductService ... {
    ...
    @Transactional
    public void startDiscussionInitiation(
            StartDiscussionInitiationCommand aCommand) {

        Product product =
                productRepository
                    .productOfId(
                        new TenantId(aCommand.getTenantId()),
                        new ProductId(aCommand.getProductId()));

        if (product == null) {
            throw new IllegalStateException(
                "Unknown product of tenant id: "
                + aCommand.getTenantId()
                + " and product id: "
                + aCommand.getProductId());
        }

        String timedOutEventName =
                ProductDiscussionRequestTimedOut.class.getName();

        TimeConstrainedProcessTracker tracker =
                new TimeConstrainedProcessTracker(
                        product.tenantId().id(),
                        ProcessId.newProcessId(),
                        "Create discussion for product: "
                            + product.name(),
                        new Date(),
                        5L * 60L * 1000L, // tenta de novo a cada 5 min
                        3, // 3 novas tentativas no total
                        timedOutEventName);

        processTrackerRepository.add(tracker);
```

```
        product.setDiscussionInitiationId(
            tracker.processId().id());
    }
    ...
}
```

O `TimeConstrainedProcessTracker` é instanciado para repetir três vezes a cada cinco minutos, se necessário. Na verdade, normalmente não podemos codificar diretamente esses valores, mas isso permite ver claramente como o monitor é criado.

> **Você Detectou um Possível Problema Aqui?**
>
> A especificação de repetição que usamos pode gerar problemas se não formos cuidadosos, mas vamos deixar o projeto como está por enquanto e agir como se achássemos que está tudo bem.

É essa abordagem de criar um monitor em nome do `Product` que pode melhor abordar a razão por que lidamos com o Evento `ProductCreated` localmente, em vez de interpretá-lo no *Contexto de Colaboração*. Isso dá ao nosso próprio sistema a oportunidade de configurar o gerenciamento do processo e dissociar o Evento `ProductCreated` do comando no *Contexto de Colaboração*, isto é, `CreateExclusiveDiscussion`.

Um timer em segundo plano será regularmente disparado para verificar os lapsos de tempo do processo. O timer será delegado ao método `checkForTimedOutProcesses()` no `ProcessService`:

```
package com.saasovation.agilepm.application;
...
public class ProcessService ... {
    ...
    @Transactional
    public void checkForTimedOutProcesses() {
        Collection<TimeConstrainedProcessTracker> trackers =
            processTrackerRepository.allTimedOut();

        for (TimeConstrainedProcessTracker tracker : trackers) {
            tracker.informProcessTimedOut();
        }
    }
    ...
}
```

É o método `informProcessTimedOut()` do monitor que confirma a necessidade de repetir ou expirar um processo e, se confirmado, publica a subclasse do Evento `ProcessTimedOut`.

A seguir, precisamos adicionar um novo ouvinte para lidar com novas tentativas e tempos limite. Até três tentativas podem ocorrer a cada cinco minutos, conforme necessário. É o `ProductDiscussionRetryListener`:

```
package com.saasovation.agilepm.infrastructure.messaging;
...
public class ProductDiscussionRetryListener extends ExchangeListener {

    @Autowired
    private ProcessService processService;
    ...
    @Override
    protected String exchangeName() {
        return Exchanges.AGILEPM_EXCHANGE_NAME;
    }

    @Override
    protected void filteredDispatch(
                String aType,
                String aTextMessage) {
        Notification notification =
            NotificationSerializer
                .instance()
                .deserialize(aTextMessage, Notification.class);

        ProductDiscussionRequestTimedOut event =
                notification.event();

        if (event.hasFullyTimedOut()) {
            productService.timeOutProductDiscussionRequest(
                    new TimeOutProductDiscussionRequestCommand(
                            event.tenantId(),
                            event.processId().id(),
                            event.occurredOn())));
        } else {
            productService.retryProductDiscussionRequest(
                    new RetryProductDiscussionRequestCommand(
                            event.tenantId(),
                            event.processId().id()));
        }
    }

    @Override
    protected String[] listensToEvents() {
        return new String[] {
                "com.saasovation.agilepm.process.↵
ProductDiscussionRequestTimedOut"
                };
    }
}
```

Esse ouvinte está interessado apenas nos Eventos ProductDiscussionRequest-TimedOut e é projetado para funcionar com quaisquer permutações de novas tentativas e tempos limite. É o processo e o monitor que determinam quantas vezes ele pode ser notificado. Os Eventos serão enviados sob uma de duas condições possíveis. O processo pode ter expirado completamente, ou pode ser uma notificação para repetir a operação. Em ambos os casos, o ouvinte é enviado para o novo `ProductService`. Se um tempo limite completo ocorreu, o Serviço de Aplicação lida com a situação:

```
package com.saasovation.agilepm.application;
...
public class ProductService ... {
    ...
    @Transactional
    public void timeOutProductDiscussionRequest(
            TimeOutProductDiscussionRequestCommand aCommand) {

        ProcessId processId =
                ProcessId.existingProcessId(
                        aCommand.getProcessId());

        TenantId tenantId = new TenantId(aCommand.getTenantId());

        Product product =
                productRepository
                    .productOfDiscussionInitiationId(
                            tenantId,
                            processId.id());

        this.sendEmailForTimedOutProcess(product);

        product.failDiscussionInitiation();
    }
    ...
}
```

Primeiro um e-mail é enviado para o proprietário do produto indicando que a configuração da discussão falhou, e então o `Product` é marcado com uma falha de inicialização de discussão. Como pode ser visto a partir do novo método `failDiscussionInitiation()` de `Product`, precisamos declarar um estado `FAILED` adicional como `DiscussionAvailability`. O método `failDiscussionInitiation()` lida com a compensação simples necessária para manter o `Product` em um estado sadio:

```
package com.saasovation.agilepm.domain.model.product;
...
public class Product extends ConcurrencySafeEntity {
    ...
    public void failDiscussionInitiation() {
        if (!this.discussion().availability().isReady()) {
            this.setDiscussionInitiationId(null);
            this.setDiscussion(
```

```
ProductDiscussion
    .fromAvailability(
        DiscussionAvailability.FAILED)));
    }
  }
  ...
}
```

O que pode estar faltando aqui é um novo Evento `DiscussionRequestFailed` que é publicado por `failDiscussionInitiation()`. A equipe terá de considerar as possíveis vantagens de fazer isso. Na verdade, pode ser que os e-mails enviados para os proprietários de produto e outros recursos administrativos sejam mais bem tratados como resultado apenas desse Evento. Afinal de contas, o que aconteceria se o método `timeOutProductDiscussionRequest()` de `ProductService` encontrasse problemas ao enviar o e-mail? As coisas poderiam ficar entediantes. (Aha!) A equipe observou e voltará a abordar isso mais tarde.

Por outro lado, se o Evento indicar que uma nova tentativa deve ser empreendida, o ouvinte é delegado à seguinte operação no `ProductService`:

```
package com.saasovation.agilepm.application;
...
public class ProductService ... {
    ...
    @Transactional
    public void retryProductDiscussionRequest(
            RetryProductDiscussionRequestCommand aCommand) {

        ProcessId processId =
                ProcessId.existingProcessId(
                    aCommand.getProcessId());

        TenantId tenantId = new TenantId(aCommand.getTenantId());

        Product product =
                productRepository
                    .productOfDiscussionInitiationId(
                        tenantId,
                        processId.id());

        if (product == null) {
            throw new IllegalStateException(
                "Unknown product of tenant id: "
                + aCommand.getTenantId()
                + " and discussion initiation id: "
                + processId.id());
        }
```

```
        this.requestProductDiscussion(
            new RequestProductDiscussionCommand(
                aCommand.getTenantId(),
                product.productId().id())));
    }
    ...
}
```

O `Product` é recuperado do Repositório por meio do `ProcessId` associado, que é definido no atributo `discussionInitiationId` do `Product`. Depois que o `Product` é obtido, ele é usado pelo `ProductService` (autodelegação) para solicitar a discussão novamente.

Por fim, obtemos o resultado desejado. Quando a `Discussion` é iniciada de uma maneira bem-sucedida, o *Contexto de Colaboração* publica o Evento `DiscussionStarted`. Logo depois disso, nosso `DiscussionStartedListener` no *Contexto de Gerenciamento Ágil de Projetos* recebe a notificação e a envia para o `ProductService`, como fez anteriormente. Desta vez, porém, há um novo comportamento:

```
package com.saasovation.agilepm.application;
...
public class ProductService ... {
    ...
    @Transactional
    public void initiateDiscussion(
            InitiateDiscussionCommand aCommand) {
        Product product =
            productRepository
                .productOfId(
                    new TenantId(aCommand.getTenantId()),
                    new ProductId(aCommand.getProductId()));

        if (product == null) {
            throw new IllegalStateException(
                "Unknown product of tenant id: "
                + aCommand.getTenantId()
                + " and product id: "
                + aCommand.getProductId());
        }

        product.initiateDiscussion(
            new DiscussionDescriptor(
                aCommand.getDiscussionId()));

        TimeConstrainedProcessTracker tracker =
            this.processTrackerRepository.trackerOfProcessId(
                ProcessId.existingProcessId(
                    product.discussionInitiationId())));
```

```
      tracker.completed();
   }
   ...
}
```

O `ProductService` agora fornece o comportamento final para o processo, informando ao monitor que ele está concluído com `completed()`. Desse ponto em diante, o monitor não mais será selecionado como um notificador de nova tentativa ou tempo limite. O processo está concluído.

Embora provavelmente estejamos satisfeitos com os resultados, pode haver algum problema com esse projeto. Da maneira como as coisas estão, as solicitações de novas tentativas para criar uma discussão no `Product` pode levar a alguns problemas se deixarmos o projeto do *Contexto de Colaboração* como está. O problema básico é que as operações no *Contexto de Colaboração* atualmente não são idempotentes. Eis uma análise de uma falha menor de projeto e o que deve ser feito sobre ela:

- Depois de garantida, pelo menos uma vez, a entrega de mensagens está em uso. Logo que uma mensagem é enviada para a troca, é certo que alcançará os ouvintes em uma questão de tempo. Se houver algum atraso ao criar novos objetos de colaboração e se ele até mesmo provocar uma nova tentativa, a nova tentativa irá gerar múltiplos envios do mesmo comando `CreateExclusiveDiscussion`. Todos esses comandos acabarão sendo entregues em algum momento. Assim, quaisquer novas tentativas farão com que o *Contexto de Colaboração* tente criar o mesmo `Forum` e `Discussion` várias vezes. Na verdade, o resultado não serão duplicatas, uma vez que as restrições de unicidade já estão impostas nas propriedades de `Forum` e `Discussion`. Assim, os múltiplos erros de tentativa de criação acabarão sendo benignos. Mas, a partir da perspectiva dos logs de erro, as tentativas fracassadas parecerão ser causadas por bugs. A questão é: apesar de querermos estipular um tempo limite completo para o processo, as novas tentativas periódicas devem ser desativadas?

- Embora possa parecer que a solução seja desativar as novas tentativas no *Contexto de Gerenciamento Ágil de Projetos,* o ponto principal é que precisamos tornar as operações no *Contexto de Colaboração* idempotentes. Lembre-se de que o RabbitMQ garante a *entrega pelo menos uma vez* e, portanto, pode fornecer as mesmas mensagens de comando várias vezes, mesmo se for enviado uma única vez. Tornar as operações de colaboração idempotentes impedirá qualquer tentativa de criar o mesmo `Forum` e `Discussion` várias vezes e reduzirá o registro em log das falhas benignas.

- É possível que o *Contexto de Gerenciamento Ágil de Projetos* falhe ao tentar enviar o comando `CreateExclusiveDiscussion`. Se houver um problema com o envio da mensagem, devemos tomar cuidado para assegurar que um reenvio é tentado até ser bem-sucedido. Caso contrário, a solicitação para criar Forum e Discussion nunca será feita. Podemos assegurar tentativas de reenvio de comando de algumas maneiras. Se a mensagem de envio falhar, podemos lançar uma exceção a partir de filteredDispatch(), o que irá gerar uma mensagem NAK. Como resultado, o RabbitMQ vai considerar necessário reentregar a notificação do Evento ProductCreated ou ProductDiscussionRequested, e nosso ProductDiscussionRequested-Listener irá recebê-la novamente. A outra maneira de lidar com isso é simplesmente repetir o envio até ele ser bem-sucedido, talvez usando um Capped Exponential Back-off (desistência com espera exponencial e tempo limite). No caso de um RabbitMQ offline, novas tentativas podem falhar por um bom tempo. Assim, usar uma combinação de NAKs de mensagem e novas tentativas pode ser a melhor abordagem. Mas se nosso processo for repetido três vezes a cada cinco minutos, isso é tudo do que precisamos. Afinal de contas, um limite de tempo de processo completo resulta em um e-mail que exige intervenção humana.

No final, se o ExclusiveDiscussionCreationListener do *Contexto de Colaboração* pode ser delegado a uma operação idempotente do Serviço de Aplicação, isso resolve muitos de nossos problemas:

```
package com.saasovation.collaboration.application;
...
public class ForumService ... {
    ...
    @Transactional
    public Discussion startExclusiveForumWithDiscussion(
            String aTenantId,
            String aCreatorId,
            String aModeratorId,
            String aForumSubject,
            String aForumDescription,
            String aDiscussionSubject,
            String anExclusiveOwner) {

        Tenant tenant = new Tenant(aTenantId);

        Forum forum =
                forumRepository
                    .exclusiveForumOfOwner(
                        tenant,
                        anExclusiveOwner);

        if (forum == null) {
            forum = this.startForum(
                tenant,
                aCreatorId,
                aModeratorId,
                aForumSubject,
```

```
            aForumDescription,
            anExclusiveOwner);
    }

    Discussion discussion =
            discussionRepository
                .exclusiveDiscussionOfOwner(
                    tenant,
                    anExclusiveOwner);

    if (discussion == null) {
        Author author =
                collaboratorService
                    .authorFrom(
                        tenant,
                        aModeratorId);

        discussion =
                forum.startDiscussion(
                    forumNavigationService,
                    author,
                    aDiscussionSubject);

        discussionRepository.add(discussion);
    }

    return discussion;
}
    ...
}
```

Tentando localizar `Forum` e `Discussion` a partir do atributo de proprietário exclusivo, podemos evitar a tentativa de criar duas instâncias de Agregado que já poderiam existir. Uau, apenas algumas linhas de código tornam nosso processamento Orientado a Eventos muito melhor!

Projetando um Processo Mais Sofisticado

Mas podemos desejar projetar um processo mais sofisticado. Nos casos em que são necessários vários passos de conclusão, é melhor utilizar uma máquina de estado mais elaborada. Para lidar com essas necessidades, eis a definição de uma interface do `Process`:

```
package com.saasovation.common.domain.model.process;

import java.util.Date;

public interface Process {
```

```
public enum ProcessCompletionType {
    NotCompleted,
    CompletedNormally,
    TimedOut
}

public long allowableDuration();
public boolean canTimeout();
public long currentDuration();
public String description();
public boolean didProcessingComplete();
public void informTimeout(Date aTimedOutDate);
public boolean isCompleted();
public boolean isTimedOut();
public boolean notCompleted();
public ProcessCompletionType processCompletionType();
public ProcessId processId();
public Date startTime();
public TimeConstrainedProcessTracker
        timeConstrainedProcessTracker();
public Date timedOutDate();
public long totalAllowableDuration();
public int totalRetriesPermitted();
}
```

A seguir estão algumas das operações mais significativas disponíveis com um processo:

- `allowableDuration()`: Se o `Process` pode expirar, responde à duração total ou à duração entre as novas tentativas.

- `canTimeout()`: Se o `Process` pode expirar, o método responde `true`.

- `timeConstrainedProcessTracker()`: Se o `process` pode expirar, responde a um novo `TimeConstrainedProcessTracker` único.

- `totalAllowableDuration()`: Responde à duração total permissível do `Process`. Se novas tentativas não são permitidas, a resposta é `allowableDuration()`. Se novas tentativas são permitidas, a resposta é `allowableDuration()` multiplicado por `totalRetriesPermitted()`.

- `totalRetriesPermitted()`: Se o `Process` permite tempos limite e novas tentativas, esse método responde ao número total de tentativas que pode ser empreendido.

Podemos observar nos implementadores do `Process` os tempos limite e novas tentativas sob o controle do agora familiar `TimeConstrainedProcessTracker`.

Depois de criar nosso processo, podemos solicitar um monitor único. Esse teste mostra como os dois objetos funcionam em conjunto, que é quase a mesma maneira como o `Product` funcionou com o monitor:

```
Process process =
    new TestableTimeConstrainedProcess(
            TENANT_ID,
            ProcessId.newProcessId(),
            "Testable Time Constrained Process",
            5000L);

TimeConstrainedProcessTracker tracker =
    process.timeConstrainedProcessTracker();

process.confirm1();

assertFalse(process.isCompleted());
assertFalse(process.didProcessingComplete());
assertEquals(process.processCompletionType(),
        ProcessCompletionType.NotCompleted);

process.confirm2();

assertTrue(process.isCompleted());
assertTrue(process.didProcessingComplete());
assertEquals(process.processCompletionType(),
        ProcessCompletionType.CompletedNormally);
assertNull(process.timedOutDate());

tracker.informProcessTimedOut();

assertFalse(process.isTimedOut());
```

O `Process` criado por esse teste deve ser concluído (sem novas tentativas) em cinco segundos (5000L milissegundos), o que sempre acontecerá. O `Process` será marcado como concluído, com o processamento totalmente pronto apenas depois que `confirm1()` e `confirm2()` foram chamados. Internamente, o `Process` sabe que os dois estados devem ser confirmados:

```
public class TestableTimeConstrainedProcess extends AbstractProcess {
    ...
    public void confirm1() {
        this.confirm1 = true;
        this.completeProcess(ProcessCompletionType.CompletedNormally);
    }

    public void confirm2() {
        this.confirm2 = true;
```

```
        this.completeProcess(ProcessCompletionType.CompletedNormally);
    }
    ...
    protected boolean completenessVerified() {
        return this.confirm1 && this.confirm2;
    }

    protected void completeProcess(
            ProcessCompletionType aProcessCompletionType) {

        if (!this.isCompleted() && this.completenessVerified()) {
            this.setProcessCompletionType(aProcessCompletionType);
        }
    }
    ...
}
```

Mesmo quando esse `Process` autoinvoca `completeProcess()`, o `Process` só pode ser marcado como concluído depois que `completenessVerified()` responde `true`. Esse método só responderá `true` quando tanto `confirm1` como `confirm2` foram definidos como `true`. Em outras palavras, as operações `confirm1()` e `confirm2()` devem ter sido executadas. Assim, o método `completenessVerified()` permite que múltiplos passos de processamento sejam confirmados como concluídos antes de todo o `Process` ser considerado pronto, e cada tipo especializado de `Process` pode ter sua própria definição de `completenessVerified()`.

Mas o que acontecerá quando o passo final desse teste for executado?

```
...

tracker.informProcessTimedOut();

assertFalse(process.isTimedOut());
```

A partir de seu estado interno, o monitor sabe que o `Process` não expirou. Assim, a afirmação na próxima linha do código sempre será falsa. (Obviamente, presume-se que todo o teste estará concluído em menos de cinco segundos, e acredita-se fortemente que ele sempre estará sob condições normais de teste).

Uma classe básica `AbstractProcess` implementa o `Process`, servindo como um Adaptador, e fornece uma maneira muito fácil de desenvolver um processo de longa duração mais sofisticado. Como `AbstractProcess` estende a classe básica `Entity`, é fácil projetar um Agregado como um `Process`. Por exemplo, podemos tornar a subclasse `Product` um `AbstractProcess`, embora ela não precise desse nível de sofisticação. Mas podemos imaginar como alavancar essa abordagem para acomodar um processo mais complexo e exigir que o método `completenessVerified()` determine se todos os passos necessários foram ou não concluídos.

Quando o Mecanismo de Mensagens ou o Sistema Não Está Disponível

Nenhuma abordagem ao desenvolvimento de sistemas complexos de software é uma panaceia. Sempre há vantagens e desvantagens em qualquer abordagem, algumas das quais já discutimos. Um problema com um sistema de mensagens é que ele pode tornar-se temporariamente indisponível. Isso pode ser uma situação pouco frequente, mas, quando acontece, há algumas coisas a ter em mente.

Quando um mecanismo de mensagens está offline por algum tempo, os publicadores de notificação não serão capazes de enviar mensagens por meio dele. Como essa situação pode ser detectada pelo cliente que publica, é provável que seja melhor esperar para fazer novas tentativas de envio das notificações até que o sistema de mensagens esteja novamente disponível. Isso ficará evidente quando qualquer envio for bem-sucedido. Mas, até esse momento, certifique-se de que as tentativas de envio ocorrem com menos frequência do que quando tudo está funcionando bem. Pode fazer sentido esperar até 30 segundos ou 1 minuto entre novas tentativas. Lembre-se de que, se o sistema tiver um Armazenamento de Eventos, seus Eventos continuarão a ser enfileirados no sistema ao vivo e podem ser enviados assim que o sistema de mensagens está disponível novamente.

Certamente, os ouvintes não receberão novas notificações portadoras de Eventos se a infraestrutura de mensagens tornar-se temporariamente indisponível. Quando o mecanismo de mensagens está novamente disponível, os ouvintes do cliente serão automaticamente reativados, ou será necessário inscrever-se novamente no mecanismo do lado do cliente consumidor? Se a recuperação automática dos consumidores não é suportada, você precisa certificar-se de que seus consumidores sejam registrados novamente. Caso contrário, você acabará fazendo uma descoberta indesejada de que seu Contexto Delimitado não recebe as notificações que são necessárias para que ele continue interagindo com os Contextos Delimitados dos quais ele depende. É recomendável evitar esse tipo de consistência futura.

Nem sempre é o mecanismo de mensagens que é a origem dos problemas baseados em mensagens. Considere a seguinte situação. Seu Contexto Delimitado torna-se indisponível por um período de tempo prolongado. Quando ele se torna novamente disponível, as trocas/filas duráveis de mensagens que ele assina já coletaram uma grande quantidade de mensagens não entregues. Depois que seu Contexto Delimitado é reinicializado e inscreve os consumidores, talvez demore bastante para receber e processar todas as notificações disponíveis. Talvez não haja muita coisa que você possa fazer sobre essa situação além de buscar obstinadamente os objetivos de tempo de inatividade limitado, desenvolver um esquema de implementação "dinâmico" e projetar com nós redundantes (um cluster) de modo que a perda de um nó não torne o sistema indisponível. Mas pode haver momentos em que não é possível evitar algum tempo de inatividade. Por exemplo, se as alterações no código de sua aplicação exigem mudanças no banco de dados e você não pode corrigir as alterações sem causar problemas, o sistema precisará de algum tempo de inatividade. Nesses casos, o processamento do consumo das mensagens talvez simplesmente tenha de correr atrás do prejuízo. Claramente é uma situação da qual temos de estar conscientes e planejar para evitar ou tratar se ela tornar-se um problema.

Resumo

Neste capítulo examinamos várias maneiras de integrar com sucesso múltiplos Contextos Delimitados.

- Revisamos a mentalidade básica necessária para ser bem-sucedido com a integração em um ambiente de computação distribuído.

- Consideramos como podemos integrar múltiplos contextos por meio de recursos RESTful.

- Você precisa ver vários exemplos da integração com mecanismos de mensagens, incluindo como desenvolver e gerenciar Processos de Longa Duração, do simples ao complexo.

- Você aprendeu os desafios enfrentados ao decidir duplicar informações ao longo de Contextos Delimitados, e como gerenciar e também evitar essa duplicação.

- Você se beneficiou do uso de exemplos simples, e então progrediu para aqueles mais complexos que empregavam um projeto cada vez mais maduro.

Agora que vimos como integrar múltiplos Contextos Delimitados, vamos focalizar novamente o Contexto Delimitado único e como projetar as partes da aplicação que envolvem o modelo de domínio.

Capítulo 14

Aplicação

Um programa só é bom se for útil.
—*Linus Torvalds*

Um modelo de domínio muitas vezes está no cerne de uma *aplicação*. A aplicação pode ter uma interface do usuário que apresenta os conceitos do modelo de domínio e permite ao usuário executar várias ações no modelo. A interface do usuário fará uso dos serviços de nível de aplicação que coordenam as tarefas de casos de uso, gerencia transações e declara as autorizações de segurança necessárias. Além disso, a interface do usuário, os **Serviços de Aplicação** e o modelo de domínio contarão com o suporte infraestrutural específico da plataforma da empresa. Os detalhes infraestruturais da implementação geralmente incluem os recursos de um contêiner de componentes, gerenciamento de aplicações, sistema de mensagens e banco de dados.

Roteiro do Capítulo

- Entenda as várias maneiras de fornecer dados do modelo de domínio que são exibidos pela interface com usuário.
- Veja como Serviços de Aplicação são implementados e os tipos de operação que eles executam.
- Estude maneiras de separar a saída dos Serviços de Aplicação e os diferentes tipos de cliente.
- Considere por que você precisaria compor múltiplos modelos na interface do usuário e como isso é feito.
- Aprenda maneiras de usar a infraestrutura para fornecer implementações técnicas da aplicação.

Às vezes trabalhamos nos modelos existentes para suportar aplicações. Isso é verdade para o *Contexto de Identidade e Acesso*. A SaaSOvation percebeu a necessidade de dividir as preocupações do gerenciamento de identidade e acesso e formar um modelo de suporte que também servirá, ele próprio, como um produto baseado em assinatura. Mesmo no caso do IdOvation, ele precisará ter seu próprio autosserviço e sua própria interface administrativa com o usuário. É verdade que **Subdomínios Genéricos** e **de Suporte (2)** às vezes não conterão todos os componentes extras associados a uma aplicação completa, e isso é ok. Quando um modelo existe para suportar outro modelo, o modelo de suporte pode ser tão simples quanto um conjunto de classes em um **Módulo (9)** separado que aborda um conceito especializado e fornece alguns algoritmos.[1] Outros modelos exigirão pelo menos alguma experiência de usuário humano e componentes da aplicação. Este capítulo focaliza um subdomínio genérico mais complexo.

Aqui usamos o termo *aplicação* de uma maneira relativamente intercambiável com *sistema* e *serviços de negócio*. Não tentarei analisar formalmente em que ponto uma aplicação torna-se um sistema, mas diria que, quando uma aplicação depende de outras aplicações ou serviços por meio de integração, toda a solução pode ser chamada de sistema. Às vezes os termos *aplicação* e *sistema* são utilizados alternadamente para designar uma coisa única e igual, em que *sistema* realmente descreve o que normalmente chamaríamos de aplicação. E um serviço de negócio único que fornece alguns ou muitos *endpoints* de serviço técnico também pode ser chamado de sistema em um sentido geral. Embora eu não queira causar confusão sobre o que faz esses três conceitos serem distintos, quero usar um único termo que permite discutir as preocupações e responsabilidades que são comuns a todos os três.

O Que É Uma Aplicação?

Para resumir, utilizo o termo *aplicação* para designar o melhor conjunto de componentes que são montados para interagir e suportar um modelo de **Domínio Básico(2)**. Isso geralmente significa o modelo do domínio em si, uma interface do usuário, Serviços de Aplicação utilizados internamente e componentes infraestruturais. O que se encaixa exatamente em cada um desses compartimentos irá variar entre uma aplicação e outra e dependerá das **Arquiteturas(4)** específicas em uso.

Quando uma aplicação abre seus serviços programaticamente, a interface do usuário é mais ampla e inclui uma espécie de interface de programação de aplicação (API). Há diferentes maneiras de abrir os serviços, mas a interface não é para consumo humano. Esse tipo de interface do usuário é discutido em **Integrando Contextos Delimitados (13)**. Neste capítulo abrangemos os aspectos das interfaces do usuário humano que tipicamente contêm uma variedade gráfica.

Para esse tema, tento não me inclinar para uma Arquitetura específica. Reflito esse afastamento no esquema de aparência estranha da Figura 14.1, que propositadamente não segue nenhuma arquitetura típica. As linhas tracejadas com setas claras retratam a implementação por UML, que é um reflexo do **Princípio da Inversão de Dependência (4)**, ou DIP. As linhas sólidas com setas abertas indicam a operação de despacho. Por exemplo, a infraestrutura implementa abstrações de interface a partir da interface do usuário, os Serviços de Aplicação e o modelo de domínio. Ela também despacha operações para os Serviços de Aplicação, o modelo de domínio e o armazenamento de dados.

---

1. Para um exemplo de um subdomínio genérico que é um modelo autônomo, ver "Time and Money Code Library", de Eric Evans: http://timeandmoney.sourceforge.net/ (em inglês).

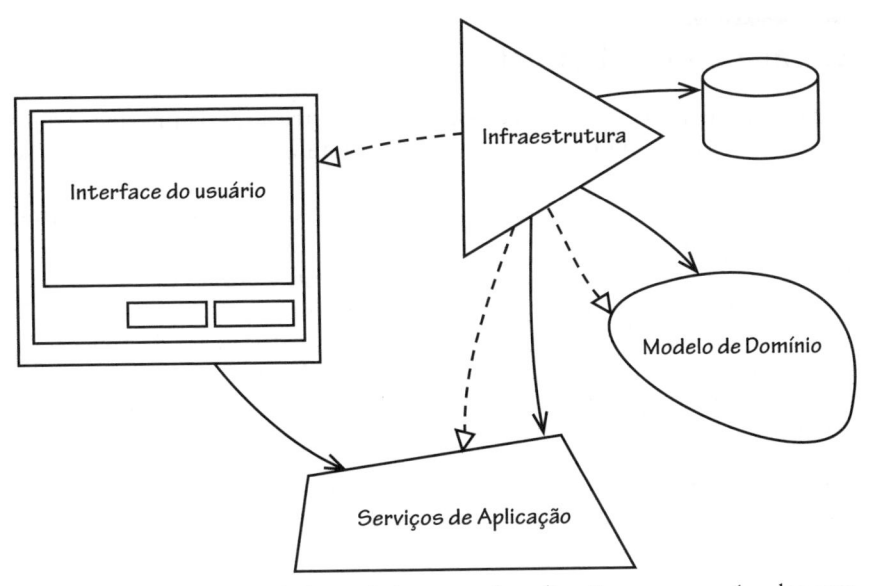

Figura 14.1   As principais áreas de interesse da aplicação, mas sem vínculos com qualquer arquitetura. Essas áreas ainda enfatizam a Princípio da Inversão de Dependência com a infraestrutura dependendo de abstrações de todas as outras áreas.

Embora seja impossível evitar alguma sobreposição com alguns estilos arquitetônicos, nosso interesse neste capítulo é relativo a o que qualquer arquitetura precisaria fazer para sustentar os objetivos da aplicação. Quando uma arquitetura específica entra em cena, faço um reconhecimento disso.

É difícil não usar o termo *camada*, como em **Arquitetura em Camadas (4)**. É um termo útil independentemente do estilo arquitetônico que é discutido. Por exemplo, considere o local onde os Serviços de Aplicação residem. Quer você pense nos Serviços de Aplicação como estando em um anel em torno do modelo de domínio, em um hexágono que engloba o modelo, em uma cápsula pendurada em um barramento de mensagens, ou em uma camada abaixo da interface do usuário e acima do modelo, deve ser aceitável usar o termo *Camada de Aplicação* para descrever esse local conceitual. Ao tentar evitar usar excessivamente o termo neste capítulo, *camada* é útil ao rotular onde os componentes residem. Isso certamente não implica que o DDD limita-se a existir somente em uma Arquitetura em Camadas.[2]

Começaremos com a interface do usuário, passaremos para os Serviços de Aplicação e então para a infraestrutura. Ao longo de cada um dos temas, discuto onde o modelo se encaixa, mas não me aprofundo no modelo em si, uma vez que seria redundante com o restante do livro.

---

2.   Ver mais detalhes no Capítulo 4.

Interface com o Usuário

Nas plataformas Javas, .NET e outras, há várias estruturas da interface do usuário humano mas que não parece nem interessante nem produtivo estudar suas vantagens aqui.

O que parece melhor é entender as categorias mais amplas, que entram principalmente naquelas descritas na lista a seguir. Elas estão listadas pela ordem de importância, não popularidade. À época em que este livro foi escrito, era quase certo que a segunda categoria da interface rica com o usuário baseada na Web era a melhor escolha e em breve seria influenciada pela HTML5. Aplicações da primeira categoria, interfaces Web com o usuário baseadas apenas em solicitação e resposta ainda podem ser mais prolíficas como aplicações legadas do que a Web 2.0.

- Interfaces Web de solicitação e resposta puras, talvez mais conhecidas como Web 1.0. Frameworks como Struts, Spring MVC e Web Flow, e ASP. NET suportam essa categoria.

- Interfaces RIA (*rich internet application*), incluindo aquelas que usam DHTML e Ajax, são conhecidas como Web 2.0. O GWT do Google, o YUI do Yahoo!, o Ext JS, o Flex da Adobe e o Silverlight da Microsoft entram nessa categoria.

- GUIs nativas de cliente (por exemplo, interfaces desktop do usuário Windows, Mac e Linux) que podem incluir o uso de bibliotecas de abstração (como Eclipse SWT, Java Swing ou WinForms e WPF no Windows). Isso não implica necessariamente uma aplicação desktop pesada, mas é possível que seja. A GUI nativa de cliente pode acessar serviços via HTTP, por exemplo, tornando a interface do usuário o único componente cliente instalado.

Com qualquer uma dessas categorias de interface do usuário, algumas respostas prioritárias devem ser respondidas: Como podemos renderizar objetos de domínio na tela? E como comunicaremos gestos do usuário de volta ao modelo?

Renderizando Objetos de Domínio

Há uma quantidade razoável de controvérsias e discordâncias sobre a melhor forma de renderizar objetos do modelo de domínio na interface do usuário. A interface do usuário se beneficia regularmente das visualizações de dados mais ricas do que é necessário para executar a tarefa direta. A exibição dos dados extras é necessária porque fornece informações de suporte de que os usuários precisam para tomar decisões inteligentes sobre como executar as tarefas imediatas. Os dados extras também podem incluir opções de seleção. Assim, a interface do usuário muitas vezes precisa renderizar as propriedades de múltiplas instâncias de **Agregado** (10). Isso apesar do fato de que na maioria das vezes um usuário deve executar uma tarefa de mutação de estado que deve ser aplicada a

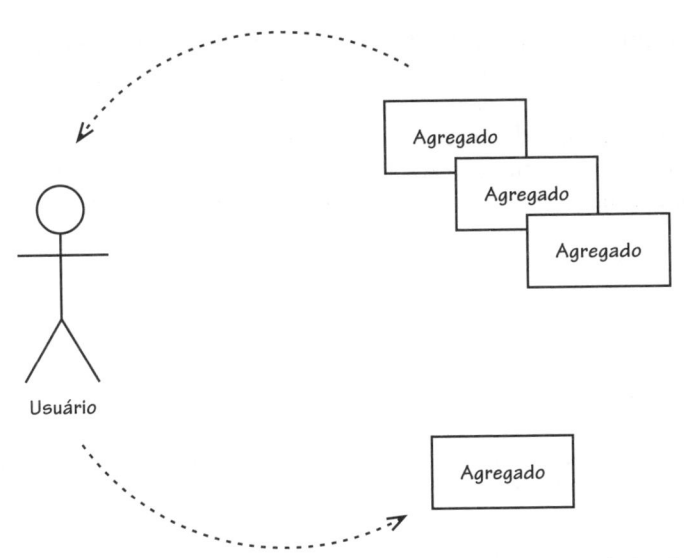

Figura 14.2   A interface do usuário pode precisar tornar as propriedades de múltiplas instâncias de Agregado, mas submeter uma solicitação para modificar apenas uma única instância de cada vez.

apenas uma instância de um único tipo do Agregado. Essa situação é ilustrada na Figura 14.2.

Renderizando Objetos de Transferência de Dados a partir de Instâncias de Agregado

Uma maneira popular de abordar o problema de renderização de múltiplas instâncias de Agregado para uma única visualização é usar **Objetos de Transferência de Dados** [Fowler, P of EAA], ou DTOs. O DTO é projetado para conter toda a série de atributos que precisam ser exibidos em uma visualização. O Serviço de Aplicação (ver "Serviços de Aplicação") utilizará **Repositórios (12)** para ler as instâncias de Agregado necessárias e então delegar a um **Assembler de DTO** [Fowler, P of EAA] o mapeamento dos atributos do DTO. O DTO, portanto, contém todas as informações complementares que precisam ser exibidas. O componente da interface do usuário acessa cada atributo DTO individual e o exibe na visualização.

Com essa abordagem, tanto leituras como gravações são executadas por meio de Repositórios. Ela tem a vantagem de resolver quaisquer coleções carregadas sob demanda (*lazy-load*) porque o DTO Assembler acessará diretamente cada parte dos Agregados de que ele precisa para construir o DTO. Ela também resolve o problema específico em que a camada de apresentação está fisicamente separada da camada do negócio, e você precisa serializar os recipientes dos dados e transferi-los ao longo da rede para outra camada.

Curiosamente, o padrão DTO foi inicialmente projetado para lidar com uma camada de apresentação remota que consome as instâncias de DTO. O DTO é construído na camada do negócio, serializado, enviado ao longo da rede e desserializado na camada de apresentação. Se sua camada de apresentação não é remota, esse padrão muitas vezes resulta em complexidade acidental no projeto da aplicação, como em YAGNI ("You Ain't Gonna Need It" ["Você não precisará disso"]). Isso tem a desvantagem de exigir a criação de classes que às vezes se parecem muito com a forma dos objetos de domínio, mas não são exatamente iguais. Isso também tem a desvantagem de instanciar adicionalmente objetos potencialmente grandes que devem ser gerenciados pela máquina virtual (por exemplo, JVM), quando na verdade eles são incompatíveis com a arquitetura de aplicação de uma única máquina virtual.

Seus Agregados terão de ser projetados de modo que os DTO Assemblers possam consultar os dados necessários. Pense cuidadosamente sobre como exibir o estado sem revelar muito a forma interna ou a estrutura dos Agregados. Tente eliminar o acoplamento de um cliente para todas as partes internas de um Agregado. Você permite que clientes — nesse caso os assemblers — naveguem intensamente pelos Agregados? Isso pode ser uma ideia ruim, uma vez que acopla firmemente cada cliente a uma implementação específica dos Agregados.

Use um Mediador para Publicar o Estado Interno dos Agregados

Para contornar o problema do acoplamento forte entre o modelo e seus clientes, você pode optar por projetar interfaces **Mediador** [Gamma *et al.*] (conhecidas como **Double-Dispatch** e **Callback**) com as quais o Agregado publica seu estado interno. Os clientes implementariam a interface Mediador passando a referência ao objeto do implementador para o Agregado como um argumento de método. O Agregado seria então enviado duas vezes para esse Mediador a fim de publicar o estado solicitado, tudo sem exibir a forma ou estrutura. O truque é não acoplar a interface Mediador a nenhum tipo de especificação de visualização, mas mantê-la focada na renderização dos estados de Agregado de interesse:

```
public class BacklogItem ... {
    ...
    public void provideBacklogItemInterest(
            BacklogItemInterest anInterest) {
        anInterest.informTenantId(this.tenantId().id());
        anInterest.informProductId(this.productId().id());
        anInterest.informBacklogItemId(this.backlogItemId().id());
        anInterest.informStory(this.story());
        anInterest.informSummary(this.summary());
        anInterest.informType(this.type().toString());
        ...
    }
```

```
public void provideTasksInterest(TasksInterest anInterest) {
    Set<Task> tasks = this.allTasks();
    anInterest.informTaskCount(tasks.size());
    for (Task task : tasks) {
        ...
    }
}
...
}
```

Os vários fornecedores interessados podem ser implementados por outras classes, quase da mesma maneira como as **Entidades (5)** descrevem como a validação é delegada a classes validadoras separadas.

Esteja ciente de que alguns vão considerar essa abordagem totalmente fora da responsabilidade de um Agregado. Outros vão considerá-la uma extensão completamente natural de um modelo de domínio bem projetado. Como sempre, essas compensações devem ser discutidas pelos membros técnicos da equipe.

Renderizando Instâncias de Agregado a partir de um Objeto Payload de Domínio

Há uma abordagem que fornece uma possível melhoria quando DTOs são desnecessários. Essa abordagem coleta múltiplas instâncias integrais de Agregado para renderização em um único **Objeto de Carga Útil de Domínio** [Vernon, DPO]. O DPO tem motivações semelhantes ao DTO, mas tira vantagem da arquitetura de aplicação de máquina virtual única. Ele é projetado para conter referências a instâncias integrais de Agregado, não atributos individuais. Grupos de instâncias de Agregado podem ser transferidos entre níveis ou camadas lógicas por um objeto contêiner de Payload. O Serviço de Aplicação (ver "Serviços de Aplicação") usa Repositórios para recuperar as instâncias necessárias do Agregado e então instancia o DPO para conter referências a cada uma. Os componentes de apresentação solicitam ao objeto DPO as referências às instâncias de Agregado e então solicitam aos Agregados os atributos visualizáveis.

Lógica Caubói

LB: "Se você ainda não caiu de um cavalo, você não cavalgou o bastante."

Essa abordagem tem a vantagem de simplificar o projeto dos objetos para mover conjuntos de dados entre as camadas lógicas. Os DPOs tendem a ser muito mais fáceis de projetar e consomem menos memória. Como de qualquer maneira as instâncias de Agregado devem ser lidas na memória, tiramos vantagem do fato de que elas já existem.

Há algumas possíveis consequências negativas a considerar. Devido à semelhança com DTOs, essa abordagem também exige que Agregados forneçam um meio para ler o estado. Para evitar acoplamento forte da interface do usuário com o modelo, a mesma interface de consulta Mediador, Double-Dispatch ou Raiz de Agregado, sugeridas anteriormente para uso por DTO Assemblers, também podem ser empregadas aqui.

Há ainda outra situação a tratar. Como o DPO contém referências a todas as instâncias de Agregado, quaisquer objetos/coleções com carregamento sob demanda ainda não são resolvidos. Não há nenhuma razão para acessar todas as propriedades de Agregado necessárias para criar o Objeto Payload de Domínio. Como até mesmo transações somente leitura geralmente são confirmadas quando o método do Serviço de Aplicação é concluído, qualquer componente de apresentação que faz referência a objetos não resolvidos com carregamento sob demanda lançará uma exceção.[3]

Para corrigir os carregamentos sob demanda (*lazy load*) necessários podemos escolher uma estratégia de carregamento antecipado (*eager load*), ou podemos usar um **Resolvedor de Dependência de Domínio** [Vernon, DDR]. Essa é uma forma de **Estratégia** [Gamma *et al.*], geralmente empregando uma estratégia por fluxo de caso de uso. Cada estratégia força o acesso de todas as propriedades carregadas sob demanda do Agregado consumidas pelo fluxo do caso de uso específico. O acesso forçado ocorre antes de o Serviço de Aplicação confirmar a transação e retornar o Objeto Payload de Domínio para o cliente. A Estratégia pode ser codificada diretamente para acessar manualmente as propriedades carregadas sob demanda, ou pode empregar uma linguagem de expressão simples que descreve como introspectiva, e reflexivamente navegar pelas instâncias dos Agregados. O *crawler* da navegação baseada em reflexão tem a vantagem de poder funcionar em atributos ocultos. Mas você pode se sentir mais satisfeito personalizando suas consultas para fazer uma busca antecipada (*eager fetch*) dos objetos que costumam ser carregados sob demanda (*lazy load*), se a opção estiver disponível.

Representações de Estado das Instâncias de Agregado

Se sua aplicação fornece recursos baseados em REST, como discutido em **Rest (4)**, estes terão de produzir representações de estado dos objetos de domínio para os clientes. É muito importante criar representações que se baseiam em casos de uso, não em instâncias de Agregado. Isso tem motivações muito semelhantes àquelas dos DTOs, que também são ajustados para os casos de uso. Mas pode ser mais preciso pensar em um conjunto de recursos RESTful como um modelo separado — um **Modelo de Visualização** ou um **Modelo de Apresentação** [Fowler, PM]. Resista à tentação de produzir representações que são um reflexo

---

para um dos estados de Agregado de seu modelo de domínio, possivelmente com links para navegar por estados mais profundos. Caso contrário, os clientes terão de entender seu modelo de domínio, bem como os próprios Agregados. Os clientes terão de ter plena consciência das sutilezas nos comportamentos e transições de estado, e você perderá todos os benefícios da abstração.

Consultas Ótimas de Repositório de Caso de Uso

Em vez de ler todas as múltiplas instâncias de Agregado dos vários tipos e então compô-las de forma programática em um único contêiner (DTO ou DPO), você pode usar o que é chamado de *consulta ótima de caso de uso*. É aqui que você cria seu Repositório com métodos finder de consulta que compõem um objeto personalizado como um superconjunto de uma ou mais instâncias de Agregado. A consulta insere dinamicamente os resultados em um **Objeto de Valor (6)** projetado especificamente para atender às necessidades do caso de uso. Você projeta um Objeto de Valor, não um DTO, porque a consulta é específica para o domínio, não para aplicações (como DTOs o são). O Objeto de Valor da consulta ótima de caso de uso é então consumido diretamente pelo renderizador de visualização.

A abordagem à consulta ideal de caso de uso tem motivações semelhantes àquelas do **CQRS (4)**. Mas a consulta ótima de caso de uso emprega um Repositório contra o armazenamento de persistência unificado do modelo de domínio, em vez de uma consulta de banco de dados bruta (como SQL) contra um armazenamento de consulta/leitura separado. Para entender as vantagens e desvantagens dessa abordagem *versus* CQRS, veja a discussão relacionada em **Repositórios (12)**. Mas, depois de começar a percorrer o caminho da consulta ideal de caso de uso, você estará muito próximo da CQRS, e pode valer a pena optar por essa rota.

Lidando com Múltiplos Clientes Díspares

O que você fará se a aplicação tiver de suportar múltiplos clientes díspares? Isso pode incluir um RIA, um cliente compacto gráfico, serviços baseados em REST e também um mecanismo de mensagens. Você provavelmente também avalia vários impulsionadores de teste como sendo diferentes tipos de clientes. Discutido em mais detalhes um pouco mais adiante, você pode projetar seus Serviços de Aplicação para que eles aceitem um **Transformador de Dados**, em que cada cliente especifica o tipo do Transformador de Dados. O Serviço de Aplicação enviaria duas vezes o parâmetro do Transformador de Dados, o que produziria o formato de dados necessário. Eis como o lado da interface do usuário pode procurar um cliente baseado em REST:

```
...
CalendarWeekData calendarWeekData =
    calendarAppService
        .calendarWeek(date, new CalendarWeekXMLDataTransformer());

Response response =
    Response.ok(calendarWeekData.value())
        .cacheControl(this.cacheControlFor(30)).build();

return response;
```

O método `calendarWeek()` do `CalendarApplicationService` aceita uma `Date` em uma dada semana e uma implementação da interface `CalendarWeek-DataTransformer`. O implementador escolhido é a classe `CalendarWeekXML-DataTransformer`, que cria um documento XML como uma representação do estado de `CalendarWeekData`. O método `value()` em `CalendarWeekData` responde ao tipo preferido do formato de dados fornecido, que nesse caso é uma `String` de documento XML.

Reconhecidamente o exemplo pode tirar vantagem da *injeção de dependência* na instância do Transformador de Dados. Ele é codificado diretamente aqui para que o exemplo seja mais fácil de entender.

Entre os possíveis implementadores de `CalendarWeekDataTransformer` podemos ter, por exemplo:

- `CalendarWeekCSVDataTransformer`

- `CalendarWeekDPODataTransformer`

- `CalendarWeekDTODataTransformer`

- `CalendarWeekJSONDataTransformer`

- `CalendarWeekTextDataTransformer`

- `CalendarWeekXMLDataTransformer`

Há outra abordagem possível para a abstração dos tipos de saída da aplicação para clientes distintos que discutiremos mais adiante em "Serviços de Aplicação".

Adaptadores de Renderização e Tratando Edições de Usuário

Quando você chega ao ponto em que tem seus dados de domínio e eles precisam ser visualizados e editados por um usuário, existem padrões que podem ajudá-lo a separar as responsabilidades. Mais uma vez, há simplesmente muitas estruturas disponíveis e muitas maneiras de lidar com elas para que seja possível recomendar uma maneira infalível de lidar com todas elas. Com algumas estruturas da interface do usuário, você deve seguir os padrões específicos que são suportados. Às vezes esses padrões são bons, outras não tão bons. Com outros padrões você tem um pouco mais de flexibilidade.

Independentemente de como seus dados de domínio são fornecidos a partir de Serviços de Aplicação — por meio de DTOs, RPD ou representações de estado — e independentemente da estrutura de apresentação utilizada, você pode ser capaz de se beneficiar do Modelo de Representação.[4] O objetivo é separar as responsabilidades entre a apresentação e a visualização. Embora isso possa funcio-

---

4. Ver também **Modelo-Visualização-Apresentador** [Dolphin], que [Fowler, PM] chama de **Controlador Supervisor** e **Visualização Passiva**.

nar com aplicações Web 1.0, acho que os pontos fortes tendem a ser favoráveis ao RIA Web 2.0, ou aqueles com clientes desktop, como descrito na segunda e terceira categorias listadas anteriormente.

Usando esse padrão, queremos criar visualizações passivas para que elas só gerenciem a exibição dos controles de dados e interface do usuário e quase nada mais. Há duas formas possíveis da renderização de visualização:

1. Visualizações são renderizadas com base no Modelo de Apresentação. Acho que essa é uma maneira mais natural e elimina o acoplamento entre o Modelo de Apresentação e a visualização.

2. As visualizações são exibidas pelo Modelo de Apresentação. Essa maneira tem vantagens de teste, mas exige que o Modelo de Apresentação esteja acoplado à visualização.

O Modelo de Apresentação funciona como um **Adaptador** [Gamma *et al.*]. Ele mascara os detalhes do modelo de domínio fornecendo propriedades e comportamentos que são projetados em termos das necessidades da visualização. Isso significa que há mais de uma camada fina em torno dos atributos nos DTOs ou objetos de domínio. Também significa que as decisões são tomadas no Adaptador com base no estado do modelo da maneira como ele se aplica à visualização. Por exemplo, ativar um controle específico na visualização pode não ter uma relação direta com quaisquer propriedades do modelo de domínio, mas ainda pode ser derivado a partir de uma ou mais dessas. Em vez de exigir que o modelo de domínio suporte especificamente as propriedades necessárias de visualização, é responsabilidade do Modelo de Apresentação derivar os indicadores e as propriedades específicas da visualização a partir do estado do modelo de domínio.

Outra vantagem, mas talvez sutil, de usar um Modelo de Apresentação é que ele pode adaptar Agregados que não suportam uma interface JavaBean dos *getters* a estruturas da interface do usuário que exigem *getters*. Muitas, se não todas, estruturas Web baseadas em Java requerem que objetos forneçam *getters* públicos, como getSummary() e getStory(), enquanto o projeto do modelo de domínio favorece expressões fluentes específicas do domínio que refletem estreitamente a **Linguagem Ubíqua (1)**. A diferença pode ser tão simples quanto summary() e story(), mas produz uma incompatibilidade de impedância com a estrutura da interface do usuário. Mas um Modelo de Apresentação pode ser usado para adaptar facilmente summary() a getSummary() e story() a getStory(), eliminando a tensão entre o modelo e a visualização:

```
public class BacklogItemPresentationModel
        extends AbstractPresentationModel {

    private BacklogItem backlogItem;

    public BacklogItemPresentationModel(BacklogItem aBacklogItem) {
        super();
        this.backlogItem = backlogItem;
    }
```

```
    public String getSummary() {
        return this.backlogItem.summary();
    }

    public String getStory() {
        return this.backlogItem.story();
    }
    ...
}
```

Naturalmente, um Modelo de Apresentação pode adaptar-se a quaisquer abordagens anteriormente discutidas, incluindo o uso de um DTO ou RPD, ou a utilização de um Mediador por meio do qual o estado interno do Agregado é publicado.

Além disso, as edições realizadas pelo usuário são monitoradas pelo Modelo de Apresentação. Isso não é o caso de colocar responsabilidades sobrecarregadas no Modelo de Apresentação, uma vez que ele visa adaptar-se em ambas as direções, modelo para visualização e visualização para modelo.

Um ponto importante a ter em mente é que um Modelo de Apresentação não é uma **Fachada** pesada [Gamma *et al.*] em torno dos Serviços de Aplicações ou do modelo de domínio. Dito isso, depois que os usuários concluíram uma tarefa com a interface do usuário, eles normalmente invocam um tipo de ação "aplicar" ou "cancelar", ou preferencialmente um comando explícito. Isso exigirá que o Modelo de Apresentação reflita a ação do usuário em relação à aplicação que, em essência, representa uma fachada mínima em torno de um Serviço de Aplicação:

```
public class BacklogItemPresentationModel
      extends AbstractPresentationModel {

    private BacklogItem backlogItem;
    private BacklogItemEditTracker editTracker;
    // o que se segue é injetado
    private BacklogItemApplicationService backlogItemAppService;

    public BacklogItemPresentationModel(BacklogItem aBacklogItem) {
        super();
        this.backlogItem = backlogItem;
        this.editTracker = new BacklogItemEditTracker(aBacklogItem);
    }
    ...
    public void changeSummaryWithType() {
        this.backlogItemAppService
            .changeSummaryWithType(
                this.editTracker.summary(),
                this.editTracker.type());
    }
    ...
}
```

O usuário clica em um botão de comando na visualização que faz com que changeSummaryWithType() seja chamado. É responsabilidade do Backlog-ItemPresentationModel interagir com um Serviço de Aplicação para aplicar as edições que ocorreram em editTracker. Não há nenhum outro observador esperando selecionar as edições do usuário e fazer algo com elas. Assim, podemos dizer que o Modelo de Apresentação é uma fachada mínima para os Serviços de Aplicação em nome da visualização, mas só porque changeSummaryWith-Type() é uma interface de alto nível que torna o BacklogItemApplication-Service mais fácil de usar. Mas não iríamos querer ver que várias linhas do código na classe do Modelo de Apresentação gerenciam o uso detalhado do Serviço de Aplicação, ou pior ainda, que ele mesmo funcione como o Serviço de Aplicação para o modelo de domínio. Isso estaria muito além da responsabilidade do Modelo de Apresentação. Em vez disso, queremos ver uma delegação simples à fachada pesada mais complexa, BacklogItemApplicationService.

Essa é uma abordagem poderosa para coordenar o modelo do domínio e a UI. Ela pode até receber seu voto pelo padrão mais versátil de gerenciamento de UI. Mas usando quaisquer técnicas de gerenciamento de visualização, muitas vezes continuaremos a interagir com uma API dos Serviços de Aplicação.

Serviços de Aplicação

Em alguns casos, a interface do usuário agregará múltiplos **Contextos Delimitados** (2) usando componentes independentes do Modelo de Apresentação, todos compostos em uma única visualização. Se a interface do usuário renderizar um único modelo ou compor múltiplos modelos, ela provavelmente interagirá com os Serviços de Aplicação, assim vamos considerá-los agora.

Os Serviços de Aplicações são os clientes diretos do modelo de domínio. Para as opções sobre a localização lógica do Serviço de Aplicação, ver **Arquitetura (4)**. Esses serviços são responsáveis pela coordenação das tarefas dos fluxos de caso de uso, um método de serviço por fluxo. Ao usar um banco de dados ACID, os Serviços de Aplicação também controlam as transações, assegurando que as transições de estado do modelo são atomicamente persistidas. Discutiremos brevemente o controle de transações aqui, mas veja em **Repositórios (12)** uma perspectiva mais ampla. A segurança também é comumente tratada pelos Serviços de Aplicação.

É um erro considerar que os Serviços de Aplicação são a mesma coisa que **Serviços de Domínio (7)**. Não são. A diferença é gritante, o que é claramente demonstrado na próxima seção. Devemos nos esforçar para inserir toda a lógica do domínio de negócio no modelo de domínio, seja em Agregados, Objetos de Valor ou Serviços de Domínio. *Mantenha os Serviços de Aplicação ao mínimo, utilizando-os apenas para coordenar as tarefas no modelo.*

Serviço de Aplicação de Exemplo

Vamos analisar a interface de um exemplo parcial e a classe de implementação para um Serviço de Aplicação. Esse é o serviço que fornece o gerenciamento das tarefas de caso de uso para os inquilinos do *Contexto de Identidade e Acesso*. Ele é apenas um exemplo e não deve ser tomado como a palavra final. As vantagens e desvantagens serão evidentes.

Primeiro, considere a interface básica:

```
package com.saasovation.identityaccess.application;

public interface TenantIdentityService {

    public void activateTenant(TenantId aTenantId);

    public void deactivateTenant(TenantId aTenantId);

    public String offerLimitedRegistrationInvitation(
            TenantId aTenantId,
            Date aStartsOnDate,
            Date anUntilDate);

    public String offerOpenEndedRegistrationInvitation(
            TenantId aTenantId);

    public Tenant provisionTenant(
            String aTenantName,
            String aTenantDescription,
            boolean isActive,
            FullName anAdministratorName,
            EmailAddress anEmailAddress,
            PostalAddress aPostalAddress,
            Telephone aPrimaryTelephone,
            Telephone aSecondaryTelephone,
            String aTimeZone);

    public Tenant tenant(TenantId aTenantId);
    ...
}
```

Os seis métodos do Serviço de Aplicação são usados para criar ou fornecer um inquilino, para ativar e desativar aquele existente, para oferecer convites limitados e abertos de assinatura para futuros usuários e para consultar um inquilino específico.

Alguns tipos do modelo de domínio são usados nessas assinaturas de método. Isso exigirá que a interface do usuário esteja ciente desses tipos e dependa deles. Às vezes, os Serviços de Aplicação são projetados para proteger completamente a interface do usuário contra todo esse conhecimento de domínio. Fazendo isso, as assinaturas de método dos Serviços de Aplicação utilizam apenas tipos primitivos (int, long, double), Strings e possivelmente DTOs. Uma alternativa a

essas abordagens, porém uma abordagem melhor, pode ser em vez disso projetar objetos de **Comando** [Gamma *et al.*]. Não há necessariamente uma maneira
certa ou errada. Depende principalmente de seus gostos e objetivos. Este livro
apresenta cada um desses estilos em vários exemplos.

Considere as vantagens e desvantagens. Se eliminar do modelo os tipos, você
evitará a dependência e o acoplamento, mas perderá em termos da verificação
de tipagem forte e validações básicas (guardas) que você obtém gratuitamente
dos tipos de Objeto de Valor. Se não expuser objetos de domínio como tipos de
retorno, você precisará fornecer DTOs. Se você fornecer DTOs, poderá haver
complexidade acidental em sua solução a partir da sobrecarga extra dos tipos
adicionais. Então também há a sobrecarga de memória mencionada antes em
aplicações de alto tráfego, que é causada por DTOs talvez desnecessários que
são constantemente criados e que sofrem coleta de lixo.

É claro que, se você expor objetos de domínio para clientes distintos, cada tipo
de cliente terá de lidar com eles separadamente. Mais uma vez, o acoplamento é
mais alto e com mais tipos de cliente, e isso se torna um problema maior. Dado
isso, pelo menos alguns desses métodos podem ser mais bem projetados para
lidar com os tipos de retorno. Como discutido anteriormente, podemos em vez
disso utilizar Transformadores de Dados:

```
package com.saasovation.identityaccess.application;

public interface TenantIdentityService {
    ...
    public TenantData provisionTenant(
            String aTenantName,
            String aTenantDescription,
            boolean isActive,
            FullName anAdministratorName,
            EmailAddress anEmailAddress,
            PostalAddress aPostalAddress,
            Telephone aPrimaryTelephone,
            Telephone aSecondaryTelephone,
            String aTimeZone,
            TenantDataTransformer aDataTransformer);

    public TenantData tenant(
            TenantId aTenantId,
            TenantDataTransformer aDataTransformer);
    ...
}
```

Por enquanto só discutiremos como expor objetos de domínio ao cliente e
iremos supor que temos uma única interface do usuário baseada na Web. Isso
ajudará a simplificar os exemplos. Mais adiante voltaremos à abordagem dos
Transformadores de Dados.

Considere como a interface do Serviço de Aplicação é implementada. Analisar alguns dos métodos mais triviais para implementá-la ajuda a destacar alguns

pontos básicos. Observe que pode não haver nenhuma vantagem em ter uma **Interface Separada** [Fowler, P of EAA]. Eis um exemplo em que definiremos apenas a interface da classe de implementação:

```java
package com.saasovation.identityaccess.application;

public class TenantIdentityService {

    @Transactional
    public void activateTenant(TenantId aTenantId) {
        this.nonNullTenant(aTenantId).activate();
    }

    @Transactional
    public void deactivateTenant(TenantId aTenantId) {
        this.nonNullTenant(aTenantId).deactivate();
    }

    ...

    @Transactional(readOnly=true)
    public Tenant tenant(TenantId aTenantId) {
        Tenant tenant =
            this
                .tenantRepository()
                .tenantOfId(aTenantId);

        return tenant;
    }

    private Tenant nonNullTenant(TenantId aTenantId) {
        Tenant tenant = this.tenant(aTenantId);

        if (tenant == null) {
            throw new IllegalArgumentException(
                    "Tenant does not exist.");
        }

        return tenant;
    }
}
```

Um cliente solicita que um `Tenant` existente seja desativado usando `deactivateTenant()`. Para interagir com o objeto `Tenant` real, precisamos recuperá-lo de seu Repositório usando seu `TenantId`. Aqui criamos um método auxiliar interno chamado `nonNullTenant()`, que é delegado a `tenant()`. O auxiliar existe para proteger contra instâncias de `Tenant` inexistentes e é usado por todos os métodos de serviço que precisam obter um `Tenant` existente.

Os métodos `activateTenant()` e `deactivateTenant()` são marcados como de gravação transacional por uma anotação `Transactional` Spring. O método `tenant()` é marcado como de leitura transacional. Em todos os três casos, quando um cliente obtém esse bean por meio do contexto Spring e invoca um método de serviço, uma transação é iniciada. Quando o método conclui com retorno normal, a transação é confirmada. Dependendo da configuração, as exceções lançadas dentro do escopo do método farão com que a transação seja revertida.

Mas como podemos evitar o uso indevido desses métodos, digamos, por um invasor malicioso? Ao falar de desativação ou reativação de um inquilino, isso é uma operação que na verdade só deve ser permitida por um usuário autorizado que seja funcionário da SaaSOvation. O mesmo vale ao fornecer um novo assinante inquilino.

E se fôssemos alavancar algo como segurança Spring? Podemos usar outra anotação, `PreAuthorize`:

```
public class TenantIdentityService {

    @Transactional
    @PreAuthorize("hasRole('SubscriberRepresentative')")
    public void activateTenant(TenantId aTenantId) {
        this.nonNullTenant(aTenantId).activate();
    }

    @Transactional
    @PreAuthorize("hasRole('SubscriberRepresentative')")
    public void deactivateTenant(TenantId aTenantId) {
        this.nonNullTenant(aTenantId).deactivate();
    }

    ...

    @Transactional
    @PreAuthorize("hasRole('SubscriberRepresentative')")
    public Tenant provisionTenant(
            String aTenantName,
            String aTenantDescription,
            boolean isActive,
            FullName anAdministratorName,
            EmailAddress anEmailAddress,
            PostalAddress aPostalAddress,
            Telephone aPrimaryTelephone,
            Telephone aSecondaryTelephone,
            String aTimeZone) {

        return
            this
                .tenantProvisioningService
```

```
        .provisionTenant(
            aTenantName,
            aTenantDescription,
            isActive,
            anAdministratorName,
            anEmailAddress,
            aPostalAddress,
            aPrimaryTelephone,
            aSecondaryTelephone,
            aTimeZone);
    }
    ...
}
```

Isso é segurança declarativa no nível de método e impede que usuários não autorizados acessem os Serviços de Aplicação. É claro que a interface do usuário seria projetada para ocultar qualquer acesso de navegação a esses recursos se o usuário não for autorizado. Isso, porém, não iria parar um invasor mal-intencionado, mas a declaração de segurança o deteria.

Esse método de segurança declarativa é diferente daquele que a IdOvation fornece. Funcionários da SaaSOvation fariam o login no IdOvation de uma maneira diferente dos usuários inquilinos. Particularmente aqueles com um papel `SubscriberRepresentative` especial teriam autorização para executar esses métodos sensíveis, e nenhum usuário assinante jamais teria permissão de executá-los. Isso, é claro, exigiria integração entre IdOvation e segurança Spring.

Agora, ao analisar a implementação do `provisionTenant()`, vemos que ele é delegado a um Serviço de Domínio. Isso destaca a diferença entre os dois tipos de Serviços, especialmente ao investigar o `TenantProvisioningService` do domínio. Há uma lógica de domínio significativa nesse Serviço de Domínio, mas muito pouca no Serviço de Aplicação. Considere o que o Serviço de Domínio faz (embora o código não seja mostrado aqui):

1. Instancia um novo Agregado `Tenant` e adiciona-o ao Repositório.

2. Atribui um novo administrador ao novo `Tenant`. Isso inclui fornecer o papel de administrador para o novo `Tenant` e publicar o Evento `TenantAdministratorRegistered`.

3. Publica o Evento `TenantProvisioned`.

Se o Serviço de Aplicação tivesse de ir além do passo 1, a lógica do domínio vazaria seriamente para fora do modelo. Como há dois passos adicionais que não são responsabilidade do Serviço de Aplicação, em vez disso inserimos todos os três dentro do Serviço de Domínio. Utilizando o Serviço de Domínio, inserimos esse "processo significativo... no domínio" [Evans].[5] Também seguimos adequadamente a definição do Serviço de Aplicação gerenciando a transação, a segurança e a tarefa de delegar esse processo importante de fornecer o inquilino ao modelo.

Mas considere por um momento o ruído causado pela lista de parâmetros provisionTenant(). Há um total de nove parâmetros, e é provável que esse número seja, no mínimo, excessivo. Podemos evitar essa situação projetando objetos simples de **Comando** [Gamma *et al.*]: "Encapsule uma solicitação como um objeto, permitindo assim parametrizar os clientes com diferentes solicitações, filas ou solicitações de log, e suportar operações que não podem ser desfeitas". Em outras palavras, podemos pensar em um objeto de Comando como uma invocação de método serializado e, em nosso caso, estamos interessados em tudo em que um Comando pode ajudar, exceto operações de desfazer. Projetar a classe de Comando é simples assim:

```
public class ProvisionTenantCommand {
    private String tenantName;
    private String tenantDescription;
    private boolean isActive;
    private String administratorFirstName;
    private String administratorLastName;
    private String emailAddress;
    private String primaryTelephone;
    private String secondaryTelephone;
    private String addressStreetAddress;
    private String addressCity;
    private String addressStateProvince;
    private String addressPostalCode;
    private String addressCountryCode;
    private String timeZone;

    public ProvisionTenantCommand(...) {
        ...
    }

    public ProvisionTenantCommand() {
        super();
    }

    public String getTenantName() {
        return tenantName;
    }

    public void setTenantName(String tenantName) {
        this.tenantName = tenantName;
    }
    ...
}
```

---

5. Ver Capítulo 7.

O `ProvisionTenantCommand` não usa objetos de modelo, apenas tipos básicos. Ele tem um construtor com múltiplos argumentos e também um construtor
sem argumentos. Junto com o construtor sem argumentos, ter *setters* públicos
permite que o Comando seja preenchido por mapeadores de objeto para campo
de formulário IU (por exemplo, supondo um JavaBean ou propriedades .NET
CLR). Você pode pensar no Comando como um DTO, mas na verdade ele é
mais do que isso. Como o objeto de Comando é nomeado para a operação que
deve ser executada, ele é mais explícito. A instância de Comando pode ser passada para um método do Serviço de Aplicação:

```
public class TenantIdentityService {
    ...
    @Transactional
    public String provisionTenant(ProvisionTenantCommand aCommand) {
        ...
        return tenant.tenantId().id();
    }
    ...
}
```

Além dessa abordagem de enviar um método de API do Serviço de Aplicação, como o padrão declara, podemos em vez ou além disso enviar Comandos
para uma fila a fim de que eles sejam despachados para uma Rotina de Tratamento de Comandos. Considere uma Rotina de Tratamento de Comandos como
sendo semanticamente equivalente a um método de Serviço de Aplicação, mas
temporalmente dissociado. Como discutido no Apêndice A, isso permite maior
throughput e escalabilidade no tratamento de Comandos.

Saída de Serviço Desacoplada

Algumas vezes anteriormente discutimos o uso dos Transformadores de Dados
como uma forma de acomodar diferentes tipos de cliente com o tipo específico
de dados que eles exigem. Essa abordagem utiliza Transformadores para produzir os dados em um tipo específico que implementa uma interface abstrata que
todos os tipos relacionados compartilham. Mais uma vez, a partir da perspectiva do cliente, ela pode se parecer com isto:

```
TenantData tenantData =
    tenantIdentityService.provisionTenant(
        ..., myTenantDataTransformer);

TenantPresentationModel tenantPresentationModel =
    new TenantPresentationModel(tenantData.value());
```

Os Serviços de Aplicação são projetados como uma API, com entrada e saída. A
razão de passar um Transformador de Dados é produzir o tipo de saída específico exigido pelo cliente.

E se optássemos por uma alternativa totalmente diferente e criássemos a regra de que os Serviços de Aplicação sempre são declarados vazios e, portanto, nunca retornam dados para os clientes? Como isso funcionaria? A resposta está na mentalidade que a **Arquitetura Hexagonal (4)** promove, a utilização do estilo **Portas e Adaptadores**. Nessa instância usaríamos uma única Porta de saída padrão com quaisquer adaptadores, um para cada tipo de cliente. Fazer isso produzira um método de Serviço de Aplicação `provisionTenant()` como este:

```
public class TenantIdentityService {
    ...

    @Transactional
    @PreAuthorize("hasRole('SubscriberRepresentative')")
    public void provisionTenant(
            String aTenantName,
            String aTenantDescription,
            boolean isActive,
            FullName anAdministratorName,
            EmailAddress anEmailAddress,
            PostalAddress aPostalAddress,
            Telephone aPrimaryTelephone,
            Telephone aSecondaryTelephone,
            String aTimeZone) {

        Tenant tenant =
            this
                .tenantProvisioningService
                .provisionTenant(
                    aTenantName,
                    aTenantDescription,
                    isActive,
                    anAdministratorName,
                    anEmailAddress,
                    aPostalAddress,
                    aPrimaryTelephone,
                    aSecondaryTelephone,
                    aTimeZone);

        this.tenantIdentityOutputPort().write(tenant);
    }
    ...
}
```

A Porta de saída aqui é uma específica chamada Porta no limite da aplicação. Usando o Spring, ela seria um bean injetado no serviço. A única coisa que `provisionTenant()` precisa saber é que ele deve gravar `write()` na Porta da instância `Tenant` que ele recebe do Serviço de Domínio. Essa Porta teria quaisquer leitores, que se inscreveriam antes de usar o Serviço de Aplicação. Quando ocorre uma write(), cada um dos leitores inscritos recebe um sinal para ler a saída como sua entrada. Nesse ponto, os leitores podem transformar a saída usando o mecanismo estabelecido, como um Transformador de Dados.

Isso não é apenas um artifício sofisticado para adicionar complexidade sua arquitetura. O ponto forte é o mesmo que com qualquer arquitetura de Portas e Adaptadores, seja para um sistema de software, seja para um dispositivo de hardware. Cada componente só precisa entender a entrada que ele lê, seu próprio comportamento e a Porta em que ele grava a saída.

Gravar em uma Porta é praticamente a mesma coisa que um método de comando puro de Agregado faz quando ele não produz nenhum valor de retorno, mas publica um **Evento de Domínio** (8). No caso do Agregado, o **Publicador de Evento de Domínio** (8) é uma Porta de saída de Agregado. Além disso, se solucionarmos a consulta do estado de um Agregado usando um Double-Dispatch em um Mediador, isso será semelhante ao uso de Portas e Adaptadores.

Uma desvantagem da abordagem de Portas e Adaptadores é que ela pode dificultar mais a nomeação dos métodos do Serviço de Aplicação que realizam consultas. Considere o método `tenant()` do serviço de exemplo. Esse nome agora parece inadequado, porque não mais responde ao `Tenant` que ele consulta. O nome `provisionTenant()` ainda funciona para fornecer a API porque na verdade torna-se um método de Comando puro, não mais retornando um valor. Mas podemos pensar em um nome melhor para `tenant()`. O seguinte pode melhorar um pouco as coisas:

```
...
@Override
@Transactional(readOnly=true)
public void findTenant(TenantId aTenantId) {
    Tenant tenant =
        this
            .tenantRepository
            .tenantOfId(aTenantId);

    this.tenantIdentityOutputPort().write(tenant);
}
...
}
```

O nome `findTenant()` pode funcionar porque localizar não necessariamente implica na necessidade de responder a um resultado. Seja qual for o nome escolhido, a situação confirma que cada decisão arquitetônica que tomamos resulta em consequências positivas e negativas.

Compondo Múltiplos Contextos Delimitados

Os exemplos que forneci não abordam a possibilidade de que uma única interface do usuário talvez precise compor dois ou mais modelos de domínio. Em meus exemplos, os conceitos dos modelos upstream são integrados a modelos downstream convertendo-os em termos do modelo downstream.

Isso é diferente da necessidade de compor múltiplos modelos em uma apresentação unificada, como visto na Figura 14.3. Os modelos externos, nesse exemplo, são *contexto de produto, contexto de discussões* e *contexto de revisão*. A interface do usuário não deve estar ciente de que ela compõe múltiplos modelos. Quando uma situação semelhante ocorre em sua aplicação, você deve pensar em como a estrutura e nomeação dos **Módulos (9)** suportam suas necessidades em como os Serviços de Aplicação podem amenizar a provável desconexão entre os diferentes modelos.

Uma solução utiliza múltiplas Camadas de Aplicação, que é diferente daquela mostrada na Figura 14.3. Com múltiplas Camadas de Aplicação, você precisa fornecer componentes independentes da interface do usuário em cada uma, em que os componentes da interface do usuário teriam alguma afinidade com um modelo de domínio específico subjacente. Isso é basicamente o estilo portal-portlet. Mas pode ser mais difícil fazer com que as diferentes Camadas de Aplicação e componentes independentes da interface do usuário se harmonizem ao longo dos fluxos de casos de uso, que é aquilo que diz respeito à interface do usuário.

Como a Camada de Aplicação gerencia os casos de uso, pode ser mais fácil criar uma única Camada de Aplicação como a fonte real da composição do modelo, que é a abordagem mostrada na Figura 14.3. Serviços nessa camada única não têm a lógica do domínio de negócio. Eles só servirão para agregar objetos de cada modelo em objetos coesos de que a interface do usuário necessita.

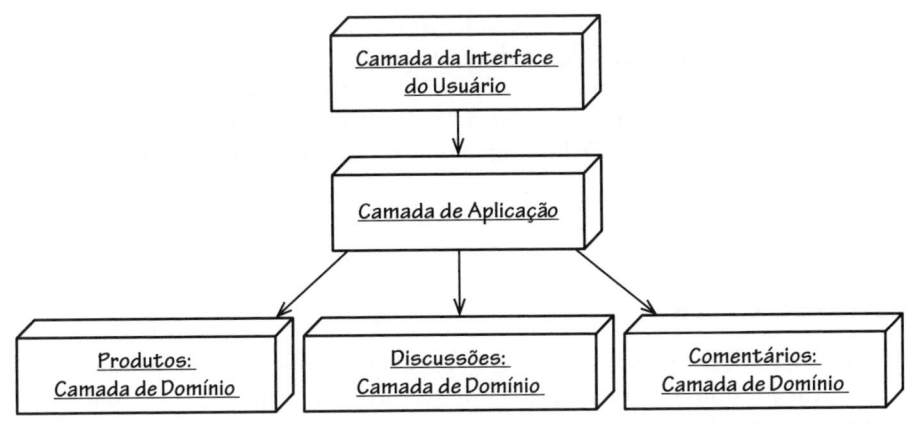

Figura 14.3 Há casos em que uma interface do usuário deve compor vários modelos. Aqui três modelos são compostos usando uma única Camada de Aplicação.

Provavelmente nesse caso você nomearia os Módulos na Camada de Aplicação e na Camada da Interface do Usuário de acordo com a finalidade da composição, um contexto nomeado:

```
com.consumerhive.productreviews.presentation
com.consumerhive.productreviews.application
```

A seção Consumer Hive fornece análises e discussões sobre os produtos de consumo. Ela separou o *Contexto de Produtos* do *Contexto de Discussões* e do *Contexto de Avaliações*. Mas os Módulos de apresentação e aplicação refletem a unificação sob uma única interface do usuário. Provavelmente esta obtém o catálogo de produtos a partir de uma ou mais fontes externas, ao passo que discussões e avaliações são o Domínio Básico.

E por falar no Domínio Básico... Estranhamente, o que você detecta aqui? Essa Camada de Aplicação na verdade não está agindo como um novo modelo de domínio com uma **Camada Anticorrupção** integrada (3)? Sim, é basicamente um novo Contexto Delimitado de brinde. Aqui os Serviços de Aplicação gerenciaram uma combinação de vários DTOs, o que simula uma espécie de **Modelo de Domínio Anêmico (1)**. É quase uma abordagem de **Script de Transação (1)** que modela o Domínio Básico.

Se você decidisse que composição dos três modelos da seção Consumer Hive exige um novo **Modelo de Domínio (1)** que seja um modelo de objeto unificado em um único Contexto Delimitado, você poderia nomear os Módulos do novo modelo assim:

```
com.consumerhive.productreviews.domain.model.product
com.consumerhive.productreviews.domain.model.discussion
com.consumerhive.productreviews.domain.model.review
```

No final, você terá de decidir como modelar essa situação. Você decidirá usar o projeto estratégico e até o projeto tático para criar um novo modelo? No mínimo, essa situação levanta a questão: onde traçamos a linha entre compor múltiplos Contextos Delimitados em uma única interface do usuário, de um lado, e, de outro, criar um novo Contexto Delimitado limpo com um modelo de domínio unificado? Cada caso deve ser analisado com cuidado. Um sistema menos significativo teria outras influências e prioridades. Mas não devemos tratar essas decisões de forma arbitrária. Deve ser dada atenção aos critérios fornecidos nos Contextos Delimitados. No final, a melhor abordagem é a que beneficia mais o negócio.

Infraestrutura

A função da infraestrutura é fornecer capacidades técnicas para outras partes de sua aplicação. Embora evitando uma discussão sobre **Camadas (4)**, ainda é útil manter uma mentalidade do princípio da inversão de dependência. Assim, onde

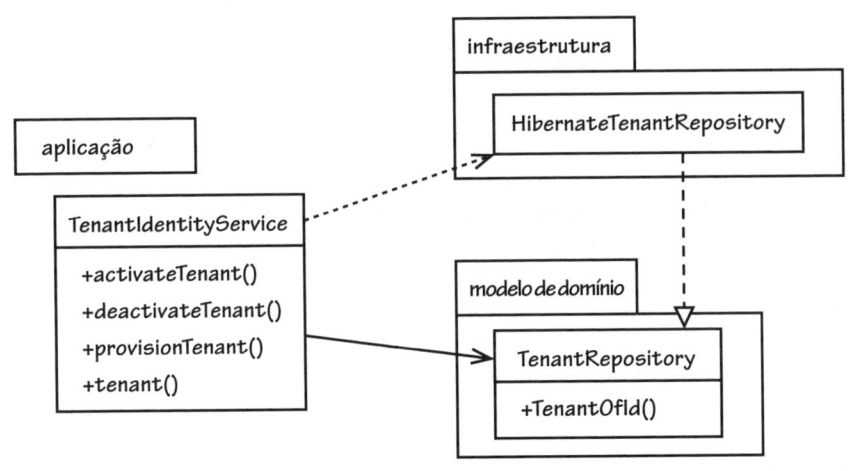

Figura 14.4 O Serviço de Aplicação depende da interface do Repositório fornecida pelo modelo de domínio, mas usa a classe de implementação fornecida pela infraestrutura. Os pacotes encapsulam amplas responsabilidades.

quer que a infraestrutura resida arquitetonicamente, ela funciona muito bem se seus componentes dependerem das interfaces provenientes da interface do usuário, dos Serviços de Aplicação e do modelo de domínio que exigem capacidades técnicas especiais. Dessa forma, quando um Serviço de Aplicação pesquisa um Repositório, ele só será dependente da interface do modelo de domínio, mas usando a implementação da infraestrutura. A Figura 14.4 fornece o diagrama da estrutura estática UML para ilustrar como isso funciona.

A pesquisa pode ser implícita por meio da **Injeção de Dependência** [Fowler, DI] ou usando uma **Fábrica de Serviço**. A seção final deste capítulo, "Contêineres de Componentes Corporativos", discute essas opções. Repetindo uma parte do Serviço de Aplicação usado como um exemplo prático, você pode ver novamente aqui como a Fábrica de Serviço é utilizada para pesquisar o Repositório:

```
package com.saasovation.identityaccess.application;

public class TenantIdentityService {
    ...
    @Override
    @Transactional(readOnly=true)
    public Tenant tenant(TenantId aTenantId) {
        Tenant tenant =
            DomainRegistry
                .tenantRepository()
                .tenantOfId(aTenantId);
```

```
        return tenant;
    }
    ...
}
```

Esse Serviço de Aplicação pode ser injetado no Repositório, ou podemos configurar as dependências de entrada por meio de parâmetros de construtor.

As implementações dos Repositórios são mantidas na infraestrutura porque lidam com o armazenamento, o que não é uma responsabilidade que o modelo deve assumir. Você usaria a infraestrutura para implementar as interfaces que requerem o uso de mensagens, como filas de mensagens e e-mail. Se houver componentes especiais na interface do usuário que exibem diagramas, mapas e outros elementos gráficos, esses também deverão ser implementados na infraestrutura.

Contêineres de Componentes Corporativos

Hoje em dia, servidores de aplicações corporativas são uma *commodity*. Parece haver pouca inovação nos servidores em si e nos contêineres de componentes que são executados dentro deles. Podemos usar Enterprise JavaBeans (EJB), como **Fachadas de Sessão** [Crupi *et al.*] ou JavaBeans simples hospedados por contêineres de inversão de controle, como o Spring, para facilitar a utilização dos Serviços de Aplicação. Há argumentos sobre qual é melhor, mas também há uma boa quantidade de convergência entre as estruturas. De fato, uma análise rápida de alguns servidores JEE revela que alguns são implementados usando o Spring.

É WebLogic ou Spring?

Se você visualizasse um monitoramento de pilha a partir do Oracle WebLogic Server, provavelmente veria referências a classes do Spring Framework. Estas não fazem parte da implantação de sua aplicação. Nesse caso, você usa apenas JEE padrão com beans de sessão EJB. As classes Spring que você vê são parte da implementação do contêiner EJB do WebLogic. Isso é um caso do tipo "se você não pode vencê-los, junte-se a eles"?

Escolhi implementar os três Contextos Delimitados de exemplo que forneci usando o Spring Framework. Mas esses exemplos seriam facilmente transportados para outras plataformas de contêineres corporativos. Assim, nada é perdido se você não usar o Spring em seus projetos, e você ainda deve se sentir bem à vontade lendo os exemplos. Há diferenças lógicas mínimas entre os vários contêineres.

Em Repositórios (12) vimos que a configuração do Spring foi utilizada para conectar o suporte transacional para os Serviços de Aplicação que são usados para persistir objetos de domínio. Aqui analisaremos outras partes da configuração do Spring. Dois arquivos de interesse são:

```
config/spring/applicationContext-application.xml

config/spring/applicationContext-domain.xml
```

Como os nomes de arquivo indicam, os componentes dos Serviços de Aplicação e do modelo de domínio são acoplados (*wired*) a eles. Veja como alguns desses são acoplados na aplicação:

```
<beans ...>
    <aop:aspectj-autoproxy/>

    <tx:annotation-driven transaction-manager="transactionManager"/>
    ...
    <bean
        id="applicationServiceRegistry"
        class="com.saasovation.identityaccess.application↵
.ApplicationServiceRegistry"
        autowire="byName">
    </bean>
    ...
    <bean
        id="tenantIdentityService"
        class="com.saasovation.identityaccess.application↵
.TenantIdentityService"
        autowire="byName">
    </bean>
    ...
</beans>
```

O bean `tenantIdentityService` é aquele revisto anteriormente. Esse bean pode ser conectado a outros beans Spring, como na interface do usuário. Se você preferir uma Fábrica de Serviços a injetar instâncias de bean em outros, podemos usar o outro bean na configuração, `applicationServiceRegistry`. Esse bean fornece acesso de pesquisa a todos os Serviços de Aplicação. Você pode usá-lo desta maneira:

```
...
ApplicationServiceRegistry
    .tenantIdentityService()
    .deactivateTenant(tenantId);
```

Podemos fazer isso porque ele próprio é injetado com o `ApplicationContext` Spring quando o bean é criado.

O mesmo tipo de bean de registro é fornecido para acesso aos componentes do modelo de Domínio, como Repositórios e Serviços de Domínio. Eis a configuração do bean de Registro, Repositório e Serviço de Domínio para o modelo de Domínio:

```
<beans ...>
    ...
    <bean
        id="authenticationService"
        class="com.saasovation.identityaccess.infrastructure↵
.services.DefaultEncryptionAuthenticationService"
        autowire="byName">
    </bean>

    <bean
        id="domainRegistry"
        class="com.saasovation.identityaccess.domain.model↵
.DomainRegistry"
        autowire="byName">
    </bean>

    <bean
        id="encryptionService"
        class="com.saasovation.identityaccess.infrastructure↵
.services.MessageDigestEncryptionService"
        autowire="byName">
    </bean>

    <bean
        id="groupRepository"
        class="com.saasovation.identityaccess.infrastructure↵
.persistence.HibernateGroupRepository"
        autowire="byName">
    </bean>

    <bean
        id="roleRepository"
        class="com.saasovation.identityaccess.infrastructure↵
.persistence.HibernateRoleRepository"
        autowire="byName">
    </bean>

    <bean
        id="tenantProvisioningService"
        class="com.saasovation.identityaccess.domain.model↵
.identity.TenantProvisioningService"
        autowire="byName">
    </bean>

    <bean
        id="tenantRepository"
        class="com.saasovation.identityaccess.infrastructure↵
.persistence.HibernateTenantRepository"
        autowire="byName">
    </bean>
```

```
    <bean
        id="userRepository"
        class="com.saasovation.identityaccess.infrastructure⏎
.persistence.HibernateUserRepository"
        autowire="byName">
    </bean>
</beans>
```

Usando o `DomainRegistry`, podemos acessar quaisquer desses beans Spring inscritos. Todos os beans também estão disponíveis para a injeção de dependência em outros beans Spring. Assim, os Serviços de Aplicação podem optar por utilizar a Fábrica de Serviços ou a injeção de dependência. Ver em **Serviços** (7) uma discussão mais aprofundada do uso dessas duas abordagens *versus* uma configuração de dependência baseada em construtor.

Resumo

Neste capítulo analisamos como a aplicação funciona fora do modelo de domínio.

- Você avaliou várias técnicas para renderizar os dados do modelo nas interfaces do usuário.

- Você viu maneiras de aceitar a entrada de usuário que é aplicada ao modelo de domínio.

- Você aprendeu várias opções para transferir dados do modelo, mesmo quando há possivelmente muitos tipos diferentes de interface do usuário.

- Você examinou Serviços de Aplicações e aquilo pelo qual eles são responsáveis.

- Você viu uma opção para separar a saída dos tipos específicos de cliente.

- Você aprendeu maneiras de usar a infraestrutura para manter as implementações técnicas fora do modelo de domínio.

- Você avaliou como, utilizando DIP, tornar todos os aspectos dos clientes da aplicação dependentes de abstrações, em vez dos detalhes de implementação, o que promove acoplamento fraco.

- Por fim, você viu como servidores de aplicação são uma mercadoria e como contêineres de componentes corporativos podem dar asas a suas aplicações.

Agora você deve ter uma base sólida para implementar DDD desde o modelo de domínio cuidadosamente elaborado até os componentes de toda a aplicação.

Apêndice A

Agregados e Prospecção de Evento: A+PE

Contribuição de Rinat Abdullin

O conceito da **Prospecção de Eventos** é utilizado há décadas, mas foi mais recentemente popularizado por Greg Young aplicando-o ao DDD [Young, AE].

A Prospecção de Eventos pode ser usada para representar todo o estado de um **Agregado (10)** como uma sequência de **Eventos (8)** que ocorreram desde que ele foi criado. Os Eventos são usados para reconstruir o estado do Agregado substituindo-os na mesma ordem em que eles ocorreram. A premissa é de que essa abordagem simplifica a persistência e permite capturar conceitos com propriedades comportamentais complexas.

O conjunto de Eventos que representam o estado de cada Agregado é capturado em um Fluxo de Eventos somente de anexação. Esse estado de Agregado sofre outras mutações por operações sucessivas que anexam novos Eventos ao fim do Fluxo de Eventos, como ilustrado na Figura A.1. (Neste Apêndice, os Eventos são mostrados como retângulos cinza-claros para destacá-los de outros conceitos).

O Fluxo de Eventos de cada Agregado geralmente é persistido no **Armazenamento de Eventos (8)**, onde eles são distinguidos de maneira única, geralmente pela identidade da Entidade Raiz (5). Discutiremos mais adiante no apêndice como construir um Armazenamento de Eventos especificamente para uso com a Prospecção de Eventos.

A partir daqui, vamos nos referir a essa abordagem do uso da Prospecção de Eventos para manter o estado dos Agregados e persisti-los como **A+PE**.

Alguns dos principais benefícios do A+PE são:

- A Prospecção de Eventos garante que a razão para cada alteração em uma instância de Agregado não será perdida. Ao utilizar a abordagem tradicional da serialização do estado atual de um Agregado para um banco de da-

Figura A.1 Um Fluxo de Eventos com Eventos de Domínio em ordem de ocorrência

539

de dados, sempre sobrescrevemos o estado serializado anterior, para que nunca seja recuperado. Mas manter a razão para todas as alterações da criação de uma instância de Agregado ao longo de toda sua vida pode ser inestimável para o negócio. Como discutido em **Arquitetura (4)**, os benefícios podem ser poderosos: confiabilidade, inteligência de negócio a médio e longo prazos, descobertas analíticas, log de auditoria completo, capacidade de olhar para trás no tempo para propósitos de depuração.

- A natureza "somente de anexação" (*append-only*) dos Fluxos de Eventos tem um desempenho excepcional e suporta uma variedade de opções de replicação de dados. Utilizar abordagens semelhantes permitiu que empresas como a LMAX facilitassem os sistemas de negociação de ações com latência muito baixa.

- A abordagem centrada em Eventos para o projeto de Agregados permite aos desenvolvedores se concentrar mais nos comportamentos expressos pela **Linguagem Ubíqua (1)** evitando a potencial incompatibilidade de impedância do mapeamento objetorrelacional e pode resultar em sistemas que são mais robustos e tolerantes a alterações.

Dito isso, não se engane: O A+PE não é uma bala de prata. Considere algumas desvantagens realistas:

- Definir os Eventos para o A+PE requer um entendimento profundo do domínio do negócio. Como em qualquer projeto DDD, esse nível de esforço é geralmente justificável apenas para modelos complexos a partir dos quais a organização ganhará vantagem competitiva.

- No momento em que este livro era escrito, faltavam ferramentas e um corpo sólido de conhecimento nessa área. Isso aumenta os custos e os riscos de introduzir a abordagem a equipes inexperientes.

- O número de desenvolvedores experientes é limitado.

- É quase certo que implementar o A+PE requer alguma forma de Segregação de Responsabilidades por Consultas e Comandos (Command-Query Responsibility Segregation) ou **CQRS (4)**, uma vez que os Fluxos de Eventos são difíceis de pesquisar. Isso aumenta a carga cognitiva e a curva de aprendizagem do desenvolvedor.

Para aqueles que não se intimidam com esses desafios, implementar com A+PE pode fornecer vários benefícios. Examinaremos algumas maneiras de implementar usando essa abordagem poderosa no mundo orientado a objetos.

Dentro de um Serviço de Aplicação

Analisar o A+PE dentro de um **Serviço de Aplicação (4, 14)** demonstra o quadro geral. É comum que Agregados residam em um modelo de domínio por trás dos Serviços de Aplicação, que funciona como os clientes diretos do modelo de domínio.

Quando um Serviço de Aplicação recebe o controle, ele carrega um Agregado e recupera quaisquer **Serviços de Domínio** de suporte (7) necessários para a operação de negócio do Agregado. Quando o Serviço de Aplicação delega controle à operação de negócio do Agregado, e o método do Agregado produz Eventos como resultado. Esses Eventos transformam o estado do Agregado e também são publicados como notificações para todos os assinantes. O método de negócio do Agregado pode exigir que sejam passados um ou mais Serviços de Domínio como parâmetros. O uso de quaisquer Serviços de Domínio pode calcular os valores usados para causar efeitos colaterais no estado do Agregado. Algumas dessas operações do Serviço de Domínio podem incluir chamar um gateway de pagamento, solicitar uma identidade única ou consultar dados a partir de um sistema remoto. A Figura A.2 ilustra como isso funciona.

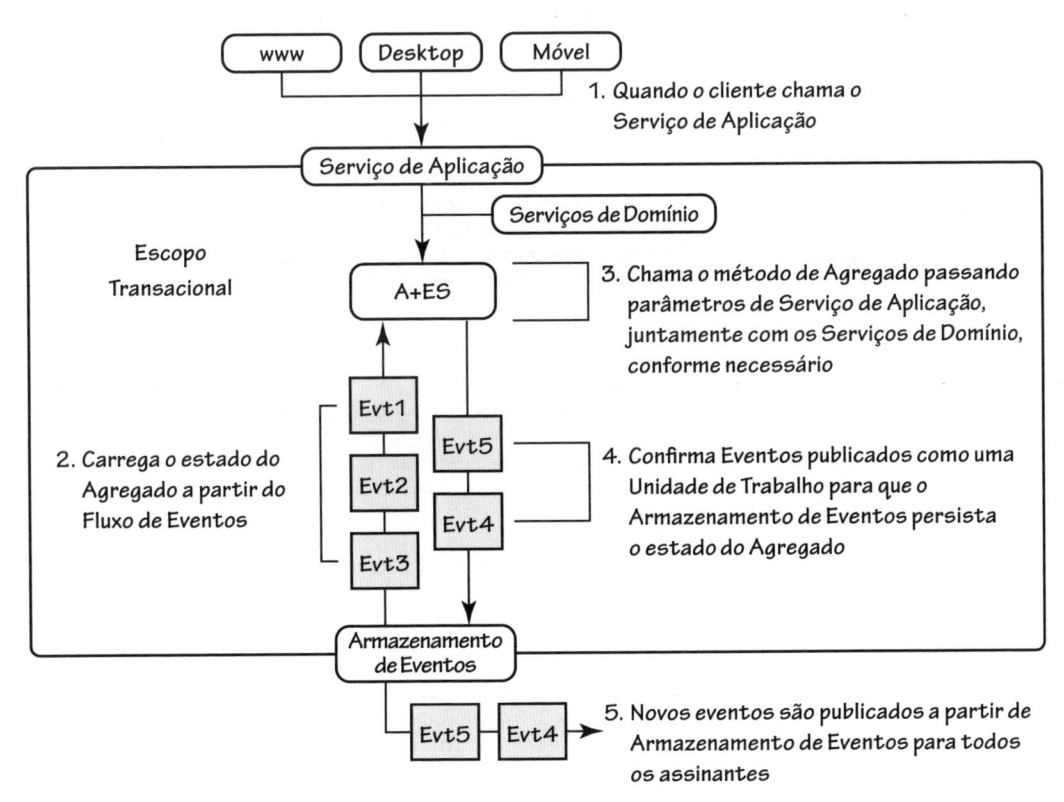

Figura A.2 Um Serviço de Aplicação controla o acesso e uso do Agregado.

O Serviço de Aplicações a seguir, implementado em C#, mostra como os passos da Figura A.2 podem ser suportados:

```csharp
public class CustomerApplicationService
{
  // armazenamento de eventos para acessar fluxo de eventos
  IEventStore _eventStore;

  // serviço de domínio requerido pelo agregado
  IPricingService _pricingService;

  // passa dependências para esse serviço de aplicação via construtor
  public CustomerApplicationService(
    IEventStore eventStore,
    IPricingService pricing)
  {
    _eventStore = eventStore;
    _pricingService = pricing;
  }

  // Passo 1: Método LockForAccountOverdraft do
  // Serviço de Aplicação do Cliente é chamado
  public void LockForAccountOverdraft(
    CustomerId customerId, string comment)
  {
    // Passo 2.1: Carrega fluxo de eventos para o Cliente, dado seu id
    var stream = _eventStore.LoadEventStream(customerId);
    // Passo 2.2: Constrói o agregado a partir do fluxo de eventos
    var customer = new Customer(stream.Events);
    // Passo 3: Chame o método de agregado, passando-lhe argumentos e
    // dando o preço do serviço de domínio
    customer.LockForAccountOverdraft(comment, _pricingService);
    // Passo 4: Confirma as alterações no fluxo de eventos por id
    _eventStore.AppendToStream(
      customerId, stream.Version, customer.Changes);
  }

  public void LockCustomer(CustomerId customerId, string reason)
  {
    var stream = _eventStore.LoadEventStream(customerId);
    var customer = new Customer(stream.Events);
    customer.Lock(reason);
    _eventStore.AppendToStream(
      customerId, stream.Version, customer.Changes);
  }

  // outros métodos deste serviço de aplicação
}
```

O `CustomerApplicationService` é inicializado com duas dependências por meio do construtor, o `IEventStore` e `IPricingService`. A inicialização baseada em construtor é um meio valioso de preencher as dependências, mas elas poderiam ter sido recuperadas por meio de uma Fábrica de Serviços ou usando a injeção de dependência. Os padrões e as práticas de sua equipe reinam.

| **Onde Posso Encontrar o Código de Exemplo?**
| Todo o código-fonte para os exemplos de A A+PE está disponível para download aqui: http://lokad.github.com/lokad-iddd-sample/ (em inglês).

Nosso `IEventStore` pode ter uma definição de interface simples, e nosso `EventStream` segue o exemplo:

```
public interface IEventStore
{
    EventStream LoadEventStream(IIdentity id);

    EventStream LoadEventStream(
        IIdentity id, int skipEvents, int maxCount);

    void AppendToStream(
        IIdentity id, int expectedVersion, ICollection<IEvent> events);
}

public class EventStream
{
    // versão do fluxo de eventos retornada
    public int Version;

    // todos os eventos no fluxo
    public List<IEvent> Events;
}
```

Esse Armazenamento de Eventos pode ser facilmente implementado com um banco de dados relacional (Microsoft SQL, Oracle, ou MySQL) ou com um armazenamento NoSQL que tem fortes garantias de consistência (sistema de arquivos, armazenamento MongoDB, RavenDB ou Azure Blob).

Carregamos Eventos do Armazenamento de Eventos usando a identidade única da instância de Agregado a ser reconstituída. Veremos como isso pode ser feito para um Agregado chamado `Customer`. Embora a identidade única possa ter qualquer tipo, por expressividade utilizaremos uma interface `IIdentity` implementada por `CustomerId`.

Precisamos carregar os Eventos que pertencem ao `Customer` específico, e os Eventos são passados para o construtor do `Customer` para instanciar o Agregado:

```
var eventStream = _eventStore.LoadEventStream(customerId);

var customer = new Customer(eventStream.Events);
```

Como pode ser visto na Figura A.3, o Agregado aplica Eventos reproduzindo-os por meio do método `Mutate()`. Eis como isso funciona:

```csharp
public partial class Customer
{
  public Customer(IEnumerable<IEvent> events)
  {
    // reestabelece este agregado para a versão mais recente
    foreach (var @event in events)
    {
      Mutate(@event);
    }
  }

  public bool ConsumptionLocked { get; private set; }

  public void Mutate(IEvent e)
  {
    // Mágica .NET  para chamar uma das rotinas 'When' de
    // tratamento com uma assinatura correspondente
    ((dynamic) this).When((dynamic)e);
  }

  public void When(CustomerLocked e)
  {
    ConsumptionLocked = true;
  }

  public void When(CustomerUnlocked e)
  {
    ConsumptionLocked = false;
  }

  // etc.
```

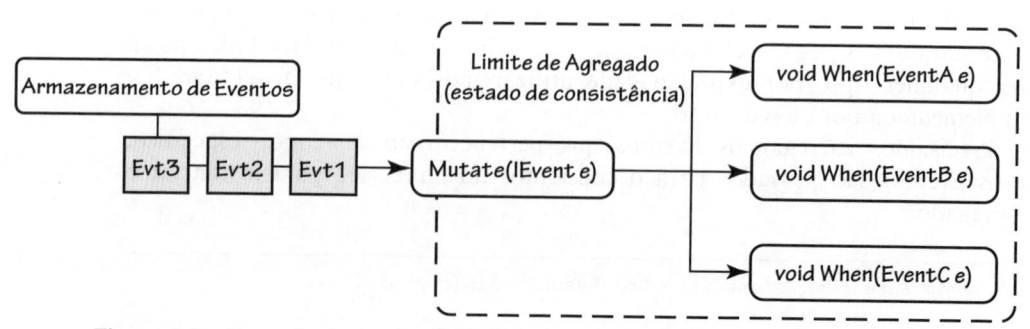

Figura A.3   O estado do Agregado reconstituído a partir de Eventos aplicados em ordem de ocorrência

`Mutate()` localiza (via dinâmica .NET) o método `When()` apropriado sobrecarregado pelo tipo de parâmetro do Evento específico, e então executa o método passando o Evento. Depois que `Mutate()` conclui, a instância do `Customer` tem um estado completamente reconstituído.

Podemos criar uma operação de consulta reutilizável para reconstituir uma instância de Agregado a partir do Armazenamento de Eventos:

```
public Customer LoadCustomerById(CustomerId id)
{
    var eventStream = _eventStore.LoadEventStream(id);
    var customer = new Customer(eventStream.Events);
    return customer;
}
```

Depois de considerar como uma instância de Agregado pode ser reconstituída a partir de um Fluxo de Eventos históricos, é fácil imaginar outros usos para o registro histórico. Podemos usá-los para olhar para trás no tempo apenas para ver o que aconteceu, e quando. A capacidade de visualização torna-se ainda mais poderosa ao avaliar a necessidade de depurar implantações de produção.

Como as operações do negócio são realizadas? Depois que o Agregado é reconstituído a partir do Armazenamento de Eventos, o Serviço de Aplicação é quem delega o controle a uma operação de Comando na instância do Agregado. Ele usa seu estado atual e quaisquer Serviços de Domínio exigidos pelo contrato para executar a operação. À medida que o comportamento é executado, as alterações no estado são expressas em novos Eventos. Cada novo Evento é passado para o método `Apply()` do Agregado, como mostrado na Figura A.4.

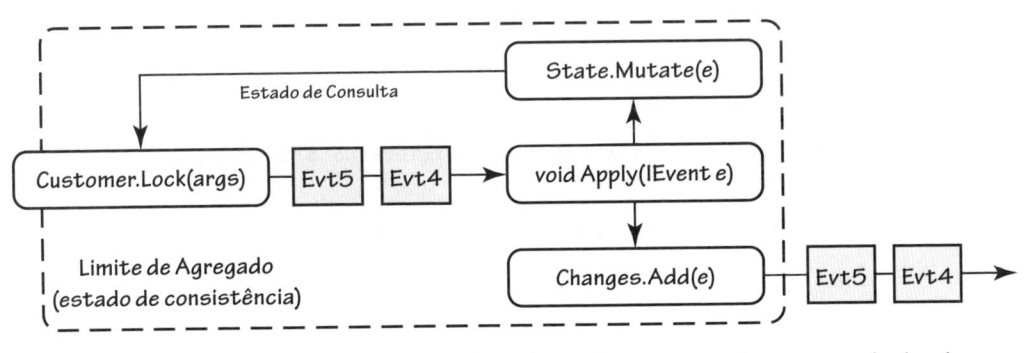

Figura A.4 O estado do Agregado é baseado em Eventos passados, e os resultados do comportamento produzem novos Eventos.

Como pode ser visto no código a seguir, novos Eventos são acumulados na coleção `Changes` e então são usados para transformar o estado atual do Agregado:

```
public partial class Customer
{
  ...
  void Apply(IEvent event)
  {
    // anexa evento à lista de alterações para uma maior persistência
    Changes.Add(event);

    // passa cada evento para o modificar atual estado na memória
    Mutate(event);
  }
  ...
}
```

Todos os Eventos adicionados à coleção `Changes` serão persistidos como recém-anexados. Como cada Evento também é usado para transformar imediatamente o estado do Agregado, se um comportamento tiver múltiplos passos, cada passo subsequente terá um estado atualizado sobre o qual operar.

A seguir, analise alguns dos comportamentos do negócio do Agregado `Customer`:

```
public partial class Customer
{
  // Segunda parte da classe de agregados
  public List<IEvent> Changes = new List<IEvent>();

  public void LockForAccountOverdraft(
    string comment, IPricingService pricing)
  {
    if (!ManualBilling)
    {
      var balance = pricing.GetOverdraftThreshold(Currency);
      if (Balance < balance)
      {
        LockCustomer("Overdraft. " + comment);
      }
    }
  }

  public void LockCustomer(string reason)
  {
    if (!ConsumptionLocked)
    {
      Apply(new CustomerLocked(_state.Id, reason));
    }
  }
```

```
// Outros métodos de negócio não são mostrados ...

void Apply(IEvent e)
{
  Changes.Add(e);
  Mutate(e);
}
}
```

Considere Usar Duas Classes de Implementação

Para tornar seu código mais claro, você pode dividir a implementação do A+PE em duas classes distintas, uma para o estado e outra para o comportamento, com o objeto de estado sendo mantido pela comportamental. Os dois objetos colaborariam exclusivamente por meio do método `Apply()`. Isso garante que o estado só sofra mutação por meio dos Eventos.

Depois que os comportamentos mutantes concluíram, devemos confirmar a coleção das `Changes` no Armazenamento de Eventos. Anexamos todas as novas alterações, assegurando que não existem conflitos de concorrência com outras threads de gravação. Essa verificação é possível porque passamos uma variável de versão de concorrência do método `Load()` para o método `Append()`.

Na implementação mais simples, haverá um processador em segundo plano que é atualizado de acordo com os Eventos recém-anexados e que os publica em uma infraestrutura de mensagens (como RabbitMQ, JMS, MSMQ, ou filas em nuvem), entregando-os a todos os interessados. Ver a Figura A.5.

Essa implementação simples pode ser substituída por outras mais elaboradas. Uma dessas replica imediatamente, ou com o tempo, os Eventos para um ou mais clones, aumentando a tolerância a falhas. A Figura A.6 mostra a replicação

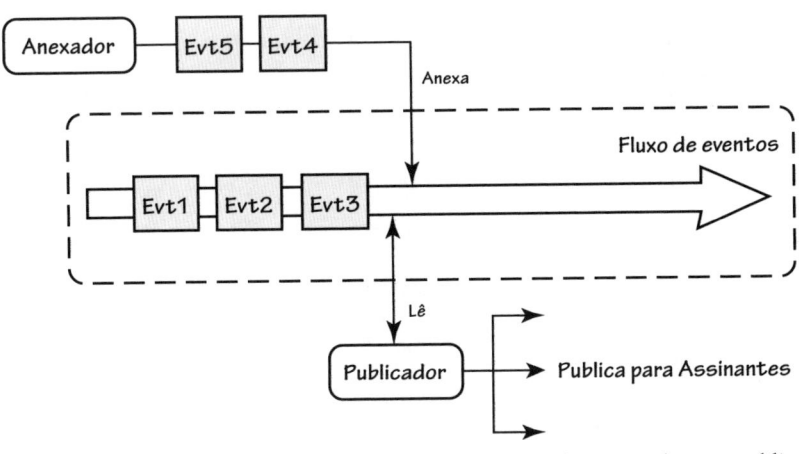

Figura A.5 Novos Eventos de resultados comportamentais de Agregados são publicados para os assinantes.

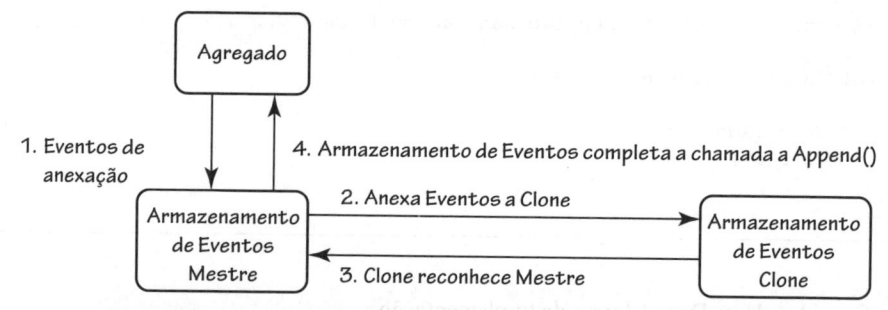

Figura A.6 *Write through*: Um Armazenamento de Eventos Mestre replica imediatamente todos os Eventos recém-anexados em um Clone do Armazenamento de Eventos.

de Eventos imediata para um clone. Nesse caso, o Armazenamento de Eventos Mestre avalia seus próprios Eventos a serem salvos somente depois que foram replicados com sucesso no Armazenamento de Eventos de Clones, que é uma estratégia *write-through* (gravação no cache e na memória principal).

Uma alternativa é replicar os Eventos para o Clone depois que as alterações foram salvas pelo Mestre usando uma thread separada, que é uma estratégia *write-behind*. Essa abordagem é ilustrada na Figura A.7. Nesse caso, o Clone pode ser inconsistente com o Mestre, o que é especialmente verdadeiro se um servidor falhar ou se o particionamento for impactado pela latência de rede.

Para resumir o que foi discutido até agora, vamos examinar a sequência de execução que começa com a invocação de uma operação em um Serviço de Aplicação:

1. Um `Customer` invoca um método em um Serviço de Aplicação.

2. Obtém quaisquer Serviços de Domínio necessários para realizar a operação do negócio.

3. Com a identidade da instância de Agregado fornecida pelo `Customer`, recupera o Fluxo de Eventos.

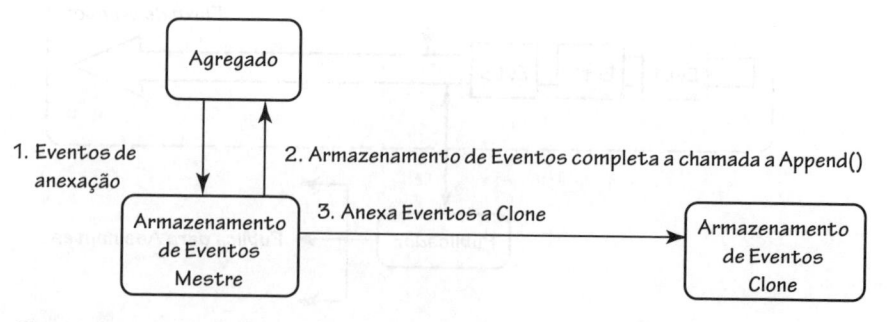

Figura A.7 *Write behind*: Um Armazenamento de Eventos Mestre, com o tempo, replica todos os Eventos recém-anexados em um Clone do Armazenamento de Eventos.

4. Reconstitui a instância do Agregado aplicando-a a todos os Eventos do Fluxo.

5. Executa uma operação de negócio fornecida pelo Agregado, passando todos os parâmetros exigidos pelo contrato da interface.

6. O Agregado pode ser enviado duas vezes para quaisquer Serviços de Domínio fornecidos, instâncias de outros Agregados, etc., e irá gerar novos Eventos como resultado da operação.

7. Supondo que não há nenhuma operação de negócio falha, anexa todos os Eventos recém-gerados ao Fluxo usando a versão do Fluxo para proteger contra conflitos de concorrência.

8. Publica os Eventos recém-anexados a partir do Armazenamento de Eventos para os assinantes usando sua infraestrutura de mensagens preferida.

Podemos melhorar nossa implementação do A+PE utilizando várias opções. Por exemplo, podemos usar um **Repositório (12)** para encapsular o acesso ao Armazenamento de Eventos e os detalhes da reconstituição das instâncias de Agregado. Tendo em conta os trechos de código anteriores, seria fácil criar uma classe básica de Repositório reutilizável. Vamos nos concentrar em apenas dois aprimoramentos opcionais práticos que ajudam muitos projetos de um A+PE: *Rotinas de tratamento de Comando e lambdas*.

Rotinas de Tratamento de Comando

Vamos considerar as vantagens da utilização de **Comandos (4, 14)** e rotinas de tratamento de Comando para controlar o gerenciamento de tarefas da nossa aplicação. Para começar, primeiro reanalise nosso Serviço de Aplicação e seu método LockCustomer():

```
public class CustomerApplicationService
{
  ...
  public void LockCustomer(CustomerId id, string reason)
  {
    var eventStream = _eventStore.LoadEventStream(id);
    var customer = new Customer(stream.Events);
    customer.LockCustomer(reason);
    _store.AppendToStream(id, eventStream.Version, customer.Changes);
  }
  ...
}
```

Agora imagine criar uma representação serializada do nome do método e seus parâmetros. Com que isso se pareceria? Podemos criar uma classe nomeada para a operação da aplicação e criar propriedades de instância para corresponder os parâmetros com o método do serviço. Essa classe forma um Comando:

```
public sealed class LockCustomerCommand
{
  public CustomerId { get; set; }
  public string Reason { get; set; }
}
```

Contratos de Comando seguem a mesma semântica que Eventos e podem ser compartilhados entre os sistemas de uma forma similar. Esse Comando pode então ser passado para um método no Serviço de Aplicação:

```
public class CustomerApplicationService
{
  ...
  public void When(LockCustomerCommand command)
  {
    var eventStream = _eventStore.LoadEventStream(command.CustomerId);
    var customer = new Customer(stream.Events);
    customer.LockCustomer(command.Reason);
    _eventStore.AppendToStream(
      command.CustomerId, eventStream.Version, customer.Changes);
  }
  ...
}
```

Essa refatoração simples pode ter alguns benefícios de longo prazo para o sistema. Vejamos como.

Uma vez que os objetos de Comando podem ser serializados, podemos enviar representações textuais ou binárias como mensagens ao longo de uma fila de mensagens. O objeto para o qual a mensagem é entregue é uma rotina de tratamento de mensagem e para nós é uma rotina de Tratamento de Comando. A rotina de Tratamento de Comando substitui efetivamente o método do Serviço de Aplicação, embora ele seja aproximadamente equivalente e ainda possa ser chamado como tal. De qualquer forma, separar o cliente do Serviço pode *melhorar o balanceamento de carga, ativar consumidores concorrentes e suportar particionamento do sistema.* Pegue o balanceamento de carga como um exemplo. Podemos distribuir a carga iniciando a mesma rotina de tratamento de Comando (semanticamente um Serviço de Aplicação) em quaisquer servidores. À medida que os Comandos são colocados na fila de mensagens, as mensagens do Comando podem ser entregues a uma das várias rotinas de Tratamento de Comando que os ouvem. Isso é mostrado na Figura A.8. (Neste

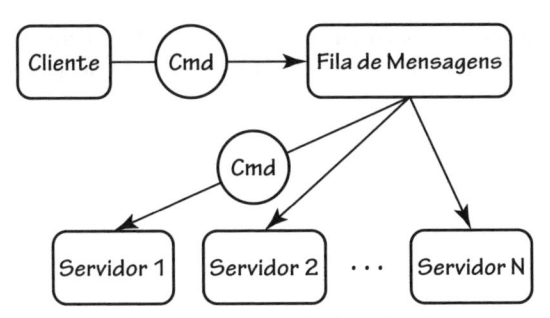

Figura A.8 Os Comandos de Aplicativo sendo distribuídos para qualquer número de Rotinas de Tratamento de Comando.

apêndice, os Comandos são mostrados como objetos circulares.) A distribuição real pode ser feita usando um estilo simples do tipo todos contra todos ou um algoritmo de entrega mais sofisticado, cada um dos quais são fornecidos pela infraestrutura de mensagens.

Essa abordagem cria uma *dissociação temporal* entre os clientes e o Serviço de Aplicação, resultando em sistemas mais robustos. Por um lado, o Customer deixará de ser bloqueado se o Serviço de Aplicação não estiver disponível por um curto período de tempo (por exemplo, para manutenção ou atualização). Em vez disso, os Comandos serão colocados em uma fila persistente, que será processada pelas rotinas de tratamento de Comando (Serviço de Aplicação) quando o servidor voltar online como indicado na Figura A.9.

Outra vantagem é a capacidade de encadear aspectos adicionais antes do envio do Comando conforme necessário. Por exemplo, podemos facilmente corrigir auditoria, registro em log, autorização e validação.

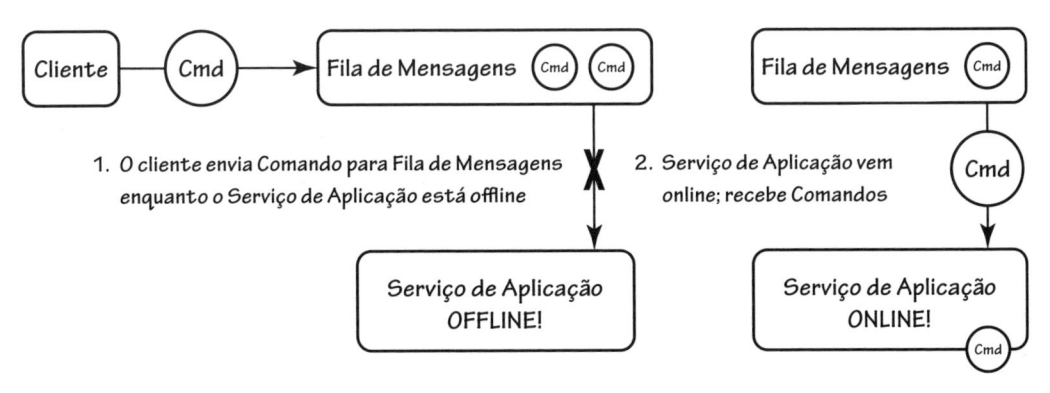

Figura A.9 As características de dissociação temporais de Comandos baseados em mensagens e suas Rotinas de Tratamento de Comando permitem opções flexíveis de disponibilidade do sistema.

Considere como podemos corrigir o registro em log. Primeiro definimos uma interface padrão e a implementamos em uma classe do Serviço de Aplicação:

```
public interface IApplicationService
{
    void Execute(ICommand cmd);
}

public partial class CustomerApplicationService : IApplicationService
{
  public void Execute(ICommand command)
  {
    // passa o comando para um método When() específico
    // que pode tratar o comando
    ((dynamic)this).When((dynamic)command);
  }
}
```

Execute e Mutate Têm Implementações Similares

Observe que a forma como esse método Execute() é implementada tem algumas características semelhantes ao método Mutate() anteriormente descrito como parte de um projeto A+PE do Agregado.

Depois que temos uma interface padrão para todas as rotinas de Tratamento de Comando (Serviços de Aplicação), podemos corrigir quaisquer tipos de recursos pré e pós-execução, como registro em log genérico:

```
public class LoggingWrapper : IApplicationService
{
  readonly IApplicationService _service;

  public LoggingWrapper(IApplicationService service)
  {
    _service = service;
  }

  public void Execute(ICommand cmd)
  {
    Console.WriteLine("Command: " + cmd);
    try
    {
      var watch = Stopwatch.StartNew();
      _service.Execute(cmd);
      var ms = watch.ElapsedMilliseconds;
      Console.WriteLine("  Completed in {0} ms", ms);
    }
```

```
    catch( Exception ex)
    {
      Console.WriteLine("Error: {0}", ex);
    }
  }
}
```

Como todos os Serviços de Aplicações têm uma interface padrão, podemos corrigir quaisquer recursos genéricos que operam antes e/ou depois das funções reais da rotina de Tratamento de Comando. Eis como o `CustomerApplication-Service` é inicializado com o registro em log pré e pós-execução:

```
var customerService =
  new CustomerApplicationService(eventStore, pricingService);
var customerServiceWithLogging = new LoggingWrapper(customerService);
```

É claro que o fato de que os Comandos são objetos serializados enviados para rotinas de Tratamento de Comando permite lidar com várias falhas e condições de erro em um único local. Dada certa classe de erro, como a contenção de recursos em relação a questões de concorrência, podemos escolher uma ação de recuperação padrão, como repetir a operação X número de vezes. As novas tentativas podem basear-se em uma estratégia Capped Exponential Back-off (desistência com espera exponencial e tempo limite), tornando todas as novas tentativas uniformes, seguras e mantidas em uma única classe.

Sintaxe Lambda

Se sua linguagem suportar expressões lambda, é possível tornar mais compacto o de outra forma repetitivo código evitando o gerenciamento repetitivo do Fluxo de Eventos. Para demonstrar esse fato, aqui introduzimos um método auxiliar dentro de nosso Serviço de Aplicação:

```
public class CustomerApplicationService
{
  ...
  public void Update(CustomerId id, Action<Customer> execute)
  {
    EventStream eventStream = _eventStore.LoadEventStream(id);
    Customer customer = new Customer(eventStream.Events);
    execute(customer);
    _eventStore.AppendToStream(
      id, eventStream.Version, customer.Changes);
  }
  ...
}
```

Nesse método, o parâmetro `Action<Customer>` executa as referências a uma função anônima (delegada pelo C#) que pode operar em qualquer instância de `Customer`. A concisão da expressão lambda pode ser vista no parâmetro passado para `Update()`:

```
public class CustomerApplicationService
{
  ...
  public void When(LockCustomer c)
  {
    Update(c.Id, customer => customer.LockCustomer(c.Reason));
  }
  ...
}
```

Na realidade, o compilador C# gera algo semelhante ao código a seguir que atende à intenção da expressão lambda:

```
public class AnonymousClass_X
{
    public string Reason;
    public void Execute(Customer customer);
    {
        Customer.LockCustomer(Reason);
    }
}

public delegate void Action<T>(T argument);

public void When(LockCustomer c)
{
  var x = new AnonymousClass_X();
  x.Reason = c.Reason
  Update(c.Id, new Action<Customer>(customer => x.Execute(customer));
}
```

Como essa função gerada recebe uma instância de `Customer` como um argumento, ela pode ser usada para capturar o comportamento no código e executá-lo várias vezes em diferentes instâncias de `Customer`. O poder do uso de lambdas é destacado na seção a seguir.

Controle de Concorrência

Os Fluxos de Evento dos Agregados podem ser acessados e lidos por múltiplas threads simultaneamente. Isso abre o potencial real a conflitos de concorrência

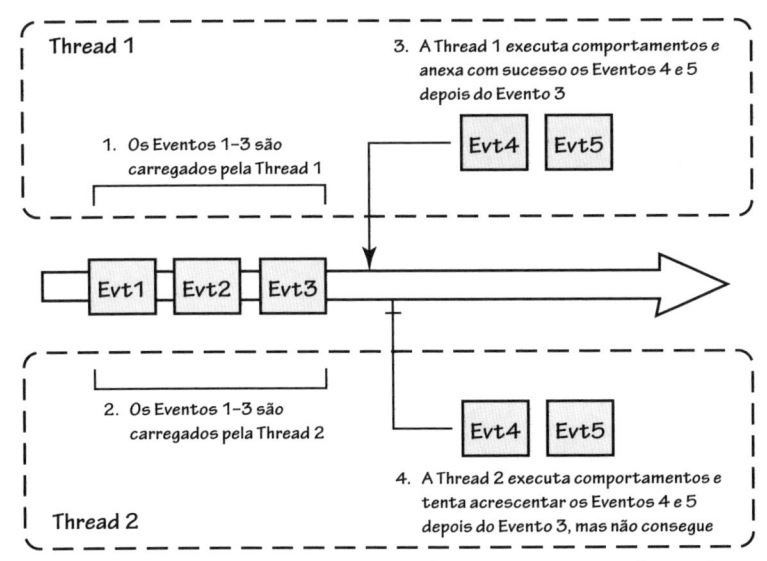

Figura A.10   Dois segmentos em disputa pela mesma instância de um Agregado.

que, se não forem controlados, podem resultar em um número aleatório de estados de Agregado inválidos. Considere um cenário em que duas threads tentam modificar o Fluxo de Eventos ao mesmo tempo, como mostrado na Figura A.10.

A solução mais simples para essa situação é usar `EventStoreConcurrency-Exception` no passo 4, permitindo que ela propague até o cliente final:

```
public class EventStoreConcurrencyException : Exception
{
    public List<IEvent> StoreEvents { get; set; }
    public long StoreVersion { get; set; }
}
```

Após capturar essa exceção no cliente final, o usuário provavelmente seria instruído a repetir a operação manualmente.

Em vez de primeiro adotar essa abordagem, você provavelmente concordaria que uma abordagem padronizada de repetição poderia ser melhor. Assim, quando nosso armazenamento Evento lança uma `EventStoreConcurrency-Exception`, podemos tentar imediatamente a recuperação:

```
void Update(CustomerId id, Action<Customer> execute)
{
    while(true)
    {
```

```
EventStream eventStream = _eventStore.LoadEventStream(c.Id);
var customer = new Customer(eventStream.Events);
try
{
  execute(customer);
  _eventStore.AppendToStream(
    c.Id, eventStream.Version, customer.Changes);
  return;
}
catch (EventStoreConcurrencyException)
{
  // fall through e nova tentativa, com breve atraso opcional
}
  }
}
```

No caso em que ocorre um conflito de concorrência, adicionaríamos esses passos extras para superar o problema:

1. A Thread 2 captura a exceção e passa o controle para o início do loop `while`. Agora os Eventos 1-5 são carregados em uma nova instância de `Customer`.

2. A Thread 2 reexecuta o delegado no `Customer` recarregado, que agora cria os Eventos 6-7, que serão anexados de maneira bem-sucedida após o Evento 5.

Se a reexecução do comportamento do Agregado necessária for muito cara ou, por alguma razão, não for viável (por exemplo, requer uma integração cara com um sistema de terceiros para fazer um pedido ou debitar em um cartão de crédito), é recomendável empregar uma estratégia diferente.

Como ilustrado na Figura A.11, uma dessas estratégias é a resolução de conflitos de Eventos que é utilizada para reduzir o número de exceções reais de concorrência. Eis um uso muito simples de como a resolução de conflitos pode funcionar:

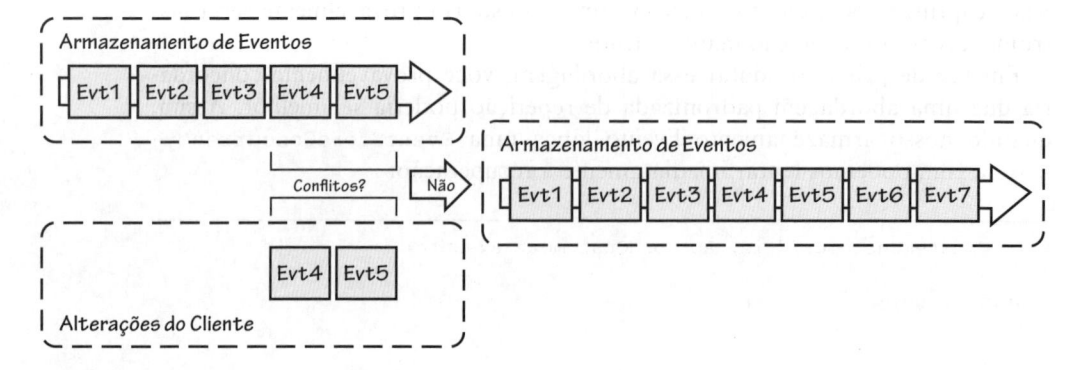

Figura A.11   Usando a resolução de conflitos de Eventos no Fluxo de Eventos de um Agregado.

```
void UpdateWithSimpleConflictResolution(
  CustomerId id, Action<Customer> execute)
{
  while (true)
  {
    EventStream eventStream = _eventStore.LoadEventStream(id);
    Customer customer = new Customer(eventStream.Events);
    execute(customer);

    try
    {
      _eventStore.AppendToStream(
        id, eventStream.Version, customer.Changes);
      return;
    }
    catch (EventStoreConcurrencyException ex)
    {
      foreach (var failedEvent in customer.Changes)
      {
        foreach (var succeededEvent in ex.ActualEvents)
        {
          if (ConflictsWith(failedEvent, succeededEvent))
          {
            var msg = string.Format("Conflict between {0} and {1}",
              failedEvent, succeededEvent);
            throw new RealConcurrencyException(msg, ex);
          }
        }
      }
      // não há conflitos e podemos anexar
      _eventStore.AppendToStream(
        id, ex.ActualVersion, customer.Changes);
    }
  }
}
```

Nesse caso, o método de detecção de conflitos ConflictsWith() é usado para comparar cada um dos Eventos de Agregado quanto a conflitos com Eventos que foram anexados concomitantemente ao Armazenamento de Eventos (como relatado na exceção).

Esse método de resolução de conflito é geralmente definido por Raiz de Agregado, dependendo dos tipos específicos dos comportamentos suportados. Mas há uma implementação de ConflictsWith() que funcionaria para a maioria dos Agregados:

```
bool ConflictsWith(IEvent event1, IEvent event2)
{
  return event1.GetType() == event2.GetType();
}
```

Essa resolução de conflitos do caso majoritário baseia-se em uma regra simples: Eventos do mesmo tipo sempre entram em conflito entre si, mas os Eventos de tipos diferentes não.

Liberdade Estrutural com A+PE

Uma das maiores vantagens práticas do A+PE é a versatilidade e simplicidade da persistência que ele fornece. Independentemente da complexidade da estrutura de um dado Agregado, ele sempre pode ser representado com uma sequência de Eventos serializados que podem ser usados para reconstituí-lo. Muitos domínios influenciam as alterações no modelo ao longo do tempo, com novos comportamentos ou sutilezas de modelagem que surgem a partir das mudanças nos requisitos de um sistema em evolução. Mesmo se for preciso reestruturar a implementação interna de um determinado Agregado a fim de lidar com alterações significativas, na maioria das vezes o A+PE pode facilitar essas alterações com riscos mais baixos e pouca frustração para os desenvolvedores.

A sequência dos Eventos associados com uma identidade específica normalmente é chamada Fluxo de Eventos. Em essência, ele é apenas uma lista dos Eventos anexados das mensagens serializadas em blocos de bytes com o serializador de sua escolha. Como tal, um Fluxo de Eventos pode ser persistido com igual sucesso usando bancos de dados relacionais, persistência NoSQL, sistemas de arquivos simples ou armazenamento em nuvem, desde que qualquer armazenamento escolhido tenha fortes garantias de consistência.

Eis três grandes vantagens da persistência A+PE, que são especialmente importantes para **Contextos Delimitados (2)** com uma vida longa:

- A capacidade de adaptar implementações internas de um Agregado a qualquer representação estrutural prática necessária para expressar novos comportamentos encontrados por especialistas em domínio

- A capacidade de mover toda a infraestrutura entre várias soluções de hospedagem, o que permite lidar com interrupções dos serviços de nuvem e fornecer opções sólidas de *failover*

- A capacidade de um Fluxo de Eventos para qualquer instância de Agregado ser baixado para uma máquina de desenvolvimento e reproduzido para depurar uma condição de erro

Desempenho

Às vezes, carregar Agregados a partir de grandes Fluxos pode causar problemas de desempenho, especialmente quando Fluxos individuais excedem centenas de

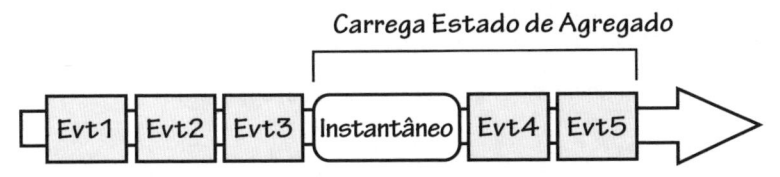

Figura A.12 Fluxo de Eventos de um Agregado com um instantâneo de seu estado, seguido por dois Eventos que ocorreram depois de o instantâneo ser tirado.

milhares de Eventos. Há alguns padrões simples que podem ser aplicados em casos específicos para resolver esse problema:

- Armazenar em cache os Fluxos de Evento na memória do servidor, alavancando o fato de que os Eventos são imutáveis depois de gravados em um Armazenamento de Eventos. Ao consultar quaisquer alterações no Armazenamento de Eventos, podemos fornecer uma versão do último Evento conhecido e solicitar apenas aqueles que ocorreram desde então, se houver algum. Isso pode melhorar o desempenho ao custo de maior consumo de memória.

- Evitar carregar e reproduzir uma grande parte de um Fluxo de Eventos tirando um *instantâneo* de cada instância de Agregado. Dessa forma, durante o carregamento de qualquer instância de Agregado, você só precisa encontrar o instantâneo mais recente e então reproduzir todos os Eventos que foram anexados ao Fluxo de Eventos quando ele foi tirado.

Como visto na Figura A.12, instantâneos são cópias serializadas do estado completo de um Agregado, tirados em certos momentos no tempo, que residem no Fluxo de Eventos como versões específicas. Eles podem ser persistidos em um Repositório encapsulado atrás de uma interface simples como esta:

```
public interface ISnapshotRepository
{
  bool TryGetSnapshotById<TAggregate>(
    IIdentity id, out TAggregate snapshot, out int version);
  void SaveSnapshot(IIdentity id, TAggregate snapshot, int version);
}
```

Devemos gravar a versão do Fluxo junto com cada instantâneo. Com a versão, podemos carregar o instantâneo juntamente com os Eventos que ocorreram desde o momento em que o instantâneo foi gravado. Primeiro recuperamos o instantâneo como o estado básico da instância do Agregado, então carregamos e reproduzimos todos os Eventos que ocorreram desde que o instantâneo foi tirado:

```
// interface de armazenamento de documentos simples
ISnapshotRepository _snapshots;
```

```
// nosso armazenamento de eventos
IEventStore _store;

public Customer LoadCustomerAggregateById(CustomerId id)
{
  Customer customer;
  long snapshotVersion = 0;
  if (_snapshots.TryGetSnapshotById(
      id, out customer, out snapshotVersion))
  {
    // carrega os eventos desde que o instantâneo foi tirado
    EventStream stream = _store.LoadEventStreamAfterVersion(
      id, snapshotVersion);
    // reproduz esses eventos para atualizar o instantâneo
    customer.ReplayEvents(stream.Events);
    return customer;
  }
  else // não temos qualquer instantâneo persistido
  {
    EventStream stream = _store.LoadEventStream(id);
    return new Customer(stream.Events);
  }
}
```

O método `ReplayEvents()` deve ser utilizado para atualizar o estado da instância de Agregado de acordo como os Eventos que ocorreram desde o último instantâneo. Lembre-se de que o estado da instância de Agregado é alterado desde o momento da última instância para a frente. Assim, o `Customer` (nesse exemplo) não será instanciado utilizando somente um Fluxo de Eventos. E não podemos usar `Apply()`, porque ele não apenas altera o estado atual com o Evento dado, ele também salva cada Evento que recebe na coleção de alterações. Salvar os Eventos em `Changes` que já estão no Fluxo de Eventos causaria erros graves. Portanto, precisamos simplesmente implementar o novo método `ReplayEvents()`:

```
public partial class Customer
{
  ...
  public void ReplayEvents(IEnumerable<IEvent> events)
  {
    foreach (var event in events)
    {
      Mutate(event);
    }
  }
  ...
}
```

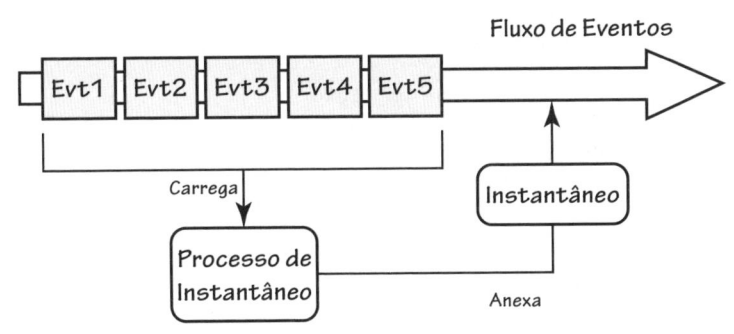

Figura A.13 Instantâneo de um Agregado é gerado depois que um determinado número de novos Eventos ocorreu.

Eis um código simples para gerar instantâneos do `Customer`:

```
public void GenerateSnapshotForCustomer(IIdentity id)
{
    // carrega todos os eventos desde o início
    EventStream stream = _store.LoadEventStream(id);
    Customer customer = new Customer(stream.Events);
    _snapshots.SaveSnapshot(id, customer, stream.Version);
}
```

A persistência e geração dos instantâneos podem ser delegadas a uma thread de segundo plano. Novos instantâneos seriam produzidos somente depois que um número definido de Eventos ocorreu desde o último instantâneo. Esses passos são indicados na Figura A.13. Como as características de cada tipo de Agregado podem ser bem diferentes, o limiar dos instantâneos para cada tipo pode ser ajustado de acordo com as necessidades específicas de desempenho.

Outra maneira de abordar preocupações de desempenho com Agregados A+PE é particionar os Agregados entre vários processos ou máquinas por identidade de Agregado. Esse particionamento pode ser alcançado utilizando *hashing* de identidade ou outros algoritmos e pode ser combinado tanto com cache na memória das instâncias de Agregado como com instantâneos de Agregado.

Implementando um Armazenamento de Eventos

Vamos agora realmente implementar alguns diferentes armazenamentos de Eventos que são adequados para uso com o A+PE. Os armazenamentos aqui são simples e não são projetados para desempenho extremamente alto, mas serão bons o suficiente para a maioria dos domínios.

Embora a implementação de cada um dos vários Armazenamentos de Evento seja diferente, os contratos são os mesmos:

```
public interface IEventStore
{
  // carrega todos os eventos de um fluxo
  EventStream LoadEventStream(IIdentity id);
  // carrega um subconjunto dos eventos para um fluxo
  EventStream LoadEventStream(
    IIdentity id, int skipEvents, int maxCount);
  // anexa eventos a um fluxo, lançando
  // OptimisticConcurrencyException se outro anexou
  // novos eventos desde expectedversion
  void AppendToStream(
    IIdentity id, int expectedVersion, ICollection<IEvent> events);
}

public class EventStream
{
    // versão do fluxo de evento retornado
    public int Version;
    // todos os eventos no fluxo
    public IList<IEvent> Events = new List<IEvent>();
}
```

Como ilustrado na Figura A.14, a implementação da classe IEventStore é um empacotador específico de projeto em torno do IAppendOnlyStore mais genérico e reutilizável. Embora a implementação de IEventStore lide com serialização e tipagem forte, as implementações de IAppendOnlyStore fornecem acesso de baixo nível a vários mecanismos de armazenamento.

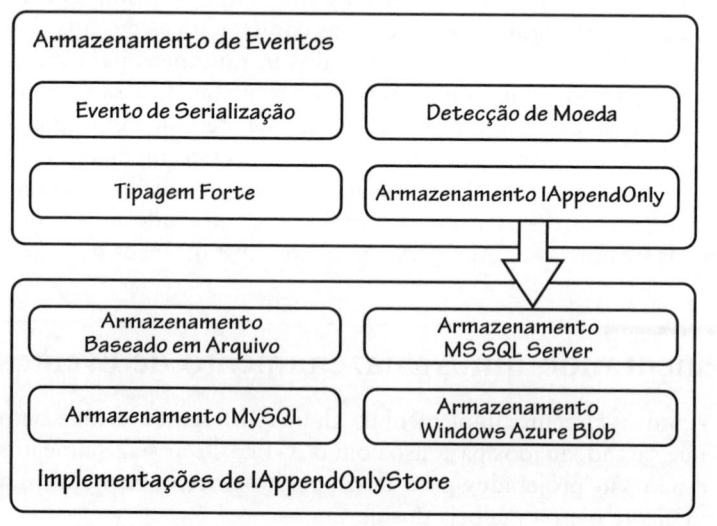

Figura A.14   As características do IEventStore de nível mais alto e o IAppendOnlyStore de nível mais baixo.

Código-fonte do Armazenamento de Eventos

O código-fonte completo para os armazenamentos de Evento com múltiplas implementações de armazenamento está disponível para download como parte de um projeto de exemplo do A+PE: http://lokad.github.com/lokad-iddd-sample/ (em inglês).

Eis a interface `IAppendOnlyStore` de nível mais baixo:

```
public interface IAppendOnlyStore : IDisposable
{
  void Append(string name, byte[] data, int expectedVersion = -1);
  IEnumerable<DataWithVersion> ReadRecords(
    string name, int afterVersion, int maxCount);
  IEnumerable<DataWithName> ReadRecords(
    int afterVersion, int maxCount);

  void Close();
}

public class DataWithVersion
{
  public int Version;
  public byte[] Data;
}

public sealed class DataWithName
{
  public string Name;
  public byte[] Data;
}
```

Como você pode ver, `IAppendOnlyStore` lida com arrays de bytes, em vez de coleções de Eventos, e nomes de string, em vez de identidades fortemente tipadas. A classe `EventStore` lida com conversões entre os dois tipos de dados.

O `IAppendOnlyStore` declara dois métodos `ReadRecords()` distintos. O primeiro listado é usado para ler Eventos dentro de um Fluxo único por seus nomes, e o segundo para ler todos os Eventos no armazenamento. As duas implementações do método sempre devem ler os Eventos na ordem em que eles foram persistidos. Como você provavelmente já deduziu, o primeiro método sobrecarregado é necessário para reconstruir o estado de um único Agregado. O segundo `Read-Records()` é usado pela infraestrutura para replicar Eventos, para publicá-los sem a necessidade de uma confirmação de duas fases e para reconstruir modelos de leitura persistentes à medida que eles são necessários para interfaces de usuário baseadas em CQRS.

Uma abordagem simples à serialização e desserialização — conversão entre bytes e objetos de Evento fortemente tipados — poderia usar o .NET `BinaryFormatter`:

```
public class EventStore : IEventStore
{
  readonly BinaryFormatter _formatter = new BinaryFormatter();

  byte[] SerializeEvent(IEvent[] e)
  {
    using (var mem = new MemoryStream())
    {
      _formatter.Serialize(mem, e);
      return mem.ToArray();
    }
  }

  IEvent[] DeserializeEvent(byte[] data)
  {
    using (var mem = new MemoryStream(data))
    {
      return (IEvent[])_formatter.Deserialize(mem);
    }
  }
}
```

Eis como podemos usar a serialização e desserialização para carregar um Fluxo de Eventos:

```
readonly IAppendOnlyStore _appendOnlyStore;
...
public EventStream LoadEventStream(IIdentity id, int skip, int take)
{
  var name = IdentityToString(id);
  var records = _appendOnlyStore.ReadRecords(name, skip, take).ToList();
  var stream = new EventStream();

  foreach (var tapeRecord in records)
  {
    stream.Events.AddRange(DeserializeEvent(tapeRecord.Data));
    stream.Version = tapeRecord.Version;
  }
  return stream;
}

string IdentityToString(IIdentity id)
{
  // neste projeto todas as identidades produzem nome próprio
  return id.ToString();
}
```

Aqui vemos como anexar novos Eventos ao Armazenamento de Eventos por meio do `IAppendOnlyStore`:

```
public void AppendToStream(
  IIdentity id, int originalVersion, ICollection<IEvent> events)
{
  if (events.Count == 0)
    return;
  var name = IdentityToString(id);
  var data = SerializeEvent(events.ToArray());
  try
  {
    _appendOnlyStore.Append(name, data, originalVersion);
  }
  catch(AppendOnlyStoreConcurrencyException e)
  {
    // carrega eventos de servidor
    var server = LoadEventStream(id, 0, int.MaxValue);
    // lança um problema real
    throw OptimisticConcurrencyException.Create(
      server.Version, e.ExpectedVersion, id, server.Events);
  }
}
```

Persistência Relacional

As fortes capacidades e garantias de consistência fornecidas por bancos de dados relacionais tendem a resultar na abordagem mais simples para implementar a persistência somente de anexação. O fato de que muitas empresas já padronizaram um ou mais produtos de banco de dados relacionais significa que há pouco ou nenhum custo ou curva de aprendizagem para usá-los com Armazenamentos de Evento.

Como o banco de dados MySQL é um servidor de banco de dados relacional popular de código-fonte aberto que está disponível em várias plataformas, vamos usá-lo para implementar um Armazenamento de Eventos. O `MySQLAppendOnly-Store` implementa `IAppendOnlyStore`, agindo como uma camada de acesso. Ele será usado para salvar Eventos como dados binários em uma tabela `ES_Events` e para carregar posteriormente esses Eventos persistidos.

Eis a definição da tabela, que gerencia um Fluxo de Eventos para cada tipo de Agregado em um Contexto Delimitado:

```
CREATE TABLE IF NOT EXISTS 'ES_Events' (
    'Id' int NOT NULL AUTO_INCREMENT,     -- id único
    'Name' nvarchar(50) NOT NULL,         -- nome do fluxo
```

```
'Version' int NOT NULL,            -- incrementing stream version
'Data' LONGBLOB NOT NULL           -- data payload
)
```

Para anexar um Evento a um Fluxo específico utilizando uma transação, siga estes passos:

1. Inicie uma transação.

2. Verifique se o Armazenamento de Eventos mudou a partir da versão esperada; se mudou, lance uma exceção.

3. Se não existirem conflitos de concorrência, anexe os Eventos.

4. Confirme a transação.

Eis o código-fonte para o método Append():

```
public void Append(string name, byte[] data, int expectedVersion)
{
  using (var conn = new MySqlConnection(_connectionString))
  {
    conn.Open();
    using (var tx = conn.BeginTransaction())
    {
      const string sql =
        @"SELECT COALESCE(MAX(Version),0)
          FROM 'ES_Events'
          WHERE Name=?name";
      int version;
      using (var cmd = new MySqlCommand(sql, conn, tx))
      {
        cmd.Parameters.AddWithValue("?name", name);
        version = (int)cmd.ExecuteScalar();
        if (expectedVersion != -1)
        {
          if (version != expectedVersion)
          {
            throw new AppendOnlyStoreConcurrencyException(
              version, expectedVersion, name);
          }
        }
      }

      const string txt =
          @"INSERT INTO 'ES_Events' ('Name', 'Version', 'Data')
            VALUES(?name, ?version, ?data)";

      using (var cmd = new MySqlCommand(txt, conn, tx))
      {
        cmd.Parameters.AddWithValue("?name", name);
```

```
      cmd.Parameters.AddWithValue("?version", version+1);
      cmd.Parameters.AddWithValue("?data", data);
      cmd.ExecuteNonQuery();
    }
    tx.Commit();
  }
}
}
```

A leitura a partir de IAppendOnlyStore é bastante simples, exigindo apenas uma consulta básica. Por exemplo, esta é a maneira de obter uma lista dos registros para o Fluxo de Eventos de um Agregado:

```
public IEnumerable<DataWithVersion> ReadRecords(
  string name, int afterVersion, int maxCount)
{
  using (var conn = new MySqlConnection(_connectionString))
  {
    conn.Open();
    const string sql =
      @"SELECT 'Data', 'Version' FROM 'ES_Events'
        WHERE 'Name' = ?name AND 'Version'>?version
        ORDER BY 'Version'
        LIMIT 0,?take";
    using (var cmd = new MySqlCommand(sql, conn))
    {
      cmd.Parameters.AddWithValue("?name", name);
      cmd.Parameters.AddWithValue("?version", afterVersion);
      cmd.Parameters.AddWithValue("?take", maxCount);
      using (var reader = cmd.ExecuteReader())
      {
        while (reader.Read())
        {
          var data = (byte[])reader["Data"];
          var version = (int)reader["Version"];
          yield return new DataWithVersion(version, data);
        }
      }
    }
  }
}
```

Você localizará o código-fonte completo para esse Armazenamento de Eventos baseado em MySQL com o restante do código de exemplo. Uma implementação semelhante é fornecida para o Microsoft SQL Server.

Persistência BLOB

Alavancar um servidor de banco de dados (como MySQL ou MS SQL Server) evitará muito trabalho. Ele economiza esforços significativos ao lidar com o gerenciamento de concorrência, fragmentação de arquivos, cache e consistência de dados. Obviamente, portanto, não usar um produto de banco de dados exigiria que nós mesmos lidássemos com muitas dessas preocupações.

Mas se optarmos por enfrentar uma estrada mais dura para os armazenamentos de Evento, teremos alguma ajuda. Por exemplo, o armazenamento Windows Azure Blob e o armazenamento do sistema de arquivos simples estão à nossa disposição, e o projeto de exemplo inclui implementações de ambos.

Vamos considerar algumas diretrizes de projeto para construir um Armazenamento de Eventos sem um banco de dados, algumas das quais estão resumidas na Figura A.15:

1. Nosso armazenamento personalizado é composto por um conjunto de um ou mais arquivos somente de anexação de objeto binário grande (BLOB) ou seus equivalentes. O componente que grava no armazenamento bloqueia-o exclusivamente quando ele é anexado, mas permite leituras simultâneas.

2. Dependendo de sua estratégia, você pode usar apenas um armazenamento BLOB para todos os tipos de Agregado e instâncias para um Contexto Delimitado. Alternativamente, você pode criar um armazenamento BLOB para cada tipo de Agregado, em que todas as instâncias de um determinado tipo seriam armazenadas. Ou você poderia dividir os armazenamentos BLOB para cada tipo de Agregado em instâncias, onde o Fluxo de Eventos para uma única instância seria armazenado separadamente.

3. Quando o componente gravador é anexado, ele abre o armazenamento BLOB adequado, grava nele e mantém um índice no armazenamento.

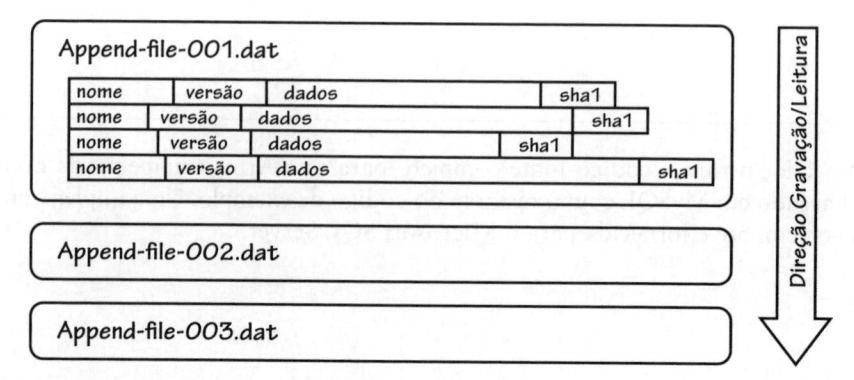

Figura A.15 Armazenamento BLOB baseado em arquivo usando uma estratégia de um arquivo para cada instância de Agregado, contendo um registro para cada Evento.

4. Independentemente da estratégia de armazenamento BLOB em uso, todos os novos Eventos são anexados ao final. Cada registro é composto por um nome, versão e campos de dados binários. Isso é semelhante à forma como armazenamos registros de Eventos em um banco de dados relacional. Mas com um armazenamento BLOB devemos prefixar os campos de comprimento variável com o comprimento da contagem de bytes, e também anexamos um código de hash ou verificação de redundância cíclica (CRC) para verificar a integridade dos dados quando os registros são lidos.

5. O armazenamento somente de anexação baseado em BLOB permite a enumeração de todos os Eventos ao longo dos Fluxos de Eventos simplesmente enumerando todos os arquivos e seus conteúdos. Para acelerar as buscas e a leitura em disco de Eventos para um Fluxo específico, precisaríamos manter um índice e/ou cache dedicado na memória dos Fluxos de Eventos na memória. Se o cache na memória for usado, cada anexação exigirá que o cache seja atualizado. Além disso, instantâneos do estado dos Agregados e a desfragmentação de arquivos também podem ajudar a melhorar o desempenho.

6. Claro, podemos evitar muitos dos problemas de fragmentação de disco do sistema de arquivos pré-alocando grandes regiões do espaço de arquivo BLOB à medida que cada Fluxo de Eventos baseado em arquivo é criado.

Esse projeto é inspirado no modelo Riak Bitcask. Você pode ler mais detalhes e explicações no artigo sobre arquitetura da Riak Bitcask:

http://downloads.basho.com/papers/bitcask-intro.pdf (em inglês).

Agregados Focalizados

Ao desenvolver Agregados com persistência tradicional (por exemplo, banco de dados relacional sem a utilização da Prospecção de Eventos), o desenvolvimento de atrito devido à introdução de uma nova Entidade no sistema ou ao enriquecimento de um existente pode ser perceptível. Precisamos criar novas tabelas e definir novos esquemas de mapeamento e métodos de Repositório. Se nossa tendência for resistir a essa sobrecarga de desenvolvimento, isso pode fazer com que o número de Agregados aumente quando concentramos mais estrutura e comportamentos de estado em cada um. Pode ser muito mais fácil adicionar em um Agregado existente do que criar um novo.

Mas nossa tendência pode mudar se Agregados forem mais facilmente projetados de uma forma nova, e digo que isso é verdadeiro quando a Prospecção de Eventos está em uso. Em minha experiência, Agregados projetados usando o A+PE tendem a ser menores, o que é uma das Regras Gerais dos Agregados.

Por exemplo, para uma empresa que fornece softwares como serviço, um cliente do mundo real pode ser representado com Agregados distintos que focalizam diferentes aspectos comportamentais:

- `Customer:505` hospeda comportamentos para faturamento, cobrança e gerenciamento geral de contas.

- `Security-Account:505` mantêm múltiplos usuários com permissões de acesso para cada um.

- `Consumer:505` monitora o consumo real do serviço.

Cada um desses tipos de Agregado pode ser implementado em um Contexto Delimitado diferente, cada Contexto Delimitado utilizando diferentes tecnologias e abordagens arquitetônicas. Por exemplo, o aspecto do `Consumer` pode precisar fornecer alta escalabilidade e lidar com o consumo de milhares de mensagens para os clientes a cada segundo. Supondo que isso seja verdade, esse Fluxo de Eventos deve ser hospedado em uma estrutura em nuvem com autoescalonamento. Outros aspectos podem ser menos exigentes, permitindo que eles sejam hospedados em um ambiente menos exigente.

Naturalmente, os Agregados nunca devem ser projetados para que sejam arbitrariamente pequenos. Sempre queremos projetar Agregados para proteger invariantes reais do negócio, e isso pode fazer com que um dado Agregado seja composto por múltiplas Entidades e alguns Objetos de Valor. Mas a facilidade do uso do A+PE fornece melhor oportunidade de lutar por projetos simples e eficientes. Essa é uma vantagem que deve ser abraçada sempre que possível.

Na verdade, às vezes pode ser útil começar a modelagem do domínio definindo o núcleo de sua Linguagem Ubíqua especificando os Comandos primários de entrada e os Eventos de saída, bem como os comportamentos que são executados. Somente em uma fase posterior agruparíamos realmente alguns conceitos como Agregados, com base em regras de similaridade, relevância e do negócio. Essa abordagem, mesmo que seja apenas um pico de desenvolvimento temporário usado como parte de um exercício de modelagem de domínio, pode levar a uma compreensão mais profunda de nossos conceitos básicos do negócio.

Projeções de Modelo de Leitura

Uma das preocupações comuns da abordagem de projeto A+PE é como consultar os Agregados por suas propriedades. A Prospecção de Eventos não fornece uma maneira simples de responder a uma pergunta como "Qual é a quantidade total de todos os pedidos feitos pelos clientes no último mês?" Na verdade, precisaríamos carregar todas as instâncias de `Customer`, enumerar todas as instâncias de `Order` no último mês para cada um e calcular o total, o que seria extremamente ineficiente.

É aqui que as **Projeções de Modelo de Leitura** podem ajudar. Projeções de Modelo de Leitura podem ser concebidas por meio de um simples conjunto dos assinantes do Domínio de Evento que são usados para gerar e atualizar um Modelo de Leitura persistente. Em outras palavras, eles *projetam Eventos para um Modelo de Leitura persistente.* Quando os assinantes do Evento recebem novos Eventos, eles calculam alguns resultados da consulta e os armazenam no Modelo de Leitura para consumo posterior.

Em poucas palavras, uma Projeção é muito semelhante a uma instância de Agregado. À medida que os Eventos são recebidos e processados, usamos os dados a partir deles para construir o estado da Projeção. Projeções de Modelo de Leitura são persistidas após cada atualização e podem ser acessadas por muitos leitores, tanto dentro como fora do Contexto Delimitado.

> **Há Exemplos Disponíveis de Projeção**
>
> Informações adicionais sobre o uso de Projeções, incluindo o código-fonte para vários cenários de persistência e reconstrução automática dos modelos de leitura, estão disponíveis no projeto de exemplo: http://lokad.github.com/lokad-cqrs/ (em inglês).

É assim que podemos definir uma Projeção para capturar todas as transações para cada `Customer`:

```
public class CustomerTransactionsProjection
{
  IDocumentWriter<CustomerId, CustomerTransactions> _store;

  public CustomerTransactionsProjection(
    IDocumentWriter<CustomerId, CustomerTransactions> store)
  {
    _store = store;
  }

  public void When(CustomerCreated e)
  {
    _store.Add(e.Id, new CustomerTransactions());
  }

  public void When(CustomerChargeAdded e)
  {
    _store.UpdateOrThrow(e.Id,
      v => v.AddTx(e.ChargeName, -e.Charge, e.NewBalance, e.TimeUtc));
  }

  public void When(CustomerPaymentAdded e)
  {
    _store.UpdateOrThrow(e.Id,
      v => v.AddTx(e.PaymentName, e.Payment, e.NewBalance, e.TimeUtc));
  }
}
```

Essa classe de Projeção é semelhante a um Serviço de Aplicação projetado para o A+PE que usa lambdas. Mas nossa Projeção reage a Eventos, em vez de Comandos, e atualiza documentos usando `IDocumentWriter`, em vez de atualizar as instâncias dos Agregados.

O Modelo de Leitura subjacente é na verdade um simples **Objeto de Transferência de Dados** (DTO) [Fowler] que pode ser serializado e persistido em algum armazenamento subjacente por meio de um `IDocumentWriter`:

```
[Serializable]
public class CustomerTransactions
{
  public IList<CustomerTransaction> Transactions =
    new List<CustomerTransaction>();

  public void AddTx(
    string name, CurrencyAmount change,
    CurrencyAmount balance, DateTime timeUtc)
  {
    Transactions.Add(new CustomerTransaction()
    {
        Name = name,
        Balance = balance,
        Change = change,
        TimeUtc = timeUtc
    });
  }
}


[Serializable]
public class CustomerTransaction
{
  public CurrencyAmount Change;
  public CurrencyAmount Balance;
  public string Name;
  public DateTime TimeUtc;
}
```

É prática comum persistir modelos de leitura em um banco de dados de documentos, embora outras opções possam ser utilizadas. Podemos armazenar em cache os modelos de leitura na memória (por exemplo, instância `memcached`), enviá-los como documentos em uma rede de entrega de conteúdo, ou persisti-los em tabelas de banco de dados relacionais.

Além de escalabilidade, uma das principais vantagens das Projeções é que elas são totalmente descartáveis. Elas podem ser adicionadas, modificadas ou completamente substituídas a qualquer momento durante a vida da aplicação. Para substituir todo o Modelo de Leitura, descarte todos os dados existentes do Modelo de Leitura e gere novos dados executando todo seu Fluxo de Eventos por meio das suas classes de Projeção. Esse processo pode ser automatizado. É até mesmo possível evitar qualquer tempo de inatividade ao colocar em efeito a substituição completa do Modelo de Leitura.

Use com o Projeto de Agregados

Essas Projeções de Modelo de Leitura são frequentemente usadas para expor informações a vários clientes (como interfaces de usuário desktop e Web), mas também são bastante úteis para compartilhar informações entre Contextos Delimitados e seus Agregados. Considere o cenário em que um Agregado `Invoice` precisa de algumas informações sobre um `Customer` (por exemplo, nome, endereço de cobrança e identificação fiscal) a fim de calcular e preparar uma `Invoice` adequada. Podemos capturar essas informações em um formulário fácil de consumir via `CustomerBillingProjection`, que criará e manterá uma instância exclusiva de `CustomerBillingView`. Esse Modelo de Leitura está disponível para o Agregado `Invoice` por meio do Serviço de Domínio chamado `IProvideCustomerBillingInformation`. Resumindo, esse Serviço de Domínio só consulta o armazenamento de documentos para a instância apropriada do `CustomerBillingView`.

Projeções também permitem compartilhar informações entre as instâncias de Agregado com baixo acoplamento e melhor capacidade de manutenção. Se em algum ponto no tempo precisarmos alterar as informações retornadas por `IProvideCustomerBillingView`, podemos fazer isso sem modificar o Agregado `Customer`. Só precisamos alterar a implementação da Projeção e reconstruir os modelos de leitura reproduzindo todos os Eventos.

Enriquecimento de Eventos

Um dos problemas mais comuns com projetos A+PE vem de seu propósito dual. Eventos são utilizados tanto para a persistência de Agregados como para comunicar os acontecimentos no nível do domínio em torno da empresa por meio da publicação de Eventos.

Por exemplo, considere o seguinte: Um sistema de gerenciamento de projetos permite que os clientes criem novos projetos e arquivem os projetos concluídos. Imagine que publicamos um Evento `ProjectArchived` sempre que um usuário arquiva um projeto. O Evento de Domínio pode ter este projeto:

```
public class ProjectArchived {
  public ProjectId Id { get; set; }
  public UserId ChangeAuthorId { get; set; }
  public DateTime ArchivedUtc { get; set; }
  public string OptionalComment { get; set; }
}
```

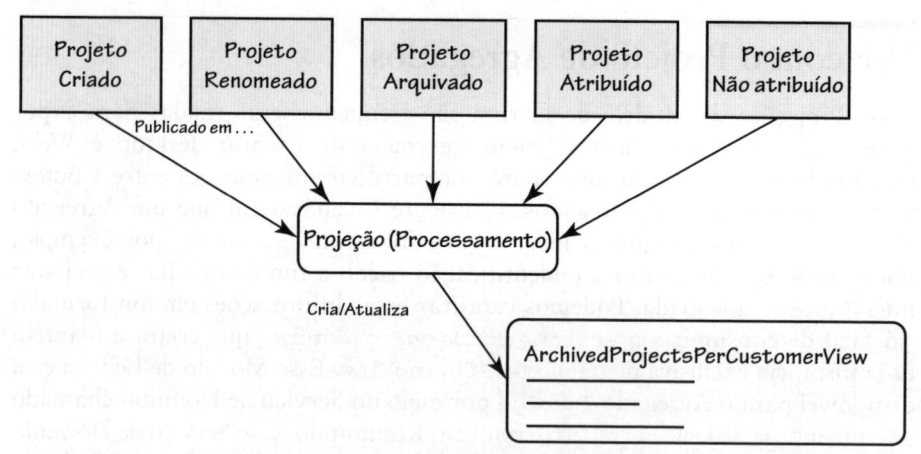

Figura A.16 Múltiplos Eventos de Domínio são consumidos por uma Projeção e usados para construir uma visualização de um Modelo de Leitura.

Essas informações são suficientemente ricas para serem usadas para reconstituir um projeto arquivado usando o A+PE. Mas projetado dessa maneira, nosso Evento poderia ser bastante problemático para que os publicadores o consumam.

Por quê? Considere a Projeção para a visualização `ArchivedProjectsPerCustomer`, como ilustrado na Figura A.16. Ela inscreve-se em Eventos e mantém uma lista dos projetos arquivados por `Customer`. Para fazer o trabalho, essa Projeção precisará das informações mais recentes sobre coisas como:

- Nomes de projeto

- Nomes de cliente

- Atribuições de projetos a clientes

- Eventos de arquivamento de projetos

Podemos simplificar essa Projeção significativamente enriquecendo nosso Evento `ProjectArchived` com membros adicionais de dados para enviar informações relevantes. Os membros adicionais de dados não seriam essenciais para reconstruir o estado do Agregado correspondente, mas simplificariam visivelmente nossos consumidores do Evento. Considere este contrato alternativo de Evento:

```
public class ProjectArchived {
    public ProjectId Id { get; set; }
    public string ProjectName { get; set; }
    public UserId ChangeAuthorId { get; set; }
    public DateTime ArchivedUtc { get; set; }
```

```
    public string OptionalComment { get; set; }
    public CustomerId Customer { get; set; }
    public string CustomerName { get; set; }
}
```

Dado esse Evento recém-enriquecido, nosso `ArchivedProjectsPerCustomerView` gerado pela Projeção pode ser simplificado como visto na Figura A.17.

Uma regra prática do Evento de Domínio diz para projetá-los com informações suficientes para atender a 80% dos assinantes, embora fazer isso exija que os Eventos tenham mais informações do que o necessário por um bom número de assinantes. Lembrando que queremos assegurar que os processadores da Projeção de visualização tenham um conjunto rico de dados do Evento, geralmente incluímos:

- Identificadores de Entidade, que são os proprietários/mestres do Evento, como `CustomerId` é para `Customer`

- Nomes e outras propriedades que geralmente são usados para fins de exibição, como `ProjectName`, `CustomerName` e afins

Essas são recomendações, não regras. Elas geralmente funcionam bem para empresas que têm uma grande quantidade de diferentes Contextos Delimitados. Contextos Delimitados monolíticos se beneficiam menos dessas sugestões, uma vez que tendem a manter tabelas de pesquisa secundárias e mapas de Entidade. Claro, você sabe melhor quais propriedades devem ser incluídas em seus Eventos. Às vezes fica óbvio quais propriedades pertencem a um determinado tipo de Evento, e para essas a refatoração raramente é necessária.

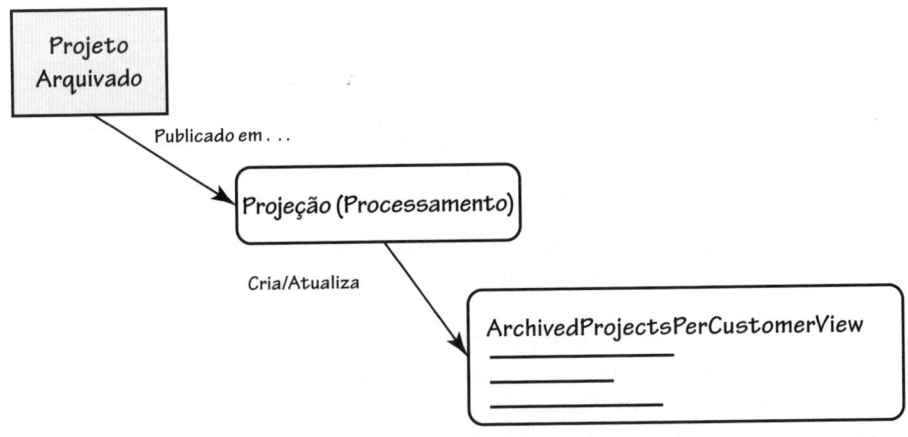

Figura A.17 Eventos de Domínio, como `ProjectArchived` podem ser consumidos por processadores de Projeção que geram Modelos de Leitura específicos da visualização e do relatório.

Padrões e Ferramentas de Suporte

Desenvolver, construir, implantar e manter sistemas utilizando o A+PE exige um conjunto de padrões que podem diferir um pouco daqueles dos sistemas tradicionais. Esta seção apresenta alguns padrões, ferramentas e práticas que provaram ser bastante úteis ao utilizar o A+PE.

Serializadores de Evento

É prudente escolher um serializador que favorece o controle de versão e renomeação de Eventos. Isso é especialmente verdadeiro no início de um projeto A+PE, pois o modelo de domínio tende a evoluir rapidamente. Considere esse Evento, que é declarado usando uma implementação .NET das anotações de **Buffers de Protocolo:**[1]

```
[DataContract]
public class ProjectClosed {
  [DataMember(Order=1)] public long ProjectId { get; set; }
  [DataMember(Order=2)] public DateTime Closed { get; set; }
}
```

Agora, se fôssemos serializar `ProjectClosed` usando `DataContractSerializer` ou `JsonSerializer`, em vez de Buffers de Protocolo, quaisquer membros renomeados poderiam facilmente interromper os consumidores dependentes. Por exemplo, suponha que você renomeie a propriedade `Closed` como `ClosedUtc`. A menos que você tome bastante cuidado para mapear a propriedade renomeada em um Contexto Delimitado de consumo, você produzirá um erro perturbador ou irá gerar dados falhos:

```
[DataContract]
public class ProjectClosed {
  [DataMember] public long ProjectId { get; set; }
  [DataMember(Name="Closed"] public DateTime ClosedUtc { get; set; }
}
```

Buffers de Protocolo acomodam situações de serialização em evolução porque monitoram os membros do contrato por meio de tags integrais, não nomes. Como pode ser visto no código a seguir, os clientes podem usar com sucesso `Close` ou `CloseUtc` como o nome da propriedade. Isso serializa objetos de uma maneira extremamente rápida e produz uma representação binária muito compacta. Usando Buffers de Protocolo, podemos renomear as propriedades de Evento sem nos preocupar com a retrocompatibilidade, reduzindo o atrito de desenvolvimento em um modelo de domínio em evolução.

---

1. Buffers de Protocolo foram criados pelo Google. Outros criaram implementações .NET.

```
[DataContract]
public class ProjectClosed {
   [DataMember(Order=1)] public long ProjectId { get; set; }
   [DataMember(Order=2)] public DateTime ClosedUtc { get; set; }
}
```

Algumas ferramentas adicionais de serialização para diferentes plataformas incluem Apache Thrift, Avro e MessagePack, fornecendo uma variedade de opções valiosas.

Imutabilidade dos Eventos

Fluxos de Evento são considerados imutáveis por natureza. Para manter o modelo de desenvolvimento coerente com esse conceito (e evitar efeitos colaterais indesejáveis), contratos de Evento devem ser implementados como imutáveis. Para fazer isso com C# no .NET, marcamos os campos como somente de leitura e definimos os valores apenas via o construtor. Dado o Evento anterior ProjectClosed, podemos torná-lo uma implementação imutável:

```
[DataContract]
public class ProjectClosed {
   [DataMember(Order=1)] public long ProjectId { get; private set }
   [DataMember(Order=2)] public DateTime ClosedUtc { get; private set; }
   public ProjectClosed(long projectId, DateTime closedUtc)
   {
      ProjectId  = projectId;
      ClosedUtc = closedUtc;
   }
}
```

Objetos de Valor

Como discutido exaustivamente em **Objetos de Valor (6)**, esse é um padrão que pode simplificar significativamente o desenvolvimento e a evolução dos modelos de domínio ricos. Usando Objetos de Valor, transformamos tipos primitivos coesos em um tipo imutável explicitamente nomeado. Por exemplo, em vez de declarar a identidade de um projeto como um tipo long, modelaríamos uma ProjectId explícita:

```
public struct ProjectId
{
   public readonly long Id { get; private set; }
   public ProjectId(long id)
   {
      Id = id
   }
```

```
  public override ToString() {
    return string.Format("Project-{0}", Id);
  }
}
```

Continuamos a utilizar um tipo `long` para manter o número da identidade real, mas usamos o tipo `ProjectId` para distingui-lo de todos os outros. Tipos de valor certamente não se limitam a identidades únicas. Outros tipos de valor apropriados incluem objetos monetários (especialmente em sistemas de múltiplas moedas), endereços, e-mails, medidas etc.

Além do enriquecimento e da expressividade dos contratos de Evento e Comando, Objetos de Valor do domínio trazem mais benefícios práticos a implementações do A+PE, como verificação de tipo estático e suporte IDE. Considere o seguinte cenário em que um desenvolvedor pode acidentalmente inserir errado os parâmetros de um construtor simples de Evento, passando-os na ordem errada:

```
long customerId = ...;
long projectId = ...;
var event = new ProjectAssignedToCustomer(customerId, projectId);
```

Esse é um erro que não seria capturado pelo compilador e só pode ser localizado por meio de muita depuração e frustração. Mas se você usar Objetos de Valor como identificadores, o compilador (e, portanto, o editor IDE) capturará o erro ao passar `CustomerId` primeiro e `ProjectId` depois:

```
CustomerId customerId = ...;
ProjectId projectId = ...;
var event = new ProjectAssignedToCustomer(customerId, projectId);
```

Os benefícios tornam-se ainda mais evidentes quando você tem classes de contrato simples com um grande número de campos. Por exemplo, considere este Evento (simplificado da versão real de produção):

```
public class CustomerInvoiceWritten {
  public InvoiceId Id { get; private set; }
  public DateTime CreatedUtc { get; private set; }
  public CurrencyType Currency { get; private set; }
  public InvoiceLine[] Lines { get; private set; }
  public decimal SubTotal { get; private set; }

  public CustomerId Customer { get; private set; }
  public string CustomerName { get; private set; }
  public string CustomerBillingAddress { get; private set; }
```

```
    public float OptionalVatRatio { get; private set; }
    public string OptionalVatName { get; private set; }
    public decimal VatTax { get; private set; }
    public decimal Total { get; private set; }
}
```

Como você pode imaginar, lidar com uma classe que tem tantas proprieda-des[2] pode ser um pouco complicado. Podemos refatorar esse Evento amplo para que seja mais explícito e legível refinando seu modelo de acordo com conceitos existentes do domínio:

```
public class CustomerInvoiceWritten {
    public InvoiceId Id { get; private set; }
    public InvoiceHeader Header { get; private set; }
    public InvoiceLine[] Lines { get; private set; }
    public InvoiceFooter Footer { get; private set; }
}
```

O `InvoiceHeader` e `InvoiceFooter` constituem propriedades coesas:

```
public class InvoiceHeader {
    public DateTime CreatedUtc { get; private set; }
    public CustomerId Customer { get; private set; }
    public string CustomerName { get; private set; }
    public string CustomerBillingAddress { get; private set; }
}

public class InvoiceFooter {
    public CurrencyAmount SubTotal { get; private set; }
    public VatInformation OptionalVat { get; private set; }
    public CurrencyAmount VarAmount { get; private set; }
    public CurrencyAmount Total { get; private set; }
}
```

Substituímos as propriedades decimais `CurrencyType Currency` e `Subtotal` separadas por um Objeto de Valor `CurrencyAmount`. Um benefício adicional é que essa classe pode ser aprimorada com a lógica de verificação de sanidade que impede operações entre os valores expressos em diferentes moedas e outras operações inadequadas. O mesmo vale para agrupar informações do imposto sobre valor agregado (IVA) em um Objeto de Valor separado que é então composto no `InvoiceFooter`, junto com os outros totais de `Invoice`.

Sempre que possível, devemos nos esforçar para empregar Objetos de Valor, seja para objetos de Comando, Eventos ou partes de Agregado.

---

2. Os dados empíricos comprovam uma regra prática apropriada: Não deve haver mais de 5 a 7 membros da propriedade por classe.

Obviamente, usar Objetos de Valor em Comandos e/ou Eventos exigiria implantá-los em conjunto, ou até criar um **Kernel Compartilhado** (3). Mas alguns domínios muito complexos podem requerer que alguns Objetos de Valor sejam projetados com uma lógica do negócio extremamente intricada. Nesses casos, inserir esses Objetos de Valor em um Kernel Compartilhado simplesmente para desserialização fortemente tipada provavelmente resultaria em um projeto frágil. Pode ajudar a distinguir entre classes simples compartilhadas usadas para desserializar dados de Comando e dados de Evento de uma maneira fortemente tipada daqueles mais complexos exigidos pelo **Domínio Básico** (2). Isso significaria criar dois conjuntos de classes de Objeto de Valor, aquelas utilizadas exclusivamente pelo Domínio Básico e aquelas que são implantadas com classes de Comando e Evento. Os dados mantidos pelas duas são convertidos entre si conforme necessário.

Dependendo de sua preferência, duplicar classes pode parecer mais complexo do que necessário, levando mais tarde à criação de complexidade acidental em seus sistemas. Se essa é sua opinião, pode valer a pena considerar uma abordagem diferente. Uma alternativa é padronizar Eventos serializados como uma **Linguagem Publicada** (3). Como explicado em **Integrando Contextos Delimitados** (13), você pode optar por consumir notificações de Evento usando uma abordagem de tipagem dinâmica. Fazer isso eliminaria a necessidade de implantação de tipos de Evento e Objeto de Valor para os assinantes consumidores. Como acontece com todas as abordagens, esta tem vantagens e desvantagens que devem ser ponderadas.

Geração de Contrato

Manter centenas de contratos de Eventos (e Comandos) manualmente é entediante e propenso a erros. Normalmente é mais eficiente expressar suas definições em alguma linguagem compacta específica do domínio (*compact domain-specific*, DSL) que pode ser usada para a geração de código simples, criando classes corretas em tempo de construção. Existem várias maneiras de formular uma sintaxe DSL, e podemos considerar o formato .proto de Buffer de Protocolo ou um similar como a melhor opção. Por exemplo, você pode achar esta abordagem útil:

```
CustomerInvoiceWritten!(InvoiceId Id, InvoiceHeader header,
    InvoiceLine[] lines, InvoiceFooter footer)
```

Um gerador de código simples pode usar a DSL analisada a fim de produzir código para cada linha de origem. Observe um exemplo, em que o Customer-InvoiceWritten é gerado a partir da DSL anterior:

```
[DataContract]
public sealed class CustomerInvoiceWritten : IDomainEvent {
  [DataMember(Order=1) public InvoiceId Id
    { get; private set; }
  [DataMember(Order=2) public InvoiceHeader Header
    { get; private set; }
  [DataMember(Order=3) public InvoiceLine[] Lines
    { get; private set; }
  [DataMember(Order=4) public InvoiceFooter Footer
    { get; private set; }
  public CustomerInvoiceWriter(
    InvoiceId id, InvoiceHeader header, InvoiceLine[] lines,
    InvoiceFooter footer)
  {
    Id = id;
    Header = header;
    Lines = lines;
    Footer = footer;
  }

  // requerido pelo serializador
  ProjectClosed() {
    Lines = new InvoiceLine[0];
  }
}
```

Isso tem as seguintes vantagens práticas:

- Reduz o atrito de desenvolvimento permitindo iterações mais rápidas da modelagem de domínio.

- Reduz a probabilidade de erros humanos comuns no trabalho manual.

- A representação compacta permite manter todas as definições dos Eventos em uma única tela, fornecendo uma visão geral para melhor compreensão. Isso pode até servir como um glossário conciso para a Linguagem Ubíqua.

- Podemos controlar a versão e distribuir contratos de Evento como definições compactas, em vez de exigir código-fonte ou código binário. Isso pode até funcionar para melhorar a colaboração entre várias equipes.

O mesmo também pode ser aplicado a contratos de Comando. A implementação do código-fonte aberto de uma ferramenta de geração de código baseada em DSL, com exemplos, está disponível no projeto de amostra.

Especificações e Testes de Unidade

Considere um benefício adicional do uso da Prospecção de Eventos à medida que criamos testes de unidade. Podemos facilmente especificar nossos testes na forma de *Dado-Quando-Espere* (*Given-When-Expect*), como a seguir:

1. *Dado* Evento no passado

2. *Quando* o método de Agregado é chamado

3. *Espere* os seguintes Eventos *ou* uma exceção

Eis como isso funciona. Eventos passados são utilizados para definir o estado de um Agregado no início do teste de unidade. Em seguida, executamos o método de Agregado sendo testado, fornecendo argumentos de teste e implementações simuladas dos Serviços de Domínio conforme necessário. Por fim, afirmamos os resultados esperados comparando os Eventos produzidos por um Agregado com os Eventos esperados.

Essa abordagem permite capturar e verificar os comportamentos associados a cada Agregado. Ao mesmo tempo, nos mantemos distantes do funcionamento interno do estado do Agregado. Isso ajuda a reduzir a *fragilidade* do teste porque as equipes de desenvolvimento podem alterar e otimizar cada implementação do Agregado de qualquer maneira, desde que os contratos comportamentais sejam cumpridos como confirmado pelos testes de unidade.

É possível levar essa abordagem um pouco mais longe expressando diretamente a cláusula *Quando* utilizando um Comando, que é passado para o Serviço de Aplicação apropriado que hospeda o Agregado sob teste. Isso permite declarar o teste de unidade como uma *especificação* expressa completa nos termos de nossa Linguagem Ubíqua, por meio de código ou criando uma DSL.

Com apenas um pouco de código, essas especificações podem ser impressas automaticamente como casos de uso legíveis por humanos que especialistas em domínio podem entender. Essas definições de caso de uso podem ajudar as equipes de projeto a comunicar-se melhor ao longo dos domínios com comportamentos complexos, o que aprimora seus esforços de modelagem.

Eis uma especificação simples definida por um documento de texto:

```
[Passed] Use case 'Add Customer Payment - Unlock On Payment'.

Given:
 1. Created customer 7 Eur 'Northwind' with key c67b30 ...
 2. Customer locked

When:
  Add 'unlock' payment 10 EUR via unlock

Expectations:
  [ok] Tx 1: payment 10 EUR 'unlock' (none)
  [ok] Customer unlocked
```

Se essa abordagem lhe interessa, realizar uma pesquisa na Web para "Especi-ficações de Prospecção de Eventos" resultará em orientação detalhada.

Prospecção de Eventos nas Linguagens Funcionais

Os padrões de implementação descritos anteriormente focalizavam uma abor-dagem orientada a objetos, que é uma boa alternativa para linguagens de programação como Java e C#. Mas, por natureza, a Prospecção de Eventos é inerentemente funcional. Assim, ela pode ser implementada de maneira bem-su-cedida com linguagens funcionais como F# e Clojure. Fazer isso pode potencial-mente levar a um código mais conciso com desempenho otimizado.

Eis algumas peculiaridades da alternância entre uma abordagem funcional orientada a objetos e implementações de Agregado:

- Temos de deixar de usar um objeto de estado de Agregado mutável orien-tado a objetos e passar a projetar um registro simples do estado imutável com uma coleção de funções mutantes. As funções mutantes simplesmente recebem um registro de estado e argumentos de Evento, retornando um novo registro de estado como resultado. Isso é muito parecido com o pro-jeto de um Objeto de Valor imutável, em que as Funções Livres de Efeitos Colaterais só produzem novos valores com base em seus próprios argu-mentos de estado e função. Essas funções assumem a forma `Func<State, Event, State>`.

- O estado atual do Agregado pode ser definido como uma dobra para a esquerda de todos os Eventos passados que são passados para as funções mutantes.

- Métodos de Agregado também podem ser transformados em uma coleção de funções sem estado, que recebem parâmetros de Comando, Serviços de Domínio e um estado. Essas funções retornam zero ou mais Eventos e assu-mem a forma `Func<TArg1, TArg2..., State, Event[]>`.

- Um Armazenamento de Eventos pode ser percebido e comunicado como um *banco de dados funcional*, porque persiste os argumentos para fun-ções que transformam o estado do Agregado. O suporte a instantâneos em um armazenamento funcional de Eventos é conhecido para programadores funcionais com o nome *memorização*.

Um pico de desenvolvimento que captura os conceitos essenciais do negócio por meio do A+PE em uma linguagem de programação funcional pode acelerar nossos esforços de modelagem de domínio. Além disso, faz com que mudemos nosso foco na exploração do domínio para longe da estrutura de Agregados e em direção a uma reflexão rigorosa da Linguagem Ubíqua de nosso domínio expressa por seus comportamentos. Qualquer coisa que possa nos ajudar a dar mais ênfase ao Domínio Básico e menos à tecnologia provavelmente agregará mais valor para a empresa e irá ajudá-la a alcançar melhor vantagem competitiva.

Bibliografia

[Appleton, LoD] Appleton, Brad. n.d. "Introducing Demeter and Its Laws."
www.bradapp.com/docs/demeter-intro.html

[Bentley] Bentley, Jon. 2000. *Programming Pearls, Second Edition*. Boston,
MA: Addison-Wesley.
http://cs.bell-labs.com/cm/cs/pearls/bote.html

[Brandolini] Brandolini, Alberto. 2009. "Strategic Domain-Driven Design with
Context Mapping."
www.infoq.com/articles/ddd-contextmapping

[Buschmann *et al.*] Buschmann, Frank, et al. 1996. *Pattern-Oriented Software
Architecture, Volume 1: A System of Patterns*. New York: Wiley.

[Cockburn] Cockburn, Alastair. 2012. "Hexagonal Architecture."
http://alistair.cockburn.us/Hexagonal+architecture

[Crupi *et al.*] Crupi, John, et al. n.d. "Core J2EE Patterns."
http://corej2eepatterns.com/Patterns2ndEd/DataAccessObject.htm

[Cunningham, Checks] Cunningham, Ward. 1994. "The CHECKS Pattern
Language of Information Integrity."
http://c2.com/ppr/checks.html

[Cunningham, Whole Value] Cunningham, Ward. 1994. "1. Whole Value."
http://c2.com/ppr/checks.html#1

[Cunningham, Whole Value aka Value Object] Cunningham, Ward. 2005.
"Whole Value."
http://fit.c2.com/wiki.cgi?WholeValue

[Dahan, CQRS] Dahan, Udi. 2009. "Clarified CQRS."
www.udidahan.com/2009/12/09/clarified-cqrs/

[Dahan, Roles] Dahan, Udi. 2009. "Making Roles Explicit."
www.infoq.com/presentations/Making-Roles-Explicit-Udi-Dahan

[Deutsch] Deutsch, Peter. 2012. "Fallacies of Distributed Computing."
http://en.wikipedia.org/wiki/Fallacies_of_Distributed_Computing

[Dolphin] Object Arts. 2000. "Dolphin Smalltalk; Twisting the Triad." www.object-arts.com/downloads/papers/TwistingTheTriad.PDF

[Erl] Erl, Thomas. 2012. "SOA Principles: An Introduction to the Service-Oriented Paradigm." http://serviceorientation.com/index.php/serviceorientation/index

[Evans] Evans, Eric. 2004. *Domain-Driven Design: Tackling the Complexity in the Heart of Software.* Boston, MA: Addison-Wesley.

[Evans, Ref] Evans, Eric. 2012. "Domain-Driven Design Reference." http://domainlanguage.com/ddd/patterns/DDD_Reference_2011-01-31.pdf

[Evans & Fowler, Spec] Evans, Eric and Martin Fowler. 2012. "Specifications." http://martinfowler.com/apsupp/spec.pdf

[Fairbanks] Fairbanks, George. 2011. *Just Enough Software Architecture.* Marshall & Brainerd.

[Fowler, Anemic] Fowler, Martin. 2003. "AnemicDomainModel." http://martinfowler.com/bliki/AnemicDomainModel.html

[Fowler, CQS] Fowler, Martin. 2005. "CommandQuerySeparation." http://martinfowler.com/bliki/CommandQuerySeparation.html

[Fowler, DI] Fowler, Martin. 2004. "Inversion of Control Containers and the Dependency Injection Pattern." http://martinfowler.com/articles/injection.html

[Fowler, P of EAA] Fowler, Martin. 2003. *Patterns of Enterprise Application Architecture.* Boston, MA: Addison-Wesley.

[Fowler, PM] Fowler, Martin. 2004. "Presentation Model." http://martinfowler.com/eaaDev/PresentationModel.html

[Fowler, Self Encap] Fowler, Martin. 2012. "SelfEncapsulation." http://martinfowler.com/bliki/SelfEncapsulation.html

[Fowler, SOA] Fowler, Martin. 2005. "ServiceOrientedAmbiguity." http://martinfowler.com/bliki/ServiceOrientedAmbiguity.html

[Freeman *et al.*] Freeman, Eric, Elisabeth Robson, Bert Bates, and Kathy Sierra. 2004. *Head First Design Patterns.* Sebastopol, CA: O'Reilly Media.

[Gamma *et al.*] Gamma, Erich, Richard Helm, Ralph Johnson and John Vlissides. 1994. *Design Patterns.* Reading, MA: Addison-Wesley.

[Garcia-Molina & Salem] Garcia-Molina, Hector, and Kenneth Salem. 1987. "Sagas." ACM, Department of Computer Science, Princeton

University, Princeton, NJ.
www.amundsen.com/downloads/sagas.pdf

[GemFire Functions] 2012. VMware vFabric 5 Documentation Center.
http://pubs.vmware.com/vfabric5/index.jsp?topic=/com.vmware.vfabric.
gemfire.6.6/developing/function_exec/chapter_overview.html

[Gson] 2012. A Java JSON library hosted on Google Code.
http://code.google.com/p/google-gson/

[Helland] Helland, Pat. 2007. "Life beyond Distributed Transactions: An
Apostate's Opinion." Third Biennial Conference on Innovative DataSystems
Research (CIDR), January 7–10, Asilomar, CA.
www.ics.uci.edu/~cs223/papers/cidr07p15.pdf

[Hohpe & Woolf] Hohpe, Gregor and Bobby Woolf. 2004. *Enterprise
Integration Patterns: Designing, Building, and Deploying Messaging Systems.*
Boston, MA: Addison-Wesley.

[Inductive UI] 2001. Microsoft Inductive User Interface Guidelines.
http://msdn.microsoft.com/en-us/library/ms997506.aspx

[Jezequel *et al.*] Jezequel, Jean-Marc, Michael Train and Christine Mingins.
2000. *Design Patterns and Contract.* Reading, MA: Addison-Wesley.

[Keith & Stafford] Keith, Michael and Randy Stafford. 2008. "Exposing the
ORM Cache." *ACM*, May 1.
http://queue.acm.org/detail.cfm?id=1394141

[Liskov] Liskov, Barbara. 1987. Conference Keynote: "Data Abstraction
and Hierarchy."
http://en.wikipedia.org/wiki/Liskov_substitution_principle. "The Liskov
Substitution Principle." www.objectmentor.com/resources/articles/lsp.pdf

[Martin, DIP] Martin, Robert. 1996. "The Dependency Inversion Principle."
www.objectmentor.com/resources/articles/dip.pdf

[Martin, SRP] Martin, Robert. 2012. "SRP: The Single Responsibility Principle."
www.objectmentor.com/resources/articles/srp.pdf

[MassTransit] Patterson, Chris. 2008. "Managing Long-Lived Transactions
with MassTransit.Saga."
http://lostechies.com/chrispatterson/2008/08/29/
managing-long-lived-transactions-with-masstransit-saga/

[MSDN Assemblies] 2012.
http://msdn.microsoft.com/en-us/library/51ket42z%28v=vs.71%29.aspx

[Nilsson] Nilsson, Jimmy. 2006. *Applying Domain-Driven Design and Patterns: With Examples in C# and .NET*. Boston, MA: Addison-Wesley.

[Nijof, CQRS] Nijof, Mark. 2009. "CQRS à la Greg Young."
http://cre8ivethought.com/blog/2009/11/12/cqrs--la-greg-young

[NServiceBus] 2012.
www.nservicebus.com/

[Öberg] Öberg, Rickard. 2012. "What Is Qi4j™?"
http://qi4j.org/

[Parastatidis *et al.*, RiP] Webber, Jim, Savas Parastatidis, and Ian Robinson. 2011. *REST in Practice*. Sebastopol, CA: O'Reilly Media.

[PragProg, TDA] The Pragmatic Programmer. "Tell, Don't Ask."
http://pragprog.com/articles/tell-dont-ask

[Quartz] 2012. Terracotta Quartz Scheduler.
http://terracotta.org/products/quartz-scheduler

[Seović] Seović, Aleksandar, Mark Falco and Patrick Peralta. 2010. *Oracle Coherence 3.5: Creating Internet-Scale Applications Using Oracle's High-Performance Data Grid*. Birmingham, England: Packt Publishing.

[SOA Manifesto] 2009. SOA Manifesto. www.soa-manifesto.org/

[Sutherland] Sutherland, Jeff. 2010. "Story Points: Why Are They Better than Hours?"
http://scrum.jeffsutherland.com/2010/04/story-points-why-are-they-better-than.html

[Tilkov, Manifesto] Tilkov, Stefan. 2009. "Comments on the SOA Manifesto."
www.innoq.com/blog/st/2009/10/comments_on_the_soa_manifesto.html

[Tilkov, RESTful Doubts] Tilkov, Stefan. 2012. "Addressing Doubts about REST."
www.infoq.com/articles/tilkov-rest-doubts

[Vernon, DDR] Vernon, Vaughn. n.d. "Architecture and Domain-Driven Design."
http://vaughnvernon.co/?page_id=38

[Vernon, DPO] Vernon, Vaughn. n.d. "Architecture and Domain-Driven Design."
http://vaughnvernon.co/?page_id=40

[Vernon, RESTful DDD] Vernon, Vaughn. 2010. "RESTful SOA or Domain-Driven Design—A Compromise?" QCon SF 2010.
www.infoq.com/presentations/RESTful-SOA-DDD

[Webber, REST & DDD] Webber, Jim. "REST and DDD."
http://skillsmatter.com/podcast/design-architecture/rest-and-ddd

[Wiegers] Wiegers, Karl E. 2012. "First Things First: Prioritizing Requirements."
www.processimpact.com/articles/prioritizing.html

[Wikipedia, CQS] 2012. "Command-Query Separation."
http://en.wikipedia.org/wiki/Command-query_separation

[Wikipedia, EDA] 2012. "Event-Driven Architecture."
http://en.wikipedia.org/wiki/Event-driven_architecture

[Young, ES] Young, Greg. 2010. "Why Use Event Sourcing?"
http://codebetter.com/gregyoung/2010/02/20/why-use-event-sourcing/

Índice

A

Abordagem baseada em contrato por projeto, 208

Abordagem baseada em mensagens, para a integração de Contextos Delimitados

informando-se sobre proprietários de produto e membros de equipe, 469–476

processos de longa duração (sagas) e evitando responsabilidade, 481–493

quando o mecanismo de mensagens ou o sistema está indisponível, 507–508

responsabilidades e, 476–481

visão geral de, 469

Abstração, princípio da inversão de dependência e, 123

ACID, bancos de dados, 521

ACL *Ver* Camada Anticorrupção (ACL)

ActiveMQ, como middleware de mensagens, 303

Adaptadores de renderização, 518–521

Adaptadores, *Ver também* Arquitetura Hexagonal

Arquitetura Hexagonal e, 126–127

lidando com tipos de saída de cliente, 529–530

Modelo de Apresentação como, 519

para implementação de cliente REST, 465–466

Serviços de Domínio, uso para integração, 280

Afirmações, abordagem baseada em contrato por projeto e, 208

Agregados e Prospecção de Eventos (A+PE)

controle de concorrência, 554–558

dentro de Serviços de Aplicação, 541–549

desvantagens de, 540

enriquecimento de evento, 573–575

ferramentas e padrões de suporte, 576

focalizando Agregados em diferentes aspectos comportamentais, 569–570

geração e manutenção de contrato, 580–581

implementando armazenamentos de evento, 561–565

imutabilidade de evento, 577

liberdade estrutural com, 558

Objetos de Valor e, 577–580

persistência BLOB, 568–569

persistência relacional, 565–567

problemas de desempenho, 558–561

Projeções de Modelo de Leitura, 570–572

projeto de Agregados, 573

prospecção de eventos em linguagens funcionais, 583

Rotinas de tratamento de Comando, 549–553

serializadores de evento, 576–577

sintaxe lambda, 553–554

testes e especificações da unidade, 582–583

vantagens de, 539–540

visão geral de, 539

Agregados, *Ver também* A+PE (Agregados e Prospecção de Eventos)

armazenando em Fábricas de Dados, 164

casos de uso e, 358–359

cenários de uso aplicados ao projeto, 373–374

como coleções de objetos, 203

como Tipo Padrão, 237

concorrência otimista, 385–387

consistência futura, 364–367, 376–378

consultando Repositórios e, 138

consumo de memória e, 374–375

conveniência da interface de usuário como a razão para quebrar regras de projeto, 367–368

criando e publicando Eventos, 287

desempenho de consulta como a razão para quebrar regras de projeto, 369–370

determinação de invariante ao criar *clusters*, 353–355

Entidade Raiz e, 380–382

escalabilidade e distribuição de, 363–364

estado de, 516–517

estimativas de custo da sobrecarga de memória, 372–373

Eventos de Domínio com características de Agregado, 294–295

evitando injeção de dependência, 387

executivos e monitores mesclados em, 156

fábricas na Raiz de Agregado, 391–392

falta de mecanismos técnicos como a razão para quebrar regras de projeto, 368–369

ferramentas de modelagem tática, 29

foco comportamental de, 569–570

identidade local de Entidades e, 177

implementando, 380

inserindo no repositório, 401

instantâneos de, 559–561

Mapas de Contexto e, 90

mediadores publicando estado interno de, 514–515

modificar uma única instância de agregado em uma única transação, regra prática, 302

motivações para uso de Fábrica, 389

navegação pelo modelo e, 362–363

no Domínio Básico Scrum, 348–349

Objetos de Valor preferidos em relação a Entidades quando possível, 382

ocultamento de informações (Lei de Demeter e "Diga, não pergunte"), 382–384

organizando em grandes *clusters*, 349–351

organizando em unidades menores, 351–353

processo de decisão no projeto, 379–380

projetando, 573

projeto com base em cenários de uso, 375–376

projeto de Agregados pequenos, 355–358

Prospecção de Eventos e, 160–162, 539

referências entre, 359–362

removendo de repositório, 409

renderizando Objetos de Carga Útil de Domínio, 515–516

renderizando objetos de transferência de dados, 513–514

renderizando propriedades de múltiplas instâncias, 512–513

repensando o projeto, 370–372

resultados da pergunta de quem é o trabalho, 378–379

revisão, 388

Serviços de Aplicação e, 120–121

sincronizando instâncias no Contexto Delimitado local, 287

tamanho de Contextos Delimitados e, 68

transações globais como a razão para quebrar regras de projeto, 369

visão geral de, 347–348

Ajax Push (Comet), 147

Akka, como middleware de mensagens, 303

Ambiguidade orientada a serviços (Fowler), 131

Analistas de negócio, benefícios da Linguagem Ubíqua para, 21

Anemia, 14–16

APIs (interfaces de programação de aplicações)

abrindo serviços e, 510

criando produtos, 482–483

noções básicas de integração e, 450–451

Aplicações

adaptadores de exibição e lidando com edição de usuário, 518–521

compondo múltiplos Contextos Delimitados, 531–532

consultas otimizadas no repositório de caso de uso, 517

contêineres de componentes corporativos, 534–537

Contextos Delimitados e, 66–68

definição, 510

gerando identidade das Entidades, 175–178

gerenciamento de tarefas para, 549

infraestrutura e, 532–534

interface de usuário, 512

lidando com múltiplos clientes díspares, 517–518

mediadores, 514–515

renderização DTOs, 513–514

renderizando Agregados, 515–516

renderizando objetos de domínio, 512–513

representando o estado das instâncias de Agregado, 516–517

revisão, 534–537

visão geral de, 509–511

APM (Agile Project Management), 177 *Ver também* Contexto de Gerenciamento Ágil de Projetos

Armazenamento de Agregados

caches distribuídos das Fábricas de Dados como, 164

repositórios orientados à persistência e, 418

Armazenamento de dados

Armazenamento de dados BLOB e, 569

repositórios orientados à persistência e, 418–420

Armazenamento de Eventos

carregando eventos de, 543–545

confirmando coleção Alterações para, 547

consistência da infraestrutura de mensagens e, 304

e bancos de dados funcionais, 583

implementando com banco de dados relacional, 543

implementando, 561–565

mantendo para Eventos de Domínio, 307–312

monitorando alterações, 216–217

Persistência BLOB e, 568–569

Persistência de fluxo de eventos de Agregado em, 539

reconstituindo instância de Agregado a partir de, 545

Armazenamento, *Ver* Repositórios

Armazenamentos de persistência

consistência da infraestrutura de mensagens e, 304

gerando identidade das Entidades, 178

Objetos de Valor e, 248–250

repositórios orientados a coleções e, 406–407

Arquitetos, benefícios de DDD para, 5–6

Arquitetura

Arquitetura em Camadas, padrão, 119–123

benefícios de Agregados, 540

Contextos Delimitados e problemas arquitetônicos, 68

CQRS *Ver* CQRS (Command-Query Responsibility Segregation)

criando e nomeando módulos de componentes de não modelo, 343–344

DIP (Dependency Inversion Principle) e, 123–125

Fábrica de Dados e computação distribuída baseada em grade, *Ver* Fábrica de Dados

Mapas de Contexto para, 90

orientado a eventos *Ver* EDA (*event-driven architecture*)

Portas e Adaptadores *Ver* Arquitetura Hexagonal

processo de decisão (em entrevista fictícia), 115–119

REST *Ver* REST (Representational State Transfer)

revisão, 168–169

Serviços de Aplicação e, 521

SOA (Arquitetura Orientada a Serviços), 130–133

visão geral de, 113–114

Arquitetura cebola *Ver* Arquitetura Hexagonal

Arquitetura corporativa

Mapas de Contexto não são diagramas EA, 90

melhorando a organização de, 28

Arquitetura de portas e adaptadores *Ver* Arquitetura Hexagonal

Arquitetura em Camadas

Camada da Interface de Usuário, 119

Camada de Aplicação, 119–121

Camada de Domínio, 121–122

Camada de Infraestrutura, 122–123

criando módulos, 343–344

DIP (Dependency Inversion Principle) e, 123–125

estilos arquitetônicos e, 511

estilos cliente-servidor e, 115

estrita e flexível, 120

nomeando módulos, 338

visão geral de, 119

Arquitetura em Camadas estrita, 120

Arquitetura em Camadas flexível, 120

Arquitetura em Camadas, 511

Arquitetura Hexagonal

adaptador para a porta HTTP RESTful, 461

adaptadores para lidar com os tipos de saída de cliente, 529–530

como portas e adaptadores funcionam, 127

convenções de nomeação de módulo e, 338

dimensões fora e dentro de, 126

EDA (*event-driven architecture*) e, 147–148

Exemplo de JAX-RS, 128–129

exemplo de uso de, 116

portas, 126–127

vantagens de, 129

versatilidade de, 129–130

visão geral de, 125

Arquitetura Orientada a Eventos, *Ver* EDA (*event-driven architecture*)

Arquitetura orientada a negócio, 10

Arquitetura Orientada a Serviços *Ver* SOA (Arquitetura Orientada a Serviços)

Assemblers de DTO, 141, 513

Assinantes

Eventos de Domínio e, 300–302

publicando notificações utilizando middleware de mensagens, 317

Associações remotas, referência por formação de identidade, 364

Atemporalidade, arquitetura Hexagonal que suporta, 125

Atividades de duas partes, 364

Atividades de parceiros (Helland), 156

atributo de versão, concorrência otimista e, 385–387

Atributos, validando Entidades, 208–211

Autenticação

de usuários, 198

decidir onde inserir componentes técnicos, 272–275

exemplo de onde utilizar um Serviço de Domínio, 269–271

testando o serviço de autenticação, 281–284

Autodelegação, 244, 248

Autoencapsulamento, 248

Avaliação, visualização, para entender o espaço de problema, 57

B

Balanceamento de carga, 550–551

Bancos de dados

ACID, 521

funcionais, 583

muitos valores suportados pela entidade de banco de dados, 255–260

MySQL *Ver* MySQL

NoSQL, 249, 418

relacionais, 543, 565–567

Bancos de dados funcionais, 583

Bancos de dados NoSQL, 249, 418

Bancos de dados orientados a Agregados, 418

Bancos de dados relacionais

para a execução de Armazenamento de Eventos, 543

persistência e, 565–567

Bitcask, modelo (Riak), 569

BLOB (*binary large object*), persistência, 568–569

BSON (*binary* JSON), 426

Buffers de protocolo, 452, 576–577

BusinessPriority

Linguagem Ubíqua e, 240

testes para, 242

usando tipo de valor como estratégia, 243–244

C

C#

coleções em, 403

namespaces, 333, 336–337

Serviço de Aplicação implementado em, 542

Cache

cache de cliente, 316

distribuído, 147

estratégias de cache nomeado no Coherence, 422–424

Fábrica de Dados que fornecem, 164–165

Fluxos de Eventos, 559

Cache Distribuído/Grade Distribuída, sincronização de dados e, 147

Cálculos

criando serviços para, 277–280

usos de Serviços de Domínio, 268

CalendarEntry, instâncias, exemplos de Fábrica, 392–395

Camada Anticorrupção (ACL)

definição, 101

implementando clientes REST e, 463–469

implementando, 469

integrada, 532

Relações de Contexto Delimitado, 93–94

sincronizando os membros da equipe com identidades e papéis, 340–341

Camada da Interface de Usuário

criando e nomeando módulos de componentes de não modelo, 343–344

descrições textuais e, 236

DIP (Dependency Inversion Principle) e, 124

Método de fachada de negócio invocado por, 433

na Arquitetura em Camadas, 119

visualizações no Contexto Delimitado, 67

Camada de Aplicação

compondo múltiplos Contextos Delimitados e, 531–532

criando e nomeando módulos de componentes de não modelo, 343–344

DIP (Dependency Inversion Principle) e, 124

gerenciando transações em, 433–434

na Arquitetura em Camadas, 119–121

Camada de Domínio

acessando a Camada de Infraestrutura, 121–122

criando e nomeando módulos de componentes de não modelo, 343–344

DIP (Dependency Inversion Principle) e, 124

na Arquitetura em Camadas, 119

referências unidirecionais e descendentes a partir da Camada de Infraestrutura, 411

Camada de Infraestrutura

aplicações e, 532–534

Camada de Domínio, acessando, 121–122

criando e nomeando módulos de componentes de não modelo, 343–344

DIP (Dependency Inversion Principle) e, 122–124

hospedando implementações técnicas no módulo em, 273

na Arquitetura em Camadas, 119

referências unidirecionais e descendentes à camada de Domínio, 411

Camadas de responsabilidade, refatorando modelo e, 77

Caminho crítico, justificativa para a modelagem de Domínio, 36

Caminhos Separados, relações de Contexto Delimitado, 93–94

Capped Exponential Back-off (desistência com espera exponencial e tempo limite), 365, 502, 553

Característica da inteireza conceitual, de Objetos de Valor, 221, 223–226

Característica de medição, de Objetos de Valor, 221

carregamento antecipado (*eager loading*), estratégia, 516

Carregamento sob demanda (*lazy load*)
Modelo de Domínio desconectado e, 362

Objetos de Carga Útil de Domínio e, 516

problemas de desempenho devido a, 375

Casos de uso
Criar um caso de uso de produto, 481–482

determinar de quem é o trabalho, 367

projeto de Agregados e, 358–359

Cenários de uso
ajustando o projeto de Agregados, 375–376

aplicando ao projeto de Agregados, 373–374

Chamada de retorno, 514–515

Chamadas de procedimento remoto *Ver* RPCs (*remote procedure calls*)

Cheiros de código
hierarquias de tipo e, 439

indicando a necessidade de um serviço, 265

Projeto errado de Agregados e, 432

Classes
classes de implementação para repositório, 410–411

modelo em módulos, 338

papéis e, 200–201

Classes abstratas, em módulos, 338

Classes de implementação, 275–276, 410–411

Clientes
Clientes HTTP RESTful, 136, 463–469

justificativa para modelagem de domínio, 37

lidando com múltiplos clientes díspares, 517–518

produzindo tipos específicos de saída para, 528

Clientes gráficos, 517

Clientes, justificativa para modelagem de Domínio, 37

Clojure, prospecção de eventos na, 583

Clones profundos, criando Objetos de Valor, 244

Clones, de Objetos de Valor, 244

Cockburn, Alistair, 125

Coherence (Oracle)
concorrência e, 385–386

implementando repositório orientado à persistência, 420–425

processamento distribuído e, 167

repositórios orientados à persistência e, 418–420

testando repositório orientado à persistência, 442–445

Coleções fixas, simulando Repositórios, 404–406

Colunas, serialização de muitos valores em, 253–255

Comando, objetos

projetando classe de Comando, 527–528

projetando, 523

Comandos

controlando o gerenciamento de tarefas para aplicações, 549

CQRS, 139

geração e manutenção de contrato, 580–581

passando para métodos de Serviços de Aplicação, 550

Comet (Ajax Push), 147

Complexidade, Subdomínios e, 46

Componentes técnicos

alinhamento com Contextos Delimitados, 71–72

hospedando na Camada de Infraestrutura, 273

razões para quebrar regras de projeto de Agregados, 368–369

Comportamentos

comportamentos essenciais de Entidade, 196–200

corrigindo classes com comportamentos especializados, 225–226

focalizando Agregados em diferentes aspectos comportamentais, 569–570

modelando Eventos de Domínio, 291–293

nomeando comportamentos de objeto, 31–32

Repositórios e, 430–432

Computação distribuída

Fábricas de Dados que suportam, 167–168

princípios de, 451

Computação em Grade, *Ver* Fábricas de Dados

Comunicação

de Eventos de Domínio entre Contextos Delimitados, 286

de Eventos para Contextos Delimitados remotos, 303

Mapas de Contexto que facilitam a comunicação interequipe, 88–89

Concorrência

consistência futura e, 365

controle de concorrência para fluxos de eventos, 554–558

mecanismos de persistência para lidar com, 350

Concorrência otimista

atributo de versão e, 385–387

cenários de uso aplicados ao projeto de Agregados, 373–374

Hibernate fornecendo, 350

Supertipo de Camada e, 380

Conhecimento

centralizando, 7–8

Princípio de conhecimento mínimo, 383

Consistência

futura, *Ver* Consistência futura

invariantes e, 359

na modelagem de Agregados, 349–351, 355

transacional *Ver* Consistência transacional

Consistência futura

atraso de atualização aceitável, 359

implementando no projeto de Agregados, 376–378

mecanismos técnicos necessários para, 368

para execução fora de limites de Agregado, 364–366

para múltiplos Agregados, 364

versus consistência transacional, 366–367

Consistência transacional

Agregados e, 364

consistência futura *versus*, 366–367

invariantes e, 353–354

Construtor, padrão, 389

Construtores

cumprindo dependências, 543

da classe de valor, 225

de Entidades, 205–207

de Eventos, 291

de Objetos de Valor, 244

Construtores de cópia, criando Objetos de Valor, 244

Construtores sem argumentos, 248

Consulta (leitura), modelo, em CQRS

assinante de evento atualizando o modelo de consulta, 145–146

cliente impulsionando o processamento de comandos, 143

definição, 140

lidando com inconsistência em, 146–147

métodos de Consulta, 229

processadores de comando, 143–144

visão geral de, 141–142

Consultas

consulta otimizada de caso de uso, 432, 517

consultas contínuas, 166

desempenho de consulta como a razão para quebrar as regras de projeto de Agregados, 369–370

Raiz de Agregado, interface de consulta de, 516

Repositórios e, 138

Segregação de Responsabilidades por Consultas e Comandos *Ver* CQRS (Command-Query Responsibility Segregation)

Separação de Consultas e Comandos, princípio, *Ver* CQS (Command-Query Separation)

Consultas contínuas, suporte a Fábrica de Dados, 166

Consultas otimizadas de caso de uso, 432

Consultas otimizadas de caso de uso, 517

Consumo de memória, projeto de Agregados e, 374–375

Contêineres de componentes corporativos, 534–537

Contêineres de inversão de controle, Spring, 434–437

Contêineres, para componentes corporativos, 534–537

Contexto de colaboração

facilitando o espaço de trabalho sinérgico, 73

implementando clientes REST, 463–469

integrando com Contexto de Gerenciamento Ágil de Projeto, 107–110

integrando com Contexto de Identidade e Acesso, 101–103

mapeando três contextos, 95–96

Métodos de Fábrica em Agregados e, 391–392

nomeando Contexto Delimitado e, 54

Objetos de Valor preferidos em relação a Entidades quando possível, 382

processos de longa duração (sagas) e, 488–490

projeto e implementação de, 74

responsabilidades e, 476

Serviços como Fábricas e, 397–399

Contexto de Gerenciamento Ágil de Projetos

  como Domínio Básico, 98

  integrando com Contexto de Colaboração, 107–110

  integrando com Contexto de Identidade e Acesso, 104–107

  Mapas de Contexto e, 104

  modelando Evento de Domínio a partir, 288–289

  módulos, 340–343

  Objetos de Valor e, 239

  processo de cálculo de, 277

  ProjectOvation como exemplo de, 92

  visão geral de, 82–84

Contexto de Identidade e Acesso

  atribuições de papéis via, 200, 469–471, 480

  bean sessionProvider, 435–437

  centralizando segurança e permissões, 80–81

  descobrindo Entidades e propriedades de Entidade, 192

  minicamada de Serviços de Domínio e, 281

  serviços que fornecem tradução para o Contexto de Colaboração, 398

  suporte a aplicações em, 509

Contexto Delimitado, *Ver também* Integrando Contextos Delimitados

  abrangendo mais de que um Modelo de Domínio, 66–68

  alinhamento com componentes técnicos, 71–72

  alinhamento com Subdomínios, 57, 60

  atribuindo identidade das Entidades, 182–183

  combinando DDD e HTTP RESTful e, 137

compondo múltiplos, 531–532

comunicando com sistemas remotos, 303

comunicando Eventos de Domínio entre, 286

Contexto de colaboração, *Ver* Contexto de colaboração

Contexto de Gerenciamento Ágil de Projetos e, 82–84

Contexto de Identidade e Acesso, 80–81

contexto é o rei, 63

Descoberta de Agregados em, 353–354

domínio abstrato de negócio com Subdomínios e, 50

Domínio Básico e, 35

espaço de soluções e, 57

estudo de caso da SaaSOvation, 65–66

exemplo de contas bancárias, 64

exemplo de publicação de livros, 64–65

exemplos, 72–73

identificando o nome de módulo, 337–339

ilustração de quadro branco de subdomínio e, 51

integração entre, 49–50, 450–451

integrando com Subdomínios, 46

limites contextuais e, 344

limites linguísticos, 48

Linguagem Ubíqua e, 25

Mapas de contexto, *Ver* Mapas de contexto

mapeamento, 64

natureza explícita e linguística de, 62

nomeando, 54

persistência de, 558

Repositórios e, 402

SOA e, 132–133

tamanho de, 68–71

valor de negócio e, 28

visão geral de, 20

Contratos

abordagem baseada em contrato por
projeto e, 208

gerando e mantendo, 580–581

para Eventos de Domínio, 290

Cópia explícita antes da gravação,
Repositórios orientados a
coleções e, 407

Cópia implícita na gravação,
monitorando alterações no mecanismo
de persistência, 406–407

Cópia implícita na leitura, monitorando
alterações no mecanismo de
persistência, 406–407

Cópias rasas, criando Objetos de
Valor, 244

CQRS (Command-Query Responsibility
Segregation)

assinante de evento atualizando o
modelo de consulta, 145–146

cheiro de código sugerindo o uso
de, 432

cliente impulsionando o processamento
de comandos, 143

consistência futura e, 366

consulta otimizada de caso de uso em
comparação com, 517

consultas contínuas, 166

exemplo de uso de, 117

implementando Agregados e
Prospecção de Eventos (A+PE), 540

lidando com inconsistência no modelo
de consulta, 146–147

modelo de comando (gravação),
144–145

modelo de consulta (leitura), 141–142

processador de consulta e cliente
em, 141

processadores de comando, 143–144

Prospecção de Eventos e, 160, 162

referências por identidade e, 363

visão geral de, 138–140

CQS (Command-Query Separation)

definição, 139

Funções Livres de Efeito Colateral
e, 245

métodos de Consulta, 229

no projeto de múltiplos
Agregados, 352

CRC (*cyclic redundancy check*),
armazenamento de dados BLOB e, 569

Criptografando senhas, 269–271

Cunningham, Ward, 211–212, 215,
223, 357

Curva de aprendizagem, para DDD, 2

D

Dado-Quando-Esperar, testes de unidade,
582

Dahan, Udi, 203

DAOs (Data Access Objects), 440–441

DDD (Domain-Driven Design),
começando a

abordagem "primeiro testar", 37–38,
239–243

benefícios de, 26–29

benefícios para arquitetos e
especialistas em domínio, 5–6

benefícios para desenvolvedores, 4–5

benefícios para gerentes, 6

desafios na aplicação, 29–34

determinando a saúde de Modelo de
Domínio, 13–14

entregando software com valor real de
negócio, 7–10

estudo de caso da SaaSOvation, 40–41

estudo de caso na apresentação de, 38–39

justificativa para modelagem de domínio, 34–37

Linguagem Ubíqua e, 20–25

modelando domínios complexos de maneira mais simples, 10

perda de memória induzida por anemia e, 16–20

razões para implementar, 6–7

razões para má saúde de domínio (anêmico), 14–16

requisitos para implementar, 2–4

revisão, 41–42

scorecard para determinar se o projeto se qualifica, 10–13

valor de negócio de, 25–26

visão geral de, 1

DDR (Domain Dependency Resolver), 516

Declarações de missão, Linguagem Ubíqua em, 27

Delegação

autodelegação, 244, 248

de Serviços de Aplicação, 461–462

instâncias de Agregado para DTO, 513–514

DELETE, método HTTP, 135, 458

Descrevendo as características, de Objetos de Valor, 221

Descrições textuais, na camada da interface de usuário, 236

Desenhos, Mapas de Contexto, 89–91, 449

Desenvolvedor de nível intermediário, benefícios de DDD para, 4–5

Desenvolvedor novato ou júnior, benefícios de DDD para, 4

Desenvolvedor sênior, benefícios de DDD para, 5

Desenvolvedores

agregando valor ao negócio e, 8

benefícios da Linguagem Ubíqua, 21

benefícios de DDD para, 4–5

como o DDD ajuda no desenvolvimento de software, 9

desafios ao aplicar DDD, 30

em igualdade de condições com especialistas em domínio, 7

Desenvolvimento cliente-fornecedor, relações de Contexto Delimitado, 92, 94

Desenvolvimento inteiramente novo

Contextos Delimitados e, 72

Mapas de Contexto em, 89

Design Patterns (Gamma *et al.*), 389

Design Patterns and Contracts (Jezequel *et al.*), 208

"Diga, não pergunte", ocultação de informações na implementação de Agregados, 382–384

DIP (Dependency Inversion Principle)

Arquitetura Hexagonal e, 126

em UML, 510–511

exemplo de uso de, 115–116

infraestrutura e, 532

infraestrutura em camadas, 411

Padrão da Arquitetura em Camadas e, 123–125

Dissociação temporal, entre clientes e Serviço de Aplicação, 551

Distribuição, projeto de Agregados e, 363–364

Documentação, no desenvolvimento da Linguagem Ubíqua, 22

Documentos de visão, Linguagem Ubíqua em, 27

Domínio
  com Subdomínios e Contextos
    Delimitados, 45
  espaço de problemas e espaço de
    soluções de, 56–58
  mapeamento de dados de domínio
    para visualizações *Ver* CQRS
    (Command-Query Responsibility
    Segregation)
  modelagem complexa, 10
  o quadro geral, 43–44
Domínio Básico
  Abordagem de Script de Transação
    para modelagem, 532
  Agregados em, 348–349
  Contexto de Gerenciamento Ágil de
    Projetos como, 98, 239
  distinguindo entre tipos de
    domínios, 44
  eliminando conceitos extrínsecos, 69
  espaço de problemas no
    desenvolvimento de, 56–57
  foco em, 50–51
  ilustração em quadro branco de, 52
  investindo no que produz maior
    benefício, 10
  justificativa para modelagem de
    domínio, 35, 37
  módulo de Contexto de Gerenciamento
    Ágil de Projetos, 340
  na avaliação de espaços de problema e
    solução, 58–59
  para o Modelo de Domínio da SaaS
    Ovation, 91
  quando adicionar, 47–48
DPOs (Objetos de Carga Útil de Domínio)
  Modelo de Apresentação e, 520
  renderizando instâncias de Agregado a
    partir de, 515–516

DRY (*don't repeat yourself*, "não se
  repita") princípio, 6
DTOs (Data Transfer Objects)
  complexidade e, 523
  consultando Repositórios e, 138
  CQRS e, 141
  imitando Modelo de Domínio
    Anêmico, 532
  Modelo de Apresentação e, 520
  Objetos de Carga Útil de Domínio em
    comparação com, 515–516
  Projeções de modelo de leitura e, 572
  renderizando a partir de instâncias de
    Agregados, 513–514

E

Eclipse, 71
EclipseLink, 407
EDA (*event-driven architecture*)
  alavancando consistência futura, 108
  exemplo de uso de, 117–118
  implementação de integração usando,
    469–508
  Pipes e Filtros e, 149–153
  processos de longa duração (sagas),
    153–159
  prospecção de eventos, 160–163
  visão geral de, 147–149
Edições na memória, de repositórios,
  445–447
Editando, lidando com edições de
  usuário, 518–521
Eiffel, linguagem de programação, 208
EJB (Enterprise JavaBeans), 534
Encapsulamento, o poder de
  autoencapsulamento, 207
Enriquecimento, de Eventos de Domínio,
  294, 453, 471, 481, 573–575
Enterprise JavaBeans (EJB), 534

Entidade Raiz

concorrência otimista e, 385–386

muitos Agregados contendo apenas uma única Entidade, 357

requer identidade globalmente única, 177

Entidades

Agregados com múltiplas Entidades, 358

agrupando nos Agregados, 347

atribuindo a identidade à aplicação, 175–178

Atribuindo a identidade ao Contexto Delimitado, 182–183

atribuindo identidade ao mecanismo de persistência, 179–182

comportamentos essenciais, 196–200

construindo, 205–207

criando e atribuindo identidade, 410

descobrindo Entidades e suas propriedades, 192–196

Entidade Raiz, 380–382

estabilidade da identidade, 188–190

ferramentas de modelagem tática, 29

foco de desenvolvedor em, 53

fornecendo identidade para o usuário, 174–175

identidade única de, 156, 173–174

identidades substitutas, 186–188

monitorando alterações, 216–217

objetos de Domínio com múltiplos papéis, 200–205

Objetos de Valor preferidos sempre que possível, 219–220, 382

quando o timing da geração de identidade é importante, 183–186

razões para usar, 171–173

refatorando como Objetos de Valor, 357

Repositórios e, 402

revisão, 218

validando atributos e propriedades, 208–211

validando composições de objeto, 215–216

validando objetos inteiros, 211–215

visão geral de, 171

Enum (Java)

objetos "enumeração como estado" (enum-as-state), 261–263

suporte para Tipos Padrão, 235–238

Envio duplo

Objetos de Carga Útil de Domínio e, 516

para lidar com tipos de saída de cliente, 530

publicando estado interno de Agregados, 514–515

Equipes, 88

equipe única para Contexto Delimitado único, 72

estimando a sobrecarga de memória de tipo de Agregado usando horas de tarefas, 372–373

facilitando a comunicação interequipe

Linguagem Ubíqua como a linguagem compartilhada de, 20–21

ERP (enterprise resource planning)

agregando valor ao negócio e, 8

Subdomínios como módulos em, 57

Escalabilidade

com Eventos de Domínio, 287, 316, 322

limitações de Agregado único de grandes grupos, 356

projeto de Agregados e, 363–364

Espaço de problemas

avaliando para mapa de contexto, 96–97

de domínios, 56–58

Espaço de soluções

avaliação de, 59–60

de domínios, 56–58

Especialistas em Domínio

benefícios de DDD para, 5–6

contribuição para o projeto de softwares, 27

desafios da aplicação de DDD, 29–30

disponibilidade de, 36

em igualdade de condições com os desenvolvedores, 7

envolvendo no desenho de quadro branco de Domínio, 52

influência sobre a Linguagem Ubíqua, 21

na entrega de valor de negócio, 8

no desenvolvimento de softwares, 9

vantagens de se engajar, 3–4

Especificações, 582–583

Esquizofrenia de objeto, 202–203

Estado

mediadores que publicam o estado interno de Agregados, 514–515

persistindo objetos de estado como enumeração, 261–263

representando o estado das instâncias de Agregado, 516–517

Estado, padrão de

desvantagens de, 237

Tipo Padrão como, 236–237, 440

Estilo categorizado, rotina de tratamentos de comando CQRS, 143

Estilo cliente-servidor, usando Arquitetura em Camadas para, 115

Estilo dedicado, rotina de tratamentos de Comando CQRS, 143

Estratégia, padrão

DDR (Domain Dependency Resolver) e, 516

usando tipo de valor como, 243–244

Estratégias de negócio, 132

Estruturas orientadas a eventos, 165–166

Evans, Eric, 367, 510

Evento de Domínio

Armazenamento de Eventos e, 307–312

assinantes e, 300–302

atribuindo identificadores únicos a, 156

autonomia de sistema e, 469

com características de Agregado, 294–295

comunicando com Contextos Delimitados remotos com relação a, 303

consistência da infraestrutura de mensagens e, 303–304

consistência futura e, 108

Contexto de Identidade e Acesso e, 80, 104–105

contrato para, 290

criando propriedades, 290–291

deduplicação, 329–331

enriquecimento, 294, 453, 471, 481, 573–575

estilos arquitetônicos para encaminhamento de Eventos armazenados, 312

Fábricas de Dados e, 165–166

ferramentas de modelagem tática, 29

identidade de, 295–296

implementando, 318–319

Linguagem Publicada utilizada em, 100

modelando Eventos, 288–289

modelando operações comportamentais, 291–293

modelo de comando CQRS e, 144–145

modelo de consulta CQRS e, 145–146

monitorando alterações, 216–217

nomeando e publicando, 289

publicadores e, 297–300

publicando notificações baseadas em mensagens, 324–329

publicando notificações como recursos RESTful, 312–317

publicando notificações utilizando middleware de mensagens, 317–318

publicando NotificationLog, 319–323

publicando, 121, 296–297

quando usar e por que usar, 285–288

revisão, 324–329

serviços e sistemas autônomos e, 305–306

tolerâncias de latência, 306–307

visão geral de, 285

Eventos, *Ver também* Evento de Domínio

Agregados como série de, 539

carregando a partir de Armazenamento de Eventos, 543–545

consumindo Eventos em Contextos Delimitados locais e externos, 287

deduplicação, 329–331

enriquecimento de, 573–575

estilos arquitetônicos para encaminhamento armazenado, 312

executando operações de negócio, 545–546

geração e manutenção de contrato, 580–581

imutabilidade, 577

incorporando à Linguagem Ubíqua, 287

Projeções de Modelo de Leitura, 570–572

replicando e publicando, 547–548

serializando, 576–577

tamanho de Contextos Delimitados e, 68

Execute(), 552

Executivo, mesclando executivos e monitores nos Agregados, 156

Exigências de tempo, desafios de aplicar DDD, 29

F

F#, linguagem, 583

Fábrica Abstrata, padrão, 389

Fábricas

criando Agregados, 121

criando subclasses Collaborator, 464–465

de serviços, 276–277, 397–399

exemplo de instâncias de Calendar-Entry, 392–395

exemplo de instâncias de discussão, 395–397

instanciações de Entidade e, 207

na Raiz de Agregado, 391–392

no Modelo de Domínio, 389–391

para identidades geradas por aplicações, 178

revisão, 400

visão geral de, 389

Fábricas de Dados

consultas contínuas, 166

estruturas orientadas a Eventos e Eventos de Domínio, 165–166

modelagem de domínio, 441

processamento distribuído, 167–168

replicação de dados, 164–165

repositórios orientados à persistência e, 418

visão geral de, 163–164

Fábricas de Serviço

cumprindo dependências, 543

repositório de consultas, 533–534

Fachada

Fachadas de sessão EJB, 534

gerenciando transações e, 433–435

Modelo de Apresentação e, 520–521

serviços agindo como, 68

Fachadas de sessão, EJB (Enterprise JavaBeans), 534

Falácias da Computação Distribuída (em alemão), 451

Fanout exchange, RabbitMQ, 317

Ferramentas estratégicas, benefícios de DDD, 28–29

Ferramentas táticas, 10, 28–29

Fielding, Roy T., 133–134

Filas, implementando, 312

Filtros, *Ver* Pipes e filtros

Finder, métodos, na interface de repositório, 409

Fluxos de Eventos

armazenando em cache, 559

controle de concorrência, 554–558

imutabilidade, 577

visão geral de, 539–540

Formatos intermediários, para troca de informações, 452

Formatos, para troca de informações, 452

Fowler, Martin, 131, 164, 229, 276, 441

Funções livres de efeitos colaterais

Comportamentos de evento e, 294

Enumeração Java e, 236

modelando em identidades, 194

Objetos de Valor e, 228–232

Funções, 228

G

Gang of Four, 4

Gateway de Tabela de Dados, em Scripts de Transação, 441

GemFire

concorrência e, 385–386

processamento distribuído e, 167

repositórios orientados à persistência e, 418–420

Geradores de números aleatórios, para identificadores únicos, 175

Gerenciamento Ágil de Projetos (APM), 177

Gerenciamento de acesso, identidade e, 91–92

Gerentes, benefícios de DDD para, 6

GET, método HTTP

aplicando verbos HTTP a recursos, 135–136

notificações RESTful, 458

solicitando logs atuais, 313–315

Glossário, para desenvolver a Linguagem Ubíqua, 22

Google Protocol Buffers, 576–577

Grande Bola de Lama

Contextos Delimitados, 93–94

falha por não usar projeto estratégico, 55

interface com, 88–89

questões de colaboração e, 76

Guardas

Afirmações de Entidade, 207

como forma de validação, 208–211

validade de parâmetro e, 248

GUIDs (identificadores globalmente únicos)

atribuindo a instâncias de Agregado, 410

padrões de criação de identidade e, 175

referenciando instâncias de Agregado, 361–362

GUIs (interfaces gráficas de usuário), 512

H

HATEOAS (Hypermedia as the Engine of Application State), 136

Hedhman, Niclas, 357

Helland, Pat, 156, 363–364, 480

Hibernate

como mecanismo de persistência, 179–182, 373

concorrência otimista, 350, 385–386

gerenciamento de transações com, 432–437

identidades substitutas e, 186–188

junções teta suportadas por, 363

muitos valores suportados pela entidade de banco de dados, 255–260

muitos valores suportados por tabela de join, 260

objetos de estado como enum e, 261–263

para modelos de Domínio persistentes, 15

para Objetos de Valor persistentes, 251–253

serializando muitos valores em única coluna, 253–255

Hipermídia como o mecanismo de estado da aplicação (HATEOAS), 136

Horas de tarefas, usadas para estimar a sobrecarga de memória do tipo de Agregado, 372–373

HTML, 100

IITTP

Disponibilidade de API e, 450–451

métodos (GET, PUT, POST e DELETE), 313–315, 458

padronização de, 134

RESTful HTTP, 135–136, 450–451

I

IDE

alinhamento de Contextos Delimitados com, 71

Objetos de Valor de suporte, 578

Idempotente, método HTTP, 136

Identidade

Contextos Delimitados, atribuindo, 182–183

criando Entidade Raiz com identidade única, 380–382

de Eventos de Domínio, 294–296

estabilidade de, 188–190

geração de aplicações, 175–178

gerando o mecanismo de persistência, 179–182

gerenciamento de acesso e, 91–92

identidades substitutas, 186–188

quando o timing da criação é importante, 183–186

referenciando Agregados por meio de identidade globalmente única, 361–362

referências entre Agregados, 359–361

segregando tipos por, 439

singularidade de, 173–174

usuário fornecendo, 174–175

Identidade Fundamental, padrão, 199–200

Identidade única, de Entidades, 173–174

Identidades substitutas

ao persistir Objetos de Valor, 255–260

Entidades e, 186–188

Supertipo de Camada e, 255–256, 380

Identificadores globais únicos *Ver* GUIDs (identificadores globalmente únicos)

Identificadores universalmente únicos, *Ver* UUIDs (*universally unique identifiers*)

Igualdade, de Objetos de Valor, 227–228

Implementações técnicas, 273

Implementando

Agregados e Prospecção de Eventos (A+PE), 540, 561–565

armazenamentos de eventos, 543, 561–565

Camada Anticorrupção (ACL), 469

consistência futura, 376–378

Contexto de colaboração, 74

Eventos de Domínio, 318–319

filas, 312

Objetos de Valor, 243–248

Implementando Agregados

concorrência otimista, 385–387

criando Entidade Raiz, 380–382

evitando injeção de dependência, 387

Objetos de Valor preferidos em relação a Entidades quando possível, 382

ocultamento de informações (Lei de Demeter e "Diga, não pergunte"), 382–384

visão geral de, 380

Implementando o DDD

razões para, 6–7

requisitos para, 2–4

Implementando recursos RESTful

clientes HTTP, 463–469

Contextos Delimitados e, 459–462

servidores HTTP, 135–136

Implementando Repositórios

classes, 410–411

Coherence em, 420–425

Hibernate em, 407–415

métodos, 412–415

MongoDB em, 425–430

testando com implementações na memória, 445–447

TopLink em, 416–417

Imutabilidade

criando tipos imutáveis explicitamente nomeados, 577–578

de Eventos, 291, 577

de Objetos de Valor, 221–223

Funções Livres de Efeito Colateral e, 228–229

instanciação não é uma garantia de, 222

testes para, 241

utilizar valores imutáveis resulta em menos responsabilidade, 232–233

Informações

ocultando (Lei de Demeter e "Diga, Não pergunte"), 382–384

troca ao longo de limites de sistema, 452–458

Iniciativas estratégicas de negócio, 9–10

Injeção de dependência

cumprindo dependências, 543

evitando ao implementar Agregados, 387

evitando que os clientes tenham consciência das implementações, 276–277

pesquisa implícita, 533

Inquilinos

comparando com usuários, 192–193

organizações subscritoras registradas como, 348

UUID aplicado à identificação, 194

Instanciação, não é uma garantia de imutabilidade, 222

Instâncias de discussão, exemplos de Fábrica, 395–397

Instantâneos, de estado de Agregado, 161–162, 559–561

Integração

    Contexto de Colaboração com Contexto de Gerenciamento Ágil de Projetos, 107–110

    Contexto de Colaboração com Contexto de Identidade e Acesso, 101–103

    Contexto de Gerenciamento Ágil de Projetos com Contexto de Identidade e Acesso, 104–107

    de Objetos de Valor, 232–233

    padrões de integração, 92–94

Integrando Contextos Delimitados

    abordagem baseada em mensagens, 469

    características técnicas da integração, 100

    com Subdomínios, 46

    Contexto de Gerenciamento Ágil de Projetos e, 109

    implementando clientes RESTful, 463–469

    implementando recursos RESTful, 459–462

    informando-se sobre proprietários de produto e membros de equipe, 469–476

    integração com recursos RESTful, 458–459

    integração entre Contextos Delimitados, 49–50

    integrações DDD e, 182

    máquinas de estado de processo e monitores de tempo limite, 493–503

    noções básicas da integração, 450–451

    notificações baseadas em *feed*, 105

    Objetos de Valor e, 219–220

    processos de longa duração (sagas) e, 481–493

    quando o mecanismo de mensagens ou o sistema está indisponível, 507–508

    responsabilidades e, 476–481

    revisão, 508

    Serviços como Fábricas e, 397

    Serviços de Domínio e, 280

    sistemas distribuídos e, 451

    sofisticação de projeto, 503–507

    trocando informações ao longo de limites de sistema, 452–458

    visão geral de, 449

IntelliJ IDEA, 71

Interface de Revelação de Intenção, conformidade com Linguagem Ubíqua, 197

Interface Separada

    implementações técnicas e, 275–277

    implementando cliente REST e, 464

    modelando Serviços de Domínio e, 272

    serviços de notificação e, 318

Interfaces

    Intenção de Revelação de Intenção, 197

    Interface Separada *Ver* Interface Separada

    interfaces de usuário *Ver* Camada da Interface de Usuário

    para repositório Hibernate, 407–408

    reutilizável, 338

Interfaces de programação de aplicações *Ver* APIs (interfaces de programação de aplicações)

Interfaces de usuário

adaptadores de exibição e lidando com edição de usuário, 518–521

consistência futura e, 377–378

Interfaces Web com o usuário, 512

lidando com múltiplos clientes díspares, 517–518

mediadores que publicam o estado interno de Agregados, 514–515

razões para quebrar regras de projeto de Agregados, 367–368

renderizando instâncias de Agregado a partir de Objetos de Carga útil de Domínio, 515–516

renderizando objetos de domínio, 512–513

renderizando objetos de transferência de dados a partir de instâncias de Agregado, 513–514

representando o estado das instâncias de Agregado, 516–517

visão geral de, 512

visualizações impactadas por referências por identidade, 363

Interfaces gráficas de usuário (GUIs), 512

Interfaces Web com o usuário, 512

Invariantes

consistência e, 359

determinando invariantes verdadeiras ao determinar agrupamentos de Agregados, 353–355

Entidades e, 205

no projeto de Agregados, 371

J

Java

coleções em, 403–404

Gerador de UUID, 176

módulos Java 8 Jigsaw, 336

nomeando classes de implementação, 275–276

pacotes, 333, 336–337

Padrão MBean, 328

suporte enum para Tipos Padrão, 235–238

JavaBeans, 15–16, 245–246

JDBC, sequências de autoincremento, 182

JMS, publicando Eventos para a infraestrutura de mensagens, 547

JSON

formato binário JSON no MongoDB, 426

formato para troca de informações, 452

integradores de cliente e, 462–463

linguagem publicada e, 100

JSON binário (BSON), 426

K

Kernel Compartilhado

combinando DDD e HTTP RESTful, 137

implantando Objetos de Valor em comandos e/ou em Eventos, 580

Mapas de Contexto e, 460

Relações de Contexto Delimitado, 92

troca de informações e, 452–453

King, Gavin, 262

L

Latência

processos de longa duração (sagas) e, 159

sistemas de negociação de baixa latência, 540

tolerâncias de Eventos de Domínio, 306–307

Lei de Demeter, 382–384

Leitura (consulta), modelo, em CQRS *Ver* Consulta (leitura), modelo, em CQRS

Liberdade estrutural, com Agregados e Prospecção de Eventos (A+PE), 558

Limite de consistência transacional, *Ver* Agregados

Limites

Mapas de Contexto e, 90

módulos e, 344

trocando informações ao longo de limites de sistema, 452–458

Limites linguísticas

Contexto Delimitado e, 48

Mapas de Contexto e, 96

Linguagem Publicada (PL)

combinando DDD e HTTP RESTful, 137

definição, 100

Relações de Contexto Delimitado, 93–94

serializando Eventos como, 580

troca de informações e, 453

Linguagem Ubíqua

Abordagem centrada em evento ao projeto de Agregados e, 540

BusinessPriority, 240

colaboração e, 53–54, 74

como linguagem compartilhada de equipe, 20–21

convenções de nomeação de módulo e, 338

Entidades e propriedades, 197–198

espaço de soluções e, 59

especialistas em Domínio e desenvolvedores criando em conjunto, 9

Interface da intenção de revelação, conformidade com, 197

Kernel Compartilhado e, 92

Método de Fábrica e, 390

nomeando comportamentos de objetos e, 31–32

princípios, 24–25

processo de produção, 3

projetando Modelo de Domínio e, 191

refinando, 23–24

SOA causando fragmentação de, 132

técnicas para capturar, 22–23

Terminologia Scrum como ponto de partida, 348

Linguagens orientadas a objetos, 403

Linguística, como impulsionadora no DDD, 71

Linha de tempo, justificação para modelagem de domínio, 36

Logs

corrigindo em, 552–553

Método HTTP GET e, 313–315

Logs arquivados

localizando notificação, 315

o que eles são, 313

publicando NotificationLog, 319–323

Logs atuais

Método HTTP GET e, 313–315

publicando NotificationLog, 319–323

Logs de auditoria, 308

LSP (Liskov Substitution Principle), 438–439

M

Manifesto Ágil, 82

Mapas de contexto

abordagem baseada em mensagens à integração, 482

abordagens de projeto, 460

Contexto de Gerenciamento Ágil de Projetos e, 104

Contexto Delimitado e, 25

de padrões organizacionais e de integração, 92–94

desenhando, 89–91

ferramenta para modelar a avaliação da equipe, 69

formas de, 449

integração com, 182

integrando Contexto de Colaboração ao Contexto de Gerenciamento Ágil de Projetos, 107–110

integrando Contexto de Colaboração ao Contexto de Identidade e Acesso, 101–103

integrando Contexto de Gerenciamento Ágil de Projetos ao Contexto de Identidade e Acesso, 104–107

limites linguísticos, 96

na avaliação de espaço de problemas, 96–97

opções de integração em, 50

por que essencial, 87–89

projeto e relações organizacionais e, 91–92

refinamento iterativo de, 97–98

relações upstream/downstream, 99–100

revisão, 111

valor de negócio a partir de, 28

visão geral de, 87

Mapeador de dados, uso dentro de um Modelo de Domínio, 441

Mapeamento objetorrelacional, *Ver* ORM (*object-relational mapping*)

Máquinas de estado de processo, 493–503

Martin, Robert C., 123

MassTransit, middleware de mensagens, 303

MBean, padrão, Java, 328

Mecanismo de mensagens

consistência de infraestrutura e, 303–304

lidando com múltiplos clientes díspares, 517

mensagens de Evento, 295

na Camada de Infraestrutura, 122

noções básicas da integração, 450

publicando Eventos para a infraestrutura de mensagens, 547

Rotinas de Tratamento de Comandos e, 143

rotinas de tratamento de mensagens, 550

Mecanismos de persistência

gerando identidade das Entidades, 179–182

para lidar com a concorrência, 350

usando transação única para gerenciar a consistência, 354

Mediador, padrão

acoplamento fraco na Arquitetura em Camadas, 120

Modelo de apresentação, usando, 520

Objetos de Carga Útil de Domínio e, 516

para lidar com tipos de saída de cliente, 530

publicando estado interno de Agregados, 514–515

Membros de equipe

benefícios de perguntar de quem é o trabalho no projeto de Agregados, 378–379

informando-se sobre, 469–476

responsabilidades e, 476–481

Memorização, 583

Mensagens baseadas em eventos, na troca de mídia entre Contextos Delimitados, 453–454

Método de Fábrica

Design Patterns (Gamma et. Al.) E, 389

exemplo de instâncias de Calendar-Entry, 392–395

Linguagem Ubíqua e, 390

na Raiz de Agregado, 391–392

Método de Repositório similar a save, 418

Método POST, HTTP, 135, 458

Métodos estáticos, Serviços de Domínio como alternativa a, 278

Meyer, Bertrand, 139, 208, 229

Minicamada de Serviços de Domínio, 281

Modelagem Ágil

benefícios de DDD, 28

projeto e, 55

Modelagem contínua, benefícios de DDD, 28

Modelagem iterativa, benefícios de DDD, 28

Modelagem tática

Linguagem Ubíqua e, 75

modelagem estratégica comparada com, 34

Modelo de Apresentação

adaptadores de exibição e lidando com edição de usuário, 518–521

Padrão da Arquitetura em Camadas e, 120

representação de estado de objetos de Domínio, 516

Modelo de Ator, 295

Modelo de colaboração, exemplo da falha ao usar o projeto estratégico, 53–55

Modelo de Comando (gravação), em CQRS

cliente impulsionando o processamento de comandos, 143

definição, 140

processadores de comando, 143–144

visão geral de, 144–145

Modelo de Domínio

analisando o melhor modelo para o negócio, 22

aplicações e, 509

benefício de, 26–27

características de modelos sólidos, 69

Contexto Delimitado abrangendo mais de que, 66–68

convenções de nomeação de módulo e, 339

determinando a saúde de, 13–14

domínios abstratos de negócio, 50

Exemplo da SaaS Ovation, 91

Fábricas de Dados e, 441

Fábricas em, 389–391

Hibernate e, 15–16

justificativa para, 34–37

limites claros em torno de, 28

modelando domínios complexos de maneira mais simples, 10

Modelo de Domínio desconectado, 362

o que anemia faz ao seu modelo, 16–20

o que é, 4

Objetos de Valor no desenvolvimento de, 577–580

personalizando para áreas específicas de negócio, 44

projetando, 191

protegendo contra dependências, 453

publicando Eventos de Domínio de, 296–297

reduzindo custos de fazer negócio, 57

Modelo de Domínio Anêmico

causas de, 14–15

determinando a saúde de Modelo de Domínio e, 13

evitando, 426

o que anemia faz ao seu modelo, 16–17

presença de anemia em todos os lugares, 15–16

Simulação de DTOs, 532

uso excessivo de serviços, resultando em, 268

visão geral de, 13

Modelo de Domínio desconectado, 362

Modelo de envio, padrão Publicação-Assinatura, 312

Modelo de recebimento, padrão Publicação-Assinatura, 312

Modelo de Visualização, representação de estado de objetos de domínio, 516

Modelos de sondagem, 312

Modelos downstream/upstream que influenciam, 99–100

Modelos upstream que influenciam modelos downstream, 99–100

Modelos/modelagem

Abordagem de Script de Transação para, 532

comportamentos de Eventos de Domínio, 291–293

compreendendo invariantes em limites de consistência, 353–355

Eventos de Domínio, 288–289

identidades e, 194

Linguagem de Modelagem Unificada, Ver UML (Unified Modeling Language)

modelagem contínua como benefício de DDD, 28

modelagem tática, 29, 75

modelagem tático versus modelagem estratégica, 34

Modelo de Apresentação, Ver Modelo de Apresentação

Modelo de Ator, 295

modelo de colaboração, 53–55

modelo de comando CQRS e, 144–145

modelo de consulta CQRS e, 145–146

Modelo de Domínio Ver Modelo de Domínio

modelos de Agregado, 348

modelos recebimento versus envio, 312

modelos upstream que influenciam modelos downstream, 99–100

navegação e, 362–363

Serviços de Domínio, 272–275

Vazamento de modelo de dados, 249–251

Model-View-Presenter (Dolphin), 518

Módulo de identidade, serviço de autenticação posicionado em, 273

Módulo de Tabela, em Scripts de Transação, 441

Módulos

compondo múltiplos Contextos Delimitados, 531

Contexto de Gerenciamento Ágil de Projetos e, 110, 340–343

convenções de nomeação, 336–339

de componentes de não modelo, 343–344

desenhando com, 333–336

desenhando Mapas de Contexto e, 90

evitando Contextos Delimitados em miniatura, 70

hospedando implementações técnicas na Camada de Infraestrutura, 273

limites contextuais e, 344

módulo de Tabela em Scripts de Transação, 441

ocultando classes técnicas em, 122

publicador em, 297

revisão, 344

separando Subdomínio de Domínio Básico, 48

Subdomínios como módulos ERP, 57

suporte a aplicações em, 510

tamanho de Contextos Delimitados e, 68

visão geral de, 333

módulos Jigsaw, Java 7, 336

MoM (*message-oriented middleware*)

notificações publicadas, 317–318

Serviços SOA e, 267

MongoDB

concorrência e, 385–386

implementando repositório orientado à persistência, 425–430

repositórios orientados à persistência e, 418–420

Monitoramento de alterações

mecanismos de persistência e, 406–407

para Entidades, 216–217

Monitores de tempo limite, integrando Contextos Delimitados, 493–503

Monitores, mesclando executivos e monitores em Agregados, 156

MSMQ, 547

Mutate(), 552

MySQL

persistência BLOB, 568–569

persistência de Objeto de Valor, 251–253

persistência relacional, 565–567

sequências de autoincremento, 180–182

serialização de muitos valores em uma única coluna, 254–255

N

Namespaces, C#, 333, 336–337

Não se repita (*don't repeat yourself*, DRY), princípio, 6

NET, implementação de protocolo de buffers, 576–577

Nomeação, convenções de

Eventos de Domínio, 289

modelo de Contexto Delimitado, 337–339

módulos, 336–337

Nomes de Domínio, convenções de nomeação de módulos e, 337

Notificações

como recurso RESTful, 453–457

portadoras de eventos, 473–476

publicado usando middleware de mensagens, 317–318

publicando como recursos RESTful, 312–317

publicando notificações baseadas em mensagens, 324–329

publicando o NotificationLog, 319–323

NServiceBus, 303

Núcleo Segregado

criando, 77–78

uso pela equipe de, 97

O

Objetos

objetos de Domínio com múltiplos papéis, 200–205

Objetos de Valor, *Ver* Objetos de Valor

renderizando objetos de domínio, 512–513

validando composições de objeto, 215–216

validando Entidades inteiras, 211–215

Objetos de Carga Útil de Domínio (DPOs)

Modelo de Apresentação e, 520

renderizando instâncias de Agregado a partir de, 515–516

Objetos de Domínio

com múltiplos papéis, 200–205

renderizando, 512–513

Objetos de Transferência de Dados *Ver* DTOs (Data Transfer Objects)

Objetos de Valor

agrupando em Agregados, 347

características de valores, 221

comportamento livre de efeito colateral, 228–232

consulta otimizada de caso de uso, 432, 517

Contexto de Gerenciamento Ágil de Projetos e, 108–109

distinguindo Entidades de, 172

enumeração como estado, objetos (ORM), 261–263

ferramentas de modelagem tática, 29

foco de desenvolvedor em, 53

identidade única e, 173

igualdade de, 227–228

implementando, 243–248

imutabilidade, 221–223

integração baseada em priorização ou minimalismo, 232–233

inteireza conceitual de, 223–226

Java enum para suportar Tipo Padrão, 235–238

medindo, quantificando, descrevendo, 221

nem tudo é um Objeto de Valor, 232

no desenvolvimento de modelos de Domínio, 577–580

objetos únicos de valor (ORM), 251–253

persistindo, 248–249

preferido em relação a Entidades quando possível, 382

refatorando Entidades como, 357

revisão, 263

serialização de muitos valores em uma única coluna (ORM), 253–255

substitubilidade de, 226–227

suportado pela entidade de banco de dados (ORM), 255–260

suportado por tabela de join (ORM), 260

testes, 239–243

Tipos Padrão expressos como, 234–235, 238–239

Vazamento no modelo de dados e, 249–251

visão geral de, 219–220

Observador, padrão

acoplamento fraco na Arquitetura em Camadas, 120

atividades multiparte, 364

publicando Eventos de Domínio com, 296

sincronização de dados e, 147

OHS, *Ver* Serviço de Hospedagem Aberta (OHS)

Oracle

Coherence, *Ver* Coherence

sequências de autoincremento, 179–180

TopLink, *Ver* TopLink

Orientado a mensagem middleware (MoM)

notificações publicadas, 317–318

Serviços SOA e, 267

ORM (*object-relational mapping*)

Ferramenta Hibernate e *Ver* Hibernate

muitos valores suportados pela
entidade de banco de dados,
255–260

muitos valores suportados por tabela
de join, 260

objetos "enumeração como estado"
(enum-as-state), 261–263

objetos únicos de valor, 251–253

persistência e, 249

Prospecção de Eventos comparada
com, 162

serialização de muitos valores em uma
única coluna, 253–255

OSGi, pacotes, 336

OSIV (Open Session In View), 516

P

Pacotes, Java, 333, 336–337

Pacotes, OSGi, 336

Padrão integral significativo, 223

Padrão Publicação-Assinatura

assinante, 300–302

atividades multiparte, 364

modelos recebimento *versus* envio, 312

noções básicas da integração, 450

notificação de evento e, 303

publicador, 297–300

visão geral de, 296–297

Padrões organizacionais, 92–94

Padrões táticos, 36

Papéis

atribuindo, 469–471

específico de Domínio, 463

notificação portadora de eventos para,
473–476

objetos de Domínio com múltiplos,
200–205

responsabilidades e, 476–481

visão geral de, 200

Parcerias

referência por identidade,
formando, 364

Relações de Contexto Delimitado, 92

Perda de memória induzida por anemia,
16–20

Permissões, centralizando no Contexto de
Identidade e Acesso, 80–81

Persistência

Agregados e Prospecção de Eventos
(A+PE) e, 558

de Objetos de Valor, 248–249

na Camada de Infraestrutura, 122

persistência BLOB, 568–569

persistência relacional, 565–567

Projeções de Modelo de Leitura,
570–572

Repositórios e, 401

Persistência relacional, 565–567

Pesquisas, *Ver* Tipos Padrão

Pipes e filtros

abordagem baseada em mecanismo de
mensagens, 151–152

características básicas de, 150–151

como funciona, 149–150

EDA e, 118

processos de longa duração (sagas) e,
153–159

sistemas baseados em mensagens
e, 149

PL, *Ver* Linguagem Publicada (PL)

Planejamento de recursos
corporativos (ERP)

agregando valor ao negócio e, 8

Subdomínios como módulos em, 57

Pontos de história, como alternativa para
estimar horas de tarefas, 375

Power Types, modelando Tipos Padrão como, 233

Princípio da inversão de dependência, *Ver* DIP (Dependency Inversion Principle)

Princípio da substituição de Liskov (LSP), 438–439

Princípio de conhecimento mínimo, 383

Prioridades, negócio, 230–231

Problemas de desempenho, Agregados e Prospecção de Eventos (A+PE) e, 558–561

Processador de consulta e cliente, 141

Processador de Função/Entrada, 441

Processamento paralelo, 159

Processos de longa duração
    evitando responsabilidade, 481–493
    examinando, 154–156
    executivos e monitores e, 156–159
    exemplo de uso de EDA, 118
    projetando, 155
    visão geral de, 153

Processos de longa duração, *Ver* Processos de longa duração

Processos de negócio, usos de Serviços de Domínio, 268

Programação defensiva, 210

Projeções de Modelo de Leitura
    persistência e, 570–572
    uso no projeto de Agregados, 573

Projeto
    ágil, 55
    com módulos, 333–336

Projeto estratégico
    alinhamento com a comunidade DDD, 55–56
    alinhando Subdomínios com Contextos Delimitados, 57
    ao fazer desenvolvimento inteiramente novo, 72–73
    ao lidar com uma Grande Bola de Lama, 55, 57
    com Mapas de Contexto, 50, 95–110
    entendendo Contextos Delimitados, 62–72
    entendendo Subdomínios, 44–50
    espaço de problemas e espaço de soluções, 56–57
    focalizando o Domínio Básico, 50-52
    identificando múltiplos Subdomínios em um único Contexto Delimitado, 49–52, 57–58
    natureza essencial de, 53–56
    quadro geral de, 44–52
    reduzindo a complexidade, 46
    Subdomínios genéricos, 52
    Suportando Subdomínios, 52
    usando para refatorar código de problema, 76–79
    visão de Domínio Básico, 58

Propriedades
    Entidades, 208–211
    Eventos de Domínio, 290–291
    Objetos de Valor, 224–225

Proprietários de produto
    informando-se sobre, 469–476
    responsabilidades e, 476–481

Prospecção de Eventos
    Agregados e, *Ver* Agregados e Prospecção de Eventos (A+PE)
    aplicando ao DDD, 539
    controle de alterações e, 217
    em linguagens funcionais, 583
    exemplo de uso de EDA e, 118
    testes e especificações da unidade, 582–583
    visão geral de, 160–163

Protocolos Web, 134–135

Publicação multicanal, 325

Publicador de Evento de Domínio, 121, 530

Publicadores, Eventos de Domínio, 297–300

Publicando Eventos de Domínio
 a partir de Modelo de Domínio, 296–297
 notificações baseadas em mensagens, 324–329
 notificações publicadas como recursos RESTful, 312–317
 notificações publicadas usando middleware de mensagens, 317–318
 publicando o `NotificationLog`, 319–323
 visão geral de, 289

`put()`, cache do Coherence e, 424

PUT, método HTTP
 aplicando verbos HTTP a recursos, 135
 notificações RESTful e, 458

Q

Quadro branco
 desenhando Mapas de Contexto, 90
 ilustração de Domínio Básico, 52
 ilustração de Subdomínio, 51

Quantificando características, de Objetos de Valor, 221

R

RabbitMQ
 camada de abstração em torno de, 327
 Deduplicação de Eventos, 329–331
 Fanout exchange, 317
 middleware de mensagens, 303
 notificações, 471–472

publicando Eventos, 547

Raiz de Agregado, interface de consulta de, 516

Realização, visualização, Contextos Delimitados e, 57

Recursos genéricos, corrigindo em, 552–553

Referência por identidade
 entre Agregados, 359–361
 escalabilidade e distribuição de Agregados e, 363–364
 preferido por identidade globalmente única, 361–362

Refinamento iterativo, de Mapas de Contexto, 97–98

Registro Ativo, em Scripts de Transação, 441

Regra de afinidade de usuário-agregado, 369

Regras de projeto, módulos, 334–335

Relacionamentos, Mapas de Contexto e, 90

Relações conformistas
 Contexto Delimitado, 93
 Mapas de Contexto e, 460
 sendo forçadas em, 89

Relações de projeto, Mapas de Contexto e, 91–92

Relações entre cliente e fornecedor, 89

Relações organizacionais, Mapas de Contexto e, 91–92

`remove()`, cache de Coherence e, 424

Replicação
 replicação de dados, 164–165
 replicação de evento, 547–548

Replicação de dados, 164–165

repositório de Hibernate
 classes de implementação, 410–411
 criando e atribuindo identidade, 410

interfaces para, 407–408

métodos de implementação, 412–415

removendo instâncias de
Agregado, 409

Repositórios

acessando instâncias de repositório na
Camada de Infraestrutura, 121–122

Camada Anticorrupção (ACL)
implementada via, 101, 469

Coherence na implementação de,
420–425

comportamentos adicionais, 430–432

consultando, 138

evitando a injeção de dependência
e, 387

geração de identidade e, 178

gerenciamento de transações, 432–437

Hibernate na implementação de,
407–415

hierarquias de tipo em, 437–440

implementação de MongoDB de,
425–430

lendo instâncias de Agregado e
delegando a assemblers DTO,
513–514

não acessando a partir de instâncias de
Agregado, 266, 279

navegação pelo modelo e, 362–363

no exemplo de projeto ruim, 76

Objetos de Acesso a Dados em
comparação com, 440–441

obtendo instâncias de Agregado
de, 121

orientado a coleções, 402–407

orientado à persistência, 418–420

revisão, 448

testando com implementações na
memória, 445–447

testes, 129, 441–445

TopLink na implementação de,
416–417

visão geral de, 401–402

Repositórios orientados à coleção

armazenamento de dados persistentes
e, 406–407

ferramentas para, 407

imitando coleções de tipo Conjunto,
404–406

implementação de Hibernate de, *Ver*
repositório de Hibernate

informações sobre coleções e, 403–404

visão geral de, 402

repositórios orientados à persistência

implementação de Coherence de,
420–425

implementação de MongoDB de,
425–430

visão geral de, 418–420

Resolvedor de Dependência de Domínio
(DDR), 516

Responsabilidade única, 143, 152,
270, 309

Responsabilidades, *Ver também* Papéis

de objetos, 200

evitando, 481–493

Integrando Contextos Delimitados e,
476–481

membros de equipe e proprietários de
produto e, 476–481

princípio da Responsabilidade Única,
270–271

utilizar valores imutáveis resulta em
menos responsabilidade, 232–233

REST (Representational State Transfer)

Armazenamento de Eventos
alimentando notificações de evento
para clientes, 307–308

Arquitetura Hexagonal que suporta,
130–132

clientes HTTP, 136

como estilo arquitetônico, 133–134

componentes orientados a serviços no Contexto Delimitado, 67

criando/nomeando módulos de componentes de não modelo, 343–344

DDD e, 136–138

implementando clientes RESTful, 463–469

implementando recursos RESTful, 459–462

Integrando Contextos Delimitados, 458–459

na troca de mídia entre Contextos Delimitados, 453–454

noções básicas da integração, 450

publicando Eventos como recursos RESTful, 312–317

representação de estado de objetos de Domínio, 516

servidores HTTP, 135–136

RIA (Rich Internet Applications)

interfaces de usuário e, 512

lidando com múltiplos clientes díspares, 517

Riak

concorrência e, 385–386

Modelo de Bitcask, 569

repositórios orientados à persistência e, 418–420

Rich Internet Applications (RIA)

interfaces de usuário e, 512

lidando com múltiplos clientes díspares, 517

Rota de colisão, 76

Rotinas de tratamento de Comando

controlando o gerenciamento de tarefas para aplicações, 549–553

em CQRS, 143–144

RPCs (*remote procedure calls*)

integração de sistemas e, 103

no nível de sistema, 267

noções básicas da integração, 450–451

Serviço de Hospedagem Aberta como, 100

serviços e sistemas autônomos, 305–306

Ruby, linguagem

corrigindo classes com comportamentos especializados, 225–226

executando namespaces de classe, 333

S

SaaS (*software as a service*), 40–41

Sagas, *Ver* Processos de longa duração

save()

cache de Coherence e, 423

repositórios orientados à persistência e, 418

Script de Transação

justificativa para modelagem de domínio, 36–37

modelando Domínio Básico, 532

padrões utilizados em, 441

Scrum

Modelos de Agregado e, 348

projetos ágeis e, 82–83

Segregação de Responsabilidades por Consultas e Comandos, *Ver* CQRS (Command-Query Responsibility Segregation)

Segurança

alavancando a Segurança de Spring, 525–526

centralizando no Contexto de Identidade e Acesso, 80–81

Serviços de Aplicação e, 521

Segurança, padrões, 199–200

Senhas

criptografando, 269–271

testando o serviço de autenticação, 281–284

Senhas em texto simples, 274

Sensibilidade ao tempo

de geração de identidade, 183–186

processos de longa duração (sagas) e, 158

Separação de Consultas e Comandos, *Ver* CQS (Command-Query Separation)

Separando a saída de serviços

separação temporal, 551

separando a saída de serviços de cliente, 550–551

Serviços de Aplicação e, 528–530

Serialização

conversão entre bytes e objetos de evento fortemente tipados, 563–564

de Eventos, 576–577

de muitos valores em uma única coluna, 253–255

de objetos de Comando, 550

troca de informações e, 452, 457–458

Serviço de Hospedagem Aberta (OHS)

componentes orientados a serviços no Contexto Delimitado, 67

definição, 100

Mapas de Contexto e, 460

Padrão da Arquitetura em Camadas e, 120

Relações de Contexto Delimitado, 93–94

Serviço de nível de negócio, 9–10

Serviços

abrindo, 510

autônomo, 305–306

cheiro de código indicando a necessidade de, 265

criando, 277–280

Fábricas de, 276–277, 397–399

ferramentas de modelagem tática, 29

OHS, *Ver* Serviço de Hospedagem Aberta (OHS)

princípios de projeto para, 130

SaaS (*software as a service*), 40–41

sem estado, 268

Serviços de Aplicação, *Ver* Serviços de Aplicação

serviços de autenticação, 281–284

Serviços de Domínio, *Ver* Serviços de Domínio

serviços de negócio, 66–68

serviços de notificação, 318

serviços transacionais, 352–353

Serviços Web, 67

SOA, *Ver* SOA (Arquitetura Orientada a Serviços)

tamanho de Contextos Delimitados e, 68

Serviços de Aplicação, 68

Arquitetura Hexagonal e, 126-128

contêineres de componentes corporativos, 534–537

controlando acesso e uso de Agregados, 541–549

delegação de, 461–462

executando operações de negócio, 545

exemplo, 522–528

infraestrutura e, 509, 532–534

na Arquitetura em Camadas, 120–121

passando a comandos, 550

razões para não querer a lógica de negócio em, 279–280

registrando assinantes nos Eventos de Domínio, 300–302

rotina de tratamento de mensagens, 293

separando saída de serviço, 528–530

serviço transacional no projeto de múltiplos Agregados, 352–353

Serviços de Domínio em comparação com, 267

visão geral de, 521

Serviços de Domínio

criando Eventos, 295

determinando a necessidade de, 268–272

evitando injeção de dependência, 387

executando operações de negócio, 545–546

fornecendo Tipos Padrão, 238

Interface Separada e, 275–277

minicamada de, 281

modelando, 272–275

navegação pelo modelo e, 362–363

no exemplo de projeto ruim, 76

o que são e o que não são, 267–268

para prioridades de negócio, 231

para validar composições de objeto, 215–216

registrando assinantes nos Eventos de Domínio, 300–302

revisão, 284

serviço de cálculo, 277–280

Serviços de Aplicação que suportam, 541

Serviços de Aplicações em comparação com, 120, 521, 526–527

serviços de transformação, 280

testes, 281–284

usos de, 268

visão geral de, 265–267

Serviços de negócio, 66–68, Ver também Aplicações

Serviços de transformação, 280

Serviços e sistemas autônomos, Eventos de Domínio e, 305–306

Serviços sem estado, 268

Serviços Web, componentes orientadas a serviços no Contexto Delimitado, 67

Servidores, servidores HTTP RESTful, 135–136

Sessão

como alternativa a Repositórios, 402

Hibernate, 407

Sessão Aberta na Visualização (OSIV), 516

Simetria, estilo, Ver Arquitetura Hexagonal

Simplificação, benefícios de DDD, 10

Sintaxe lambda, 553–554

Sistemas baseados em CRUD

como alternativa a Entidades, 172

DAOs (Data Access Objects) e, 441

Sistemas legados, integração com, 159

Sistemas, Ver também Aplicações

Contexto Delimitado abrangendo mais que o Modelo de Domínio, 66–68

Mapas de Contexto não são diagramas da topologia de sistema, 90

separando a saída de serviços de cliente, 550

trocando informações ao longo de limites de sistema, 452–458

size(), para contar instâncias de coleção, 430–431

Smart UI Anti-Pattern, 67

SOA (Arquitetura Orientada a Serviços)

Arquitetura Hexagonal que suporta, 130–131

como o DDD ajuda, 10

exemplo de uso de, 117

Manifesto SOA e, 131–132

objetivos do DDD e, 132–133

princípios de projeto para serviços, 130

serviços em, 267

SOAP (Simple Object Access Protocol)

APIs disponibilizadas com, 450

Arquitetura Hexagonal que suporta, 130–132

componentes orientados a serviços no Contexto Delimitado, 67–68

Sofisticação de projeto, integrando Contextos Delimitados, 503–507

Software

com valor real para o negócio, 9–10

especialistas em Domínio que contribuem para o projeto, 27

Software como serviço (SaaS), 40–41

Spring

alavancando a Segurança de Spring, 525–526

contêineres de componentes corporativos, 534–537

contêineres de inversão de controle, 434–437

Subdomínios

alinhamento com Contextos Delimitados, 57, 60

como usar, 44–45

distinguindo entre tipos de domínios, 44

Domínio abstrato de negócio e, 50

espaço de problemas e, 56

ilustração em quadro branco de, 51

mapeando três contextos, 96

modelagem tática e, 35

módulos e, 48

no exemplo de e-commerce, 48–50

publicando Eventos para, 302

separando por funcionalidade, 46

Suportando Subdomínios *Ver* Suportando Subdomínios

tipos de, 52

Subdomínios genéricos

avaliação de espaço de problemas e de espaço de soluções, 58, 61

Contexto de Identidade e Acesso e, 80

definição, 52

justificativa para modelagem de domínio, 35

no Modelo de Domínio da SaaS Ovation, 91

suporte a aplicações em, 509

Substitubilidade, de Objetos de Valor, 226–227

Supertipo de camada

gerenciando identidades substitutas e versionamento otimista de concorrência, 380

identidades substitutas e, 187–188

muitos valores suportados pela entidade de banco de dados, 255–260

Supervising Controller and Passive View (Fowler), 518

Suportando Subdomínios

avaliação de espaço de problemas e de espaço de soluções, 58

definição, 52

investindo no que produz maior benefício, 10

justificação para Modelos de Domínio, 35

Mapas de Contexto e, 98

para o Modelo de Domínio da SaaS Ovation, 91

suporte a aplicações em, 509

T

Tabela de join, muitos valores suportados por, 260

Testes de unidade, 582–583

Testes/testando

abordagem "primeiro testar", 37–38

Arquitetura Hexagonal e, 129

Objetos de Valor, 239–243

Repositórios com implementações na memória, 445–447

Repositórios, 441–445

Serviços de Domínio, 281–284

testes de unidade, 582–583

Theta joins, 363

Tilkov, Stefan, 133

Tipos

criando tipos imutáveis explicitamente nomeados, 577–578

hierarquias em Repositórios, 437–440

padrão *Ver* Tipos Padrão

primitivo, 522–523

troca de informações e segurança de tipo, 452–453

verificando tipos estáticos, 578

Tipos de mídia em uso, 453–458, 462, 467

Tipos de mídia, URIs de recursos e, 104–105

Tipos Padrão

consumindo remoto, 233

Contexto de Gerenciamento Ágil de Projetos e, 108

Enumeração Java para suportar, 235–238

expressos como valores, 234–235, 238–239

hierarquias de tipo e, 439–440

Tipos Primitivos, Serviços de Aplicações e, 522–523

Tomada de decisão

entrevista fictícia e, 115–119

modelos que fornecem ferramentas para, 57

projeto de Agregados e, 379–380

TopLink

implementando repositório para, 416–417

Unidade de Trabalho em, 407

Traduções, desenhando Mapas de Contexto e, 90

Tradutores

implementando cliente REST e, 465–467

Serviços de Domínio, uso para integração, 280

Transações globais, como a razão para quebrar as regras de projeto de Agregados, 369

Transações, gerenciando em Repositórios, 432–437

Transferência de Estado Representacional, *Ver* REST (Representational State Transfer)

Transformações, usos de Serviços de Domínio, 268

Transformador de dados

complexidade de tipo e, 523

lidando com múltiplos clientes díspares, 517–518

para produzir tipos específicos de saída para clientes, 528

U

UML (Unified Modeling Language)

de Serviços de Aplicação, 533

representação DIP (Princípio da Inversão de Dependência) em, 510–511

técnicas para desenvolver Linguagem Ubíqua, 22

Unidade de Trabalho

como alternativa a Repositórios, 402

no TopLink, 407

para lidar com transações, 354

URIs

integração de Contextos Delimitados usando recursos RESTful, 458–459

recursos e, 135

tipos de mídia e, 104–105

Usuário, entidade

comparando com inquilinos, 192–193

UUID aplicado à identificação, 195–196

Usuário, padrão, padrões de segurança, 199–200

Usuários

fornecendo identidade de Entidades, 174–175

lidando com edições de usuário, 518–521

melhorias na experiência do usuário devido ao DDD, 27–28

Utilitários, correções em, 552–553

UUIDs (*universally unique identifiers*)

atribuindo a Inquilinos, 194–195

atribuindo a Processos, 156

atribuindo a Usuários, 195–196

criando Entidade de Raiz de Agregado com identidade única, 381

padrões de criação de identidade e, 175–177

V

Validação diferida

das composições de objeto, 215

de objetos inteiros, 211–212

Validando Entidades

atributos e propriedades, 208–211

composições de objeto, 215–216

objetos inteiros, 211–215

Valor de negócio, de DDD

desenvolvimento de softwares, 7–10

entendimento preciso e refinado de negócio, 27

especialistas em domínio que contribuem para o projeto de softwares, 27

experiência aprimorada de usuário, 27–28

ferramentas estratégicas e táticas, 28–29

limites claros em torno de modelos, 28

Modelos de Domínio úteis, 26–27

organização aprimorada da arquitetura -corporativa, 28

visão geral de, 25–26

Valor Inteiro, padrão, 223, 357

Valores de mutabilidade, 221

Vazamento de modelo de dados, 249–251

Verbos, HTTP, 135

Verificação de redundância cíclica (CRC), armazenamento de dados BLOB e, 569

Verificações de linguagem padrão (Cunningham), 211

Visual Basic, influência histórica sobre Modelo de Domínio Anêmico, 14–15

Visualizações, mapeando dados de Domínio para, *Ver* CQRS (Command-Query Responsibility Segregation)

VMware GemFire *Ver* GemFire

W

Webber, Jim, 317
Williams, Wes, 163

X

XML
  formatos intermediários padrão para troca de informações, 452
  linguagem publicada e, 100

Y

YAGNI ("You Ain't Gonna Need It", "você não vai precisar disso"), princípio, 514
Young, Greg, 539

Conheça alguns de nossos outros livros sobre informática_

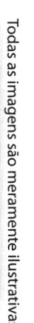

ALTA BOOKS
EDITORA

- Idiomas
- Culinária
- Informática
- Negócios
- Guias de Viagem
- Interesse Geral

Visite também nosso site para conhecer lançamentos e futuras publicações!

www.altabooks.com.br

 /alta_books   /altabooks

Seja autor da Alta Books

Todo o custo de produção fica por conta da editora e você ainda recebe direitos autorais pela venda no período de contrato.*

Envie a sua proposta para autoria@altabooks.com.br ou encaminhe o seu texto** para:
Rua Viúva Cláudio 291 - CEP: 20970-031 Rio de Janeiro

*Caso o projeto seja aprovado pelo Conselho Editorial.

**Qualquer material encaminhado à editora não será devolvido.